SVIZZERA
AUSTRIA
UNGHERIA
D0084948
ALPI
TRENTINO-ALTO ADIGE
Dolomiti
FRIULI-VENEZIA GIULIA
SLOVENIA
CROAZIA
Monte Rosa
Aosta
Monte Bianco
VALLE D'AOSTA
Gran Paradiso
Lago Maggiore
Lago di Como
LOMBARDIA
Trento
Lago di Garda
VENETO
Trieste
Milano
Venezia
Torino
Po
FRANCIA
PIEMONTE
APPENNINI
EMILIA-ROMAGNA
Genova
Bologna
LIGURIA
SAN MARINO
BOSNIA-ERZEGOVINA
Arno
Firenze
Mare Ligure
Ancona
Mare Adriatico
TOSCANA
MARCHE
Perugia
Elba
UMBRIA
L'Aquila
ABRUZZO
CORSICA (Francia)
Giglio
Tevere
Roma
LAZIO
MOLISE
Campobasso
Costa Smeralda
CAMPANIA
Bari
Napoli
Vesuvio
PUGLIA
Potenza
Ischia
Capri
BASILICATA
SARDEGNA
Mare Tirreno
CALABRIA
Cagliari
Catanzaro
Stromboli
Lipari
Vulcano
Palermo
Etna
Mare Mediterraneo
SICILIA
Mare Ionio
N
200 chilometri
200 miglia
ALGERIA
TUNISIA

About the Authors

Francesca Italiano

My Ph.D. in Italian literature is from... the University of California, Los Angeles. Later on, I started teaching Italian language and became interested in language acquisition, and I obtained a Masters in Applied Linguistics from the University of Southern California.

One of my proudest teaching moments was... recently while watching Sorrentino's latest film with my beginning Italian language students. Two of them commented that they were astonished at how much of the Italian they understood. In reality, there have been many "proudest" moments. My students actually are simply amazing!!!

My favorite vacation spot in Italy is... Rome, a city, in which I can still get lost and discover endless treasures.

I can't live without... my iPad, my laptop, my iPhone, and the beautiful beaches in Calabria, where I was born.

My favorite activities are... traveling, listening to music, and reading anything I can get my hands on.

My favorite feature in Percorsi is... the continuous recycling of all vocabulary, structures, and themes.

My favorite classroom is... one in which students feel comfortable enough to take risks, and we can all laugh together at each other's shortcomings.

Irene Marchegiani

I completed... my Italian doctorate in Classics at the University of Florence, Italy, and post doctoral research work at the *Thesaurus Linguae Graecae* at the University of California, Irvine.

My research areas are... second language acquisition, contemporary Italian women writers, contemporary Italian poetry, poetry translation, and the romantic Italian poet Giacomo Leopardi.

One of my proudest teaching moment was... when students who had started taking Italian by chance, decided to major because they learned to love it!

My favorite vacation spot in Italy are... Madonna di Campiglio, on the Dolomites, and of course Firenze, my hometown.

I cannot leave without... poetry.

My favorite feature in Percorsi is... the new Guardiamo section, based on the film *Ritorno a Roma*.

My favorite activities are... reading, watching movies, swimming in the Greek sea.

My secret talent is... playing the piano.

The people closest to my heart are... my daughters and my husband, my old and new friends on both sides of the Atlantic.

One of my favorite quotes is.... "chè dentro agli occhi suoi ardea un riso/ Tal ch'io pensai co' miei toccar lo fondo / della mia grazia e del mio Paradiso" (of course, Dante)

MyItalianLab

Part of the **award-winning** MyLanguageLabs suite of online learning and assessment systems for basic language courses, MyItalianLab brings together—in one convenient, easily navigable site—a wide array of language-learning tools and resources, including an interactive version of the *Percorsi* student text, an online Student Activities Manual, *Interviste: La vita di ogni giorno,* authentic video, and *Ritorno a Roma,* a romantic comedy with accompany activities, cultural expansion content based on *Il mondo italiano*, and all materials from the audio program. Chapter Practice Tests, tutorials, and English grammar Readiness Checks personalize instruction to meet the unique needs of individual students. MyItalianLab can be packaged with the text at a substantial savings. For more information, visit us online at **http://www.mylanguagelabs.com**.

A GUIDE TO *PERCORSI* ICONS

Grammar Tutorials
This icon, located in the grammar section, reminds students that narrated interactive grammar explanations with audio are available for review in MyItalianLab.

Text Audio Program
This icon indicates that recorded material is available in MyItalianLab to accompany *Percorsi.* Most recordings are also available on the text audio CDs and the Companion Website.

Pair Activity
This icon indicates that the activity is designed to be done by students working in pairs.

Group Activity
This icon indicates that the activity is designed to be done by students working in small groups.

eText Activities
This icon indicates that a version of the activity is available in MyItalianLab. eText activities are automatically graded and provide detailed feedback on incorrect answers.

Video
This icon indicates that a video segment is available to accompany an activity in *Percorsi.* The *Ritorno a Roma* film and *Interviste: La vita di ogni giorno,* video which includes non-scripted interviews, are available on DVD and in MyItalianLab.

Cultural tour
This icon accompanies the *Il mondo italiano* feature found in the *Guardiamo* section of each chapter. Offered in MyItalianLab, the cultural tour offers students a deeper look at cultural content first introduced in the *Ritorno a Roma* film.

Readiness Check
This icon, located at the beginning of the first *Grammatica* section in each chapter, reminds students to take the Readiness Check in MyItalianLab to test their understanding of the English grammar related to the Italian grammar concepts in the chapter.

MediaShare
This icon, presented in the *Parliamo* section, refers to the video-posting feature available in MyItalianLab.

THIRD EDITION

Percorsi

L'Italia attraverso la lingua e la cultura

FRANCESCA ITALIANO
University of Southern California

IRENE MARCHEGIANI
State University of New York at Stony Brook

PEARSON

Boston Columbus Indianapolis New York San Francisco Upper Saddle River
Amsterdam Cape Town Dubai London Madrid Milan Munich Paris Montréal Toronto
Delhi Mexico City São Paulo Sydney Hong Kong Seoul Singapore Taipei Tokyo

Senior Acquisitions Editor: Tiziana Aime
Senior Digital Product Manager: Samantha Alducin
Development Editor: Barbara Lyons
MyLanguageLabs Development Editor: Bill Bliss
Media Coordinator: Regina Rivera
Director of Program Management: Lisa Iarkowski
Team Lead Program Management: Amber Mackey
Program Manager: Nancy Stevenson
Team Lead Project Manager: Melissa Feimer
Project Manager: Debra A. Wechsler, Sandra Mercado, Melissa Sacco, PreMediaGlobal
Cover Art Director: Kathryn Foot
Cover Designer: Michael Black
Cover Image: Cypress Tree in Tuscany, Peter Zelei
Operations Manager: Mary Fischer
Operations Specialist: Roy Pickering
Editorial and Marketing Assistant: Matt Welch
Senior Vice President: Steve Debow
Editor in Chief: Bob Hemmer
Director of Market Development: Kristine Suárez
World Languages Consultants: Yesha Brill, Melissa Yokell, Denise Miller

Credits and acknowledgments borrowed from other sources and reproduced, with permission, in this textbook appear on appropriate page within text (or on pages C-1 to C-4).

Copyright © 2014, 2012, 2008 by Pearson Education, Inc. All rights reserved. Printed in the United States of America. This publication is protected by Copyright and permission should be obtained from the publisher prior to any prohibited reproduction, storage in a retrieval system, or transmission in any form or by any means, electronic, mechanical, photocopying, recording, or likewise. To obtain permission(s) to use material from this work, please submit a written request to Pearson Education, Inc., Permissions Department, One Lake Street, Upper Saddle River, New Jersey 07458 or you may fax your request to 201-236-3290.

Many of the designations by manufacturers and sellers to distinguish their products are claimed as trademarks. Where those designations appear in this book, and the publisher was aware of a trademark claim, the designations have been printed in initial caps or all caps.

Library of Congress Control Number: 2013957914

10 9 8 7 6 5 4 3 2 1

Student Edition ISBN-10: 0-205-99895-X
Student Edition ISBN-13: 978-0-205-99895-1
À la carte ISBN-10: 0-205-99931-X
À la carte ISBN-13: 978-0-205-99931-6

Brief Contents

Scope and Sequence

GRAMMATICAL EXPANSION: Ancora un po'

A presentation of the following structures and related exercises is found in the Student Activities Manual:

- Altri usi di ci e ne
- Altri pronomi relativi
- Il futuro anteriore
- Il gerundio
- Il congiuntivo con le congiunzioni
- Frase ipotetiche al pasato
- Il congiuntivo dopo il superlativo relativo
- Fare + l'infinito

Preface

PERCORSI: L'Italia attraverso la lingua e la cultura, Third Edition

Percorsi, Third Edition, is an introductory program that promotes the acquisition of Italian language and culture through a media-rich program that integrates the "five C's" principles of the National Standards for Foreign Language Education. Building on the success of the earlier editions, *Percorsi, Third Edition* is designed to provide beginning learners with a variety of tools to develop their communicative competence in the four major language skills—listening, speaking, reading, and writing—as they acquire familiarity with Italian culture. All of the features in *Percorsi* have been carefully thought out to support the two key aspects of the language acquisition process: language comprehension and language production.

From the start, carefully structured **communicative** activities based on authentic materials and texts encourage students to use Italian in everyday situations. Generous use of authentic content also offers students a chance to develop reading skills while gaining cultural awareness and understanding of Italian **communities** and traditions throughout the world. In addition, each chapter explicitly promotes **cultural** exploration through illustrated and media-based presentations that are followed by activities facilitating comprehension and highlighting cultural **comparisons**. Students are encouraged to analyze and compare extremely varied aspects of Italian culture while making **connections** to their own experiences.

Communicative activities that have real-world relevance are at the heart of the *Percorsi* program. Culturally authentic contexts, role-plays, pair, and group work provide students with numerous opportunities to interact in Italian with other learners. Authentic materials, such as advertisements, brochures, Web content, and online newspaper and magazine articles provide extensive exposure to contemporary Italian language and culture. The exercises and activities, together with cultural presentations, are organized using the three modes of communication: interpersonal, interpretive, and presentational. The communicative activities offer ample opportunity for students to practice interpersonal skills. The listening exercises, together with the numerous realia- and reading-based activities, facilitate practice in the interpretive mode. Writing tasks and strategies, along with activities in which students are asked to report to the class, provide a variety of tools for practice in the presentational mode.

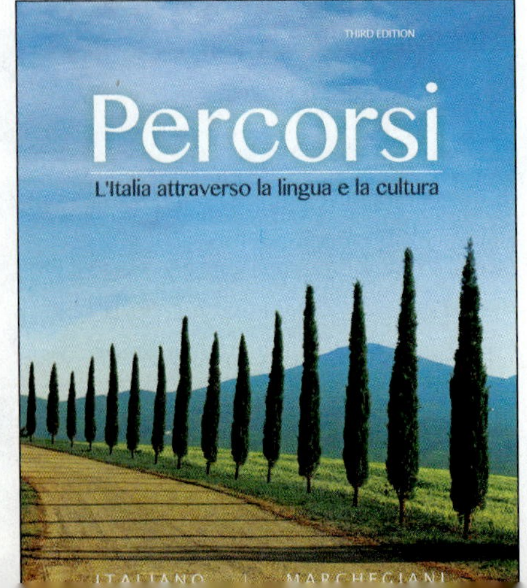

What's New in the Third Edition?

- At its core is a brand new film, *Ritorno a Roma*. Produced by Gianluigi Tarditi, 2011 Golden Globe winner, *Ritorno a Roma* is the first educational romantic comedy created exclusively for learners of beginning Italian. The film, created to support the learning of Italian for users of ***Percorsi*** and exclusively written with students in mind, takes place in Rome and features scenes in

Rome, Gaeta, Naples, and Siena. It follows the trials and tribulations of four main characters—Taylor, Giulia, Elena, and Roberto—as Roberto attempts to win a national recording contract for the band that he manages. *Ritorno a Roma* provides an engaging, natural context for the practice of structure and vocabulary, while introducing students to colloquial language and providing them with a firsthand look at Italian life and culture.

- The video-related section, *Guardiamo*, is new and complements the *Ritorno a Roma* film by exposing students to colloquial Italian and the many realities/facets of contemporary Italy. A new cultural section, *Il mondo italiano*, provides additional cultural content first introduced in the film and expanded upon in both the textbook and MyItalianLab.
- *Interviste: La vita di ogni giorno*, the non-scripted video that from the start has been an integral part of the *Percorsi* program, continues to be available and is further integrated into this edition. The real people that students meet in the interviews on the video and the authentic language spoken have now been incorporated throughout the textbook chapters in the form of short videoclips with related work, captioned video stills, and quotes that serve as the basis for varied activities. The *Ritorno a Roma* film and *Interviste: La vita di ogni giorno* are both available in MyItalianLab and on the DVD.
- Selected activities in the eText version of ***Percorsi, Third Edition*** are auto-scored and provide students with immediate feedback when questions are answered incorrectly. Alternatively, these activities are assignable online in MyItalianLab and scores are tracked by the MyItalianLab gradebook.
- The Student Activities Manual and the testing program have both been revised to reflect the new content introduced in the textbook.

Other new features of ***Percorsi, Third Edition*** beautifully complement its dynamic digital focus:

- The book has been completely redesigned, inside and out, to enrich the contemporary focus and visual appeal while increasing user friendliness.
- ***Percorsi, Third Edition*** is a beautiful book that makes abundant, informative, and creative use of photos and the most diverse types of realia.
- Chapter content has been revised, as appropriate, through updates to realia, some amplification and revision of cultural notes, and new and modified activities and skills sections.

Outstanding Features of the *Percorsi* Program

While much is new in ***Percorsi, Third Edition***, other outstanding features continue to distinguish this program from all others.

- **A rich chapter-by-chapter regional overview of Italian art and architecture along with related historical, geographic, and economic information.** Each of Italy's highly distinctive regions is the specific focus of one of ***Percorsi***'s chapters. The regions are formally introduced in the beautifully illustrated *Attraverso* sections, which have been redesigned and now have greater prominence. In addition, region-specific information pervades the presentation of each chapter.
- **Thoughtful integration of the chapter topics, vocabulary, and functionally sequenced grammar within a supporting cultural framework.** Content

integration is enhanced by ***Percorsi***'s cyclical Scope and Sequence approach, which emphasizes the recycling of vocabulary and structures taught in previous chapters. Students are given ample opportunity to learn the material gradually and thoroughly. The focus is on helping them understand and speak Italian in a variety of settings with increasing accuracy and sophistication. Clear and manageable grammar presentations complement this focus.

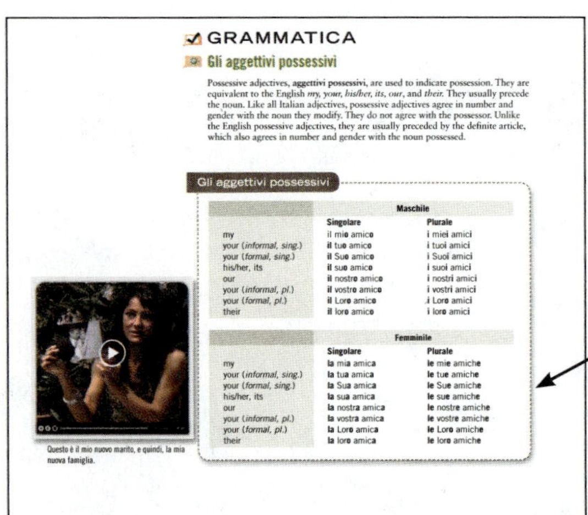

GRAMMATICA

Gli aggettivi possessivi

Possessive adjectives, **aggettivi possessivi**, are used to indicate possession. They are equivalent to the English *my, your, his/her, its, our*, and *their*. They usually precede the noun. Like all Italian adjectives, possessive adjectives agree in number and gender with the noun they modify. They do not agree with the possessor. Unlike the English possessive adjectives, they are usually preceded by the definite article, which also agrees in number and gender with the noun possessed.

Gli aggettivi possessivi

	Maschile	
	Singolare	**Plurale**
my	il mio amico	i miei amici
your (*informal, sing.*)	il tuo amico	i tuoi amici
your (*formal, sing.*)	il Suo amico	i Suoi amici
his/her, its	il suo amico	i suoi amici
our	il nostro amico	i nostri amici
your (*informal, pl.*)	il vostro amico	i vostri amici
your (*formal, pl.*)	il Loro amico	i Loro amici
their	il loro amico	i loro amici

	Femminile	
	Singolare	**Plurale**
my	la mia amica	le mie amiche
your (*informal, sing.*)	la tua amica	le tue amiche
your (*formal, sing.*)	la Sua amica	le Sue amiche
his/her, its	la sua amica	le sue amiche
our	la nostra amica	le nostre amiche
your (*informal, pl.*)	la vostra amica	le vostre amiche
your (*formal, pl.*)	la Loro amica	le Loro amiche
their	la loro amica	le loro amiche

Questo è il mio nuovo marito, e quindi, la mia nuova famiglia.

- **Adaptability to different course structures and teaching needs.** As the title indicates, ***Percorsi*** is a rich, highly flexible program that provides instructors and learners with many pathways, or options. Instructors can emphasize the features most suited to their courses and students, and they can choose from a wide array of supplementary materials. They also have flexibility in deciding how to work with the various chapter elements. The teaching of grammar, for example, can be done inductively, through integration of grammar into the overall *Percorso* thematic content, or through more traditional work with the *Grammatica* sections. Instructors can also decide how much emphasis to give to the presentation of grammar, since much of the presentation and related practice can be assigned as homework.
- **A concise, functionally organized grammar presentation. *Percorsi*'s** grammar presentation is enhanced by a cyclical syllabus. New structures are introduced visually through captioned illustrations, photos, video, or realia at the beginning of each *Percorso*, then embodied in the *In contesto* language samples. In turn, the *Occhio alla lingua!* questions encourage students to analyze inductively or to review each *Percorso*'s linguistic input. The streamlined grammar explanations that follow present structures in the context of communicative needs.

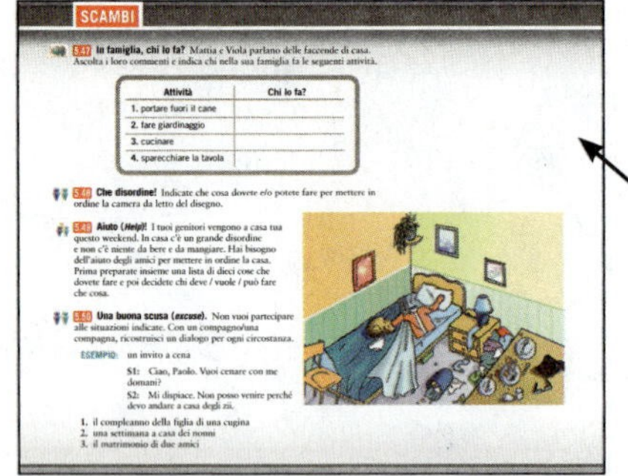

SCAMBI

5.47 **In famiglia, chi lo fa?** Mattia e Viola parlano delle faccende di casa. Ascolta i loro commenti e indica chi nella sua famiglia fa le seguenti attività.

Attività	Chi lo fa?
1. portare fuori il cane	
2. fare giardinaggio	
3. cucinare	
4. sparecchiare la tavola	

5.48 **Che disordine!** Indicate che cosa dovete e/o potete fare per mettere in ordine la camera da letto del disegno.

5.49 **Aiuto (*Help*)!** I tuoi genitori vengono a casa tua questo weekend. In casa c'è un grande disordine e non c'è niente da bere e da mangiare. Hai bisogno dell'aiuto degli amici per mettere in ordine la casa. Prima preparate insieme una lista di dieci cose che dovete fare e poi decidete chi deve / vuole / può fare che cosa.

5.50 **Una buona scusa (*excuse*).** Non vuoi partecipare alle situazioni indicate. Con un compagno/una compagna, ricostruisci un dialogo per ogni circostanza.

ESEMPIO: un invito a cena

S1: Ciao, Paolo. Vuoi cenare con me domani?

S2: Mi dispiace. Non posso venire perché devo andare a casa degli zii.

1. il compleanno della figlia di una cugina
2. una settimana a casa dei nonni
3. il matrimonio di due amici

- **A well-constructed process approach to skill development.** The *In pratica* chapter wrap-up section provides students with a well-thought-out framework for carrying out authentic speaking, reading, writing, and viewing tasks. Pre-speaking, reading, writing, and viewing activities provide advance preparation for these sections. Students are then guided as they carry out the assignment, and encouraged through appropriate follow-up. This process approach helps students gain confidence as they carry out a wide variety of communicative tasks.
- **Rich annotations for the instructor.** Extensive annotations provide suggestions for presentation of new vocabulary and grammar, background information, and ideas for expansion and enrichment activities. The annotations also include the scripts for listening activities and answers for the exercises.

Chapter Organization

Percorsi includes 16 chapters preceded by a short **Capitolo preliminare,** which introduces the Italian language, gives an overview of the Italian regions, and presents basic classroom vocabulary. The individual chapters include three main components: the three *Percorso* sections, *Attraverso...*, and *In pratica*. There is also an end-of-chapter *Vocabolario* section.

PERCORSI I, II, and III

Each *Percorso* develops within a cultural framework, where essential vocabulary and grammatical structures are presented within a regional theme that provides students with an opportunity to communicate about a specific topic. The three *Percorsi* include the following components:

VOCABOLARIO

Key vocabulary is presented primarily through photos, artwork, realia, and assorted language samples. The related exercises and activities reinforce new vocabulary while reviewing and recycling thematic vocabulary from other chapters. The vocabulary presentation is complemented by the following elements:

- *Così si dice* boxes are used to briefly present grammatical or linguistic structures necessary for communicating about a given topic. Key grammatical points presented in *Così si dice* boxes receive in-depth treatment in subsequent chapters.

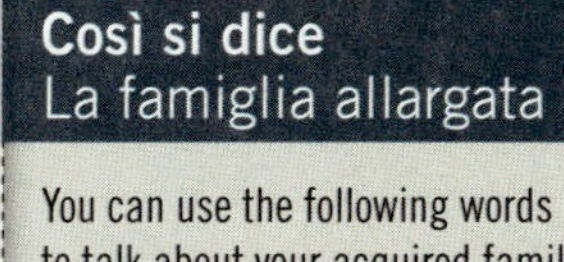

Così si dice
La famiglia allargata

You can use the following words to talk about your acquired family members (**parenti acquisiti**).

la matrigna *stepmother*
il patrigno *stepfather*
il fratellastro *stepbrother*
la sorellastra *stepsister*

- *In contesto* includes a brief conversation, recorded on the text audio program, or a short authentic text, such as an e-mail, that draws together the *Percorso*'s theme, vocabulary, and grammar structures in an interesting, contextualized way.

In contesto Una festa a sorpresa

Luca e Anna pensano di dare una festa a sorpresa per festeggiare il compleanno di Jacopo.

ANNA: Allora, chi compra la torta?
LUCA: La compro io. E la musica?
ANNA: **La** portano Giorgia e Marco. Ma le candeline per la torta, dove sono?
LUCA: Eccole! Va bene? Poi stasera preparo gli inviti e domani **li** spedisco, d'accordo?
ANNA: Ma allora, invitiamo anche Bianca e sua sorella?
LUCA: Certo che **le** invitiamo! Chissà° che bel regalo fanno a Jacopo.
ANNA: Sì! Al massimo° portano una bottiglia di spumante scadente°! Sono ricche, ma sono anche molto avare!
LUCA: Ma che dici! Regalano sempre belle cose!
ANNA: Sarà!° Intanto°, lo spumante buono **lo** porto io!

Who knows
At the most / cheap
That may be! / In the meantime

- *Occhio alla lingua!* encourages students to examine the *Percorso*'s linguistic input featured in the *Vocabolario* and *In contesto* sections in order to review or discover inductively new grammar points.

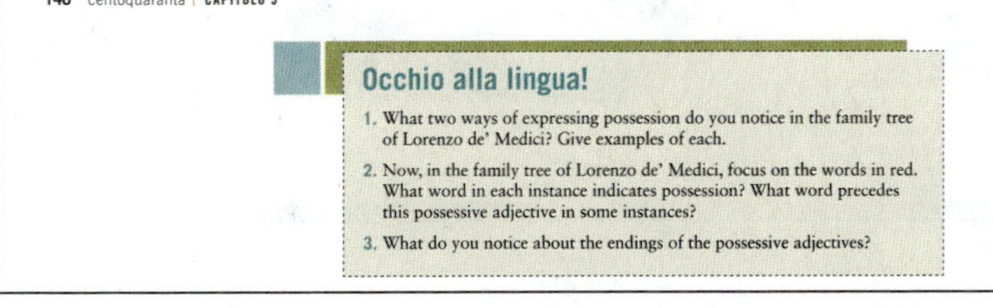

140 centoquaranta | CAPITOLO 5

Occhio alla lingua!

1. What two ways of expressing possession do you notice in the family tree of Lorenzo de' Medici? Give examples of each.
2. Now, in the family tree of Lorenzo de' Medici, focus on the words in red. What word in each instance indicates possession? What word precedes this possessive adjective in some instances?
3. What do you notice about the endings of the possessive adjectives?

- *Lo sai che… ?* boxes provide illustrated cultural information relevant to the *Percorso* and encourage students to think analytically about both Italian culture and their own.

Lo sai che? Le feste in famiglia

Parenti e amici si riuniscono in molte occasioni diverse, come compleanni, lauree e matrimoni. Poiché (*Since*) per la maggior parte gli italiani sono cattolici, molte feste in famiglia, come i battesimi e le comunioni, sono legate alla religione cattolica. Il matrimonio si celebra generalmente in chiesa, anche se molte coppie si sposano in comune (*city hall*). In genere, alla cerimonia civile o religiosa segue un gran ricevimento. Un pranzo ricco e sontuoso (*sumptuous*) segue spesso anche alla cerimonia della prima comunione. Questa festa religiosa cattolica è un'altra occasione speciale per tante famiglie italiane. I bambini ricevono regali importanti e costosi, anche oggetti d'oro (*gold*) o d'argento (*silver*), e gli invitati ricevono sempre bomboniere (*party favors*) e confetti. I genitori spendono molto per questi festeggiamenti. Molto spesso si festeggia anche l'onomastico di una persona, cioè (*that is*) il giorno del calendario cattolico dedicato al santo o alla santa dallo stesso nome.

5.28 **Le feste italiane.** Indicate tre occasioni che sono importanti per le famiglie italiane. Come le festeggiano?

5.29 **E nel vostro Paese?** Quali sono le feste importanti per le famiglie del vostro Paese? Sono simili o diverse da quelle italiane?

GRAMMATICA

Grammatical structures are presented concisely in English. They are enhanced by numerous chapter-appropriate examples and well-designed charts. Carefully sequenced related exercises provide practice within meaningful contexts, reinforcing the chapter theme and vocabulary. Each *Percorso* includes one listening activity recorded on the audio program that accompanies the text.

Percorsi includes the essential points of Italian grammar for an introductory course. For those who wish to provide a more complete presentation of Italian grammar, a supplementary chapter, Grammatical Expansion, is included in the Student Activities Manual that treats topics and tenses not presented in the textbook itself.

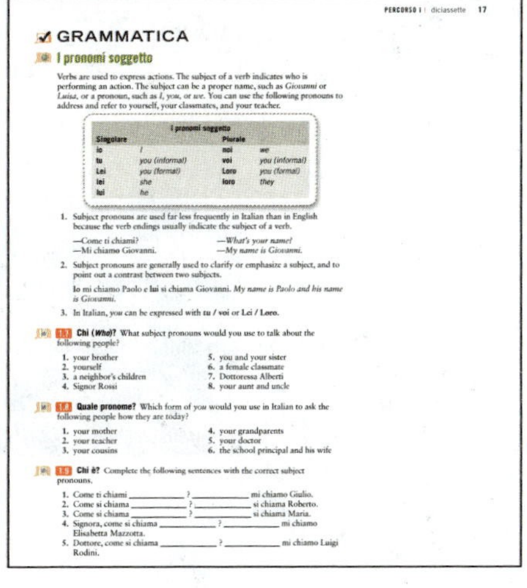

PERCORSO I | diciassette 17

GRAMMATICA

I pronomi soggetto

Verbs are used to express actions. The subject of a verb indicates who is performing an action. The subject can be a proper name, such as *Giovanni* or *Luisa*, or a pronoun, such as *I*, *you*, or *we*. You can use the following pronouns to address and refer to yourself, your classmates, and your teacher.

I pronomi soggetto			
Singolare		**Plurale**	
io	*I*	**noi**	*we*
tu	*you (informal)*	**voi**	*you (informal)*
Lei	*you (formal)*	**Loro**	*you (formal)*
lei	*she*	**loro**	*they*
lui	*he*		

1. Subject pronouns are used far less frequently in Italian than in English because the verb endings usually indicate the subject of a verb.

   —Come ti chiami? — *What's your name?*
   —Mi chiamo Giovanni. — *My name is Giovanni.*

2. Subject pronouns are generally used to clarify or emphasize a subject, and to point out a contrast between two subjects.

   Io mi chiamo Paolo e **lui** si chiama Giovanni. *My name is Paolo and his name is Giovanni.*

3. In Italian, *you* can be expressed with **tu / voi** or **Lei / Loro.**

1.7 **Chi (*Who*)?** What subject pronouns would you use to talk about the following people?

1. your brother
2. yourself
3. a neighbor's children
4. Signor Rossi
5. you and your sister
6. a female classmate
7. Dottoressa Alberti
8. your aunt and uncle

1.8 **Quale pronome?** Which form of *you* would you use in Italian to ask the following people how they are today?

1. your mother
2. your teacher
3. your cousins
4. your grandparents
5. your doctor
6. the school principal and his wife

1.9 **Chi è?** Complete the following sentences with the correct subject pronouns.

1. Come ti chiami ________ ? ________ mi chiamo Giulio.
2. Come si chiama ________ ? ________ si chiama Roberto.
3. Come si chiama ________ ? ________ si chiama Maria.
4. Signora, come si chiama ________ ? ________ mi chiamo Elisabetta Mazzotta.
5. Dottore, come si chiama ________ ? ________ mi chiamo Luigi Rodini.

SCAMBI

The *Scambi* section concludes each Percorso. The thematically oriented *Scambi* activities have an interactive focus and encourage creative, relevant use of new *Percorso* vocabulary and grammar structures.

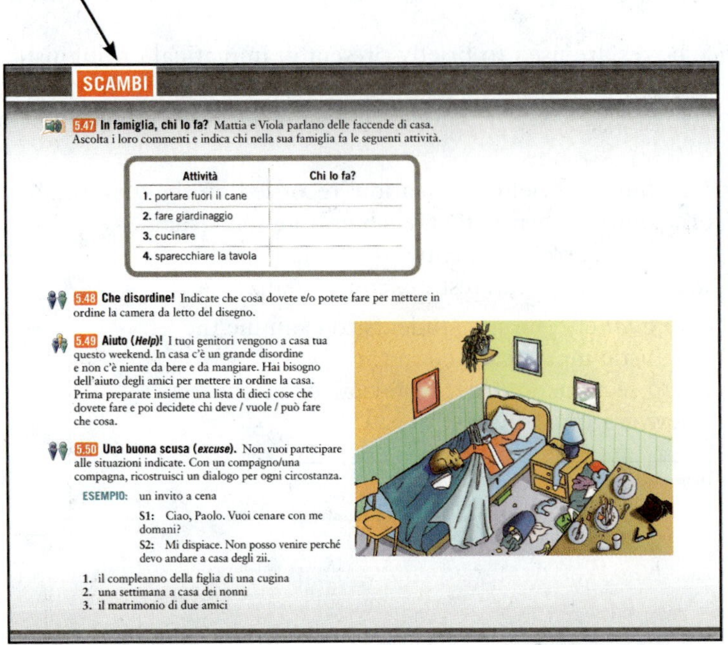

SCAMBI

5.47 In famiglia, chi lo fa? Mattia e Viola parlano delle faccende di casa. Ascolta i loro commenti e indica chi nella sua famiglia fa le seguenti attività.

Attività	Chi lo fa?
1. portare fuori il cane	
2. fare giardinaggio	
3. cucinare	
4. sparecchiare la tavola	

5.48 Che disordine! Indicate che cosa dovete e/o potete fare per mettere in ordine la camera da letto del disegno.

5.49 Aiuto (*Help*)! I tuoi genitori vengono a casa tua questo weekend. In casa c'è un grande disordine e non c'è niente da bere e da mangiare. Hai bisogno dell'aiuto degli amici per mettere in ordine la casa. Prima preparate insieme una lista di dieci cose che dovete fare e poi decidete chi deve / vuole / può fare che cosa.

5.50 Una buona scusa (*excuse*). Non vuoi partecipare alle situazioni indicate. Con un compagno/una compagna, ricostruisci un dialogo per ogni circostanza.

ESEMPIO: un invito a cena

S1: Ciao, Paolo. Vuoi cenare con me domani?

S2: Mi dispiace. Non posso venire perché devo andare a casa degli zii.

1. il compleanno della figlia di una cugina
2. una settimana a casa dei nonni
3. il matrimonio di due amici

ATTRAVERSO...

This attractive section provides a concise, regionally based overview of Italian art and architecture along with related historical, geographic, and economic information. Beautiful photos expose students to Italy's rich cultural heritage and stunning landscapes, towns, and cities. The brief introductions are in English through **Capitolo 4** and, starting with **Capitolo 5**, the informative photo captions are in simple Italian so that students can immediately begin to learn about Italy's regions in the target language. Related exercises and activities check comprehension and encourage students to make inferences and cross-cultural comparisons.

ATTRAVERSO

LA TOSCANA

VERIFICHIAMO

In Pratica

This section, which concludes each chapter, provides in-depth exploration of the chapter theme from varied perspectives while promoting development of the four skills via a process approach.

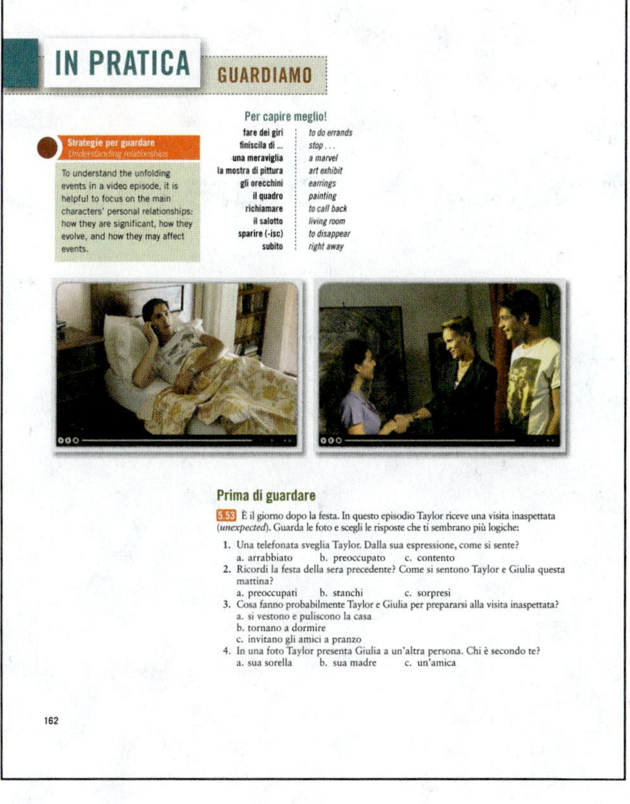

IN PRATICA

GUARDIAMO

Strategie per guardare
Understanding relationships

To understand the unfolding events in a video episode, it is helpful to focus on the main characters' personal relationships: how they are significant, how they evolve, and how they may affect events.

Per capire meglio!

fare dei giri	*to do errands*
finiscila di ...	*stop . . .*
una meraviglia	*a marvel*
la mostra di pittura	*art exhibit*
gli orecchini	*earrings*
il quadro	*painting*
richiamare	*to call back*
il salotto	*living room*
sparire (-isc)	*to disappear*
subito	*right away*

Prima di guardare

5.53 È il giorno dopo la festa. In questo episodio Taylor riceve una visita inaspettata (*unexpected*). Guarda le foto e scegli le risposte che ti sembrano più logiche:

1. Una telefonata sveglia Taylor. Dalla sua espressione, come si sente?
   a. arrabbiato b. preoccupato c. contento
2. Ricordi la festa della sera precedente? Come si sentono Taylor e Giulia questa mattina?
   a. preoccupati b. stanchi c. sorpresi
3. Cosa fanno probabilmente Taylor e Giulia per prepararsi alla visita inaspettata?
   a. si vestono e puliscono la casa
   b. tornano a dormire
   c. invitano gli amici a pranzo
4. In una foto Taylor presenta Giulia a un'altra persona. Chi è secondo te?
   a. sua sorella b. sua madre c. un'amica

162

- *Guardiamo* guides students as they view chapter-related episodes from the *Ritorno a Roma* film and starts with the introduction of an initial comprehension strategy and pre-viewing preparation, along with a *Per capire meglio!* vocabulary section. In turn, relevant activities assist students during viewing, and follow-up work checks comprehension and encourages reflection. This approach helps students to improve their listening skills, become sensitive to visual clues such as facial expressions and common Italian body language, and increase their cultural awareness.
- *Leggiamo* is based on an authentic, thematically appropriate reading text. This section begins with a reading strategy and then guides students through pre-reading preparation, the actual reading task (including application of the strategy) and post-reading work. The post-reading activities check comprehension at different levels and encourage students to use critical-thinking skills and make inferences. In the second half of the book, the readings include contemporary literary selections, among them a poem, a play, and short stories.
- *Parliamo* sections begin with *Strategie per parlare* that target specific speaking strategies. In turn, a three-step process guides students through an assigned speaking task that draws and expands upon chapter themes and content within a real-life context. Pre-speaking activities prepare students to carry out the assigned task; a framework for the actual speaking assignment provides ongoing practical guidance; a wrap-up section encourages thoughtful follow-up.
- *Scriviamo* begins with a specific strategy and related pre-writing preparation. A framework for carrying out the actual writing task is then provided, along with suggestions for appropriate follow-up. The *Scriviamo* activities give students opportunities to practice writing in Italian within diverse practical and relevant contexts. The writing topics draw upon the chapter themes, vocabulary, and grammatical structures.

VOCABOLARIO

Each chapter concludes with a list of the chapter's active vocabulary that has been presented in the three *Percorsi*. This section is recorded in MyItalianLab to help students master pronunciation of each word and expression.

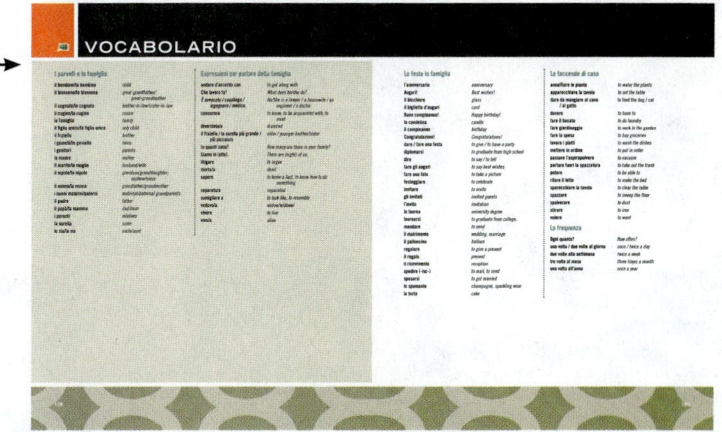

Ritorno a Roma

A volte per trovare il tuo passato, devi scoprire il tuo futuro.

Produced by Gianluigi Tarditi, 2011 Golden Globe winner for Best Short, *Ritorno a Roma* is the first educational romantic comedy created exclusively for learners of beginning Italian. The film, created to support the learning of Italian for users of ***Percorsi*** and exclusively written with students in mind, takes place in Rome and also features scenes in Gaeta, Naples, and Siena. It follows the trials and tribulations of four main characters—Taylor, Giulia, Elena, and Roberto—as Roberto attempts to win a national recording contract for the band that he manages.

THE CAST

Taylor

Passionate art history student

Giulia

Intelligent, artistic landlord that attracts a lot of attention

Robert

Band manager who enjoys shopping for clothes in Milan

Elena

Free-spirited filmmaker

Ritorno a Roma entertains as it informs, increasing students' language skills through carefully sequenced dialogues that recycle grammar and vocabulary from ***Percorsi*** while introducing colloquial language used daily in Italy. The film follows Taylor, an Italian who returns to Rome to study art history after living in the US for over ten years. His life takes an unexpected turn as he revisits his roots and gets to know his vivacious roommates, all amidst the backdrop of a beautiful villa in the hills of Rome. Viewers will follow Taylor, Giulia, Roberto, and Elena through some of Rome's most iconic landmarks and across Italy as they visit Siena, Naples, and Gaeta. Taylor and his friends reveal Italy's culture in all its richness as they explore the nuances of the country's fashion, food, art, and leisure in an engaging tour that is as instructive as it is entertaining.

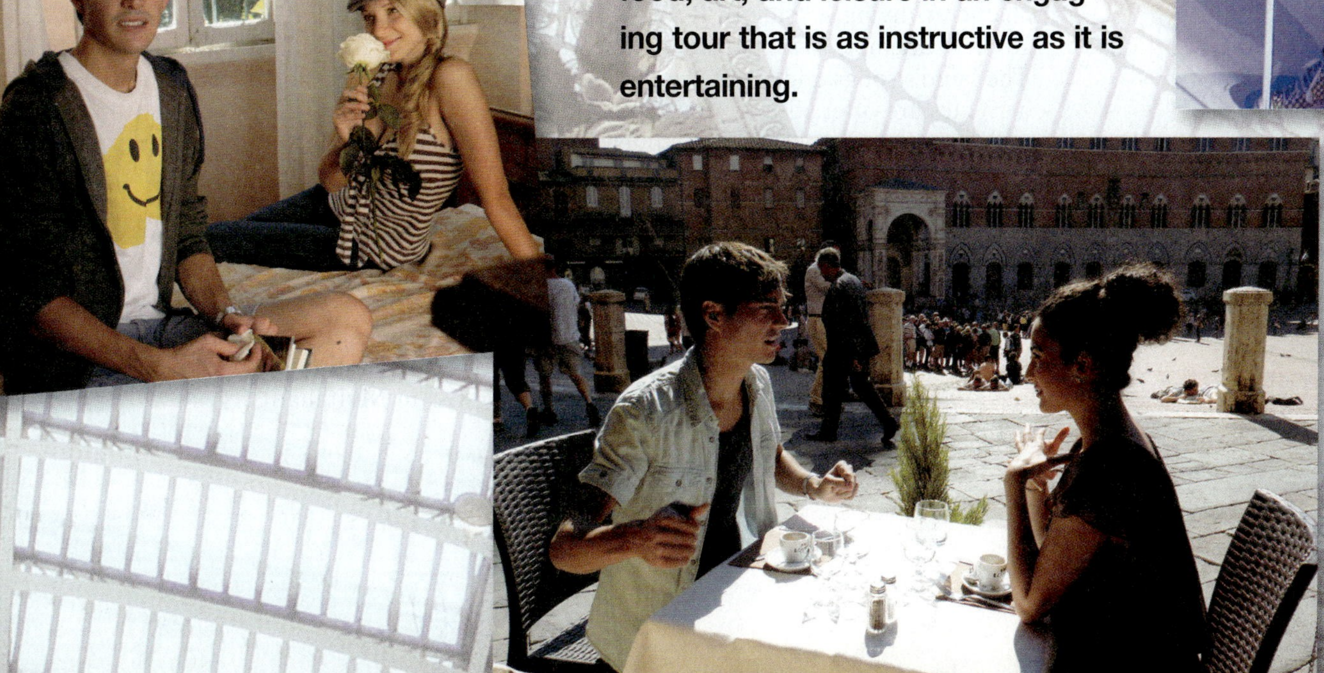

Program Components

STUDENT RESOURCES

Student Text (ISBN 10: 0-205-99895-X)

The *Percorsi: L'Italia attraverso la lingua e la cultura* Student Text is available in a hardbound version or in a binder-ready version.

Audio CD for the Text (ISBN: 0-13-375424-3)

Each chapter's *In contesto* dialogues and listening activities are available on CD and on the Companion Website (*http://www.pearsonhighered.com/percorsi*). In addition, these recordings are available in MyItalianLab along with premium audio content.

Student Activities Manual (ISBN: 0-205-99919-0)

The Student Activities Manual provides complete coordination with the structure and approach of the ***Percorsi*** text, offering an ample variety of written and aural activities related to the topics and grammar components presented in the textbook chapters. The Student Activities Manual activities provide meaningful practice of the vocabulary and grammar structures introduced in each chapter, as well as practice in reading comprehension and writing skills. The audio-based activities are integrated within each chapter and provide listening practice based on authentic speech and real-life situations. The video activities, also integrated within each chapter, complement the activities in the *Guardiamo* section of the textbook. These exercises offer students the ability to expand their understanding of the plot of the video segments while making connections between their own lives and the lives of the characters.

Audio CDs for the Student Activities Manual (ISBN: 0-205-99925-5)

All audio recordings for the listening-comprehension activities included in the Student Activities Manual are available on CD, in MyItalianLab, and on the Companion Website (*http://www.pearsonhighered.com/percorsi*).

Answer Key for the Student Activities Manual (ISBN: 0-205-99934-4)

This provides answers to all activities in the Student Activities Manual.

Video Program for *Percorsi* (ISBN: 0-205-99922-0)

A newly shot film, *Ritorno a Roma,* the first educational romantic comedy of its kind created exclusively for users of ***Percorsi***, is available on both the DVD and in MyItalianLab. Students follow the trials and tribulations of four main characters living outside of Roma—Taylor, Giulia, Elena, and Roberto—as Roberto attempts to win a national recording contract for the band that he manages. The band's songs and lyrics are available throughout the film and accompanying activities are offered in MyItalianLab. *Ritorno a Roma* introduces students to colloquial language, provides students with a firsthand look at Italian life and culture, and takes them on a fascinating journey through Roma, Gaeta, Siena, and Napoli.

Interviste: La vita di ogni giorno includes unscripted interviews with an engaging group of Italian speakers who converse on high-interest themes from the text. The group of individuals that students meet discuss their families, work and leisure activities, and their personal experiences. Engaging and authentic cultural footage accompanies each interview segment. The *Interviste: La vita di ogni giorno* video is also available on the DVD and in MyItalianLab.

INSTRUCTOR RESOURCES

Annotated Instructor's Edition (ISBN: 0-205-99920-4)

This version of the textbook is a wonderful resource for both seasoned and novice instructors. The annotations offer detailed suggestions for presentation of new material and creative use of the exercises and activities, including options for variations and expansions. Answers for exercises and activities are also provided where appropriate. The audio transcription for the listening activities is included as well.

Instructor's Resource Manual (downloadable only)

This manual provides sample syllabi and lesson plans for two- and three-term sequences as well as additional teaching tips and answer keys. The Instructor's Resource Manual also provides the scripts for the listening-comprehension activities within the Student Activities Manual and the interview video transcript. The Instructor's Resource Manual is available within MyItalianLab and in the Instructor's Resource Center online.

Testing Program (ISBN: 0-205-99921-2)

By adopting a modular approach, the Testing Program allows for maximum flexibility. Instructors can select from an array of options coordinated with the chapter vocabulary and grammar presentations as well as with the cultural focuses and sections devoted to viewing, reading, speaking and writing skills. There is also a choice between modules eliciting open-ended answers and modules eliciting discrete answers. The testing program is available in electronic formats (on the Pearson Instructor Resource Center and in MyItalianLab, which allows instructors to customize the tests more easily), including chapter tests and comprehensive examinations that test listening, reading, and writing skills, as well as cultural knowledge.

Audio CD for the Testing Program (ISBN: 0-205-99924-7)

All audio recordings for the listening comprehension activities in the Testing Program are available on CD and in MyItalianLab.

Image Resource Bank

MyItalianLab contains labeled and unlabeled versions of all of the line art images from the textbook. Instructors will be able to incorporate these images into presentation slides, worksheets, and transparencies, as well as find many other creative uses for them.

ONLINE RESOURCES

MyItalianLab with Pearson eText—Access Card—for Percorsi: (multi-semester access) (ISBN 10: 0-205-99933-6)

MyItalianLab, part of our MyLanguageLabs suite of products, is an online homework, tutorial, and assessment product designed to improve results by helping students quickly master concepts, and by providing educators with a robust set of tools for easily gauging and addressing the performance of individuals and classrooms. **MyLanguageLabs** has helped almost one million students successfully learn a language by providing them everything they need: full eText, online activities, instant feedback, and an engaging collection of language-specific learning tools, all in one online program. For more information, including case studies that illustrate how **MyLanguageLabs** improves results, visit www.mylanguagelabs.com.

Companion Website

The open-access Companion Website (www.pearsonhighered.com/percorsi) includes the audio to accompany the textbook activities and the Student Activities Manual.

Acknowledgments

We would like to express our deep appreciation to all the people at Pearson who so generously devoted their time and energy to this project. We are especially grateful to Tiziana Aime, Senior Acquisitions Editor, for her unfailing enthusiasm and endless efforts to make this program a success; to Phil Miller, the former Publisher for World Languages, for his continual encouragement from the very early stages; to Steve Debow, Senior Vice President, World Languages for his continuous support and vision, without which *Ritorno a Roma* would never have been possible; and to Bob Hemmer, Editor in Chief, for his ongoing guidance and encouragement. We would also like to express our thanks to Debra Wechsler, Project Manager; Nancy Stevenson, Program Manager; Regina Rivera, Media Editor; Samantha Alducin, Senior Digital Program Manager; and Bill Bliss, for their guidance in creating the robust MyItalianLab. Our thanks go as well to the World Languages Consultants: Yesha Brill, Scott Gravina, Denise Miller, and Mellissa Yokell for their assistance in providing promotional materials to the field. For the production of the video, *Ritorno a Roma*, special thanks go to Davide Bolognesi, script writer, for his creativity and imagination, and Gianluigi Tarditi, the producer in Italy, in addition to Mannic Media in New York. They all embraced the project with such great enthusiasm and dedication. Special thanks go to Barbara Lyons, Development Editor, for her ongoing guidance and devotion—this book would never have been possible without her.

We appreciate the superb contributions that many talented instructors have made to enrich the ***Percorsi*** program: Marina de Fazio in revising the SAM; Nicoletta Ventresca who has revised the Testing Program.

Francesca would like to thank her colleagues and friends at USC and in Italy for their continuous support and encouragement. She would like to express her deep appreciation to all her USC students for their invaluable feedback on the content of ***Percorsi***. Special thanks go to Dan Bayer for always being there to listen; and to her best friend, Day Jones, for always finding the time to help and advise. Francesca dedicates ***Percorsi*** to Jack, Colin, Eli, Alessia, Aiden, and Bianca, for never forgetting their Italian roots.

Irene is particularly grateful for all her colleagues and friends in Italy, especially those whose names appear in the *Interviste: La vita di ogni giorno* video, who offered their time and opened their houses to us: Their generosity will never be forgotten. She also wishes to express her gratitude in particular to her husband, Professor Luigi Fontanella, and her dear colleague Professor Giuseppe Gazzola for their assistance, patience, and precious suggestions throughout the whole project. Irene dedicates ***Percorsi*** to her daughters, Arianna and Olivia, for their love for Italy and all that is Italian.

Francesca Italiano   Irene Marchegiani

Finally, we would like to thank the following colleagues for reviewing the manuscript and always offering valuable suggestions:

Reviewers

Brian Barone, *University of Central Florida*
Celestino Basile, *Gloucester High School*
K.E. Bättig von Wittelsbach, *Cornell University*
Thomas K. Benedetti, *Widener University*
Pia Bertucci, *University of South Carolina*
Alessia Blad, *University of Notre Dame*
Chesla Ann Bohinski, *Binghamton University*

Annelise Brody, *Washington University in St. Louis*
Denise Caterinacci, *Case Western Reserve University*
Amy Chambless, *University of North Carolina—Chapel Hill*
Giovanna M. Cicillini, *William Paterson University*
Beatrice D'Arpa, *University of Arizona*
Marina de Fazio, *University of Kansas*
Lorraine Denman, *University of Pittsburgh*
Daniela Di Lorenzo, *Otterbein College*
Andrea Dini, *Montclair State University*
Giuliana Fazzion, *James Madison University*
Luisa Garrido Baez, *University of Southern Mississippi*
Kerra Gazerro Hanson, *University of Rhode Island*
Jessica Greenfield, *University of North Texas*
Lodovica Guidarelli, *University of San Diego*
Jason Laine, *Pennsylvania State University*
Ilona Hrenko, *Rutgers University*
Cecilia Mameli, *College of Coastal Georgia*
Gabriella Merriman, *University of Alabama*
Giuseppe Natale, *University of Nevada—Las Vegas*
Stefania Nedderman, *Gonzaga University*
Kristina M. Olson, *George Mason University*
Valentina Padula, *University of California—Santa Barbara*
Sandra Palaich, *Arizona State University*
Magda Novelli Pearson, *Florida International University*
Chris Picicci, *Colorado State University*
Concettina Pizzuti, *University of Georgia*
Amaryllis Rodriguez Mojica, *University of Michigan*
Riccarda Saggese, *University of Delaware*
Monica Seger, *University of Oklahoma*
Maria Spina, *University of Central Florida*
Tiziana Serafini, *University of Wisconsin*
Maria Stampino, *University of Miami*
Nicoletta Ventresca, *Pennsylvania State University*
Patrick Vivirito, *University of Notre Dame*

Design Review Board

Giovanna M. Cicillini, *William Paterson University*
Emanuela Pecchioli, *University of Buffalo*
Francesca Seaman, *DePauw University*
Fiona M. Stewart, *Pepperdine University*
Chris Picicci, *Colorado State University*
Marina de Fazio, *University of Kansas*
Alessandra DiSanto, *Florida International University*
Annelise Brody, *Washington University in St. Louis*
Romana Habekovic, *University of Michigan*
Iva S. Youkilis, *Washington University in St. Louis*
Erika Conti, *Washington University in St. Louis*
David del Principe, *Montclair State University*
June Neiman Stubbs, *Virginia Polytechnic Institute and State University*
Kristina M. Olson, *George Mason University*

Il Colosseo

CAPITOLO PRELIMINARE

TANTO PER COMINCIARE

PERCORSO I: Italian Pronunciation and Spelling: The Italian Alphabet

PERCORSO II: Useful Expressions for Keeping a Conversation Going

ATTRAVERSO: La penisola italiana

In this chapter you will learn how to:

- Pronounce and spell Italian words
- Keep a conversation going

PERCORSO I Italian Pronunciation and Spelling: The Italian Alphabet

P.1 Che parole italiane sai già? List the Italian words you already know in the following categories.

1. food
2. music
3. art
4. other

P.2 Cosa sai dell'Italia? Do you know any Italian regions or cities? How about famous people of Italian origin?

Occhio alla lingua!

1. What do you notice about the sounds and the corresponding spelling of Italian words?
2. What do you notice about the endings of Italian words?
3. What do you notice about how vowels are pronounced?

Così si dice The Italian alphabet: Pronunciation

Italian is easy to pronounce because it is a phonetic language, which means that it is pronounced the way it is written. Italian and English use the Latin alphabet, but the sound of many letters differs in the two languages. Once you become familiar with the sounds of the Italian alphabet, you will have no trouble spelling Italian words and pronouncing them correctly.

The Italian alphabet has twenty-one letters. In addition, the letters *j, k, w, x,* and *y* are used in words of foreign origin. Every letter in Italian is pronounced except *h*. Below is the complete alphabet and a key to pronouncing it.

The Italian alphabet. Repeat each letter after the speaker.

a	*a*	n	*enne*
b	*bi*	o	*o*
c	*ci*	p	*pi*
d	*di*	q	*cu*
e	*ey*	r	*erre*
f	*effe*	s	*esse*
g	*gi*	t	*ti*
h	*acca*	u	*u*
i	*i*	v	*vu*
l	*elle*	z	*zeta*
m	*emme*		

j (*i lunga*) k (*kappa*) w (*doppia vu*) x (*ics*) y (*i greca* or *ipsilon*)

P.3 Le regioni italiane. Look at the regional map of Italy in *Percorsi* and locate the following regions. Repeat the name of each region.

1. Piemonte
2. Lombardia
3. Emilia-Romagna
4. Marche
5. Lazio
6. Abruzzo
7. Puglia
8. Sicilia
9. Sardegna

Lo sai che? The Italian language

Painting (1465) of Dante Alighieri explaining the *Divina Commedia* by Domenico di Michelino, Florence, Duomo Santa Maria del Fiore

Italian is a Romance language. Like the other Romance languages—French, Spanish, Portuguese, and Romanian—it derives from Latin, the language of the ancient Romans.

The Italian language is based on the dialect spoken in Tuscany and, in particular, in Florence. This historical development can be traced back to the cultural and political importance of Florence and all of Tuscany in the 1300s. Tuscan writers, such as Dante, Petrarch, and Boccaccio, wrote some of their most illustrious works in the Tuscan-Florentine idiom, giving this particular dialect prominence and prestige.

The Florentine poet Dante Alighieri wrote his greatest work, the *Divina Commedia,* in this dialect. This work became the linguistic model for all the writers who followed him who chose not to write in Latin. Because of this, Dante is considered the father of the Italian language.

Italian is the official language of Italy, but it is also spoken in southern Switzerland, in parts of Croatia, and in parts of the French territories of Corsica and Savoy. In addition to standard Italian, many Italians speak the dialect of their region or city, which can differ in significant ways from the official language. In Italy, there are also a number of linguistic and ethnic minorities who still speak their own language as well as Italian.

Le vocali

Italian has five basic vowel sounds: *a, e, i, o,* and *u*. Italian vowels are always pronounced with short, clear-cut sounds; they are never glided or elongated as in English. The vowels *e* and *o* have open and closed sounds, which can vary in different words. These sounds can also change from region to region.

Repeat each vowel and the related words.

a (*father*)	data	male	sta
e (*day*)	mese	e	sera (*closed e*)
e (*pet*)	bene	neo	sei (*open e*)
i (*machine*)	libro	grazie	italiano
o (*cold*)	nome	come	giorno (*closed o*)
o (*soft*)	buono	notte	nove (*open o*)
u (*rule*)	uno	tu	lunedì

Lo sai che? Spelling in Italian

Italians use the names of major cities to spell their surnames. For example, to spell the last name **Boggio,** they would say: **Bologna, Otranto, Genova, Genova, Imola, Otranto**. You can use the following cities and words to spell your name in Italian.

A Ancona
B Bologna
C Caserta
D Domodossola
E Empoli
F Firenze
G Genova
H Hotel
I Imola
L Livorno
M Milano
N Napoli
O Otranto
P Perugia
Q Quadro
R Roma
S Siena
T Torino
U Udine
V Venezia
Z Zara

Foreign letters can be expressed as:
J Jeans
K Kaiser
W Washington
X Xilofono
Y York

P.4 E adesso le città italiane. Now look at the three maps of Italy in *Percorsi*—Northern Italy, Central Italy, and Sourthern Italy—and locate these Italian cities as you repeat their names.

1. Asti
2. Arezzo
3. Assisi
4. L'Aquila
5. Agrigento
6. Ostia
7. Urbino
8. Nuoro
9. Brindisi
10. Siracusa
11. Reggio Calabria
12. Trieste
13. Cosenza
14. Sassari

Le consonanti

Many consonants in Italian are pronounced as in English, except that they are never aspirated, that is, never pronounced with a puff of air. Only a few consonants and some consonant combinations need particular attention.

1. The consonants *c* and *g* have a hard, guttural sound, when they precede the vowels *a*, *o*, and *u*. The *c* is equivalent to the English *call* and the *g* to the English *go*.

   calendario, come, amico, acuto
   gatto, agosto, guida, auguri

2. The letters *c* and *g* have a soft sound when they precede the vowels *e* and *i*. The *c* is equivalent to the English *church* and the *g* to the English *gentle*.

   cena, piacere, ciao, cinese
   gennaio, gelato, giorno, oggi

3. *Ch* and *gh* have a hard, guttural sound and are pronounced like the English *c* in *cat* and the *g* in *ghost*.

   chi, chiami, Michelangelo, cherubino
   ghetto, luoghi, spaghetti, ghirlanda

4. *Gli* is pronounced almost like the English *lli* in *million*.

   luglio, foglio, famiglia, ciglio

5. *Gn* is somewhat similar to the English *ny* in *canyon*.

   cognome, compagna, lasagne, spagnolo

Le consonanti doppie

In contrast to single consonants, double consonants are pronounced more forcefully and the sound is longer than a single consonant. Compare the sounds of the following words as you repeat them.

camino / cammino
pena / penna
pala / palla
speso / spesso
casa / cassa
bruto / brutto
sono / sonno
tuta / tutta

L'accento tonico

1. Most Italian words are stressed on the next-to-the-last syllable.

   studen**tes**sa lava**gna** ca**pi**to par**la**re stu**dia**re

2. If the stress falls on the last vowel, there is usually a written accent.

   città università nazionalità caffè tiramisù

3. Some words, however, are stressed on the third syllable from the last and a few on the fourth syllable from the last. Only consulting a dictionary will clarify where the stress falls.

   ri**pe**tere **nu**mero si**gni**fica te**le**fono
   abitano te**le**fonano di**cia**moglielo

4. Some one-syllable words have a written accent to distinguish them from words that are spelled and pronounced the same but have a different meaning.

   e (*and*) è (*is*) da (*from*) dà (*he/she gives*)
   la (*the*) là (*there*) li (*them*) lì (*there*)
   se (*if*) sé (*self*) si (*oneself*) sì (*yes*)

P.5 Come si scrive? Spell your name in Italian for your partner. Refer to the list in *Lo sai che? Spelling in Italian* for the names of important cities you can use.

Lo sai che? The Italian peninsula

A satellite view of the Italian peninsula and the European continent

The Italian peninsula is easily recognizable because of its characteristic boot shape. Italy is divided into twenty regions, each one with its own capital **(capoluogo)**. Rome is the capital **(capitale)** of the nation. The two major islands are Sardinia and Sicily, but there are many other smaller islands along the Italian coast: Capri, Ischia, Elba, and the Eolie are among the most famous. There are also two independent states within Italy: Vatican City and the Republic of San Marino.

 **P.6 Le regioni e i capoluoghi.** Take turns looking at the map of Italy and identifying the missing regional names on the map, "Ecco alcuni Yankee d'Italia," at the beginning of this chapter. Indicate also the name of the capital (**capoluogo**) of each region (**regione**).

 **P.7 Geografia.** Look at the map of Italy with a classmate and identify the following geographical features.

1. The four seas that surround Italy
2. Two major mountain ranges
3. Two important rivers

 **P.8 Dove sono?** Take turns locating the following cities and islands on the three maps—Northern Italy, Central Italy, and Southern Italy—and indicating in which part of Italy (**nord, centro, sud**) and region they can be found.

1. Mantova
2. Siena
3. Parma
4. Agrigento
5. Pescara
6. Reggio Calabria
7. Pompei
8. Potenza
9. Verona
10. Cagliari
11. Elba
12. Capri

 **P.9 Chi è?** Take turns guessing who the following Italian-Americans are and finding each person on the map "Ecco alcuni Yankee d'Italia" at the beginning of this chapter.

1.

Lombardia: un poeta

2.

Puglia: un regista

3.

Campania: un politico

4.

Sicilia: uno sportivo

5.

Basilicata: un attore

6.
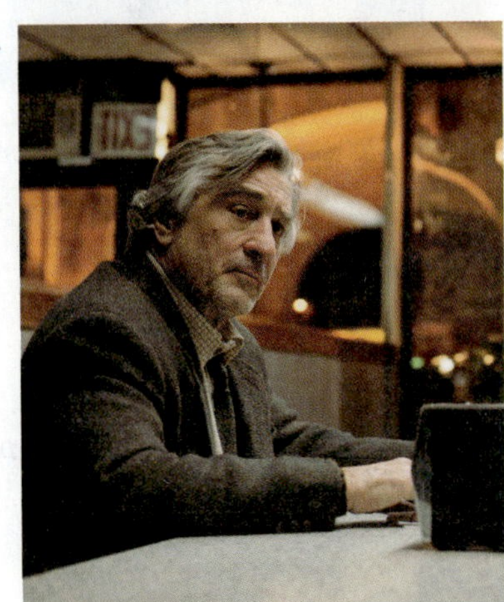
Molise: un attore

PERCORSO II Useful Expressions for Keeping a Conversation Going

PER CONVERSARE

Now that you have a better understanding of Italian sounds and letters, you're ready to start speaking Italian. The following expressions will help you keep a conversation going. Repeat each expression.

Non capisco.	*I don't understand.*
Non lo so.	*I don't know.*
Che significa... ?	*What does . . . mean?*
Che vuol dire... ?	*What does . . . mean?*
Come si dice... ?	*How do you say . . . ?*
Come si pronuncia... ?	*How do you pronounce . . . ?*
Come si scrive... ?	*How do you write . . . ?*
Ripeta, per favore.	*Please repeat. (formal)*
Ripeti, per favore.	*Please repeat. (informal)*

Espressioni in classe

Learning the following expressions will help you understand your instructor's and classmates' instructions in class. Repeat each expression.

Aprite il libro, per favore.	*Open your books, please.*
Ascoltate.	*Listen.*
Bene! Benissimo!	*Good! Very good!*
Capite?	*Do you understand?*
Chiudete il libro.	*Close your books.*
Come?	*What?*
Domandate...	*Ask . . .*
Indovinate...	*Guess . . .*
Leggete.	*Read.*
Prendete un foglio di carta.	*Get a piece of paper.*
Ripetete.	*Repeat.*
Rispondete.	*Answer.*
Scrivete.	*Write.*
Studiate.	*Study.*
Trovate...	*Find . . .*

P.10 Che cosa diresti tu? What would you say in the following situations?

1. You didn't hear what the teacher said.
2. You want to know what **regione** means.
3. You didn't understand something the teacher said.
4. You want to know how to say *river* in Italian.
5. You want to know how to spell **montagna** in Italian.
6. You don't know the answer to something.
7. You want to know what **mare** means.
8. You want to know how to pronounce **Alpi**.

Così si dice
Cognates

Your understanding of Italian will be enhanced by learning to recognize and use cognates. Cognates are words that look similar in different languages and have a similar meaning. Since there are many words in both English and Italian that derive from Latin and Greek, there are many cognates, and you will be able to understand numerous Italian words by using your knowledge of English.

Can you guess what the following words mean in English?

attenzione	matematica
attore	montagna
automobile	musica
biologia	nazionalità
calendario	nazione
città	professore
conversazione	regione
dizionario	studente
dottore	televisione
espressione	università
ingegnere	vocabolario

ATTRAVERSO

LA PENISOLA ITALIANA

L'ITALIA E GLI ITALIANI

The terrain of the Italian peninsula is as diverse as the many different regions that it encompasses. Traditions, customs, architecture, dialects, cuisine, and even the physical appearance of its inhabitants differ from one region to another. Each region reflects the varied historical events that over the centuries helped shape Italy as a country and give it its unique character.

Italy became a nation-state in 1861. The various states of the peninsula and the islands of Sicily and Sardinia were united at that time under King Victor Emmanuel II, but it was only in 1870 that the final phase of unification took place. Even after more than a century and a half of unification, Italians have remained very attached to their own cities and regions. Interesting regional differences are still noticeable; this is an aspect of Italian culture that makes the country distinctive and fascinating.

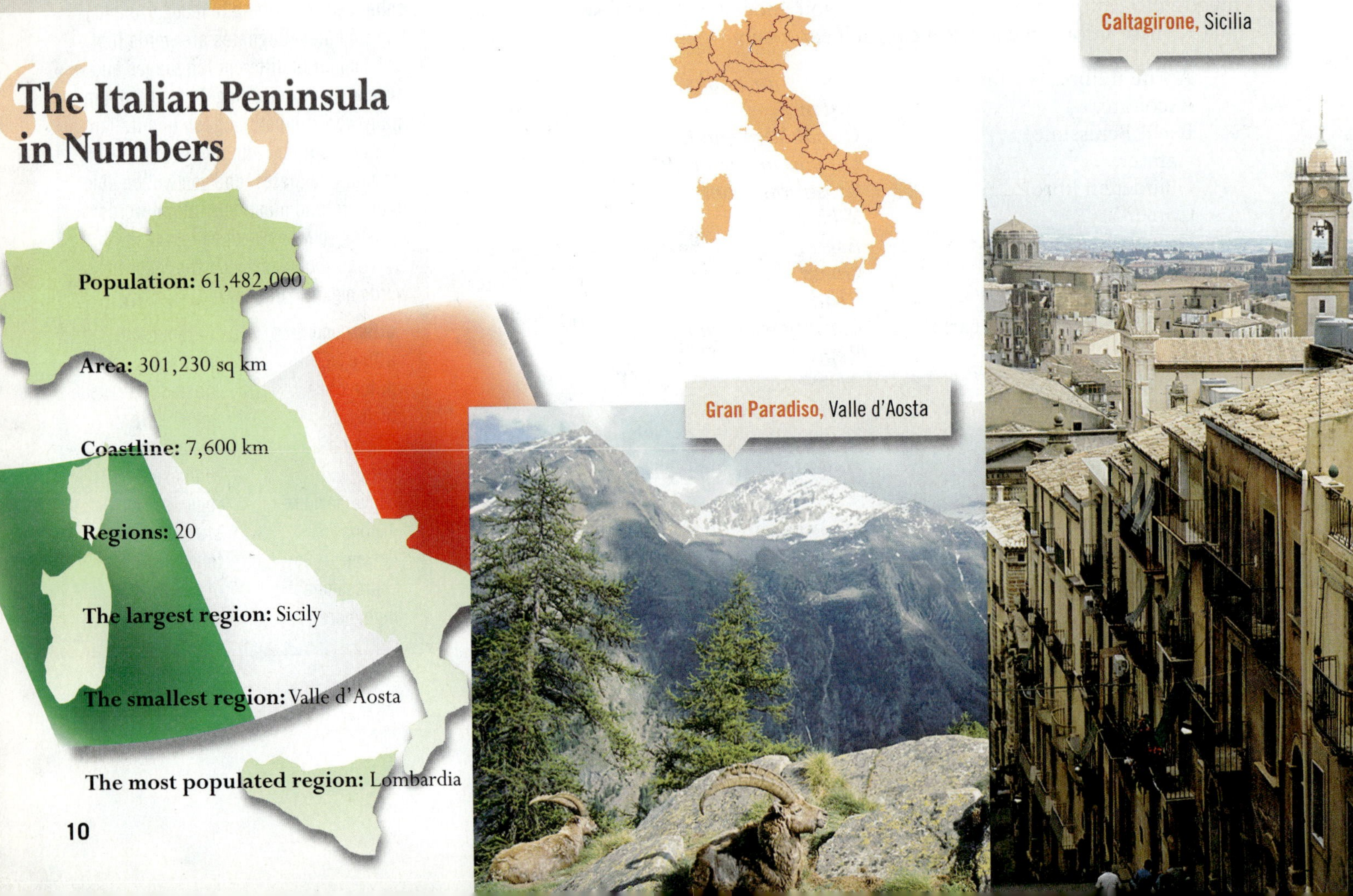

Caltagirone, Sicilia

Gran Paradiso, Valle d'Aosta

Lago Maggiore, Lombardia

VERIFICHIAMO

P.11 Cosa sai dell'Italia? Which of the following statements are true and which are false?

1. The Italian language varies from region to region.
2. Italy became a nation in 1920.
3. There are many beautiful beaches in Italy.
4. Sicily is its most populated region.
5. Lombardy is the largest region in Italy.
6. Italy used to be a monarchy.
7. Italy is a relatively young nation.
8. Valle d'Aosta is a region in Italy.
9. Sardinia is part of the Italian nation.
10. Italy is a culturally homogeneous country.
11. Italy is a mountainous country.
12. The Italian flag is similar to the American flag.
13. Italians are very proud of their cities.

P.12 Conosci l'Italia? Which Italian cities and regions do you associate with the following scenes? Explain your answers.

1.

2.

Giovani ragazzi in piazza

CAPITOLO 1

COME VA, RAGAZZI?

In this chapter you will learn how to:

- Greet people and make introductions
- Express dates
- Count from 1 to 100
- Exchange personal information

PERCORSO I Ciao, sono...

VOCABOLARIO

Buongiorno! Come si chiama?

SIGNOR BIANCHI: Buongiorno, Signora. Come va?
SIGNORA: Molto bene, grazie. E Lei?
SIGNOR BIANCHI: Bene, grazie.
SIGNORA: Signor Bianchi, Le presento il professor Crivelli.
SIGNOR BIANCHI: Piacere, professore. Scusi, come si chiama?
PROFESSOR CRIVELLI: Mi chiamo Daniele, Daniele Crivelli.
SIGNORA: Oh! È tardi. Devo andare. Arrivederci!

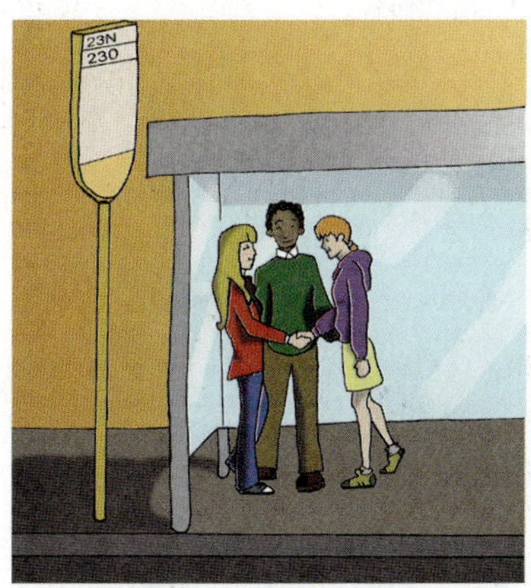

GIUSEPPE: Ciao, Mariella, come stai?
MARIELLA: Non c'è male. E tu, Giuseppe?
GIUSEPPE: Abbastanza bene. Mariella, ti presento una mia amica.
MARIELLA: Ciao! Scusa, Come ti chiami?
TERESA: Mi chiamo Teresa. Teresa Baldi. Buonasera, Mariella. Piacere.
GIUSEPPE: A domani, Mariella.
MARIELLA: Sì, a domani, Giuseppe. Ciao, Teresa. A presto!

I saluti

buongiorno	*good morning, good afternoon*
buonasera	*good afternoon, good evening, good night*
buonanotte	*good night*
ciao	*hi, hello, good-bye*
salve	*hello*

Le presentazioni

Come ti chiami (tu)?	*What's your name? (informal)*
Come si chiama (Lei)?	*What's your name? (formal)*
Mi chiamo...	*My name is . . .*
Sono...	*I am . . .*
E tu?	*And you? (informal)*
E Lei?	*And you? (formal)*
Ti presento...	*This is . . . (informal)*
Le presento...	*This is . . . (formal)*
Lui/Lei è...	*This is . . .*
Molto lieto/a.	*Delighted.*
Piacere.	*Pleased to meet you.*

Chiedere alle persone come stanno

Come stai (tu)?	*How are you? (informal)*
Come sta (Lei)?	*How are you? (formal)*
Come va?	*How is it going?*
Sto...	*I'm . . .*
abbastanza bene	*pretty well*
bene	*fine*
benissimo	*very well, great*
molto bene	*very well*
così così	*so-so*
male	*badly*
Non sto bene.	*I'm not well.*
Non c'è male.	*Not too bad.*
Bene, grazie, e tu?	*Fine, thank you, and you? (informal)*
Bene, grazie, e Lei?	*Fine, thank you, and you? (formal)*

Salutare le persone

arrivederci	*good-bye (formal and informal)*
arrivederLa	*good-bye (formal, singular)*
a domani	*see you tomorrow*
a presto	*see you soon*
ci vediamo	*see you*
È tardi. Devo andare.	*It's late. I have to go.*

Espressioni di cortesia

grazie	*thank you*
prego	*you are welcome*
scusa	*excuse me (informal)*
scusi	*excuse me (formal)*

I titoli

professor(e)/professoressa	*professor*
signora	*Mrs. / Ms.*
signor(e)	*Mr.*
signorina	*Miss*

Lo sai che? Greetings

Italians tend to be formal in their social exchanges. They use **buongiorno, buonasera, buonanotte**, and **arrivederLa** or **arrivederci** with people they do not know or with whom they do not have a close relationship. **Buongiorno** is used to greet people in the morning and until late afternoon. **Buonasera** is used starting in the late afternoon or early evening until late at night. **Buonanotte** is used only when parting for the night, before going to sleep. With family members, close friends, young children, and classmates, Italians are more informal, and **Ciao!** is frequently used as a greeting, as well as to say good-bye.

In Italy it is very common to shake hands when greeting someone. Frequently, close friends and family members also kiss each other on both cheeks, and at times they may embrace.

1.1 L'intruso. Select the word or expression that doesn't belong in each group.

1. grazie, ci vediamo, a presto
2. buongiorno, buonasera, benissimo
3. abbastanza bene, non c'è male, non sto bene
4. ciao, arrivederci, così così
5. grazie, scusa, prego
6. Piacere, Buonanotte, Molto lieto/a
7. professore, signore, professoressa
8. Sono..., Mi chiamo..., Come va?

Così si dice Saying what your name is

To find out someone's name you can ask, **Come si chiama (Lei)?** with people you don't know well, or **Come ti chiami (tu)?** with friends and classmates. To respond, you can simply say your name or answer with a complete sentence: **Mi chiamo Linda.**

mi chiamo	*my name is*
ti chiami	*your name is (informal)*
si chiama	*your name is (formal)*
si chiama	*his/her name is*

Salve! Mi chiamo Fabrizio Patriarca.

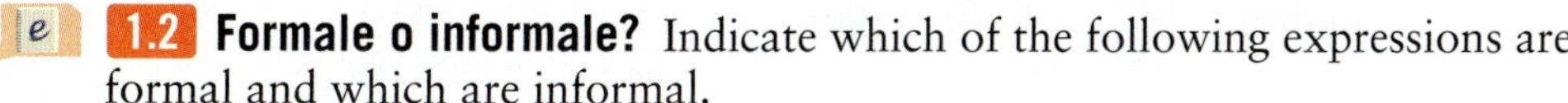

1.2 Formale o informale? Indicate which of the following expressions are formal and which are informal.

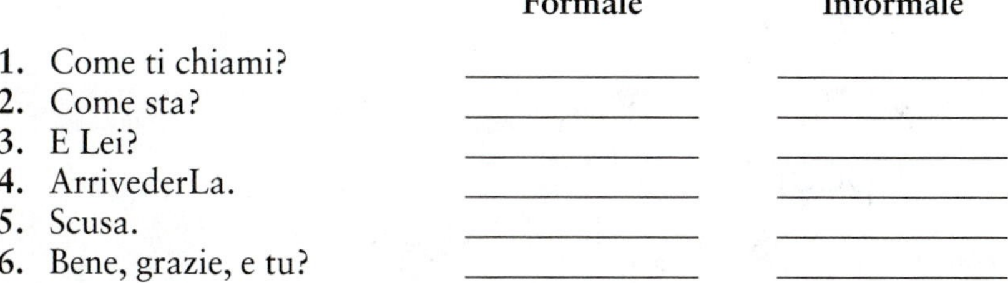

	Formale	Informale
1. Come ti chiami?	____________	____________
2. Come sta?	____________	____________
3. E Lei?	____________	____________
4. ArrivederLa.	____________	____________
5. Scusa.	____________	____________
6. Bene, grazie, e tu?	____________	____________

1.3 L'opposto. Give the formal equivalent of the informal expressions and the informal equivalent of the formal ones.

1. Come ti chiami?
2. Come sta Lei?
3. E tu?
4. Ciao!
5. Scusi!
6. Ti presento...

1.4 Come si risponde? Match the questions and statements with the appropriate responses.

1. Come va?
2. Come ti chiami?
3. Lui è Giuliano.
4. A domani.

a. Mi chiamo Roberto.
b. Non c'è male.
c. Arrivederci.
d. Piacere.

1.5 Cosa risponderesti? How would you respond to the following questions and statements?

1. Ti presento Paolo.
2. Come va?
3. Come sta Lei?
4. Sono...

 In contesto Piacere!

Three students are chatting before class on the first day of school.

GIUSEPPE: Ciao! Io sono Giuseppe. E tu, come ti chiami?
CHIARA: Chiara.
GIUSEPPE: Chiara, come va?
CHIARA: Bene, grazie. E tu?
GIUSEPPE: Abbastanza bene. Lui è Roberto, il mio amico.
CHIARA: Salve! Come stai, Roberto?
ROBERTO: Bene, bene!

1.6 Presentazioni. Rewrite the *In contesto* conversation using a formal register. Then act it out with two other classmates.

Occhio alla lingua!

1. Look at the people shown in the illustrations in the *Vocabolario* section. Do you think they know each other well? Why?
2. Note the age of the various people and how they are dressed. Do you think they are addressing each other in a formal or informal way?
3. What do you notice about the following verb endings: **mi chiam*o*, ti chiam*i*, si chiam*a*?** Can you detect a pattern?

Lo sai che? Addressing people

In English, *you* is used to address a person directly, whether or not the speaker knows the person well. In Italian, there are two different ways to address a person: **Lei** and **tu**. Use the formal **Lei** when addressing older people, people with titles (**professore, professoressa, signore, signora**, etc.), or someone you don't know well, such as a waiter, salesperson, or other professional. Use the informal **tu** with children, friends, or someone you know well. In class, use the informal **tu** when talking to your classmates. Your instructor will probably also address you with the **tu** form. However, when speaking to your instructor, use **Lei** unless he/she tells you to use **tu**.

Signore, come si chiama (Lei)?	*Sir, what is your name? (formal)*
Come sta (Lei)?	*How are you? (formal)*
Come ti chiami (tu)?	*What is your name? (informal)*
Come stai (tu)?	*How are you? (informal)*

English speakers use *you* to address one person or a group of people. Italian has plural forms for *you:* **Loro** and **voi**. However, when speaking to two or more people, most Italians use **voi** with everyone, except in extremely formal situations. Note that **Lei** and **Loro** are frequently capitalized when they indicate the formal *you*.

GRAMMATICA

I pronomi soggetto

Verbs are used to express actions. The subject of a verb indicates who is performing an action. The subject can be a proper name, such as *Giovanni* or *Luisa,* or a pronoun, such as *I, you,* or *we.* You can use the following pronouns to address and refer to yourself, your classmates, and your teacher.

I pronomi soggetto			
Singolare		**Plurale**	
io	*I*	**noi**	*we*
tu	*you (informal)*	**voi**	*you (informal)*
Lei	*you (formal)*	**Loro**	*you (formal)*
lei	*she*	**loro**	*they*
lui	*he*		

1. Subject pronouns are used far less frequently in Italian than in English because the verb endings usually indicate the subject of a verb.

   —Come ti chiami? — *—What's your name?*
   —Mi chiamo Giovanni. — *—My name is Giovanni.*

2. Subject pronouns are generally used to clarify or emphasize a subject, and to point out a contrast between two subjects.

   Io mi chiamo Paolo e **lui** si chiama Giovanni. *My name is Paolo and his name is Giovanni.*

3. In Italian, *you* can be expressed with **tu / voi** or **Lei / Loro.**

e **1.7 Chi (*Who*)?** What subject pronouns would you use to talk about the following people?

1. your brother
2. yourself
3. a neighbor's children
4. Signor Rossi
5. you and your sister
6. a female classmate
7. Dottoressa Alberti
8. your aunt and uncle

e **1.8 Quale pronome?** Which form of *you* would you use in Italian to ask the following people how they are today?

1. your mother
2. your teacher
3. your cousins
4. your grandparents
5. your doctor
6. the school principal and his wife

e **1.9 Chi è?** Complete the following sentences with the correct subject pronouns.

1. Come ti chiami ______________ ? ______________ mi chiamo Giulio.
2. Come si chiama ______________ ? ______________ si chiama Roberto.
3. Come si chiama ______________ ? ______________ si chiama Maria.
4. Signora, come si chiama ______________ ? ______________ mi chiamo Elisabetta Mazzotta.
5. Dottore, come si chiama ______________ ? ______________ mi chiamo Luigi Rodini.

Il presente di *stare*

In Italian, to inquire about someone's health you can ask, **Come va?** or, you can use the verb **stare. Stare** is an irregular verb primarily used with expressions of health. It can also mean *to stay* or *to remain in a place*.

—Come sta, signore?	—*How are you, sir?*
—Sto bene, grazie.	—*I'm fine, thanks.*
—Come **stanno** tutti a casa?	—*How is everyone at home?*

stare			
Singolare		**Plurale**	
io **sto**	*I am*	noi **stiamo**	*we are*
tu **stai**	*you are (informal)*	voi **state**	*you are (informal)*
Lei **sta**	*you are (formal)*	Loro **stanno**	*you are (formal)*
lui/lei **sta**	*he/she is*	loro **stanno**	*they are*

1. You can ask a question in Italian by raising the pitch of your voice. The subject of the verb can be placed at the end of the sentence, at the beginning, or at times immediately after the verb. With interrogative words the subject is normally placed at the end.

   Sta bene Bianca? / Bianca sta bene? — *Is Bianca well?*
   Come sta Bianca? — *How is Bianca?*

2. **Sì** is used to answer a question affirmatively. If the answer to a question is negative, **no** is used.

   —Stai bene? — —*Are you well?*
   —No. Sto così così. — —*No. I feel so-so.*
   —Sta bene il signor Baldi? — —*Is Mr. Baldi well?*
   —Sì, sta benissimo! — —*Yes, he is very well!*

3. To make a sentence negative, **non** is used in front of the verb.

   —Non state bene oggi? — —*You are not well today?*
   —No. Non stiamo bene oggi. — —*No. We are not well today.*

1.10 Chi sta... ? Listen to the following greetings and indicate whether each speaker is using a formal or informal register and whether he or she is addressing one person or more than one.

	Formale	Informale	Una persona	Più persone
1.				
2.				
3.				
4.				

1.11 Come stai? Use the verb **stare** to ask how the following people are.

ESEMPIO: Alessandra
Come sta Alessandra?

1. Tu
2. Riccardo e Rachele
3. I signori Berti
4. Francesca
5. Tu e Paolo
6. Roberto

e **1.12 Come va?** Complete the following exchanges with the correct pronouns and/or the correct forms of the verb **stare**.

1. —Ciao, Giulio. Come ____________?
   —____________ sto bene, ma Marco ____________ piuttosto male oggi. Come ____________ Lisa e Paolo?
   —Bene, grazie.
2. —Buongiorno, Signora. Come ____________ ?
   —Bene, grazie. E ____________ ?
3. —Salve, come ____________ voi?
   —____________ abbastanza bene, grazie.

SCAMBI

1.13 Formale o informale? With a partner, look again at the conversations in the *Vocabolario* section and list all of the words and expressions used in each of the following categories.

	Formale	Informale
Greetings	____________	____________
Introductions	____________	____________
Small talk	____________	____________
	____________	____________
Saying good-bye	____________	____________
	____________	____________

Lo sai che? Italian first names

Most Italian first names end in **-o** for males and in **-a** for females: Robert**o**, Carl**o**, Renat**o**; Robert**a**, Carl**a**, Renat**a**. Some exceptions are Luc**a**, Andre**a**, and Nicol**a**, which are masculine first names.

Note that each day in the Italian Catholic calendar is dedicated to a saint. People celebrate their "name day," **l'onomastico**, as well as their birthdays.

1.14 Che nome è? Can you guess the English equivalents of these Italian names? **Alessandra, Anna, Antonio, Caterina, Chiara, Daniela, Giacomo, Giovanna, Giovanni, Giuseppe, Ilaria, Matteo, Michele, Paola, Rachele, Riccardo, Stefano, Vincenzo**

APRILE

1 sabato *s. Ugo*	11 martedì *s. Stanislao*	21 venerdì *s. Anselmo v.* ☾
2 domenica *V di Quaresima*	12 mercoledì *s. Zeno*	22 sabato *s. Leonida*
3 lunedì *s. Riccardo*	13 giovedì *s. Martino I* ○	23 domenica *in Albis*
4 martedì *s. Isidoro*	14 venerdì *s. Tiburzio*	24 lunedì *s. Fedele da S.*
5 mercoledì *s. Vincenzo Ferrer* ☽	15 sabato *s. Annibale*	25 martedì *s. Marco evang.*
6 giovedì *s. Virginia*	16 domenica *Pasqua di Resurrezione*	26 mercoledì *s. Marcellino m.*
7 venerdì *s. G. Battista de La Salle*	17 lunedì *dell'Aingelo*	27 giovedì *s. Zita* ●
8 sabato *s. Dionigi*	18 martedì *s. Galdino*	28 venerdì *s. Pietro Chanel*
9 domenica *delle Palme*	19 mercoledì *s. Emma di G.*	29 sabato *s. Caterina da Siena*
10 lunedì *s. Terenzio*	20 giovedì *s. Adalgisa*	30 domenica *s. Pio V papa*

 **1.15 Ciao!** Go around the room and introduce yourself to at least four classmates. Find out their names and how they are. Don't forget to say good-bye.

 **1.16 Ti presento!** Take turns saying how you would introduce your classmate to the following people: your best friend, signora Rossi, another classmate, professor Dini.

 **1.17 Piacere!** Go around the room and introduce yourself to some of your classmates, using formal expressions as if you were in a new job environment.

Lo sai che? Using titles with names

In Italy, women are frequently addressed with the title **signora,** as in **Buongiorno, signora,** and at times the last name is also used: **Buongiorno, signora Pelosi. Signorina** is sometimes used to greet young or unmarried women. The title **signore,** on the other hand, is generally used with a man's last name, rather than alone, and the final **-e** is dropped: **Buonasera, signor Pirelli.** To greet teachers, the titles **professore,** for males, and **professoressa,** for females, are used with or without the last name: **Buonasera, professor Dini. Buonanotte, professoressa.** The final **-e** of **professore** is dropped in front of a name.

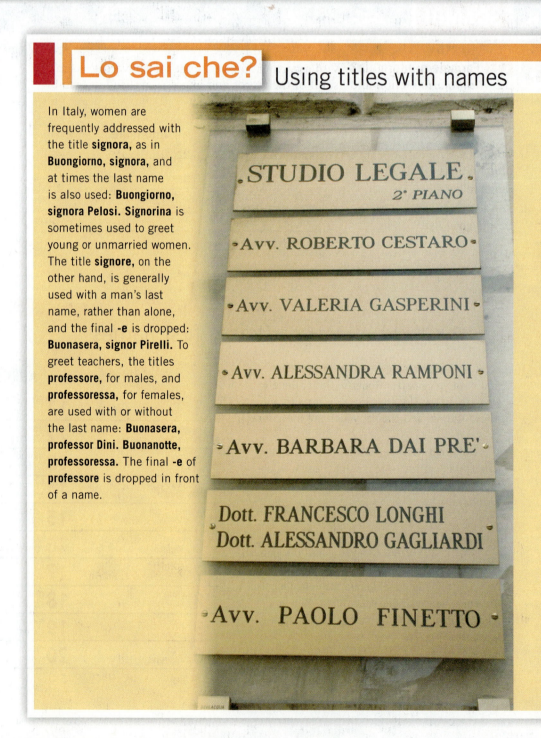

PERCORSO II Le date, i giorni e i mesi

VOCABOLARIO

Che giorno è oggi? Qual è la data di oggi?

OTTOBRE

lunedì	martedì	mercoledì	giovedì	venerdì	sabato	domenica
1 uno	**2** due	**3** tre	**4** quattro	**5** cinque	**6** sei	**7** sette
8 otto	**9** nove	**10** dieci	**11** undici	**12** dodici	**13** tredici	**14** quattordici
15 quindici	**16** sedici	**17** diciassette	**18** diciotto	**19** diciannove	**20** venti	**21** ventuno
22 ventidue	**23** ventitré	**24** ventiquattro	**25** venticinque	**26** ventisei	**27** ventisette	**28** ventotto
29 ventinove	**30** trenta	**31** trentuno				

La data

Che giorno è oggi?	*What day is it today?*
Oggi è lunedì.	*Today is Monday.*
Domani è martedì.	*Tomorrow is Tuesday.*
Dopodomani è mercoledì.	*The day after tomorrow is Wednesday.*
Qual è la data di oggi?	*What's today's date?*
Oggi è l'otto ottobre.	*Today is October eighth.*
Oggi è il primo gennaio.	*Today is January first.*
Quand'è il tuo compleanno?	*When is your birthday?*
Il mio compleanno è…	*My birthday is . . .*

I mesi

gennaio	*January*
febbraio	*February*
marzo	*March*
aprile	*April*
maggio	*May*
giugno	*June*
luglio	*July*
agosto	*August*
settembre	*September*
ottobre	*October*
novembre	*November*
dicembre	*December*

1.18 Che giorno è? Fill in the missing vowels and say what day it is.

1. l _ n _ d _
2. s _ b _ t _
3. d _ m _ n _ c _
4. m _ rt _ d _
5. g _ _ v _ d _
6. m _ rc _ l _ d _

Lo sai che? The Italian calendar

In Italy, the week, **la settimana,** begins on Monday. Note that the days of the week and the months are seldom capitalized. To state that something happens on a specific day, just say the day: **Il mio compleanno è lunedì.** (*My birthday is on Monday.*)

When dates are expressed in Italian, the day always precedes the month; for example, November 5 is **il 5 novembre** or **5/11**. Also, note that **il** precedes the number of the day, and **l'** precedes numbers that begin with a vowel. The first day of the month is **il primo: il primo gennaio**.

Oggi è il 2 giugno, Festa della Repubblica.

1.19 Che mese è? Take turns saying what the following months are in Italian.

ESEMPIO: fourth month of the year
aprile

1. second month of the year
2. fifth month of the year
3. seventh month of the year
4. eleventh month of the year
5. ninth month of the year
6. tenth month of the year

1.20 Che cos'è? Complete the sentences with one of the following words: **che, tuo, qual, il, dopodomani, l', primo.**

1. ____________ è la data di oggi?
2. Oggi è domenica. ____________ è martedì.
3. Oggi è il ____________ dicembre.
4. ____________ giorno è oggi?
5. Quand'è il ____________ compleanno? ____________ mio compleanno è il 5 novembre.
6. Oggi è ____________ otto settembre.

In contesto Ma oggi che giorno è?

Professor Rossi is asking Paul about the days of the week and the date.

PROFESSORE: Paul, lo sai° che giorno è oggi? (°*do you know*)
PAUL: Professore, che cosa significa «giorno»?
PROFESSORE: «Giorno» vuol dire *day*.
PAUL: Ah, bene, ho capito. Oggi è giovedì.
PROFESSORE: No, non è giovedì. Domani è giovedì.
PAUL: Sì, è vero°! Allora oggi è mercoledì, ma non so qual è la data di oggi. (°*that's true*)
PROFESSORE: Oggi è il sei ottobre.

1.21 Ma oggi che giorno è? Indicate which of the following statements are true (**vero**) according to the conversation and which are false (**falso**).

1. Paul sa (*knows*) che giorno è oggi.
2. Il professore sa la data di oggi.
3. Dopodomani è venerdì.

GRAMMATICA

I numeri da 0 a 100

0 zero	12 dodici	24 ventiquattro	36 trentasei
1 uno	13 tredici	25 venticinque	37 trentasette
2 due	14 quattordici	26 ventisei	38 trentotto
3 tre	15 quindici	27 ventisette	39 trentanove
4 quattro	16 sedici	28 ventotto	40 quaranta
5 cinque	17 diciassette	29 ventinove	50 cinquanta
6 sei	18 diciotto	30 trenta	60 sessanta
7 sette	19 diciannove	31 trentuno	70 settanta
8 otto	20 venti	32 trentadue	80 ottanta
9 nove	21 ventuno	33 trentatré	90 novanta
10 dieci	22 ventidue	34 trentaquattro	100 cento
11 undici	23 ventitré	35 trentacinque	

1. The numbers **venti, trenta, quaranta,** up to **novanta,** drop the final vowel before adding **uno** or **otto: ventuno, ventotto, quarantuno, quarantotto, sessantuno, sessantotto.**
2. The number **tre** takes an accent when it is the last digit of a number over 20: **ventitré, cinquantatré.**

1.22 Che numero viene dopo? Complete the following mathematical sequences, writing the missing numbers in words. Then take turns reading each sequence aloud.

1. 3 ________ 9 ________ 15 ________ 21 ________ 27 ________
2. 4 ________ 8 ________ 12 ________ 16 ________ 20 ________
3. 22 ________ 26 ________ 30 ________ 34 ________
4. 23 ________ 43 ________ 63 ________

1.23 Quanto fa? Take turns asking and solving the following math problems. Note that **più** = *plus,* **meno** = *minus,* **per** = *times.*

ESEMPIO: **S1:** Quanto fa 13 + 5?
S2: Fa diciotto.

1. 12 + 4 = ?
2. 15 + 5 = ?
3. 23 + 5 = ?
4. 9 × 7 = ?
5. 17 + 4 = ?
6. 8 + 11 = ?
7. 10 + 6 = ?
8. 100 – 60 = ?
9. 90 – 6 = ?
10. 60 – 4 = ?

1.24 I numeri. Write down the twelve numbers you hear. Then exchange papers with a classmate and check his/her answers as you listen to the recording a second time.

a. ____________ **e.** ____________ **i.** ____________
b. ____________ **f.** ____________ **l.** ____________
c. ____________ **g.** ____________ **m.** ____________
d. ____________ **h.** ____________ **n.** ____________

SCAMBI

 **1.25 Quanti anni hanno (*How old are they*)?** Watch the videoclips as Dejan, Gaia, and Laura introduce themselves, and indicate how old each person is.

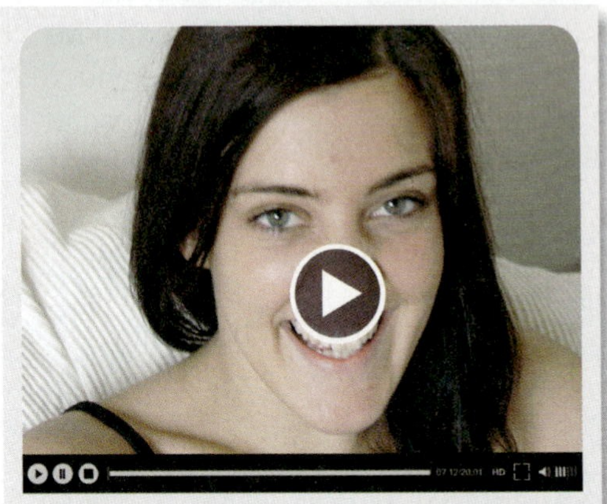

1. Dejan ____________
2. Gaia ____________
3. Laura ____________

 **1.26 Indovina che numero è!** Write down eight numbers between 0 and 100. Then take turns guessing your partner's numbers. Help your partner by saying: **(molto) (un po') più alto,** (*a lot*) (*a little*) *higher;* **(molto) (un po') più basso,** (*a lot*) (*a little*) *lower.*

ESEMPIO: **S1:** 26 **S2:** Un po' più alto. **S1:** 27 **S2:** Sì. Bravo/a!

 **1.27 Qual è la data di oggi?** Take turns reading and writing down the following dates. Then check your answers.

ESEMPIO: **S1:** 5/11
S2: il cinque novembre

1. 6/10
2. 10/1
3. 12/5
4. 11/7
5. 1/12
6. 21/6
7. 30/3
8. 28/2
9. 8/9
10. 23/8

 **1.28 Quand'è il tuo compleanno?** Find out the birthdays of at least three classmates and write the dates in Italian.

ESEMPIO: **S1:** Quand'è il tuo compleanno?
S2: Il 20 settembre.

 **1.29 Quiz.** Give the following information in Italian. Then exchange papers with a classmate and compare your answers.

1. the days of the weekend
2. a summer month
3. two autumn months
4. the months you don't go to school
5. the first day of the week in Italy
6. a month with only 28 days
7. two months with 30 days
8. a month with 31 days
9. the birthday of a classmate ...
10. your favorite day of the week ...

PERCORSO III Informazioni personali

VOCABOLARIO

Di dove sei? Qual è il tuo numero di telefono?

Cognome Marcolini
Nome Roberta
nato/a il 22.08.1985
(atto n. // P. // S. //)
a Cuneo (
Cittadinanza ITALIANA
Residenza Cuneo
Via dei Serragli, 23
Stato civile Nubile
Professione Studentessa
CONNOTATI E CONTRASSEGNI SALIENTI
Statura = = =
Capelli = = =
Occhi = = =
Segni particolari = = =

Firma del titolare Roberta Marcolini
Cuneo li
IL SINDACO

Mi chiamo Victor. Sono americano. E tu?
Mi chiamo Rachele e sono italiana.

Cognome Cioni
Nome Mario
nato il 18.07.1958
(atto n. // P. // S. //)
a Roma (
Cittadinanza ITALIANO
Residenza Torino
Via Bardelli, 49
Stato civile Celibe
Professione Professore
CONNOTATI E CONTRASSEGNI SALIENTI
Statura = = =
Capelli = = =
Occhi = = =
Segni particolari = = =

Firma del titolare Mario Cioni
Torino li
IL SINDACO

Origine e nazionalità

Di dove sei (tu)?	*Where are you from? (informal)*
Di dov'è (Lei)?	*Where are you from? (formal)*
Sono di + città.	*I am from + city.*
Sono italiano/a / americano/a.	*I am Italian / American.*
Sono italo-americano/a.	*I am Italian-American.*
Dove sei nato/a (tu)?	*Where were you born? (informal)*
Dov'è nato/a (Lei)?	*Where were you born? (formal)*
Sono nato/a a + città.	*I was born in + city.*

Dati personali

Dove abiti (tu)?	*Where do you live? (informal)*
Dove abita (Lei)?	*Where do you live? (formal)*
Abito a Roma / a Toronto.	*I live in Rome / in Toronto.*
Qual è il tuo indirizzo?	*What's your address? (informal)*
Qual è il Suo indirizzo?	*What's your address? (formal)*
Il mio indirizzo è...	*My address is . . .*
Qual è il tuo numero di telefono?	*What's your phone number? (informal)*
Qual è il Suo numero di telefono?	*What's your phone number? (formal)*
Il mio numero di telefono è...	*My phone number is . . .*
Qual è la tua mail?	*What is your e-mail? (informal)*
Qual è la Sua mail?	*What is your e-mail? (formal)*
La mia mail è...	*My e-mail is . . .*
Quanti anni hai (tu)?	*How old are you? (informal)*
Quanti anni ha (Lei)?	*How old are you? (formal)*
Ho venti anni.	*I am twenty years old.*
Sei sposato/a?	*Are you married? (informal)*
È sposato/a?	*Are you married? (formal)*

Altre espressioni

il C.A.P. (codice di avviamento postale)	*zip code*
chiocciola	*at (@)*
E il tuo?	*And yours? (informal)*
E il Suo?	*And yours? (formal)*
punto	*dot (.)*
il prefisso	*area code*

Così si dice Adjectives of nationality

Adjectives are used to indicate nationality. Adjectives of nationality, in their masculine singular form, can end in **-o** or **-e.** Those that end in **-o** change to **-a** when describing a female: **Paul è svizzer*o*. Marie è svizzer*a*.** Those that end in **-e** are the same for males and females: **Michelle è francese. Alain è francese**.

Masculine	**Feminine**
italian-**o**	italian-**a**
ingles-**e**	ingles-**e**

Paese	**Nazionalità**	
Argentina	argentino/a	*Argentinean*
Australia	australiano/a	*Australian*
Brasile	brasiliano/a	*Brazilian*
Canada	canadese	*Canadian*
Cina	cinese	*Chinese*
Corea	coreano/a	*Korean*
Francia	francese	*French*
Germania	tedesco/a	*German*
Giappone	giapponese	*Japanese*
Grecia	greco/a	*Greek*
Inghilterra	inglese	*English*
Iran	iraniano/a	*Iranian*
Messico	messicano/a	*Mexican*
Russia	russo/a	*Russian*
Spagna	spagnolo/a	*Spanish*

1.30 La nazionalità. Complete the sentences with the correct nationality.

1. Pablo abita a Madrid. È ______________.
2. Julie abita a New York. È ______________.
3. Mary abita a Londra. È ______________.
4. Vladimir abita a Mosca. È ______________.
5. Esteban abita a Buenos Aires. È ______________.
6. Natalie abita a Parigi. È ______________.
7. Hans abita a Berlino. È ______________.
8. Lee abita a Pechino. È ______________.

1.31 Associazioni. Brainstorm all the words and expressions you associate with the following terms. Then read your list to the class. Do you all have the same words?

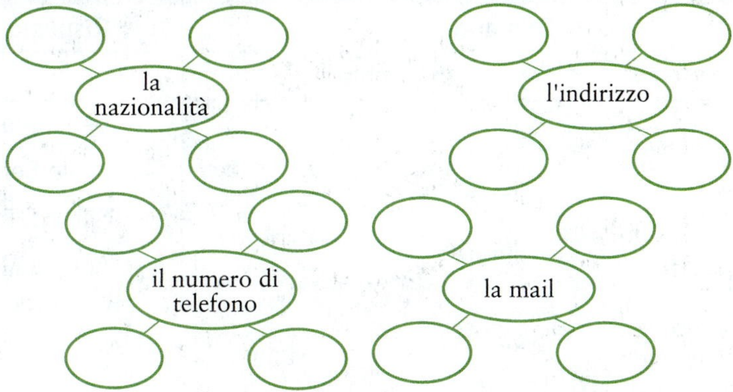

1.32 I miei dati anagrafici. Complete the identification card with your own personal data. Use the identification cards in the *Vocabolario* section as models.

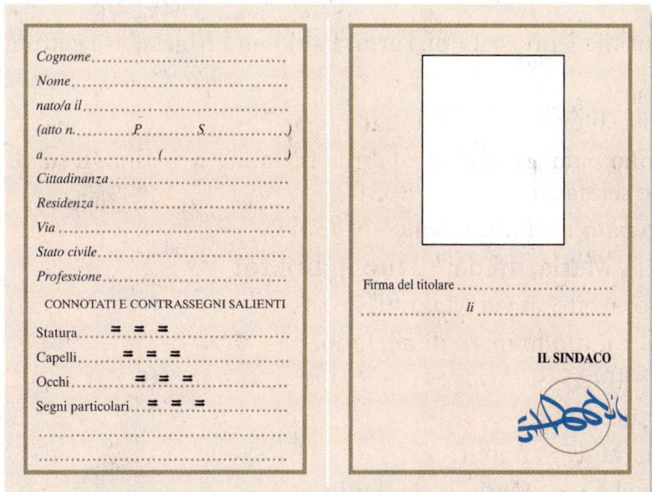

Cognome..
Nome..
nato/a il..
(atto n..........*P*..........*S*..........*)*
a....................*(*....................*)*
Cittadinanza..
Residenza..
Via..
Stato civile..
Professione..
CONNOTATI E CONTRASSEGNI SALIENTI
Statura.......= = =.......
Capelli.......= = =.......
Occhi.......= = =.......
Segni particolari.......= = =.......

Firma del titolare..
.... *li* ....
IL SINDACO

1.33 Il formale. Complete the chart with the correct formal equivalents of the informal expressions shown.

Informale	Formale
1. Come ti chiami?	Come
2. E tu?	E
3. Di dove sei?	Di dov'
4. Dove abiti?	Dove
5. Qual è il tuo indirizzo?	Qual
6. E il tuo?	E
7. Qual è il tuo numero di telefono?	Qual
8. Qual è la tua mail?	Qual

Expressing possession

il mio	la mia	*my*
il tuo	la tua	*your (informal)*
il Suo	la Sua	*your (formal)*
il suo	la sua	*his/her*

1.34 Quali sono le domande? Complete the chart with the formal and informal questions that would elicit the responses shown.

Domanda		Risposta
Formale	**Informale**	
1.		Bene, grazie.
2.		Paolo Settembrini.
3.		Sono di Roma.
4.		Abito a Milano.
5.		Via Garibaldi, 22.
6.		02-798566

Università di Torino

In contesto All'Università di Torino

Two students at the University of Turin, Pablo and Maria, are getting acquainted before class.

PABLO: Maria, di dove sei? Sei italiana, vero?
MARIA: Sì, sono nata a Reggio Calabria, ma abito a Torino. E tu, di dove sei? Dove sei nato?
PABLO: Sono nato a Madrid. Sono spagnolo.
Senti°, Maria, mi dai° il tuo indirizzo?
MARIA: Certo! Abito in via Mazzini, 26.
PABLO: Qual è il tuo numero di telefono?
MARIA: 0347-46-25-37.
PABLO: E la tua email?
MARIA: È lmariani@yahoo.it.
PABLO: Grazie! Ciao, Maria, a domani!

Listen / can you give me

essere	
io **sono**	*I am*
tu **sei**	*you are (informal)*
Lei **è**	*you are (formal)*
lui/lei **è**	*he/she is*

abitare	
io **abito**	*I live*
tu **abiti**	*you live (informal)*
Lei **abita**	*you live (formal)*
lui/lei **abita**	*he/she lives*

avere	
io **ho**	*I have*
tu **hai**	*you have (informal)*
Lei **ha**	*you have (formal)*
lui/lei **ha**	*he/she has*

1.35 Tu di dove sei? Indicate which of the following statements are true (**vero**) and which are false (**falso**) according to the *In contesto* conversation. Correct the statements that are false.

1. Maria è di Reggio Calabria.
2. Maria non abita a Torino.
3. Pablo abita a Madrid.
4. Pablo non è nato in Spagna.

1.36 Dati personali. Complete the chart with information about Pablo and Maria. Indicate with an *X* if you don't have the information.

	Pablo	Maria
Luogo di nascita		
Indirizzo		
Mail		
Numero di telefono		
Stato civile		

Occhio alla lingua!

1. Reread the *In Contesto* conversation. What words help you distinguish the male speaker from the female speaker? What do you notice about these words? How are they different from their English equivalents?
2. What words do you notice that are not capitalized in Italian but would be capitalized in English?

GRAMMATICA

Il presente di *essere*

The verb **essere** (*to be*) is an irregular verb; it is used to identify and describe people, places, and things. It is also used with **di** to indicate place of origin.

—Chi è?	—*Who is that?*
—È Giovanni.	—*It's Giovanni.*
—**Sono** professore d'italiano.	—*I am a professor of Italian.*
—**Sei** studente?	—*Are you a student?*
—Di dove **siete**?	—*Where are you from?*
—**Siamo** di Torino.	—*We're from Torino.*
—Che cos'è?	—*What is it?*
—È un passaporto.	—*It's a passport.*

essere	
Singolare	**Plurale**
io **sono** *I am*	noi **siamo** *we are*
tu **sei** *you are (informal)*	voi **siete** *you are (informal)*
Lei **è** *you are (formal)*	Loro **sono** *you are (formal)*
lui/lei **è** *he/she is*	loro **sono** *they are*

1.37 Chi sono? Indicate the following people's nationality or profession by completing the sentences with the appropriate forms of **essere**.

1. Paola _______________ studentessa.
2. Noriko _______________ giapponese.
3. Io e Paolo _______________ studenti.
4. Lei _______________ professoressa.
5. Tu _______________ spagnolo.
6. Il signor Martelli _______________ professore.
7. Sara e Linda _______________ studentesse.
8. Tu e Juan _______________ messicani.
9. Pierre e Paul _______________ francesi.
10. Io _______________ americana.

1.38 Di dove sono? Take turns asking and telling where the following people are from.

ESEMPIO: il professor Rossini / Cuneo

S1: Di dov'è il professor Rossini?
S2: Il professor Rossini è di Cuneo.

1. il professor Rosati / Novara
2. Rosalba / Vercelli
3. io e Giuseppe / Biella
4. Laura e Filippo / Alessandria
5. io / Asti
6. tu e Paolo / Ossola

SCAMBI

1.39 Dati personali. Signora Rossini is applying for a passport. A clerk is asking her for information about herself. As you listen, complete the chart with information about signora Rossini.

Nome: ____________ Cognome: ____________
Luogo di nascita: ____________ Data di nascita: ____________
Indirizzo: ____________ C.A.P.: ____________
Prefisso: ____________ Numero di telefono: ____________
Stato civile: ____________

1.40 Chi è? Take turns asking each other the following questions. Respond using the information from the identification cards in the *Vocabolario* section.

1. Come si chiama la studentessa?
2. Dove abita?
3. Dov'è nata?
4. Qual è il suo indirizzo?
5. È americana?
6. Chi abita a Torino?
7. Qual è l'indirizzo di Mario Cioni?
8. Qual è la professione di Mario Cioni?
9. Quanti anni ha Mario Cioni?

1.41 Tante domande! Imagine the questions to which the people below are responding. Decide in each instance if it is preferable to use a formal or informal register. Then compare your list with your partner's.

1. Sono nata a Pisa.

2. Sono di Monteporzio Catone.

3. Mi chiamo Felicita Foglia. Abito a Roma. Sono sposata da quasi un anno.

4. Mi chiamo Plinio Perilli. Sono nato a Roma.

 **1.42 Quale numero?** You are studying in Torino. Referring to the **Numeri Utili**, take turns saying which telephone number you would call in the following situations.

1. You need to buy some medicine.
2. You want to see a play.
3. You want to go to the movies.
4. You have a toothache.
5. You need to know a teacher's telephone number.
6. You need to have your picture taken for your new passport.
7. You want to talk to a friend who is in the hospital.
8. You need to find out a flight schedule.

Numeri Utili

Ospedale Maria Vittoria	011.4936572
Farmacia Comunale	011.614284
Aeroporto Internazionale «Sandro Pertini»	011.5676361
Dottor Roberto Baldi, Dentista	011.9873000
Teatro «Erba»	011.6615447
Cinema «Massimo»	011.8138574
Università di Torino	011.5096618
Fotografia «Superottica»	011.2235567

Così si dice Italian phone numbers

Italian phone numbers and area codes can vary in length. The **prefisso** can consist of two, three, or four digits. The **prefisso** is usually stated in single digits and the phone number two digits at a time.

 **1.43 Cosa manca (*What's missing*)?** Take turns asking each other questions and filling in the missing information in the two versions of the address book page shown. Work from only one version of the page as the basis for asking questions, filling in missing information, and supplying the information your partner requests.

Cognome	Nome	Indirizzo	Numero di telefono
Corsi	______	Via Guelfa, 36	055.______
______	Claudio	Via Puccini, 87	______.4337465
______	Serena	______, 1	______.2615592
Marini	______	______	056.336427
Zamboni	Giovanni	Piazza Garibaldi, ______	0966. ______

Cognome	Nome	Indirizzo	Numero di telefono
Corsi	Paola	Via ______, 36	______
Balboni	Claudio	______, 87	02. ______
Pratesi	Serena	Piazza di Spagna, ______	06. ______
______	Alessio	Via Mazzini, 22	______
______	Giovanni	______, 50	______.680237

ATTRAVERSO

IL PIEMONTE

Piedmont, or "**al piè dei monti**" (*at the foot of the mountains*), is located just south of the Alps. Because of its proximity to the border, Piedmont has been influenced by many different cultures, especially that of France. After World War II, a wave of migrants from all over Italy, and particularly the southern agricultural regions, flocked to Piedmont in search of better working conditions and helped it become one of the most important centers of the Italian economy. Today, it is one of the regions with the largest number of foreign immigrants.

Panorama di Torino, con il fiume Po e la Mole Antonelliana. Torino è il capoluogo del Piemonte. La Mole Antonelliana è considerata il simbolo della città. Costruita nel 1863 dall'architetto Alessandro Antonelli, è alta 167 metri.

Il Lingotto, a Torino. L'ex stabilimento (*plant*) industriale della FIAT (**F**abbrica **I**taliana **A**utomobili **T**orino) oggi è una struttura multifunzionale con hotel, negozi, uffici, centro conferenze e spazi per esposizioni. Costruito nel 1927, il Lingotto è un esempio delle prime (*first*) architetture industriali. È famoso per la sua pista per le prove automobilistiche sul tetto (*rooftop test track*).

VERIFICHIAMO

After reading the introduction to the region, look at the photos and read the related captions.

1.44 Vero o falso (*True or false*)? Indicate which of the following statements are true (**vero**) and which are false (**falso**).

1. Il Piemonte è nel sud d'Italia.
2. È una regione montagnosa.
3. Il Piemonte è vicino al mare.
4. Torino è una piccola città agricola.
5. Il Piemonte ha molte grandi industrie, ma non è importante per l'agricoltura.
6. *La manifestazione interventista* è un'opera statica.

1.45 E nel vostro Paese? With a partner, discuss which region in your country is similar to Piedmont.

Le colline (*hills*) piemontesi coltivate a vite (*vines*). Il Piemonte è una regione molto importante per l'agricoltura. Le zone del Monferrato e dell'Astigiano sono famose per vini pregiati (*quality wines*) come **il Barolo, il Barbaresco, il Dolcetto, il Nebbiolo, il Barbera** e **l'Asti Spumante** (*sparkling*).

Un'opera futurista di Carlo Carrà: *La manifestazione interventista*, 1914. Carlo Carrà, uno dei grandi artisti italiani del Futurismo, è nato a Quargnento, in provincia di Alessandria, nel 1881. Qui Carrà usa la tecnica del collage per creare un'opera complessa e dinamica che suggerisce la confusione durante un comizio politico (*political rally*).

2013 Artists Rights Society (ARS), New York / SIAE, Rome.

IN PRATICA

GUARDIAMO

Strategie per guardare
Using visual clues

You can understand a lot of what is going on in a video episode by focusing on visual clues. Look carefully at people's expressions and gestures, how they interact with each other, and what they do.

Per capire meglio!

amici d'infanzia	*childhood friends*
un bacio	*a kiss*
bellissimo/a	*very beautiful*
il/la coinquilino/a	*roommate*
una donna	*a woman*
La Festa della Repubblica	*Republic Day, a national holiday celebrating the establishment in 1946 of the new Italian Republic at the end of World War II and the fascist era*
mia nonna	*my grandmother*
stanco/a	*tired*
un uomo (uomini)	*a man (men)*

Prima di guardare

1.46 In this first episode, Taylor arrives at the beautiful family home of his childhood friend Giulia and meets Roberto, their third roommate.

Giulia e Taylor

Taylor e Roberto

1. Look at the photo of Giulia and Taylor greeting each other. What can you infer about their relationship?
2. As Taylor and Roberto are introduced, what would you expect each to say and do?

Mentre guardi

 **1.47** As you watch the episode, take special note of the following:

1. How Giulia and Taylor greet and respond to each other
2. Roberto's and Taylor's reactions and gestures as they are introduced
3. Roberto's expression when he understands who Taylor is and sees how Giulia welcomes Taylor

Dopo aver guardato

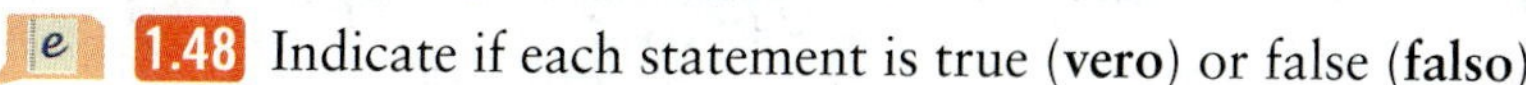

1.48 Indicate if each statement is true (**vero**) or false (**falso**).

1. Giulia presenta Taylor a Roberto.
2. Roberto abita già (*already*) a casa di Giulia.
3. Taylor è nato in Italia.
4. Roberto è contento di (*happy to*) salutare Taylor.
5. Secondo (*According to*) Taylor, Giulia è bellissima.
6. Taylor è di New York.

1.49 Discuss the following questions with your classmates.

1. Did the three roommates' expressions and gestures help you understand their relationships and feelings? How?
2. On the basis of this initial scene, what might you assume about the three roommates' future interactions?

1.50 Imagine with a partner the text message that Roberto sends to a friend about his new roommate. Tell what his name is and something about him. Include a personal reaction: **Taylor è simpatico** (*very nice*) or **Non mi piace molto** (*I don't like him very well*).

Fare una ricarica, an expression used by Taylor, refers to the common Italian practice of buying prepaid minutes for one's cell phone without having to sign a contract. In this scene, he indicates that he needs to **fare una ricarica** so that he can use his phone.

For more information about cellular phones in Italy, visit MyItalianLab.

LEGGIAMO

Strategie per leggere
Using visual clues

The physical appearance of a text can help you anticipate the kind of information it is likely to contain. Examine visual clues, such as illustrations, type style, and the format itself to get a sense of the kind of text you will be reading and be better prepared to understand its content.

Prima di leggere

1.51 Before you read the texts below, consider the following questions.

1. What type of texts do you think these are?
2. Where would you expect to find these texts?
3. What do the illustrations reveal about the content?

Mentre leggi

1.52 As you read, confirm or modify your assumptions about the types of texts you are dealing with.

RadioTaxi 011 68.25

- Puntualità, cortesia e prezzi competitivi
- Trasferimenti per tutte le destinazioni
- Specializzati in trasporto bambini
- Il tuo taxi con un SMS

Toro Taxi Torino S.p.a.
Via Mazzini, 6 (Torino)
Tel.: 011.6825
Fax: 011.8956326
Email: 6825@radiotaxitoro.torino.it
Sito: www.radiotaxitoro.torino.it

http://www.nh-hotels.com/nh/en/hotels/italy/turin/nh-lingotto.html

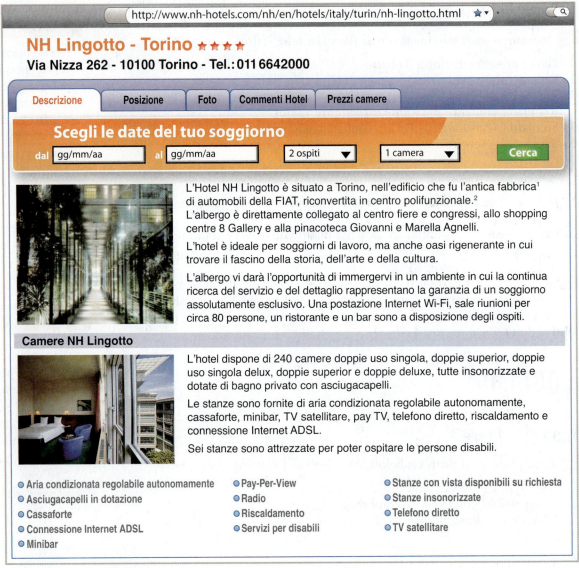

NH Lingotto - Torino ★★★★

Via Nizza 262 - 10100 Torino - Tel.: 011 6642000

Descrizione | Posizione | Foto | Commenti Hotel | Prezzi camere

Scegli le date del tuo soggiorno

dal gg/mm/aa al gg/mm/aa 2 ospiti 1 camera Cerca

L'Hotel NH Lingotto è situato a Torino, nell'edificio che fu l'antica fabbrica[1] di automobili della FIAT, riconvertita in centro polifunzionale.[2] L'albergo è direttamente collegato al centro fiere e congressi, allo shopping centre 8 Gallery e alla pinacoteca Giovanni e Marella Agnelli.

L'hotel è ideale per soggiorni di lavoro, ma anche oasi rigenerante in cui trovare il fascino della storia, dell'arte e della cultura.

L'albergo vi darà l'opportunità di immergervi in un ambiente in cui la continua ricerca del servizio e del dettaglio rappresentano la garanzia di un soggiorno assolutamente esclusivo. Una postazione Internet Wi-Fi, sale riunioni per circa 80 persone, un ristorante e un bar sono a disposizione degli ospiti.

Camere NH Lingotto

L'hotel dispone di 240 camere doppie uso singola, doppie superior, doppie uso singola delux, doppie superior e doppie deluxe, tutte insonorizzate e dotate di bagno privato con asciugacapelli.

Le stanze sono fornite di aria condizionata regolabile autonomamente, cassaforte, minibar, TV satellitare, pay TV, telefono diretto, riscaldamento e connessione Internet ADSL.

Sei stanze sono attrezzate per poter ospitare le persone disabili.

- Aria condizionata regolabile autonomamente
- Asciugacapelli in dotazione
- Cassaforte
- Connessione Internet ADSL
- Minibar
- Pay-Per-View
- Radio
- Riscaldamento
- Servizi per disabili
- Stanze con vista disponibili su richiesta
- Stanze insonorizzate
- Telefono diretto
- TV satellitare

1. *factory* 2. *multifunctional center*

MUSEO NAZIONALE DEL CINEMA
FONDAZIONE MARIA ADRIANA PROLO - Torino Mole Antonelliana
Tariffe ingressi
Museo
Intero €9,00
Ridotto €7,00
(Studenti universitari fino a 26 anni, over 65, gruppi min. 15 persone)
Giovani e scuole. €2,50
(da 6 a 18 anni, gruppi scolastici)
Gratuito
(fino a 5 anni, disabili e accompagnatore)
Ascensore panoramico
Intero €6,00
Ridotto €4,00
(Studenti universitari fino a 26 anni, over 65, gruppi min. 15 persone)
Gratuito
(fino a 5 anni, disabili e accompagnatore)

Dopo la lettura

1.53 Provide the following information.

1. What number would you call if you wanted to stay near a large shopping center in Torino?
2. What could you do if you were in Torino and needed a taxi?
3. Where could you go if you were interested in cinema? How much would your ticket cost? How about for your parents? How much would it cost to take the elevator to the top of the Mole Antonelliana?

1.54 Did you find the type of information you expected to find in these texts? How did the illustrations help?

PARLIAMO

Strategie per parlare
Greeting people, making introductions, and exchanging information

When you know you will be meeting people and making introductions—at a party, for example—review relevant expressions you have learned at both the informal and formal levels. Think also what questions you can ask people to get to know them better.

Presentiamoci (*Let's introduce ourselves*)! Imagine that you are at a party with your classmates and instructor. Greet and introduce yourself to as many people as possible and introduce those who do not know each other. Try, as well, to learn a little about each person to whom you speak.

Prima di parlare

1.55 Begin by completing the following activities.

1. Review how you can greet and introduce people, both formally and informally, in Italian. Also, how can you introduce yourself to someone you do not know or respond to an introduction?
2. Decide what questions you may want to ask people in order to get to know them better.

Mentre parli

1.56 Now circulate in the classroom and chat with your classmates and instructor. Jot down a few notes with information to share later about each person to whom you speak.

Dopo aver parlato

1.57 Share with others what you have learned about some of your classmates and your instructor. For example, you might mention some of the following information about each person:

1. il nome
2. di dov'è
3. dove abita
4. il numero di telefono
5. la mail

SCRIVIAMO

Strategie per scrivere
Filling out a form

Filling out forms is one of the most common types of writing people do. Usually, this task simply requires you to supply information using single words and short phrases. However, to complete a form accurately, it is essential to understand what information is requested. To figure out the meaning of any words you may not be familiar with, make logical assumptions based on your knowledge of the purpose of the form and the way it is organized.

Per iscriversi (*To enroll*) all'Università per Stranieri. You plan to attend the Università per Stranieri in Perugia this summer from July 1 to August 1. Complete the registration form on the next page with these dates and your personal information.

Prima di scrivere

1.58 Before you begin to write, look at the form and try to determine exactly what information you need to supply. Knowing the purpose of the form, you should be able to figure out the meaning of any unfamiliar words or abbreviations. For example, what might the three abbreviations (**g, m, a**) after the term **data di nascita** mean? And can you find where you are asked to fill in your dates of residence?

La scrittura

1.59 Now fill out the form with all of the required information. Do not worry if you do not understand every word and expression.

La versione finale

1.60 Read over your completed form.

1. Are your responses coherent and correctly spelled?
2. For a final check, exchange forms with a classmate. Have you both provided similar types of information in the various sections? Discuss your responses.

DOMANDA DI PREISCRIZIONE
APPLICATION FORM

SI PREGA DI SCRIVERE IN STAMPATELLO

COGNOME ______________________ NOME ______________________

SESSO ☐ M ☐ F DATA DI NASCITA (G/M/A) ______________________

LUOGO DI NASCITA ______________________ NAZIONALITÀ ______________________

INDIRIZZO ____

CITTÀ ______________________ STATO ______________________

TEL. ______________________ EMAIL ______________________

PROFESSIONE ____

TITOLO DI STUDIO ☐ Diploma universitario ☐ Diploma di scuola media superiore

☐ Altro ____

DURATA DEL CORSO SCELTO DAL ______________________ AL ______________________

CONOSCENZA DELLA LINGUA ITALIANA ☐ Nessuna ☐ Elementare ☐ Intermedia ☐ Avanzata

HA GIÀ FREQUENTATO I CORSI DELL'UNIVERSITÀ PER STRANIERI DI PERUGIA? ☐ SÌ ☐ NO

SE SÌ, INDICHI L'ULTIMO ANNO DI FREQUENZA __________ TESSERA N. ______________________

È IN POSSESSO DI UNA BORSA DI STUDIO? ☐ SÌ ☐ NO

SE SÌ, DAL ______________ AL ______________ CONCESSA DA ______________________

☐ Presto il consenso al trattamento dei miei dati personali per la comunicazione di informazioni istituzionali.

DATA ______________________ FIRMA ______________________________

Palazzo Gallenga - Piazza Fortebraccio 4
06123 Perugia - Italia
www.unistrapg.it

UFFICIO PREISCRIZIONI
Telefono +39 075 5746 221
Fax +39 075 5746 213
E-mail preiscrizioni@unistrapg.it

I saluti

a domani	*see you tomorrow*
a presto	*see you soon*
arrivederci	*good-bye (formal and informal)*
arrivederLa	*good-bye (formal, singular)*
buongiorno	*good morning, good afternoon*
buonanotte	*good night*
buonasera	*good afternoon, good evening, good night*
ciao	*hi, hello, good-bye (informal)*
ci vediamo	*see you*
È tardi. Devo andare.	*It's late. I have to go.*
salve	*hello*

Le presentazioni

Come si chiama (Lei)?	*What's your name? (formal)*
Come ti chiami (tu)?	*What's your name? (informal)*
E Lei?	*And you? (formal)*
E tu?	*And you? (informal)*
Le presento...	*This is... (formal)*
Lui/Lei è...	*This is...*
Mi chiamo...	*My name is...*
Molto lieto/a	*Delighted*
Piacere.	*Pleased to meet you.*
Sono...	*I am...*
Ti presento...	*This is... (informal)*

Chiedere alle persone come stanno

Bene, grazie, e Lei?	*Fine, thank you, and you? (formal)*
Bene, grazie, e tu?	*Fine, thank you, and you? (informal)*
Come sta (Lei)?	*How are you? (formal)*
Come stai (tu)?	*How are you? (informal)*
Come va?	*How is it going?*
Non c'è male.	*Not too bad.*
Non sto bene.	*I'm not well.*
Sto...	*I'm...*
abbastanza bene	*pretty well*
bene	*fine*
benissimo	*very well, great*
così così	*so-so*
male	*badly*
molto bene	*very well*

I pronomi soggetto: See p. 17.

I giorni della settimana

lunedì	*Monday*
martedì	*Tuesday*
mercoledì	*Wednesday*
giovedì	*Thursday*
venerdì	*Friday*
sabato	*Saturday*
domenica	*Sunday*

I mesi

gennaio	*January*
febbraio	*February*
marzo	*March*
aprile	*April*
maggio	*May*
giugno	*June*
luglio	*July*
agosto	*August*
settembre	*September*
ottobre	*October*
novembre	*November*
dicembre	*December*

La data

Che giorno è oggi?	*What day is it today?*
Domani è martedì.	*Tomorrow is Tuesday.*
Dopodomani è mercoledì.	*The day after tomorrow is Wednesday.*
Il mio compleanno è...	*My birthday is ...*
Oggi è il primo gennaio.	*Today is January first.*
Oggi è l'otto ottobre.	*Today is October eighth.*
Oggi è lunedì.	*Today is Monday.*
Qual è la data di oggi?	*What's today's date?*
Quand'è il tuo compleanno?	*When is your birthday?*

I numeri da 0 a 100: See p. 23.

I Paesi e le nazionalità: See p. 26.

I dati personali

Abito a Roma / a Toronto.	*I live in Rome / in Toronto.*
Di dov'è (Lei)?	*Where are you from? (formal)*
Di dove sei (tu)?	*Where are you from? (informal)*
Dove abita (Lei)?	*Where do you live? (formal)*
Dove abiti (tu)?	*Where do you live? (informal)*
Dov'è nato/a (Lei)?	*Where were you born? (formal)*
Dove sei nato/a (tu)?	*Where were you born? (informal)*
È sposato/a?	*Are you married? (formal)*
Ho venti anni.	*I am twenty years old.*
La mia mail è...	*My e-mail is...*
Il mio indirizzo è...	*My address is...*
Il mio numero di telefono è...	*My phone number is...*
Il Paese / paese	*country, nation / small town*
Qual è il Suo indirizzo?	*What's your address? (formal)*
Qual è il tuo indirizzo?	*What's your address? (informal)*
Qual è il Suo numero di telefono?	*What's your phone number? (formal)*
Qual è il tuo numero di telefono?	*What's your phone number? (informal)*
Qual è la Sua mail?	*What is your e-mail? (formal)*
Qual è la tua mail?	*What is your e-mail? (informal)*
Quanti anni ha (Lei)?	*How old are you? (formal)*
Quanti anni hai (tu)?	*How old are you? (informal)*
Sei sposato/a?	*Are you married? (informal)*
Sono di + città.	*I am from + city.*
Sono americano/a.	*I am American.*
Sono italiano/a.	*I am Italian.*
Sono italo-americano/a.	*I am Italian-American.*
Sono nato/a a + città.	*I was born in + city.*

Altre espressioni

il C.A.P. (codice di avviamento postale)	*zip code*
chiocciola	*at (@)*
E il Suo?	*And yours? (formal)*
E il tuo?	*And yours? (informal)*
e, ed (*before the vowel "e"*)	*and*
grazie	*thank you*
no	*no*
il prefisso	*area code*
prego	*you are welcome*
professor(e)/professoressa	*professor*
punto	*dot (.)*
scusa	*excuse me (informal)*
scusi	*excuse me (formal)*
sì	*yes*
signora / sig. ra	*Mrs. / Ms.*
signor(e) / sig.	*Mr.*
signorina / sig. na	*Miss*

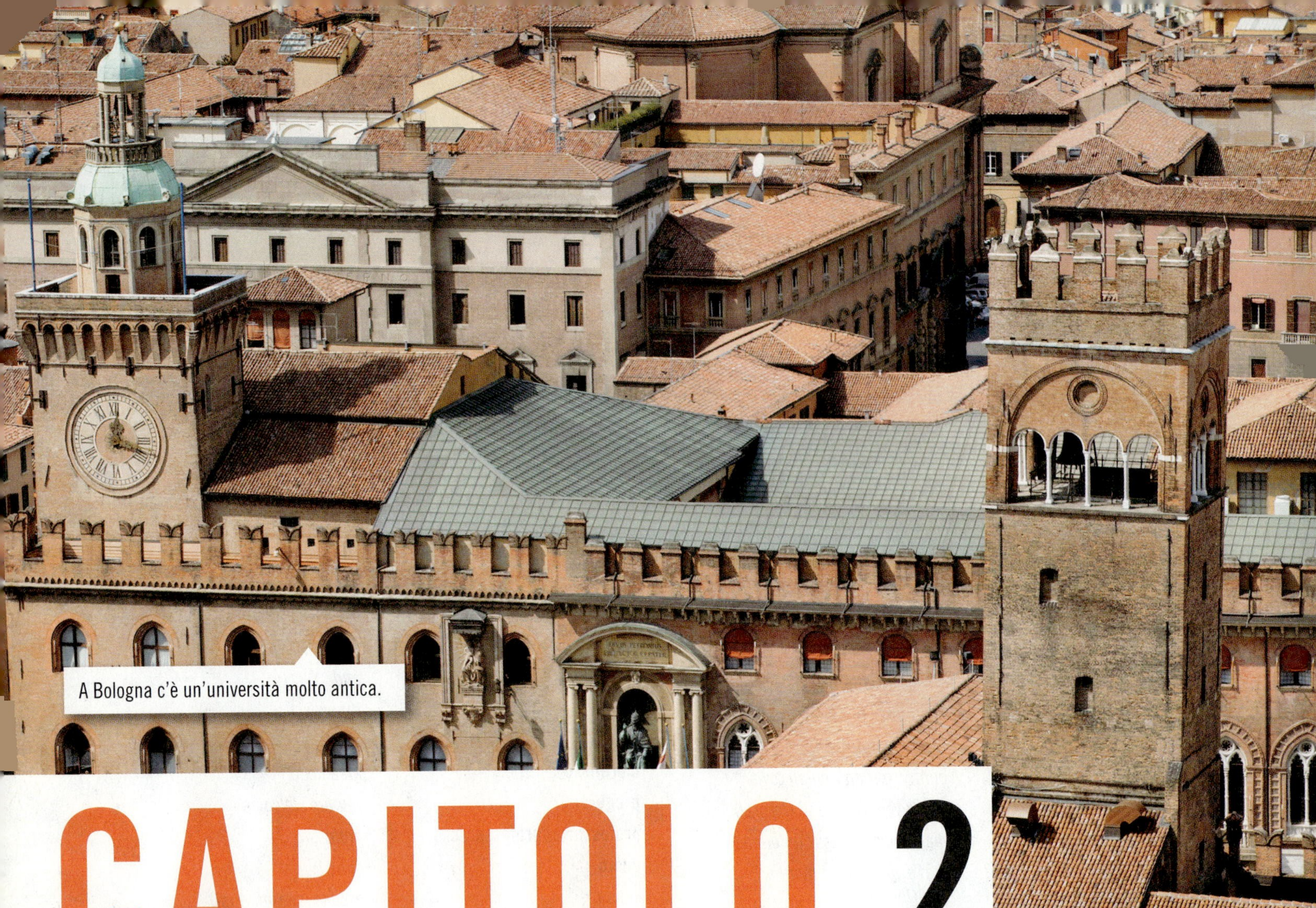

A Bologna c'è un'università molto antica.

CAPITOLO 2

CHE BELLA LA VITA DA STUDENTE!

In this chapter you will learn how to:

- Identify people and things in an Italian-language classroom
- Describe campus buildings and facilities
- Describe everyday activities in different locations on campus

PERCORSO I In classe

VOCABOLARIO

Cosa c'è in classe?

L'aula

Gli oggetti in classe

un'agenda	*appointment book*
una borsa	*handbag*
un dizionario	*dictionary*
un giornale	*newspaper*
una gomma	*eraser*
una lavagna elettronica	*smartboard*
uno schermo	*screen*
un televisore	*television*

Le persone

un amico/un'amica	*friend*
un compagno/una compagna	*classmate*
una donna	*woman*
un professore	*male teacher, professor*
un ragazzo/una ragazza	*boy/girl*
un uomo	*man*

Le domande

Che cosa c'è... ?	*What is there ...?*
Che cos'è?	*What is it?*
Chi è?	*Who is he/she?*

Così si dice *Ecco*

To point out people and things, you can use **ecco**. It is equivalent to the English: *here is, here are; there is, there are.* For example: **Dov'è uno zaino?** *Where is a backpack?* **Ecco uno zaino!** *Here (There) is a backpack!* **Ecco due zaini!** *Here (There) are two backpacks!*

2.1 L'intruso. Select the word that doesn't belong in each group.

1. un computer, una calcolatrice, una finestra
2. un gesso, una penna, un cestino
3. una sedia, un banco, una borsa
4. un giornale, un libro, un orologio
5. un quaderno, una cattedra, una lavagna elettronica
6. uno zaino, una lavagna, un cancellino
7. un computer, uno schermo, una luce
8. una donna, una ragazza, un uomo

2.2 Mettiamoli in ordine (*Let's put them in order*)! With a partner, oganize all the words that refer to people and things in the classroom, according to the following categories.

1. people
2. things you can read
3. things you use to write
4. things that don't fit in your backpack
5. things with numbers
6. things you use to do your homework
7. things you keep in your backpack

2.3 Che cos'è? Write the Italian words for six people or things in the classroom on sticky notes. Then exchange sticky notes with a classmate and go around the room to post his/her labels where they belong.

In contesto In classe

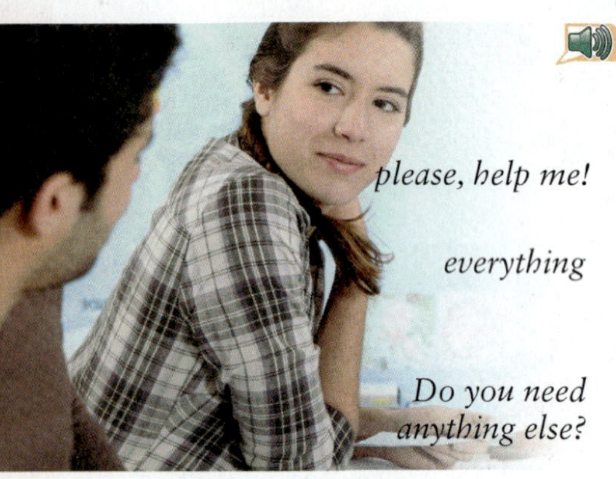

Marco, who has left everything at home, asks a classmate to help him out.

MARCO: Marisa, ti prego, aiutami!°

MARISA: Calma, Marco! Che c'è?

MARCO: Ho lasciato tutto° a casa. Mi dai un foglio di carta?

MARISA: Eccolo!

MARCO: Grazie! Ma mi dai anche una penna?

MARISA: Ecco una penna! Ti serve nient'altro?°

° *please, help me!*
° *everything*
° *Do you need anything else?*

2.4 È vero che... (*Is it true that*)? Indicate which of the following statements are true (**vero**) and which are false (**falso**), according to Marco and Marisa's conversation. Correct the false statements.

1. Lo studente si chiama Marco.
2. Marco non ha una penna.
3. Marisa non ha un foglio di carta.

Occhio alla lingua!

1. What do you notice about the endings of the words in the illustration of the classroom and in the *Vocabolario* list?
2. Look at the words that refer to females. What do you notice about the endings of these words?
3. Look at the words that end in **-e**. What do you notice about them?
4. What do you think **un, uno, una,** and **un'** mean? How and when is each form used? Can you detect a pattern?

GRAMMATICA

Il genere dei nomi

Nouns, **i nomi**, are words used to refer to people, places, objects, or ideas. In Italian, nouns have a gender (**genere**). They are masculine or feminine. Masculine nouns usually end in **-o** and feminine nouns in **-a**. Some nouns end in **-e**. These can be either masculine or feminine. Nouns that end in a consonant are usually of foreign origin and are frequently masculine.

Il genere dei nomi	
Maschile	**Femminile**
un amic**o**	una penn**a**
un giornal**e**	una calcolatric**e**
un compute**r**	

Since it is not always possible to predict the gender of a noun on the basis of its ending, you should always learn the article, which shows the noun's gender, along with the noun. Here are some additional hints to help you determine if a noun is masculine or feminine.

1. Nouns that refer to males are generally masculine, and nouns that refer to females are usually feminine.

un regista	*a male film director*	una regista	*a female film director*
un cantante	*a male singer*	una cantante	*a female singer*
un padre	*a father*	una madre	*a mother*

2. Generally, nouns ending in **-ore** are masculine and those ending in **-rice** are feminine.

un att**ore**	*an actor*	un'att**rice**	*an actress*
uno scritt**ore**	*a male writer*	una scritt**rice**	*a female writer*

3. Most nouns ending in **-ione** are feminine.

una lez**ione**	*a lesson*	una conversaz**ione**	*a conversation*
una profess**ione**	*a profession*		

4. Abbreviated nouns retain the gender of the original words from which they derive.

un'auto *f.* (automobile)	*a car*	una bici *f.* (bicicletta)	*a bicycle*
una foto *f.* (fotografia)	*a photo*	un cinema *m.* (cinematografo)	*a movie theater*

2.5 Maschile o femminile? Indicate the gender of the following nouns.

1. film
2. conversazione
3. orologio
4. computer
5. scrittrice
6. giornale
7. bar
8. attore
9. lezione
10. direttore
11. porta
12. calcolatrice
13. foto
14. autobus
15. cinema
16. bici
17. attrice
18. madre

L'articolo indeterminativo

The Italian indefinite article, **l'articolo indeterminativo,** corresponds to the English *a* or *an* or to the number *one* when used with a noun (as in *one book* or *one pen*). The indefinite article is used with a singular noun, which it always precedes. The gender of the noun and its first letter determine which indefinite article it will take.

L'articolo indeterminativo		
Before nouns beginning with:	**Maschile**	**Femminile**
a consonant	**un** libro	**una** matita
a vowel	**un** amico	**un'**amica
s + consonant	**uno s**tudente	**una s**tudentessa
z	**uno z**aino	**una z**ebra

2.6 Che cosa c'è in classe? Identify the numbered items in the illustration. Don't forget to include the indefinite article with each one.

 **2.7 C'è... ?** Take turns playing the role of an Italian student who wants to know if the following items are in your classroom and answering his/her questions.

ESEMPIO: computer

S1: C'è un computer?
S2: Sì, c'è un computer. *OR* No, non c'è un computer.

1. cestino
2. telefono
3. lavagna elettronica
4. cattedra
5. carta geografica
6. sedia
7. cancellino
8. orologio
9. calcolatrice
10. schermo
11. televisore
12. dizionario

 **2.8 Associazioni.** Work with a partner to list objects or people that you associate with each of the following items.

ESEMPIO: un errore → una gomma

1. una matita
2. un quaderno
3. un orologio
4. un cestino
5. una borsa
6. un libro
7. una lavagna
8. un banco
9. una cattedra
10. uno schermo

Così si dice
C'è / Ci sono

To indicate the existence of people, places, and things, you can use **c'è / ci sono**. **C'è** is used with singular nouns and is equivalent to the English *there is*. **Ci sono** is used with plural nouns and is equivalent to *there are*. For example: **In classe c'è una professoressa e ci sono molti studenti**. *In class there is a professor and there are many students.* To inquire about the existence of people, places, and things, you can ask: **C'è / Ci sono... ?** and inflect your voice: **C'è un televisore in classe?** *Is there a television in class?* To respond, you could say: **No, non c'è un televisore, ma ci sono due schermi**. *No, there isn't a television, but there are two movie screens.*

Il presente di *avere*

Avere (*to have*) is an irregular verb frequently used to express possession. **Avere** is also used in many idiomatic expressions that you will learn in later chapters.

avere			
Singolare		**Plurale**	
io **ho**	*I have*	noi **abbiamo**	*we have*
tu **hai**	*you have (informal)*	voi **avete**	*you have (informal)*
Lei **ha**	*you have (formal)*	Loro **hanno**	*you have (formal)*
lui/lei **ha**	*he/she has*	loro **hanno**	*they have*

—Chi ha una penna? —*Who has a pen?*
—Io ho una penna. —*I have a pen.*

2.9 Chi ce l'ha (*Who has it*)? Indicate who has what things by matching the people with the correct statements.

1. Io
2. Tu e Carlo
3. Io e il professore
4. Giovanna
5. Gli studenti
6. Tu

a. ha il tuo numero di telefono.
b. hai la borsa della professoressa.
c. ho l'indirizzo del professore.
d. abbiamo il quaderno di Luigi.
e. hanno il libro d'italiano.
f. avete il libro di Luisa.

2.10 Che cosa hanno? Tell what items the following people have.

ESEMPIO: il professore / borsa
Il professore ha una borsa.

1. uno studente e una studentessa / quaderno
2. io / libro
3. Teresa / zaino
4. Giulio / calcolatrice
5. io e Carla / orologio
6. tu e Laura / penna
7. tu / computer
8. Marta e Carlo / una matita

SCAMBI

2.11 Dov'è? Some people are having trouble finding what they need. Listen to the brief conversations, and identify what each person is looking for by writing the number of the exchange next to the appropriate illustration of the table (**il tavolo**).

a. ____________

b. ____________

c. ____________

d. ____________

2.12 Che cos'è? Take turns pointing out various objects in the classroom, asking what they are, and responding.

ESEMPIO: S1: Che cos'è?
S2: È un libro.

2.13 Chi ce l'ha? Go around the room and find at least two people who have the following items. The first person to complete this activity can confirm his/her findings by reading them aloud to the rest of the class.

1. un dizionario
2. un calendario
3. un giornale
4. un orologio
5. una borsa
6. uno zaino
7. un computer
8. un foglio di carta
9. un gesso
10. una gomma

2.14 Dov'è? Make a list of six objects in your classroom. Then take turns asking where each item is and pointing it out.

ESEMPIO: S1: Dov'è un libro?
S2: Ecco un libro.

Che cosa c'è sulla scrivania (*on the desk*)?

VOCABOLARIO

I palazzi, gli edifici e le strutture

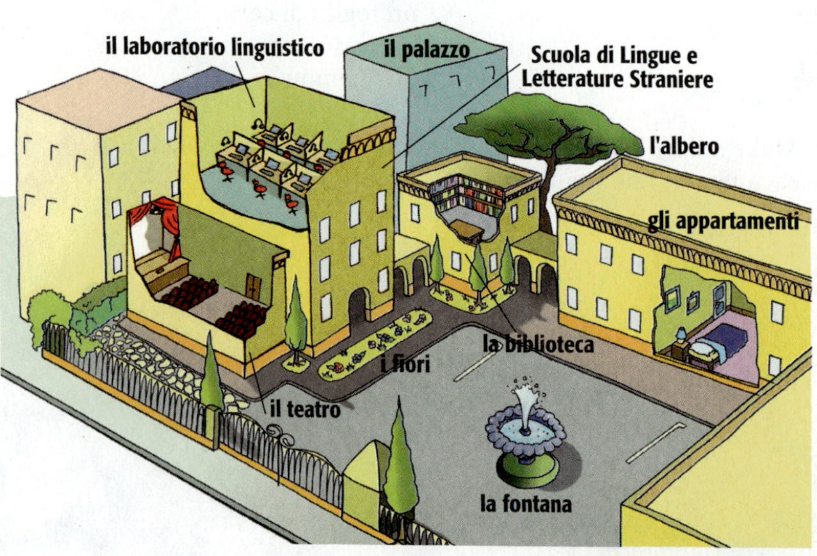

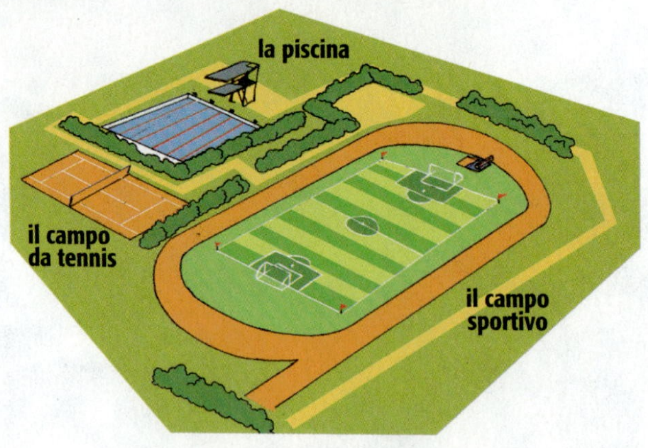

 Per descrivere

alto/a	*tall*
basso/a	*low, short*
antico/a	*antique, old*
moderno/a	*modern*
bello/a	*pretty, beautiful*
brutto/a	*ugly, bad*
grande	*big*
piccolo/a	*small*
nuovo/a	*new*
vecchio/a	*old*

 Il posto (*Location*)

Dov'è / Dove sono?	*Where is it / Where are they?*
a destra di	*to the right of*
a sinistra di	*to the left of*
davanti a	*in front of*
dietro a	*behind*
lontano da qui	*far from here*
qui vicino	*nearby*
vicino a	*near, next to*
sopra	*on top of*
sotto	*under, beneath*
tra / fra	*between*

La quantità

quanti / quante?	*how many?*
molti / molte	*many*
pochi / poche	*few*

L'università

la libreria	*bookstore*
la mensa	*cafeteria*
la scuola	*school*
lo stadio	*stadium*

2.15 Associazioni. Indicate the buildings and facilities you associate with the following activities, people, or things.

1. studenti
2. matite e penne
3. sport
4. pizza e pasta
5. film
6. libri

e **2.16 L'opposto.** Give the opposite of the following words and expressions.

1. davanti a
2. sotto
3. vicino a
4. a sinistra di
5. molti
6. alto
7. nuovo
8. antico
9. grande
10. lontano da qui

La scuola che frequento (*that I attend*) è... un edificio molto antico; è una scuola abbastanza piccola e anche le aule sono molto piccole.

Così si dice Describing places and buildings

Like all adjectives, those used to describe places and buildings agree in number and gender with the nouns they describe. Adjectives whose masculine singular form ends in **-o** have four forms. Adjectives whose singular form ends in **-e** have only two forms, singular and plural.

L'accordo degli aggettivi

Singolare		Plurale	
un palazz**o** nuov**o**	*a new building*	molt**i** palazz**i** nuov**i**	*many new buildings*
una bibliotec**a** nuov**a**	*a new library*	molt**e** bibliotech**e** nuov**e**	*many new libraries*
un teatr**o** grand**e**	*a big theater*	molt**i** teatr**i** grand**i**	*many big theaters*
una piscin**a** grand**e**	*a big pool*	molt**e** piscin**e** grand**i**	*many big pools*

You will learn more about adjectives in **Capitolo 3**.

 **2.17 Quali palazzi?** With a partner, list all the buildings on your campus or in your city that are:

1. alti e moderni
2. grandi e antichi
3. brutti e nuovi
4. vecchi e belli

Lo sai che? The Italian university

Almost all Italian cities have a university. However, they usually don't have a centralized campus. The various schools **(scuole)** and departments **(dipartimenti)** are scattered in buildings around the city, and each department has its own library. Since the typical Italian university does not have facilities such as a stadium, a swimming pool, or tennis courts, students use the city's facilities.

Most Italian students attend a university in their own city and live at home. Those who attend a university in a different city commute, share apartments, or live in the **casa dello studente**, dormitories located in the city, usually near the university buildings.

The majority of Italian universities are public and tuition **(tasse)** is fairly low, based on the parents' income. There are also several private universities. The most famous of these are the Cattolica and the Bocconi in Milan, and the Cattolica and the LUISS (Libera Università Internazionale degli Studi Sociali) in Rome.

After three years of study, students can obtain a first degree, **laurea triennale**; then, after two more years, a second degree, **laurea specialistica**. There is also a **laurea magistrale,** which can be obtained after five consecutive years. Most universities also grant master's degrees and a graduate-level research degree, **il dottorato di ricerca**.

Italian universities participate in the Erasmus and Leonardo programs designed to promote student and faculty exchanges among the member nations of the European Union.

 **2.18 L'università.** What are some similarities and differences between universities in Italy and universities in your country? What information about your university would probably be particularly interesting to an Italian student?

L'Università di Modena e Reggio Emilia, un'università tradizionale

Così si dice The prepositions *a* and *di* + *il, lo, la, l'*

To indicate location, you can use prepositions and prepositional phrases. When the prepositions **a** (*at, to*) and **di** (*of*) are followed by the definite article, they contract and become one word. For example: **Dov'è il teatro? È vicino *allo* stadio, a destra *della* mensa.** *Where is the theater? It's near the stadium, to the right of the cafeteria.*

a + il	al		di + il	del
lo	al**lo**		lo	del**lo**
la	al**la**		la	del**la**
l'	al**l'**		l'	del**l'**

Note that **sopra** (*above, on top of*) and **sotto** (*under, below*) are used with the definite article alone: **Il libro è sopra *la* cattedra. Lo zaino è sotto *il* banco.** You will learn more about prepositions in Capitolo 6.

In contesto All'università

Roberta is asking a classmate where one of the university schools is located.

ROBERTA: Scusa, sai° dov'è la Scuola di Lingue e Letterature Straniere? — *do you know*

PIETRO: Proprio qui vicino, in via Carlo Alberto, dietro alla vecchia biblioteca di giurisprudenza. È il palazzo grande a sinistra del Teatro Comunale.

ROBERTA: Grazie!

PIETRO: Figurati!° — *You're welcome!*

2.19 Dov'è la Scuola di Lingue? Draw a map that shows the relationship of the places mentioned by Roberta and Pietro. Then, with a classmate, compare your maps and discuss any differences.

Occhio alla lingua!

1. Look at the endings of the words that refer to buildings and other facilities in the *Vocabolario* illustrations and in the *In contesto* conversation. Which words are feminine and which are masculine? Which are singular and which are plural? How can you tell?
2. What do you think **il, lo, i, gli, la,** and **le** are?
3. Look at the first letter of the words that follow **il, l', i, gli, la,** and **le.** Do you see any pattern?

GRAMMATICA

Il plurale dei nomi

In Italian, nouns are generally made plural by changing the final vowel.

Il plurale dei nomi					
				Singolare	**Plurale**
Nouns ending in	**-o**	→	**-i**	palazz**o**	palazz**i**
	-a	→	**-e**	piscin**a**	piscin**e**
	-e (*m.* or *f.*)	→	**-i**	professor**e**	professor**i**
				lezion**e**	lezion**i**

Here are some additional rules to help you form plurals:

1. Nouns ending in **-ca** or **-ga** and most nouns ending in **-go** retain the hard guttural sound of the **g** in the plural, by adding an **h**.

una bibliote**ca**	*a library*	due bibliote**che**	*two libraries*
un'ami**ca**	*a friend*	due ami**che**	*two friends*
un alber**go**	*a hotel*	due alber**ghi**	*two hotels*

2. Most nouns ending in **-io** have only one **-i** in the plural.

un edifici**o**	*a building*	due edific**i**	*two buildings*
uno stadi**o**	*a stadium*	due stad**i**	*two stadiums*

3. Nouns ending in a consonant or an accented vowel and abbreviated nouns don't change in the plural.

un compute**r**	*a computer*	due compute**r**	*two computers*
un campu**s**	*a campus*	due campu**s**	*two campuses*
un'universit**à**	*a university*	due universit**à**	*two universities*
una **foto**(grafia)	*a photograph*	due **foto**	*two photographs*
un **cinema**(tografo)	*a movie theater*	due **cinema**	*two movie theaters*

e **2.20 Il plurale.** Indicate which indefinite article to use with the following singular nouns, and then change the nouns to the plural using **molti** or **molte**.

ESEMPIO: libro
un libro, molti libri

1. fontana
2. albero
3. computer
4. edificio
5. amica
6. piscina
7. studentessa
8. libreria
9. teatro
10. cinema
11. biblioteca
12. bar

2.21 Quanti? Tell how many of the following things and people are or are not in your classroom.

ESEMPI: libro
Ci sono trenta libri.
telefono
Non c'è un telefono.

1. zaino
2. giornale
3. orologio
4. matita
5. studente
6. schermo
7. computer
8. banco
9. porta
10. televisore
11. studentessa
12. professore

2.22 Che cosa c'è a scuola? Take turns telling how many of the following buildings, sites, or things are on your campus.

1. teatro
2. libreria
3. campo da tennis
4. biblioteca
5. mensa
6. fontana
7. albero
8. piscina
9. stadio
10. laboratorio linguistico

L'articolo determinativo

The Italian definite article, **l'articolo determinativo**, corresponds to the English *the*. Whereas in English the definite article is invariable, the Italian definite article has many forms since it agrees in number and gender with the noun it precedes. Its form also depends on the first letter of the word it precedes.

Ecco l'Università di Salerno. Ci sono gli studenti, le studentesse e i professori. Ci sono anche i palazzi, la biblioteca, la mensa e gli alberi.

L'articolo determinativo				
	Maschile		**Femminile**	
Before nouns beginning with:	**Singolare**	**Plurale**	**Singolare**	**Plurale**
a consonant	**il** teatro	**i** teatri	**la** libreria	**le** librerie
a vowel	**l'**albero	**gli** alberi	**l'**entrata	**le** entrate
s + consonant	**lo** stadio	**gli** stadi	**la** scuola	**le** scuole
z	**lo** zaino	**gli** zaini	**la** zebra	**le** zebre

1. **Il** and **i** are used with masculine nouns beginning with a consonant.
2. **La** and **le** are used with feminine nouns beginning with a consonant.
3. **La** becomes **l'** before feminine singular nouns beginning with a vowel. The plural **le,** however, doesn't change before words beginning with a vowel.
4. **Lo** and **gli** are used before masculine nouns that begin with a vowel, **s** + a consonant, or **z. Lo** becomes **l'** before masculine singular nouns beginning with a vowel.
5. When using a title to address someone, do not use the definite article. Use the definite article, however, when speaking *about* someone.

Buongiorno, **professoressa** Giuliani.	*Good morning, Professor Giuliani.*
La professoressa Giuliani abita a Roma.	*Professor Giuliani lives in Rome.*
Come va, **dottor** Castri?	*How is it going, Doctor Castri?*
Il dottor Castri è italiano.	*Doctor Castri is Italian.*

2.23 Ecco! Point out the following places and things on your campus to a new friend.

ESEMPIO: appartamenti
Ecco gli appartamenti.

1. mensa
2. teatro
3. scuola
4. stadio
5. fontana
6. alberi
7. piscina
8. librerie
9. campi da tennis
10. laboratorio linguistico

2.24 La scuola. Describe your school in complete sentences, using the cues provided.

ESEMPIO: campus / piccolo
Il campus è piccolo. *OR* Il campus non è piccolo.

1. biblioteca / grande
2. edifici / bassi
3. piscina / nuova
4. laboratorio linguistico / moderno
5. campi sportivi / grandi
6. stadio / vecchio

Una piccola città italiana

2.25 Una città italiana. Serena is asking Lorenzo about the city where he lives. Complete their conversation using the appropriate forms of the definite article.

SERENA: Com'è (1) ________ città? È piccola?
LORENZO: Sì! Piccola e antica! (2) ________ palazzi sono tutti antichi.
SERENA: E (3) ________ scuola com'è?
LORENZO: Vecchia, ovviamente! (4) ________ palazzo è antico, ma (5) ________ aule sono moderne.
SERENA: E (6) ________ appartamento dove abiti, dov'è?
LORENZO: Vicino allo stadio. Ci sono anche (7) ________ campi da tennis e (8) ________ piscine.
SERENA: (9) ________ appartamenti sono piccoli?
LORENZO: No! Per fortuna sono grandi e tutti (10) ________ studenti sono soddisfatti.

2.26 Dove sono? With a partner, look at the classroom illustration in the *Percorso I Vocabolario* section and indicate the location of each of the items listed below. Be sure to use the correct form of the definite article and together come up with as many possibilities as you can.

ESEMPIO: libro

S1: Il libro è sopra il banco.
S2: Il libro è davanti allo zaino.

1. studenti
2. lavagna
3. banchi
4. professoressa
5. cattedra
6. penna
7. orologio
8. quaderno

SCAMBI

2.27 Che cos'è? Listen as different students request directions, and indicate the letter of the conversation that corresponds to the facility each person is looking for.

1. __________ il laboratorio linguistico
2. __________ la piscina
3. __________ la mensa
4. __________ il teatro

2.28 Dov'è? Look at the illustration with a partner and determine together which structure or location is being described.

1. È davanti al teatro, tra la biblioteca e la piscina.
2. È a sinistra del campo da tennis, davanti allo stadio.
3. È a destra del teatro, dietro alla piscina.
4. È a sinistra dello stadio e davanti alla mensa.

2.29 La mia scuola. Choose three buildings or facilities on your campus and prepare a one- or two-line description of each one, mentioning the location. Then, in small groups, take turns describing the places and identifying them.

ESEMPIO: —Ci sono molti computer. È dietro la biblioteca. Che cos'è?
—È il laboratorio linguistico.

Lo sai che? Bologna la Dotta

The Italian city of Bologna is known as **la Dotta** (*the learned one*) because of its university, which is one of the oldest in the world. Although the exact date of its founding is unknown, it is generally believed that the University of Bologna dates back to the end of the eleventh century, when groups of students all over Europe began forming their own study associations, which were independent from the Church. These associations were organized and administered directly by students, and they are considered the precursors of the modern-day university system.

Many famous Italians studied or at least spent some time in Bologna, among them Dante Alighieri, Francesco Petrarca, Leon Battista Alberti, and later Torquato Tasso and Carlo Goldoni. Thomas Becket, Desiderius Erasmus, Nicolaus Copernicus, and Albrecht Dürer also studied in Bologna.

La biblioteca Salaborsa della città di Bologna

Until 1803, the university was situated in the palace known as *Archiginnasio*, built in 1563. In this building, in 1637, an anatomical theater was constructed for the teaching of anatomy and the dissection of corpses. It was almost destroyed during World War II, but was later rebuilt in its original form. Many tourists from all over the world visit it.

Today Bologna is still one of the most important research and study centers in Italy, and it is considered a lively student town. Several foreign universities have programs in this city.

2.30 Un'università antica. Which are the oldest universities in your country? Why are they famous?

Le attività a scuola

VOCABOLARIO

Cosa fai ogni giorno a scuola?

Oggi gioco a calcio allo stadio.

Che cosa studiate?
Oggi io e Anna studiamo geografia in biblioteca.

Che cosa insegna la professoressa Talenti?
Insegna matematica.

Mario e Giuseppe **nuotano** in piscina.

Cosa compri?
Compro libri di economia.

Giorgio **suona** la chitarra e Luisa **canta.** Gli amici **ascoltano.**

Le attività

abitare	*to live*
arrivare	*to arrive*
aspettare	*to wait for*
cercare	*to look for*
cominciare	*to start, to begin*
desiderare	*to wish*
disegnare	*to draw*
domandare	*to ask*
entrare	*to enter*
frequentare	*to attend*
guardare (la televisione)	*to watch (television)*
imparare	*to learn*
incontrare	*to meet*
lavorare	*to work*
mangiare	*to eat*
parlare	*to talk*
pensare	*to think*
tornare	*to return*

Le materie (*Academic subjects*)

l'architettura	*architecture*
la biologia	*biology*
l'economia	*economics*
la filosofia	*philosophy*
la fisica	*physics*
il giornalismo	*journalism*
la giurisprudenza	*law*
l'informatica	*computer science*
l'ingegneria	*engineering*
le lettere	*humanities*
le lingue straniere	*foreign languages*
la materia	*subject*
la psicologia	*psychology*
le scienze naturali	*natural sciences*
le scienze politiche	*political science*
la sociologia	*sociology*
la storia	*history*

La descrizione delle materie

difficile	*hard, difficult*
divertente	*fun, amusing*
facile	*easy*
interessante	*interesting*
noioso/a	*boring*
Ti piace... ?	*Do you like ... (+ singular noun)?*
(Non) Mi piace...	*I (don't) like ... (+ singular noun).*

Quando (*When*)?

la mattina	*in the morning*
ogni giorno	*every day*
il pomeriggio	*in the afternoon*
la sera	*in the evening*
stasera	*this evening*

2.31 Le attività in un campus. Match the campus locations with all relevant activities that you associate with them.

1. la libreria
2. la biblioteca
3. la Scuola di Architettura
4. la Scuola di Musica
5. la piscina
6. la mensa
7. il campo da tennis
8. il cinema
9. lo stadio
10. il bar
11. la scuola

a. parlare
b. disegnare
c. mangiare un panino (*sandwich*)
d. guardare un film
e. nuotare
f. giocare a tennis
g. cercare un libro
h. suonare uno strumento (*instrument*)
i. comprare i quaderni e le penne
j. cantare
k. incontrare gli amici
l. studiare
m. imparare
n. pensare
o. guardare una partita (*game*) di calcio

Un cortile interno all'università di Bologna

2.32 La mia giornata a scuola. Combine elements from each of the three columns to tell what you are doing today.

ESEMPIO: Aspetto un'amica davanti alla mensa.

1. Arrivo	i professori	davanti alla mensa
2. Aspetto	gli amici	in libreria
3. Cerco	a scuola	la sera
4. Incontro	libri e quaderni	in classe
5. Parlo	a casa	nel laboratorio linguistico
6. Ascolto	un libro	ogni giorno
7. Compro	un'amica	la mattina
8. Torno	italiano	a teatro
	i CD	in biblioteca

2.33 Le materie. With a partner, tell what subjects someone usually studies for each profession listed.

1. professore di lettere
2. dottore
3. scienziato
4. scrittore

2.34 Che cosa studia? Watch an interview in which Emma, a student at a **liceo**, talks about her studies and indicates what courses students usually take at her school. Then answer the related questions.

1. Which of the following courses does Emma mention?

_____ latino	_____ filosofia
_____ geografia	_____ storia dell'arte
_____ greco	_____ matematica
_____ italiano	_____ informatica
_____ inglese	_____ scienze

2. Discuss with a partner the information shared by Emma. Which courses taken by students at Emma's school are not usually taught in your country? What are typical required courses for high school students where you live?

In contesto Davanti alla biblioteca

Giorgio and Anna are chatting in front of the library.

GIORGIO: Anna, che fai qui?°
ANNA: Niente, aspetto Giovanna. E tu?
GIORGIO: Cerco un libro d'italiano.
ANNA: Mangiamo un panino insieme? Ti va?°
GIORGIO: Certo! Alla mensa?
ANNA: No! Mangiamo qualcosa al bar qui vicino, appena° arriva Giovanna.

° *what are you doing here?* ° *Do you feel like it?* ° *as soon as*

2.35 Che cosa fanno (*What are they doing*)? Indicate which of the following statements are true (**vero**) and which are false (**falso**), according to Anna and Giorgio's conversation. Correct the false statements.

1. Anna ha un appuntamento con Giovanna.
2. Giorgio lavora in biblioteca.
3. Giorgio, Anna e Giovanna mangiano insieme al bar.

Occhio alla lingua!

1. Look at the illustration captions and text in the speech bubbles in the *Vocabolario* section. What do you think the words in boldface type express?
2. Look at the endings of the words in boldface type and the various people doing the activities. Can you detect a relationship between the verb endings and the person or people performing the activities?

GRAMMATICA

Il presente dei verbi in *-are*

Vivo in casa con i miei genitori e frequento l'università di legge che è situata in un polo (*college*) detto polo delle scienze sociali... È situato in periferia, non è un campus, ma quasi. Noi possiamo (*can*) frequentare corsi, pranzare, studiare. Abbiamo delle aule di lettura dove possiamo fare gruppi di studio. Abbiamo aule computer, un bar.

An infinitive is a verb that is not conjugated. In English, an infinitive consists of a verb preceded by *to*. In Italian, infinitives are distinguished by their endings. Infinitives of regular Italian verbs end in **-are, -ere,** or **-ire: parlare** (*to speak*), **scrivere** (*to write*), and **dormire** (*to sleep*). Regular verbs are conjugated by dropping the infinitive endings and adding a set of endings to the stem. Below are the present-tense endings for regular verbs whose infinitives end in **-are**. These are called first-conjugation verbs. Notice how the ending changes according to who performs the action.

parlare			
Singolare		**Plurale**	
io parl**o**	*I speak*	noi parl**iamo**	*we speak*
tu parl**i**	*you speak (informal)*	voi parl**ate**	*you speak (informal)*
Lei parl**a**	*you speak (formal)*	Loro parl**ano**	*you speak (formal)*
lui/lei parl**a**	*he/she speaks*	loro parl**ano**	*they speak*

The present tense in Italian can have the following meanings in English.

Studiamo l'italiano. *We study Italian.*
We are studying Italian.
We do study Italian.

Here are some other rules you should keep in mind when using regular **-are** verbs:

1. Verbs that end in **-iare**, such as **cominciare, studiare,** and **mangiare,** drop the **i** of the stem in the **tu** and **noi** forms.

   cominciare: comincio, cominci, comincia, comin**ciamo**, cominciate, cominciano
   mangiare: mangio, mangi, mangia, man**giamo**, mangiate, mangiano

2. Verbs that end in **-care** and **-gare**, such as **giocare** (*to play*) and **spiegare** (*to explain*), add an **h** in the **tu** and **noi** forms to maintain the hard sound of the **c** and the **g** in the stem.

   giocare: gioco, gio**chi**, gioca, gio**chiamo**, giocate, giocano
   spiegare: spiego, spie**ghi**, spiega, spie**ghiamo**, spiegate, spiegano

2.36 Chi lo fa? Listen to the brief exchanges among various students and their friends, and use an Italian subject pronoun to indicate the subject of each verb that you hear.

1. ______________, ______________, ______________
2. ______________, ______________, ______________, ______________
3. ______________, ______________
4. ______________, ______________
5. ______________, ______________

2.37 Chi? Indicate who is performing the following actions by matching the statements with the correct person or people.

1. Ascoltiamo i CD d'italiano.	**a.** io
2. Giocano a tennis.	**b.** tu e Renata
3. Compra un dizionario.	**c.** gli studenti
4. Cerchi un libro.	**d.** tu
5. Mangiano la pizza.	**e.** Fabrizio
6. Nuotate in piscina.	**f.** Luisa e Alessia
7. Imparo l'italiano.	**g.** io e Paolo
8. Incontrate gli amici.	**h.** voi

2.38 Che cosa fanno? Tell what the following people are doing.

1. Io / ascoltare il professore
2. La professoressa / insegnare
3. Tu / comprare / un quaderno
4. Tu e un'amica / cercare un libro
5. Io e gli amici / suonare la chitarra
6. Gli studenti / nuotare in piscina
7. Una studentessa / studiare in biblioteca
8. Noi / parlare in italiano

2.39 Molte attività. Complete the sentences to indicate what people are doing. Use the correct form of one of the verbs from the list.

cercare	disegnare	entrare	giocare	imparare	suonare

1. Paolo e Giovanni ______________ il piano.
2. Anna ______________ un albero.
3. Tu e Mario ______________ il numero di telefono di un amico.
4. Io e Carlo ______________ l'italiano.
5. Tu ______________ a tennis.
6. Io ______________ in classe.

Il presente di *fare*

Questi ragazzi sono studenti? Sono a scuola? Cosa fanno?

Fare (*to do, to make*) is an irregular verb. It is used in many idiomatic expressions, which you will learn in later chapters.

fare			
Singolare		**Plurale**	
io faccio	*I do, make*	noi facciamo	*we do, make*
tu fai	*you do, make (informal)*	voi fate	*you do, make (informal)*
Lei fa	*you do, make (formal)*	Loro fanno	*you do, make (formal)*
lui/lei fa	*he/she does, makes*	loro fanno	*they do, make*

—Che cosa fai questa mattina? —*What are you doing this morning?*
—Studio. Che cosa fate tu e Carlo? —*I am studying. What are you and Carlo doing?*
—Facciamo i compiti. —*We are doing our homework.*

2.40 Che cosa fate? Ask what the following people are doing by supplying the missing forms of **fare**.

1. —Che cosa ____________ Luca?
   —Gioca a calcio.
2. —Fabrizio, che cosa ____________?
   —Studio.
3. —Che cosa ____________ tu e Paolo?
   —Parliamo con gli amici.
4. —Che cosa ____________ noi oggi?
   —Guardiamo un film.
5. —Che cosa ____________ Roberto?
   —Aspetta Susanna.
6. —Che cosa ____________ Roberto e Susanna?
   —Suonano la chitarra.
7. —Signora, che cosa ____________ ?
   —Mangio un panino.

SCAMBI

2.41 Che cosa fa? Look at Giulia's agenda and take turns indicating what she is doing each day this week and when—in the morning, afternoon, or evening. As you discuss what Giulia is doing, mention also what you yourselves will be doing each day at those times. Use verbs and expressions that you have learned.

ESEMPIO: Martedì mattina Giulia studia in biblioteca.
Io studio in biblioteca giovedì sera.

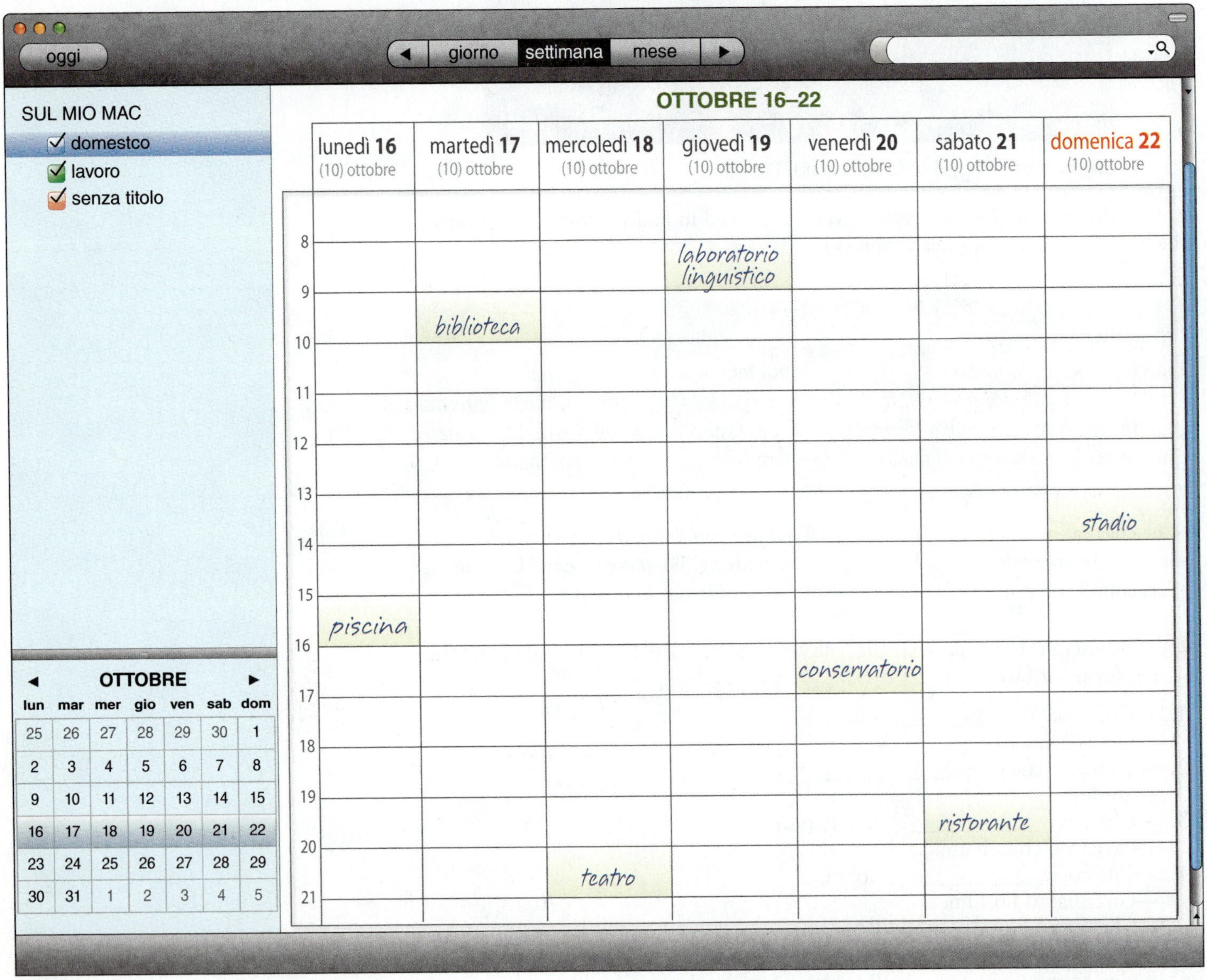

oggi | giorno | settimana | mese

SUL MIO MAC
- domestco
- lavoro
- senza titolo

OTTOBRE 16–22

	lunedì **16** (10) ottobre	martedì **17** (10) ottobre	mercoledì **18** (10) ottobre	giovedì **19** (10) ottobre	venerdì **20** (10) ottobre	sabato **21** (10) ottobre	domenica **22** (10) ottobre
8				laboratorio linguistico			
9		biblioteca					
10							
11							
12							
13							stadio
14							
15	piscina						
16					conservatorio		
17							
18							
19						ristorante	
20			teatro				
21							

OTTOBRE

lun	mar	mer	gio	ven	sab	dom
25	26	27	28	29	30	1
2	3	4	5	6	7	8
9	10	11	12	13	14	15
16	17	18	19	20	21	22
23	24	25	26	27	28	29
30	31	1	2	3	4	5

2.42 Chi? Go around the room and find at least two classmates who do the following things. Record your findings and report them to the class.

ESEMPIO: La mattina guarda la televisione.

S1: La mattina guardi la televisione?

S2: Sì, guardo la televisione la mattina. *OR* No, non guardo la televisione la mattina.

Attività	Nome
1. Studia in biblioteca ogni giorno.	
2. Lavora il pomeriggio.	
3. Suona la chitarra o un altro strumento.	
4. Mangia alla mensa ogni giorno.	
5. Gioca a calcio.	
6. La sera guarda la televisione con gli amici.	
7. Canta.	
8. Disegna molto bene.	

2.43 Studi… ? Discuss with a classmate some of the courses you are currently taking and how you feel about them.

ESEMPIO: S1: Che cosa studi?

S2: Studio matematica, economia e italiano. E tu?

S1: Studio italiano e giornalismo.

S2: Ti piace il giornalismo?

S2: Sì. È interessante e divertente…

2.44 Indovina dove (*Guess where*)! Choose a place on campus and make a list of three activities that students do there. Then take turns reading your list to the others and guessing what place is being described.

Politecnico di Milano: Dove sono gli studenti? Cosa fanno?

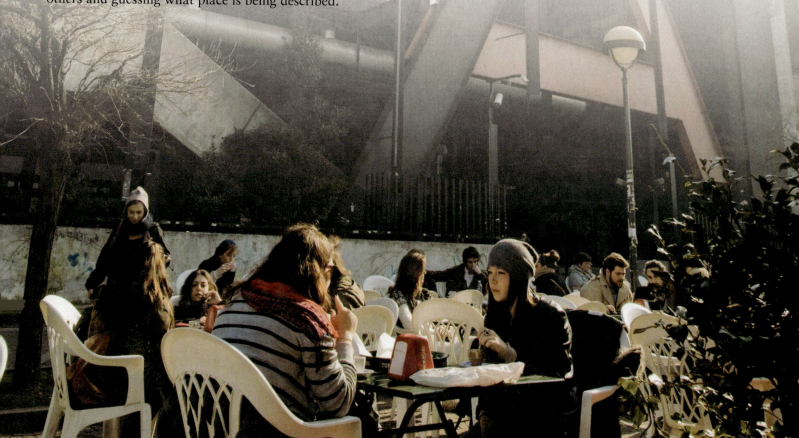

ATTRAVERSO

L'EMILIA-ROMAGNA

Bologna is known not only as **la Dotta** (*the learned one*), but also as **la Grassa** (*the fat one*), because of its fine cuisine. It is well kown for its **portici**, colonnades that extend along the city streets for almost 38 kilometers and allow people to walk around comfortably even in bad weather. A beautiful Medieval city, rich in history and culture, Bologna is the capital of the Emilia-Romagna region. Emilia-Romagna is famous for the foods produced in its fertile plains, its striking landscape, and its coastline cities, known as **la riviera romagnola,** which attract the young and old in search of lively and relatively inexpensive beaches and clubs. Emilia-Romagna is also an important cultural and economic center.

La fabbrica delle famose Ferrari a Maranello, vicino Modena. La prima Ferrari è prodotta nel 1947. Oggi a Maranello c'è anche il museo delle automobili Ferrari.

Una larga e affollata (*crowded*) spiaggia (*beach*) della riviera romagnola (Cattolica). La costa romagnola è lunga 150 chilometri. Le spiagge sono molto larghe e affollate. La riviera romagnola è famosa per il cibo (*food*) e il ballo. È possibile mangiare e ballare a tutte le ore (*all hours*) del giorno e della notte. Rimini, Riccione e Milano Marittima sono i centri più conosciuti. Rimini è particolarmente popolare fra i giovani.

VERIFICHIAMO

First read the introduction to the region; then look at the photos and read the related captions.

2.45 Che cos'è? Tell what building, place, or person is being described.

1. Ha quasi 38 chilometri di portici e si chiama la Grassa per la sua cucina.
2. C'è il museo della Ferrari.
3. È un famoso direttore d'orchestra nato a Parma.
4. È famosa per i mosaici bizantini.
5. È il compositore dell'*Aida*.
6. È famosa per il prosciutto.
7. È una città turistica dove vanno molti giovani in estate.

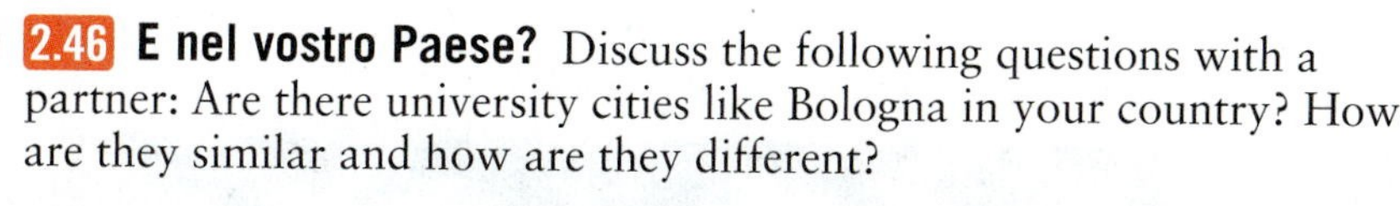

2.46 E nel vostro Paese? Discuss the following questions with a partner: Are there university cities like Bologna in your country? How are they similar and how are they different?

2.47 Rimini. With a partner, imagine what Rimini is like in the summer months. Would you like to go there? Are there any areas in your country similar to this city? Would Italians find them appealing? Why?

La cattedrale di Parma. Parma è la capitale alimentare (*food*) d'Italia. È famosa per il prosciutto e il parmigiano e le industrie alimentari che producono pasta e salumi. Parma è anche la città natale (*birth*) del direttore d'orchestra Arturo Toscanini (1867–1957). A Busseto, vicino a Parma, è nato Giuseppe Verdi (1813–1901). *La traviata*, *Il trovatore* e l'*Aida* sono alcune delle sue opere (*operas*) più importanti.

La Basilica di San Vitale, del VI secolo (*century*), con i suoi magnifici mosaici. Ravenna fu (*was*) la capitale dell'Impero (*Empire*) Romano d'Occidente (401–476), del regno degli ostrogoti (493–553) e dell'Impero Romano d'Oriente (568–751). È una città molto ricca di arte. A Ravenna c'è la tomba di Dante, morto nel 1321 in questa città.

IN PRATICA

GUARDIAMO

Strategie per guardare
Noticing cultural differences

The differing customs and values of another society are not always obvious to a casual spectator. However, if you observe a video episode attentively, you will often notice interesting cultural differences. These can give you a useful context for understanding what is going on and appreciating important aspects of Italian life.

Per capire meglio!

avere bisogno	*to need*
avere fretta	*to be in a hurry*
Che barba!	*How boring!*
il/la docente	*teacher*
fare colazione	*to have breakfast*
ha il ragazzo	*she has a boyfriend*
l'indisposizione (*f.*)	*illness*
la lezione è rimandata	*the lesson is postponed*
mi basta un caffè	*coffee is enough for me*
il mio gruppo	*my band*
niente	*nothing*
Non ho capito una parola!	*I didn't understand a word*
Puoi ripetere più piano?	*Can you repeat slower?*
Sono in ritardo	*I'm running late*

Sulla lavagna: "La lezione è rimandata a lunedì, causa indisposizione del docente."

Prima di guardare

2.48 In this second episode, we learn a little more about Taylor and Roberto, and meet a new character, Elena.

1. Look at the first photo and caption. What can you infer about Roberto's and Taylor's breakfast habits? How is breakfast viewed in your country?
2. Describe the classroom scene in the second photo. How is it different from a university classroom in your country?

Mentre guardi

 **2.49** As you watch this episode, notice the following:

1. The eating habits of Roberto, Taylor, and Giulia.
2. The means of transportation used to get around.
3. The nature of Rome and its neighborhoods.
4. What is distinctive about the location and facilities of Italian universities.

 **2.50** While noticing the cultural framework, also focus on the relationship between Taylor and Roberto and between the two young men and Giulia.

Dopo aver guardato

 **2.51** Indicate if each statement is true (**vero**) or false (**falso**).

1. Roberto suona in una rock band.
2. Roberto mangia molto la mattina.
3. Taylor studia Scienze della Comunicazione.
4. Taylor studia all'università di Roma.
5. Taylor non ha lezione, perché il suo professore non sta bene.
6. Elena si presenta a Taylor.

 **2.52** Discuss the following questions with your classmates.

1. How would you describe Roberto? What does he think of Taylor? Is he happy to have a new roommate?
2. What can you infer about Elena? Why does she talk to Taylor? How do you imagine their future relationship?

 **2.53** Imagine that you are Taylor and write an email to your mother about your new Italian school.

LEGGIAMO

Prima di leggere

 **2.54** Paying particular attention to words you recognize as cognates, look at the text "Madrelingua" and then answer, with a partner, the following questions.

1. What type of text is this?
   a. un articolo
   b. una lettera
   c. una pubblicità
2. What is the topic of this text?
   a. un ristorante
   b. una scuola
   c. una banca
3. What words and other clues led you to these conclusions?

Il mondo italiano

In this segment, Giulia takes Taylor to Trastevere, a popular neighborhood in Rome located on the west bank of the Tiber River. Today Trastevere is famous for its lively night life; there are many restaurants, pubs, and clubs. And, since two American universities are located in this neighborhood, it is heavily populated by American college students and expatriates.

To learn more about Trastevere, visit MyItalianLab.

Strategie per leggere
Recognizing and using cognates

As you learned in **Capitolo preliminare,** many words look similar in English and Italian, since both languages contain terms derived from Latin. Words that are similar in spelling and meaning in two languages are called cognates and they are usually easy to recognize. For example, the English ending *-ty* often corresponds to the Italian ending **-tà: università** (*university*), **città** (*city*). The English endings *-tion* and *-sion* often correspond to the Italian endings **-zione: conversazionze** (*conversation*) and **-sione: televisione** (*television*), **professione** (*profession*). Recognizing cognates can help you expand your vocabulary and understand what you read.

Mentre leggi

2.55 As you read the text, make a list of all the cognates that you recognize.

www.madrelinguaitaliano.com

Madrelingua

Corsi di italiano: imparare l'italiano a Bologna

Home | Chi siamo | La scuola | Studiare l'italiano in italia | Foto gallery

CORSO DI ITALIANO STANDARD

Il corso di Italiano Standard a Bologna consiste in quattro ore di lezioni di italiano al giorno per un totale di 20 ore a settimana. Sono previste[1] anche circa 10 ore a settimana di compiti, più le attività extra-scolastiche.

Durante il corso di italiano hai l'opportunità di:

- partecipare a un aperitivo insieme agli insegnanti e i compagni di corso
- andare al ristorante per un pranzo[2] o una cena[3]
- visitare alcuni dei famosi musei e delle attività culturali di Bologna
- partecipare a una visita guidata della città
- visitare una città vicino a Bologna: Ferrara, Ravenna, Dozza, Modena
- organizzare gite[4] o viaggi con altri studenti in altre città italiane come: Venezia, Firenze, Roma
- fare shopping nei famosi mercati e negozi di Bologna
- guardare un film italiano insieme ai[5] tuoi compagni di corso

Le Lezioni

Le lezioni si tengono la mattina, solitamente dalle 09:30 alle 13:30.
Le classi hanno un minimo di 4 studenti e un massimo di 10.

Le Risorse

La nostra scuola di italiano a Bologna è molto ben attrezzata[6] per imparare le lingue: ogni classe ha lettori audio, DVD e video.
L'accesso a Internet e ai software didattici è sempre gratuito e disponibile. C'è anche una videoteca con DVD di film classici italiani. Infine ci sono libri con o senza CD e riviste in italiano.

Madrelingua Srl - Tel./Fax 051.267.822 - info@madrelinguabologna.com

1. foreseen 2. lunch 3. dinner 4. excursions 5. together with 6. equipped

Studenti stranieri a Bologna

Dopo la lettura

2.56 Work with a classmate and compare the cognates that you identified. Who has found more? Which words in your lists relate to the main focus of the reading?

2.57 Indicate which of the following statements are true (**vero**) and which are false (**falso**).

______ **1.** Gli studenti in questa scuola studiano italiano.
______ **2.** La scuola è in un campus universitario.
______ **3.** Gli studenti non sono italiani.
______ **4.** Gli studenti possono fare molte attività dopo le lezioni.
______ **5.** Le aule sono molto moderne.
______ **6.** Gli studenti studiano tutto il giorno.

2.58 Would you be interested in studying Italian at Madrelingua in Bologna? List in Italian and share with your classmates several aspects of this school and its program that you find interesting.

PARLIAMO

Strategie per parlare
Organizing information before you speak

When you will be discussing a specific topic, such as your daily activities, and comparing your experiences, organize your information before you begin. Figure out a logical way to present it—for example, using chronological order—then make a few notes you can use as the framework for your discussion.

La vita da studente. Discuss your daily school-related activities with a classmate and find out what you have in common.

Di che cosa parlano?

Prima di parlare

2.59 Begin by completing the chart to indicate what you usually do throughout your school day. Use **-are** verbs that you have learned in this chapter.

La mattina	Il pomeriggio	La sera

Mentre parli

2.60 Share with a classmate what you do at different times in the day. Determine what things you both do at some point each day. Are there also some activities that you do not have in common?

ESEMPIO: —La mattina incontro gli amici a scuola. E tu?
—Io la mattina lavoro! Incontro gli amici il pomeriggio…

Dopo aver parlato

2.61 Take turns summarizing for the class what the two of you do and do not have in common. How do your daily activities compare to those of the class as a whole?

Strategie per scrivere
Using semantic mapping to come up with and organize ideas

Coming up with interesting ideas to write about—and organizing them to get your point across—can be challenging, especially for beginning language students. Semantic mapping can help you with the process. It is simple and fun.

SCRIVIAMO

La nostra scuola. You are about to meet with a group of Italian students who have just arrived on your campus. Prepare some written notes, telling what schools in your country are like, before you talk with them.

Prima di scrivere

2.62 Follow these steps to create and use a semantic map.

1. Write **La scuola** and organize related words around it.

ESEMPIO:

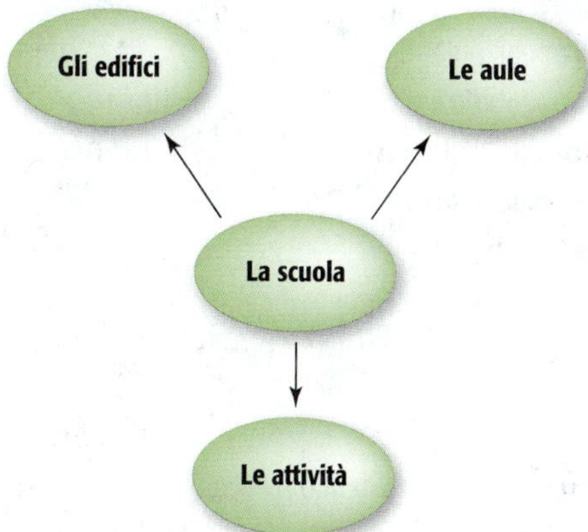

2. Next, around each word related to **La scuola**, such as **Le attività**, brainstorm clusters of words and ideas that you associate with that word. For example, around **Le attività**, you might write **studiare, giocare a tennis**, etc.
3. Look at the semantic map you have created and ask yourself what Italian students would find most interesting and relevant. Keep in mind what you have learned about Italian schools and how they differ from those in your country. Decide which clusters of ideas (select at least three) you want to develop and in what order.

La scrittura

2.63 Prepare a first draft of your notes based on the clusters of ideas you have selected from your semantic map.

La versione finale

2.64 Let some time pass and then review your first draft.

1. Ask yourself if your ideas are expressed clearly and in a logical order. Make any necessary revisions.
2. Once you are satisfied with the content and organization, check the language of your notes.
   a. Are the verb forms correct?
   b. Are the articles and the number and gender of the nouns correct?
   c. Do the adjectives agree with the nouns they modify?
   d. Is the spelling correct throughout?

Università degli studi di Parma

In classe

l'agenda	*appointment book*
l'amico/a	*friend*
l'aula	*classroom*
il banco	*student's desk*
la borsa	*handbag*
la calcolatrice	*calculator*
il calendario	*calendar*
il cancellino	*chalkboard eraser*
la carta geografica	*map*
la cattedra	*teacher's desk*
il cestino	*wastebasket*
il compagno/la compagna	*classmate*
il computer	*computer*
il dizionario	*dictionary*
la donna	*woman*
la finestra	*window*
il foglio di carta	*sheet of paper*
il gesso	*chalk*
il giornale	*newspaper*
la gomma	*eraser*
la lavagna	*chalkboard*
la lavagna elettronica	*smart board*
il libro	*book*
la luce	*light*
la matita	*pencil*
l'orologio	*clock, watch*
la penna	*pen*
il professore	*male teacher, professor*
la professoressa	*female teacher, professor*
la porta	*door*
il quaderno	*notebook*
il ragazzo	*boy*
la ragazza	*girl*
la sedia	*chair*
lo schermo	*screen*
lo studente	*male student*
la studentessa	*female student*
il televisore	*television*
l'uomo	*man*
lo zaino	*backpack*

L'università

l'albero	*tree*
gli appartamenti	*apartments*
la biblioteca	*library*
il campo da tennis	*tennis court*
il campo sportivo	*field, track*
l'edificio	*building*
la Scuola di Lingue e Letterature Straniere	*Department of Foreign Languages and Literature*
la fontana	*fountain*
i fiori	*flowers*
il laboratorio linguistico	*language laboratory*
la libreria	*bookstore*
la mensa	*cafeteria*
il palazzo	*building*
la piscina	*pool*
la scuola	*school*
lo stadio	*stadium*
il teatro	*theater*

Le materie

l'architettura	*architecture*
la biologia	*biology*
la chimica	*chemistry*
l'economia	*economics*
la filosofia	*philosophy*
la fisica	*physics*
la geografia	*geography*
il giornalismo	*journalism*
la giurisprudenza	*law*
l'informatica	*computer science*
l'ingegneria	*engineering*
le lettere	*humanities*
le lingue straniere	*foreign languages*
la matematica	*mathematics*
la psicologia	*psychology*
le scienze naturali	*natural sciences*
le scienze politiche	*political science*
la sociologia	*sociology*
la storia	*history*

Gli aggettivi

alto/a	*tall*
antico/a	*antique, old*
basso/a	*low, short*
bello/a	*pretty, beautiful*
brutto/a	*ugly, bad*
difficile	*hard, difficult*
divertente	*fun, amusing*
facile	*easy*
grande	*big*
interessante	*interesting*
moderno/a	*modern*
noioso/a	*boring*
nuovo/a	*new*
piccolo/a	*small*
vecchio/a	*old*

I verbi

abitare	*to live*
arrivare	*to arrive*
ascoltare	*to listen to*
aspettare	*to wait for*
cantare	*to sing*
cercare	*to look for*
cominciare	*to start, to begin*
comprare	*to buy*
desiderare	*to wish*
disegnare	*to draw*
domandare	*to ask*
entrare	*to enter*
fare	*to do / to make*
frequentare	*to attend*
giocare (a calcio)	*to play (soccer)*
guardare (la televisione)	*to watch (television)*
imparare	*to learn*
incontrare (un amico/un'amica)	*to meet (a friend)*
insegnare	*to teach*
lavorare	*to work*
mangiare (un panino)	*to eat (a sandwich)*
nuotare	*to swim*
parlare	*to talk*
pensare	*to think*
studiare	*to study*
suonare (la chitarra)	*to play (the guitar)*
tornare (a casa / a scuola)	*to return (home / to school)*

Il posto

a destra di	*to the right of*
a sinistra di	*to the left of*
davanti a	*in front of*
dietro a	*behind*
lontano da qui	*far from here*
nella borsa, nello zaino	*in the handbag, in the backpack*
qui vicino	*nearby*
sopra	*above, on top of*
sotto	*under, beneath*
tra / fra	*between*
vicino a	*near, next to*

Le lezioni

Che cosa studi?	*What are you studying?*
Studio scienze politiche.	*I'm studying political science.*

Altre parole ed espressioni

C'è / Ci sono	*There is / There are*
Che cos'è?	*What is it?*
Chi è?	*Who is he/she?*
Dov'è / Dove sono?	*Where is it / Where are they?*
Ecco (un libro).	*Here is / There is (a book).*
la mattina	*in the morning*
molti/e	*many*
ogni giorno	*every day*
pochi/e	*little, a few*
il pomeriggio	*in the afternoon*
la sera	*in the evening*
stasera	*this evening*
Ti piace… ?	*Do you like …? (+ singular noun)*
(Non) Mi piace…	*I (don't) like … (+ singular noun)*
quanti / quante?	*how many?*

Stefano Gabbana e Domenico Dolce

Donatella Versace

Miuccia Prada

Giorgio Armani

CAPITOLO 3

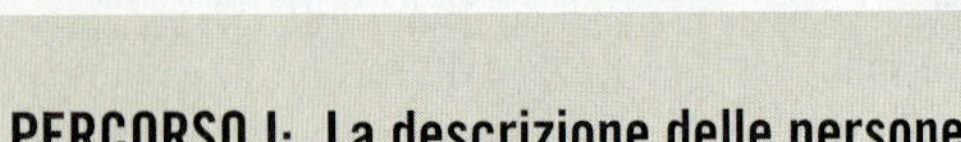

MI RICONOSCI?

In this chapter you will learn how to:

- Describe people's appearance and personality
- Identify and describe articles of clothing
- Talk about your favorite activities

PERCORSO I La descrizione delle persone

VOCABOLARIO

Come sono?

Susanna

Ha diciotto anni: è **giovane.** È **alta, magra** e **bionda.** Ha i capelli **lunghi** e **lisci** e ha gli occhi **chiari.** È una ragazza un po' **triste** e molto **sensibile.**

Marco e Fabrizio

Sono **magri, alti, bruni** e **giovani.** Hanno la barba, hanno gli occhi **castani** e i capelli **corti** e **ricci.** Sono **sportivi** e **dinamici.**

Il professor Campi

È **basso, grasso, calvo,** con i baffi e gli occhiali. È sempre molto **gentile.**

La signora Rossini

Ha settantacinque anni: è **anziana.** Ha gli occhi **scuri** e ha i capelli **bianchi.** È una signora molto **seria** e **intelligente.**

Tutti giovani e simpatici! Chi non è allegro?

La descrizione delle caratteristiche fisiche e psicologiche

allegro/a	*cheerful*
antipatico/a	*disagreeable, unpleasant*
atletico/a	*athletic*
avaro/a	*stingy*
bravo/a	*good, trustworthy, talented*
buffo/a	*funny*
calmo/a	*calm*
carino/a	*nice, cute*
cattivo/a	*bad*
comprensivo/a	*understanding*
elegante	*elegant*
espansivo/a	*friendly, outgoing*
generoso/a	*generous*
nervoso/a	*nervous, tense*
noioso/a	*boring*
paziente	*patient*
pigro/a	*lazy*
simpatico/a (*pl.* simpatici/simpatiche)	*pleasant, nice*
socievole	*sociable*
stanco/a	*tired*
studioso/a	*studious*
timido/a	*shy*

Chiedere e dare informazioni

Com'è? *What is he/she, it like?*
Come sono? *What are they like?*
Di che colore ha i capelli (gli occhi)? *What color is his/her hair (are his/her eyes)?*
Ha i capelli neri, castani, biondi, rossi, chiari, scuri. *He/She has black, brown, blond, red, light, dark hair.*
Ha gli occhi verdi, azzurri, castani, grigi, chiari, scuri. *He/She has green, blue, brown, hazel, gray, light-colored, dark-colored eyes.*

Altre espressioni per descrivere

altro/a	*other, another*
caro/a	*dear, expensive*
molto/a	*many, a lot*
poco/a	*few*
quanto/a	*how much, how many*
stesso/a	*same*
vero/a	*real, true*

Altre parole per descrivere

molto	*very*
poco	*little, not very, not much*
proprio	*really*
quanto?	*how much?*
troppo	*too much*

Per paragonare (*To compare*)

anche	*also*
invece	*instead, on the other hand*
ma, però	*but*
o, oppure	*or*

3.1 Il contrario. Reorganize the adjectives presented in the *Vocabolario* section by listing them as opposites.

3.2 Come sono? Revise the four descriptions of the people in the *Vocabolario* section by expressing everything in opposite terms.

ESEMPIO: Susanna è alta e magra.
Susanna è bassa e grassa.

1. Susanna
2. Il professor Campi
3. Marco e Fabrizio
4. La signora Rossini

3.3 Quanti studenti... ? Take turns indicating how many people in class fit each description.

1. Hanno i capelli lunghi e biondi e gli occhi azzurri.
2. Hanno i capelli corti e ricci e gli occhi azzurri.
3. Hanno i capelli corti e lisci e gli occhi castani.
4. Hanno i capelli castani, corti e ricci.
5. Hanno gli occhi verdi, i capelli castani lunghi e lisci.
6. Ha i capelli corti e biondi e gli occhi castani.

In contesto Un bel ragazzo romano

Giovanna and Teresa are talking about another student in their class.

GIOVANNA:	Teresa, chi è quel° ragazzo bruno con gli occhiali?	*that*
TERESA:	Il ragazzo magro con gli occhi chiari e i capelli corti e ricci?	
GIOVANNA:	Sì, lui. Come si chiama?	
TERESA:	Paolo. È di Roma. È un bel ragazzo°, vero° ?	*good-looking guy / right*
GIOVANNA:	Sì. È proprio bello!	
TERESA:	È anche molto serio e intelligente, però è poco espansivo. E poi ha già la ragazza.	
GIOVANNA:	Peccato!° Com'è la ragazza?	*What a pity!*
TERESA:	È bionda e ha i capelli lunghi e lisci. Anche lei è carina e intelligente, però non è molto simpatica.	

3.4 Chi è? Identify Paolo and his girlfriend (**la sua ragazza**) on the basis of Giovanna's and Teresa's descriptions. Then list some adjectives you can use to describe each of the other people shown.

1. ______________________
2. ______________________
3. ______________________
4. ______________________
5. ______________________
6. ______________________

3.5 È vero? Indicate which of the statements that describe Paolo are true (**vero**) and which are false (**falso**).

1. Paolo è italiano. _____________
2. Paolo è brutto, ma espansivo. _____________
3. Paolo ha i capelli castani. _____________
4. Paolo ha molti amici. _____________
5. Ha una bella ragazza. _____________

Così si dice *Quanto, molto, poco, troppo*

Quanto, molto, poco, and **troppo** can be used as adjectives or as adverbs. When they are used as adjectives, they agree in number and gender with the nouns they modify. When they are used as adverbs, they modify verbs, adjectives, or other adverbs, and they are invariable.

Quanti studenti hanno i capelli biondi?	*How many students have blond hair?*
Pochi studenti hanno i capelli biondi.	*Few students have blond hair.*
Troppi studenti sono **poco** seri.	*Too many students are not very serious.*
Gli studenti però sono tutti **molto** intelligenti e parlano **molto** bene.	*But the students are all very intelligent and they speak very well.*

Occhio alla lingua!

1. List all the words used to describe the people in the *Vocabolario* illustration captions.
2. What do you notice about the endings of the words you have listed?

GRAMMATICA

L'aggettivo

La mia miglior (*best*) amica si chiama Alessandra. È una ragazza molto simpatica, molto divertente… È una ragazza molto alta, molto carina.

Adjectives, **aggettivi,** describe people, places, and things. In Italian, adjectives agree in gender (masculine/feminine) and number (singular/

plural) with the nouns they describe. There are two basic types of adjectives in Italian: those whose masculine singular form ends in **-o** (**americano, alto, biondo**) and those that end in **-e** in the singular (**francese, giovane, triste**).

Il mio amico [si chiama] Tommaso. Ha 24 anni. È un ragazzo molto carino, alto, con i capelli ricci e gli occhi verdi.

1. Adjectives whose masculine singular form ends in **-o** have four forms.

	Singolare	Plurale
Maschile	**-o**	**-i**
	un ragazzo biond-**o**	due ragazzi biond-**i**
Femminile	**-a**	**-e**
	una ragazza biond-**a**	due ragazze biond-**e**

Paolo è **alto** e **bruno**.	*Paolo is tall and dark-haired.*
Maria invece è **bassa** e **bionda**.	*Maria, instead, is short and blond.*
Hanno i capelli **corti** e **ricci**.	*They have short, curly hair.*
Carla e Giulia sono **italiane**.	*Carla and Giulia are Italian.*

2. Adjectives that end in **-e** in the singular have only two forms: a singular and a plural form.

	Singolare	Plurale
	-e	**-i**
Maschile	un ragazzo trist-**e**	due ragazzi trist-**i**
Femminile	una ragazza trist-**e**	due ragazze trist-**i**

Carlo è molto **intelligente**.	*Carlo is very intelligent.*
Martina e Luisa sono **divertenti**.	*Martina and Luisa are fun.*

Here are some other rules to help you use adjectives effectively:

1. When an adjective modifies two or more nouns of different genders, or a plural noun that refers to both genders, the masculine plural form of the adjective is always used.

Mario e Luisa sono biondi.	*Mario and Luisa are blond.*
Gli studenti sono seri.	*The students are serious.*

2. Like nouns ending in **-ca, -ga,** and **-go,** adjectives that end in **-ca, -ga,** and **-go** change to **-che, -ghe,** and **-ghi** in the plural, in order to maintain the hard sound of the **c** and **g.**

Le tue amiche sono simpati**che**.	*Your friends are nice.*
Laura ha i capelli lun**ghi**.	*Laura has long hair.*

3. Most adjectives usually follow the noun they modify, but there are some exceptions. The following adjectives very often precede the noun they modify.

bello/a	*beautiful, nice*	giovane	*young*
bravo/a	*good, talented*	grande	*large, great*
brutto/a	*ugly*	nuovo/a	*new*
buono/a	*good*	piccolo/a	*small*
caro/a	*dear, expensive*	vecchio/a	*old*
cattivo/a	*bad*	vero/a	*true, real*

È un **giovane** studente italiano.	*He is a young Italian student.*
È una **vera** amica.	*She is a true friend.*

4. The following adjectives always precede the noun they modify.

altro/a	*other*	quanto/a	*how much, how many*
molto/a	*many, a lot, much*	stesso/a	*same*
poco/a	*a little, few*	troppo/a	*too much, too many*
questo/a	*this*		

—**Quanti** ragazzi ci sono in classe?	—*How many boys are there in class?*
—Ci sono **molti** ragazzi, ma **poche** ragazze.	—*There are many boys, but few girls.*

3.6 Chi è? Listen to the descriptions of the people shown. Match each description with the person or people being described by selecting the corresponding letter.

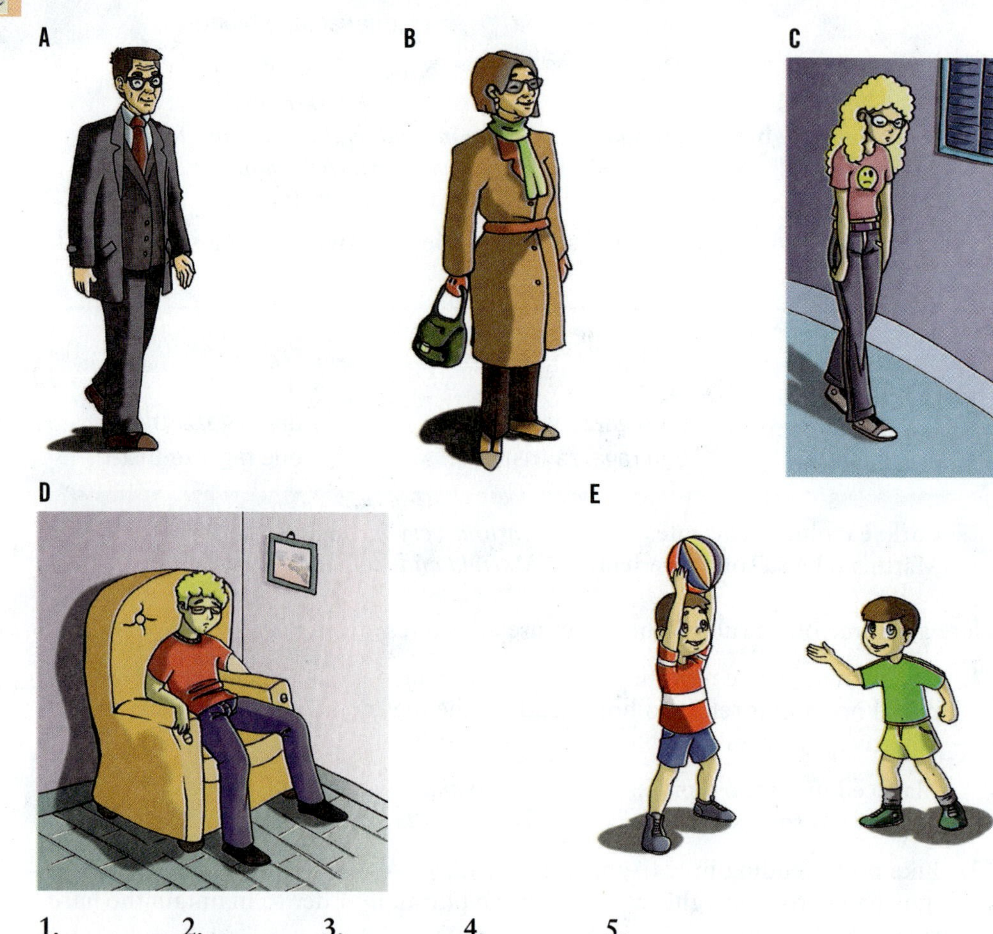

1. ____ 2. ____ 3. ____ 4. ____ 5. ____

3.7 Come sono questi personaggi? Describe the following celebrities using the adjectives given.

ESEMPIO: Sofia Loren / alto / simpatico
Sofia Loren è alta e simpatica.

1. Roberto Benigni / buffo / allegro
2. Cecilia Bartoli / serio / sensibile
3. Jovanotti e Zucchero / bravo / dinamico
4. Donatella Versace e Giorgio Armani / elegante / espansivo
5. Eros Ramazzotti / bello / estroverso
6. Laura Pausini e Irene Grandi / carino / simpatico

3.8 Una mia amica. Rewrite the following paragraph to describe a female friend and use adjectives whose meaning is the opposite of the adjectives in italics.

Ho un amico *basso* e *magro*. È *bruno* e ha i capelli *lunghi* e *ricci* e gli occhi *scuri*. È anche *sportivo*. È un ragazzo *espansivo* e *generoso*. È *divertente* e *simpatico*.

3.9 Alcuni amici. Complete this description of some friends by supplying the appropriate endings for the adjectives and adverbs.

1. Io ho molt ____ amici simpatic ____. Ho un car ____ amico italian ____, Beppe, e due car ____ amiche frances ____, Isabelle e Karine.
2. Beppe è molt ____ socievol ____ e sempre allegr ____. È un ragazzo giovan ____ e dinamic ____. È alt ____, ma non è molt ____ magr ____. Beppe è un ver ____ amico. È sempre molt ____ generos ____.
3. Isabelle è brun ____. Ha i capelli lungh ____ e ricc ____. È molt ____ intelligent ____ e allegr ____. È una ragazza divertent ____.
4. Anche Karine è una brav ____ ragazza, ma è un po' pigr ____. Non è molt ____atletic ____.

3.10 Come sono i ragazzi e le ragazze a scuola? With a partner, describe the students in your classes by completing the following sentences with appropriate adjectives from the box. Make any necessary changes.

allegro	antipatico	bravo	buffo	carino	divertente
nervoso	elegante	gentile	paziente	noioso	
sensibile	serio	sportivo	studioso	timido	

1. Molti ragazzi sono...
2. Pochi ragazzi sono...
3. Molte ragazze sono...
4. Poche ragazze sono...

3.11 Un vero amico/Una vera amica. Make a list of adjectives that describe how a true friend should be. Then compare lists with a classmate. How similar are your lists?

SCAMBI

3.12 Indovina chi è! Take turns describing a person in the illustration accompanying activity 3.4 and guessing who is being described.

3.13 Chi sono? Go around the room and ask yes/no questions in order to figure out the name of the famous person your teacher has taped to your back.

ESEMPIO: S1: Sono giovane?
S2: No.
S1: Ho gli occhi azzurri? ...

3.14 Paragoniamoli (*Let's compare them*)! Compare and contrast the following people. Then share your descriptions with the class.

ESEMPIO: Justin Timberlake e Placido Domingo
Justin Timberlake è magro, invece Placido Domingo è grasso. Placido Domingo è un bravo cantante e anche Justin Timberlake è bravo...

1. Jimmy Fallon e David Letterman
2. Woody Allen e Francis Ford Coppola
3. Julia Roberts e Madonna
4. ... ?

3.15 Com'è il tuo migliore amico/la tua migliore amica? Prepare a list of six questions to ask a classmate about his/her best friend. Inquire about the person's appearance and personality. Then use the list to interview a classmate.

L'abbiigliamento

VOCABOLARIO

Che cosa portano?

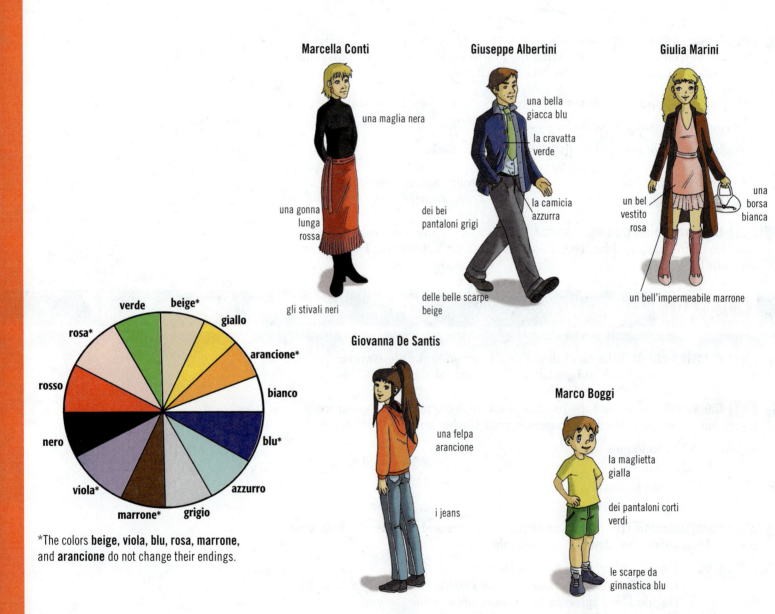

*The colors **beige, viola, blu, rosa, marrone,** and **arancione** do not change their endings.

Domande sull'abbigliamento

Che cosa porti / porta? Che cosa indossi / indossa?	*What are you / is he/she wearing?*
Di che colore è… ?	*What color is . . . ?*
Di chi è?	*Who is the designer? / Whose is it?*

3.16 Qual è il tuo colore preferito? Survey four classmates to find out their favorite colors. Don't forget to specify **chiaro** or **scuro.**

ESEMPIO: **S1:** Qual è il tuo colore preferito?
S2: Il mio colore preferito è il verde chiaro.

3.17 Cosa portano? Complete the chart by indicating three different articles of clothing that three different classmates are wearing. Note the color of each article.

ESEMPIO:

Nome	Vestiti	Colori
Paolo	*giacca*	*nera*
1. ______	______	______
	______	______
	______	______
2. ______	______	______
	______	______
	______	______
3. ______	______	______
	______	______
	______	______

3.18 Chi ce l'ha (*Who has it*)? Survey your classmates to find out who owns each of the following items. If you can't find anyone, write **nessuno** (*no one*). The first person to complete his or her chart gets to read it to the class to confirm the content.

Oggetto	Nome
1. una camicia bianca	
2. delle scarpe marrone	
3. uno zaino rosso scuro	
4. una penna viola chiaro	
5. una borsa nera	
6. una maglietta gialla	
7. una cravatta grigia	
8. una maglia blu scuro	

Io mi vesto (*I dress*) in modo casual, ovvero, scarpe da ginnastica, jeans e una maglietta molto semplice. Per me la moda (*fashion*) è importante fino ad un certo punto (*up to a certain point*).

3.19 Come si veste Emma. Read Emma's statement, in the photo caption, about how she prefers to dress and her feelings about fashion; then complete with a partner the activities that follow.

1. What does Emma like to wear? What articles of clothing would someone who takes fashion more seriously probably mention? Make a list, using vocabulary you have learned.
2. Tell each other in Italian how you usually dress: **Porto...**

In contesto Che bel vestito!

Giuliano is complimenting his sister, who is particularly well dressed today.

GIULIANO: Mariella, come stai bene! Che bel vestito! È nuovo?

MARIELLA: Sì, ti piace? È di Versace.

GIULIANO: Sì, mi piace moltissimo; è molto bello e poi quel colore ti sta proprio bene[1]. E che belle scarpe!

MARIELLA: Ma come sei gentile oggi! Cosa vuoi?[2] Un'altra volta la mia macchina?[3]

GIULIANO: E dai![4] Come sei, però!

[1]*looks really great on you;* [2]*What do you want?;* [3]*My car again?;* [4]*Come on!*

3.20 Il vestito di Mariella. Based on the conversation, indicate which of these statements are true (**vero**) and which are false (**falso**).

1. Oggi Mariella porta un brutto vestito vecchio.
2. A Giuliano non piace il colore del vestito di Mariella.
3. Giuliano è un ragazzo onesto e gentile.

Occhio alla lingua!

1. Look at the illustrations and labels in the *Vocabolario* section. What do you notice about the endings of the colors that describe the articles of clothing?
2. Look at the adjective **bello.** Do you notice any pattern in its usage?
3. What do you think **dei** and **delle** mean, as used in those captions?

GRAMMATICA

La quantità: dei, degli, delle

Dei, degli, and **delle** can be used with plural nouns to express indefinite quantities; you can think of these forms as plural forms of the indefinite article (**un, uno, una**). They are equivalent to the English *some, a few,* or *any*. As shown in the chart below, **dei, degli,** and **delle** follow the same pattern as the plural form of the definite article, **i, gli,** and **le.**

- **Dei** is used with masculine plural nouns that begin with a consonant.
- **Degli** is used with masculine plural nouns that begin with a vowel, **z,** or **s** + a consonant.
- **Delle** is used with feminine plural nouns that begin with a consonant or with a vowel.

Anna ha **dei** vestiti eleganti.	*Anna has some elegant dresses.*
Ho comprato **delle** scarpe nuove.	*I bought some new shoes.*

	Singolare	Plurale
Maschile	un vestito	**dei** vestiti
	un impermeabile	**degli i**mpermeabili
	uno zaino	**degli z**aini
Femminile	una cravatta	**delle c**ravatte
	un'amica	**delle a**miche

3.21 Gli acquisti. Tell what clothes you just bought for school. Use **un, uno, una** or **dei, degli, delle.**

1. _______ giacca
2. _______ scarpe da ginnastica
3. _______ stivali
4. _______ zaino
5. _______ camicie bianche
6. _______ pantaloni neri
7. _______ maglie
8. _______ vestito
9. _______ magliette
10. _______ grande borsa

3.22 Che cosa c'è? Describe what is displayed in the store windows. Use **un, uno, una** or **dei, degli, delle,** and don't forget to indicate the color of each item.

3.23 Cosa compri? Make a list of items of clothing you would like to purchase this season. Use **un, uno, una** or **dei, degli, delle.**

Bello e quello

When placed before nouns, **bello** (*beautiful*) and **quello** (*that*) follow the same pattern as the definite article **il/lo/l'/la / i/gli/le**, as shown in the chart below.

Maschile	**Singolare**	**Plurale**
Before:		
a consonant	**quel / bel** vestito	**quei / bei** vestiti
a vowel	**quell' / bell'i**mpermeabile	**quegli / begli i**mpermeabili
s + consonant	**quello / bello st**udente	**quegli / begli st**udenti
z	**quello / bello z**aino	**quegli / begli z**aini
Femminile		
Before:		
a consonant	**quella / bella g**onna	**quelle / belle g**onne
a vowel	**quell' / bell'a**mica	**quelle / belle a**miche

Che belle camicie!

When **bello** follows the noun, it has the same four endings as adjectives that end in **-o**.

Quei pantaloni sono proprio **belli.**	*Those pants are really beautiful.*
Anche quelle camicie sono molto **belle.**	*Those shirts are also very beautiful.*

e **3.24 Che bello!** A friend has just bought some new things for school. Comment on how beautiful they are.

ESEMPIO: la giacca
—Che bella giacca!

1. la borsa
2. lo zaino
3. la maglietta
4. la felpa
5. l'impermeabile
6. le scarpe
7. l'orologio
8. il vestito

3.25 L'armadio (*closet*). Look at the clothes in your friend's closet and comment on how nice they are. Use the correct form of **bello.**

ESEMPIO: —Che bella borsa!

e **3.26 Quanto costa?** You are shopping in a clothing and accessories store. Point out each of the following items and ask the salesperson how much they cost.

ESEMPI: la borsa nera
—Quanto costa quella borsa nera?
le scarpe nere
—Quanto costano quelle scarpe nere?

1. le scarpe da ginnastica
2. la gonna verde
3. i pantaloni corti neri
4. gli zaini rossi
5. i pantaloni grigi
6. i jeans bianchi
7. la camicia blu scuro
8. il vestito giallo

SCAMBI

3.27 Di chi parlano? Listen to three conversations overheard at a party. Match each conversation to the person being described by selecting the corresponding letter.

1. ____ 2. ____ 3. ____

Lo sai che? Italian fashion

In Italy, the art of looking good permeates every aspect of daily life. Brand names and designer labels have always played a major role in Italians' quest to achieve the "perfect" look. Italians take fashion very seriously, as can be attested by the amount of money they spend each year on quality apparel and jewelry. Even in leaner economic times, fashion is important for Italians, although they may look for sales or shop in outlets in order to acquire the latest styles. A substantial percentage of Italian women wear designer clothing, **vestiti firmati,** and many Italian men favor tailor-made suits. In Italy, looking good is big business, and the fashion industry is one of the most important sectors of the economy.

Italian fashion also dominates the international designer clothing market. The "Made in Italy" label has become synonymous with unsurpassed quality, craftsmanship, and style. Italian designers such as Armani, Moschino, Gucci, Versace, Valentino, Krizia, Fendi, Prada, Gianfranco Ferré, Laura Biagiotti, Roberto Cavalli, Missoni, and Ferragamo are famous throughout the world for both their designer fashions and their ready-to-wear clothing. Stores featuring their apparel can be found in the major cities of most countries.

American fashion is also very popular in Italy, especially among teenagers and young professionals who prefer a more casual look. Designers such as Ralph Lauren and Calvin Klein, and brand names such as Levi's, Guess, Timberland, and Nike, are very popular and can be found in stores in most Italian cities. The language of fashion has also been influenced by American English, and words such as **il blazer, il top, la T-shirt, il bomber, i jeans, il look, casual, glamour, trendy,** and **top model** have become part of everyday Italian.

3.28 Il look italiano

1. Which Italian designers are popular among members of your generation? And your parents' generation?
2. Do you own anything that is labeled *Made in Italy*?
3. Do you have any favorite Italian designers? How would you sum up the "Italian look" using adjectives you have learned?

 **3.29 Che cosa ti metteresti (*What would you wear*)?** List what you would wear for the following occasions, then compare your list with a classmate's. How similar are your lists?

1. to play tennis
2. to take a walk on a rainy day
3. to travel
4. to a special dinner date

 **3.30 Complimenti!** Go around the room and compliment your classmates on their clothing and looks.

ESEMPIO: **S1:** Che bel vestito!
S2: Ti piace? È molto vecchio.
S1: Ma è molto bello. Quel colore ti sta proprio bene!
S2: Grazie, come sei gentile!

 **3.31 Com'è?** Take turns pointing out and describing various items of clothing your classmates are wearing. Use the adjective **quello** and follow the example.

ESEMPIO: **S1:** Com'è quella gonna?
S2: È lunga e rossa.

 **3.32 Che cos'è?** Make a list of six items in your classroom. Then, working with a partner, take turns describing the location, color, and size of these items and guessing what each object is.

ESEMPIO: **S1:** È grande e nera. È dietro alla cattedra.
S2: La lavagna?
S1: Sì!

 **3.33 Sono...** Prepare a description of an imaginary person. Then pretend you are that person and describe yourself as your partner makes a drawing to match your description. Then switch roles. Afterward, check each other's drawings.

Lo sai che? Important centers of Italian fashion

Milan is considered the capital of the Italian fashion industry. High-fashion designers **(stilisti)**, such as Giorgio Armani, Miuccia Prada, Donatella Versace, and Domenico Dolce and Stefano Gabbana, are based in Milan. Some of the most expensive and exclusive designer fashion boutiques can be found in what is known as the **quadrilatero della moda**, which includes the streets around Via Montenapoleone. In addition, some of the world's most famous designers flock every year to Milan to exhibit their *haute couture* creations in the city's exclusive fashion shows.

Florence **(Firenze)** is also an important fashion center. A number of ready-to-wear shows are staged in the city throughout the year. *Pitti Immagine* organizes a series of exhibits, such as *Pitti Uomo* (clothing and accessories for men), *Pitti Bimbo* (for children), and *Pitti Filati* (for textile and knitwear manufacturers).

Rome is another important fashion center. All major Italian and international designers have shops along the streets around Piazza di Spagna, Via Condotti, and Via Frattina. During the summer, an elegant fashion show, *Donna sotto le stelle*, is staged in Rome, in the beautiful Piazza di Spagna, and it is usually broadcast on TV.

3.34 La moda americana. Are there any cities in your country famous as fashion centers? Are they known for any particular lines of clothing? What do you think would be appealing to young Italians about American clothing?

Facciamo un po' di shopping!

PERCORSO III Le attività preferite

VOCABOLARIO

Cosa ti piace fare?

A Giulio piace **leggere.** Legge sempre.

A Giulio e Rita piace **correre.** Corrono ogni mattina.

A Giulio piace **dormire.** Dorme sempre molto.

A Rita non piace **pulire.** Invece Giulio pulisce spesso la casa.

Per parlare delle attività preferite

capire (-isc)	*to understand*
conoscere gente nuova	*to meet new people*
dipingere	*to paint*
discutere di politica / di sport	*to discuss politics / sports*
finire (-isc) (di + infinito)	*to finish (+ infinitive)*
parlare al telefono	*to talk on the phone*
preferire (-isc)	*to prefer*
prendere un caffè	*to have coffee*
rispondere alle mail	*to answer e-mail messages*
scrivere lettere / poesie	*to write letters / poems*
seguire le partite alla televisione	*to follow sports on TV*
vedere un film	*to see a movie*

Esprimere i gusti

(non) gli/le piace + infinito... *he/she likes (doesn't like) + infinitive ...*
(non) gli/le piace + *singular noun...* *he/she likes (doesn't like) + singular noun ...*

La frequenza

ogni giorno / mattina / sera *every day / morning / evening*
qualche volta *sometimes*
raramente *rarely*
sempre *always*
spesso *often*

3.35 L'intruso. Select the word that doesn't belong in each group.

1. capire, leggere, correre
2. rispondere alle mail, dipingere, scrivere
3. prendere un caffè, seguire le partite alla televisione, vedere un film
4. dormire, discutere di politica, leggere
5. ogni giorno, raramente, sempre
6. parlare al telefono, pulire, conoscere gente nuova

3.36 Associazioni. What things do you associate with these activities?

1. leggere
2. scrivere
3. pulire
4. parlare
5. rispondere
6. prendere
7. seguire
8. vedere

You can use these expressions with a singular noun or an activity to talk about what you or other people like. To indicate dislikes, add **non** in front of each expression.

mi piace	*I like*
ti piace	*you (sing.) like*
gli piace	*he likes / they like*
le piace	*she likes*

3.37 Non mi piace! Note activities presented in the *Vocabolario* illustrations that you don't like. Then find classmates who dislike the same activities.

ESEMPIO: rispondere alle mail

S1: Ti piace rispondere alle mail?
S2: No, non mi piace rispondere alle mail. *OR* Sì, mi piace rispondere alle mail.

3.38 Ti piace? Ask classmates if they like doing the activities presented in the *Vocabolario* illustrations and list. Find out how often they do them.

ESEMPIO: S1: Ti piace correre?
S2: Sì, mi piace correre.
S1: Spesso?
S2: Sì, ogni mattina. *OR* No, raramente.

In contesto Cosa ti piace fare?

Roberto and Cecilia are discussing what they like to do in their free time.

ROBERTO: Cosa fai quando non studi?
CECILIA: Dipende: leggo, scrivo, qualche volta ascolto musica. E poi, mi piace dormire! E tu?
ROBERTO: Niente di speciale! Non mi piace stare in casa. Qualche volta, se ho tempo, corro. Ma soprattutto, quando sono libero, preferisco incontrare gli amici in piazza e discutere di sport o di politica.

3.39 Hanno molto in comune (*Do they have a lot in common*)? Make a list of the activities that Roberto and Cecilia like and come up with at least three adjectives to describe each of the two friends. Then decide whether or not they have a lot in common.

Occhio alla lingua!

1. Look at the verbs that follow **piace** in the *Vocabolario* illustration captions and in the *In contesto* conversation. What do you notice about these verb forms?
2. What different conjugated verb forms do you see in the *Vocabolario* illustration captions and in the *In contesto* conversation?

GRAMMATICA

Il presente dei verbi in *-ere* e in *-ire*

There are three verb conjugations in Italian: those with infinitives ending in **-are, -ere**, and **-ire**. You have learned how to form the present tense of regular **-are** verbs by dropping the infinitive ending and adding the appropriate first-conjugation endings to the stem. The charts below show the endings for regular **-ere** and **-ire** verbs. Remember to drop the **-ere** and **-ire** from the infinitives before adding the endings to the stem.

leggere	dormire
legg**o**	dorm**o**
legg**i**	dorm**i**
legg**e**	dorm**e**
legg**iamo**	dorm**iamo**
legg**ete**	dorm**ite**
legg**ono**	dorm**ono**

Dorm**ite** molto? — *Do you (pl.) sleep a lot?*
Scriv**ono** molti messaggi. — *They write a lot of messages.*
Luisa legg**e** sempre. — *Luisa is always reading.*

Some **-ire** verbs, such as **preferire** (*to prefer*), **finire** (*to finish*), **pulire** (*to clean*), and **capire** (*to understand*), insert **-isc-** before the present-tense endings, except in the **noi** and **voi** forms. Verbs using **-isc-** in the stem are identified in the vocabulary lists.

preferire	
prefer-**isc**-o	prefer-iamo
prefer-**isc**-i	prefer-ite
prefer-**isc**-e	prefer-**isc**-ono

Che cosa prefer**isci**? — *What do you prefer?*
Prefer**iscono** ballare. — *They prefer to dance.*
Cap**isco** l'italiano. — *I understand Italian.*
Quando fin**isce** la lezione? — *When is class over?*
Noi pul**iamo** spesso la camera. — *We clean our room often.*

Quale colore preferisci?

3.40 Chi lo fa? Listen to each sentence and indicate who is performing the action, using the correct subject pronoun.

1. ______________
2. ______________
3. ______________
4. ______________
5. ______________
6. ______________
7. ______________
8. ______________

3.41 Che cosa fanno? Match the people with the activities to tell what everyone is doing. Some activities can be used twice.

1. Io	a. prende un caffè.
2. Marta	b. puliamo la camera.
3. Gli studenti	c. non capisci l'italiano.
4. Tu	d. preferiscono studiare in biblioteca.
5. Io e Riccardo	e. seguite le partite alla TV.
6. Tu e Giovanna	f. ascoltano la radio.
7. Carlo	g. guardo la TV.
8. Giuseppe e Marisa	h. nuotiamo in piscina.
9. Voi	i. giocate a tennis.

3.42 Che cosa preferite fare? Tell what you and some of your friends prefer to do on Saturdays, using the correct form of **preferire**.

ESEMPIO: Daniela ______________ dormire.
Daniela preferisce dormire.

1. Tina ______________ pulire la casa.
2. Paolo ______________ ballare.
3. Io e Paola ______________ vedere un film.
4. Tu e Andrea ______________ cenare in un ristorante.
5. Rosanna e Maria ______________ ascoltare la musica.
6. Io ______________ rispondere alle mail.

3.43 Che cosa fate spesso? Tell what you and others do often by completing the sentences with the appropriate forms of the verbs listed.

correre	discutere	finire	giocare
guardare	prendere	scrivere	vedere

1. Noi ______________ a calcio ogni sabato mattina.
2. Paolo ______________ un caffè con gli amici.
3. Io ______________ ogni mattina ai giardini.
4. Giovanna ______________ la televisione ogni sera.
5. Io e i miei compagni ______________ i compiti.
6. Tu e Paolo ______________ di politica.
7. Fabrizio ______________ una mail alla sua ragazza.
8. Giovanna e Paolo ______________ un film.

Che bello correre in bicicletta lungo il Lago di Garda!

SCAMBI

3.44 Chi lo fa? Find at least two people in your class who do each of the following activities.

Attività	Nome	Nome
1. Corre ogni mattina.		
2. Legge il giornale ogni giorno.		
3. Suona la chitarra.		
4. Parla molto al telefono.		
5. Dorme meno di quattro ore la notte.		
6. Mangia raramente a casa.		
7. Qualche volta vede un film italiano.		
8. Pulisce spesso la casa.		

3.45 Che cosa fate ogni giorno? Discuss with your classmates which of these activities you do and how often you do them.

ESEMPIO: scrivere lettere

S1: Scrivete lettere?
S2: Sì, io scrivo lettere spesso.
S3: Io invece scrivo lettere raramente.

1. scrivere poesie
2. vedere gli amici
3. leggere un libro
4. nuotare in piscina
5. discutere di politica
6. giocare a tennis
7. pulire la casa
8. ascoltare la radio
9. dormire più di dieci ore
10. rispondere alle mail

3.46 Cosa abbiamo in comune. Using the responses from activity 3.45, consider what you and your classmates have in common. Then take turns summarizing for the class what you have learned about everyone's activities.

ESEMPIO: Non scriviamo lettere spesso: Paul scrive lettere qualche volta. Hillary e Natalie scrivono lettere raramente. Io non scrivo lettere...

ATTRAVERSO

LA LOMBARDIA

Since the 1980s, Milan, the capital of Lombardy (**Lombardia**) and the second largest city in Italy after Rome, has been renowned worldwide as an international fashion center. In the World War II years, it was the capital of the Resistance in Italy. In the 1960s, an economic boom quickly transformed it into the industrial and financial center of the nation. Milan and the entire region of Lombardy have always played a major role in the political, economic, and cultural life of Italy. The region is also famous for its natural beauty, artistic treasures, and charming cities. And, of course, Milan is also the home of **risotto alla milanese**, a rice dish made with saffron, and **cotoletta alla milanese**, a breaded veal chop fried in butter. **Panettone** and **pandoro**, two traditional Italian Christmas cakes, can also trace their origins to Milan.

Piazza del Duomo a Milano. La piazza del Duomo è considerata il cuore (*heart*) della città. Il Duomo è in stile gotico, di marmo, con 3400 statue. Nel punto più alto c'è la famosa *Madonnina*, simbolo di Milano. La Galleria Vittorio Emanuele unisce (*connects*) la piazza del Duomo con un'altra famosa piazza, piazza della Scala, dove c'è il famoso Teatro alla Scala.

L'*Ultima Cena* di Leonardo da Vinci (1498) nel refettorio (*refectory*) del convento domenicano della chiesa di Santa Maria delle Grazie a Milano. In quest'opera Leonardo narra l'episodio del vangelo con grande realismo.

VERIFICHIAMO

First read the introduction to the region, then look at the photos and read the related captions.

3.47 È vero che... Find specific information in the readings to confirm the following statements.

1. A Milano ci sono molte belle opere e famose strutture da visitare.
2. Milano è anche famosa per la musica.
3. Il lago di Como è un importante centro turistico.
4. Mantova è una città molto ricca di opere d'arte.

3.48 E nel tuo Paese? With a partner, discuss these questions: Is there a region similar to Lombardy in your country? How about a city similar to Milan? What is it like?

3.49 Turismo. Have you ever visited Lombardy? Do you think you would like to visit it? Why? Which areas would you like to visit?

Bellagio, sul lago di Como. Bellagio è una pittoresca località sul lago di Como. Il lago è molto grande e famoso per le sue bellezze naturali, tutto circondato (*surrounded by*) da montagne. Alessandro Manzoni (1785–1873) immortalò (*immortalized*) il lago di Como in un famoso libro, *I promessi sposi*, considerato il primo romanzo (*novel*) realista italiano.

***La Camera degli Sposi*, Palazzo Ducale di Mantova.** Andrea Mantegna dipinse (*painted*) questi affreschi fra il 1465 e il 1474 per la famiglia Gonzaga. Gli affreschi rappresentano il mondo raffinato (*refined world*) della corte dei Gonzaga. In particolare quest'opera è famosa per l'uso della prospettiva (*perspective*).

IN PRATICA

GUARDIAMO

Strategie per guardare
Focus on major plot developments

When watching a video episode, be alert to identify major plot developments. Are there any key events that occur or are revealed by the characters? If so, are there immediate consequences? What might the implications be?

Per capire meglio!

il batterista	*drummer*
la cena	*dinner*
il concorso per gruppi	*rock band competition*
festeggiare	*to celebrate*
la novità	*news*
(di) pelle	*(made of) leather*
il restauro	*restoration (of paintings)*
trasmettere	*to broadcast*
scappare	*to run*
sciatto/a	*shabby*
Si dà troppe arie.	*He/She is too full of himself.*
stretto/a	*tight*
la taglia	*size*
la tastiera	*keyboard*

Scusi… un Sanbittèr per tutti.

Organizziamo una cena per festeggiare! Sei invitata anche tu… Elena!

Il mondo italiano

In this episode, Giulia notes, "**Roma è la città giusta per fare film.**" She is referring to the presence in Rome of the well-known film studio, **Cinecittà**, founded by Mussolini in 1937. This is where numerous distinguished Italian and international films have been produced.

To learn more about **Cinecittà**, visit MyItalianLab.

Prima di guardare

3.50 In this episode, there are a couple of important announcements. Before watching, complete the following activities.

1. Look at the photos and read the captions. How do you think Roberto and Giulia are feeling as they make these statements? (Choose all responses that apply.)
   a. Sono allegri.
   b. Oggi è festa in Italia.
   c. Desiderano celebrare una buona notizia.
2. On the basis of what you know about Giulia and her roommates, why do you think she is announcing "una cena per festeggiare"?
   a. È il suo (*her*) compleanno.
   b. Ha un nuovo lavoro.
   c. C'è una buona notizia per il gruppo di Roberto.

Mentre guardi

3.51 As you watch the video episode, answer the following questions.

1. Why is Roberto offering drinks to his friends and what news is Giulia sharing with everyone?
2. Elena offers suggestions about a new "look" for the various members of the band. Why?
3. Giulia and Elena go shopping together. Why? What is the outcome?

Dopo aver guardato

3.52 Are the following statements true (**vero**) or false (**falso**)?

1. La band di Roberto è in finale all'Estate Rock Festival.
2. Roberto annuncia che trasmettono la finale alla televisione.
3. Elena incontra gli amici al caffè perché conosce (*knows*) Roberto da molto tempo.
4. I musicisti (*musicians*) del gruppo suonano molto bene.
5. Il look dei musicisti è perfetto.
6. Elena desidera cambiare il look dei musicisti.
7. Giulia compra un vestito nuovo perché domani arriva il suo ragazzo.
8. Quando Giulia indossa il vestito nuovo, Elena dice: «Sei una bomba» perché il vestito le piace.

3.53 Complete the following activities with your classmates.

1. Discuss how you think Elena is going to be involved with the band. Why?
2. Take turns describing in Italian one of the people you have met so far and let your classmates guess who he/she is.
3. Help Giulia, Elena, and Roberto change the look of the band. What should they wear for the Estate Rock Festival?

LEGGIAMO

Prima di leggere

3.54 The following text is taken from an advertising brochure featuring the Florentine hair salon *Domina*. Before you read it, complete the following activities.

1. With a partner, look at the photos of the three hairdressers and compare and contrast each person's physical appearance.
2. Decide what adjectives you think might best describe the personality of each person.

Strategie per leggere
Using illustrations to understand content

Often advertisements and newspaper and magazine articles are accompanied by illustrations that reinforce the content. Focusing on the illustrations both before and as you read can be of great help in understanding the text.

Mentre leggi

3.55 As you read, note words that refer to people's physical characteristics and describe their personalities.

Claudio:

Creative Director di Domina. Ha i capelli biondi e gli occhi azzurri. È italiano, di Firenze. È alto e magro. Ha frequentato una scuola a Londra e lavora anche all'Accademia della Oréal a Roma. Ama la musica e la poesia. È appassionato d'arte. Nel suo negozio[1] ha installato due grandi schermi dove si vedono brevi[2] filmati di cantanti[3] italiani. Sui muri del negozio ogni settimana i clienti possono leggere poesie di famosi scrittori italiani e stranieri.

Gina:

È la stilista di Domina ed esperta del colore. È bionda, con i capelli corti e grandi occhi verdi. Ha una bella personalità dinamica ed estroversa e si occupa[4] delle pubbliche relazioni. È una persona allegra e simpatica. Le piace viaggiare e parlare con i clienti. Ha studiato a Roma e a Milano.

Simone:

Anche lui stilista di Domina, è il manager del gruppo. È bruno, con gli occhi neri e i capelli castani e ricci. Ama lo sport. Gioca a tennis e a calcio. Molto organizzato e appassionato di computer, pensa lui a computerizzare tutte le informazioni sui clienti. Anche lui ha studiato a Roma e a Milano.

1. shop 2. short 3. singers 4. takes care of

Dopo la lettura

3.56 Complete the following activities with a partner.

1. Identify in the photo each person who is described. Explain each of your choices in Italian.
2. Complete the chart below in Italian, and then compare Claudio, Gina, and Simone. What do they have in common? How are they different?

	Claudio	Gina	Simone
Carattere			
Cosa fa spesso?			

3. Which person do you especially like? Why? **Mi piace di più… perché…**

PARLIAMO

Un amico italiano/Un'amica italiana. Imagine that the people in the photos below will be visiting your campus this summer to study English. For which person would you like to be the host? Explain your choice, describing that person to your classmates.

Prima di parlare

3.57 Begin by completing the following activities. Use your imagination!

1. Decide for which person you would like to be the host.
2. Decide which adjectives you can use to describe that person's physical appearance.
3. Imagine what the person's personality is like and how you can describe it.
4. Decide how you want to describe what he or she prefers to wear and likes to do.

Gaia

Ilaria

Vittorio

Dejan

Strategie per parlare
Describing people

When you describe a person, present your information in an organized way. For example, you might start with a physical description, and then provide details about personality and likes and dislikes.

Mentre parli

3.58 With a small group of classmates, take turns presenting your descriptions of the person for whom you would like to be the host. Answer any questions your classmates may have.

ESEMPIO: Vorrei ospitare (*I would like to host*) Ilaria. Ha i capelli lunghi ed è molto bella. È elegante. Porta sempre bei vestiti e belle scarpe. È simpatica, gentile e generosa. Le piace parlare al telefono. Non le piace pulire la casa! …

Dopo aver parlato

3.59 Now draw some conclusions by comparing the people you have imagined and described. What do they have in common and how do they differ?

ESEMPI: Ilaria e Dejan sono simpatici e molto intelligenti.
A Gaia piace leggere e a Vittorio piace correre.
Ilaria e Gaia sono molto eleganti.

Strategie per scrivere
Responding to a pen pal ad

When you respond to a pen pal ad, you have to convince the person to whom you are writing that you have something in common. Focus on key facts and details you want to convey; then express them in an oganized, interesting way.

SCRIVIAMO

Un nuovo PenPal. Respond to one of the ads from an Internet site that enables people to find Italian-speaking pen pals.

"Cerco un PenPal..."

Cerca

Ciao Italia! Ho 24 anni, sono un ragazzo francese. Sono alto, bello e anche molto intelligente. Vorrei corrispondere in italiano con ragazze e ragazzi della mia età. Tra i miei hobby: cinema, arte e letteratura. Scrivetemi, rispondo a tutti.
Alain.

bruneau27@yahoo.com

Ho 22 anni, sono un po' timida e non molto dinamica. I miei hobby: i viaggi, la musica, conoscere gente nuova. Vorrei corrispondere con tanti ragazzi della mia età.
Gabriella.

lenci@libero.it

Ho 18 anni, sono sportivo ed estroverso. Mi piace ballare, nuotare, giocare a tennis, ma soprattutto mi piace suonare la chitarra. Sono americano ma abito a Milano. Vorrei corrispondere in italiano o in inglese con ragazzi di tutto il mondo.
Paul.

pjones27@gmail.com

Vorrei corrispondere con ragazze della mia età, 16 anni. Sono carina, simpatica e sensibile. Mi piacciono il cinema e la musica. Mi piace anche scrivere e leggere poesie.
Luisa.

luisarivi@gmail.com

Prima di scrivere

3.60 Follow these steps to convince the writer of the ad that you should be pen pals.

1. Note the essential personal information you need to provide: your name, your occupation, etc.
2. List words and expressions that best describe what you are like.
3. Make a list of your likes and dislikes.
4. Indicate what you do in your free time.
5. Come up with some questions you can ask the person to whom you are writing.

La scrittura

3.61 Use your notes to write a first draft of your response. Begin with an introductory line: **Ciao… ! Sono… , Vorrei** (***I would like***) **corrispondere con te.** Then present the information you have prepared. Make it interesting!

La versione finale

3.62 Reread and check your first draft.

1. Is the information clear?
2. Do the phrases you chose express adequately and in a well-organized way what you are trying to communicate?
3. Check spelling, articles, verbs, nouns, and adjective endings.

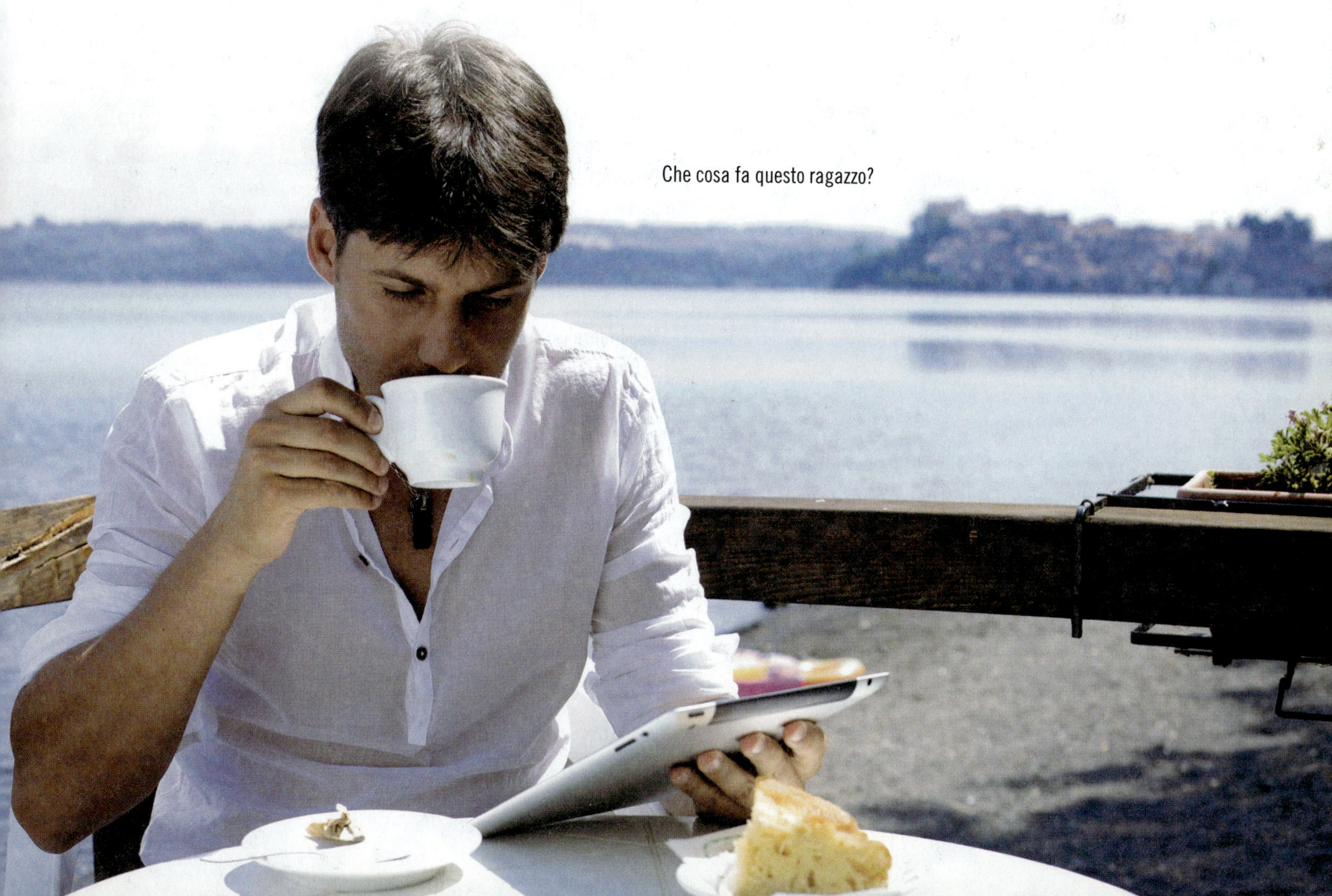

Che cosa fa questo ragazzo?

Chiedere e dare informazioni

Com'è?	*What is he/she, it like?*
Come sono?	*What are they like?*
Di che colore ha i capelli (gli occhi)?	*What color is his/her hair (are his/her eyes)?*
Ha i capelli neri, castani, biondi, rossi, chiari, scuri.	*He/She has black, brown, blond, red, light, dark hair.*
Ha gli occhi verdi, azzurri, castani, grigi, chiari, scuri.	*He/She has green, blue, brown, hazel, gray, light-colored, dark-colored eyes.*

I nomi

i baffi	*mustache*
la barba	*beard*
il caffè	*coffee*
i capelli	*hair*
la casa	*home, house*
il film	*film, movie*
la gente	*people*
la lettera	*letter*
gli occhi	*eyes*
gli occhiali	*glasses*
la poesia	*poem*
la politica	*politics*
lo sport	*sport*
il telefono	*phone*
la televisione	*television*

L'abbigliamento

i (blu) jeans	*jeans*
la camicia	*shirt*
la cravatta	*tie*
la felpa	*sweatshirt*
la giacca	*blazer, jacket*
la gonna	*skirt*
l'impermeabile (*m.*)	*raincoat*
la maglia	*sweater*
la maglietta	*T-shirt*
i pantaloni (corti)	*pants (short)*
la scarpa	*shoe*
le scarpe da ginnastica	*tennis shoes*
gli stivali	*boots*
il vestito	*dress, suit*

Domande sull'abbigliamento

Che cosa porti / porta? Che cosa indossi / indossa?	*What are you / is he/she wearing?*
Di che colore è... ?	*What color is ... ?*
Di chi è?	*Who is the designer? / Whose is it?*

I verbi

capire (-isc-)	*to understand*
conoscere	*to meet, to know*
correre	*to run*
dipingere	*to paint*
discutere (di)	*to discuss*
dormire	*to sleep*
finire (-isc-) (di + infinito)	*to finish (+ infinitive)*
indossare	*to wear*
leggere	*to read*
portare	*to wear*
preferire (-isc-)	*to prefer*
prendere	*to have, to take*
pulire (-isc-)	*to clean*
rispondere (a)	*to answer*
scrivere	*to write*
seguire	*to follow*
vedere	*to see*

La descrizione

allegro/a	*cheerful*
altro/a	*other, another*
antipatico/a	*disagreeable, unpleasant*

anziano/a	*elderly*
atletico/a	*athletic*
avaro/a	*stingy*
bello/a	*beautiful*
biondo/a	*blond*
bravo/a	*good, trustworthy, talented*
bruno/a	*dark-haired, brunette*
buffo/a	*funny*
buono/a	*good*
calmo/a	*calm*
calvo/a	*bald*
carino/a	*nice, cute*
caro/a	*dear, expensive*
castano/a	*chestnut, brown*
cattivo/a	*bad*
chiaro/a	*light (color)*
comprensivo/a	*understanding*
corto/a	*short*
dinamico/a	*dynamic, energetic*
elegante	*elegant*
espansivo/a	*friendly, outgoing*
estroverso/a	*extroverted*
generoso/a	*generous*
gentile	*nice, kind*
giovane	*young*
grasso/a	*fat*
intelligente	*intelligent*
liscio/a	*straight (hair)*
lungo/a	*long*
magro/a	*thin, slender*
molto/a	*many, a lot*
muscoloso/a	*muscular*
nervoso/a	*nervous, tense*
paziente	*patient*
pigro/a	*lazy*
poco/a	*few*
quanto/a	*how much, how many*
quello/a	*that*
questo/a	*this*
riccio/a	*curly*
scuro/a	*dark*
sensibile	*sensitive*
serio/a	*serious*
simpatico/a	*nice*
socievole	*sociable*
sportivo/a	*active, sporty*
stanco/a	*tired*
studioso/a	*studious*
timido/a	*shy*
triste	*sad*
vero/a	*real, true*

I colori: See p. 84.

Altre parole ed espressioni

anche	*also*
(non) gli/le piace	*he/she likes (doesn't like)*
invece	*instead, on the other hand*
ma, però	*but*
molto	*very*
ogni giorno / mattina / sera	*every day / morning / evening*
o, oppure	*or*
poco	*little, not very, not much*
proprio	*really*
qualche volta	*sometimes*
quanto?	*how much?*
raramente	*rarely*
sempre	*always*
spesso	*often*
stesso	*same*
troppo	*too much*

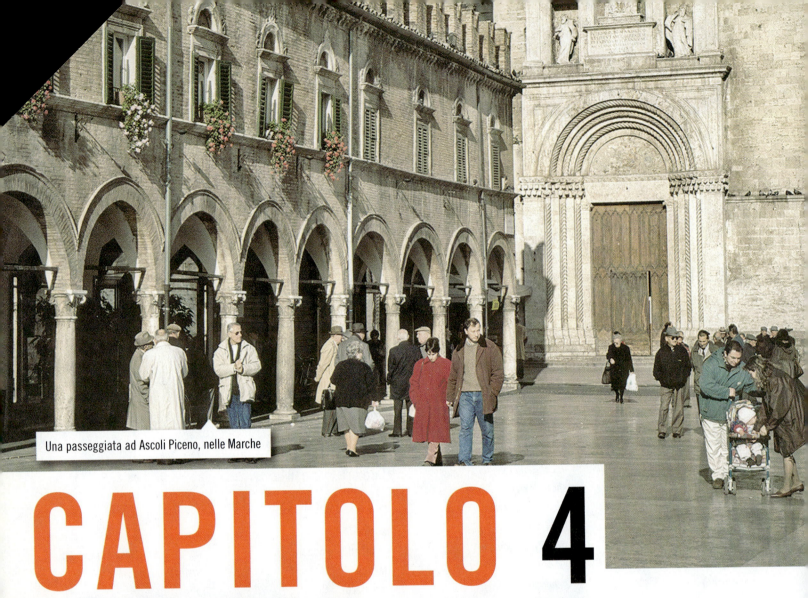

Una passeggiata ad Ascoli Piceno, nelle Marche

CAPITOLO 4

GIORNO PER GIORNO

In this chapter you will learn how to:

- Tell time
- Describe your everyday activities
- Talk about food and your eating habits
- Describe weather conditions and seasonal activities

PERCORSO I Le attività di tutti i giorni

VOCABOLARIO

Cosa facciamo ogni giorno?

La mattina e la sera di Riccardo

Riccardo si sveglia.

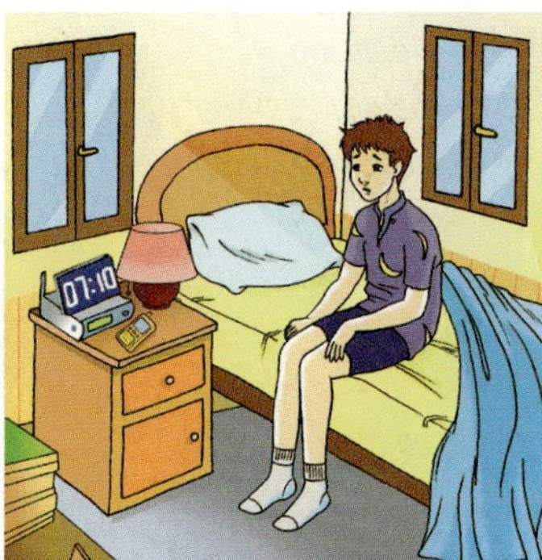

Riccardo si alza.

Riccardo si lava i denti.

Riccardo si fa la doccia.

Riccardo si fa la barba.

Riccardo si veste. Si mette una camicia e i jeans.

Riccardo fa colazione con il padre e la sorella.

Riccardo si spoglia e si prepara per andare a letto.

Riccardo si addormenta.

L'ora

A che ora... ?	*At what time . . . ?*
adesso / ora	*now*
avere fretta	*to be in a hurry*
essere in ritardo	*to be late*
impegnato/a	*busy*
libero/a	*free, available*
Che ora è? / Che ore sono?	*What time is it?*
È presto.	*It's early.*
È tardi.	*It's late.*

Le attività di tutti i giorni

avere un appuntamento	*to have an appointment, to have a date*
cenare	*to have dinner*
divertirsi	*to have a good time*
fare la spesa	*to go grocery shopping*
farsi il bagno	*to take a bath*
pettinarsi (i capelli)	*to comb (one's hair)*
pranzare	*to have lunch*
riposarsi	*to rest*
truccarsi	*to put on makeup*

Quando?

di solito / generalmente	*usually*
dopo / poi	*after / then*
infine	*at last*
ogni giorno / tutti i giorni	*each day / every day*
più tardi	*later*
prima	*first*

e **4.1 Che significa?** Match each expression with its definition.

1. fare colazione
2. pranzare
3. essere impegnato/a
4. fare la spesa
5. avere fretta
6. cenare

a. mangiare a mezzogiorno
b. comprare cose da mangiare
c. mangiare la sera
d. mangiare la mattina
e. avere molte cose da fare
f. avere poco tempo

4.2 L'intruso. Select the word or expression that does not belong in each grouping.

1. avere fretta, cenare, essere impegnato/a
2. farsi il bagno, farsi la doccia, fare colazione
3. svegliarsi, addormentarsi, pranzare
4. vestirsi, divertirsi, mettersi
5. lavarsi, leggere le mail, prepararsi
6. guardarsi allo specchio, di solito, tutti i giorni

4.3 In che ordine? Number the following activities in the order in which you would do them. Then compare your list to a classmate's. How similar or different are your lists?

_____ Mi riposo.	_____ Mi sveglio.
_____ Mi vesto.	_____ Faccio la spesa.
_____ Ceno.	_____ Guardo la televisione.
_____ Pranzo.	_____ Mi addormento.
_____ Mi faccio la doccia.	_____ Mi spoglio.
_____ Faccio colazione.	_____ Parlo al telefono.

Così si dice Telling time

To ask what time it is, say: **Che ora è?** or **Che ore sono?** You can respond using a complete sentence or just stating the hour and minutes: **(È) l'una e cinque.** *(It's) five after one.* **(Sono) le due meno venti.** *(It's) twenty to two.*

To indicate the time, use **è**… with **l'una, mezzogiorno**, and **mezzanotte**. Use the plural **sono le**… with all other time expressions.

If necessary, use **di mattina** after the hour to indicate A.M. For P.M., add to the time **del pomeriggio** (12 P.M. to 5 P.M.), **di sera** (5 P.M. to midnight), or **di notte** (midnight to early morning).

To find out when something occurs, ask: **A che ora… ?** To respond, use **a, all', alle** + the hour.

—A che ora comincia la lezione? A mezzogiorno?

—No, comincia all'una e finisce alle due.

è l'una.

è l'una e un quarto.

Sono le due meno venti.

Sono le due meno un quarto.

Sono le due e venti.

Sono le due e mezzo (mezza).

è mezzanotte.
O è mezzogiorno.

4.4 Che ora è? Take turns pointing to each clock and saying what time it is.

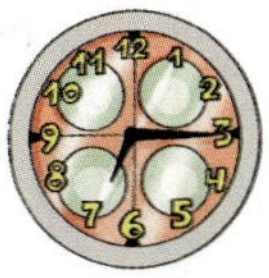

1. __________ 2. __________ 3. __________ 4. __________

5. __________ 6. __________ 7. __________

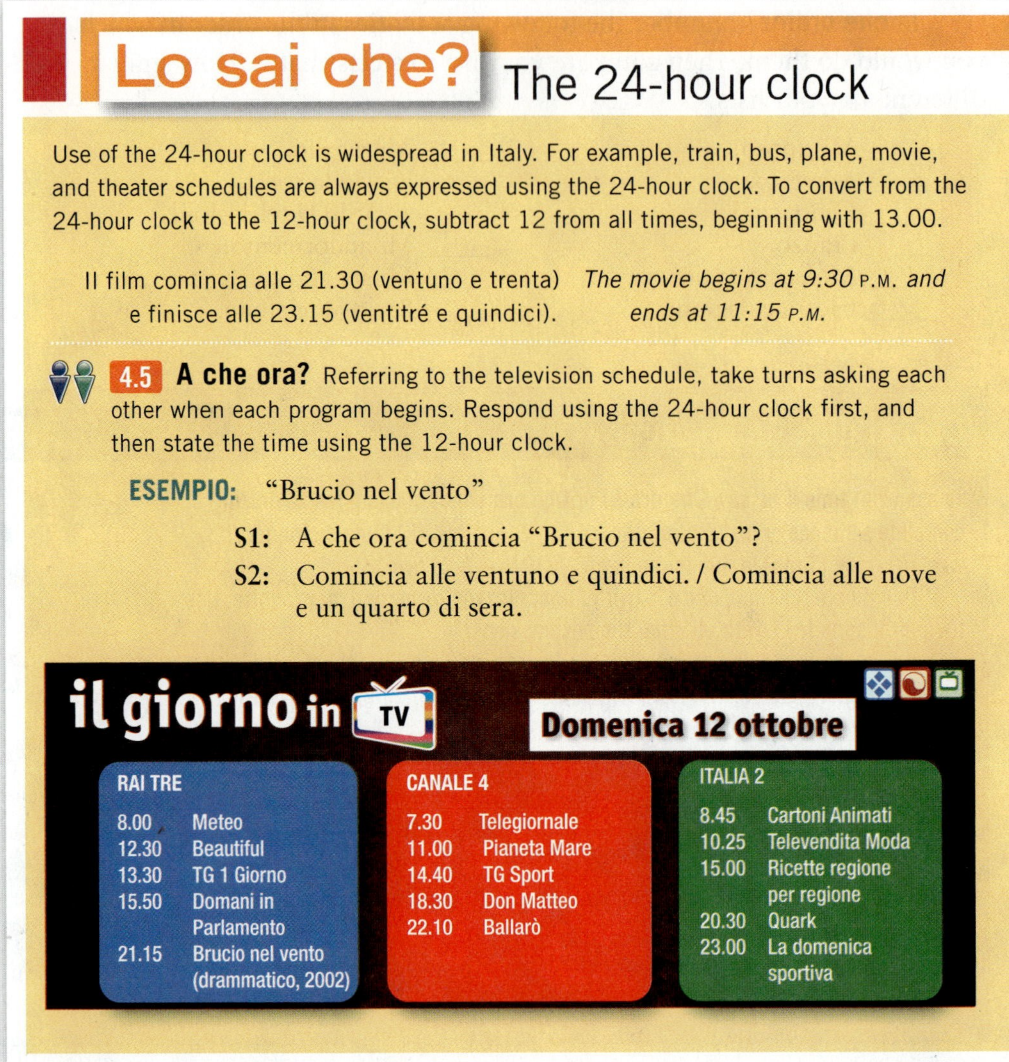

Lo sai che? The 24-hour clock

Use of the 24-hour clock is widespread in Italy. For example, train, bus, plane, movie, and theater schedules are always expressed using the 24-hour clock. To convert from the 24-hour clock to the 12-hour clock, subtract 12 from all times, beginning with 13.00.

Il film comincia alle 21.30 (ventuno e trenta) e finisce alle 23.15 (ventitré e quindici). *The movie begins at 9:30 P.M. and ends at 11:15 P.M.*

4.5 A che ora? Referring to the television schedule, take turns asking each other when each program begins. Respond using the 24-hour clock first, and then state the time using the 12-hour clock.

ESEMPIO: "Brucio nel vento"

S1: A che ora comincia "Brucio nel vento"?

S2: Comincia alle ventuno e quindici. / Comincia alle nove e un quarto di sera.

il giorno in TV
Domenica 12 ottobre
RAI TRE
8.00 Meteo
12.30 Beautiful
13.30 TG 1 Giorno
15.50 Domani in Parlamento
21.15 Brucio nel vento (drammatico, 2002)
CANALE 4
7.30 Telegiornale
11.00 Pianeta Mare
14.40 TG Sport
18.30 Don Matteo
22.10 Ballarò
ITALIA 2
8.45 Cartoni Animati
10.25 Televendita Moda
15.00 Ricette regione per regione
20.30 Quark
23.00 La domenica sportiva

In contesto Giorno dopo giorno!

Giulio, an Italian student, has sent his new, online American friend Jason an e-mail describing his daily activities.

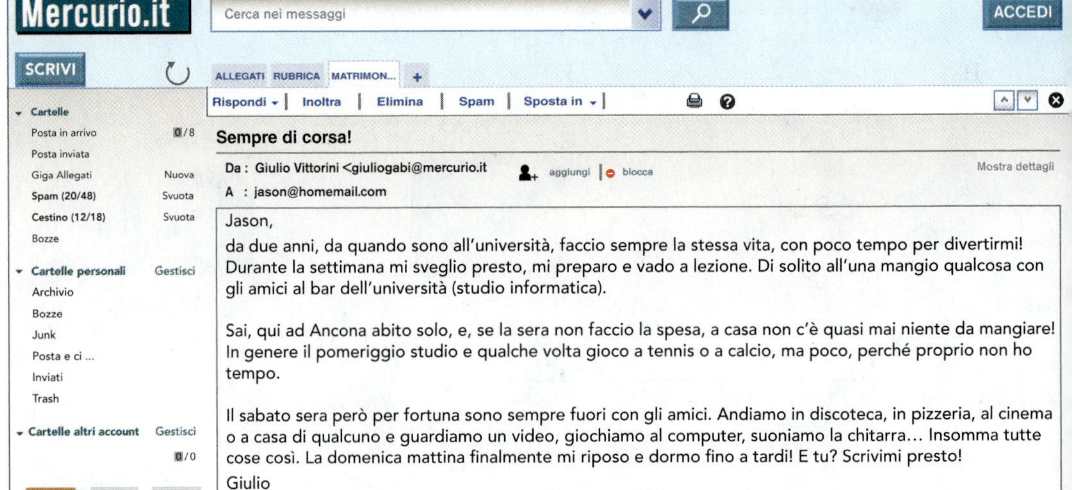

Mercurio.it
Cerca nei messaggi | ACCEDI
SCRIVI
ALLEGATI RUBRICA MATRIMON... +
Rispondi | Inoltra | Elimina | Spam | Sposta in

Cartelle: Posta in arrivo 0/8; Posta inviata; Giga Allegati (Nuova); Spam (20/48) (Svuota); Cestino (12/18) (Svuota); Bozze
Cartelle personali (Gestisci): Archivio; Bozze; Junk; Posta e ci ...; Inviati; Trash
Cartelle altri account (Gestisci) 0/0
MMS FAX

Sempre di corsa!

Da : Giulio Vittorini <giuliogabi@mercurio.it aggiungi | blocca — Mostra dettagli
A : jason@homemail.com

Jason,

da due anni, da quando sono all'università, faccio sempre la stessa vita, con poco tempo per divertirmi! Durante la settimana mi sveglio presto, mi preparo e vado a lezione. Di solito all'una mangio qualcosa con gli amici al bar dell'università (studio informatica).

Sai, qui ad Ancona abito solo, e, se la sera non faccio la spesa, a casa non c'è quasi mai niente da mangiare! In genere il pomeriggio studio e qualche volta gioco a tennis o a calcio, ma poco, perché proprio non ho tempo.

Il sabato sera però per fortuna sono sempre fuori con gli amici. Andiamo in discoteca, in pizzeria, al cinema o a casa di qualcuno e guardiamo un video, giochiamo al computer, suoniamo la chitarra… Insomma tutte cose così. La domenica mattina finalmente mi riposo e dormo fino a tardi! E tu? Scrivimi presto!

Giulio

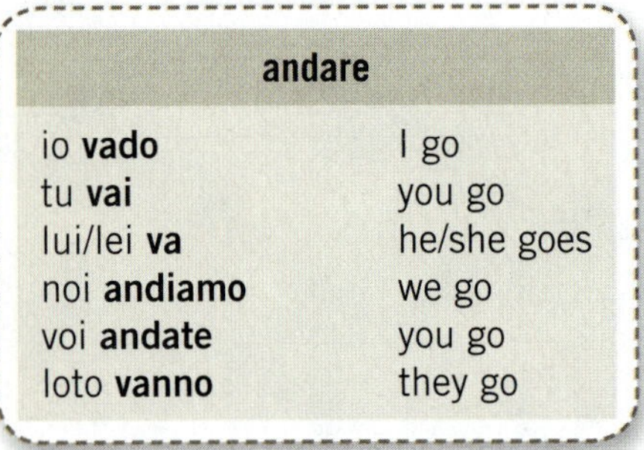

andare	
io **vado**	I go
tu **vai**	you go
lui/lei **va**	he/she goes
noi **andiamo**	we go
voi **andate**	you go
loto **vanno**	they go

4.6 La routine di Giulio. Complete the chart by indicating what Giulio does during the week and on weekends.

la mattina	il pomeriggio	il sabato	la domenica
si sveglia presto			

4.7 Che tipo è? With a partner, decide which of the following adjectives best describe Giulio and explain why: **sportivo, allegro, antipatico, dinamico, estroverso, gentile, pigro, serio, simpatico, socievole, studioso, timido, triste.**

Occhio alla lingua!

1. Look again at the captions in the *Percorso I Vocabolario* section. What do you notice about the verbs used to describe Riccardo's daily activities?
2. Read Giulio's e-mail and consider the following verbs used in his message: **mi sveglio, mi preparo, mi riposo.** What do these verbs have in common?
3. Who or what is the subject of each verb listed in #2?

GRAMMATICA

Il presente dei verbi riflessivi

Reflexive verbs indicate that the subject acts on himself or herself. For example: *I wash myself. We dress ourselves.* In Italian, reflexive verbs are always accompanied by reflexive pronouns: **mi, ti, si, ci, vi, si.** In English, on the contrary, reflexive pronouns are not always used, and many actions the subject does to himself or herself are not expressed with a reflexive construction: *I get undressed, I take a shower, and then I go to bed.*

Simona **si** lava.	*Simona washes herself.*
Mi alzo alle otto.	*I get up at eight.*
I ragazzi **si** vestono.	*The boys are getting dressed.*

Reflexive verbs are conjugated like the other verbs you have studied. Reflexive pronouns are placed directly in front of a conjugated verb, and they are always attached to an infinitive after dropping the final **-e**.

	alzarsi	mettersi	vestirsi
io	**mi** alzo	**mi** metto	**mi** vesto
tu	**ti** alzi	**ti** metti	**ti** vesti
lui/lei	**si** alza	**si** mette	**si** veste
noi	**ci** alziamo	**ci** mettiamo	**ci** vestiamo
voi	**vi** alzate	**vi** mettete	**vi** vestite
loro	**si** alzano	**si** mettono	**si** vestono

Mi alzo tutte le mattine alle sette, dal lunedì al venerdì. Mi preparo, scelgo (*I choose*) i miei vestiti in base all'umore (*mood*), passo molto tempo al bagno, mi trucco, mi pettino e prendo il caffé…

In negative sentences, **non** always precedes the reflexive pronoun.

Non si alza mai prima delle otto. *He never gets up before eight.*

4.8 Che cosa fanno ogni giorno? Match the people with the actions to indicate what they all do each day.

1. Tu
2. Luigi
3. Io e Marco
4. Tu e Giovanna
5. Io
6. Marcella e Cecilia

a. vi fate la doccia.
b. mi alzo alle sette.
c. ti fai la barba.
d. si truccano.
e. si riposa dopo cena.
f. ci mettiamo i jeans.

4.9 La famiglia di Luca. Explain what Luca and his family do every day, using the correct forms of the verbs given.

1. Luca ____________ (svegliarsi) tardi.
2. Io e Chiara ____________ (alzarsi) presto.
3. Lucia ____________ (truccarsi) sempre.
4. Luca e Marco ____________ (farsi la barba) ogni mattina.
5. Chiara ____________ (riposarsi) il pomeriggio.
6. Lucia e Marco ____________ (divertirsi) in casa con gli amici.

4.10 Cosa fanno? Listen as different people talk about things they and others often do. Indicate the reflexive verb(s) you hear in each sentence. The first verb has been filled in for you as an example.

1. *mi alzo* ____________
2. ____________ ____________
3. ____________ ____________
4. ____________ ____________
5. ____________ ____________
6. ____________ ____________

4.11 Cosa facciamo ogni giorno? Tell what you and other people you know do each day by completing the sentences with the correct form(s) of the verbs from the list.

addormentarsi	**alzarsi**	**cenare**	**divertirsi**
fare	**farsi**	**mettersi**	**pranzare**
spogliarsi	**svegliarsi**		

1. Ogni mattina io ____________ alle otto e poi ____________ alle otto e dieci.
2. Ogni giovedì sera io e Francesca ____________ la spesa al supermercato.
3. Di solito io e Luigi ____________ a mezzogiorno alla mensa.
4. La sera i bambini ____________ il bagno e non la doccia.
5. Io ____________ sempre a casa alle otto di sera con la mia famiglia.
6. Paolo e Giuseppe giocano a tennis ogni giorno e ____________ molto.
7. La sera io ____________ e ____________ il pigiama. ____________ a mezzanotte.

 **4.12 Spesso o no?** Take turns asking individuals in your group if they do the following activities, how often they do them, and at what time they do them. Remember to use appropriate time expressions: **sempre, spesso, qualche volta, la mattina, la sera, di solito, tutti i giorni, mai.** Conclude by summarizing the results for your group, telling what you have in common and also how you differ.

ESEMPIO: alzarsi

S1: Ti alzi presto?
S2: Sì, mi alzo presto tutti i giorni. O No, non mi alzo mai presto.
S1: A che ora ti alzi?
S2: Mi alzo alle sette...

1. truccarsi / farsi la barba
2. mettersi un vestito elegante
3. lavarsi i capelli
4. lavarsi i denti
5. divertirsi
6. addormentarsi
7. riposarsi il pomeriggio
8. alzarsi

Così si dice Expressing *never*

To express *never* in Italian, place **non** in front of the verb and **mai** after the verb: **Non mi sveglio mai presto.** *I never wake up early.*

SCAMBI

Lo sai che? Business hours

In most Italian towns and cities, stores and other places of business still close for lunch and reopen from 3:30 P.M. or 4:00 P.M. until 7:30 P.M. or 8:00 P.M., depending on the season. It is very common, in fact, for businesses to have seasonal schedules. For example, the stores in downtown Ancona are open from 9:00 to 12:30 and 4:00 to 7:30 in the winter, and from 9:00 to 12:30 and 4:30 to 8:00 in the summer. Also, most stores in Ancona are closed on Sundays and one morning or afternoon a week. Schedules can vary from city to city; in a number of large cities, many downtown stores are open on Sundays and have an **orario continuato** during the week (i.e., they don't close for lunch).

QUESTO NEGOZIO OSSERVA
IL SEGUENTE ORARIO GIORNALIERO

DALLE 8.00 ALLE 13.00

DALLE 16.00 ALLE 20.00

CHIUSURA SETTIMANALE

 **4.13 L'orario.** With a partner, compare business hours in your country and in Italy. Which schedule do you prefer, and why?

4.14 Chi lo fa? Go around the room and find two classmates who do the following things.

Attività	Nome	
1. Si sveglia alle sei ogni mattina.		
2. La domenica si alza a mezzogiorno.		
3. Prima fa colazione e poi si fa la doccia.		
4. Non fa mai colazione la mattina.		
5. Si trucca o si fa la barba ogni mattina.		
6. Finisce di studiare a mezzanotte.		
7. Si fa il bagno ogni sera prima di andare a letto.		
8. Arriva sempre tardi a scuola.		

4.15 Intervista: Che orario hai? Interview a classmate about his/her daily class schedule and take notes. How does it compare to your own schedule?

ESEMPIO: **S1:** Che orario hai?
S2: Ho lezione il lunedì e il mercoledì.
S1: Che lezione hai il lunedì? A che ora?
S2: Alle otto ho lezione di matematica…

4.16 Fissiamo un appuntamento. Taking into account your weekly schedule, write two activities you would like to do with a classmate on different days and at different times. Then set dates with two different classmates to get together at a mutually convenient day and time.

ESEMPIO: **S1:** Pranziamo insieme martedì a mezzogiorno?
S2: No, ho lezione di matematica. Sono libero/a lunedì a mezzogiorno.
S1: Bene. Pranziamo insieme lunedì a mezzogiorno.

Una settimana molto particolare!

I pasti e il cibo

VOCABOLARIO

Cosa mangiamo e beviamo?

Le bevande

I primi

I secondi, i contorni e le verdure

I dolci e la frutta

I pasti

la colazione | *breakfast*
il pranzo | *lunch*
la cena | *dinner*

Per esprimere le nostre esigenze (*needs*)

avere bisogno di	*to need*
avere fame	*to be hungry*
avere sete	*to be thirsty*
avere voglia di	*to feel like having or doing something*

Mangiare e bere

bere	*to drink*
cucinare	*to cook*
ordinare	*to order*
servire	*to serve*

4.17 La cucina italiana. With the others in your group, make a list of Italian foods you are familiar with and indicate into which category they would fall: **primi piatti, secondi piatti, contorni, pane, dolci e frutta.**

4.18 L'intruso. Select the word or expression that doesn't belong in each group. Explain your choices.

1. il riso, la minestra, le banane
2. l'arrosto, il pollo, il gelato
3. il pane, gli spinaci, il cavolfiore
4. la mela, l'uva, il caffè
5. il pesce, il latte, l'acqua minerale
6. le vongole, il succo di frutta, la bistecca
7. i gamberetti, l'aragosta, i fagiolini
8. le carote, il cavolfiore, il formaggio
9. il vino, l'arancia, la mela
10. i piselli, i funghi, le vongole
11. i pomodori, la birra, il tè
12. avere fame, servire, avere sete
13. avere voglia, avere bisogno, ordinare

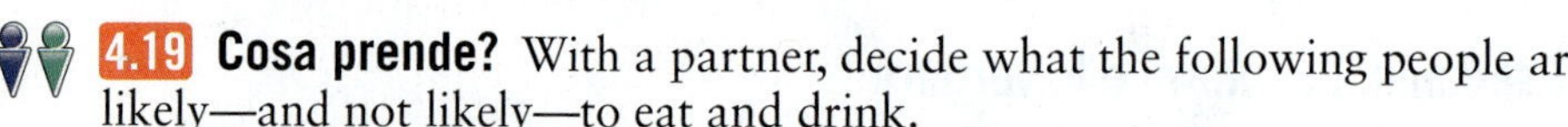

4.19 Cosa prende? With a partner, decide what the following people are likely—and not likely—to eat and drink.

1. È mattina e Alessandro ha sete.
2. Alessia ha poca fame all'ora di cena e non le piace la carne.
3. A Federico piace molto la frutta.
4. Valentina ha voglia di dolci.
5. Iacopo ha molta fame all'ora di pranzo e gli piacciono le verdure.
6. È sera e Carolina ha sete.

In contesto Ho fame!

Roberta has run into her friend Fabrizio in front of a café near their school.

ROBERTA: Ciao, Fabrizio, che fai?

FABRIZIO: Esco ora da lezione. Vado al bar a prendere qualcosa°. Sto morendo di fame!° Vieni con me?

something
I am starving!

ROBERTA: Ma è solo mezzogiorno!

FABRIZIO: Sai, la mattina non faccio mai colazione e quindi° a mezzogiorno ho proprio tanta fame! Mangio qualcosa qui al bar, un panino o della pasta. E tu?

therefore

ROBERTA: Io torno a casa. Noi facciamo ancora un pranzo più tradizionale! E molto più tardi, verso l'1.30.

FABRIZIO: Invece io la sera mangio un bel primo, un secondo con il contorno e sempre un po' di frutta. Ma senti, perché non mi accompagni al bar lo stesso? Ti offro qualcosa da bere.

ROBERTA: D'accordo!

4.20 I pasti di Fabrizio e Roberta. Complete the chart based on what you learned about Fabrizio's and Roberta's eating habits. Then compare your responses with those of a classmate.

	Pasto	Quando?	Cosa mangia?
Fabrizio			
Roberta			

Occhio alla lingua!

1. Look again at the labeled illustrations of foods and drinks in the *Percorso II Vocabolario* section. Do you remember what **dei, degli,** and **delle** mean? What do **del, dello, dell',** and **della** mean in this context?
2. What do you think is the difference between ***degli* spinaci** and ***dei* gamberetti**? And between ***del* caffè** and ***della* pasta**? Can you detect a pattern?

GRAMMATICA

La quantità: del, dello, dell', della

In **Capitolo 3**, you learned that **dei, degli,** and **delle**, the equivalent of *some* or *a few* in English, are used with plural nouns that can be counted to express indefinite quantities.

Compro delle banane.	*I am going to buy some bananas.*
Mangio delle patate e dei piselli.	*I am eating potatoes and peas.*

1. **Del, dello, dell',** and **della** are used with singular nouns to indicate a part of something, the English equivalent of *some*. They are used with words referring to food and other things that can be cut or measured but not counted. Compare these two sentences:

Prendo della macedonia.	*I'm having some fruit salad.*
Compro delle vongole.	*I'm buying some clams.*

2. **Del, dello, dell',** and **della** follow the same pattern as the definite article **il, lo, l', la.** The form used depends on the gender of the word and the letter it begins with.

Il partitivo			
		Maschile	**Femminile**
	a consonant	**del** formaggio	**della** cioccolata
Before	**s** + a consonant or **z**	**dello** zucchero	
	a vowel	**dell'**olio	**dell'**acqua

All'ora di pranzo torno a casa e mangio assieme alla mia famiglia, solitamente un piatto di pasta, accompagnato da del vino o dell'acqua, e della frutta.

4.21 La borsa della spesa. Tell what is in your shopping bag by completing the sentence with **del, dello, dell', or della.**

Nella borsa della spesa ci sono ____________ formaggio, ____________ vino, ____________ verdura, ____________ pane, ____________ zucchero, ____________ acqua minerale, ____________ birra e ____________ pesce.

Lo sai che? Meals in Italy

A typical Italian breakfast usually consists of coffee **(espresso** or **cappuccino)** and cookies **(biscotti),** a croissant **(cornetto),** or a pastry **(pasta).** Cereal also has become very popular. Even children often have coffee with milk. Lunch may consist of a **primo piatto**—a pasta dish, rice, or soup; a **secondo piatto**—fish, meat, or chicken; and a **contorno**—a vegetable dish. Italians drink water and wine with their meals and conclude the meal with fruit and **espresso**. Beer is also increasingly popular, especially with pizza, a favorite dinner item.

Traditionally, lunch has been the most important meal of the day, and Italians used to return home to eat with their families. However, this custom is changing; many people now eat lunch during a short break at school or work, and dinner, usually served after 8:00 P.M., is becoming the most important family meal.

Children often have a small snack, called **uno spuntino** or **una merenda**, usually midmorning and then around 5:00 in the afternoon.

It is popular among adults to meet with friends for a pre-dinner drink, an **aperitivo**. Recently, in some bars and cafés, it has become common to have the **apericena**, an **aperitivo** and a light buffet-style dinner.

Tutti in pizzeria!

4.22 I pasti. Discuss with a partner what you find most distinctive about meals in Italy. Then consider what an Italian friend might find interesting about meals in your country.

4.23 Al supermercato. You just arrived at the grocery store but cannot find your shopping list. Call your roommate to find out what you have to buy, asking the questions below, with the correct form of **del, dello, dell', or della**. Your roommate, played by another student, will respond in the negative, offering an alternative in each instance.

ESEMPIO: C'è _____ acqua minerale?

S1: C'è dell'acqua minerale?
S2: No, ma c'è della Coca-Cola.

1. C'è _____________ vino in frigorifero?
2. Ci sono _____________ spaghetti?
3. C'è _____________ caffè?
4. Ci sono _____________ arance?
5. C'è _____________ insalata?
6. Ci sono _____________ piselli per cena?

Il presente di *bere*

The verb **bere** (*to drink*) is irregular. An archaic form of its infinitive, **bevere**, is used to conjugate it. The **-ere** is dropped from **bevere** and second-conjugation present tense endings are added to the stem.

bere (bevere)
bev**o**
bev**i**
bev**e**
bev**iamo**
bev**ete**
bev**ono**

4.24 Quando? Use the elements given to create sentences telling when the following people drink the beverages indicated: **a colazione, a pranzo,** or **a cena**.

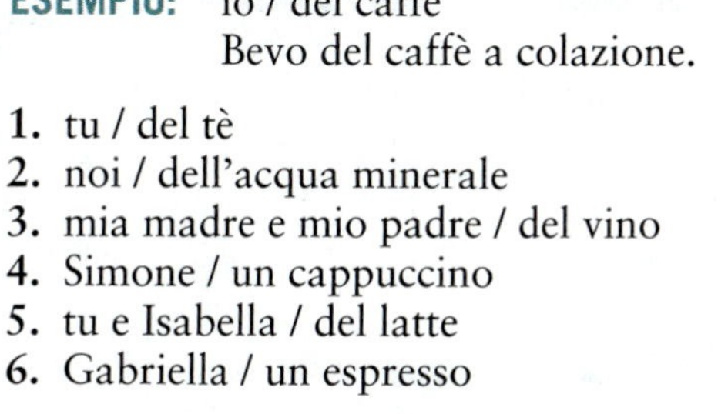

ESEMPIO: io / del caffè
Bevo del caffè a colazione.

1. tu / del tè
2. noi / dell'acqua minerale
3. mia madre e mio padre / del vino
4. Simone / un cappuccino
5. tu e Isabella / del latte
6. Gabriella / un espresso

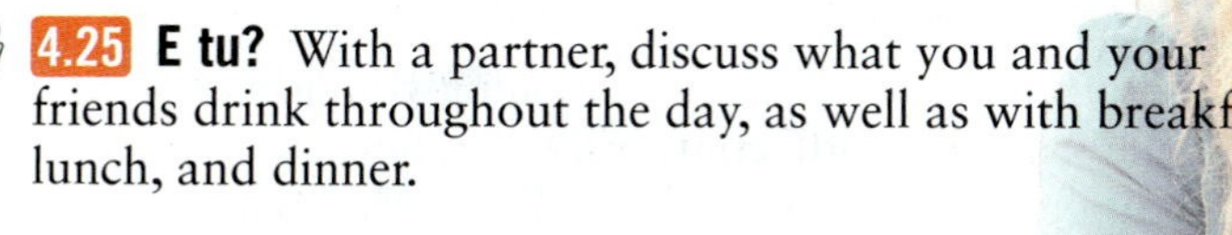

4.25 E tu? With a partner, discuss what you and your friends drink throughout the day, as well as with breakfast, lunch, and dinner.

I due giovani bevono un capuccino.

SCAMBI

4.26 A cena a casa mia. As you listen to two friends talking about a dinner party they will be hosting, select the word or phrase that best completes each of the statements about their plans.

1. Fabio fa la spesa *questa sera / domani.*
2. A Laura piacciono *gli spaghetti con i gamberetti e le vongole / gli spaghetti con le zucchine.*
3. Secondo (*According to*) Laura, Fabio *beve troppo caffè / cucina molto bene.*
4. Fabio cucina anche del riso perché *Giulia non si sente bene / a Giulia non piace il pesce.*
5. Per secondo, Fabio cucina *del pesce con carote e fagiolini / del pollo con patate e piselli.*
6. Laura compra *la macedonia / il gelato.*

Così si dice *Piace / Piacciono*

Use **piace** when the thing liked is singular and **piacciono** when the thing liked is plural. For example: **Mi / Ti piace la bistecca.** *I / You like steak.* **Non mi / ti piacciono i gamberetti.** *I / You don't like shrimp.* **Gli/Le piace il pollo.** *He/She likes chicken.* **Non gli/le piacciono le verdure.** *He/She doesn't like vegetables.*

4.27 Mi piace... / Mi piacciono... Make a list of the vegetables, fruits, and meats or fish shown in the *Percorso II Vocabolario* illustrations that you especially like. Make a second list of anything that you don't like. With a partner, compare your lists. Do you like and dislike the same things?

4.28 I tuoi pasti. Interview a classmate about his/her mealtime habits and complete the following chart. How do your classmate's habits compare to your own?

Pasto	A che ora?	Dove?	Con chi?	Che cosa mangi?	Che cosa bevi?
la colazione					
il pranzo					
la cena					

4.29 Una cena. Write down two things you like and one thing you don't like in each of the following categories: **primi, secondi, contorni, dolci, bevande.** Then, working in small groups, organize a dinner party and decide together what to serve so everybody will enjoy the meal.

PERCORSO III Le stagioni e il tempo

VOCABOLARIO

Quale stagione preferisci?

Le stagioni

L'estate. C'è il sole. Il tempo è bello e fa caldo.

L'autunno. Fa fresco.

L'inverno. Quasi sempre il tempo è brutto. Fa freddo e nevica.

La primavera. Qualche volta piove.

Le attività nelle diverse stagioni

andare
- **a ballare** *to go dancing*
- **in bicicletta** *to go biking*
- **al cinema** *to go to the movies*
- **in discoteca** *to go to a disco*
- **al mare** *to go to the beach*
- **in pizzeria** *to go to a pizzeria*

fare
- **dello sport** *to play sports*
- **trekking** *to go hiking*
- **una passeggiata** *to take a walk*
- **vela** *to sail*

giocare
- **a baseball** *to play baseball*
- **a basket** *to play basketball*
- **a carte** *to play cards*
- **a football** *to play American football*
- **a golf** *to play golf*

pattinare *to skate*
prendere il sole *to sunbathe*
sciare *to ski*
uscire *to go out*
venire *to come*

Che tempo fa?

È nuvoloso. *It's cloudy.*
C'è nebbia. *It's foggy.*
Tira vento. / C'è vento. *It's windy.*

Caldo o freddo?

avere caldo *to be hot*
avere freddo *to be cold*

4.30 Che tempo fa? Write the names of the seasons and the months that correspond to each one. Then describe the weather conditions usually associated with each season.

4.31 Che fai quando... ? Match the weather conditions with the appropriate activities.

1. C'è il sole.	**a.** andare al cinema
2. Nevica.	**b.** fare una passeggiata
3. Piove.	**c.** fare vela
4. Tira vento.	**d.** prendere il sole
5. Fa molto freddo.	**e.** giocare a carte
6. Fa fresco.	**f.** sciare
7. Il tempo è bello.	**g.** giocare a basket
8. Fa molto caldo.	**h.** fare trekking

e **4.32 Che cosa fate tu e i tuoi amici?** Complete each sentence with one of the words or expressions from the list, making any necessary changes.

andare al cinema	avere caldo	avere freddo	ballare	baseball
fare vela	football	giocare a carte	trekking	

1. Quando (io) ____________ mi metto una felpa.
2. Il sabato sera andiamo in discoteca a ____________.
3. Se c'è vento, andiamo al mare a ____________?
4. Domani sera, se piove, venite a casa mia a ____________?
5. Ti piace ____________? Conosci i film di Fellini?
6. Non mi piace fare una passeggiata quando c'è il sole e io ____________!
7. Quali sport fai? Giochi a ____________ o a ____________?
8. Laura e Fabrizio vanno spesso in montagna a fare ____________.

4.33 Cosa ti piace fare? List some activities you like to do and some activities you avoid doing in different seasons. Then share your list with a partner and compare your preferences.

In contesto Che programmi hai?

Paolo and Susanna are talking about the weather and their plans for an outing tomorrow.

PAOLO: Susanna, che fai stasera? Io esco con Giorgio. Vieni?

SUSANNA: No, non vengo. Stasera vado a letto presto, perché domani, se non piove, vado a Numana a prendere un po' di sole, dopo tanti mesi in casa! Perché non vieni anche tu? O vai alla partita?

PAOLO: Certo che vengo anch'io! Vengono anche Marco e Angela?

SUSANNA: No, sono a sciare. Pensa, in primavera!

PAOLO: Io adoro la primavera, perché la temperatura è perfetta e posso andare a correre o a giocare a tennis quasi ogni giorno. A domani, allora!

4.34 I programmi di Paolo e Susanna. Indicate which of the following statements are true (**vero**) and which are false (**falso**) according to the conversation. Then correct the false statements.

1. A Susanna piace il caldo.
2. Questa sera Susanna resta a casa.
3. Paolo è sportivo.
4. La stagione attuale è l'autunno.

Occhio alla lingua!

1. Look at the verbs in the *In contesto* conversation. What unfamiliar verb forms do you notice?
2. What do you think is the difference between the forms **vado** and **vai**, and among the forms **vengo, vieni,** and **vengono**?
3. What expression(s) with **avere** can you find in the *In contesto* conversation? What other expressions can you remember?

GRAMMATICA

Il presente di andare, venire e uscire

The present tense of the verbs **andare** (*to go*), **venire** (*to come*), and **uscire** (*to go out*) is irregular.

andare	venire	uscire
vado	vengo	esco
vai	vieni	esci
va	viene	esce
andiamo	veniamo	usciamo
andate	venite	uscite
vanno	vengono	escono

Le persone vanno in bicicletta.

A che ora **esci** di casa la mattina?	*At what time do you leave the house in the morning?*
La sera **va** spesso a teatro.	*She/He often goes to the theater in the evening.*
Vengono a scuola alle otto.	*They come to school at eight.*

4.35 Dove vanno? Imagine where the following people are going at the times indicated. Use the 12-hour clock in your responses.

ESEMPIO: 8.00 / io
Alle otto vado a scuola.

1. 9.00 / Giovanna
2. 12.30 / noi
3. 16.15 / voi
4. 18.45 / tu
5. 21.00 / i miei amici
6. 23.00 / Marco

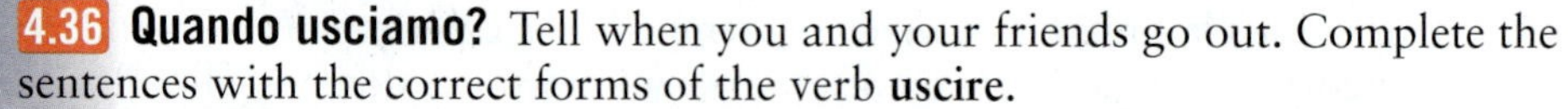

4.36 Quando usciamo? Tell when you and your friends go out. Complete the sentences with the correct forms of the verb **uscire**.

1. (Io) _____________ tutti i sabati con gli amici.
2. Riccardo non _____________ mai la sera!
3. Tu e Giulia _____________ dopo cena.
4. Carlo e Mario _____________ il sabato sera.
5. (Tu) _____________con noi il weekend?
6. (Noi) _____________ alle cinque ogni sera.

Per arrivare a pranzo in tempo, controlla l'ora! *Torre dei Guarltieri a San Benedetto del Tronto*

4.37 Vieni a casa mia? You are having a small dinner party at your house and are discussing with a friend who is going to be there. Complete the conversation with the correct forms of the verb **venire**.

—Fabrizio, allora tu e Giorgio (1) _____________ insieme? O tu (2) _____________ solo?
—No, (noi) non (3) _____________ insieme: Giorgio (4) _____________ in autobus verso le 8, e poi io (5) _____________ in macchina alle 9. Prima proprio non posso.
—Sono molto contento perché (6) _____________ anche Paolo e Anna!
—Bene! E Carla (7) _____________?
—Sì! Certo!

4.38 Intervista. Take turns asking the members of your group if and when they do the following activities. Then report what you have discovered to the class.

ESEMPIO: uscire il sabato sera

S1: Esci il sabato sera?
S2: Sì, il sabato sera esco spesso.
S3: Sì, esco il sabato sera con gli amici.

1. venire a scuola ogni giorno
2. andare al cinema spesso
3. uscire la sera durante la settimana
4. andare in discoteca
5. bere qualcosa con gli amici
6. uscire la domenica pomeriggio
7. andare in pizzeria
8. venire a scuola in bicicletta

Espressioni con *avere*

The irregular verb **avere** is used in many idiomatic expressions that in English often require the verb *to be*.

Ho diciotto anni.	*I am eighteen years old.*
Hai sete?	*Are you thirsty?*
Di che cosa hai voglia?	*What do you feel like having?*
Ho fame, ho voglia di un panino.	*I am hungry, I feel like having a sandwich.*

avere... anni	*to be... years old*
avere bisogno di	*to need*
avere caldo	*to be (feel) hot*
avere fame	*to be hungry*
avere freddo	*to be (feel) cold*
avere fretta	*to be in a hurry*
avere paura di	*to be afraid of*
avere ragione	*to be right*
avere sete	*to be thirsty*
avere sonno	*to be sleepy*
avere torto	*to be wrong*
avere voglia di...	*to feel like doing or having something*

4.39 Perché lo fai? Explain why you do the following things, using an idiomatic expression with **avere**.

1. Mi metto la maglia perché...
2. Bevo dell'acqua perché...
3. Mangio un panino perché...
4. Corro a scuola perché...
5. Non mi metto una giacca, ma mi metto una maglietta perché...
6. Vado a letto perché...

4.40 La mia amica Claudia. Complete the description of Claudia, using the correct forms of **avere** or **essere**.

Claudia (1) _____________ molto simpatica e socievole. La mattina (2) _____________ spesso fretta, perché si sveglia tardi. Per andare a scuola di solito porta solo i jeans e una maglietta, perché (3) _____________ sempre caldo. Frequenta l'università, ma (4) _____________ molto giovane: (5) _____________ solo diciotto anni! Ci vediamo quasi ogni giorno all'università e all'ora di pranzo, se noi (6) _____________ fame, mangiamo qualcosa insieme. Claudia (7) _____________ molto attiva e quando va a correre (8) _____________ sempre molta sete. Claudia (9) _____________ una persona allegra e non (10) _____________ bisogno di molte cose per essere contenta.

Hai caldo? Hai voglia di un gelato?

Lo sai che? Celsius *versus* Fahrenheit

In Italy, as in many other countries, temperature is measured in degrees according to the Celsius scale. Zero degrees Celsius is equivalent to 32 degrees Fahrenheit. In Italian, **temperatura minima** indicates the lowest expected temperature and **temperatura massima** the highest expected temperature.

Gradi centigradi

Gradi Fahrenheit

4.41 La temperatura. The average temperatures in Ancona are 1–9 degrees Celsius in the winter, 7–17 degrees in the spring, 17–28 degrees in the summer, and 6–10 degrees in the fall. How would you express the approximate equivalents in degrees Fahrenheit? How would you describe the weather in Ancona?

SCAMBI

4.42 Chi lo dice? You will hear three people talking about the weather. Match each person's comments to the corresponding illustration.

a. ______________

b. ______________

c. ______________

 **4.43 Le previsioni del tempo.** Look at the weather map with a partner and answer the following questions.

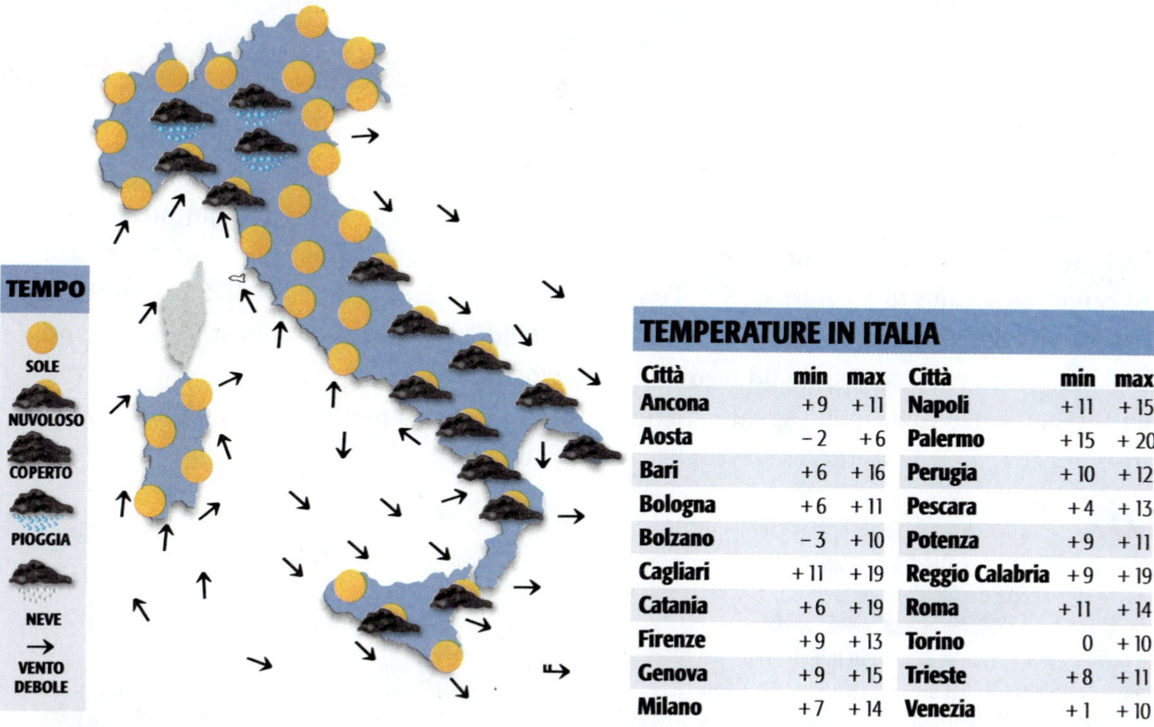

TEMPERATURE IN ITALIA

Città	min	max	Città	min	max
Ancona	+9	+11	Napoli	+11	+15
Aosta	−2	+6	Palermo	+15	+20
Bari	+6	+16	Perugia	+10	+12
Bologna	+6	+11	Pescara	+4	+13
Bolzano	−3	+10	Potenza	+9	+11
Cagliari	+11	+19	Reggio Calabria	+9	+19
Catania	+6	+19	Roma	+11	+14
Firenze	+9	+13	Torino	0	+10
Genova	+9	+15	Trieste	+8	+11
Milano	+7	+14	Venezia	+1	+10

1. Com'è oggi il tempo?
   - **a.** al Nord
   - **b.** al Centro
   - **c.** al Sud
   - **d.** sulle isole
2. Quali sono le temperature minime e massime nelle città seguenti? Com'è il tempo in queste città?
   - **a.** a Milano
   - **b.** a Pescara
   - **c.** a Firenze
   - **d.** a Bari

4.44 Dimmi quando lo fai! Indicate what activities you usually do during each season and what clothes you wear. Then find a classmate who has similar tastes and habits.

	primavera	estate	autunno	inverno
attività				
vestiti				

 **4.45 Che facciamo?** Discuss with a partner what you can do in the following situations.

1. Siete ad Ancona per il weekend.
2. È sabato sera e avete voglia di uscire.
3. È una sera di dicembre e fa freddo.
4. C'è il sole e avete voglia di fare dello sport.

 **4.46 Aiuto (*Help*)!** An Italian acquaintance who is planning to visit you calls. Act out the conversation with a partner. You want to discuss:

1. il tempo
2. i vestiti da portare
3. le attività da fare insieme

ESEMPIO: **S1:** Pronto! Sono Anna.
S2: Anna, come stai? Quando arrivi?
S1: Arrivo venerdì. Com'è il tempo? ...

ATTRAVERSO

LE MARCHE

The Marche is a prosperous and peaceful Italian region that stretches from the Apennine mountains to the Adriatic Sea. Few tourists visit the inland areas, but the beautiful beaches, countryside, and splendid medieval and Renaissance towns with great artistic treasures attract many visitors every year.

The Marche region is populated by farmers and artisans; however, there are numerous industries as well. Some of these include the footwear industry Todds and Hogan, the naval industry in Ancona and Fano, and the paper production industry in Fabriano.

Urbino, con le sue mura e il Palazzo Ducale. Federico da Montefeltro, il signore della città, fece costruire (*had built*) il palazzo dal 1444 al 1482. Frequentò (*Visited*) la corte dei Montefeltro lo scrittore Baldassarre Castiglione (1478–1529). Nella sua opera (*work*), Castiglione descrive la vita giornaliera dei signori in quegli anni. Oggi il Palazzo Ducale è la Galleria Nazionale delle Marche. Contiene (*It contains*) le opere di Piero della Francesca, Paolo Uccello e altri famosi artisti del Rinascimento.

***La Muta* (1507, Galleria Nazionale delle Marche), di Raffaello Sanzio.** Raffaello, nato (*born*) a Urbino nel 1483, affrescò (*frescoed*) anche le Stanze Vaticane a Roma per il Papa (*Pope*) Giulio II. Nelle sue opere, si nota il culto della perfezione e della bellezza classica.

VERIFICHIAMO

First read the introduction to the region; then look at the photos and read the related captions.

4.47 Associazioni. Indicate which cities and people you associate with the following items.

1. *Il Barbiere di Siviglia*
2. Federico da Montefeltro
3. Recanati
4. Le Stanze Vaticane
5. *Il Corteggiano*
6. Il mare
7. La Galleria Nazionale delle Marche

4.48 E nel tuo Paese? In your country, is there any area similar to the Marche region? With a partner, explain how it is similar and how it is different and what would be interesting for Italians to know about this region.

4.49 Un viaggio nelle Marche. What area or city in particular would you like to visit in the Marche region? Why? What do you think you could learn about Italy from this region?

Un paesaggio tipico delle Marche: colline (*hills*) e campi (*fields*) nella campagna fra Montecassiano e Montefiano, vicino a Macerata. Su una di queste colline, a circa dieci chilometri dal mare, si trova Recanati, dove è nato Giacomo Leopardi (1798–1837), uno dei più grandi poeti italiani. Nelle sue poesie (*poems*), Leopardi parla spesso del suo paese.

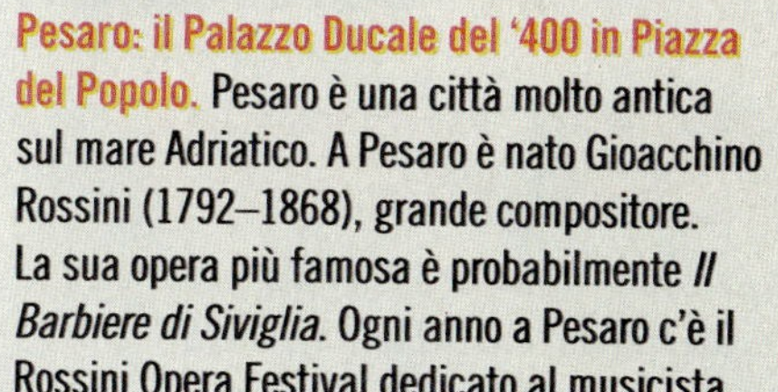

Pesaro: il Palazzo Ducale del '400 in Piazza del Popolo. Pesaro è una città molto antica sul mare Adriatico. A Pesaro è nato Gioacchino Rossini (1792–1868), grande compositore. La sua opera più famosa è probabilmente *Il Barbiere di Siviglia*. Ogni anno a Pesaro c'è il Rossini Opera Festival dedicato al musicista.

IN PRATICA

GUARDIAMO

Strategie per guardare
Using prior knowledge to make inferences

When watching a video episode, use what you already know about the characters, their daily lives, and previous events to anticipate what may happen and to understand what is going on.

Per capire meglio!

avere gusto	*to have taste*
dai!	*(exclamation) come on!*
il cortometraggio	*film short*
girare un video	*to shoot a video*
la lista della spesa	*shopping list*
Ma tu pensa!	*Imagine that!*
Oh davvero?	*Oh really?*
una pesca	*peach*
sbrigati!	*hurry up!*

Prima di guardare

4.50 Before watching this episode, complete the following activities.

Dai, sbrigati! È già mezzogiorno e un quarto! Dov'è la lista della spesa?

1. Review what you have learned about Taylor, Giulia, Roberto, and Elena in the previous episodes. Based on what you know, decide what they might do in this episode.
2. Describe the photo of Taylor and Elena. Based on what you learned in the previous episodes and what you know about parties, what do you think they are doing? What vocabulary words and expressions do you expect to hear?
3. Describe the photo of Giulia. What adjectives might describe her state of mind?

Il mondo  **italiano**

In this episode, Taylor and Elena are in Rome's Campo de' Fiori (*literally: Field of Flowers*), an always bustling piazza. During the day, Campo de' Fiori is a picturesque market full of colorful flowers, fruit and vegetable stands, frequented by both locals and tourists. In the evening, the many lively bars, pubs, and restaurants attract large crowds of young, rather rowdy visitors. Campo de' Fiori is also a favorite meeting spot for young tourists.

To learn more about Campo de' Fiori, visit MyItalianLab.

Mentre Guardi

4.51 As you watch this episode, decide if your predictions were accurate and make any necessary adjustments. Also, keep track of any additional information that you pick up from this segment.

Dopo aver guardato

4.52 Indicate which of the following statements are true (**vero**) and which are false (**falso**).

1. La mattina Roberto si alza sempre molto presto.
2. Di solito Roberto fa colazione a casa.
3. Giulia e Roberto sono cari amici, ma litigano spesso.
4. Roberto è un ragazzo molto dolce e comprensivo.
5. A Giulia piace truccarsi e vestirsi bene.
6. A Taylor piace molto Elena.
7. Il ragazzo di Giulia è molto gentile e sensibile.
8. Elena non ha molta esperienza con il cinema.
9. Elena gira un video della band di Roberto.
10. Giulia e Elena non vanno molto d'accordo.

 **4.53** Imagine that you are Roberto. Write an e-mail to the members of your band and invite them to the party at Giulia's house this evening. Explain why you and your housemates are having the party, where it is, at what time, and what you are serving. Don't forget to mention the news about the video.

LEGGIAMO

Strategie per leggere
Using the title and subtitles to anticipate content

Before you begin reading a text, examine the titles, subtitles, and other headings that summarize the main ideas. This can help you make preliminary assumptions about the content and jog your memory about what you already know about the topic.

Prima di leggere

4.54 This text deals with some common issues facing young Italians and their parents. Before you read it, consider carefully the title and subtitle, and answer these questions.

1. Look at the title of the reading, **Mamma, torno alle tre!** Who do you think is speaking? Do you think the person is talking about 3:00 P.M. or 3:00 A.M.?
2. Now consider the subtitle, shown below. Can you imagine what is discussed in the article? Select all possible responses.

   Come si comportano (*behave*) i genitori (*parents*) a certe richieste dei loro figli (*sons and daughters*)? Controllo oppure no? Con i primi anni di liceo nascono (*arise*) anche i problemi dei figli che chiedono di uscire dopo cena. E allora, cosa fanno i genitori?

   a. I ragazzi escono per andare a ballare e asoltare musica.
   b. I ragazzi escono per andare a studiare con gli amici.
   c. È difficile per i genitori decidere a che ora i figli devono (*must*) tornare a casa.
   d. L'articolo parla di cosa fanno i ragazzi per divertirsi la sera.
3. How old are young people in "i primi anni di liceo"?

Mentre leggi

4.55 As you read, focus on the opinions and rules of parents who are strict and those who are lenient. What are the differences? What are the implications for the children?

Mamma, torno alle tre!

Come si comportano i genitori a certe richieste dei loro figli? Controllo oppure no? Con i primi anni di liceo nascono anche i problemi dei figli che chiedono di uscire dopo cena. E allora, cosa fanno i genitori?

Quali sono le regole[1] per le uscite serali[2] dei propri figli? In particolare per i ragazzi sotto i diciotto anni? Da alcune interviste con genitori e figli risulta prima di tutto che per la maggioranza dei genitori in estate è tutto più facile, perché non c'è la scuola e se i giovani fanno molto tardi non succede niente di traumatico. Estate o inverno, in ogni modo, quasi tutti i genitori concordano[3] sul fatto che sono loro stessi[4] ad andare a riprendere[5] i figli e non li lasciano[6] andare in macchina con amici più grandi.

Una madre abbastanza permissiva ha detto[7]: <<I nostri ragazzi non sono lasciati completamente liberi. Mettiamo un certo limite, anche se è abbastanza elastico. Se vanno in un locale, un pub o una discoteca, possono tornare alle due ma anche alle tre.>> Una madre più severa invece ha dichiarato che i suoi figli vanno solo una o due volte l'anno a una festa organizzata nella scuola stessa. Ma cosa dicono i figli di questi genitori più severi? Una ragazza, Eleonora, si lamenta che, anche quando alla fine ottiene[8] il permesso di andare a una festa o al pub, la madre vuole monitorare al cellulare ogni mezz'ora per sapere dov'è la figlia e cosa fa! E la ragazza deve rientrare a casa massimo all'una. Un controllo davvero sistematico e un po' deprimente[9] per lei.

Dall'altra parte ci sono anche genitori completamente permissivi, che lasciano a disposizione dei figli tutta la casa e partono. Così i ragazzi fanno tutto quello[10] che vogliono[11] e a volte.... combinano grossi guai[12] di tutti i tipi!

Dalle interviste è emerso[13] un fatto interessante: di solito i ragazzi dicono che la madre è più severa del padre. E i genitori ammettono che ci sono ancora differenze fra le ragazze e i ragazzi. Le ragazze sono controllate di più, anche perché cominciano a chiedere di andare in discoteca, alle feste o al pub prima dei maschi, spesso fin dal primo anno di liceo. La soluzione in questi casi? Un fratello[14] più grande, quando c'è! Genitori, figli e figlie sembrano essere d'accordo[15] sull'orario del rientro a casa: non dopo le tre!

1. *rules* 2. *evening* 3. *agree* 4. *themselves* 5. *pick up* 6. *let* 7. *said* 8. *obtains* 9. *depressing* 10. *all that* 11. *want* 12. *get into big trouble* 13. *emerged* 14. *brother* 15. *in agreement*

Dopo la lettura

4.56 Look over the opinions and rules you identified as you read the article. Were your assumptions based on the title and subtitle accurate?

4.57 Find in the text information to support the following statements.

1. È più facile uscire la sera d'estate.
2. I ragazzi di quest'età non guidano la macchina.
3. È abbastanza comune tornare a casa alle tre di notte.
4. Alcuni genitori sono troppo permissivi.
5. Il cellulare serve per i genitori più severi.
6. I ragazzi italiani possono andare in posti diversi quando escono dopo cena.

4.58 With your classmates, answer the questions, comparing your own experience with that of young Italians.

1. Quanti anni hanno i ragazzi di cui si parla in questo articolo?
2. I ragazzi italiani escono la sera dopo cena? Dove vanno? A che ora tornano a casa?
3. A che ora tornano a casa di solito i ragazzi del vostro Paese quando escono la sera? Dove vanno? Quanti anni hanno quando vanno in discoteca? I genitori sono più severi o permissivi?

Per abitare insieme. Imagine that you are looking for a roommate. With a classmate, take turns asking each other about your daily schedules, activities, and habits. Then decide if the two of you would be compatible as roommates.

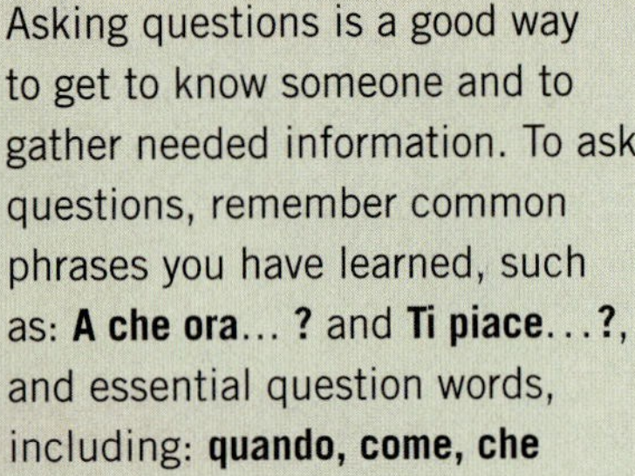

Strategie per parlare
Asking questions to gather information

Asking questions is a good way to get to know someone and to gather needed information. To ask questions, remember common phrases you have learned, such as: **A che ora… ?** and **Ti piace…?**, and essential question words, including: **quando, come, che cosa, perché,** and **chi**.

Prima di parlare

4.59 Follow these steps to prepare to talk with your classmate.

1. In Italian, using vocabulary you have learned, make a list of points you would like to ask your classmate about.
2. Make a list of at least six questions you can ask in order to get the desired information. For example, to learn about your classmate's schedule, you might ask: **A che ora ti svegli? A che ora vai a letto?**

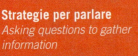

Di che cosa parlano le persone della foto per conoscersi meglio (*to get better acquainted*)?

Mentri parli

4.60 Taking turns, ask each other the questions you have prepared and write down the responses. What conclusions can you reach? Would the two of you be compatible as roommates?

Dopo aver parlato

4.61 With your classmate, explain your decision to others in your class.

ESEMPIO: Possiamo (*We can*) abitare insieme perché ci addormentiamo alle dieci... *o* Non possiamo abitare insieme perché Andrea lavora di notte...

SCRIVIAMO

Strategie per scrivere
Writing an e-mail

An Italian e-mail is very similar to an informal letter. You can begin simply with the name of the person you are writing to, or you can use **Caro/a** + the person's name. Use everyday language and make your points briefly. You can close with an informal expression, such as **Tanti cari saluti** or **Ciao**, followed by your name, or you can just type your name.

La routine giornaliera. Imagine that you have received Giulio's e-mail message, featured in the *Percorso I In contesto* section, and are now sending him a response. Tell him about your own daily and weekend routines, and ask him a couple of questions of your own.

Prima di scrivere

4.62 Follow these steps to organize your thoughts before drafting your message to Giulio.

1. Decide what interesting information you can share with Giulio in response to his e-mail. List major aspects of your daily routine that you want to mention.
2. Make a second list of weekend activities that are important to you.
3. Write three questions that you would like to ask Giulio—about his activities as a student in Ancona, about his tastes in food, or about the climate where he lives.

La scrittura

4.63 Prepare a draft of your e-mail, using Giulio's message as a model and the notes that you have prepared. Remember to begin and to close your message appropriately.

La versione finale

4.64 Let some time pass, then read your draft.

1. Have you written a concise, clearly organized message based on your notes?
2. Check the language of your e-mail: Look at the agreement of nouns and adjectives. Are the verb forms correct? Is your spelling correct?
3. Revise your draft, watching for any other possible errors.

L'ora

A che ora... ?	*At what time...?*
a mezzanotte	*at midnight*
a mezzogiorno	*at noon*
di mattina, di sera, di notte	*A.M., P.M.*
di / del pomeriggio	*in the afternoon*
Che ora è? / Che ore sono?	*What time is it?*
È presto.	*It's early.*
È tardi.	*It's late.*
impegnato/a	*busy*
in ritardo	*late*
libero/a	*free, available*
il tempo libero	*free time*

Le attività giornaliere

addormentarsi	*to fall asleep*
alzarsi	*to get up*
andare a letto	*to go to bed*
avere un appuntamento	*to have an appointment, to have a date*
cenare	*to have dinner*
divertirsi	*to have a good time, to have fun,*
fare	
colazione	*to have breakfast*
la spesa	*to go grocery shopping*
farsi la doccia / il bagno / la barba	*to take a shower / a bath / to shave*
lavarsi	*to wash up*
i denti	*to brush one's teeth*
mettersi	*to put on*
ordinare	*to order*
pettinarsi (i capelli)	*to comb (one's hair)*
pranzare	*to have lunch*
prepararsi	*to get ready*
riposarsi	*to rest*
servire	*to serve*
spogliarsi	*to undress*
svegliarsi	*to wake up*
truccarsi	*to put on makeup*
uscire	*to go out*
venire	*to come*
vestirsi	*to get dressed*

Espressioni di tempo

adesso / ora	*now*
di solito / generalmente	*usually*
dopo / poi	*after / then*
infine	*at last*
non... mai	*never*
ogni giorno / tutti i giorni	*every day*
prima	*first*
più tardi	*later*

I pasti

la cena	*dinner*
la colazione	*breakfast*
il contorno	*side dish*
cucinare	*to cook*
il dolce	*dessert*
il pranzo	*lunch*
il primo / il secondo (piatto)	*first / second course*

Le bevande

bere...	*to drink...*
l'acqua minerale	*mineral water*
la birra	*beer*
il caffè	*coffee*
il cappuccino	*coffee and steamed milk*
la cioccolata	*hot chocolate*
il latte	*milk*
il succo di frutta	*fruit juice*
il tè	*tea*
il vino	*wine*

Gli alimenti

l'arancia	*orange*
l'aragosta	*lobster*
l'arrosto	*roast*
gli asparagi	*asparagus*
la banana	*banana*
la bistecca	*steak*
la carota	*carot*
il cavolfiore	*cauliflower*
i fagiolini	*string beans*
il formaggio	*cheese*
la frutta	*fruit*
i gamberetti	*shrimp*
il gelato	*ice cream*
l'insalata	*salad*
la macedonia	*fruit salad*
la mela	*apple*
la minestra	*soup*
il pane	*bread*
la pasta	*pasta*
la patata	*potato*
le patatine	*french fries*
il pesce	*fish*
i piselli	*peas*
il pollo	*chicken*
il pomodoro	*tomato*
il riso	*rice*
gli spinaci	*spinach*
l'uva	*grapes*
le verdure	*vegetables*
le vongole	*clams*

Espressioni per descrivere il tempo

Che tempo fa?	*What's the weather like?*
C'è nebbia.	*It's foggy.*
C'è il sole.	*It's sunny.*
È nuvoloso.	*It's cloudy.*
Il tempo è bello / brutto.	*It's nice / bad weather.*
Fa caldo / freddo / fresco.	*It's hot / cold / cool.*
Piove.	*It's raining.*
C'è vento. / Tira vento.	*It's windy.*
Nevica.	*It's snowing.*

Le stagioni

l'autunno	*autumn, fall*
l'estate	*summer*
l'inverno	*winter*
la primavera	*spring*
Quale stagione preferisci?	*Which season do you prefer?*

Le attività nelle varie stagioni

andare	
al cinema	*to go to the movies*
in discoteca	*to go to a disco*
al mare	*to go to the beach*
in bicicletta	*to go biking*
in pizzeria	*to go to a pizzeria*
a ballare	*to go dancing*
fare	
dello sport	*to play sports*
una passeggiata	*to take a walk*
trekking	*to go hiking*
vela	*to sail*
giocare	
a basket	*to play basketball*
a baseball	*to play baseball*
a carte	*to play cards*
a football	*to play American football*
a golf	*to play golf*
pattinare	*to skate*
prendere il sole	*to sunbathe*
sciare	*to ski*

Espressioni con *avere*: See p. 125.

CAPITOLO 5

ECCO LA MIA FAMIGLIA!

In this chapter you will learn how to:

- Talk about your family and relatives
- Describe family holidays and parties
- Discuss household chores

PERCORSO I La famiglia e i parenti

VOCABOLARIO

Com'è la tua famiglia?

Albero genealogico di Lorenzo de' Medici

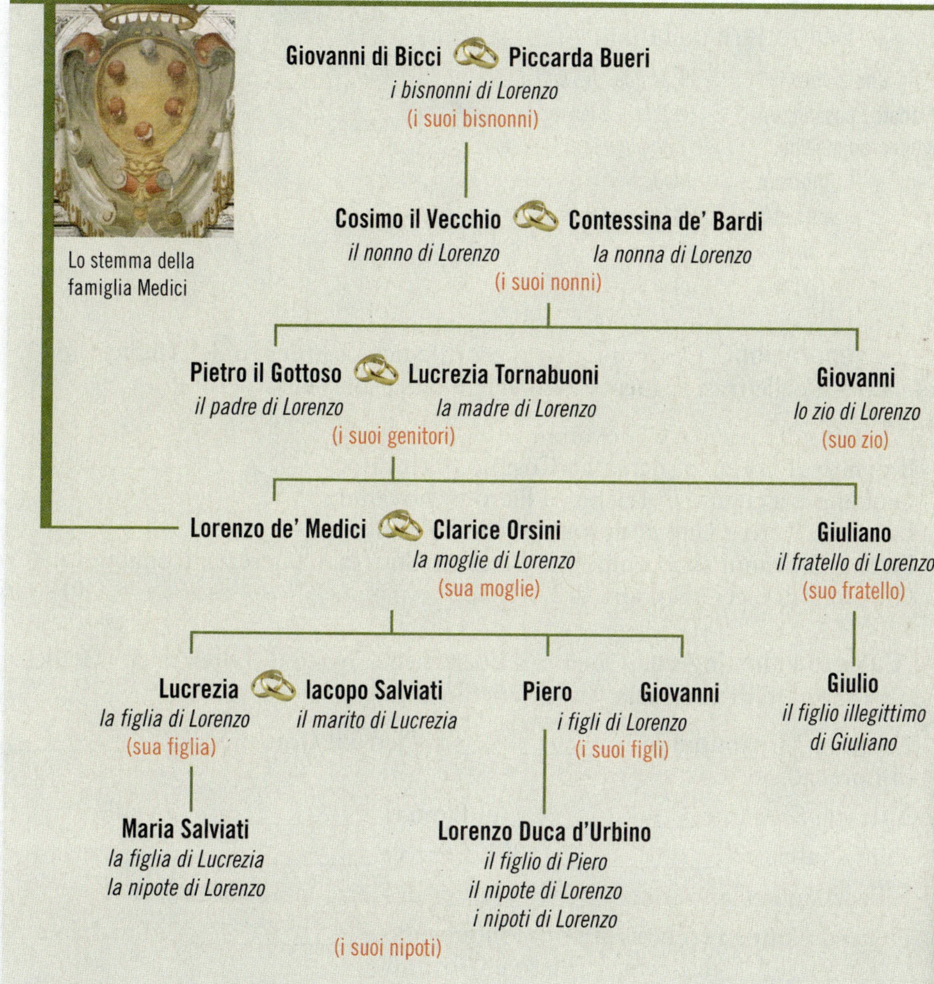

Per esprimere i rapporti di parentela

il bambino/la bambina	*child*
il cognato/la cognata	*brother-in-law/sister-in-law*
il cugino/la cugina	*cousin*
il figlio unico/la figlia unica	*only child*
i gemelli/le gemelle	*twins*
il/la nipote	*grandson/granddaughter; nephew/niece*
i nonni materni/paterni	*maternal/paternal grandparents*
il papà/la mamma	*dad/mom*
i parenti	*relatives*

Lorenzo de' Medici: nato nel 1449, morto nel 1492

Giorgio Vasari, *Portrait of Lorenzo de' Medici (the Magnificent)*, Florence, Uffizi, Scala/Art Resource, N.Y.

Così si dice
La famiglia allargata

You can use the following words to talk about your acquired family members (**parenti acquisiti**).

la matrigna *stepmother*

il patrigno *stepfather*

il fratellastro *stepbrother*

la sorellastra *stepsister*

Per discutere dei rapporti tra i familiari

andare d'accordo con	*to get along with*
divorziato/a	*divorced*
il fratello/la sorella più grande / più piccolo/a	*older / younger brother/sister*
In quanti siete?	*How many are there in your family?*
Siamo in...	*There are . . . of us.*
litigare	*to argue*
separato/a	*separated*
somigliare a	*to look like, to resemble*

Per parlare della famiglia

Che lavoro fa?	*What does he/she do?*
È avvocato / casalinga / ingegnere / medico.	*He/She is a lawyer / a housewife / an engineer / a doctor.*
morto/a	*dead*
vedovo/a	*widow/widower*
vivere	*to live*
vivo/a	*alive*

5.1 Le generazioni. Osserva l'albero genealogico di Lorenzo de' Medici e indica quali delle frasi seguenti sono vere e quali sono false.

1. Il fratello di Lorenzo è Giovanni.
2. Il nonno di Lorenzo si chiama Cosimo il Vecchio.
3. Giuliano è il cugino di Lucrezia, Piero e Giovanni.
4. Lucrezia, Piero e Giovanni sono gli zii di Giulio.
5. Piero e Giovanni sono i nipoti di Pietro il Gottoso e Lucrezia Tornabuoni.
6. Giovanni di Bicci è il padre di Lorenzo.

5.2 L'albero genealogico. Osserva l'albero genealogico di Lorenzo de' Medici e indica i rapporti di parentela. Usa l'articolo corretto.

1. Lucrezia Tornabuoni è ____________ di Pietro il Gottoso e ____________ di Lorenzo.
2. Lucrezia Salviati è ____________ di Piero e ____________ di Giulio.
3. Maria Salviati è ____________ di Lorenzo e ____________ di Lucrezia.
4. Lorenzo e Giuliano sono ____________ di Pietro il Gottoso.
5. Pietro il Gottoso e Lucrezia Tornabuoni sono ____________ di Lorenzo e ____________ di Lucrezia, Piero e Giovanni.
6. Lorenzo è ____________ di Lucrezia Salviati.
7. Lucrezia, Piero e Giovanni sono ____________ di Giuliano.
8. Giovanni di Bicci e Piccarda Bueri sono ____________ di Lorenzo.

5.3 Chi sono? Indica chi sono le seguenti persone.

1. Il fratello di mia madre è mio ____________.
2. La sorella di mio padre è mia ____________.
3. Il figlio di mia zia è mio ____________.
4. La figlia di mia sorella è mia ____________.
5. I figli dei miei figli sono i miei ____________.
6. Mio padre e mia madre sono i miei ____________.

5.4 L'intruso. Indica la parola che non c'entra con le altre.

1. il marito, il nipote, la moglie
2. andare d'accordo, somigliare, litigare
3. la zia, la nipote, la moglie
4. i fratelli, i gemelli, gli zii
5. i parenti, i genitori, i cugini
6. divorziato, sposato, bambino

Così si dice Azioni reciproche

The plural forms of the reflexive pronouns (**ci, vi, si**) can be used with the **noi, voi,** and **loro** forms of many verbs to indicate reciprocal actions. —**Vi vedete spesso?** *Do you see each other often?*—**No, ma ci telefoniamo e ci scriviamo sempre.** *No, but we always call and write to each other.* —**Giuseppe e Claudia invece si vedono ogni weekend.** *Giuseppe and Claudia, on the other hand, see each other every weekend.*

In contesto Una famiglia italiana

Alberto Sorrentino descrive la sua famiglia.

Mi chiamo Alberto Sorrentino. Sono di Napoli, ma lavoro a Roma da molti anni. Sono avvocato. Mia moglie, Luisa, insegna all'Università di Roma. Abbiamo due belle bambine, Giulia e Patrizia. Patrizia ha cinque anni e ancora° non va a scuola, ma sa già° leggere e scrivere. Giulia invece fa la terza elementare. I miei genitori vivono a Napoli. Mio padre ha 70 anni ed è in pensione. Mia madre è casalinga. I miei nonni paterni sono morti; la mia nonna materna, invece, vive con i miei genitori. Ho anche due sorelle e un fratello. La mia sorella più grande, Marisa, è medico. È sposata e ha un figlio di sette anni. Anche suo marito è avvocato, come me. Noi andiamo molto d'accordo. Fra° tutti i miei parenti, lui è il più simpatico. Giovanna, la mia seconda sorella, è divorziata. È ingegnere e lavora sempre tanto. Io somiglio molto a lei. Abbiamo lo stesso carattere e spesso litighiamo. Mio fratello Carlo è più piccolo di me. È un tipo disinvolto°, energico e allegro. Studia lingue e letterature straniere all'Università di Napoli. Studia anche l'inglese, ma non lo sa parlare molto bene. Non ci vediamo spesso perché abitiamo lontano, ma siamo una famiglia molto unita. Ci telefoniamo spesso e ci aiutiamo a vicenda°.

still
already
Among
easy-going
we help each other

5.5 La famiglia di Alberto. Ricostruite l'albero genealogico della famiglia di Alberto Sorrentino.

5.6 Cosa sappiamo di... ? Compila la seguente scheda (*grid*) e indica cosa sai di Alberto e dei suoi familiari. Poi paragona (*compare*) i tuoi risultati con quelli di un compagno/una compagna.

Nome	Marisa	Alberto	Giovanna	Carlo
professione				
stato civile				
figli				
carattere				

Occhio alla lingua!

1. What two ways of expressing possession do you notice in the family tree of Lorenzo de' Medici? Give examples of each.
2. Now, in the family tree of Lorenzo de' Medici, focus on the words in red. What word in each instance indicates possession? What word precedes this possessive adjective in some instances?
3. What do you notice about the endings of the possessive adjectives?

GRAMMATICA

Gli aggettivi possessivi

Possessive adjectives, **aggettivi possessivi**, are used to indicate possession. They are equivalent to the English *my, your, his/her, its, our*, and *their*. They usually precede the noun. Like all Italian adjectives, possessive adjectives agree in number and gender with the noun they modify. They do not agree with the possessor. Unlike the English possessive adjectives, they are usually preceded by the definite article, which also agrees in number and gender with the noun possessed.

Gli aggettivi possessivi

	Maschile	
	Singolare	**Plurale**
my	**il** mi**o** amic**o**	**i** mie**i** amic**i**
your (*informal, sing.*)	**il** tu**o** amic**o**	**i** tuo**i** amic**i**
your (*formal, sing.*)	**il** Su**o** amic**o**	**i** Suo**i** amic**i**
his/her, its	**il** su**o** amic**o**	**i** suo**i** amic**i**
our	**il** nostr**o** amic**o**	**i** nostr**i** amic**i**
your (*informal, pl.*)	**il** vostr**o** amic**o**	**i** vostr**i** amic**i**
your (*formal, pl.*)	**il** Lor**o** amic**o**	**i** Lor**o** amic**i**
their	**il** lor**o** amic**o**	**i** lor**o** amic**i**

	Femminile	
	Singolare	**Plurale**
my	**la** mi**a** amic**a**	**le** mi**e** amic**he**
your (*informal, sing.*)	**la** tu**a** amic**a**	**le** tu**e** amic**he**
your (*formal, sing.*)	**la** Su**a** amic**a**	**le** Su**e** amic**he**
his/her, its	**la** su**a** amic**a**	**le** su**e** amic**he**
our	**la** nostr**a** amic**a**	**le** nostr**e** amic**he**
your (*informal, pl.*)	**la** vostr**a** amic**a**	**le** vostr**e** amic**he**
your (*formal, pl.*)	**la** Lor**o** amic**a**	**le** Lor**o** amic**he**
their	**la** lor**o** amic**a**	**le** lor**o** amic**he**

Questo è il mio nuovo marito, e quindi, la mia nuova famiglia.

La mia casa è qui vicino. — *My house is nearby.*
Giovanna, dove sono **i tuoi fratelli?** — *Giovanna, where are your brothers?*
I suoi genitori abitano in Italia. — *His/Her parents live in Italy.*

The following rules will help you use possessive adjectives:

1. In Italian, *his* and *her* are both expressed by **il suo, i suoi, la sua, le sue. Il suo** is also used for the formal form of *your.* In this instance it may be capitalized as, for example, in a formal letter.

    Giulio è l'amico **di Carlo.** — *Giulio is Carlo's friend.*
    È **il suo** amico. — *He is his/her friend.*
    Giulio è l'amico **di Anna.** — *Giulio is Anna's friend.*
    È **il suo** amico. — *He is her friend.*
    Rispondo **alla Sua** lettera. — *I am responding to your letter.*

2. When possessive adjectives are used with a singular, unmodified family member, the article is usually omitted.

    Sua sorella ha venti anni. — *His/Her sister is twenty years old.*
    Nostro zio è socievole. — *Our uncle is sociable.*

3. **Loro** never changes form and is always used with the definite article, even with a singular, unmodified family member. The article always agrees in number and gender with the noun possessed.

    La loro casa è grande. — *Their house is large.*
    I loro cugini sono in Italia. — *Their cousins are in Italy.*
    La loro nonna è italiana. — *Their grandmother is Italian.*

4. The article is always used with the word **famiglia.**

    Di dov'è **la tua** famiglia? — *Where is your family from?*

5. The article is also used if the noun referring to a relative is plural or if it is modified by an adjective.

    Le mie sorelle non vanno a scuola. — *My sisters don't go to school.*
    La mia sorella **più piccola** frequenta l'università. — *My youngest sister goes to college.*

6. Idiomatic expressions such as **a casa mia** (*my house*) are never used with an article.

    Andiamo **a casa mia** o **a casa tua**? — *Shall we go to my house or your house?*

5.7 La casa di Riccardo. Riscrivi il seguente paragrafo e descrivi la casa di Riccardo. Fa' tutti i cambiamenti necessari.

ESEMPIO: Io non sono una persona molto ordinata (*neat*), è vero...
Riccardo non è una persona molto ordinata, è vero...

Io non sono una persona molto ordinata, è vero. Il mio cappotto è sopra la sedia. La mia maglietta è sempre sopra il tavolo. I miei libri sono sotto il letto (*bed*). Le mie scarpe sono dietro alla porta. Non ricordo dove sono i miei jeans preferiti e non trovo il mio telefonino da tre giorni. Chissà dove sono i miei pantaloni neri.

5.8 Dove sono? Usa un aggettivo possessivo per domandare dove sono le tue cose e quelle dei tuoi amici.

ESEMPIO: Paolo / libri
Dove sono i suoi libri?

1. Luca / cravatta
2. Bianca / zaino
3. Bianca e Luca / scarpe da tennis
4. Tu / giacca
5. Io / quaderni
6. Io e Mirko / pantaloni
7. Tu e Lisa / penne
8. Sabrina / felpe

Una domenica in famiglia

5.9 Una domenica in famiglia. Completa le frasi con gli aggettivi possessivi. Usa l'articolo determinativo quando è necessario.

1. Tu vai a trovare ______________ genitori.
2. Anche noi vediamo ______________ zie e ______________ cugini.
3. Io parlo con ______________ cugina Marta.
4. Noi pranziamo con ______________ nonni.
5. Luisa gioca a tennis con ______________ fratello.
6. Carlo e Giulia cenano con ______________ zii.
7. Tu e Marco nuotate in piscina con ______________ cugini.

5.10 I rapporti. Spiega chi sono le seguenti persone. Usa gli aggettivi possessivi.

1. Il figlio di tua sorella è ______________.
2. Il fratello di vostro padre è ______________.
3. I figli di sua zia sono ______________.
4. Il padre e la madre dei miei genitori sono ______________.
5. Le figlie dei miei genitori sono ______________.
6. Le figlie dei nostri zii sono ______________.
7. La madre della loro madre è ______________.
8. La moglie di nostro zio è ______________.

5.11 Brevi conversazioni. Completa gli scambi con la forma corretta degli aggettivi possessivi.

1.
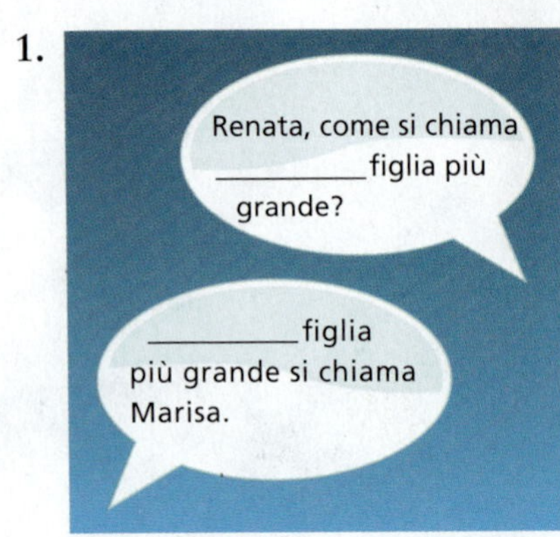

Renata, come si chiama __________ figlia più grande?
__________ figlia più grande si chiama Marisa.

2.

Paolo e Mario, dove vive __________ famiglia?
__________ genitori vivono a Roma. __________ sorelle, invece, vivono a Pescara.

3.

Signora, dov'è __________ marito?
Oggi __________ marito è a casa con __________ figlie.

I pronomi possessivi

Possessive pronouns, **i pronomi possessivi**, express ownership. They are used in place of things and people just mentioned. Possessive pronouns correspond to the English *mine, yours, his, hers, its, ours,* and *theirs.* In Italian, possessive pronouns are identical in form to possessive adjectives. They agree in gender and number with the nouns they replace.

Le mie cugine sono molto simpatiche. Come sono **le tue**?	*My cousins are very nice. What are yours like?*
In Italia la mia città preferita è Siena. E **la tua** qual è?	*In Italy my favorite city is Siena. And what is yours?*

Possessive pronouns are usually used with the definite article, even when they refer to relatives.

Vado d'accordo con mia madre. Tu vai d'accordo con **la tua**?	*I get along with my mother. Do you get along with yours?*

5.12 Io e i miei parenti. Spiega che cosa tu e i tuoi amici fate con i vostri parenti. Completa le frasi con i pronomi possessivi.

ESEMPIO: Io ceno con mia sorella. Luisa cena con _____________.

1. Io studio con mio cugino. Tu studi con _____________.
2. Io ceno con i miei genitori. Voi cenate con _____________.
3. Io gioco a tennis con mio zio. Paolo gioca con _____________.
4. Io cucino con mia madre. Maria e Paolo cucinano con _____________.
5. Io faccio colazione con i miei nonni. Anna fa colazione con _____________.
6. Noi pranziamo spesso con le nostre zie. Tu e Anna pranzate raramente con _____________.

Il presente di *conoscere* e *sapere*

In Italian, *to know* can be expressed by both **conoscere** and **sapere**.

sapere	conoscere
so	conosco
sai	conosci
sa	conosce
sappiamo	conosciamo
sapete	conoscete
sanno	conoscono

Veduta panoramica di Siena. Sai dov'è?

The following rules will help you use **conoscere** and **sapere**.

1. **Conoscere** is a regular verb and corresponds to the English *to be familiar* or *acquainted with*. It is used with people, places, and things.

Conosco molto bene tutta la famiglia di Carlo.	*I know Carlo's entire family very well.*
Conoscete Roma bene?	*Do you know Rome well?*
Conosciamo le opere di Dante.	*We are familiar with Dante's works.*

2. **Sapere** is an irregular verb and corresponds to the English *to know a fact or some information*, or *to know how to do something*.

—**Sai** il suo nome?	*—Do you know his/her name?*
—Sì, e **so** anche dove abita.	*—Yes, and I also know where he/she lives.*
Non **so** cucinare!	*I don't know how to cook!*

La ragazza consulta la piantina perché non conosce bene la città.

5.13 Una famiglia eccezionale! Giulia spiega che cosa lei e i familiari sanno fare. Completa le frasi con la forma corretta di **sapere**.

1. Io _____________ cantare e ballare.
2. Mia sorella _____________ suonare il pianoforte.
3. I miei fratelli _____________ giocare a tennis.
4. Io e mia madre _____________ parlare bene l'inglese.
5. E tu? Che cosa _____________ fare?

5.14 Fra nonno e nipote. Completa la seguente conversazione fra il nonno e il nipote con la forma corretta di **sapere** o **conoscere**.

NIPOTE: Nonno, è vero che tu (1) _____________ parlare cinque lingue?
NONNO: No, (2) _____________ parlare soltanto l'italiano, l'inglese e il francese.
NIPOTE: Nonno, è vero che tuo fratello (3) _____________ il Presidente della Repubblica?
NONNO: Sì, lui (4) _____________ molte persone importanti.
NIPOTE: È vero che la zia (5) _____________ suonare la chitarra?
NONNO: Sì, e (6) _____________ molti musicisti famosi.
NIPOTE: È vero che i miei genitori (7) _____________ giocare a tennis e (8) _____________ molti tennisti famosi?
NONNO: Tua madre (9) _____________ giocare bene, ma tuo padre non gioca più.

SCAMBI

5.15 I parenti. Gianluca parla della sua famiglia. Ascolta la descrizione e indica quali delle seguenti affermazioni sono vere e quali sono false.

1. _____________ Gianluca ha una sorella.
2. _____________ Vede spesso i genitori di sua madre.
3. _____________ I suoi genitori sono morti.
4. _____________ Sua zia non abita in Italia.
5. _____________ Non ha molti cugini e zii.

 **5.16 La tua famiglia.** A turno, descrivete la vostra famiglia e ricostruite l'albero genealogico. Poi insieme controllate se le informazioni sono corrette.

 **5.17 I particolari.** Prepara otto domande per scoprire (*discover*) i particolari sulla famiglia di un compagno/una compagna. Poi usa le domande per intervistare una persona in classe. Infine usa le informazioni per scrivere una mail alla classe.

 **5.18 Conoscenze e abilità.** Trova un compagno/una compagna che conosce le seguenti persone e/o sa fare le seguenti cose. Scopri anche i particolari.

ESEMPIO: un'opera di Michelangelo
Conosci un'opera di Michelangelo? Sai come si chiama? Sai dov'è?

1. una persona famosa
2. cantare
3. un'opera d'arte di Leonardo da Vinci
4. fare un dolce italiano
5. il titolo di un'opera di Rossini
6. il nome di un buon ristorante italiano
7. suonare uno strumento
8. fare vela
9. l'autore della *Divina Commedia*
10. una famiglia italiana

 **5.19 Li conoscete?** Cercate su Internet informazioni sulle persone delle foto. Poi completate la scheda e indicate che cosa adesso sapete di loro.

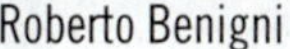
Roberto Benigni

Gianna Nannini

Andrea Bocelli

	Roberto Benigni	Gianna Nannini	Andrea Bocelli
1. l'età			
2. la professione			
3. di dov'è			
4. dove abita			
5. com'è			
6. informazioni sulla famiglia			

Lo sai che? La famiglia italiana

La famiglia italiana non è più patriarcale come in passato. Le donne hanno raggiunto (*have achieved*) la completa uguaglianza (*equality*) sociale e non si dedicano solo alla casa. Il numero di figli diminuisce. Cresce il numero di single e sono in continuo aumento le separazioni e i divorzi. Molti fattori sociali ed economici sono responsabili per questi cambiamenti.

Anche la struttura della famiglia è cambiata (*has changed*) e nuovi tipi di nuclei familiari sono emersi (*have emerged*). Oggi è sempre più comune trovare famiglie con un solo genitore, con genitori non sposati, o «famiglie ricostituite», cioè (*that is*) famiglie dove uno dei genitori è divorziato.

La famiglia però occupa sempre un posto fondamentale nella società italiana. I figli restano in casa più a lungo che negli altri Paesi dell'Unione Europea, spesso fino a oltre i trenta anni, per motivi economici ma anche affettivi. Spesso i figli sposati vivono vicino ai genitori, a volte nello stesso palazzo, e i nonni passano molto tempo con i nipoti. Genitori, figli, nonni, zii e cugini si riuniscono spesso e si aiutano sempre quando c'è bisogno.

 **5.20 La famiglia italiana.** Indicate tre cose che adesso sapete della famiglia italiana.

 **5.21 Simile o diversa?** Le famiglie del vostro Paese sono simili o diverse dalle famiglie italiane? Come?

PERCORSO II Le feste in famiglia

VOCABOLARIO

Che cosa festeggiate?

Oggi è il compleanno di Ernesto.

Oggi è il cinquantesimo anniversario di matrimonio dei nonni. Parenti e amici **li** festeggiano e fanno tante foto.

Per discutere di avvenimenti (*events*) importanti

diplomarsi	*to graduate from high school*
laurearsi	*to graduate from college*
la laurea	*university degree*
il matrimonio	*wedding, marriage*
sposarsi	*to get married*

Per parlare delle feste

il bicchiere	*glass*
dare / fare una festa	*to give / to have a party*
fare gli auguri	*to say best wishes*
invitare	*to invite*
un invito	*an invitation*
mandare un biglietto di auguri	*to send a card*
i palloncini	*balloons*
regalare	*to give a present*
il ricevimento	*reception*
spedire (-isc-)	*to mail, to send*

Daniela oggi si laurea in Medicina.

5.22 Che cos'è? Completa le frasi con la forma corretta della parola o espressione giusta.

1. Quando festeggiamo un compleanno, spesso mangiamo la ____________.
2. Quando diamo una festa, ____________ i nostri amici e parenti.
3. Prima di una festa, mandiamo gli ____________.
4. Quando i nostri amici o parenti si sposano, andiamo al loro ____________.
5. Per il compleanno, mettiamo le ____________ sopra la torta.
6. Le persone che invitiamo a una festa sono gli ____________.
7. Quando i nostri amici e parenti festeggiano un compleanno o anniversario, mandiamo loro un ____________.
8. Libri, DVD e vestiti sono ____________ che spesso facciamo per un compleanno.
9. A un matrimonio, gli invitati bevono lo ____________.
10. Le persone ____________ quando finiscono gli studi all'università.

5.23 Feste e festeggiamenti. Indicate di quali feste si tratta. Quali oggetti e attività associate a queste occasioni? Cosa diciamo per fare gli auguri in queste occasioni?

1.

2.

3.

4.

In contesto Una festa a sorpresa

Luca e Anna pensano di dare una festa a sorpresa per festeggiare il compleanno di Jacopo.

ANNA: Allora, chi compra la torta?

LUCA: **La** compro io. E la musica?

ANNA: **La** portano Giorgia e Marco. Ma le candeline per la torta, dove sono?

LUCA: Eccole! Va bene? Poi stasera preparo gli inviti e domani **li** spedisco, d'accordo?

ANNA: Ma allora, invitiamo anche Bianca e sua sorella?

LUCA: Certo che **le** invitiamo! Chissà° che bel regalo fanno a Jacopo.

ANNA: Sì! Al massimo° portano una bottiglia di spumante scadente°! Sono ricche, ma sono anche molto avare!

LUCA: Ma che dici! Regalano sempre belle cose!

ANNA: Sarà!° Intanto°, lo spumante buono **lo** porto io!

Who knows

At the most / cheap

That may be! / In the meantime

5.24 Una festa a sorpresa. Indica quali delle seguenti affermazioni sono vere e quali sono false.

1. Jacopo sa che Luca e Anna fanno una festa per il suo compleanno
2. Luca compra le candeline.
3. Jacopo, Anna e Luca sono cari amici.
4. Bianca è una ragazza povera ma generosa.
5. Nessuno compra lo spumante.

Occhio alla lingua!

Look at the *In contesto* conversation and answer the following questions.

1. What do you think Luca is going to buy for the party? How do you know?
2. What do you think Giorgia and Marco are going to bring? How do you know?
3. What do you think each of the words in boldface type in the conversation refers to? What do you notice about their placement?

GRAMMATICA

Il presente di *dare e dire*

The verbs **dare** (*to give*) and **dire** (*to say*) are irregular.

A chi **dà** un regalo questo ragazzo?
To whom is this young man giving a gift?

Che cosa **dice** questa ragazza?
What is this

dare	dire
do	dico
dai	dici
dà	dice
diamo	diciamo
date	dite
danno	dicono

5.25 Cosa fanno? Indica che cosa fanno le seguenti persone. Abbina (*Match*) le persone con le attività.

1. Gli studenti
2. Mio padre
3. Io
4. Io e i miei genitori
5. Tu e Maurizio
6. Tu

a. dà un regalo a mia madre per il suo compleanno.
b. danno una festa sabato.
c. diamo gli inviti agli amici.
d. date lo spumante agli invitati.
e. dai un biglietto d'auguri a tuo fratello.
f. do un ricevimento per l'anniversario dei miei nonni.

5.26 Che cosa diciamo? Che cosa dicono le persone seguenti nelle occasioni indicate? Completa le frasi con la forma corretta del verbo **dire**.

1. Per il suo compleanno, io________: «Buon compleanno!» a mio cugino.
2. Mio cugino ________: «Grazie del regalo».
3. Per il loro anniversario di matrimonio, tu e tuo fratello ________: «Buon anniversario!» ai vostri nonni?
4. Quando c'è una festa in famiglia, i nostri nonni________: «Siamo molto felici con i nostri figli».
5. Che cosa________tu per la laurea di tua sorella?
6. Tutti noi______: «Congratulazioni!»

5.27 *Dire* o *dare*? Aiuta uno studente d'italiano a usare correttamente alcuni verbi. Completa le frasi con la forma corretta dei verbi **dire** o **dare**.

1. Per il compleanno di sua madre, Giorgio ____________: «Buon compleanno!»
2. Quando incontro una persona la mattina, io ____________: «Buongiorno!»
3. Noi ____________ un regalo agli zii per il loro anniversario.
4. I miei cugini ____________ sempre: «No!»
5. Tu e tua sorella ____________ una bella festa di compleanno.
6. Tu ____________ spesso: «Congratulazioni!»

Quanti regali! Li diamo tutti a Giulia!

I pronomi diretti: *lo, la, li, le*

A direct object is a person or a thing that receives the action directly from the verb. It answers the question: *what?* or *whom?*

Family members are all bringing **gifts.** What are family members bringing? "Gifts" is the direct object.

She sees **her uncle.** Whom does she see? "Her uncle" is the direct object.

In Italian, there is never a preposition before the direct object.

Adriana invita **gli amici.**	*Adriana invites her friends.*

Direct-object pronouns, **pronomi di oggetto diretto**, are used to replace direct-object nouns.

I pronomi di oggetto diretto			
Singolare		**Plurale**	
lo	*him/it*	**li**	*them (m.)*
la	*her/it*	**le**	*them (f.)*

Conosciamo **Mirko.** → **Lo** conosciamo. *We know Mirko. → We know him.*
Spedisco **gli inviti.** → **Li** spedisco. *I mail the invitations. → I mail them.*

1. Direct-object pronouns agree in number and gender with the nouns they replace.

—Non vedo **il bambino.** *—I don't see the child.*
—Io **lo** vedo. *—I see him.*
—Chi fa **la torta?** *—Who is making the cake?*
—**La** facciamo noi. *—We're going to make it.*
—Invito **le ragazze.** *—I'm going to invite the girls.*
—Perché **le** inviti? *—Why are you inviting them?*

2. A direct-object pronoun always precedes a conjugated verb. If a sentence is negative, **non** is placed before the direct-object pronoun.

Il regalo? **Lo compra** Paola. *The gift? Paola is buying it.*
Non lo compro io. *I am not buying it.*

3. **Lo** and **la** frequently become **l'** before verbs that begin with a vowel or forms of **avere** that begin with an **h. Lo** and **la** are always contracted when the verb that follows begins with the same vowel as the pronoun ending. The plural forms **li** and **le**, however, are never contracted.

—Chi invita **la zia?** *—Who's going to invite our aunt?*
—**La** invito io. (L'invito io.) *—I'll invite her.*
—Chi ordina **lo spumante**? *—Who is going to order the sparkling wine?*
—L'ordino io. *—I'm going to order it.*
—Inviti **i ragazzi**? *—Are you going to invite the boys?*
—No, non **li** invito. *—No, I'm not going to invite them.*

4. Direct-object pronouns are attached to **ecco.**

—Dov'è **la torta**? *—Where is the cake?*
—**Eccola!** *—Here it is!*
—Dove sono **gli invitati**? *—Where are the guests?*
—**Eccoli!** *—Here they are!*

Lo sai che? Le feste in famiglia

Parenti e amici si riuniscono in molte occasioni diverse, come compleanni, lauree e matrimoni. Poiché (*Since*) per la maggior parte gli italiani sono cattolici, molte feste in famiglia, come i battesimi e le comunioni, sono legate alla religione cattolica. Il matrimonio si celebra generalmente in chiesa, anche se molte coppie si sposano in comune (*city hall*). In genere, alla cerimonia civile o religiosa segue un gran ricevimento. Un pranzo ricco e sontuoso (*sumptuous*) segue spesso anche alla cerimonia della prima comunione. Questa festa religiosa cattolica è un'altra occasione speciale per tante famiglie italiane. I bambini ricevono regali importanti e costosi, anche oggetti d'oro (*gold*) o d'argento (*silver*), e gli invitati ricevono sempre bomboniere (*party favors*) e confetti. I genitori spendono molto per questi festeggiamenti. Molto spesso si festeggia anche l'onomastico di una persona, cioè (*that is*) il giorno del calendario cattolico dedicato al santo o alla santa dallo stesso nome.

 **5.28 Le feste italiane.** Indicate tre occasioni che sono importanti per le famiglie italiane. Come le festeggiano?

 **5.29 E nel vostro Paese?** Quali sono le feste importanti per le famiglie del vostro Paese? Sono simili o diverse da quelle italiane?

  **5.30 Che cosa?** Ascolta i frammenti di conversazioni e indica la cosa di cui parlano.

Conversazione A: il vino, la torta, i dolci, le candeline
Conversazione B: i regali, gli inviti, lo spumante, le candeline
Conversazione C: le cartoline, le lettere, gli inviti, il libro
Conversazione D: lo spumante, la torta, le candeline, gli inviti

5.31 Una festa. Stasera fai una festa. Un'amica ti fa delle domande sui preparativi. Rispondi e usa un pronome oggetto diretto.

ESEMPIO: Compri i dolci?
Sì, li compro. O No, non li compro.

1. Servi il vino?
2. Offri la birra?
3. Compri la torta?
4. Servi lo spumante?
5. Prepari gli antipasti?
6. Servi le pizze?
7. Metti la frutta sul tavolo?
8. Servi gli asparagi?

5.32 Un anniversario di matrimonio. Rossella e Paola organizzano una festa per l'anniversario dei nonni. Completa i messaggini con un pronome oggetto diretto.

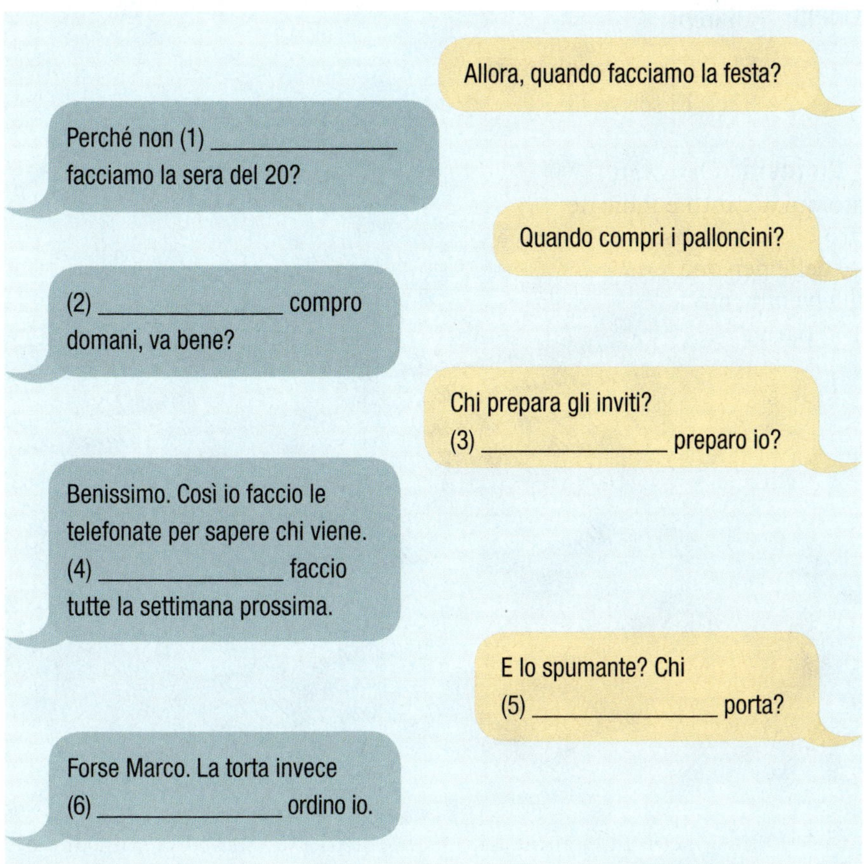

Allora, quando facciamo la festa?
Perché non (1) ______________ facciamo la sera del 20?
Quando compri i palloncini?
(2) ______________ compro domani, va bene?
Chi prepara gli inviti? (3) ______________ preparo io?
Benissimo. Così io faccio le telefonate per sapere chi viene. (4) ______________ faccio tutte la settimana prossima.
E lo spumante? Chi (5) ______________ porta?
Forse Marco. La torta invece (6) ______________ ordino io.

5.33 Cosa facciamo con... ? A turno, domandate e spiegate (*explain*) cosa facciamo con le seguenti cose. Usate un pronome oggetto diretto.

ESEMPIO: lo spumante
S1: Cosa facciamo con lo spumante?
S2: Lo beviamo alle feste.

1. la torta
2. gli inviti
3. gli invitati
4. le foto
5. un regalo
6. le candeline
7. i palloncini
8. il biglietto di auguri

SCAMBI

5.34 Che cosa festeggiate? Intervista un compagno/una compagna e scopri quali sono le feste importanti nella sua famiglia. Scopri anche come festeggiano le diverse occasioni.

 **5.35 Una festa a sorpresa!**
Organizzate una festa di compleanno a sorpresa per il vostro professore. Scrivete l'invito. Poi fate una lista di cosa serve e decidete chi si occupa di ogni cosa.

ESEMPIO: gli inviti

S1: Chi scrive gli inviti?
S2: Li scrive lui.

 **5.36 Gli inviti.** Osservate l'invito qui accanto e indicate quattro cose che adesso sapete delle persone e dell'avvenimento di cui si parla.

Ugo e Serena
dopo la celebrazione vi
raggiungeranno in giardino
Via del Pian de' Giullari, 24
Firenze
R.S.V.P.
055 2286436 – 055 2286375
ugoeserena@gmail.com

Cesare Brandini Marcolini e
Lucia Brandini Marcolini Corsi
partecipano il matrimonio
della figlia Serena
con
Ugo Franceschetti

Antonio Franceschetti e
Lucia Franceschetti Gargani
partecipano il matrimonio
del figlio Ugo
con
Serena Brandini Marcolini

Basilica di San Miniato
al Monte Firenze
Sabato 20 Giugno
2014 alle ore 9

Via della Fonderia, 71
Firenze

Via Pietro Chovar, 12
Firenze

Via del Pian dei Giullari, 22
Firenze

Lo sai che? I diciotto anni

Per moltissimi giovani italiani compiere diciotto anni è molto importante per diverse ragioni. A questa età una persona può votare, prendere la patente e guidare l'automobile. Molti fanno grandi feste per questo compleanno e spendono anche tanto. Ci sono delle agenzie specializzate proprio per organizzare questi eventi.

Spesso i ragazzi prima cenano in famiglia con i parenti e poi continuano la festa con gli amici e ballano quasi tutta la notte in un locale (*place*) affittato (*rented*) per l'occasione.

 **5.37 Il diciottesimo compleanno.** Insieme discutete perché compiere diciotto anni è importante per i giovani italiani. Come lo festeggiano?

 **5.38 E nel vostro Paese?** Quale compleanno è importante nel vostro Paese? Perché? Come lo festeggiate?

PERCORSO III Le faccende di casa

VOCABOLARIO

Che cosa devi fare in casa?

Luigi non **può** uscire adesso perché prima **deve** fare il bucato e stirare. Più tardi **vuole** andare al cinema con Mariella.

Roberto non **può** guardare la partita alla televisione perché **deve** spazzare, portare fuori la spazzatura e poi **deve** fare la spesa. Questa sera viene a cena la sua ragazza.

Per parlare delle faccende di casa

annaffiare le piante	*to water the plants*
apparecchiare la tavola	*to set the table*
dare da mangiare al cane / al gatto	*to feed the dog / cat*
fare giardinaggio	*to work in the garden*
fare la spesa	*to buy groceries*
lavare i piatti	*to wash the dishes*
sparecchiare la tavola	*to clear the table*
spolverare	*to dust*

La frequenza

Ogni quanto?	*How often?*
una volta	*once*
due volte al giorno / alla settimana / al mese / all'anno	*twice a day / a week / a month / a year*

Fabrizio e Anna **vogliono** andare a giocare a tennis ma non possono uscire subito. Prima devono pulire la casa. Fabrizio **deve** passare l'aspirapolvere e Anna **deve** rifare il letto e mettere in ordine la camera.

5.39 Quale attività? Indica di quale attività si tratta.

1. Lo facciamo in cucina con l'acqua dopo che mangiamo.
2. Lo facciamo la mattina dopo che ci svegliamo e ci alziamo.
3. La facciamo al supermercato.
4. Lo facciamo dopo che finiamo di mangiare.
5. Lo facciamo prima di cominciare a mangiare.

5.40 Una festa in casa. Prepara una lista di faccende che fai prima di una festa e una di faccende che fai dopo una festa in casa.

5.41 Quando lo fai? Indica con quale frequenza fai le seguenti attività. Poi a gruppi paragonate le vostre risposte.

	Ogni giorno	Spesso	Una volta alla settimana	Raramente mai
passare l'aspirapolvere				
lavare i piatti				
fare il bucato				
spolverare				
mettere in ordine				
cucinare				
fare la spesa				
portare fuori la spazzatura				
annaffiare le piante				
stirare				

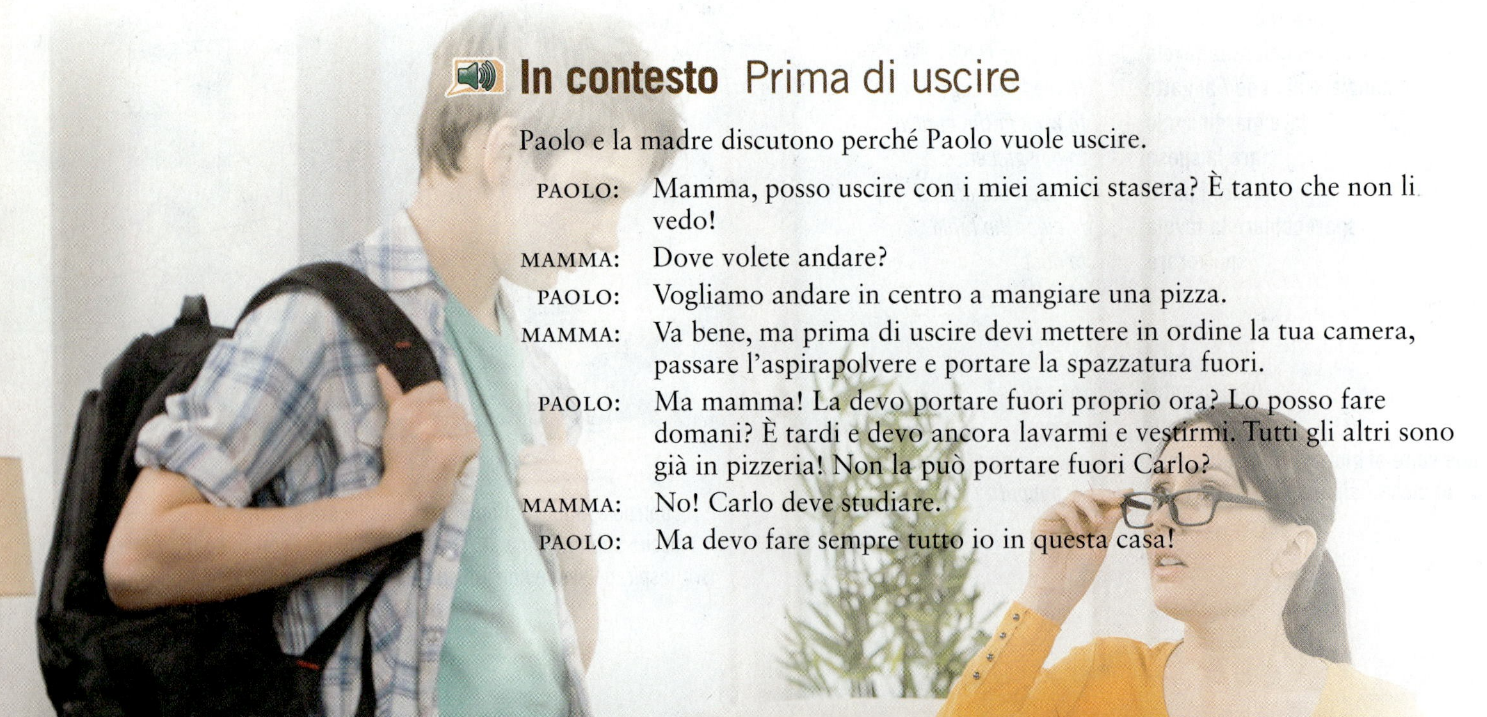

In contesto Prima di uscire

Paolo e la madre discutono perché Paolo vuole uscire.

PAOLO: Mamma, posso uscire con i miei amici stasera? È tanto che non li vedo!

MAMMA: Dove volete andare?

PAOLO: Vogliamo andare in centro a mangiare una pizza.

MAMMA: Va bene, ma prima di uscire devi mettere in ordine la tua camera, passare l'aspirapolvere e portare la spazzatura fuori.

PAOLO: Ma mamma! La devo portare fuori proprio ora? Lo posso fare domani? È tardi e devo ancora lavarmi e vestirmi. Tutti gli altri sono già in pizzeria! Non la può portare fuori Carlo?

MAMMA: No! Carlo deve studiare.

PAOLO: Ma devo fare sempre tutto io in questa casa!

5.42 **I doveri di Paolo.** Indica cosa Paolo deve fare, cosa vuole fare e che cosa può fare.

Occhio alla lingua!

1. Look at the illustration captions in the *Vocabolario* section. What conjugated forms of the verbs **dovere, potere,** and **volere** can you identify?
2. What do you notice about the verbs that follow the conjugated forms of **dovere, potere,** and **volere?**
3. Look at the *In contesto* conversation. What do you notice about the position of direct-object pronouns with **dovere, potere,** and **volere?**

GRAMMATICA

Il presente di *dovere, potere e volere*

Dovere (*to have to*), **potere** (*to be able*), and **volere** (*to want*) are irregular in the present tense.

dovere	**potere**	**volere**
devo	posso	voglio
devi	puoi	vuoi
deve	può	vuole
dobbiamo	possiamo	vogliamo
dovete	potete	volete
devono	possono	vogliono

1. **Dovere** and **potere** are usually followed by an infinitive. **Volere** can be used with a noun or an infinitive.

   Devo spolverare i mobili. — *I have to dust the furniture.*
   Cosa **possiamo fare**? — *What can we do?*
   Voglio un iPod nuovo. — *I want a new iPod.*

2. When **dovere, potere,** and **volere** are used with an infinitive, reflexive and direct-object pronouns can precede the conjugated form of the verb or they can be attached to the infinitive after dropping the final **-e**.

   —Ti devi vestire. (Devi vestirti.) — *—You have to get dressed.*
   —Vuoi lavare i piatti? — *—Do you want to wash the dishes?*
   —No, non li voglio lavare. (No, non voglio lavar**li**.) — *—No, I don't want to wash them.*
   —Puoi fare la spesa oggi? — *—Can you go grocery shopping today?*
   —Sì, la posso fare. (Sì, posso farla.) — *—Yes, I can do it.*

5.43 Le faccende di casa. Abbina le persone con le attività per indicare chi deve fare queste faccende.

1. Io
2. Mia madre
3. Le mie sorelle
4. Io e mio fratello
5. Voi

a. deve passare l'aspirapolvere.
b. dobbiamo cucinare.
c. devo apparecchiare la tavola.
d. dovete fare il bucato.
e. devono spolverare.

5.44 *Volere e potere.* Indica che cosa questi ragazzi vogliono fare e che cosa i loro genitori dicono che non possono fare. Completa le frasi con i verbi **volere** e **potere**.

1. —Mamma, io e Carlo ____________ andare a giocare a tennis.
   —No! Oggi non ____________.
2. —Mamma, io ____________ andare al cinema.
   —No! Non ____________.
3. —Papà, Luisa ____________ uscire dopo cena.
   —No! Stasera non ____________.
4. —Papà, Carlo e Luisa ____________ andare a ballare.
   —No! Il giovedì non ____________.

5.45 Il compleanno. Alcuni ragazzi organizzano una festa di compleanno per un loro amico. Completa il dialogo con **dovere, potere** e **volere**.

—Allora, chi (1) ____________ cercare un regalo?
—Io non (2) ____________. (3) ____________ fare la torta stasera.
—Io e Carla (4) ____________ comprare il regalo.
—Attenzione, però non (5) ____________ spendere troppo. (6) ____________ comprare un libro.
—Luisa, (7) ____________ preparare la cena?
—Sì, (8) ____________ preparare gli spaghetti per primo e il vitello per secondo.
—Bene, allora io (9) ____________ preparare gli antipasti.
—No, gli antipasti li (10) ____________ preparare Rosanna e Giulio.

5.46 ***Dovere, potere* e *volere*.** Indica:

1. due cose che i professori devono fare ogni sera.
2. due cose che tuo padre non può mai fare.
3. tre cose che tu e gli altri studenti non volete fare la sera.
4. una cosa che tu vuoi fare nel weekend.
5. una cosa che tu e i tuoi compagni di classe non potete fare ogni mattina.

SCAMBI

5.47 In famiglia, chi lo fa? Mattia e Viola parlano delle faccende di casa. Ascolta i loro commenti e indica chi nella sua famiglia fa le seguenti attività.

Attività	Chi lo fa?
1. portare fuori il cane	
2. fare giardinaggio	
3. cucinare	
4. sparecchiare la tavola	

5.48 Che disordine! Indicate che cosa dovete e/o potete fare per mettere in ordine la camera da letto del disegno.

5.49 Aiuto (*Help*)! I tuoi genitori vengono a casa tua questo weekend. In casa c'è un grande disordine e non c'è niente da bere e da mangiare. Hai bisogno dell'aiuto degli amici per mettere in ordine la casa. Prima preparate insieme una lista di dieci cose che dovete fare e poi decidete chi deve / vuole / può fare che cosa.

5.50 Una buona scusa (*excuse*). Non vuoi partecipare alle situazioni indicate. Con un compagno/una compagna, ricostruisci un dialogo per ogni circostanza.

ESEMPIO: un invito a cena

S1: Ciao, Paolo. Vuoi cenare con me domani?

S2: Mi dispiace. Non posso venire perché devo andare a casa degli zii.

1. il compleanno della figlia di una cugina
2. una settimana a casa dei nonni
3. il matrimonio di due amici

ATTRAVERSO

LA TOSCANA

La Toscana è famosa per la sua storia e la sua cultura. In questa regione sono nati Dante Alighieri (1265–1321), Francesco Petrarca (1304–1374) e Giovanni Boccaccio (1313–1375), tre grandi scrittori del Trecento che, con i loro capolavori (*masterpieces*): la *Divina Commedia*, il *Canzoniere* e il *Decamerone*, affermano l'importanza del volgare toscano come lingua letteraria.

Più tardi Firenze, il capoluogo della regione, diventa (*becomes*) uno dei maggiori centri del Rinascimento italiano. Dal 1434 al 1537, infatti, grazie alla ricca e potente famiglia dei Medici, Firenze gode (*enjoys*) di una grande prosperità economica e di un'importanza politica mai avuta prima. Lorenzo de' Medici (1449–1492), detto «il Magnifico», generoso mecenate (*patron*), poeta e amante delle arti, riunisce alla sua corte artisti, poeti, scienziati e filosofi. Questi contribuiscono allo sviluppo dell'Umanesimo, un movimento culturale e intellettuale che si basa su un attento studio dell'antichità classica. Fanno parte della corte di Lorenzo il Magnifico tanti artisti e studiosi come Marsilio Ficino, Angelo Poliziano, Sandro Botticelli e Michelangelo.

La Toscana è conosciuta oggi anche per le sue colline (*hills*) ricche di alberi di olivo e vigneti (*vinyeards*), dove si producono vini famosi in tutto il mondo come il Chianti, il Brunello e il Montepulciano.

Il centro religioso e artistico di Firenze: il Battistero, il Duomo di Santa Maria del Fiore con la cupola di Filippo Brunelleschi (1423–1497) e il Campanile di Giotto (1267–1337).

Il centro storico di Siena. In questa bellissima piazza, Piazza del Campo, ogni anno si tiene la famosa corsa di cavalli conosciuta come il Palio di Siena.

VERIFICHIAMO

Prima leggi l'introduzione alla regione, poi guarda le foto e leggi le rispettive didascalie.

5.51 Cosa sai adesso? Indica almeno due cose che adesso sai di:

1. Lorenzo de' Medici.
2. Dante, Boccaccio e Petrarca.
3. Michelangelo.
4. Siena.
5. San Gimignano.

5.52 Che altro sapete? Discutete cosa sapete del Rinascimento. Quali altri artisti e scrittori rinascimentali conoscete?

La tomba di Giuliano di Nemours nelle cappelle Medicee. Le tre statue sono di Michelangelo Buonarroti (1475–1564). Al centro c'è la statua di Giuliano di Nemours, a sinistra la *Notte* e a destra il *Giorno*.

San Gimignano, la città delle torri. Oggi ci sono solo tredici torri, ma nel Medioevo ce n'erano (*there were*) settantadue. Erano il simbolo del potere delle famiglie più ricche. Oggi è molto conosciuto un vino bianco che si chiama la Vernaccia di San Gimignano.

IN PRATICA

GUARDIAMO

Strategie per guardare
Understanding relationships

To understand the unfolding events in a video episode, it is helpful to focus on the main characters' personal relationships: how they are significant, how they evolve, and how they may affect events.

Per capire meglio!

fare dei giri	*to do errands*
finiscila di ...	*stop . . .*
una meraviglia	*a marvel*
la mostra di pittura	*art exhibit*
gli orecchini	*earrings*
il quadro	*painting*
richiamare	*to call back*
il salotto	*living room*
sparire (-isc)	*to disappear*
subito	*right away*

Prima di guardare

5.53 È il giorno dopo la festa. In questo episodio Taylor riceve una visita inaspettata (*unexpected*). Guarda le foto e scegli le risposte che ti sembrano più logiche:

1. Una telefonata sveglia Taylor. Dalla sua espressione, come si sente?
   a. arrabbiato b. preoccupato c. contento
2. Ricordi la festa della sera precedente? Come si sentono Taylor e Giulia questa mattina?
   a. preoccupati b. stanchi c. sorpresi
3. Cosa fanno probabilmente Taylor e Giulia per prepararsi alla visita inaspettata?
   a. si vestono e puliscono la casa
   b. tornano a dormire
   c. invitano gli amici a pranzo
4. In una foto Taylor presenta Giulia a un'altra persona. Chi è secondo te?
   a. sua sorella b. sua madre c. un'amica

Mentre guardi

5.54 Mentre guardi, osserva attentamente come si salutano e come si comportano (*behave*) Taylor, Giulia e l'ospite (*guest*). Poi rispondi alle domande.

1. Come saluta Taylor questa persona?
2. Come si salutano Giulia e l'ospite? Come si sviluppa (*develops*) la loro relazione durante (*during*) tutto l'episodio?
3. Come si sente Giulia quando parla del suo ragazzo? È contenta (*happy*) o triste?

Dopo aver guardato

5.55 Metti in ordine logico le seguenti frasi.

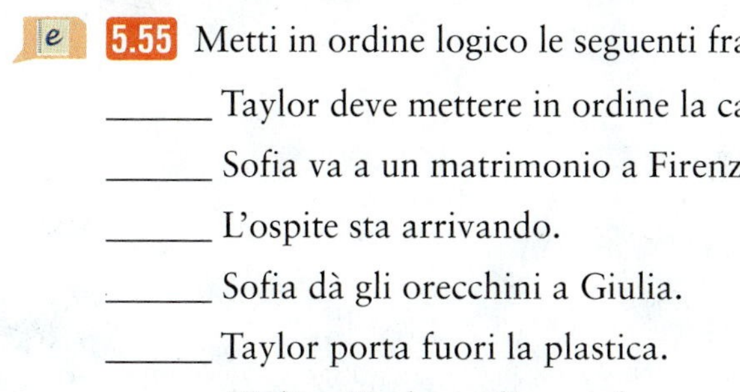

______ Taylor deve mettere in ordine la casa.

______ Sofia va a un matrimonio a Firenze.

______ L'ospite sta arrivando.

______ Sofia dà gli orecchini a Giulia.

______ Taylor porta fuori la plastica.

______ Giulia e Taylor puliscono la casa.

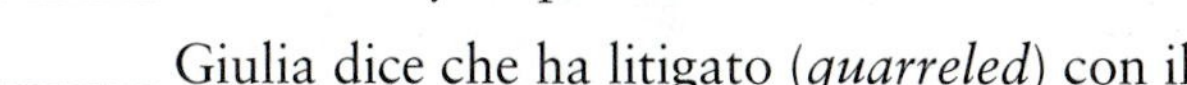

______ Giulia dice che ha litigato (*quarreled*) con il suo ragazzo.

5.56 Rispondete alle domande.

1. Perché Taylor e Giulia ricevono una visita inaspettata?
2. Come potete descrivere il rapporto fra Giulia e l'ospite, Sofia?
3. Giulia dice del padre: «Lui sta sempre fuori per le sue mostre di pittura! Non c'è mai a casa!» Lo vede spesso oppure no?
4. Come si sente Giulia verso il suo ragazzo?
5. Cosa vi aspettate (*expect*) negli episodi seguenti?
   a. Giulia e il suo ragazzo vanno d'accordo o litigano?
   b. Giulia e Sofia diventano care amiche o non si incontrano più (*anymore*)?
   c. Che altro può succedere?

5.57 Sofia parte e Giulia e Taylor parlano di lei e del suo rapporto con il figlio. Immaginate la loro conversazione e poi presentatela alla classe.

Il mondo italiano

In questo episodio Sofia porta dei gioielli (*jewelry*) molto belli e Giulia ammira gli orecchini in modo particolare. In Italia la tradizione orafa (*goldsmith*) è sempre stata importante e molto apprezzata. Nomi di gioiellieri (*jewellers*) come Damiani, Bulgari, Buccellati e Pomellato sono conosciuti in tutto il mondo. Ci sono diversi centri di eccellenza a Valenza, Vicenza, Arezzo e Napoli, dove è rilevante la produzione di gioielli. A Firenze specialmente resta ancora notevole la tradizione artigianale (*craft*): ci sono orafi che creano pezzi unici lavorando tutto a mano secondo tecniche molto antiche. Questi splendidi oggetti sono esposti soprattutto nelle botteghe di Ponte Vecchio. Fin dal XVI secolo in tutti i negozi sul ponte si vendono gioielli.

Per saperne di più sulla produzione artigianale in Italia vai su MyItalianLab.

LEGGIAMO

Prima di leggere

5.58 Una giornalista intervista due bambini, Leonardo e Lavinia, sulle loro famiglie. Leggi le domande ai due bambini. Quali sono gli argomenti (*topics*) principali delle interviste?

Mentre leggi

5.59 Mentre leggi, prendi nota di (*note*):

1. una cosa che piace ai bambini dei loro genitori.
2. quando i bambini vedono i nonni e cosa fanno insieme.
3. una cosa che i bambini fanno per festeggiare il compleanno.

Strategie per leggere
Understanding interviews

Before you read an interview, take time to look at the questions the journalist asks. This will help you to understand the focus and progression of the interview and give you a useful framework within which to read and understand its content.

Leonardo Manzini

Cosa ti piace della mamma?

Che è buona. Che mi fa dei regali. Che cucina per me tutte le sere. Mi piace quando mangiamo insieme, anche con il papà.

E cosa, invece, non ti piace?

Ha un brutto carattere! Quando mi sgrida[1]. Non mi piace che a scuola ha sempre riunioni[2] e ha poco tempo per me.

Cosa ti piace del papà?

Mi fa giocare al computer. Mi porta dei regali e mi porta sul lago di Garda e al mare. Mi piace quando stiamo insieme e parliamo.

Che cosa non ti piace?

È troppo severo[3]! Mi sgrida. E non mi piace quando arriva a casa tardi la sera.

I tuoi nonni, li vedi? Cosa fate insieme?

Se è sabato e domenica ci vediamo a casa loro, dove lavoriamo in giardino. Qualche volta giocano con me. Con la nonna faccio anche le torte e i biscotti.

Come festeggi il tuo compleanno?

La mamma dice che posso invitare tre amici, la casa è grande ma lei non vuole troppo baccano[4]. Compriamo una torta. Qualche volta vengono anche i nonni e la sera ceniamo tutti insieme sul tavolo grande.

1. scolds 2. meetings 3. strict 4. noise

Lavinia Pontiggia

Cosa ti piace della mamma?

Mi piace l'aspetto, e poi perché è bella, alta, magra e non mi sgrida quasi mai. Mi piace anche la sua bontà e mi piacciono i vestiti che indossa e i suoi gioielli[1]!

E cosa, invece, non ti piace?

Non mi piacciono i suoi capelli corti, ma proprio corti. Non mi piace se mi urla[2] nelle orecchie, quando litiga con papà. E non mi piace quando si arrabbia[3] perché le viene una faccia brutta!

Cosa ti piace del papà?

Che è bello e forte e che si occupa bene della famiglia. Mi piace quando mi porta al parco e mi fa divertire.

Che cosa non ti piace?

Quando mi dice sempre no e non mi fa andare in cortile[4]. Quando urla anche lui e si arrabbia.

I tuoi nonni, li vedi? Cosa fate insieme?

Li vedo di solito il sabato e la domenica. Insieme guardiamo i DVD. La nonna mi fa vedere come si cuce[5]. Il nonno non sta molto bene e io lo aiuto. Lo aiuto ad aggiustare i mobili[6] e a curare le piante.

Come festeggi il tuo compleanno?

Di solito faccio una festa a casa con tanti amichetti, con le torte e i dolci, le pizzette e la pasta. Con i palloncini.

1. jewelry 2. screams 3. gets mad 4. courtyard 5. how to sew 6. to fix furniture

Dopo la lettura

5.60 Completa le attività che seguono.

1. Indica quali affermazioni corrispondono alle opinioni espresse dai due bambini.
   a. In genere ai bambini non piace quando i genitori sono infelici.
   b. I bambini giustificano i genitori quando si arrabbiano.
   c. Ai bambini piace un'atmosfera familiare calma e serena.
   d. I bambini vedono i nonni nel weekend.
   e. Le nonne fanno attività tradizionali.
   f. Ai bambini piacciono i nonni moderni.
   g. Di solito i bambini festeggiano il compleanno a casa.
   h. Tutti e due i bambini fanno grandi feste per il loro compleanno.

2. Paragonate le esperienze di Leonardo e Lavinia a quelle dei bambini nel vostro Paese.
   a. I commenti dei bambini sui genitori sono simili?
   b. Il rapporto (*relationship*) dei bambini con i nonni è simile nel vostro Paese? I bambini vedono i nonni più o meno spesso? Fanno cose simili?
   c. Le feste di compleanno sono simili o diverse?

Strategie per parlare
Planning what you want to say

Before you carry out an oral assignment, plan what you want to say. What vocabulary will you use? How can you speak accurately and clearly as you ask for and share required information? Would it help to make a list of points you want to cover?

PARLIAMO

In famiglia. Per conoscere meglio i tuoi compagni, chiedi informazioni sulla loro vita in famiglia. A tua volta (*In turn*), rispondi alle loro domande.

Prima di parlare

5.61 Prepara delle domande per trovare compagni/compagne che corrispondono alle seguenti descrizioni.

ESEMPIO: è figlio unico/figlia unica
Sei figlio unico?/Sei figlia unica? *o* Hai fratelli e sorelle?

1. è figlio unico/figlia unica
2. può vedere i nonni spesso
3. deve lavare i piatti tutti i giorni
4. non vuole mai fare la spesa
5. deve telefonare ai genitori tutte le sere
6. fa sempre una festa per il suo compleanno
7. non scrive mai biglietti d'auguri
8. ha un/una parente che parla italiano
9. va a molte feste in famiglia
10. va a casa dei genitori ogni settimana

Mentre parlate

5.62 Adesso fate ai compagni/alle compagne le domande che avete preparato. Parlate con quante persone possibili.

ESEMPI: **S1:** Sei figlia unica?
S2: No, ho due fratelli.
S1: Hai un parente che parla italiano?
S2: Sì, mio zio lo parla bene!

Dopo aver parlato

5.63 A turno, raccontate che cosa sapete adesso della vita in famiglia dei vostri compagni. Chi di voi ha più informazioni?

Strategie per scrivere
Writing notes for special occasions

Writing a note or a message for a special occasion, such as congratulating or thanking someone, requires the use of some fixed expressions such as **Auguri!** or **Congratulazioni!** that you have already learned. To communicate appropriately in Italian, use these expressions as you convey your own feelings when you write a note or a message.

SCRIVIAMO

Le occasioni speciali. Scrivi un breve messaggio per ognuna delle seguenti occasioni.

- **Grazie!** È il tuo compleanno e un amico/un'amica ti manda un bel regalo. Scrivi un bigiettino per ringraziarlo/la.
- **Auguri!** È il compleanno di una persona nella tua famiglia e scrivi un commento su Facebook per dirlo a tutti gli amici.
- **Congratulazioni!** Un amico/Un'amica ha sostenuto (*has taken*) un esame molto difficile e scrivi un messaggino di congratulazioni.

Prima di scrivere

5.64 Prima di cominciare a scrivere, segui questi suggerimenti:

1. Leggi gli esempi. Quali espressioni riconosci? Quali altre espressioni appropriate per queste occasioni conosci?
2. Per ogni messaggio prepara una scaletta (*outline*) con le seguenti informazioni.
   a. Indica l'occasione.
   b. Descrivi i tuoi sentimenti.
   c. Scegli le espressioni che vuoi usare.
   d. Decidi quando puoi usare un pronome di oggetto diretto.

Carlo, auguri! Buon compleanno! Ti lascio questo bigliettino perché devo andare e tu dormi ancora. Mi dispiace tanto ma questa sera lavoro fino alle 9! Possiamo uscire dopo?
Offro io! Matteo

AT&T
12:34 PM
Messaggio
Ilaria
Modifica
Grazie per i biglietti! Li ho qui davanti a me e quasi non posso crederci! Sono così contenta che possiamo andare insieme a un concerto. Sei un'amica davvero speciale e generosa. A domani!

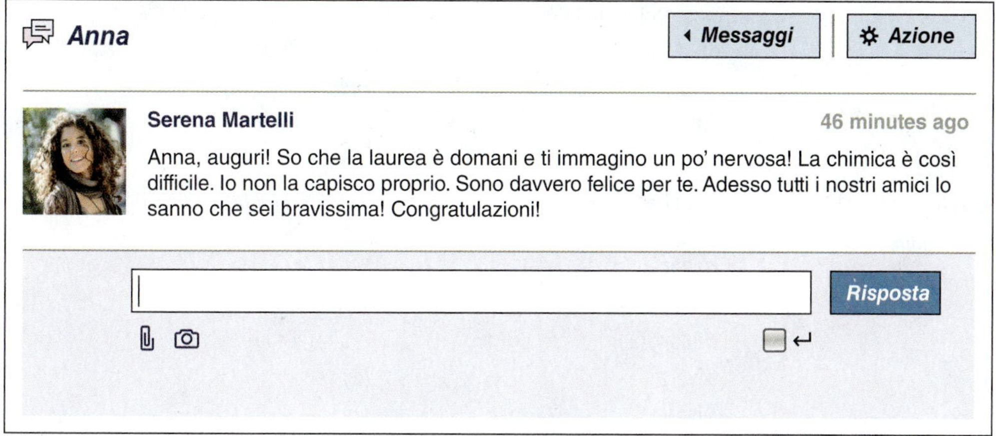

Anna
Messaggi
Azione
Serena Martelli
46 minutes ago
Anna, auguri! So che la laurea è domani e ti immagino un po' nervosa! La chimica è così difficile. Io non la capisco proprio. Sono davvero felice per te. Adesso tutti i nostri amici lo sanno che sei bravissima! Congratulazioni!
Risposta

La scrittura

5.65 Usa la scaletta che hai preparato per scrivere la prima stesura (*draft*) di ogni messaggio. Usa le espressioni più appropriate per l'occasione.

La versione finale

5.66 Leggi le prime stesure dopo un po' di tempo.

1. I messaggi sono chiari (*clear*)?
2. Hai usato le espressioni più adatte per ogni occasione?
3. Controlla le parole, la forma dei verbi e l'accordo degli aggettivi e dei nomi. Hai usato i pronomi correttamente?

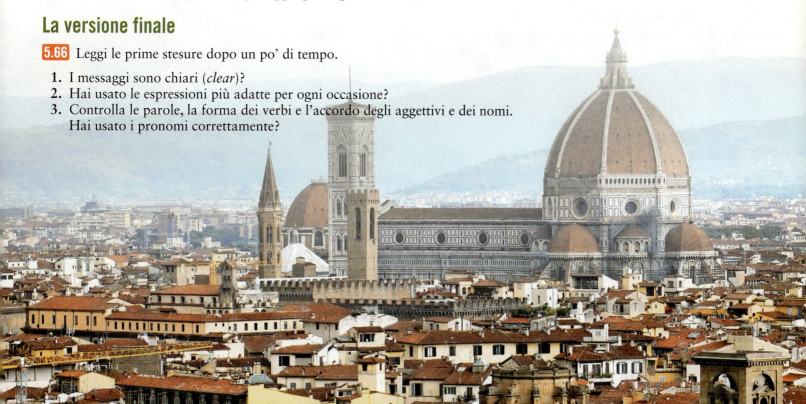

I parenti e la famiglia

il bambino/la bambina	*child*
il bisnonno/la bisnonna	*great-grandfather/ great-grandmother*
il cognato/la cognata	*brother-in-law/sister-in-law*
il cugino/la cugina	*cousin*
la famiglia	*family*
il figlio unico/la figlia unica	*only child*
il fratello	*brother*
i gemelli/le gemelle	*twins*
i genitori	*parents*
la madre	*mother*
il marito/la moglie	*husband/wife*
il nipote/la nipote	*grandson/granddaughter; nephew/niece*
il nonno/la nonna	*grandfather/grandmother*
i nonni materni/paterni	*maternal/paternal grandparents*
il padre	*father*
il papà/la mamma	*dad/mom*
i parenti	*relatives*
la sorella	*sister*
lo zio/la zia	*uncle/aunt*

Espressioni per parlare della famiglia

andare d'accordo con	*to get along with*
Che lavoro fa?	*What does he/she do?*
È avvocato / casalinga / ingegnere / medico.	*He/She is a lawyer / a housewife / an engineer / a doctor.*
conoscere	*to know; to be acquainted with; to meet*
divorziato/a	*divorced*
il fratello / la sorella più grande / più piccolo/a	*older / younger brother/sister*
In quanti siete?	*How many are there in your family?*
Siamo in (otto).	*There are (eight) of us.*
litigare	*to argue*
morto/a	*dead*
sapere	*to know a fact, to know how to do something*
separato/a	*separated*
somigliare a	*to look like, to resemble*
vedovo/a	*widow/widower*
vivere	*to live*
vivo/a	*alive*

Le feste in famiglia

l'anniversario	*anniversary*
Auguri!	*Best wishes!*
il bicchiere	*glass*
il biglietto d'auguri	*card*
Buon compleanno!	*Happy birthday!*
la candelina	*candle*
il compleanno	*birthday*
Congratulazioni!	*Congratulations!*
dare / fare una festa	*to give / to have a party*
diplomarsi	*to graduate from high school*
dire	*to say / to tell*
fare gli auguri	*to say best wishes*
fare una foto	*to take a picture*
festeggiare	*to celebrate*
invitare	*to invite*
gli invitati	*invited guests*
l'invito	*invitation*
la laurea	*university degree*
laurearsi	*to graduate from college*
mandare	*to send*
il matrimonio	*wedding, marriage*
il palloncino	*balloon*
regalare	*to give a present*
il regalo	*present*
il ricevimento	*reception*
spedire (-isc-)	*to mail, to send*
sposarsi	*to get married*
lo spumante	*champagne, sparkling wine*
la torta	*cake*

Le faccende di casa

annaffiare le piante	*to water the plants*
apparecchiare la tavola	*to set the table*
dare da mangiare al cane / al gatto	to feed the dog / cat
dovere	*to have to*
fare il bucato	*to do laundry*
fare giardinaggio	*to work in the garden*
fare la spesa	*to buy groceries*
lavare i piatti	*to wash the dishes*
mettere in ordine	*to put in order*
passare l'aspirapolvere	*to vacuum*
portare fuori la spazzatura	*to take out the trash*
potere	*to be able to*
rifare il letto	*to make the bed*
sparecchiare la tavola	*to clear the table*
spazzare	*to sweep the floor*
spolverare	*to dust*
stirare	*to iron*
volere	*to want*

La frequenza

Ogni quanto?	*How often?*
una volta / due volte al giorno	*once / twice a day*
due volte alla settimana	*twice a week*
tre volte al mese	*three times a month*
una volta all'anno	*once a year*

Case su una bellissima piazza a Ostuni, in Puglia

CAPITOLO 6

CASA MIA, CASA MIA...

PERCORSO I: Le stanze e i mobili

PERCORSO II: L'arredamento della casa

PERCORSO III: Le attività in casa

ATTRAVERSO: Il Friuli-Venezia Giulia e la Puglia

IN PRATICA

In this chapter you will learn how to:

- Describe the rooms and furniture in your home
- Talk about household furnishings and their prices
- Talk about what you did at home recently

Le stanze e i mobili

VOCABOLARIO

Cosa c'è nel palazzo? E nell'appartamento? E nelle stanze?

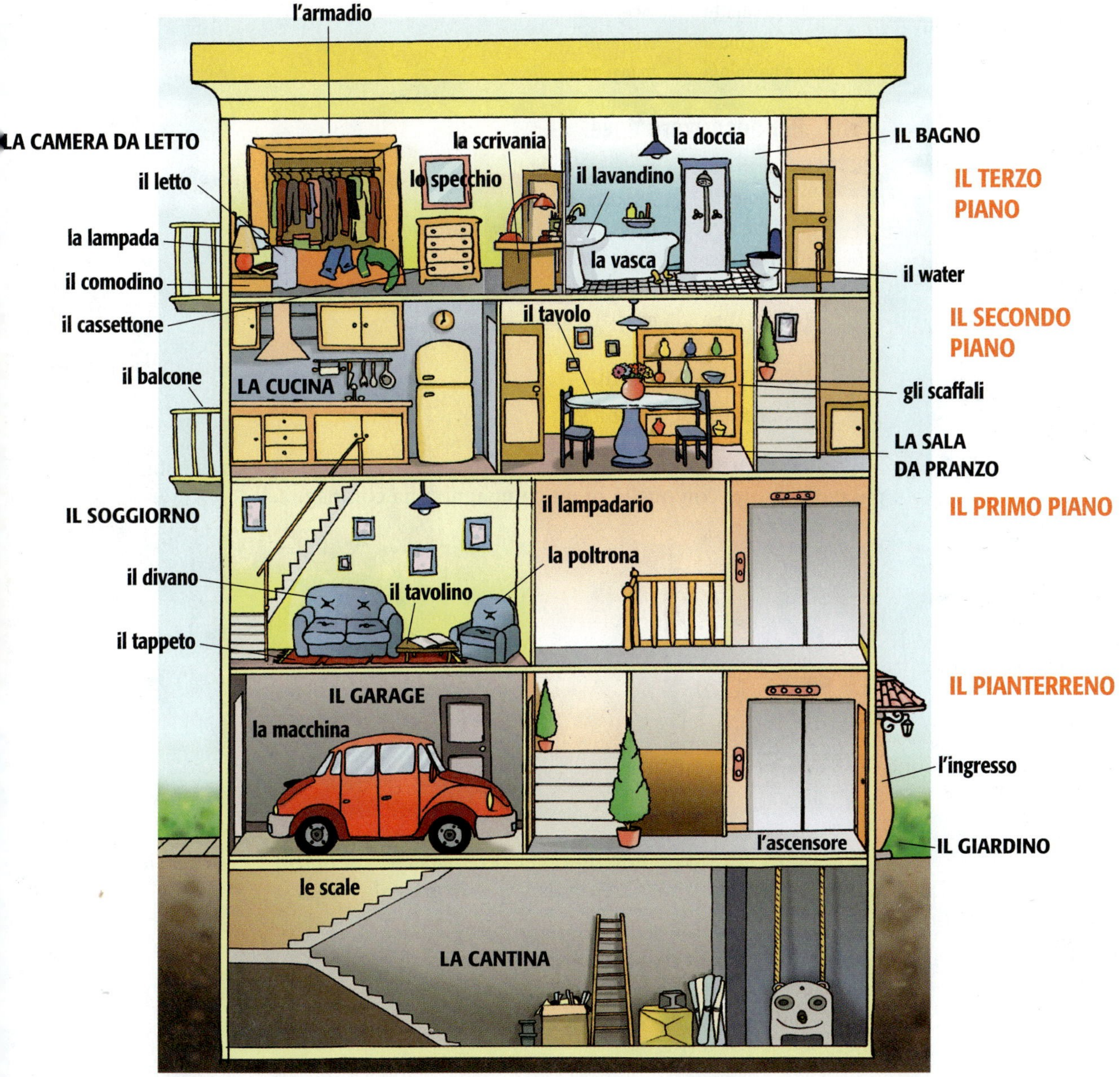

l'armadio
LA CAMERA DA LETTO
il letto
la lampada
il comodino
il cassettone
il balcone
la scrivania
lo specchio
la doccia
il lavandino
la vasca
IL BAGNO
IL TERZO PIANO
il water
LA CUCINA
il tavolo
IL SECONDO PIANO
gli scaffali
LA SALA DA PRANZO
IL SOGGIORNO
il lampadario
IL PRIMO PIANO
il divano
la poltrona
il tavolino
il tappeto
IL GARAGE
la macchina
IL PIANTERRENO
l'ingresso
l'ascensore
IL GIARDINO
le scale
LA CANTINA

Per discutere dell'abitazione

affittare	*to rent*
l'attico	*penthouse*
cambiare casa	*to move*
il coinquilino/la coinquilina	*roommate*
dividere (*p.p.* diviso)	*to share*
il gatto	*cat*
il monolocale	*studio apartment*
la parete	*wall*
Quanto paghi d'affitto?	*How much do you pay for rent?*
il quartiere	*neighborhood*
il salotto	*living room*
lo studio	*study*
vivere da solo/a	*to live alone*

Per descrivere dove

al centro di	*in the middle of*
contro	*against*
in centro	*in the center of town, downtown*
in periferia	*in the outskirts*
per terra	*on the floor*
su	*on*

Per indicare quantità

alcuni/e	*some, a few*

6.1 Associazioni. Quali attività associ con ogni stanza? Prepara una lista e poi paragona la tua con quella di un compagno/una compagna.

1. 

2. 

3. 

4. 

6.2 Il palazzo. Osserva il disegno nel *Percorso I Vocabolario* e indica se le seguenti affermazioni sono vere o false. Correggi quelle false.

1. La cantina è sopra il secondo piano.
2. Il garage è a destra dell'ascensore.
3. La macchina è in garage.
4. Il balcone è al pianterreno.
5. Il tappeto è per terra.

6.3 L'intruso. Indica la parola che non c'entra con le altre.

1. il letto, il comodino, il tavolino
2. la cantina, il garage, la macchina
3. il cassettone, la vasca, l'armadio
4. le scale, il primo piano, l'attico
5. il divano, l'ingresso, la poltrona
6. la sala da pranzo, la camera da letto, l'ascensore

 **6.4 Che cos'è?** Guardate il disegno della casa nel *Percorso I Vocabolario*. A turno, leggete la descrizione e indovinate di quale oggetto si tratta.

1. È al centro della stanza al secondo piano. È sotto il lampadario.
2. È di fronte al letto, a sinistra della porta.
3. È sul letto, vicino ai jeans.
4. È per terra sotto la poltrona, il divano e il tavolino.
5. È sul comodino.
6. È contro la parete, vicino al letto.
7. È a destra del divano.
8. È sotto lo specchio, vicino all'armadio.

In contesto La nuova casa

Alessandra, una studentessa italiana che studia all'Università di Bari, descrive a un'amica il suo nuovo appartamento.

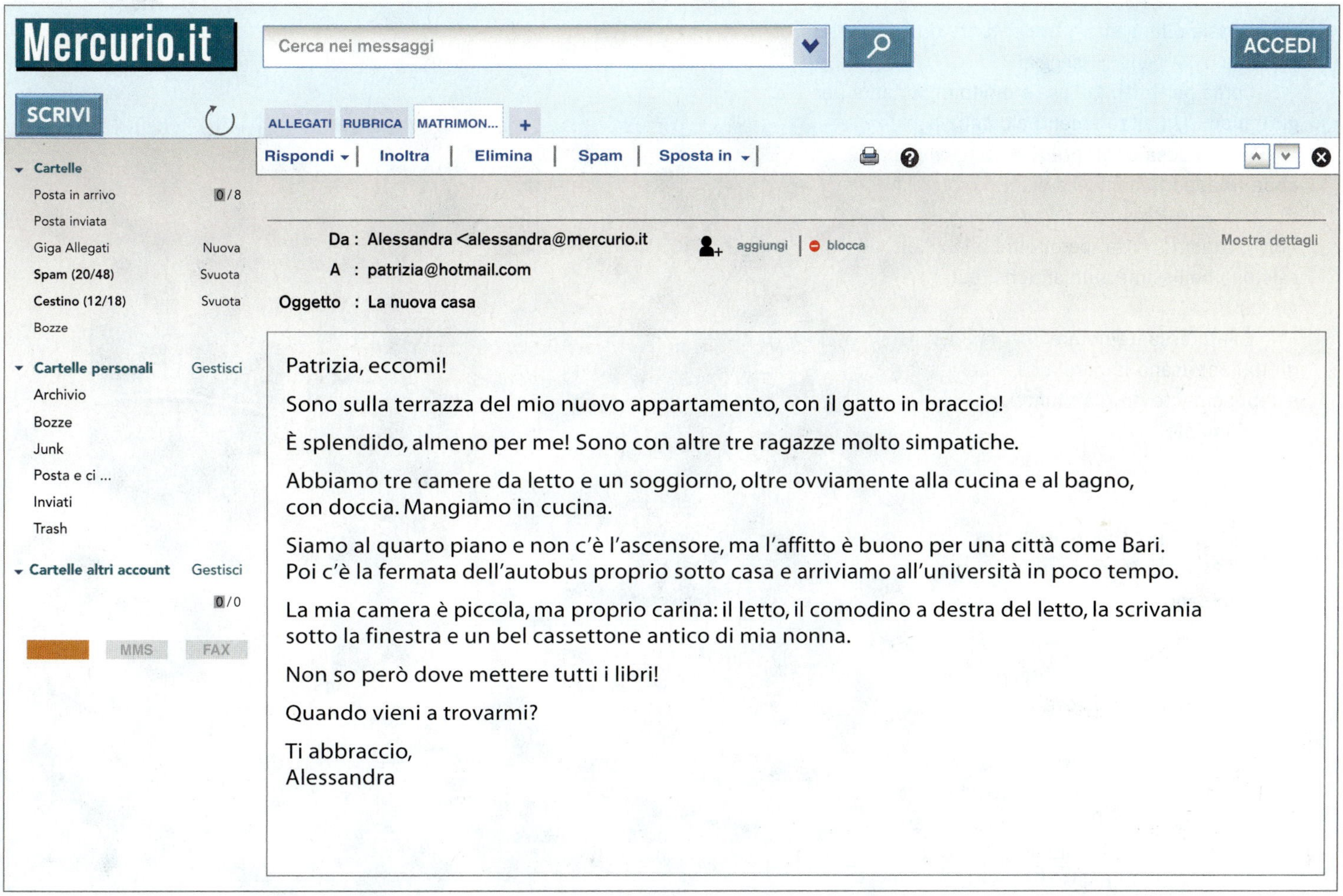

Mercurio.it | Cerca nei messaggi | ACCEDI

SCRIVI | ALLEGATI | RUBRICA | MATRIMON... | +

Rispondi | Inoltra | Elimina | Spam | Sposta in

Cartelle: Posta in arrivo 0/8 · Posta inviata · Giga Allegati (Nuova) · Spam (20/48) (Svuota) · Cestino (12/18) (Svuota) · Bozze

Cartelle personali (Gestisci): Archivio · Bozze · Junk · Posta e ci ... · Inviati · Trash

Cartelle altri account (Gestisci): 0/0

MMS · FAX

Da : Alessandra <alessandra@mercurio.it> aggiungi | blocca — Mostra dettagli
A : patrizia@hotmail.com
Oggetto : La nuova casa

Patrizia, eccomi!

Sono sulla terrazza del mio nuovo appartamento, con il gatto in braccio!

È splendido, almeno per me! Sono con altre tre ragazze molto simpatiche.

Abbiamo tre camere da letto e un soggiorno, oltre ovviamente alla cucina e al bagno, con doccia. Mangiamo in cucina.

Siamo al quarto piano e non c'è l'ascensore, ma l'affitto è buono per una città come Bari. Poi c'è la fermata dell'autobus proprio sotto casa e arriviamo all'università in poco tempo.

La mia camera è piccola, ma proprio carina: il letto, il comodino a destra del letto, la scrivania sotto la finestra e un bel cassettone antico di mia nonna.

Non so però dove mettere tutti i libri!

Quando vieni a trovarmi?

Ti abbraccio,
Alessandra

 **6.5 Un nuovo appartamento.** Elencate (*List*) alcuni aspetti positivi e negativi del nuovo appartamento di Alessandra.

 **6.6 E la vostra casa?** Confrontate la vostra abitazione e quella di Alessandra. Che cosa è simile? Che cosa è diverso?

Lo sai che? La città e le abitazioni degli italiani

Il centro storico di una città italiana risale (*goes back*) al periodo più antico della sua storia. Qui ci sono i monumenti più importanti, i palazzi, i negozi e i caffè più eleganti. In genere fuori dal centro ci sono larghi viali alberati (*wide tree-lined streets*) e dopo i viali ci sono delle zone residenziali. La periferia è la zona più lontana dal centro: ci sono abitazioni, negozi e centri commerciali (*shopping centers*). Una caratteristica infatti delle città italiane è che in genere le abitazioni e i negozi si trovano insieme in tutti i quartieri.

Molte città italiane sul mare, come Bari, hanno un bellissimo lungomare (*waterfront*), dove la gente può fare delle belle passeggiate.

Come per tutti, la casa è molto importante per gli italiani. Un'alta percentuale della popolazione vive in una casa di proprietà e la maggior parte abita in appartamenti. La villetta monofamiliare, tipica di altri Paesi, si trova raramente in città. Fuori (*Outside*) città, però, oltre alle villette, esistono bellissime ville antiche, con parchi e giardini.

È interessante notare che molto spesso gli italiani usano la parola *casa* per indicare semplicemente dove abitano, anche se è un appartamento.

Udine vista dall'alto

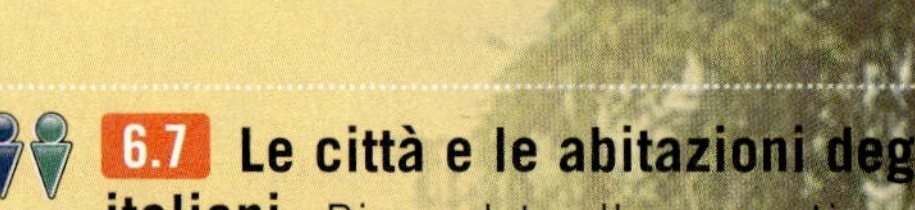

6.7 Le città e le abitazioni degli italiani. Rispondete alle seguenti domande.

1. Quali sono le differenze fra le città e le abitazioni degli italiani e quelle del vostroPaese?
2. Dove abitate voi? In centro o in periferia? Descrivete insieme la struttura della vostra città per un amico italiano/un'amica italiana.
3. La casa è molto importante per gli abitanti del vostro Paese? In genere abitano in appartamenti o villette?

Una villa fuori città

Occhio alla lingua!

1. Consider again the questions that accompany the illustration of the apartment building in the *Percorso I Vocabolario* section: **Cosa c'è nel palazzo? E nell'appartamento? E nelle stanze?** What do **nel, nell'**, and **nelle** mean? What preposition and definite article have been combined in each of these forms?
2. What expressions used to indicate location in the *In contesto* e-mail do you recognize?
3. How do the prepositions **a** and **di** combine with definite articles? What examples can you find in the *In contesto* e-mail? What examples of **su**, following a similar pattern, can you identify?

GRAMMATICA

Le preposizioni

In **Capitolo 2,** you learned that prepositions, **preposizioni**, can be used to indicate location. Below is a list of Italian prepositions and their English equivalents.

Le preposizioni semplici			
a	*at, to, in*	**in**	*in*
con	*with*	**per**	*for, in order to*
di	*of*	**su**	*on, over, above*
da	*from*	**tra (fra)**	*between, among*

Abito **con** un'amica. — *I live with a friend.*
Mangiamo **in** cucina. — *We eat in the kitchen.*
Metto la lampada **su** questo tavolino. — *I'll put the lamp on this coffee table.*
La poltrona è **tra / fra** il tavolo e la finestra. — *The armchair is between the table and the window.*

La maggior parte degli italiani abita in appartamenti.

In **Capitolo 2,** you also learned that when the prepositions **a** and **di** are used with a definite article—**il, lo, l', la, i, gli, le**—they contract to form one word, called a **preposizione articolata**. The prepositions **da, in,** and **su** also contract when used with a definite article.

Le preposizioni articolate							
	il	**lo**	**l'**	**la**	**i**	**gli**	**le**
a	al	allo	all'	alla	ai	agli	alle
da	dal	dallo	dall'	dalla	dai	dagli	dalle
di → de	del	dello	dell'	della	dei	degli	delle
in → ne	nel	nello	nell'	nella	nei	negli	nelle
su	sul	sullo	sull'	sulla	sui	sugli	sulle

La sedia è vicino **al** tavolo. — *The chair is next to the table.*
Il divano è a sinistra **della** finestra. — *The sofa is to the left of the window.*
Le scarpe sono **nell'**armadio. — *The shoes are in the closet.*

Note that the definite article is usually not used with the preposition **in** before nouns designating rooms of a house, certain buildings, and areas of a city.

in salotto	*in the living room*
in città	*in the city*
in centro	*in the center of town, downtown*
in giardino	*in the garden*
Prendiamo il caffè **in** salotto.	*Let's have our coffee in the living room.*
Devo andare **in** centro.	*I must go downtown.*

6.8 Dove sono? Abbina gli oggetti ai posti per indicare dove di solito si trovano i seguenti oggetti in una casa.

1. il divano	**a.** di fronte ai letti
2. i vestiti	**b.** sulla scrivania
3. il computer	**c.** in sala da pranzo
4. il tavolo e le sedie	**d.** sul tavolino
5. le riviste (*magazines*)	**e.** in soggiorno / salotto
6. la lampada	**f.** sul comodino
7. il cassettone	**g.** nell'armadio

e **6.9 Una camera da letto.** Completa la descrizione di una camera disordinata (*messy*) e usa le preposizioni articolate.

La mia camera è sempre molto disordinata e le mie cose non sono mai dove devono essere! (1) _____________ scrivania ci sono i vestiti e le scarpe; (2) _____________ armadio ci sono i libri e i vecchi CD! Davanti (3) _____________ armadio c'è il letto e (4) _____________ letto ci sono quaderni e penne! (5) _____________ pareti ci sono alcune fotografie (6) _____________ amici e (7) _____________ famiglia. Mi piace leggere, quindi a sinistra (8) _____________ letto c'è una bella poltrona e vicino (9) _____________ poltrona c'è una lampada.

6.10 La stanza di Giuseppe. Descrivi la stanza di Giuseppe. Spiega dove sono i mobili e gli altri oggetti.

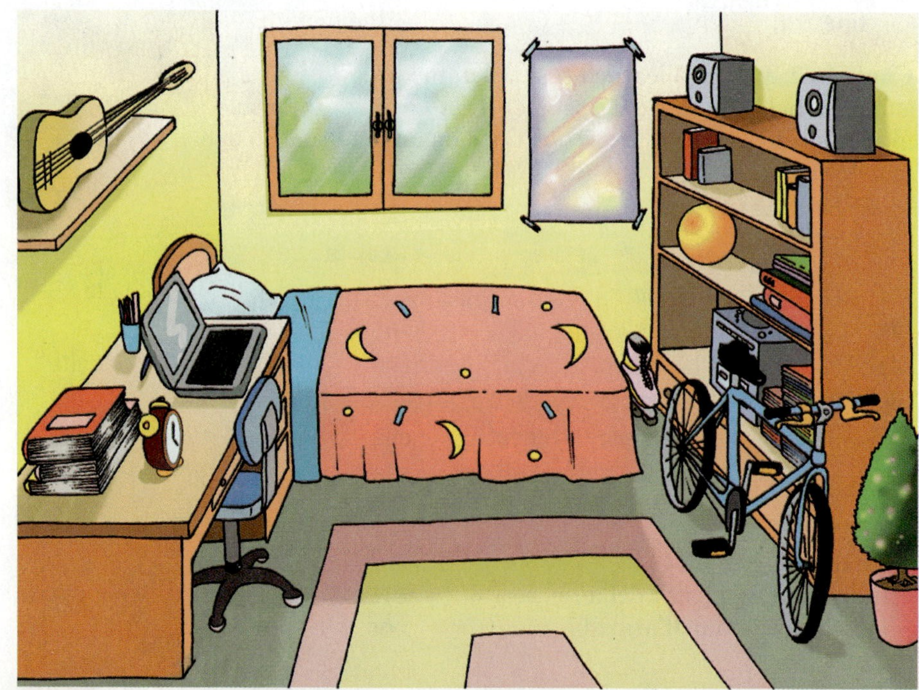

SCAMBI

 **6.11 La piantina.** Ascolta le descrizioni di un nuovo appartamento e del salotto di un'amica. Disegna una piantina per ciascuna (*each*).

 **6.12 Che cos'è?** Leggi le descrizioni dei mobili e accessori che si possono trovare in casa e indovina di che cosa si tratta. Poi paragona i tuoi risultati con un compagno/una compagna. Avete le stesse risposte?

1. Li mettiamo in salotto, in soggiorno o in camera da letto. In genere li mettiamo contro la parete. Ci mettiamo i libri.
2. La usiamo la sera per leggere e vedere.
3. Lo usiamo per parlare con gli amici e i parenti.
4. Le mettiamo in cucina o in sala da pranzo, vicino al tavolo.
5. Le usiamo per andare dal primo al secondo piano.
6. Lo mettiamo in soggiorno, contro la parete o la finestra. Davanti ci mettiamo un tavolino.
7. Le mettiamo in salotto, vicino al divano.
8. Lo mettiamo per terra, in soggiorno o in sala da pranzo.

 **6.13 Ti piace la tua casa?** Prepara sei domande per intervistare un compagno/una compagna e scoprire (*discover*) se gli/le piace la sua casa. Prendi in considerazione:

- il palazzo
- le stanze
- i mobili
- la persona con cui (*with whom*) abita

 **6.14 Dov'è?** A turno, una persona descrive dov'è un oggetto nel disegno e l'altra indovina che cos'è.

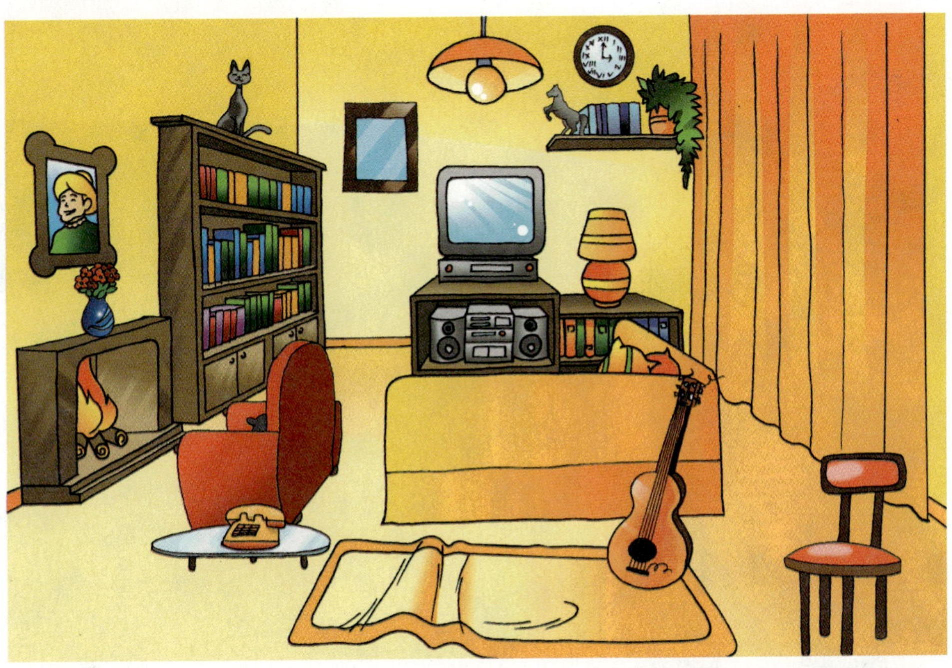

ESEMPIO: **S1:** È vicino al divano, a destra del tavolino.
S2: È il tappeto?

 **6.15 Dove lo mettiamo?** Immaginate di arredare una nuova casa. Prima disegnate una piantina e poi decidete insieme dove mettere le seguenti cose.

ESEMPIO:

S1: Dove mettiamo il letto?
S2: Lo mettiamo in camera da letto, contro la parete davanti alla porta.

1. 
2. 
3. 
4. 
5. 
6. 
7. 
8. … ?

PERCORSO II L'arredamento della casa

VOCABOLARIO

Cosa ci mettiamo?

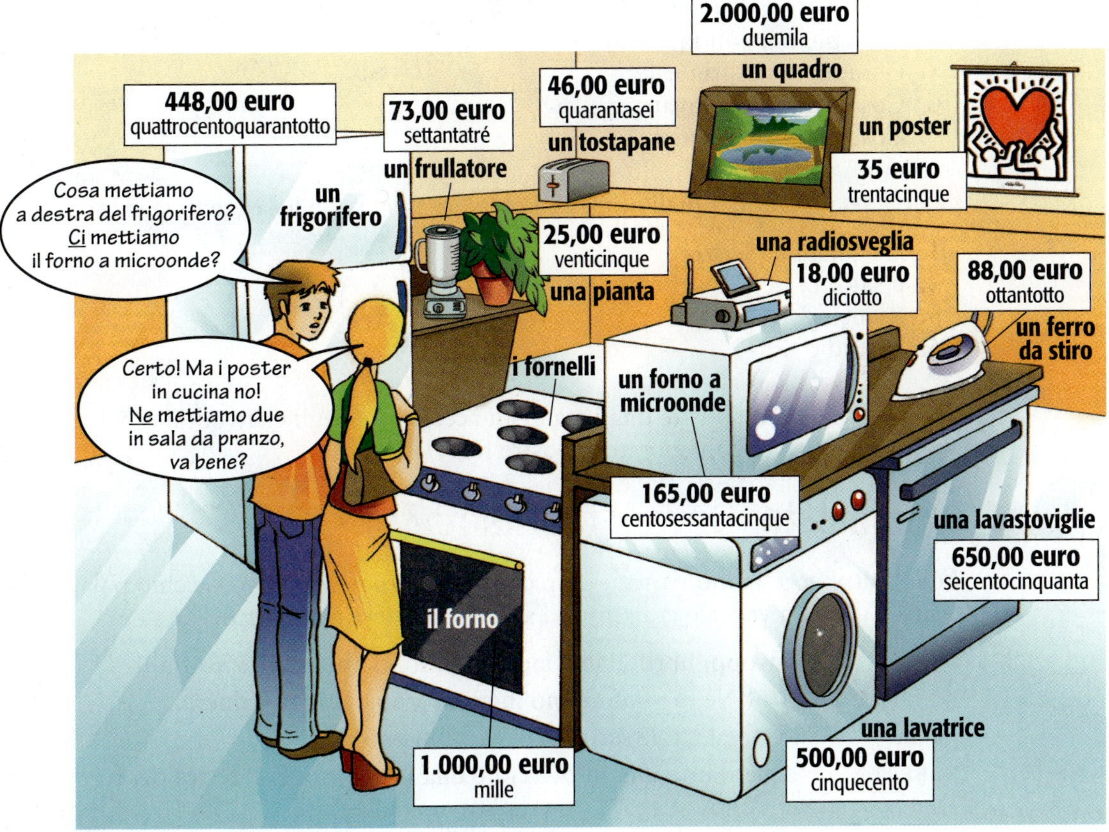

Per parlare dell'arredamento

l'aria condizionata	*air conditioning*
arredare	*to furnish*
l'asciugatrice	*dryer*
le casse dell'iPod	*iPod speakers*
il computer	*computer*
il lettore CD / DVD	*CD / DVD player*
la libreria	*bookcase*
la moquette	*(wall-to-wall) carpet*
Quanto costa / costano?	*How much does it / do they cost?*
spendere (*p.p.* speso)	*to spend*
la stampante	*printer*
la sveglia	*alarm clock*

6.16 Quale? Quali oggetti servono per le attività seguenti?

1. fare il bucato
2. ascoltare un CD
3. cucinare
4. conservare il cibo fresco
5. lavare i piatti
6. stampare documenti

6.17 Un amico curioso. Il tuo amico vuole sapere tutto della tua casa. Rispondi alle sue domande.

1. Cosa metti sugli scaffali?
2. Quali elettrodomestici metti in cucina?
3. Cosa metti sulla scrivania?
4. Cosa metti su un tavolino?
5. Cosa metti nel frigorifero?
6. Cosa metti nella lavatrice?
7. Cosa metti sulla parete?

6.18 Associazioni. Quali mobili e accessori associ con le seguenti stanze?

1. la camera da letto
2. il salotto
3. la cucina
4. lo studio

6.19 Che cosa hai? Fate una lista degli accessori e degli elettrodomestici che avete in casa e poi confrontate le vostre liste.

In contesto Dove li mettiamo?

Luisa e Roberta hanno trovato un piccolo appartamento in un vecchio palazzo in centro. Vanno a vederlo e discutono su dove mettere alcune cose.

LUISA: Ho troppi libri! Come faccio? Ci sono abbastanza scaffali?

ROBERTA: Certo! Ne mettiamo uno in soggiorno e uno in camera.

LUISA: Sì, va bene. E le scrivanie? Ne abbiamo due!

ROBERTA: Ne mettiamo una in camera e una in salotto. E a destra dei fornelli, ci mettiamo il frigorifero o la lavastoviglie?

LUISA: Chiaramente il frigo! Adesso basta, però, andiamo a comprare un bel poster per il soggiorno.

ROBERTA: Le cose essenziali prima di tutto!

6.20 Vero o falso? Indica quali delle seguenti affermazioni sono vere e quali sono false. Correggi le affermazioni false.

1. Non c'è spazio per i libri di Luisa.
2. Le ragazze mettono il frigorifero a destra dei fornelli.
3. Le ragazze non sanno dove mettere le scrivanie.
4. Le ragazze vogliono comprare un poster per la camera da letto.

Occhio alla lingua!

1. Look at the young couple's comments in the *Percorso II Vocabolario* conversation as they talk about furnishing their home. Where do you think they will put the microwave oven? What expression does **ci** replace?
2. What do you think **ne** in the woman's response refers to?
3.  With a partner, find all instances in the *In contesto* conversation in which **ci** and **ne** are used. What is being referred to in each instance?
4. In the illustration of items in a home furnishings store in the *Percorso II Vocabolario*, what do you notice about how the prices are written? How does the formatting of these numbers differ from what you are used to?

GRAMMATICA

 *Ci*

Ci is used to replace nouns or expressions that refer to places or locations that have just been mentioned. **Ci** is roughly equivalent to the English *there.*

—Che bella terrazza! **Ci** mangi spesso?	—*What a beautiful terrace! Do you eat there often?*
—Sì, **ci** ceniamo la sera, d'estate.	—*Yes, we have dinner there in the summer.*
—Metti la tua macchina in garage?	—*Do you park your car in the garage?*
—No, mia madre **ci** mette la sua.	—*No, my mother parks hers there.*

Ci is always placed in front of a conjugated verb but attached to infinitives.

6.21 Quando lo fai? Spiega quando fai queste attività. Usa **ci**.

ESEMPIO: venire a scuola
Ci vengo la mattina.

1. andare a casa
2. mangiare alla mensa
3. andare al cinema
4. studiare in biblioteca
5. fare i compiti sul letto
6. andare in centro

6.22 Un coinquilino/Una coinquilina difficile. Tu vuoi fare molte cose in casa, ma il tuo coinquilino/la tua coinquilina non è d'accordo. Immagina le tue domande e le sue risposte. Usa **ci** nelle risposte.

ESEMPIO: mangiare in salotto
—Posso mangiare in salotto?
—No! Non ci puoi mangiare!

1. fare una festa a casa
2. mettere alcuni poster in salotto
3. mettere il televisore in camera
4. lavorare in soggiorno
5. dormire nella tua camera da letto
6. mettere la macchina in garage

6.23 Cosa ci fai? A turno, fate le domande e spiegate cosa fate nei seguenti posti.

ESEMPIO: —Cosa fai in cucina?
—Ci mangio.

1. la camera da letto
2. il soggiorno
3. la biblioteca
4. l'aula

Ne

—Hai un portatile?
—Certo! Anzi, ne ho due!

In **Capitolo 5**, you learned that a direct object is a person or thing that receives the action of the verb directly. There is never a preposition in front of a direct object. Direct objects answer the questions *What?* or *Whom?* You also learned that the pronouns **lo, la, li,** and **le** can replace a noun that is the direct object of a verb. The pronoun **ne** replaces a direct-object noun preceded by a precise or approximate quantity. Compare the following sentences.

Compro **i** poster.	*I buy the posters.*
Li compro.	*I buy them.*
Compro **dei / due / alcuni** poster.	*I buy some / two / several posters.*
Ne compro due / molti.	*I buy two / many (of them).*

Ne is always placed in front of a conjugated verb, but attached to an infinitive. It replaces masculine, feminine, singular, and plural nouns that are used with quantities. Quantities are usually stated after the verb.

—Hai **alcuni** scaffali in camera?	*—Do you have some shelves in your room?*
—Sì, **ne** ho **quattro**.	*—Yes, I have four (of them).*
—Hai **un** lettore DVD?	*—Do you have a DVD player?*
—Sì, **ne** ho **uno**.	*—Yes, I have one (of them).*
—**Quanti** televisori avete in casa?	*—How many TV sets do you have in your home?*
—**Ne** abbiamo **due**.	*—We have two (of them).*

6.24 Quanti ne hai? Un amico/Un'amica vuole sapere quanti dei seguenti oggetti hai in casa. Immagina le sue domande e usa **ne** nelle tue risposte.

ESEMPIO: libro
—Quanti libri hai?
—Ne ho molti. O Non ne ho.

1. pianta
2. divano
3. computer
4. bagno
5. tostapane
6. poster
7. stampante
8. frullatore

 **6.25 Ne hai uno?** A turno, domandate al compagno/alla compagna se ha le seguenti cose nella borsa o nello zaino. Seguite l'esempio.

ESEMPIO: specchio
—Hai uno specchio nella borsa / nello zaino?
—Sì, ne ho uno. *O* No, non ne ho.

1. un panino
2. una penna
3. un foglio di carta
4. un libro
5. una calcolatrice
6. un dollaro

6.26 La nuova casa. Tua madre ti fa tante domande sulla tua nuova abitazione. Rispondi alle sue domande e usa **lo/la, li/le, ne** o **ci.**

1. Compri un divano?
2. Dove metti il tavolo?
3. Cosa metti nello studio?
4. Dove metti i comodini?
5. Hai una lavatrice?
6. Cosa metti nella camera da letto?
7. Dove metti l'armadio?
8. Quante poltrone hai?

I numeri dopo 100

In **Capitolo 1,** you learned to count from 0 to 100. Here are the numbers above 100.

110 centodieci	1.000 mille
200 duecento	2.000 duemila
300 trecento	3.000 tremila
400 quattrocento	4.000 quattromila
500 cinquecento	5.000 cinquemila
600 seicento	10.000 diecimila
700 settecento	100.000 centomila
800 ottocento	1.000.000 un milione
900 novecento	1.000.000.000 un miliardo

1. In Italian, a period is used instead of a comma to indicate thousands. Decimals are indicated with a comma.

   1.000 3.550 4.892 3,20 8,99 3.800,22

2. In Italian, the indefinite article **un, uno, una** is not used with **cento** (*a hundred*) and **mille** (*a thousand*). It is, however, used with **milione** (*million*).

cento dollari	*A hundred dollars*
mille persone	*A thousand people*
un milione di ascoltatori	*a million listeners*

3. When **milione (milioni)** and **miliardo (miliardi)** are followed by a noun, the preposition **di** is used before the noun.

un milione di persone	*A million people*
due miliardi di euro	*two billion euros*

4. The plural of **mille** is **mila. Cento** has no plural form.

trecento	*three hundred*
duecentomila	*two hundred thousand*

e **6.27 Quant'è?** Abbina i numeri in lettere con i numeri in cifre.

1. Millenovecentosessantadue	a. 344.000
2. duemilionitrecentosettantanovemila	b. 1962
3. ottocentonovantamiladuecentoundici	c. 200.000
4. duecentomila	d. 2.379.000
5. tremilaquattrocentocinquantacinque	e. 3.455
6. trecentoquarantaquattromila	f. 890.211

Così si dice Quanto costa?

When you want to find out the price of one or more items, you can ask **Quanto costa?** *How much does it cost?* and **Quanto costano?** *How much do they cost?* It is also very common to use the verb **venire** and ask **Quanto viene?** *How much is it?* and **Quanto vengono?** *How much are they?*

 **6.28 Gli elettrodomestici.** A turno, indicate quanto costano in euro i seguenti elettrodomestici. Seguite l'esempio.

ESEMPIO: un televisore / € 850,00
S1: Quanto costa un televisore?
S2: Un televisore costa ottocentocinquanta euro.

1. un frigorifero / € 972,00
2. un iPad / € 653,00
3. una sveglia / € 27,70
4. una lavatrice / € 478,00
5. due sedie / € 266,00
6. tre poster / € 97,00

 **6.29 Quanto costa?** Guardate il disegno nel *Vocabolario* del *Percorso II*. A turno, uno studente/una studentessa legge un prezzo e l'altro/a deve indovinare qual è l'oggetto.

Lo sai che? L'euro

Dal primo gennaio 2002 l'euro è la moneta ufficiale dell'Italia e di quasi tutti i Paesi dell'Unione Europea.

Ci sono sette banconote in circolazione e otto monete. Le banconote sono identiche per tutti i Paesi membri. Le monete in euro, invece, hanno una faccia comune a tutti i Paesi e una specifica per ogni Paese dell'Unione.

6.30 L'euro. Insieme rispondete alle seguenti domande sull'euro.

1. Secondo voi, perché la moneta ufficiale italiana si chiama *euro*? Cosa c'è di simile e cosa c'è di diverso nelle monete nei vari Paesi europei?
2. Scoprite quanto vale questa settimana un euro nella valuta del vostro Paese. Poi indicate tre cose che avete comprato recentemente e scoprite quanto costerebbero (*they would cost*) in euro.

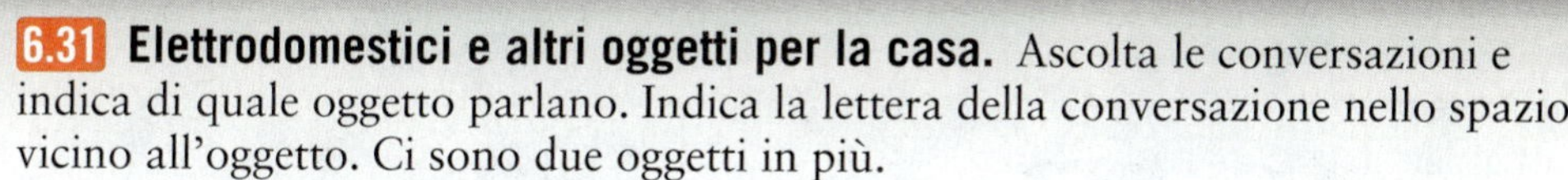

SCAMBI

6.31 Elettrodomestici e altri oggetti per la casa. Ascolta le conversazioni e indica di quale oggetto parlano. Indica la lettera della conversazione nello spazio vicino all'oggetto. Ci sono due oggetti in più.

1. ______________

2. ______________

3. ______________

4. ______________

5. ______________

6. ______________

761,90 euro

6.32 Arrediamo la casa. Cosa ci mettiamo? Prima preparate una lista di mobili, elettrodomestici e oggetti che volete mettere nelle seguenti stanze. Poi decidete insieme dove mettere le varie cose.

ESEMPIO: all'ingresso

S1: Cosa mettiamo all'ingresso?
S2: Ci mettiamo un tavolino e sopra ci mettiamo uno specchio.

1. in soggiorno
2. in camera da letto
3. in salotto
4. nello studio
5. in sala da pranzo
6. in cucina

6.33 Che cosa compriamo? Immaginate di avere duemilacinquecentocinquanta euro per arredare la cucina. Guardate il disegno nel *Vocabolario* del *Percorso II* e decidete insieme che cosa è importante comprare e perché.

6.34 Quanto spendi? Scoprite quanto spende il compagno/la compagna ogni mese per: **l'affitto, la macchina, il cibo, i vestiti, il tempo libero.** Scoprite qual è il cambio attuale e indicate le spese in euro.

Lo sai che? Gli italiani e il gusto delle cose belle

Il design italiano è famoso in tutto il mondo. Alcuni architetti italiani sono noti per il disegno di oggetti per la casa, come l'architetto Aldo Rossi, che ha disegnato tante cose molto belle anche per la storica fabbrica Alessi. Altri oggetti famosi sono, ad esempio, le lampade dell'Artemide e della Flos, i divani della B&B, di linea molto moderna e sofisticata.

Gli italiani spesso spendono molto per i bagni e le cucine. Infatti, quando una persona compra o affitta una casa, deve anche comprare tutti i mobili della cucina.

Per quanto riguarda il resto dell'arredamento, oltre agli oggetti e ai mobili di designer moderni, agli italiani spesso piace arredare la casa anche con mobili antichi e molti rivelano un grande gusto nel mettere insieme il nuovo con l'antico.

6.35 Oggetti moderni. Che oggetti conoscete del design italiano? Che cosa vi piace oppure no? Ci sono cose simili nel vostro Paese?

6.36 Antico e moderno. Descrivete alcune differenze fra l'arredamento delle case in Italia e nel vostro Paese.

6.37 Il costo della vita. Cerca su Internet quanto costano le seguenti cose in Italia. Costano di più o di meno nel tuo Paese?

1. affittare un monolocale in una grande città
2. affittare una villa al mare
3. un divano elegante
4. una bella lampada
5. una macchina per il caffè
6. ...?

PERCORSO III Le attività in casa

VOCABOLARIO

Che cosa hanno fatto?

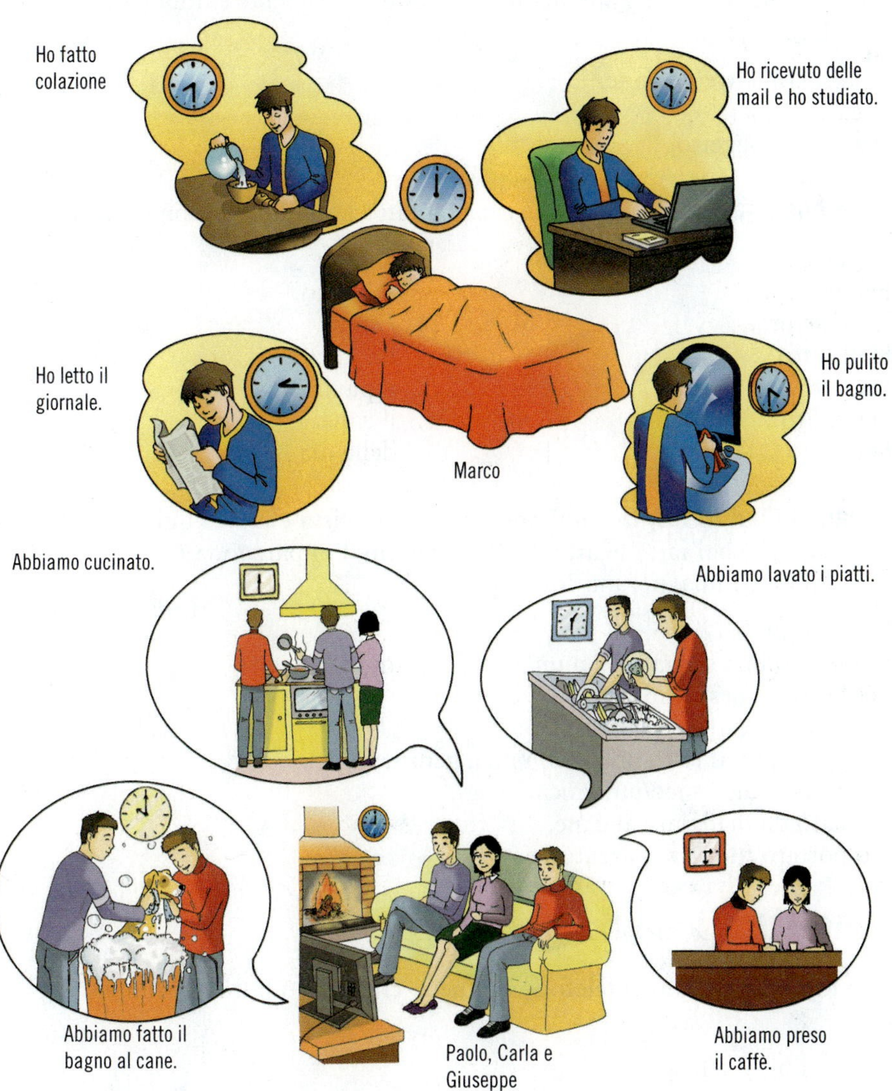
Ho fatto colazione
Ho ricevuto delle mail e ho studiato.
Ho letto il giornale.
Ho pulito il bagno.
Marco
Abbiamo cucinato.
Abbiamo lavato i piatti.
Abbiamo fatto il bagno al cane.
Paolo, Carla e Giuseppe
Abbiamo preso il caffè.

Le attività

aiutare	*to help*
lavare il pavimento	*to mop the floor*
pagare i conti	*to pay bills*
perdere (*p.p.* perso, perduto)	*to lose*

Per esprimere il tempo al passato

ieri sera	*last night*
il mese / l'anno passato	*last month / year*
recentemente / di recente	*recently*
la settimana scorsa / il mese scorso / giovedì scorso	*last week / last month / last Thursday*
tre giorni / una settimana / un mese fa / un anno fa	*three days / a week / a month ago / a year ago*

Così si dice *Già, Non... ancora, Non... mai*

In Italian, **già** is placed after the verb to indicate the English *already:* **Sei già stanco?** *Are you tired already?* To express the English *not yet / never,* place **non** in front of the verb and **ancora / mai** after the verb: **Non sono ancora stanco.** *I'm not tired yet.* **Non sono mai stanco.** *I'm never tired.*

6.38 Tante cose da fare! Fate una lista di tutte le attività che dobbiamo / possiamo fare:

1. in casa con altre persone.
2. in casa da soli.
3. usando un oggetto.

6.39 Che cosa ha fatto? Indica che cosa ha fatto ieri Giulia. Abbina i verbi con le parole.

1. Ha pagato...	a. il bagno.
2. Ha ricevuto...	b. i conti.
3. Ha lavato...	c. un libro.
4. Ha letto...	d. il pavimento.
5. Ha pulito...	e. il cane.
6. Ha perso...	f. delle mail.

6.40 Quando l'hai fatto? Usa un'espressione della lista e indica l'ultima volta (*the last time*) che hai fatto le attività che seguono. Poi paragona i tuoi risultati con quelli di un compagno/una compagna.

1. Ho letto un bel libro.
2. Ho scritto una lunga mail a un amico/un'amica.
3. Ho fatto la spesa.
4. Ho lavato il pavimento in cucina.
5. Ho mangiato al ristorante con i miei genitori.
6. Ho aiutato un amico/un'amica.
7. Ho dato da mangiare al cane.
8. Ho portato fuori la spazzatura.

In contesto Cosa hai fatto oggi?

Chiara e Rachele parlano al telefono di quello che hanno fatto durante la giornata.

CHIARA: Ehi! Rachele!

RACHELE: Ciao, Chiara! Come va?

CHIARA: Benissimo! E tu?

RACHELE: Sapessi! Sono stanca morta°. Io e Lucia abbiamo cambiato casa. Così abbiamo lavorato tutto il giorno! Abbiamo pulito il bagno e la cucina alla perfezione. Abbiamo spazzato, lavato i piatti e tutto il resto!

dead tired

CHIARA: Bravissime!

RACHELE: Sai quante cose ho io! Libri, una collezione di CD, DVD, vestiti e scarpe! I libri, praticamente **li** ho messi tutti in ordine, ma le altre cose no. Abbiamo ancora tante scatole°, ma per fortuna **le** ho già aperte tutte!

boxes

CHIARA: Io invece non ho fatto niente.

RACHELE: Beata te!°

Lucky you!

6.41 È vero? Indica quali affermazioni sono corrette secondo il dialogo.

1. a. Rachele e Lucia abitano insieme.
   b. Rachele e Lucia sono sorelle.
2. a. L'appartamento di Rachele è pulito.
   b. Rachele ha pulito la casa di Chiara.
3. a. Rachele e Lucia hanno messo tutto in ordine.
   b. Rachele deve mettere in ordine ancora molte scatole.
4. a. Chiara ha lavorato con Rachele.
   b. Chiara non è stanca perché non ha fatto niente.

Occhio alla lingua!

1. Look at the illustrations of Marco and Paolo, Carla, and Giuseppe in the *Percorso III Vocabolario*. Who did which activity and at what time?
2. Looking at the captions describing Marco's and Paolo's, Carla's, and Giuseppe's activities, identify the two parts of each verb in the past tense. What part of each verb changes and when?
3. Now, identify each verb in the past tense in the *In contesto* phone conversation. Can you determine what the corresponding infinitive of each verb is?
4. Two verbs are used with a direct-object pronoun (highlighted in boldface type) in the *In contesto* conversation. What do you notice about the accompanying verb forms in these instances?

GRAMMATICA

Il passato prossimo con *avere*

The present perfect, **passato prossimo,** is used to talk about activities in the past. In Italian, it always has two parts: a helping (auxiliary) verb and a past participle. The auxiliary verb is conjugated.

Io **ho lavato** i piatti.	*I (have) washed the dishes.*
Carlo e Giovanni **hanno cucinato.**	*Carlo and Giovanni (have) cooked.*
Maria **ha spazzato** il pavimento.	*Maria (has) swept the floor.*

In this chapter, you will learn about the present perfect of transitive verbs—verbs that can take a direct object, such as those you see in the above examples. In Capitolo 7, you will learn how to form the past tense of intransitive verbs—verbs that cannot take a direct object.

The present perfect of transitive verbs is always formed with the present tense of **avere** + past participle. The past participle of regular verbs is formed by dropping the infinitive endings
-are, -ere, or **-ire,** and adding **-ato, -uto,** or **-ito** respectively to the infinitive stem.

	comprare	**vendere**	**pulire**
io	ho comprato	ho venduto	ho pulito
tu	hai comprato	hai venduto	hai pulito
lui/lei	ha comprato	ha venduto	ha pulito
noi	abbiamo comprato	abbiamo venduto	abbiamo pulito
voi	avete comprato	avete venduto	avete pulito
loro	hanno comprato	hanno venduto	hanno pulito

Luisa ha incontrato gli amici al bar.

In negative sentences with the **passato prossimo, non** precedes the auxiliary verb.

Non ho pulito la casa. *I didn't clean the house.*

6.42 Chi l'ha fatto? Indica chi ha fatto le seguenti cose fra le persone della lista.

io e mio fratello	Maria	tu	io	Marta e Anna	Tu e Giovanni

1. ____________ ha dato da mangiare al cane.
2. ____________ avete passato l'aspirapolvere.
3. ____________ ho cucinato.
4. ____________ abbiamo pulito il bagno.
5. ____________ hanno lavato i piatti.
6. ____________ hai spolverato i quadri.

6.43 Che cosa hanno fatto? Indica cosa le seguenti persone hanno fatto ieri sera. Completa le frasi con il passato prossimo di uno dei verbi della lista.

dare	pagare	spazzare	dormire	ricevere	ascoltare	nuotare	incontrare

1. Ieri sera Mario ____________ i conti.
2. Luisa e Giovanni ____________ da mangiare al cane.
3. Io e Luigi ____________ gli amici in salotto.
4. Paolo ____________ i CD del padre.
5. Mia madre ____________ il pavimento.
6. Marco ____________ gli amici al bar.
7. Io ____________ in piscina.
8. Tu e Marco ____________ in soggiorno.

6.44 Quando? Ascolta le frasi e indica il soggetto di ogni azione. Indica anche se le persone hanno fatto le attività in passato o se le fanno nel presente.

	Soggetto	Presente	Passato
1.			
2.			
3.			
4.			
5.			
6.			
7.			
8.			

Participi passati irregolari

Below are some common verbs that have irregular past participles, which you must memorize.

Keep in mind that **-ere** verbs very often have irregular past participles.

Che cosa ha fatto Ilaria ieri? Ha fatto il bagno al cane. Poi lo ha portato a fare una passeggiata.

Infinito	Passato prossimo
aprire (*to open*)	ho **aperto**
bere (*to drink*)	ho **bevuto**
chiedere (*to ask*)	ho **chiesto**
chiudere (*to close*)	ho **chiuso**
conoscere (*to know*)	ho **conosciuto**
decidere (*to decide*)	ho **deciso**
dire (*to say*)	ho **detto**
fare (*to do*)	ho **fatto**
leggere (*to read*)	ho **letto**
mettere (*to put*)	ho **messo**
offrire (*to offer*)	ho **offerto**
perdere (*to lose*)	ho **perso (perduto)**
prendere (*to take*)	ho **preso**
rispondere (*to answer*)	ho **risposto**
scrivere (*to write*)	ho **scritto**
spendere (*to spend*)	ho **speso**
vedere (*to see*)	ho **visto (veduto)**

Abbiamo perso il gatto! — *We have lost our cat!*
Ho risposto alle mail. — *I answered my e-mail.*

e **6.45 Ieri con gli amici.** Indica che cosa hano fatto alcuni amici ieri. Completa le frasi con il passato prossimo di uno dei seguenti verbi.

chiudere	scrivere	aprire	prendere	offrire
spendere	leggere	fare	vedere	perdere

1. Mario ________________ la porta agli amici.
2. Giovanna ________________ tutte le finestre per il freddo.
3. Io e Luigi ________________ le chiavi di casa (*house keys*).
4. Tu e Giovanni ________________ un bel libro.
5. Rosalba e Renata ________________ la cena agli amici.
6. Io ________________ un film italiano.
7. Noi ________________ un caffè.
8. Tu e Giovanni ________________ colazione al bar.
9. Chi ________________ un messaggino a Luisa?
10. Noi ________________ molto in pizzeria.

6.46 Dove? Spiega in quali stanze le persone indicate hanno fatto le seguenti attività.

ESEMPIO: noi / aprire la finestra
Abbiamo aperto la finestra in cucina.

1. tu e Carlo / bere un succo d'arancia
2. Marta / prendere un caffè con gli amici
3. tu / scrivere un commento su Facebook
4. gli amici / perdere i miei CD
5. Giuseppe / fare un brutto sogno (*dream*)
6. mia madre e mio padre / leggere il giornale
7. io / rispondere alle mail
8. io e Anna / vedere un film

6.47 Una bella serata. Descrivi la serata di Marco e Lucia. Completa il paragrafo seguente con i verbi al passato prossimo.

Ieri sera Marco (1. invitare) ______________ Lucia a cena in un bel ristorante. I due amici (2. spendere) ______________ una piccola fortuna! Lucia infatti (3. prendere) ______________ la carne e Marco (4. ordinare) ______________ il pesce. Tutti e due (5. bere) ______________ vino e acqua minerale. Poi, dopo cena, Marco (6. volere) ______________ portare Lucia al cinema. (Loro) (7. vedere) ______________ un film d'avventura e dopo (8. decidere) ______________ di fare una passeggiata vicino al mare. Lucia (9. domandare) ______________ a Marco se conosce Carlo. Marco (10. rispondere) ______________ che lo conosce benissimo e allora Lucia (11. dire) ______________ che Carlo le piace molto!

L'accordo del participio passato con i pronomi di oggetto diretto

When the pronouns **lo, la, li, le,** and **ne** are used with the **passato prossimo,** they are placed in front of **avere** and the past participle agrees in number and gender with the pronoun. The pronouns **lo** and **la** are elided when the auxiliary verb begins with an **o, a,** or **h + o** or **h + a.** If it begins with a different vowel, elision is optional.

—Hai preparato la colazione?	—*Did you prepare breakfast?*
—No, non **l'**ho preparat**a**.	—*No, I didn't prepare it.*
—Hai invitato le ragazze?	—*Did you invite the girls?*
—**Le** ha invitat**e** Mario.	—*Mario invited them.*
—Avete letto il giornale?	—*Did you read the paper?*
—No, non **lo** abbiamo letto.	—*No, we didn't read it.*
—Quante amiche hai invitato?	—*How many friends did you invite?*
—**Ne** ho invitate dieci.	—*I invited ten of them.*

—Chi ha lavato i piatti?
—Li ho lavati io.

6.48 Come hai passato la domenica? Vuoi sapere se il weekend scorso alcuni compagni hanno fatto le seguenti cose. Immagina le domande e le risposte. Usa il passato prossimo e un pronome di oggetto diretto.

ESEMPIO: portare il cane fuori
—Hai portato il cane fuori?
—Sì l'ho portato fuori. O No, non l'ho portato fuori.

1. leggere il giornale
2. scrivere un messaggio
3. ascoltare la musica
4. incontrare gli amici
5. fare la spesa
6. ricevere una mail importante

SCAMBI

6.49 Chi l'ha fatto? Trova almeno due compagni che recentemente hanno fatto le seguenti cose. Scopri anche i particolari. Poi racconta alla classe cosa hai scoperto.

ESEMPIO: vedere l'ultimo film italiano

S1: Hai visto l'ultimo film italiano?
S2: Sì, l'ho visto di recente.
S1: Dove l'hai visto? Con chi? Quando?

1. cucinare un piatto italiano
2. cambiare casa
3. leggere un libro italiano
4. scrivere a un/una parente in Italia
5. comprare un mobile nuovo
6. vendere la macchina
7. pagare l'affitto
8. offrire il pranzo o la cena a un amico/un'amica

6.50 Una domenica a casa. Hai passato la domenica in casa. Indica cinque attività che hai fatto e cinque che non hai fatto. Poi paragona le tue attività con quelle di un compagno/una compagna e insieme decidete chi ha passato meglio la giornata (*whose day was more fun*).

6.51 Al telefono. Immagina di telefonare ad un amico / un'amica e di discutere con lui / lei cosa hai fatto oggi, la mattina e il pomeriggio, e cosa ha fatto lui / lei. A coppie, ricostruite la telefonata.

ESEMPIO: **S1:** Ciao, Costanza! Questa mattina ho studiato in biblioteca. E tu?
S2: Ho lavorato!

ATTRAVERSO

IL FRIULI-VENEZIA GIULIA E LA PUGLIA

Il Friuli-Venezia Giulia si trova fra il Veneto, l'Austria e la Slovenia, sul Mar Adriatico. La Puglia invece è sul tacco (*heel*) dello stivale italiano. Tutte e due le regioni sono conosciute per l'agricoltura, i prodotti alimentari, come l'olio in Puglia, e i paesaggi affascinanti. Per esempio, in Puglia il promontorio del Gargano offre spiagge incantevoli e luoghi come Vieste, dove si trovano anche rovine (*ruins*) romane, e nel Friuli ci sono spiagge e montagne splendide. In Friuli e in Puglia è importante l'industria del mobile: in Puglia particolarmente quella dei mobili di pelle (*leather*) e nel Friuli quella delle cucine e degli elettrodomestici.

Loggia di San Giovanni, monumento rinascimentale in Piazza della Libertà, a Udine. In questa città è evidente l'influenza della cultura veneta. Udine appartenne (*belonged*) alla città di Venezia per molti anni. Il Friuli-Venezia Giulia è una regione «a statuto speciale» e ha una notevole autonomia amministrativa. Nel Friuli c'è una minoranza di lingua slovena, ma l'italiano è la lingua della maggioranza. I friulani parlano anche un dialetto simile al ladino. Pier Paolo Pasolini (1922–1975), famoso regista e poeta, ha scritto molte poesie in friulano, la lingua della sua famiglia.

Trieste è situata sul golfo che ha lo stesso nome della città. È un grande centro industriale e marittimo e uno dei porti più importanti dell'Adriatico. La città ha avuto una storia complessa e tormentata ed è stata per molti secoli politicamente legata all'Austria. È entrata a far parte definitivamente dell'Italia soltanto dopo la seconda guerra mondiale. Anche se l'unione con l'Italia è stata difficile per gli abitanti di Trieste, la città è particolarmente interessante proprio per questa diversità culturale. È nato a Trieste Italo Svevo (1861–1928), autore fra l'altro di *La coscienza di Zeno*.

VERIFICHIAMO

Prima leggi l'introduzione alle regioni, poi guarda le foto e leggi le rispettive didascalie.

6.52 Vero o falso? Indica quali delle seguenti affermazioni sono vere e quali sono false. Correggi le affermazioni false.

1. Il Friuli-Venezia Giulia e la Puglia sono due regioni sul Mar Adriatico.
2. A Udine è evidente l'influenza della cultura veneta.
3. I friulani non parlano italiano.
4. Pasolini è un famoso architetto italiano.
5. I trulli sono antiche chiese romaniche.
6. A Lecce ci sono molti monumenti barocchi.

6.53 E nel tuo Paese? L'industria dei mobili e dell'arredamento è molto importante nel tuo Paese? Dove?

6.54 Città multietnica. C'è una città particolarmente multietnica come Trieste nel vostro Paese? Cosa sapete della sua storia?

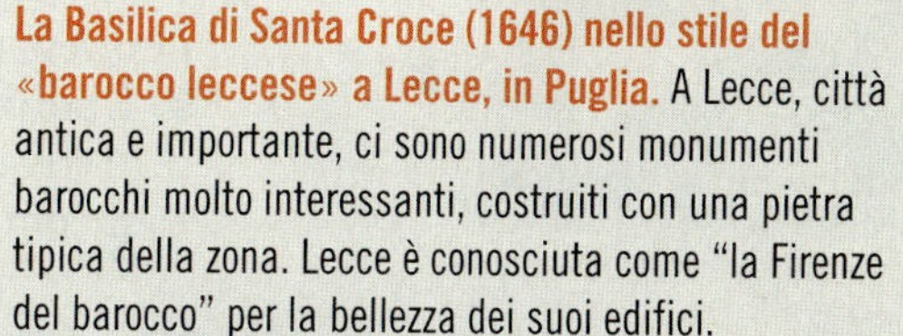

La Basilica di Santa Croce (1646) nello stile del «barocco leccese» a Lecce, in Puglia. A Lecce, città antica e importante, ci sono numerosi monumenti barocchi molto interessanti, costruiti con una pietra tipica della zona. Lecce è conosciuta come "la Firenze del barocco" per la bellezza dei suoi edifici.

I trulli, abitazioni caratteristiche di Alberobello, in Puglia. Queste costruzioni bianche con un grande cono di pietra (*stone*) grigia sono circondate da fertili campagne e colline coltivate a viti (*vines*), olivi e alberi da frutto. Per la loro costruzione si usa un tipo di calcare (*limestone*) antico, tipico della Puglia. Di recente è di moda comprare o affittare i trulli per andare in vacanza.

IN PRATICA

GUARDIAMO

Strategie per guardare
Understanding the emotional landscape

Sometimes expressions of emotion, whether they surface in active conflict or mere differences of opinion, are the main focus of a video episode. To grasp and understand the emotional landscape, focus thoughtfully on what people say and their tone of voice and also observe carefully their facial expressions and related gestures.

Per capire meglio!

girare (un film)	*to shoot a movie*	**rilassarsi**	*to relax*
insopportabile	*unbearable*	**riportare**	*to bring back*
lasciarsi	*to break up*	**le riprese**	*shooting (a film)*
prendere indietro	*to take back*	**il ventilatore**	*fan*

Prima di guardare

6.55 In questo episodio Elena inizia il suo lavoro di regista, Taylor fa un acquisto e Giulia parla di nuovo con il suo ragazzo. Guarda le foto e rispondi alle domande.

1. Elena e Roberto non sembrano andare d'accordo. Su quali argomenti ci possono essere differenze fra di loro?
   a. la musica
   b. la stanza della casa dove girare
   c. i mobili
2. Perché Taylor non sa cosa fare con il ventilatore?
   a. Non sa se gli è utile.
   b. Non sa dove metterlo.
   c. Vuole metterlo nella stanza di Giulia.
3. Conosci già i problemi fra Giulia e Pietro. Che cosa rivela no l'espressione e le parole di Giulia nella fotografia?
   a. È sorpresa e non capisce bene cosa sta succedendo.
   b. È triste e piange (*is crying*).
   c. È contenta di rivedere il suo ragazzo.

Mentre guardi

6.56 Mentre guardi, osserva le espressioni dei personaggi e fa' attenzione a che cosa dicono. Nota in particolare i punti seguenti:

1. Dove vuole girare Elena e dove invece vuole girare Roberto: in conclusione, dove decidono di girare?
2. La conversazione al telefono fra Giulia e il suo ragazzo e le emozioni di Giulia: che cosa fa Giulia dopo la telefonata?
3. La questione del ventilatore fra Elena e Taylor: che cosa impara Taylor in questa occasione?

Dopo aver guardato

6.57 Indica quali delle seguenti affermazioni sono vere e quali sono false. Correggi le affermazioni false.

1. Roberto ordina a Paolo e Giovanni dove mettersi.
2. Elena e Roberto vogliono girare il video in stanze diverse.
3. Giulia è felice della telefonata di Pietro.
4. Roberto vuole mettere i quadri in cucina.
5. Taylor non sa cosa fare con il ventilatore.
6. Giulia consola Elena.

6.58 Discutete i punti seguenti e rispondete alle domande.

1. Perché Elena dice che Roberto è insopportabile? Perché non vanno d'accordo? Come si risolve il conflitto iniziale fra Elena e Roberto?
2. Come sembra concludersi la storia fra Giulia e Pietro?
3. Cosa decidono di fare Giulia ed Elena alla fine di questo episodio?

6.59 Descrivete insieme la casa di Giulia. Che stanze avete visto? Cosa c'è in ognuna (*each one*)? Quali particolari sembrano diversi da una casa nel vostro Paese?

Il mondo italiano

In Italia è praticamente impossibile riportare qualsiasi oggetto o un vestito o un paio di scarpe al negozio dove l'abbiamo comprato. Questo può accadere molto raramente, di solito solo in alcuni negozi dove conosciamo bene il proprietario. L'oggetto a volte si può scambiare con un altro, ma è impossibile avere un rimborso.

Per saperne di più sui negozi in Italia, vai su MyItalianLab.

LEGGIAMO

Prima di leggere

6.60 Le persone indicate vogliono affittare una casa in Italia. Secondo te, che cosa cercano? Prepara una lista delle loro esigenze (*needs*).

1. Due coppie di turisti americani vogliono passare una vacanza in città.
2. Una coppia francese con due figli e un cane cerca una casa grande e comoda in campagna vicino al mare.
3. Tu e altri tre amici volete passare quattro giorni in montagna.
4. Una coppia di nonni vuole passare le vacanze con i figli e i nipoti in una zona di mare. Vorrebbero (*They would like*) una terrazza e la piscina.

Strategie per leggere
Scanning to locate specific information

At times it is efficient to scan a text to locate specific information you need, and to pay less attention to other details. For example, you might quickly scan real estate ads to find apartments or houses whose price, size, or location interest you. Then you can read any relevant ads more carefully.

Mentre leggi

6.61 Gli annunci che seguono descrivono alcune case in affitto in diverse località italiane. Scorri (*Scan*) gli annunci per trovare la casa più adatta (*suitable*) alle persone indicate in **6.60**. Identifica le informazioni importanti.

Annunci Affitti Vacanze

IN VACANZA IN MONTAGNA O AL MARE. PER UN WEEKEND, UNA SETTIMANA O UN MESE.

VIESTE A poca distanza dal mare. Affittasi monolocali (2 posti letto) con tutti i comfort: cucina completamente attrezzata, bagno con doccia, balcone con vista panoramica, aria condizionata. Per ulteriori informazioni mandare una mail all'indirizzo viesteappartamenti@quickweb.net.

OSTUNI Affittasi in meravigliosa campagna pugliese villino a 500 metri dal mare e a pochi chilometri dal paese, con servizi, cucina, televisore, veranda e parcheggio. Per maggiori informazioni contattare il numero 338/364594.

TOLMEZZO Affitasi chalet di 4 stanze con posti letto per 5/7 persone. Immerso nella natura con tutti i comfort. Splendida vista del Lago di Cavazzo. Per chi ama la montagna e fa vela! Costo: 350 euro a settimana. Per informazioni contattare il numero 338/4729646.

OTRANTO Affittasi ville a 200 metri dal mare con giardino e piscina, terrazzo, vista panoramica sul mare, soggiorno e camere doppie (6/8 posti letto), doppi servizi e garage. Per altre informazioni e prenotazioni telefonare al numero 348/7835120.

TARVISIO Splendido appartamento (4/5 posti letto) vicino al centro. Posto auto, aria condizionata, lavatrice, giardino, telefono, televisore, forno e frigorifero. Affittasi minimo per una settimana. Per prenotazioni e informazioni telefonare al numero 333/8988230.

TRIESTE Affittasi a settimana appartamento a 1 chilometro dal mare, 3 posti letto. Non c'è garage. Ingresso indipendente, balcone, cucina attrezzata. Per una vacanza in città e al mare, non lontano da Trieste. Per informazioni e prenotazioni telefonare al 333/246751, oppure mandare una mail a triestevacanze@tiscali.it

6.62 Rileggi ogni annuncio attentamente e fa' attenzione anche ai particolari.

Dopo la lettura

6.63 Dopo aver letto gli annunci, completate le attività che seguono.

1. Discutete quale casa è più adatta per ognuna delle persone indicate in **6.60**. Perché?
2. Immaginate di andare in Italia quest'estate. Quale casa vi sembra più adatta per voi? Perché?

Per cambiare casa. A coppie, inventate una storia basata sui disegni. Usate l'immaginazione per raccontare che cosa hanno fatto Francesco e Daniele e che cosa devono fare ora.

To narrate events in the past, use the **passato prossimo** and organize your story by using time expressions that you have learned, such as: **prima** (*first*), **poi** (*then*), and **più tardi** (*later*).

Prima di parlare

6.64 Per organizzare il racconto, prendete in considerazione le domande seguenti.

1. Guardate il primo disegno e raccontate in almeno quattro frasi che cosa hanno fatto Francesco e Daniele la settimana passata.

ESEMPIO: Francesco e Daniele hanno cambiato casa

2. Guardate il secondo disegno e indicate in almeno quattro frasi che cosa hanno già fatto Francesco e Daniele e che cosa devono ancora fare.

ESEMPIO: Francesco e Daniele hanno messo a posto dei mobili

3. Organizzate le vostre idee in ordine logico e pensate ad una conclusione.

ESEMPIO: Francesco e Daniele sono contenti perché...

Mentre parlate

6.65 A turno, raccontate a un piccolo gruppo cosa hanno fatto Francesco e Daniele secondo voi.

Dopo aver parlato

6.66 Decidete quale racconto preferite. Qual è più interessante, divertente o creativo? Qual è più realistico?

SCRIVIAMO

Un messaggio formale. Scrivi un breve messaggio per una delle situazioni seguenti.

- **In vacanza in Italia.** Scrivi un messaggio ad un'agenzia italiana per affittare una delle case delle pubblicità precedenti.
- **Vacanza studio.** Vuoi studiare in Italia. Chiedi informazioni su dove puoi abitare. Scrivi una lettera al direttore di una scuola di lingua.

Prima di scrivere

6.67 Prima di scrivere il messaggio, segui questi suggerimenti:

1. Leggi il messaggio di Giulia Nunzi come esempio.
2. Scegli le espressioni che vuoi usare per indirizzare, iniziare e concludere il messaggio.
3. Annota le informazioni necessarie sui punti seguenti:
   a. la data di arrivo e la data di partenza
   b. il tipo di casa che cerchi
   c. il numero delle persone
   d. le caratteristiche (*features*) della casa

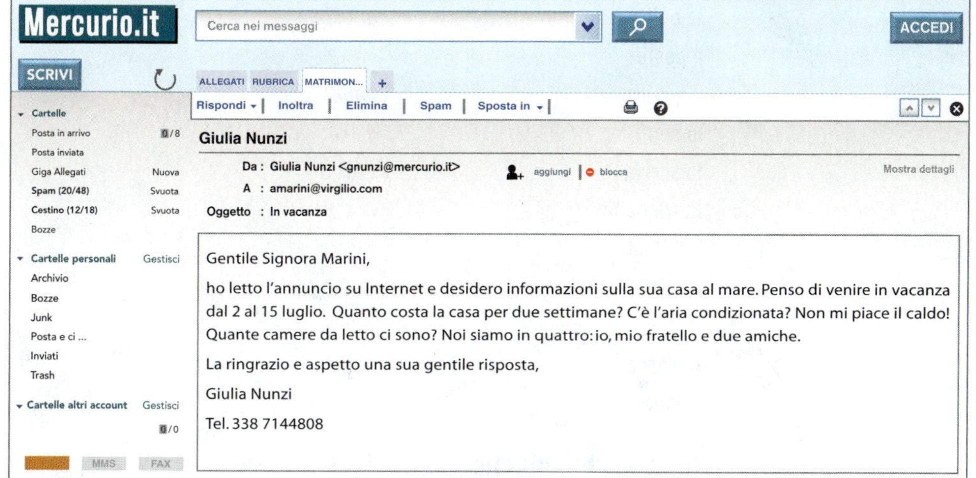

Mercurio.it

Cerca nei messaggi | ACCEDI

SCRIVI

ALLEGATI | RUBRICA | MATRIMON... | +

Rispondi | Inoltra | Elimina | Spam | Sposta in

Cartelle: Posta in arrivo 8; Posta inviata; Giga Allegati — Nuova; Spam (20/48) — Svuota; Cestino (12/18) — Svuota; Bozze

Cartelle personali — Gestisci: Archivio; Bozze; Junk; Posta e ci ...; Inviati; Trash

Cartelle altri account — Gestisci

MMS | FAX

Giulia Nunzi

Da : Giulia Nunzi <gnunzi@mercurio.it> — aggiungi | blocca — Mostra dettagli

A : amarini@virgilio.com

Oggetto : In vacanza

Gentile Signora Marini,

ho letto l'annuncio su Internet e desidero informazioni sulla sua casa al mare. Penso di venire in vacanza dal 2 al 15 luglio. Quanto costa la casa per due settimane? C'è l'aria condizionata? Non mi piace il caldo! Quante camere da letto ci sono? Noi siamo in quattro: io, mio fratello e due amiche.

La ringrazio e aspetto una sua gentile risposta,

Giulia Nunzi

Tel. 338 7144808

La scrittura

6.68 Scrivi la prima stesura usando gli appunti (*notes*) che hai preparato.

1. Indirizza correttamente il messaggio e inizia con l'espressione appropriata.
2. Usa l'espressione più adatta per introdurre il motivo del messaggio e descrivi le tue necessità.
3. Indica quanto vuoi spendere.
4. Ricordati di scrivere il tuo nome e il numero di telefono.

La versione finale

6.69 Lascia passare un po' di tempo. Poi leggi la prima stesura del messaggio.

1. Le informazioni sono chiare e complete?
2. Hai usato le espressioni più adatte per iniziare e concludere?
3. Hai usato sempre il **Lei**?
4. Adesso correggi il messaggio attentamente. Controlla come si scrivono tutte le parole, gli articoli, l'accordo degli aggettivi e dei nomi. Hai usato le preposizioni giuste?

Strategie per scrivere
Writing a formal message

To write an appropriate, formal message in Italian, state your needs clearly and concisely. To begin and close, incorporate suitable expressions, such as the following:

Espressioni per indirizzare il messaggio

Egregio Direttore	*Esteemed Director*
Gentile Signore/Signora	*Dear Sir/Madam*

Espressioni per iniziare

Avrei intenzione di...	*I intend to ...*
Desidero informazioni su...	*I wish to have information about ...*
Ho bisogno di...	*I need ...*
Vorrei...	*I would like ...*

Espressioni per concludere

Distinti saluti	*Sincerely*
La ringrazio infinitamente...	*Thank you very much ...*

La casa

l'affitto *rent*
l'appartamento *apartment*
l'ascensore (*m.*) *elevator*
l'attico *penthouse*
il bagno *bathroom*
il balcone *balcony*
la camera da letto *bedroom*
la cantina *basement*
la cucina *kitchen*
il garage *garage*
il giardino *garden*
l'ingresso *entry*
il monolocale *studio apartment*
il pianterreno *ground floor*
il primo / secondo piano *first / second floor*
la sala da pranzo *dining room*
il salotto *living room*
il soggiorno *living room, family room*
la scala *staircase*
la stanza *room*
lo studio *study*

I verbi

affittare *to rent*
aiutare *to help*
arredare *to furnish*
cambiare casa *to move*
chiudere (*p.p.* chiuso) *to close*
dividere (*p.p.* diviso) *to share*
fare il bagno; fare il bagno a *to bathe; to give a bath to*
lavare il pavimento *to mop the floor*
pagare l'affitto *to pay rent*
i conti *to pay bills*
perdere (qualcosa) *to lose (something)*
pulire il bagno *to clean the bathroom*
ricevere gli amici *to welcome friends*
ricevere delle mail *to get e-mail*
spendere (*p.p.* speso) *to spend*
vivere da solo/a *to live alone*

I mobili e l'arredamento

l'armadio *armoir*
il cassettone *dresser*
il comodino *night table*
il divano *couch*
la doccia *shower*
la lampada *lamp*
il lampadario *chandelier*
il lavandino *sink*
il letto *bed*
la libreria *bookcase*
la moquette *(wall-to-wall) carpet*
i mobili *furniture*
la pianta *plant*
la poltrona *armchair*
il poster *poster*
il quadro *painting*
lo scaffale *shelf*
la scrivania *desk*
lo specchio *mirror*
il tappeto *rug*
il tavolino *coffee table*
il tavolo *table*
la vasca *bathtub*
il water *toilet*

Gli elettrodomestici e gli oggetti

l'aria condizionata *air conditioning*
l'asciugatrice *dryer*
gli elettrodomestici *appliances*
il ferro da stiro *iron*
i fornelli *cooktop*
il forno / a microonde *oven / microwave oven*
il frigorifero *refrigerator*
il frullatore *blender*
la lavastoviglie *dishwasher*
la lavatrice *washer*
il lettore CD / DVD *CD / DVD player*
la radiosveglia *radio alarm clock*
la stampante *printer*

la sveglia	*alarm clock*
il tostapane	*toaster*

Il posto

al centro di	*in the middle of*
contro	*against*
per terra	*on the floor*
su	*on*

I numeri dopo 100: See p. 183.

Espressioni di tempo

ieri sera	*last night*
il mese / l'anno passato	*last month / year*
recentemente / di recente	*recently*
la settimana scorsa / il mese scorso / giovedì scorso	*last week / last month / last Thursday*
tre giorni / una settimana / un mese fa / un anno fa	*three days / a week / a month ago / a year ago*

Altre parole ed espressioni

alcuni/e	*some, a few*
il centro	*center of town, downtown*
il coinquilino/la coinquilina	*roommate*
il gatto	*cat*
la macchina	*car*
la parete	*wall*
la periferia	*outskirts*
Quanto costa / costano?	*How much does it / do they cost?*
il quartiere	*neighborhood*

Sabato sera tutti in discoteca

CAPITOLO 7

CHE HAI FATTO DI BELLO?

In this chapter you will learn how to:

- Discuss how you have spent your free time
- Talk about sports
- Make plans for the weekend and other occasions

PERCORSO I Le attività del tempo libero

VOCABOLARIO

Cosa hai fatto il weekend scorso?

Sabato mattina Lucia si è svegliata presto. Si è messa le scarpe da tennis ed è andata al Tennis Club.

Sabato pomeriggio Lucia non è uscita. È restata a casa e ha suonato la batteria.

Sabato sera alcuni amici sono venuti a casa di Lucia. Hanno chiacchierato, ascoltato musica e guardato un DVD, ma si sono annoiati.

Le attività del tempo libero

andare*	*to go*
a teatro	*to the theater*
a un concerto	*to a concert*
a un museo	*to a museum*
fuori a cena	*out to dinner*
in campagna	*to the countryside*
in montagna	*to the mountains*
in palestra	*to the gym*
fare (*p.p.* fatto)	*to make, to do*
aerobica	*to do aerobics*
bodybuilding	*to lift weights*
equitazione	*to go horseback riding*
footing	*to jog*
una gita	*to take an excursion*
scherma	*to fence*
spese	*to go shopping*
un viaggio	*to take a trip*
giocare	*to play*
a biliardo	*pool*
a bowling	*bowling*
a hockey	*hockey*
a pallacanestro / a basket	*basketball*
a pallavolo	*volleyball*
a scacchi	*chess*
leggere i fumetti	*to read comic books*
suonare il piano	*to play the piano*

* NOTE: Beginning with this chapter, verbs conjugated with **essere** in compound tenses will be denoted with an asterisk in the vocabulary lists.

7.1 In casa o fuori? Indica quali attività e giochi puoi fare in casa e quali puoi fare fuori casa.

7.2 In quale stagione? Completa la seguente scheda e indica quali attività e che tipo di abbigliamento associ con queste stagioni.

Stagione	Attività	Abbigliamento
primavera		
estate		
autunno		
inverno		

 **7.3 Che tipo è?** Scegliete le attività che secondo voi, sono più adatte per una persona:

a. attiva, dinamica, sportiva e atletica
b. artistica, colta, sensibile e tranquilla
c. socievole, estroversa, espansiva e divertente

Attività:

______ 1. giocare a biliardo
______ 2. andare a una festa
______ 3. giocare a scacchi
______ 4. fare footing
______ 5. fare vela
______ 6. andare a teatro / a un concerto di musica classica / a un museo
______ 7. giocare a pallacanestro
______ 8. andare in palestra
______ 9. dipingere
______ 10. suonare la batteria

In contesto Che giornata ieri!

Tiziana scrive nel suo blog quello che ha fatto ieri.

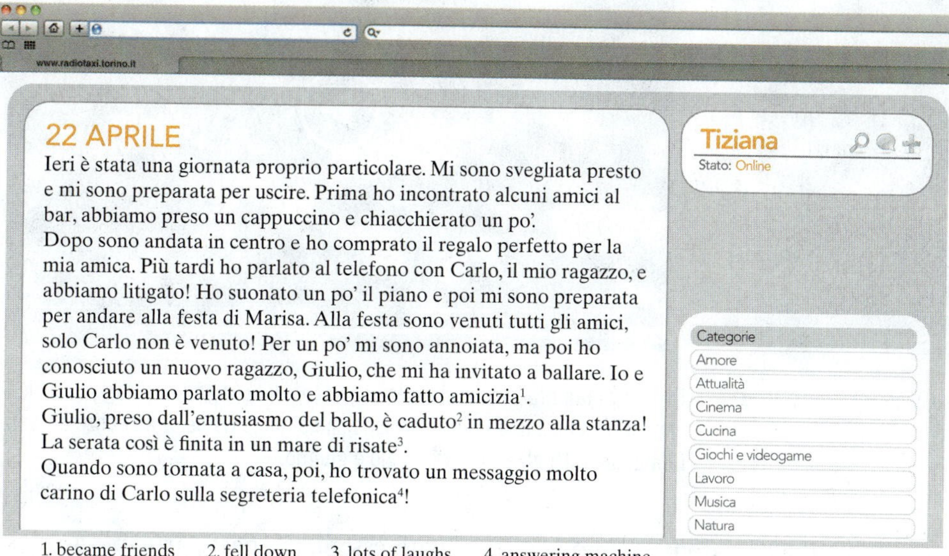

22 APRILE

Ieri è stata una giornata proprio particolare. Mi sono svegliata presto e mi sono preparata per uscire. Prima ho incontrato alcuni amici al bar, abbiamo preso un cappuccino e chiacchierato un po'.
Dopo sono andata in centro e ho comprato il regalo perfetto per la mia amica. Più tardi ho parlato al telefono con Carlo, il mio ragazzo, e abbiamo litigato! Ho suonato un po' il piano e poi mi sono preparata per andare alla festa di Marisa. Alla festa sono venuti tutti gli amici, solo Carlo non è venuto! Per un po' mi sono annoiata, ma poi ho conosciuto un nuovo ragazzo, Giulio, che mi ha invitato a ballare. Io e Giulio abbiamo parlato molto e abbiamo fatto amicizia[1].
Giulio, preso dall'entusiasmo del ballo, è caduto[2] in mezzo alla stanza! La serata così è finita in un mare di risate[3].
Quando sono tornata a casa, poi, ho trovato un messaggio molto carino di Carlo sulla segreteria telefonica[4]!

1. became friends 2. fell down 3. lots of laughs 4. answering machine

 **7.4 Come è stata la giornata di Tiziana?** Fate due liste con tutte le attività piacevoli (*pleasant*) e gli eventi spiacevoli (*unpleasant*) che avete letto sul blog di Tiziana. Poi decidete se è stata una giornata bella o brutta e perché.

Occhio alla lingua!

1. When did the activities shown in the *Percorso I Vocabolario* illustrations occur? How can you tell?
2. What do you notice about the forms of the past tense of the verbs that are used?
3. Read the *In contesto* blog entry again, and identify all of the verbs in the present perfect tense that are formed with **avere** and all of those formed with **essere**. What differences do you notice between the verbs that form the past tense with **avere** and those that form it with **essere**?

GRAMMATICA

Il passato prossimo con *essere*

The **passato prossimo** of reflexive verbs and most intransitive verbs—verbs that cannot take a direct object—is formed with the present tense of **essere** plus the past participle.

andare	vestirsi
io sono andat**o/a**	io mi sono vestit**o/a**
tu sei andat**o/a**	tu ti sei vestit**o/a**
lui/lei è andat**o/a**	lui/lei si è vestit**o/a**
noi siamo andat**i/e**	noi ci siamo vestit**i/e**
voi siete andat**i/e**	voi vi siete vestit**i/e**
loro sono andat**i/e**	loro si sono vestit**i/e**

La settimana scorsa abbiamo fatto qualcosa di diverso, visto che ormai è finita la scuola, siamo andati al mare e ci siamo molto divertiti.

Una settimana fa sono stata alla prima (*opening night*) del Maggio Musicale Fiorentino, che è una manifestazione che si tiene (*is held*) a Firenze al Teatro Comunale tutti gli anni tra maggio e giugno.

1. When the **passato prossimo** is formed with **essere**, the past participle always agrees with the subject in number and gender.

Maria **è arrivata** a casa alle nove. I fratelli **sono tornati** poco dopo; le sorelle invece non **sono uscite.**	*Maria arrived home at nine o'clock. Her brothers returned shortly after; her sisters, instead, didn't go out.*

2. Verbs that indicate physical movement from one place to another are generally intransitive and are conjugated with **essere**. Here are some of the most common ones:

andare	*to go*	lui/lei è andato/a
arrivare	*to arrive*	lui/lei è arrivato/a
entrare	*to enter*	lui/lei è entrato/a
partire	*to leave*	lui/lei è partito/a
ritornare	*to return*	lui/lei è ritornato/a
tornare	*to return*	lui/lei è tornato/a
uscire	*to go out*	lui/lei è uscito/a
venire	*to come*	lui/lei è venuto/a

   Note that **venire** has an irregular past participle.

3. These common intransitive verbs are also conjugated with **essere** in the **passato prossimo:**

diventare	*to become*	lui/lei è diventato/a
essere	*to be*	lui/lei è stato/a
morire	*to die*	lui/lei è morto/a
nascere	*to be born*	lui/lei è nato/a
restare	*to stay*	lui/lei è restato/a
rimanere	*to remain*	lui/lei è rimasto/a
stare	*to be, to stay*	lui/lei è stato/a

   Note that **essere, morire, nascere,** and **rimanere** have irregular past participles.

4. Reflexive verbs are always conjugated with **essere** in the **passato prossimo.** The past participle agrees in number and gender with the subject.

Marisa **si è alzata** troppo tardi.	*Marisa got up too late.*
Io e Paolo **ci siamo divertiti** moltissimo.	*Paolo and I had a very good time.*

7.5 Un giorno come gli altri. Due amici si raccontano al telefono cosa hanno fatto durante il giorno. Mentre ascolti la loro conversazione, scrivi i participi passati dei verbi coniugati con **essere** che senti.

Verbi coniugati con *essere*

1. ____________	6. ____________
2. ____________	7. ____________
3. ____________	8. ____________
4. ____________	9. ____________
5. ____________	10. ____________

7.6 Che cosa hanno fatto? Indica che cosa hanno fatto le seguenti persone. Completa le frasi con un verbo della lista.

hanno giocato	è andato	abbiamo fatto	ha fatto
si è divertita	ho visto	sono andate	si è messa
sono venuti	è andata		

1. Ieri Carlo ________________ in pizzeria con gli amici.
2. La settimana scorsa io e Paolo ________________ vela.
3. Stamattina Giovanna e Tommaso ________________ a basket.
4. L'altro ieri Edoardo ________________ footing.
5. Una settimana fa Renata ________________ al cinema.
6. Il mese passato io ________________ un film italiano.
7. Ieri sera Laura e Olivia ________________ in discoteca.
8. Stamattina Paola ________________ le scarpe da tennis.
9. Ieri sera Roberto e Antonella ________________ a casa mia.
10. Domenica scorsa Lucia ________________ molto a giocare a golf.

7.7 Ieri sera. Cambia i verbi dal presente al passato prossimo e racconta quello che le persone seguenti hanno fatto ieri sera.

1. Paolo (torna) ____________ a casa alle sei. (Suona) ____________ il pianoforte per un'ora. Dopo (telefona) ____________ ad alcuni amici. Alle otto e mezza (cena) ____________ e poi (guarda) ____________ un po' la TV. Infine (gioca) ____________ a scacchi con il padre e alle 11.30 (va) ____________ a letto.
2. Maria (arriva) ____________ a casa alle due. Prima (pranza) ____________ e poi (si riposa) ____________ un po'. (Va) ____________ in salotto e (si addormenta) ____________ sul divano. Alle quattro (si sveglia) ____________ e (si prepara) ____________. Alle sei (incontra) ____________ gli amici in piazza. Più tardi (vanno) ____________ a teatro e poi (bevono) ____________ qualcosa insieme al bar.
3. Giulia e Paola (ritornano) ____________ a casa alle sette e mezza. Poi (vanno) ____________ in palestra e (fanno) ____________ un po' di aerobica.

 **7.8 Come si sono preparati?** Alcuni amici hanno fatto le attività seguenti. Indicate tre cose che hanno fatto prima per prepararsi.

ESEMPIO: Sabato mattina Giovanni ha giocato a tennis.
Si è svegliato presto.
Si è vestito
Si è messo una maglietta e i pantaloni corti.

1. Ieri pomeriggio Edoardo è uscito con la ragazza.
2. Venerdì sera Cecilia è andata in discoteca.
3. Sabato sera Giulia e Simona sono andate fuori a cena con alcuni amici.
4. Domenica pomeriggio tu e Fabrizio siete andati a teatro.

SCAMBI

 **7.9 Il detective.** Sabato Roberta ha fatto delle foto. Osservatele e ricostruite la sua giornata.

1. 

2. 

3. 

4. 

5. 

6. 

Così si dice Per indicare l'anno

To indicate the year when you did something, you can use **nel** + the year. **Quando sei andata in Italia? Nel 2007.** *When did you go to Italy? In 2007.* **In che anno hai cominciato l'università? Nel 2013?** *When did you start college? In 2013?*

 **7.10 Quando è stata l'ultima volta che… (*When was the last time that you …*)?** Intervista un compagno/una compagna e scopri quando è stata l'ultima volta che ha fatto queste cose. Scopri anche i particolari.

ESEMPIO: È uscito/a con gli amici.
S1: Quando è stata l'ultima volta che sei uscito/a con gli amici?
S2: Sabato sera.
S1: Dove siete andati?
S2: Siamo andati al cinema e poi abbiamo mangiato una pizza.

1. È andato/a in discoteca.
2. È andato/a a un concerto.
3. È andato/a a un museo.
4. È andato/a a una festa.
5. Si è svegliato/a molto tardi.
6. Ha scritto una lettera.
7. È andato/a in palestra.
8. Si è annoiato/a con gli amici.
9. Ha fatto un viaggio con i genitori.
10. È stato/a in un Paese straniero.

 **7.11 Il weekend di Pietro e Luisa.** A coppie, usate almeno otto dei seguenti verbi per ricostruire il weekend di Pietro e Luisa.

andare	ballare	cenare	divertirsi	giocare
leggere	pranzare	prepararsi	scrivere	suonare
svegliarsi	tornare	uscire	vedere	vestirsi

Lo sai che? Gli italiani e il tempo libero

Durante la settimana gli italiani, in genere, la sera stanno a casa. Prima di rientrare dal lavoro, però, spesso si ritrovano (*gather*) in una piazza o per una delle strade principali della città per incontrare gente, passeggiare, guardare i negozi o entrare in un bar a prendere un aperitivo. Le relazioni sociali, infatti, sono molto importanti per gli italiani che spesso si riuniscono solo per mangiare insieme, chiacchierare e stare in compagnia, anche senza fare niente di speciale.

Il sabato mattina i giovani vanno a scuola e alcune persone lavorano, quindi preferiscono andare fuori il sabato sera e non il venerdì. Le attività del sabato sera sono simili a quelle di tanti altri Paesi: il cinema, il ristorante, una cena a casa di amici, la discoteca—e per i giovani, la pizzeria e i pub. I locali possono servire alcolici ai ragazzi che hanno compiuto diciotto anni.

7.12 Il tempo libero. Trova informazioni per giustificare le seguenti affermazioni.

1. Gli italiani sono molto socievoli.
2. Il sabato sera è il momento per divertirsi.

 **7.13 E nel vostro Paese?** Descrivete ad amici italiani cosa fate voi e i vostri amici nel tempo libero. Fate attività simili o diverse?

PERCORSO II Le attività sportive

VOCABOLARIO

Che sport fai?

Il calcio. Si fa in tutte le stagioni. Si indossano i pantaloncini e una maglietta. Si usa un pallone. Non si gioca mai da soli; si gioca a squadre.

Lo sci. Si fa d'inverno, in montagna. Si fa da soli o con gli amici. Si portano i pantaloni lunghi e una giacca a vento.

Gli sport

andare* a cavallo *to go horseback riding*
fare
- **atletica leggera** *to do track and field*
- **ciclismo** *to bicycle*
- **il pattinaggio a rotelle / sul ghiaccio** *to go rollerskating / iceskating*

Gli oggetti per lo sport

il costume da bagno	*bathing suit*
la mazza	*bat, club*
la palla	*ball*
i pattini	*skates*
la racchetta da tennis	*tennis racket*
gli sci	*skis*
la tuta	*sweats*

Per parlare di sport

allenarsi	*to practice, to train*
il giocatore/la giocatrice	*player*
la partita	*game*
praticare / fare uno sport	*to play a sport*
la squadra	*team*
il tifoso/la tifosa	*fan*
vincere (*p.p.* vinto)	*to win*

7.14 A cosa serve? Abbina gli oggetti con gli sport.

1. la racchetta
2. il pallone
3. la mazza
4. i pattini

a. il pattinaggio
b. il golf
c. il calcio
d. il tennis

7.15 Sai che cos'è? Completa le frasi con uno dei vocaboli che seguono. Fa' tutti i cambiamenti necessari.

allenarsi	partita	praticare	squadra	tifoso	tuta

1. Qual è la tua _____________ di calcio preferita?
2. I giocatori professionisti devono _____________ sempre molto.
3. Quando faccio atletica spesso mi metto la _____________.
4. Per vedere una partita, i _____________ vanno allo stadio.
5. Che sport _____________ tu?
6. Mi piace guardare le _____________ di pallacanestro alla televisione!

7.16 Riorganizziamoli! Organizzate tutti gli sport che conoscete secondo le seguenti categorie.

1. Si fanno soprattutto in autunno.
2. Si fanno d'estate.
3. Si fanno da soli.
4. Si fanno a squadre.
5. Si portano i pantaloni lunghi.
6. Si indossa il costume da bagno.

In contesto Parliamo un po' di sport!

Luca, uno studente italiano, e Samantha, una studentessa americana, discutono di sport.

LUCA: Sai, in Italia il calcio è lo sport che si guarda di più alla televisione. E la domenica si va allo stadio e si fa il tifo° per la squadra della propria città. E negli States? Il calcio non si segue molto, vero?

° *roots*

SAMANTHA: No, non molto. Molti ragazzi giocano a calcio da piccoli, ma poi quando sono grandi preferiscono il basket o il baseball e il football.

LUCA: Gli americani fanno molto sport, però, vero?

SAMANTHA: Sì, in genere sono molto sportivi. Giocano a tennis, a golf, a pallacanestro. Si fa tanto sport anche nelle scuole, sai. E gli italiani?

LUCA: Veramente in Italia si fa sempre più sport. Però nelle scuole no, non si fa molto sport. A tutti, in ogni caso, piace guardare lo sport alla televisione!

7.17 È proprio vero? Trova informazioni nella conversazione per giustificare le seguenti affermazioni.

1. Gli italiani sono tifosi di calcio.
2. In America lo sport è molto importante.
3. Lo sport piace anche in Italia.

7.18 Siete d'accordo? Siete d'accordo con Samantha? Quali altri sport piacciono agli americani?

Occhio alla lingua!

1. Look at the verbs in the descriptions of the sports in the *Percorso II Vocabolario* section. Can you tell who is performing each of the actions?
2. Which verbs are singular and which are plural in these descriptions? What is the difference between **si usa una palla** and **si portano i pantaloni bianchi?**
3. Reread the *In contesto* conversation and identify all of the verbs. Which verbs have a specific subject that you can identify and which do not?

GRAMMATICA

Il *si* impersonale

The impersonal construction in Italian is used when there is no specific subject performing the action of a verb. It is equivalent to the impersonal use of *one* or *you* in English. In Italian, the impersonal is formed with **si** + third-person singular or plural of the verb. The singular form of the verb is used when there is no object or the object is singular. The plural is used when the object is plural.

Si va allo stadio la domenica.	*On Sundays one goes to the stadium.*
Si usa una racchetta.	*You use a racket. (A racket is used.)*
Si praticano molti sport.	*One plays many sports. (Many sports are played.)*

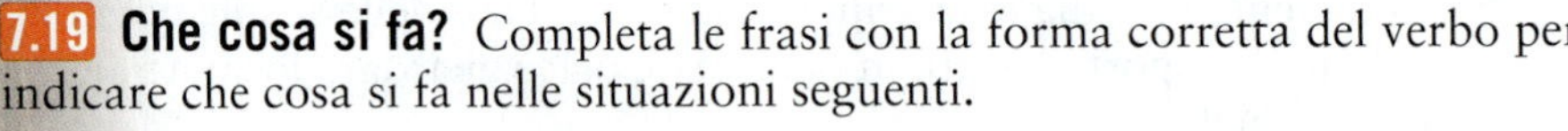

7.19 Che cosa si fa? Completa le frasi con la forma corretta del verbo per indicare che cosa si fa nelle situazioni seguenti.

1. Per scrivere una mail (usare) ________________ il computer.
2. La mattina (prendere) ________________ il caffè.
3. (mettere) ________________ lo zucchero nel caffè.
4. A colazione (mangiare) ________________ i biscotti.
5. D'inverno, quando fa freddo (portare) ________________ i guanti (*gloves*) e una giacca a vento.
6. Per pattinare (usare) ________________ i pattini.
7. Quando si nuota, (indossare) ________________ il costume da bagno.
8. Quando si ha sete, (bere) ________________ l'acqua.

7.20 Cosa si usa? Indica cosa si usa e cosa si porta quando si fanno i seguenti sport. Usa l'impersonale.

ESEMPIO: Per giocare a calcio si usa un pallone e si portano i pantaloncini.

1. 

2. 

3. 

4. 

7.21 Cosa si fa nel tuo Paese? Indica cosa si fa nel tuo Paese nel tempo libero. Scrivi almeno sei attività. Usa l'impersonale.

I pronomi tonici

Disjunctive, or stressed, pronouns (**i pronomi tonici**) are usually used after a preposition or a verb. Many disjunctive pronouns have the same form as subject pronouns.

Singolare		**Plurale**	
me	*me*	**noi**	*us*
te	*you*	**voi**	*you*
Lei	*you (formal)*	**Loro**	*you (formal)*
lui, lei	*him, her (informal)*	**loro**	*them (informal)*
sé	*himself, herself, itself*	**sé**	*themselves*

1. Disjunctive pronouns are used after prepositions, such as **di**, **a**, **da**, **in**, **su**, **per**, **con**, and **tra** (**fra**).

—Vuoi giocare a tennis con **me**? *—Do you want to play tennis with me?*
—Sì, gioco volentieri con **te**. *—Yes, I'm happy to play with you.*
—Hai dato la mia racchetta a Giulio? *—Did you give my racket to Giulio?*
—Sì, l'ho data a **lui**. *—Yes, I gave it to him.*

2. Disjunctive pronouns can also be used after verbs for emphasis.

—Ti invito alla festa.	—*I'm inviting you to my party.*
—Invito **te** e non **lui**!	—*I'm inviting you and not him!*
—Vi cerco.	—*I'm looking for you.*
—Cerco **voi**, non **loro**!	—*I'm looking for you, not for them!*

3. The preposition **da** is used with disjunctive pronouns to indicate the English equivalent of *at the house of*.

Vieni da **me** stasera?	*Are you coming to my house tonight?*
Perché non cenate da **noi** stasera?	*Why don't you have dinner at our house tonight?*

Note that **da** can also be used with a person's name or profession or with the name of a restaurant.

Stasera andiamo **da Stefano** a vedere la partita.	*Tonight we are going to Stefano's to watch the game.*
Ho portato la macchina **dal meccanico**.	*I took my car to the mechanic.*
Ieri sera siamo andati a cena **da** «**Il grillo parlante**».	*Last night we went to dinner at "Il grillo parlante."*

7.22 Una persona curiosa. Un'amica/Un amico ti fa tante domande. Rispondi usando un pronome tonico.

ESEMPIO: —Hai giocato a tennis con il tuo migliore (*best*) amico?
—Sì, ho giocato con lui.

1. Ti sei allenato/a con gli altri giocatori?
2. Sei andato/a al cinema con la tua ragazza/il tuo ragazzo?
3. Vai a cavallo con i tuoi amici?
4. Hai fatto aerobica con tua sorella?
5. Vieni a teatro con noi domani?
6. Giochi a pallavolo con me più tardi?

7.23 Gli sport e gli amici. Alcuni amici parlano del tempo libero. Completa le frasi seguenti con i pronomi tonici corretti.

1. MARCO: Lina, vieni allo stadio con ____________ domenica o vai con Daniele?
   LINA: Sì, vengo con ____________. Non voglio andare con ____________.
2. PAOLO: Perché vai in piscina con Carlo?
   ANNA: È simpatico. Voglio uscire con ____________ da molto tempo.
3. GIOVANNI: Ho telefonato a te e a tuo fratello per andare a sciare insieme.
   GIULIA: No, a ____________ non hai telefonato, hai telefonato solo a ____________!
4. PATRIZIA E LAURA: Vieni in palestra con ____________?
   PIERO: In palestra con ____________? No! Mai! Siete troppo brave!
5. CARLO: Perché raccontate la partita ai compagni di scuola?
   GIORGIO E CECILIA: Raccontiamo la partita a ____________ perché non ci sono andati.
6. ANNA: I pattini sono proprio per ____________? Grazie, sei molto gentile!
   LUCIA: Sì, sono per ____________! Andiamo a pattinare insieme?

SCAMBI

7.24 Mettiamoci d'accordo. Alcuni amici parlano di sport. Ascolta le loro conversazioni e rispondi alle domande.

Conversazione A

1. Tutte e due le amiche sanno pattinare?
2. Le due amiche sanno giocare a tennis?
3. Che cosa decidono di fare le due amiche?

Conversazione B

1. Che cosa decidono di fare domenica i due amici?
2. Quando è stata l'ultima volta che è andato alla partita uno dei due amici?
3. La loro squadra sta vincendo o perdendo (*is winning or losing*)?

7.25 Indovina che sport è! Scrivi una breve descrizione di uno sport. Indica quando e dove si pratica, cosa si porta e cosa si usa. Poi leggi la tua descrizione al gruppo e gli altri indovinano che sport è.

7.26 In albergo. Leggi le informazioni sull'Hotel Dolomiti e l'Hotel Polsa e immagina di aver passato lì un lungo weekend. Un amico/Un'amica ti fa delle domande su cosa hai fatto. Insieme ricostruite la conversazione.

Brentonico (TN) Hotel Dolomiti & Hotel Polsa

Tel. 0464.867045 - www.hoteldolomitiski.it

Direttamente sulle piste, piscina, palestra, parcheggio, sala giochi, animazione, miniclub, baby park sulla neve. Camere con telefono, tv, cassaforte, asciugacapelli. Menù a scelta, ricca colazione al buffet e buffet di verdure. Serate a tema.

SPECIALE FINO AL 25 DICEMBRE E DAL 9 AL 29 GENNAIO 1 settimana mezza pensione € 310,00

INCLUSO SKIPASS E BIMBO GRATIS FINO 6 ANNI

7.27 Sei sportivo/a? Prepara sei domande per intervistare un compagno/una compagna e decidere se è sportivo/a attivo/a, passivo/a o non è per niente sportivo/a.

Lo sai che? Il calcio e altri sport

Gli italiani seguono molto il ciclismo, l'annuale Giro d'Italia e le corse (*races*) automobilistiche. Sono appassionati anche di pallacanestro, pugilato (*boxing*), tennis, sci e atletica leggera. La scherma (*fencing*) poi è una delle tradizioni sportive italiane. Lo sport più popolare però resta sempre il calcio, di cui gli italiani sono grandi tifosi. Le partite si giocano quasi sempre la domenica pomeriggio e molti vanno allo stadio o ascoltano le partite alla radio o le seguono alla televisione. Tanti italiani giocano al Totocalcio, che è una lotteria settimanale legata (*linked*) alle partite di calcio. Bisogna cercare di indovinare la squadra che vince in quattordici partite.

Ogni città ha la sua squadra che quasi sempre prende il nome dalla città stessa, così esistono ad esempio la Fiorentina, il Milan, la Roma, il Napoli. Alcune città più grandi hanno due squadre di calcio: ad esempio, a Roma ci sono la Roma e la Lazio, a Torino il Torino e la Juventus e a Milano il Milan e l'Inter.

Ogni quattro anni la squadra nazionale partecipa ai campionati mondiali di calcio e, in questa occasione, anche i pochi italiani che di solito non seguono le partite durante l'anno fanno il tifo per la squadra italiana. Gli atleti italiani che partecipano a giochi e partite internazionali portano tutti la divisa (*uniform*) azzurra e sono perciò chiamati «gli Azzurri».

7.28 È vero che... ? Trova almeno tre informazioni per giustificare ognuna (*each*) delle seguenti affermazioni.

1. Il calcio non è l'unico sport che piace agli italiani.
2. Gli italiani sono grandi tifosi di calcio.
3. I mondiali di calcio sono molto importanti per gli italiani.

7.29 E nel vostro Paese? Uno studente italiano/Una studentessa italiana ti chiede informazioni sullo sport nel tuo Paese. Con un compagno/una compagna, immagina la conversazione.

PERCORSO III I programmi per il tempo libero

VOCABOLARIO

Allora, che facciamo?

LA TRAVIATA
Opera in tre atti di Giuseppe Verdi
Orchestra e Coro
Filarmonica d'Opera di Roma
Maggio 2-9-16-23-30 h. 20,30
Chiesa ALL SAINTS
Via del Babuino, 153 (Piazza di Spagna) • 06 78 42 702 - 339 71 18 452 - 6

◆ CLAUDIO BAGLIONI

PIAZZA DI SIENA, Villa Borghese. Ore: 21

◆ **Venerdì 22 maggio**

Un evento unico e irripetibile.
Per l'occasione l'area di Piazza di Siena si trasformerà in uno straordinario teatro all'aperto per un nuovo viaggio di musica e canzoni, sotto la magia di un cielo mago.

4 giugno, ore 21.00
Il bandito
di Alberto Lattuada
con Anna Magnani, Amedeo Nazzari.
Italia 1946 (84')

5 giugno, ore 21.00
Febbre di vivere
di Claudio Gora
con Massimo Serato, Marcello Mastroianni, Marina Berti.
Italia 1953 (88')

6 giugno, ore 21.00
La caduta degli dei
di Luchino Visconti
con Ingrid Thulin, Dirk Bogarde, Helmut Berger.
Italia 1969 (150')

7 giugno, ore 21.00
Gruppo di famiglia in un interno
di Luchino Visconti
con Burt Lancaster, Helmut Berger, Silvana Mangano.
Italia 1974 (120')

Fare programmi

Cosa danno al... ? *What's playing at ...?*
mettersi d'accordo *to come to an agreement*
mi dispiace *I'm sorry*
mi / ti / gli/le piacerebbe *I / you / he/she would like*
Ti va di + *infinitive*... ? *Do you feel like ... ?*
(Non) Mi va di + *infinitive*... *I (don't) feel like ...*
vorrei / vorresti / vorrebbe *I would like / you would like / he/she would like*

Per parlare di cinema, musica e teatro

l'attore/l'attrice *actor/actress*
il biglietto *ticket*
il canale TV *TV channel*
il/la cantante *singer*
il cantautore/la cantautrice *singer-songwriter*
la commedia *comedy, play*
il film *film*
- **comico** *funny*
- **drammatico** *dramatic*
- **di fantascienza** *science-fiction*
- **d'orrore** *horror*

il gruppo (musicale), la band *band*
la locandina *playbill*
il/la musicista *musician*
il/la protagonista *protagonist*
il/la regista *film director*
lo spettacolo *show*

Così si dice I nomi in *-ista*

Nouns that end in **-ista,** such as **regista, musicista, protagonista,** can refer in the singular to males or females. When they refer to males, they are used with masculine articles and adjectives. Similarly, when they refer to females, they are used with feminine articles and adjectives. **È un regista molto famoso. / È una regista molto famosa.**

In the plural, they have masculine forms that end in **-isti** and feminine forms that end in **-iste: Questi musicisti sono bravissimi. / Le protagoniste del film sono molto brave.**

7.30 Di cosa si tratta? Completa le frasi con la parola o l'espressione corretta.

1. La protagonista del film è un' ____________ molto brava.
2. Prima di andare a teatro, dobbiamo comprare il ____________.
3. Quando guardo la televisione, cambio ____________ continuamente.
4. Chi è Benigni? È il ____________ o il protagonista del film?
5. Non possono ____________ su quale film andare a vedere.
6. Non è un film drammatico, è una ____________!

7.31 Che significa? Per ogni parola scegli la definizione.

1. un film di fantascienza
2. un cantautore
3. un gruppo musicale
4. la protagonista
5. una commedia

a. Compone le canzoni che canta.
b. Musicisti e cantanti che suonano e cantano insieme.
c. L'attrice principale di un film.
d. Uno spettacolo divertente.
e. Un film su un futuro immaginario.

7.32 Associazioni. Indicate i vocaboli e le espressioni che associate con le parole che seguono.

1. sabato sera
2. il cinema
3. la televisione
4. il teatro

7.33 Gli Spettacoli. Osservate le locandine nel *Vocabolario* del *Percorso III* e rispondete alle domande che seguono.

1. Chi è Claudio Baglioni? Cosa fa a Piazza di Siena? Quando? A che ora?
2. Che cos'è *La Traviata*? Di chi è? Dove e quando la danno? Chi sono i cantanti e i musicisti? Come si fa per comprare i biglietti?
3. Quando danno *Il bandito?* A che ora? Chi è il regista del film? Chi sono gli attori e le attrici? È un film italiano? Di quale anno?

In contesto Che vuoi fare stasera?

Marisa e Alberto discutono su cosa fare sabato sera.

ALBERTO: Marisa, che cosa vuoi fare stasera? Ti va di andare in pizzeria?

MARISA: No, stasera proprio non mi va di andare a cena fuori. Cosa c'è alla televisione?

ALBERTO: Ah, stasera fanno un vecchio film di Sergio Leone, *C'era una volta il West.* Vorrei tanto vederlo! Perché non restiamo a casa?

MARISA: Non mi piacciono i western. Perché non andiamo al «Manzoni»? Danno *La grande bellezza,* di Sorrentino. Ho sentito dire che è molto bello.

ALBERTO: A che ora comincia il film?

MARISA: Alle otto e mezza. Facciamo così, io vado a casa e telefono per i biglietti. Se non ci sono problemi, ci possiamo vedere davanti al cinema alle otto.

ALBERTO: Perfetto! A più tardi, allora.

Così si dice Esortazioni

To express in Italian the equivalent of the English *Let's + verb,* you can use the first-person plural of the verb: **Andiamo al cinema!** *Let's go to the movies!*

7.34 La serata di Marisa e Alberto. Indicate le cose che vorrebbe fare Marisa e le cose che vorrebbe fare Alberto. Le fanno? Perché?

Occhio alla lingua!

1. Look at the questions in the *In contesto* conversation. How are they formed?
2. Note specific words and expressions that are used in asking questions. What do you think these words and expressions mean?

GRAMMATICA

Interrogativi

Interrogative words are used to ask questions.

Cosa danno al Rialto?	*What's playing at the Rialto?*
Com'è il film?	*How's the film?*

1. When an interrogative word is used, the subject is usually placed at the end of the sentence.

Perché non vuole andare in pizzeria Paola?	*Why doesn't Paola want to go to the pizzeria?*
Quando suona con il gruppo tua sorella?	*When does your sister play with the band?*

2. Prepositions such as **a, con, da, di,** and **per** always precede interrogative words.

Con chi vai al concerto?	*With whom are you going to the concert?*

3. Below is a list of words you can use to ask questions.

Interrogativi		
chi?	*who? whom?*	Chi viene a teatro? Con chi vai?
che cosa? cosa? che?	*what?*	Cosa hai visto? Che hai visto?
che?	*what? what kind?*	Che film hai visto?
come?	*how?*	Com'è lo spettacolo?
dove?	*where?*	Dove ci vediamo?
quale (*sing.*)?	*which (one)?*	Quale cinema preferisci?
quali (*pl.*)?	*which (ones)?*	Quali attori sono bravi?
quando?	*when?*	Quando vai al museo?
quanto?	*how much?*	Quanto costano i biglietti?
quanto/a (*sing.*)?	*how much?*	Quanto sport fai ogni giorno?
quanti/e (*pl.*)?	*how many?*	Quante opere hai visto?
perché?	*why?*	Perché non sei mai stato a teatro?

Note:

- When **quanto** is used with a noun, it agrees in number and gender with the noun. It is invariable when it is used with a verb.

Quanti biglietti hai comprato?	*How many tickets did you buy?*
Quanto costano i biglietti?	*How much do the tickets cost?*

7.35 Una serata a teatro. Giovanna e Paola vanno a un concerto e Giovanna chiede informazioni a Paola. Completa la conversazione con gli interrogativi adatti.

1. GIOVANNA: ________________ viene con noi?
   PAOLA: Il figlio della professoressa viene con noi.
2. GIOVANNA: A ________________ ora comincia il concerto?
   PAOLA: Comincia alle 10.00.
3. GIOVANNA: ________________ biglietti hai comprato?
   PAOLA: Ne ho comprati quattro.
4. GIOVANNA: ________________ hai speso?
   PAOLA: Ottanta euro.
5. GIOVANNA: ________________ li hai comprati?
   PAOLA: All'agenzia in Piazza Cavour.
6. GIOVANNA: ________________ macchina prendiamo?
   PAOLA: Prendiamo la macchina di mia madre.

7.36 Sportivi attivi! Una tua amica ti parla delle attività sportive dei vostri amici. Per ogni frase, formula tutte le domande possibili.

ESEMPIO: Paolo gioca a baseball ogni giorno.
A che cosa gioca Paolo? Chi gioca a baseball? Quando gioca a baseball Paolo?

1. Il lunedì io faccio footing con Marco.
2. Sabato pomeriggio Roberto nuota in piscina due ore.
3. Luisa gioca a pallavolo con le amiche la domenica mattina.
4. Alberto si allena con la sua squadra ogni sabato.
5. Domenica mattina Emma gioca a tennis con Paolo al suo club.
6. Non pratichiamo sport!

7.37 Il cinema. Osserva le locandine del cinema nel *Vocabolario* del *Percorso III* e formula le domande alle seguenti risposte.

1. ____?
   La caduta degli dei.
2. ____?
   È di Luchino Visconti.
3. ____?
   Claudio Gora.
4. ____?
   Marcello Mastroianni.
5. ____?
   Anna Magnani.
6. ____
   Il 7 giugno alle 21.00.

SCAMBI

7.38 Un lungo messaggio. Carla lascia un lungo messaggio telefonico all'amica Anna e le racconta cosa ha fatto il weekend passato. Ascolta il messaggio e completa le frasi.

1. Sabato mattina tutti gli amici insieme ________________.
2. Sabato sera gli amici ________________.
3. Domenica pomeriggio tutti ________________.
4. Domenica sera Carla e Marco ________________.

 **7.39 Mettiamoci d'accordo.** Tu e un amico/un'amica discutete su cosa fare questo weekend. Tu vorresti andare all'opera invece lui/lei vorrebbe andare al concerto di Baglioni. Usate le locandine nel *Vocabolario* del *Percorso III* per mettervi d'accordo.

 **7.40 Cosa hai fatto?** Immaginate di avere fatto una delle attività nel *Vocabolario* o nelle locandine nel *Vocabolario* del *Percorso III*. Poi con un compagno/una compagna, discutete cosa avete fatto. Fate tante domande sui particolari.

 **7.41 Il cinema, che passione!** Usa le domande che seguono per intervistare un compagno/una compagna sui suoi gusti (*tastes*) riguardo al cinema. Sono simili ai tuoi? Poi scrivi una mail al tuo professore/alla tua professoressa e confronta i tuoi gusti e i suoi.

1. Vai spesso al cinema?
2. Che film ti piacciono?
3. Hai un/una regista preferito/a? Che film ha diretto?
4. Chi è il tuo attore preferito? E la tua attrice preferita?
5. Qual è il tuo film preferito? Quante volte l'hai visto? Perché ti piace?
6. Qual è stato l'ultimo film che hai visto? Dove l'hai visto? Con chi? Ti è piaciuto?

Lo sai che? La musica in Italia

Vasco Rossi

La musica ha sempre avuto un ruolo importante nella cultura italiana. Molte canzoni popolari nascono dalle tradizioni regionali ed esprimono (*express*) a volte, oltre all'amore, i problemi sociali, come l'emigrazione, la protesta e la sofferenza delle classi più povere. Temi sociali e politici hanno spesso un posto di rilievo (*relevant*) nelle canzoni di molti cantautori contemporanei come Lucio Dalla, Vasco Rossi, Francesco Guccini, Gianna Nannini e Pino Daniele. Particolarmente fra i giovani sono molto conosciuti Tiziano Ferro, Laura Pausini, Ligabue, ma anche tutti i tipi di musica moderna, soprattutto dall'Inghilterra e dall'America, e sono popolari le stesse canzoni che i giovani ascoltano in tutto il resto del mondo.

La terminologia usata per la musica moderna è quasi sempre in inglese, come *heavy metal, band, rap* e *jazz, hip-hop*, musica *dance* e musica *house*. Invece i termini per la musica classica usati in tutto il mondo sono in italiano, come ad esempio ***lento, adagio, allegro, andante, moderato, crescendo, con brio, vivace.***

L'opera poi è di origine italiana. Le opere di Monteverdi, Donizetti, Rossini, Verdi e Puccini sono conosciute e amate in tutto il mondo. Cantanti lirici del passato e del presente, come il famoso tenore Luciano Pavarotti e la mezzo soprano Cecilia Bartoli, hanno reso la musica operistica popolare in tante parti del mondo.

Cecilia Bartoli

7.42 La musica italiana. Rispondi alle seguenti domande.

1. Indica tre cose che adesso sai della musica contemporanea in Italia.
2. Indica due cose che adesso sai della musica lirica.
3. Conosci un cantante italiano/una cantante italiana che non è stato/a menzionato/a nella lettura? Chi è? Cosa sai di lui/lei? Conosci un musicista italiano/una musicista italiana?

 **7.43 Che musica ti piace?** Discutete quali tipi di musica ascoltate, quali cantanti e quali canzoni preferite.

ATTRAVERSO

LA VALLE D'AOSTA E IL TRENTINO-ALTO ADIGE

La Valle d'Aosta e il Trentino-Alto Adige sono due regioni alpine, famose per i loro pittoreschi e incantevoli paesaggi di montagna. Turisti e sportivi italiani e stranieri, amanti della montagna e della natura, frequentano questi territori in tutte le stagioni dell'anno. Qui si trovano le montagne più alte delle Alpi, vaste vallate (*valleys*) verdi, numerosi laghetti alpini e spettacolari ghiacciai (*glaciers*) e cascate (*waterfalls*).

La Valle d'Aosta è anche rinomata (*renowned*) per i suoi castelli (*castles*) medievali e monumenti romani. Il turismo rappresenta una grande risorsa economica per queste due regioni, ma anche l'agricoltura è molto importante con le coltivazioni di frutta e di uva.

Il Monte Bianco, la montagna più alta d'Europa (4810 m). La Valle d'Aosta è la regione più piccola d'Italia. La maggior parte della superficie è montagnosa. Oltre al Monte Bianco, ci sono il Cervino, il Monte Rosa e il Gran Paradiso e tante famose stazioni di sport invernali, come Courmayeur. Il traforo del Monte Bianco, una galleria (*tunnel*) autostradale di dodici chilometri, permette di attraversare le Alpi in macchina.
Oggi la Valle d'Aosta è una regione a «statuto speciale». Ha maggiore autonomia politica e amministrativa delle altre regioni italiane. Le lingue ufficiali della regione sono l'italiano e il francese.

La Valle di Valnontey, nel Parco Nazionale del Gran Paradiso. Questo parco è il più antico d'Italia. Si estende per più di 600 chilometri quadrati e comprende boschi (*forests*), ghiacciai (*glaciers*), laghi, cascate (*waterfalls*), montagne molto alte e piante e animali rari.

VERIFICHIAMO

Prima leggi l'introduzione alle regioni, poi guarda le foto e leggi le rispettive didascalie.

7.44 Cosa hanno in comune? Indica:

1. tre cose che la Valle d'Aosta e il Trentino-Alto Adige hanno in comune.
2. una differenza fra la Valle d'Aosta e il Trentino-Alto Adige.
3. due lingue che si parlano in Valle d'Aosta.
4. tre lingue che si parlano nel Trentino-Alto Adige.
5. il nome di una località turistica in Valle d'Aosta.
6. il nome di una località turistica nel Trentino-Alto Adige.

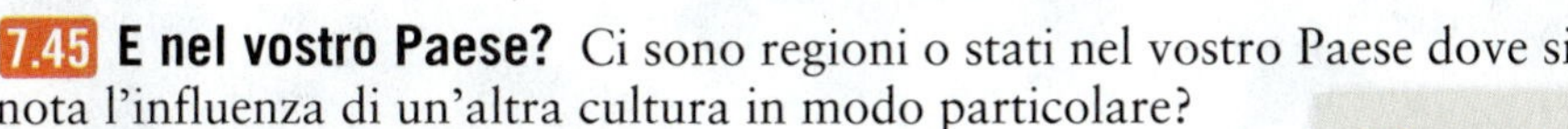

7.45 E nel vostro Paese? Ci sono regioni o stati nel vostro Paese dove si nota l'influenza di un'altra cultura in modo particolare?

7.46 il turismo in montagna. Quali zone nel vostro Paese sono famose per gli sport invernali?

Il Duomo dell'Assunta, a Bolzano, nel Trentino-Alto Adige. Bolzano è stata annessa all'Italia nel 1918. Prima infatti faceva parte dell'Austria. L'influsso degli austriaci si nota fra l'altro nelle forme gotico-nordiche di questa cattedrale e di tanti altri edifici nel centro storico.
Bolzano conserva molte tradizioni germaniche: infatti in questa provincia gli abitanti sono bilingui, parlano l'italiano e il tedesco. Anche tutti i documenti ufficiali sono in due lingue e ci sono scuole in italiano e in tedesco. Questa differenza di lingua e di cultura ha creato molti conflitti e tensioni, particolarmente in passato.

Le Dolomiti di Brenta. Il Trentino-Alto Adige è una regione interamente montuosa. Il paesaggio, tipicamente alpino, con grandi montagne, boschi, valli e numerosi laghetti (*small lakes*), attira turisti da tutto il mondo in estate e in inverno.
Fra i numerosi caratteristici paesi sono molto conosciuti San Martino di Castrozza e Madonna di Campiglio, chiamata anche «la perla delle Dolomiti».
Anche il Trentino-Alto Adige è una regione a «statuto speciale». In questa regione si parlano tre lingue: l'italiano, il tedesco e il ladino, un dialetto neolatino simile ai dialetti di alcune zone della Svizzera.

IN PRATICA

GUARDIAMO

Strategie per guardare
Developing geographical awareness

When watching a video episode it is very helpful to be aware of the surrounding environment and to pay attention to the landscape. These are factors that at times may determine what people talk about, how they feel, and what they do.

Per capire meglio!

Affare fatto!	*Done deal!*
Che sbruffone!	*What a braggart!*
ci vuole	*it takes, it requires*
fare un bagno (al mare)	*to go swimming (in the sea)*
il fascino	*appeal, charm*
Non mi lascia lavorare	*He/She does not let me work*
la ricetta	*recipe*
un sacco di...	*a lot of . . .*
la spiaggia	*beach*

Beh, dopo tutto questo sport, ci vuole proprio una bella cena!

Andiamo a fare un altro bagno, dai!

Il mondo italiano

Quando Giulia dice che l'Italia unita è nata a Gaeta si riferisce a un episodio storico determinante per la storia italiana. A Gaeta, infatti, avvenne (*took place*) l'incontro fra Giuseppe Garibaldi e il re del Piemonte, Vittorio Emanuele II, che poi divenne (*became*) il primo re dell'Italia unita. Durante questo incontro si decise (*it was decided*) la sorte (*fate*) dell'unione fra l'Italia del Nord e l'Italia del Sud.

Per saperne di più sull'Unità d'Italia, vai su MyItalianLab.

Prima di guardare

7.47 In questo episodio Giulia ed Elena sono in posti diversi. Guarda le foto, leggi le didascalie e poi rispondi alle domande.

1. Che parole conosci per descrivere il posto della prima foto? Puoi immaginare dove sono le ragazze? Che cosa hanno fatto secondo te?
2. Descrivi la seconda foto. Secondo te, Giulia e Elena sembrano rilassate e contente o stanche e preoccupate? Dove sono?

Mentre guardi

7.48 Mentre guardi, osserva attentamente le diverse località e rispondi alle seguenti domande.

1. Dove sono le ragazze nella prima parte dell'episodio?
2. Cosa decidono di fare?
3. Dove sono Elena e Giulia nella seconda parte dell'episodio? Di che umore (*mood*) sono?

Dopo aver guardato

7.49 Insieme discutete quali elementi nell'episodio che avete visto possono confermare le seguenti frasi.

1. Dopo la corsa, le due ragazze hanno parlato di andare al cinema.
2. Elena non vuole più sentir parlare di Pietro.
3. Elena e Giulia hanno deciso di andare in vacanza.
4. Giulia ha bei ricordi di Gaeta.
5. Durante la giornata a Gaeta Giulia comincia a dimenticare Pietro.
6. Giulia spiega a Elena perché vuole bene a Roberto.

 **7.50** Discutete com'è cambiato l'ambiente e com'è cambiato l'umore delle due ragazze durante tutto l'episodio. L'ambiente ha influenzato Giulia ed Elena? Come?

 **7.51** Ricostruite una telefonata fra Elena e un'amica. Elena racconta cosa ha fatto gli ultimi giorni e l'amica le fa delle domande per sapere i particolari.

LEGGIAMO

Strategie per leggere
Making assumptions about content

You have learned that before reading a text, it is very helpful to examine the format, title, headings, and any visual images. These can assist you not only in understanding the content but also in making specific assumptions about the topic—what the subject matter is and even what the focus may be. Then, as you read, you can confirm or modify your assumptions as you acquire new information.

Prima di leggere

7.52 I testi che seguono sono brevi articoli su eventi e attività che possiamo fare per divertirci. Prima di leggere gli articoli, leggi attentamente i titoli.

1. Ci sono nei titoli parole che conosci?
2.  Secondo voi, di cosa parlano gli articoli? Fate una breve lista dei possibili argomenti.

Mentre leggi

7.53 Adesso leggi gli articoli e indica le informazioni che confermano o contraddicono le tue supposizioni.

Macché Vienna! Il più bel walzer si balla in Italia.

Il walzer, l'ultima danza inventata dall'Europa ad aver conquistato[1] il mondo, oggi ci appare come il passo[2] dolce e perduto di una misura[3] squisita di incontro tra natura e civiltà, fisicità e architettura.
«Tutte le classi sociali, a tutte le età: lo insegniamo ai ragazzini e ai settantenni» dice Leo Bovini, presidente dell'Associazione Nazionale Maestri di Ballo. «Noi italiani siamo all'apice[4] internazionale, assieme all'Inghilterra. E dobbiamo rimanerci. Disciplina, fantasia, tanta passione. Venga[5] alle nostre gare[6], vedrà la gente che arriva. Il walzer si balla più al nord che al centro e più al centro che al sud, ma magari[7] una coppia prende la macchina da Messina

1. *conquered* 2. *step* 3. *balance* 4. *top* 5. *Come* 6. *competitions* 7. *perhaps*

Hai mai provato a pattinare?

Non aver paura di scivolare[1] sul ghiaccio. Noi ti insegniamo a muovere i primi passi o a perfezionare il tuo stile. Per divertirti in vacanza con uno sport che non ha età[2]. Non importa se non avete mai indossato un paio di pattini da ghiaccio o se sono passati secoli dall'ultima volta. Pattinare non è co- sì difficile. E soprattutto può essere un'ottima idea per passare un pomeriggio diverso insieme ai figli, al marito, agli amici. Non occorre[3] nemmeno essere in montagna per avere una pista[4] a disposizione[5], ormai durante le feste natalizie ne vengono allestite[6] anche di provvisorie in moltissime città.

1. *slip* 2. *ageless* 3. *It is not necessary* 4. *rink* 5. *available* 6. *set up*

Il calcio al cinema e alla TV

Dal 22 ottobre al 3 Novembre ha avuto luogo[1] a Milano la 22a edizione di «Sport Movies & TV», il più importante festival internazionale sul cinema e sui programmi televisivi dedicati allo sport e in particolare al calcio. Hanno partecipato più di 90 nazioni e più di 230.000 spettatori, che sono entrati gratuitamente. La gente ha potuto assistere alle proiezioni sui 6 grandi schermi nelle sale del Palazzo Affari ai Giureconsulti e anche sul Megaschermo fuori, proprio in piazza del Duomo. C'è stata una quantità incredibile di video, filmati e trasmissioni in diretta sui principali eventi sportivi della televisione per più di 10 ore al giorno, su più di 70 sport diversi, anche se il calcio ha avuto la parte principale.

1. *took place*

Dopo la lettura

7.54 Dopo aver letto gli articoli completa le attività che seguono.

1. Le tue ipotesi prima di leggere erano (*were*) corrette?
2. Nei testi che hai letto, trova elementi per confermare le affermazioni seguenti.
   a. Il walzer ha ancora molto successo in Italia e lo ballano giovani e anziani.
   b. Durante il festival «Sport Movies & TV» la gente ha visto moltissimi film sul calcio.
   c. Pattinare sul ghiaccio non è difficile e si può farlo in molti posti.

3. Immaginate un titolo alternativo per ogni articolo. Poi ogni gruppo legge i titoli alla classe e gli altri indovinano di quale articolo si tratta.

Strategie per parlare
Talking about what you did on the weekend

When discussing your weekend activities, remember to use the appropriate forms of the **passato prossimo**—and be sure you are ready to ask your friends some questions about their activities. To make your conversation more interesting, be prepared also to ask for and to share some details about what you have done.

Che hai fatto di bello? Parla con tre compagni/compagne di cosa avete fatto il weekend scorso. Racconta cosa hai fatto tu e scopri cosa hanno fatto loro. Chi si è divertito/a di più? Perché?

Il weekend di Arianna

	VENERDÌ	SABATO	DOMENICA
7:00	footing con Gabriella		
8:00			
9:00			
10:00			museo con Federico
11:00			
12:00		pranzo in campagna e a cavallo	
13:00			partita allo stadio
14:00			
15:00			
16:00			
17:00			
18:00			
19:00			
20:00			
21:00	cinema con Lucia		Opera con Roberta
22:00		10:30 in discoteca con gli amici	
23:00			
24:00			

Prima di parlare

7.55 Per prepararti a parlare segui questi suggerimenti.

1. Prendi ad esempio l'agenda di Arianna e prepara una breve lista di attività interessanti che hai fatto il weekend scorso. Quali particolari puoi raccontare?
2. Prepara alcune domande per sapere che cosa hanno fatto i compagni/le compagne nel weekend.

Mentre parli

7.56 Racconta ai compagni/alle compagne che cosa hai fatto tu il weekend scorso e fa' delle domande per sapere che cosa hanno fatto loro.

Dopo aver parlato

7.57 Quali sono le vostre conclusioni? Decidete chi ha avuto il weekend più interessante. Chi si è divertito/a di più? Perché?

SCRIVIAMO

Strategie per scrivere
Relating a past event

We often relate a past event or experience in our writing. For example, people write in their blogs about intriguing things that have happened to them. When you write about an event in the past, use the **passato prossimo** to tell what happened.

Una giornata insolita (*unusual*). Racconta sul tuo blog una tua recente giornata un po' insolita. Usa il blog di Tiziana nel *Percorso I* come modello.

Prima di scrivere

7.58 Prima di cominciare a scrivere, organizza le tue idee.

1. Elenca (*List*) i fatti che vuoi raccontare.
2. Metti le azioni in ordine cronologico.
3. Indica chi ha fatto le varie azioni.
4. Decidi come vuoi concludere.

La scrittura

7.59 Usa gli appunti e scrivi una prima stesura.

La versione finale

7.60 Leggi la stesura che hai preparato.

1. Hai usato gli appunti? Hai incluso particolari interessanti?
2. Hai usato **essere** o **avere** correttamente?
3. Controlla se hai scritto bene tutte le parole, l'uso degli articoli e l'accordo degli aggettivi e dei nomi.

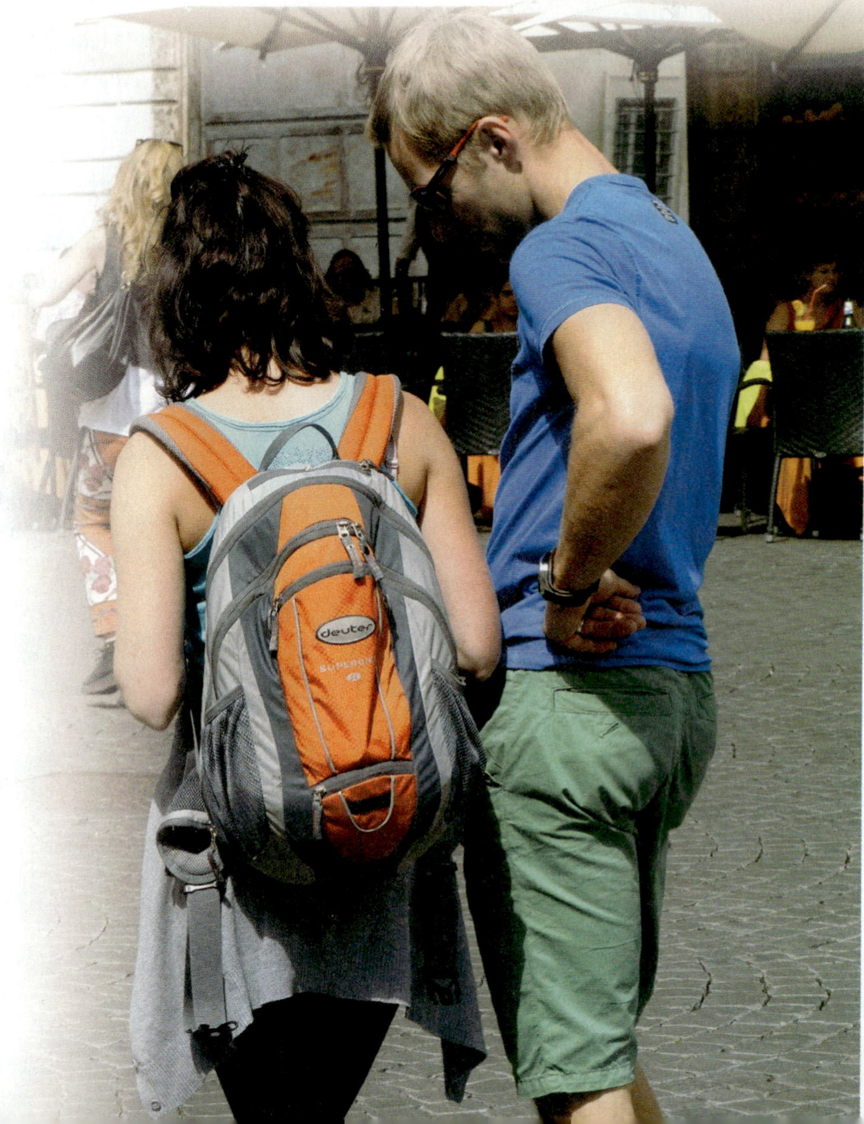

Il tempo libero

andare*	*to go*
a teatro	*to the theater*
a un concerto	*to a concert*
a un museo	*to a museum*
fuori a cena	*out to dinner*
in campagna	*to the countryside*
in montagna	*to the mountains*
in palestra	*to the gym*
annoiarsi*	*to get bored*
chiacchierare	*to chat*
fare spese	*to go shopping*
fare una gita	*to take an excursion*
fare un viaggio	*to take a trip*
giocare a biliardo / a scacchi	*to play pool / chess*
guardare un DVD	*to watch a DVD*
leggere i fumetti	*to read comic books*
suonare la batteria / il piano (il pianoforte)	*to play the drums / the piano*

Le attività sportive

allenarsi*	*to practice, to train*
andare a cavallo	*to go horseback riding*
il costume da bagno	*bathing suit*
fare (*p.p.* fatto)	*to make, to do*
aerobica	*to do aerobics*
atletica leggera	*to do track and field*
bodybuilding	*to lift weights*
ciclismo	*to bicycle*
equitazione	*to go horseback riding*
footing	*to jog*
il pattinaggio a rotelle / sul ghiaccio	*roller skating / ice skating*
scherma	*to fence*
fare il tifo per	*to root for*
giocare	*to play*
a bowling	*bowling*
a hockey	*hockey*
a pallacanestro / a basket	*basketball*
a pallavolo	*volleyball*
il giocatore/la giocatrice	*player*
la mazza	*bat, club*
la palla	*ball*
il pallone	*(soccer) ball*
la partita	*game*
i pattini	*skates*
praticare / fare uno sport	*to play a sport*
la racchetta da tennis	*tennis racket*
gli sci	*skis*
la squadra	*team*
il tifoso/la tifosa	*fan*
la tuta	*sweats*
vincere (*p.p.* vinto)	*to win*

I programmi per il weekend

Cosa danno al… ?	*What is playing at … ?*
mettersi d'accordo	*to come to an agreement*
mi dispiace	*I'm sorry*
mi / ti / gli/le piacerebbe	*I / you / he/she would like*
Ti va di + *infinitive*… **?**	*Do you feel like … ?*
(Non) Mi va di + *infinitive*…	*I do (not) feel like …*
vorrei / vorresti / vorrebbe	*I would like / you would like / he/she would like*

Il cinema, la musica e il teatro

l'attore/l'attrice	*actor/actress*
il biglietto	*ticket*
il canale TV	*TV channel*
il/la cantante	*singer*
il cantautore/la cantautrice	*singer-songwriter*
la commedia	*comedy, play*
il concerto	*concert*
il film	*film*
comico	*funny*
drammatico	*dramatic*
di fantascienza	*science-fiction*
d'orrore	*horror*
il gruppo (musicale), la band	*band*
la locandina	*playbill*
il/la musicista	*musician*
il/la protagonista	*protagonist*
il/la regista	*film director*
lo spettacolo	*show*

Espressioni per domandare: See p. 219.

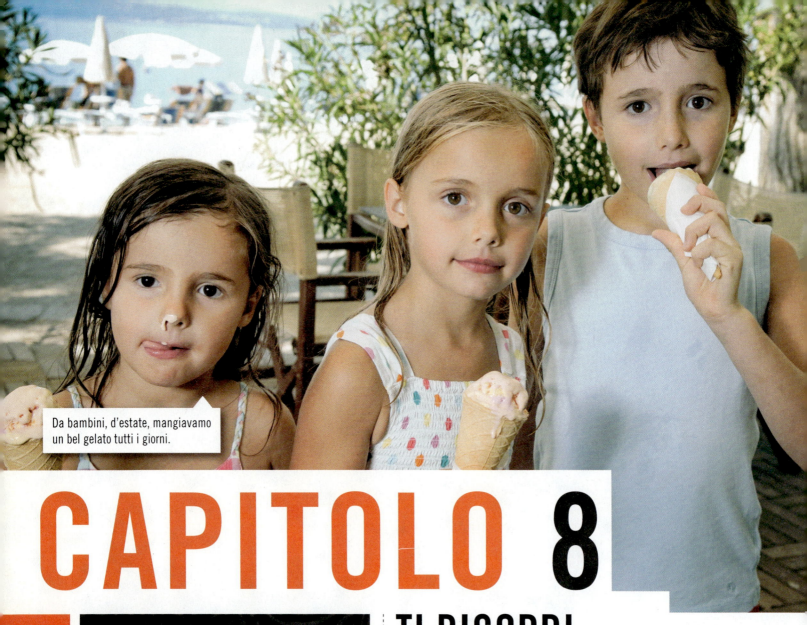

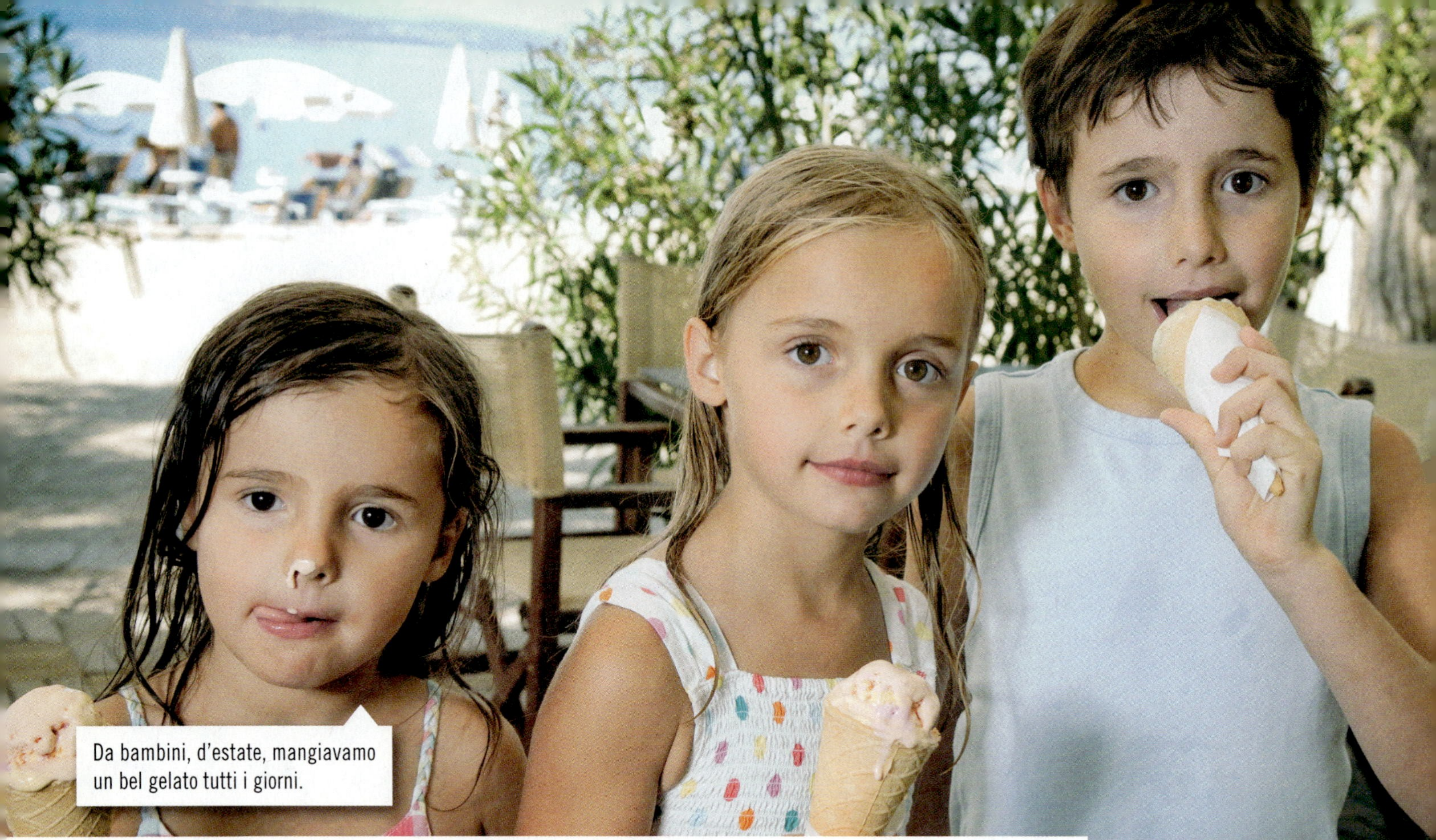

Da bambini, d'estate, mangiavamo un bel gelato tutti i giorni.

CAPITOLO 8

TI RICORDI QUANDO?

PERCORSO I: I ricordi d'infanzia e di adolescenza

PERCORSO II: I ricordi di scuola

PERCORSO III: La vita com'era

ATTRAVERSO: Il Lazio

IN PRATICA

In this chapter you will learn how to:

- Talk about your childhood
- Discuss past school experiences
- Describe the way things used to be and talk about changes

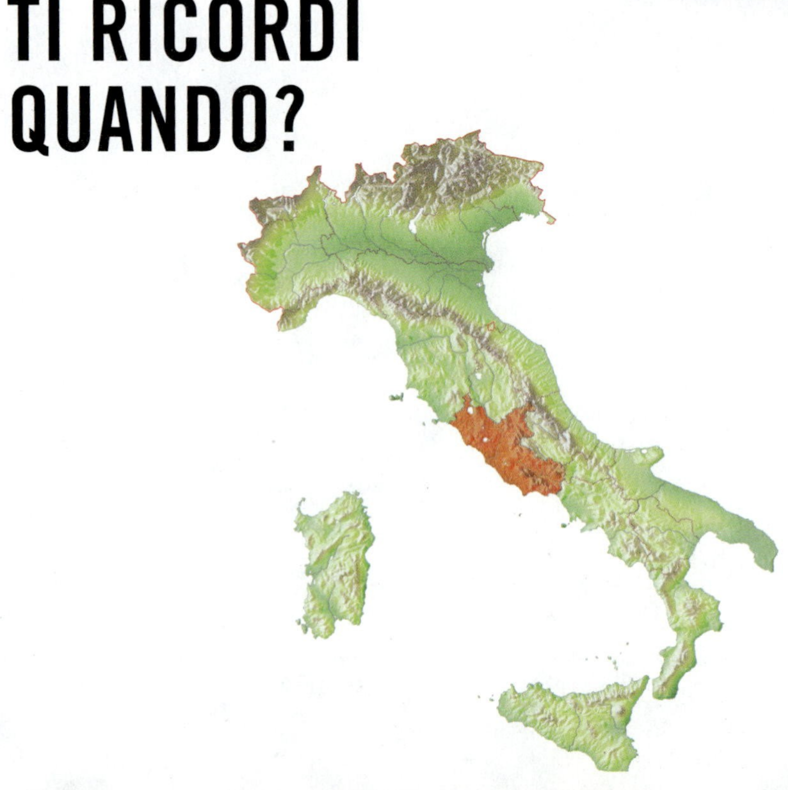

PERCORSO I

I ricordi d'infanzia e di adolescenza

VOCABOLARIO

Come eravamo?

Iacopo Marcelli è un veterinario sensibile e intelligente. Ama sempre gli animali ed è spesso molto impegnato con il suo lavoro.

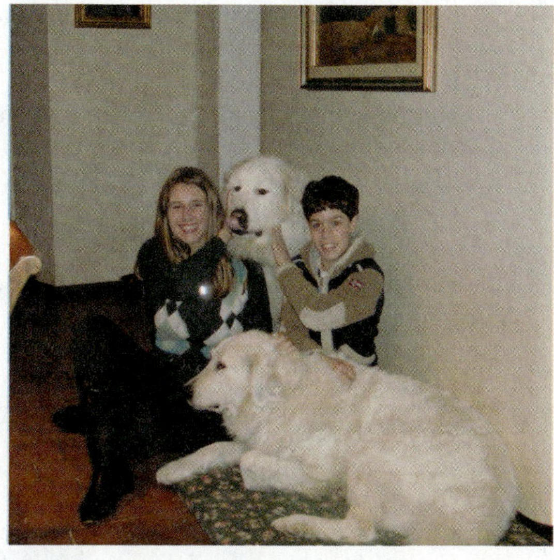

Iacopo era un bel bambino bruno. Era espansivo e calmo. Lui e la cugina Olivia amavano molto gli animali e giocavano spesso con i cani.

Per parlare delle attività dell'infanzia

andare* all'asilo	*to go to preschool*
avere molti / pochi giocattoli	*to have many / few toys*
avere paura di	*to be afraid of*
colorare	*to color*
da bambino/bambina	*as a child*
disegnare	*to draw*
fare collezione di...	*to collect ...*
giocare a	*to play*
calcetto	*table football; soccer game played on a small field*
nascondino	*hide-and-seek*
giocare con	*to play with*
le bambole	*dolls*
le macchinine	*toy cars*
il trenino	*toy train*
i videogiochi	*videogames*
giocare dentro / fuori (casa)	*to play inside / outside (the house)*
guardare i cartoni animati	*to watch cartoons*
l'infanzia	*childhood*
raccontare / leggere una favola	*to tell / to read a fairy tale*
saltare la corda	*to jump rope*

Per descrivere le persone e i rapporti

attivo/a	*active*
capriccioso/a	*naughty*
dire le bugie	*to tell lies*
paziente	*patient*
piangere (*p.p.* pianto)	*to cry*
viziato/a	*spoiled*
volere bene a qualcuno	*to love someone*

8.1 In casa o fuori? Preparate insieme delle liste di varie attività dell'infanzia che di solito si fanno in casa / fuori casa, da soli / con altre persone e quando fa bel tempo / quando piove.

8.2 Che cos'è? Completa le frasi seguenti che parlano di alcuni bambini con una delle parole della lista:

all'asilo	giocattoli	paziente	racconta una favola	ha paura	viziato

1. Fabrizio è un bambino ____________ e fa sempre molti capricci (*tantrums*).
2. Prima di cominciare la scuola elementare, sono andata ____________ per due anni.
3. Il padre del piccolo Giovanni ____________ al figlio ogni sera.
4. Sono due bambini molto ricchi e hanno tanti ____________.
5. Mia nonna non si arrabbiava mai con noi bambini, era molto ____________.
6. Paolo non ama gli animali e ____________ dei cani!

8.3 Come si dice? Rispondi alle domande usando una parola o un'espressione del *Vocabolario*.

1. Che cosa fa una persona molto triste?
2. Qual è un'altra espressione simile ad *amare*?
3. Qual è il contrario di *dire la verità*?
4. Com'è un bambino che vuole sempre tante cose e non è mai contento?
5. Che cosa guardano spesso i bambini alla televisione?
6. Cosa si fa con i colori? E cosa si può fare con una matita?

Da bambini Costanza e Ruggero giocavano e si divertivano insieme.

In contesto La mia infanzia

Giulio risponde a una mail di Jason, il suo amico americano.

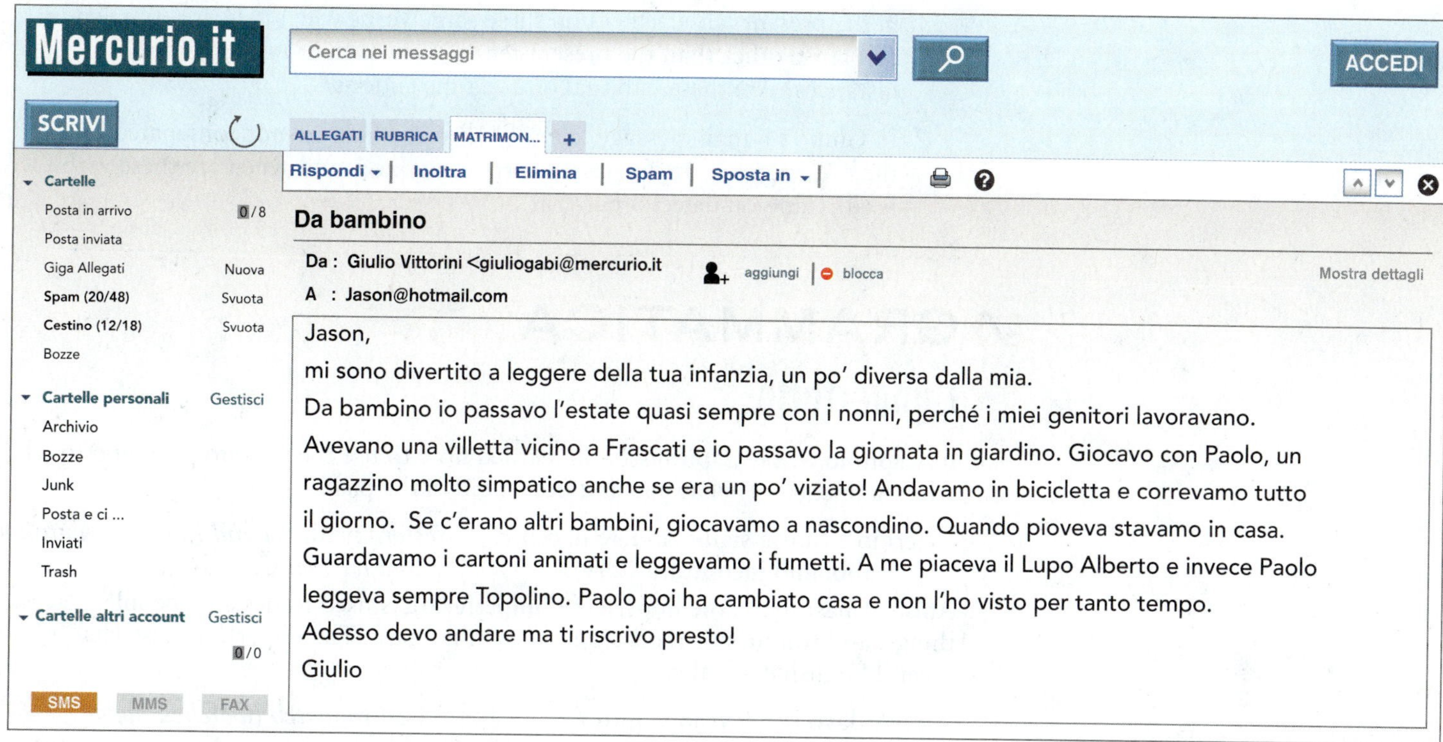

Da bambino

Da : Giulio Vittorini <giuliogabi@mercurio.it

A : Jason@hotmail.com

Jason,

mi sono divertito a leggere della tua infanzia, un po' diversa dalla mia.

Da bambino io passavo l'estate quasi sempre con i nonni, perché i miei genitori lavoravano. Avevano una villetta vicino a Frascati e io passavo la giornata in giardino. Giocavo con Paolo, un ragazzino molto simpatico anche se era un po' viziato! Andavamo in bicicletta e correvamo tutto il giorno. Se c'erano altri bambini, giocavamo a nascondino. Quando pioveva stavamo in casa. Guardavamo i cartoni animati e leggevamo i fumetti. A me piaceva il Lupo Alberto e invece Paolo leggeva sempre Topolino. Paolo poi ha cambiato casa e non l'ho visto per tanto tempo.

Adesso devo andare ma ti riscrivo presto!

Giulio

8.4 I ricordi di Giulio. Com'era l'infanzia di Giulio? Completa le frasi secondo il suo messaggio.

1. Giulio era un bambino attivo perché...
   a. andava in bicicletta e correva.
   b. passava la giornata in giardino.
2. Giulio passava molto tempo con...
   a. i nonni.
   b. i cugini.
3. Giulio e Paolo erano...
   a. compagni di scuola.
   b. amici.
4. Giulio e Paolo leggevano...
   a. le favole.
   b. i fumetti.

Lo sai che? I fumetti

Il Lupo Alberto è un simpatico fumetto tutto italiano che è nato negli anni '70. È un personaggio un po' bizzarro, molto popolare fra i bambini. Il fumetto però più conosciuto in Italia resta sempre quello di Topolino (*Mickey Mouse*). Il personaggio, nato in America, è molto celebre in Italia, dove ogni settimana si pubblica la rivista intitolata appunto *Topolino*, con grande gioia e divertimento dei bambini e spesso anche degli adulti.

8.5 Cosa leggono i bambini? Rispondi alle domande sui fumetti.

1. Di dove è il personaggio del fumetto più famoso in Italia?
2. Cosa leggevi tu da bambino/a?

Bambini che leggono fumetti. E tu, li leggevi da ragazzo/a?

Occhio alla lingua!

1. In the *Percorso I Vocabolario* photo captions, find all the verbs that are in the present tense. Then find these same verbs when they are conjugated in a tense other than the present tense. What is their meaning in these instances? Are these habitual or one-time actions?
2. In Giulio's e-mail message, identify all verbs that are not conjugated in the present tense or the **passato prossimo**. How and when are these verbs used? Can you detect a pattern?

GRAMMATICA

L'imperfetto

In **Capitolo 6** and **Capitolo 7** you learned how to use the **passato prossimo** to tell what happened or what you and others did in the past.

Ieri io e Maria **siamo andate** in centro e **abbiamo incontrato** Carlo.	*Yesterday Maria and I* ***went*** *downtown and we* ***met*** *Carlo.*

Another past tense, the imperfect (**l'imperfetto**), is used to describe people, places, things, and routines or repeated actions in the past. The imperfect tense has several English equivalents.

Guardavo la televisione tutti i pomeriggi.	***I used to watch (watched, was watching)*** *television every afternoon.*

Questi ragazzi giocavano a calcetto. E tu, cosa facevi quando non andavi a scuola?

The imperfect tense of regular **-are, -ere,** and **-ire** verbs is formed by dropping the **-re** of the infinitive and adding the imperfect endings: **-vo, -vi, -va, -vamo, -vate, vano.**

	giocare	correre	dormire	finire
	gioca-	corre-	dormi-	fini-
io	gioca**vo**	corre**vo**	dormi**vo**	fini**vo**
tu	gioca**vi**	corre**vi**	dormi**vi**	fini**vi**
lui/lei	gioca**va**	corre**va**	dormi**va**	fini**va**
noi	gioca**vamo**	corre**vamo**	dormi**vamo**	fini**vamo**
voi	gioca**vate**	corre**vate**	dormi**vate**	fini**vate**
loro	gioca**vano**	corre**vano**	dormi**vano**	fini**vano**

The verb **essere** is irregular in the imperfect.

essere			
io	ero	noi	eravamo
tu	eri	voi	eravate
lui/lei	era	loro	erano

The verbs **bere, dire,** and **fare** have irregular stems in the imperfect based on an archaic form of the infinitive; their endings, however, are regular.

	bere (bevere)	dire (dicere)	fare (facere)
io	bev**evo**	dic**evo**	fac**evo**
tu	bev**evi**	dic**evi**	fac**evi**
lui/lei	bev**eva**	dic**eva**	fac**eva**
noi	bev**evamo**	dic**evamo**	fac**evamo**
voi	bev**evate**	dic**evate**	fac**evate**
loro	bev**evano**	dic**evano**	fac**evano**

When talking about the past, the imperfect is used to describe the following:

1. Repeated or habitual actions and routines:

Mi svegliavo alle otto ogni mattina.	*I woke up at eight every morning.*
Io e i miei amici **giocavamo** spesso a nascondino.	*My friends and I often played hide-and-seek.*

The following expressions are frequently used with the imperfect to talk about repeated actions in the past.

Espressioni di tempo	
di solito	*usually*
ogni giorno, tutti i giorni	*each day, every day*
qualche volta	*sometimes*
sempre	*always, all the time*
spesso	*often*
una volta / due volte alla settimana	*once a week / twice a week*

2. Physical and psychological characteristics, as well as age:

La mia amica Lina **aveva** i capelli lunghi; **era** una ragazza timida e dolce. — *My friend Lina had long hair; she was a shy and sweet girl.*
La sua casa **era** bella e **aveva** nove stanze. — *Her house was beautiful and had nine rooms.*
Ero a casa perché **stavo** male. — *I was at home because I was sick.*
Nel 2003 **avevano** solo otto anni. — *In 2003 they were only eight years old.*

3. The time, the day, the weather, dates, and seasons:

Erano le cinque del pomeriggio. — *It was five in the afternoon.*
Il primo maggio **era** domenica. — *May 1st was a Sunday.*
Era primavera, **pioveva** e **c'era** nebbia. — *It was springtime, it was raining, and it was foggy.*

4. Two actions going on at the same time in the past, or an ongoing action that was interrupted by another action:

Mentre **cucinavo,** i bambini **giocavano.** — *While I was cooking, the children were playing.*
Giocavamo a calcio quando è cominciato a piovere. — *We were playing soccer when it started to rain.*

8.6 Com'erano. Descrivi com'erano e cosa facevano da bambini/e queste persone.

1. Bruno (avere) _____________ i capelli biondi e corti. (Portare) _____________ sempre i jeans e le scarpe da ginnastica. (Essere) _____________ un bambino calmo e tranquillo. Non (fare) _____________ molto sport, ma (giocare) _____________ un po' a calcio.
2. Margo e Viola (studiare) _____________ ogni pomeriggio insieme; (andare) _____________ insieme in palestra e spesso (cenare) _____________ anche insieme. (Essere) _____________ però due ragazzine molto diverse. Per esempio, Margo (volere) _____________ sempre uscire, mentre Viola (preferire) _____________ stare a casa. Tutte e due (aiutare) _____________ in casa.
3. Io e Marco (essere) _____________ molto simili. (Avere) _____________ la passione per le macchinine e gli aerei. Purtroppo non (potere) _____________ vederci spesso perché (abitare) _____________ lontano. Spesso (andare) _____________ ai giardini insieme il sabato pomeriggio.

8.7 Che tempo faceva? Com'era il tempo nella tua città l'anno scorso ad aprile? E durante l'estate? Com'era in autunno? E in inverno?

8.8 Che bei tempi! Elisabetta e Filippo discutono della loro fanciullezza. Ascolta la conversazione e indica chi faceva le attività seguenti. La prima risposta è già indicata.

	Elisabetta e Filippo	Elisabetta	Filippo	la sorella di Filippo	Filippo e il fratello
1. pensarti			×		
2. giocare a calcetto					
3. guardare i cartoni animati					
4. avere una collezione bellissima					
5. essere geloso/a/i/e					
6. andare in bicicletta					
7. giocare sempre con le bambole					
8. essere capriccioso/a/i/e					

 **8.9 Cosa facevate da ragazzini?** Discutete quali di queste attività facevate da adolescenti e con quale frequenza le facevate.

ESEMPIO: giocare a calcio

S1: Giocavo sempre a calcio. E voi, giocavate a calcio qualche volta?
S2: Sì, io e i miei amici giocavamo spesso a calcio.
S3: Io e i miei amici invece non giocavamo mai a calcio.

1. dire le bugie ai genitori
2. andare in vacanza al mare
3. uscire con gli amici la sera
4. dormire fino a tardi
5. litigare con gli amici
6. ... ?

SCAMBI

 **8.10 Fiabe e storie.** Indicate quali fiabe corrispondono alle descrizioni che seguono. Quali delle storie conoscete? Vi piacevano da piccoli? Perché?

1. Era un bambino povero. Diceva sempre le bugie e aveva il naso lungo.
2. Era molto alta e abitava con sette persone molto basse. Queste persone le volevano molto bene. Lei era molto bella e una strega era gelosa di lei.
3. Non aveva la madre e abitava con la matrigna e tre sorellastre molto cattive. Doveva fare sempre lei tutti i lavori di casa. Aveva i piedi piccoli.
4. Portava un mantello rosso e aveva la nonna malata. Non aveva paura di camminare da sola nel bosco per andare a trovare la nonna.

Biancaneve e i sette nani

Cenerentola

Pinocchio

Cappuccetto rosso

 **8.11 Chi lo faceva?** Trovate due compagni/compagne che da bambini/bambine facevano le attività che seguono. Scoprite anche con quale frequenza le facevano.

Attività	Nome	Frequenza
giocare con le bambole	1.	1.
	2.	2.
guardare i cartoni animati	1.	1.
	2.	2.
leggere i fumetti	1.	1.
	2.	2.
disegnare	1.	1.
	2.	2.
giocare a nascondino	1.	1.
	2.	2.
giocare con le macchinine	1.	1.
	2.	2.
giocare con i videogiochi	1.	1.
	2.	2.

 **8.12 La casa della mia infanzia.** Scoprite com'era la casa del vostro compagno/della vostra compagna quando era bambino/a. Cosa faceva nelle varie parti della casa? Quale era la sua stanza preferita? Perché?

8.13 Amici d'infanzia. Discutete dei vostri amici d'infanzia. Descrivete un amico/un'amica che vi piaceva e uno/una che non vi piaceva e spiegate perché.

Eravamo proprio care amiche! Stavamo sempre insieme!

PERCORSO II I ricordi di scuola

VOCABOLARIO

Com'erano i tuoi giorni di scuola?

Tiziana non studiava mai molto e non andava a scuola tutti i giorni, ma si allenava regolarmente a calcio. Non era né calma né pigra.

Per parlare di scuola

l'esame	*exam*
la materia obbligatoria	*required course*
la pagella	*report card*
la ricreazione	*recess*
la scuola elementare	*elementary school*
la scuola media	*junior high school*
la scuola media superiore / il liceo	*high school*
la scuola privata / statale	*private / public school*

Il ragazzino faceva sempre i compiti?

Per raccontare della scuola

andare* male / bene a scuola	*to do poorly / well (in school)*
arrabbiarsi*	*to get mad*
Che classe fai / facevi?	*What grade are you / were you in?*
dimenticare / dimenticarsi*	*to forget*
essere assente / presente	*to be absent / present*
essere bravo/a in disegno / in biologia, ecc.	*to be good at art / at biology, etc.*
fare attenzione	*to pay attention*
fare i compiti	*to do homework*
fare un compito in classe	*to take a written exam*
marinare la scuola	*to cut school*
prendere un buon, bel / brutto voto	*to get a good / bad grade*
prendere in giro	*to make fun of*
punire (-isc)	*to punish*
ricordare / ricordarsi*	*to remember*
scherzare	*to joke, to fool around*

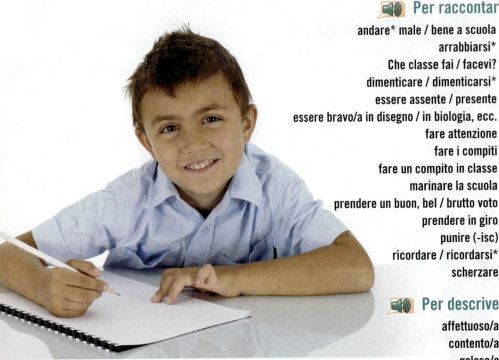

Per descrivere le persone

affettuoso/a	*affectionate*
contento/a	*happy, glad*
geloso/a	*jealous*
infelice	*sad, unhappy*
obbediente	*obedient*
prepotente	*overbearing, bullying*
ribelle	*rebellious*
severo/a	*strict*
terribile	*terrible*

8.14 L'intruso. Indica la parola o frase che non c'entra con le altre.

1. terribile, ribelle, affettuoso
2. prendere in giro, dimenticare, scherzare
3. prendere un buon voto, essere bravo in, la materia obbligatoria
4. punire, arrabbiarsi, ricordare
5. andare male, essere assente, essere obbediente
6. il compito in classe, l'esame, la ricreazione
7. la pagella, la scuola media, la scuola privata
8. geloso, infelice, contento

Così si dice
In bocca al lupo!

The expression ***In bocca al lupo!*** is used to wish someone good luck on an exam or other important venture. It is equivalent to the English expression *Break a leg!* and it literally means *[Go] into the wolf's mouth!* The person is supposed to respond: ***Crepi (il lupo)!***, literally, *May the wolf die!*

8.15 Cosa si fa a scuola? Pensa ai tempi della scuola e rispondi alle domande.

1. Dopo la scuola elementare, che scuola si frequenta?
2. Se un ragazzo/una ragazza è bravo/a in una materia, che voti prende?
3. Quando un ragazzo/una ragazza va male a scuola, come reagiscono i genitori?
4. Come si chiama il periodo in cui gli studenti possono giocare, scherzare e parlare fra loro?
5. Chi dimentica sempre di fare i compiti, in genere come va a scuola?
6. Cosa chiedi se vuoi sapere che anno di scuola una persona frequenta?
7. Qual è il contrario di *ricordare*?
8. Che cosa fa un ragazzo che è assente da scuola senza il permesso dei genitori?

8.16 Che cosa ti ricordi? Tuo padre ricorda i suoi giorni di scuola. Completa le frasi con un termine del *Vocabolario* del *Percorso II* e fa' tutti i cambiamenti necessari.

1. Edoardo da bambino portava gli occhiali e i compagni lo ____________.
2. Io ero obbediente e studiavo molto. A scuola ero ____________ soprattutto in matematica.
3. Mio fratello invece era molto ____________.
4. La professoressa d'italiano era molto simpatica e ____________ spesso con noi ragazzi.
5. Ogni settimana dovevo ____________ d'italiano in classe.
6. Dopo la scuola elementare, che era molto lontano, sono andato alla ____________ che era vicino a casa.

Lo sai che? La scuola in Italia

In Italia la scuola è obbligatoria per tutti fino a 16 anni. I bambini cominciano la scuola elementare a 6 anni, poi vanno alla scuola media per tre anni e poi al liceo per cinque.

Dopo la scuola media i ragazzi possono scegliere tra diversi tipi di scuola superiore: i licei, come il liceo classico (dove fra l'altro si studiano il latino e il greco antico), lo scientifico (dove si studia molta matematica), l'artistico, quello pedagogico-linguistico e diversi istituti professionali, come l'Istituto Professionale Alberghiero (*school for the hotel trade*).

I ragazzi italiani restano a scuola di solito fino all'una o l'una e mezza e non ci sono lezioni il pomeriggio. Vanno a scuola anche il sabato, quindi l'unica sera libera della settimana è il sabato sera.

In tutte le scuole ci sono compiti in classe scritti (come in italiano, latino e matematica), ma la maggior parte degli esami sono orali. Si chiamano **interrogazioni** e si dice che un ragazzo è **interrogato** in una certa materia. Al liceo i voti vanno dallo 0 al 10, ma soltanto i voti dal 6 al 10 sono considerati sufficienti per passare all'anno seguente. I professori quasi sempre sono molto severi e difficilmente danno voti superiori all'8. Alla fine del liceo gli studenti devono sostenere un esame di stato, conosciuto anche come "maturità", che consiste in prove scritte e orali sulle materie studiate.

8.17 La scuola italiana. Paragonate la scuola del vostro Paese con quella italiana. Poi discutete quale sistema vi sembra più interessante, quale più facile o difficile. Prendete in considerazione:

a. il tipo di scuola
b. i voti
c. gli esami
d. l'orario

In contesto Ti ricordi... ?

Alessandra e Giorgio, due ex compagni di scuola, si incontrano dopo aver cominciato l'università e parlano dei tempi del liceo.

ALESSANDRA: Certo che tu eri proprio ribelle. In classe non facevi mai attenzione!

GIORGIO: Verissimo! Forse ero poco maturo. Non prendevo voti buoni in nessuna materia e i miei genitori si arrabbiavano tanto. Veramente a me piaceva solo la matematica, ma non studiavo neanche quella! Ti ricordi com'era terribile la professoressa?

ALESSANDRA: Mi ricordo sì! Anche i tuoi amici, però, erano dei bei tipi! Io invece ero anche troppo obbediente e studiavo tutto seriamente. E voi mi prendevate in giro!

GIORGIO: Mi dispiace! Un po' scherzavamo e naturalmente eravamo anche un po' gelosi! Ma non eravamo cattivi!

ALESSANDRA: Lo so! Lo so! Non ti preoccupare!

8.18 I ricordi di scuola. Rispondete alle domande e giustificate le vostre risposte.

1. Come andava Giorgio a scuola?
2. Perché Alessandra prendeva buoni voti?
3. Perché i ragazzi prendevano in giro Alessandra?
4. E voi, somigliavate di più a Giorgio o ad Alessandra riguardo alla scuola? Perché?

Occhio alla lingua!

1. Which negative words and expressions can you identify in the *Percorso II Vocabolario* photo caption?
2. In the *In contesto* conversation, identify the negative expressions. Point out the patterns that you notice.
3. Find all the words that end in **-mente** in the *Percorso II Vocabolario* photo caption and in the *In contesto* conversation. Do you recognize the cognates?

GRAMMATICA

Espressioni negative

You already know that to make a sentence negative in Italian, you use **non** in front of the verb. In addition to **non**, there are other negative expressions that you can use. These require the use of **non** before the conjugated verb and a negative word after it.

Giorgio **non** sapeva **niente**.	*Giorgio didn't know anything.*
Non vedevo **nessuno**.	*I never used to see anybody.*
Carlo **non** usciva **mai** la sera.	*Carlo never went out in the evenings.*

In prima **non** sapevo **ancora** leggere. — *In first grade, I didn't know how to read yet.*
A 20 anni **non** andavi **più** al liceo. — *At 20, you didn't go to high school anymore.*
Non studiavate **né** latino **né** greco. — *You didn't study either Latin or Greek.*

Espressioni negative	
non... nessuno	*nobody, no one, not... anyone*
non... niente (nulla)	*nothing, not... anything*
non... neanche (neppure, nemmeno)	*not even; neither*
non... né... né	*neither... nor*
non... mai	*never*
non... ancora	*not yet*
non... più	*not anymore, no more, no longer*

1. With the **passato prossimo**, the negative expressions **ancora, mai, più**, and other time expressions are placed between the auxiliary verb (**essere** or **avere**) and the past participle.

   —Hai **già** finito i compiti? — *—Did you already finish your homework?*
   —No. Non li ho **ancora** finiti. — *—No. I didn't finish it yet.*

2. When **nessuno** and other negative expressions precede the verb, **non** is not used.

   Nessuno faceva sport. — *Nobody played sports.*

3. **Nessuno** can be used as an adjective to express the English *not ... any*. When used as an adjective, **nessuno** precedes a singular noun and follows the pattern of **un, uno, una, un'**.

   Non pratico **nessuno** sport. — *I don't play any sports.*
   Non conosciamo **nessun** giocatore di calcio. — *We do not know any soccer players.*

8.19 Un'amica d'università. Un'amica d'università ti chiede notizie su di te e su quello che facevi ai tempi del liceo. Rispondi alle domande e usa un'espressione negativa al posto delle parole indicate in corsivo. Fa' tutti i cambiamenti necessari.

ESEMPIO: —Uscivi *spesso* il venerdì sera? (mai)
—Non uscivo mai.

1. Studiavi *ancora* la grammatica? (più)
2. Conoscevi *tutti* gli studenti stranieri a scuola? (nessuno)
3. Ti piacevano la fisica *e* la chimica? (né... né)
4. Andavi *già* in discoteca? (ancora)
5. Sapevi *tutto* di greco? (niente)

Appena finita la scuola, non dimenticavo mai di mandare un messaggio agli amici!

8.20 I gusti e le abitudini. Due amici parlano dei propri gusti riguardo al tempo libero quando erano al liceo. Completa le risposte con un'espressione negativa contraria alle parole indicate in corsivo.

ESEMPIO: —Io andavo *sempre* al cinema il sabato sera. E tu?
—Non ci andavo <u>mai</u> il sabato sera.

1. —Andavi *sempre* a sciare in primavera?
—No! Non andavo _____________ a sciare in primavera!
2. —Suonavi *ancora* la chitarra?
—No, non suonavo _____________ la chitarra.
3. —Eri amico/a di *tutti*?
—No, non ero amico/a di _____________.
4. —Uscivi *già* con un ragazzo/una ragazza?
—No, non uscivo _____________ con un ragazzo/una ragazza.
5. —Sapevi *tutto* di calcio?
—No, non sapevo _____________ di calcio.

8.21 Che cosa non facevi? Indicate alcune attività che non facevate quando eravate al liceo. Poi paragonate la vostra lista con quella degli altri compagni/delle altre compagne.

ESEMPIO: S1: Non marinavo mai la scuola! E tu?
S2: Neanch'io!

Gli avverbi

Adverbs are used to modify adjectives, verbs, and other adverbs. Unlike adjectives, adverbs never change their endings. Often you can form an adverb by adding **-mente** to the feminine form of the adjective. When an adjective ends in **-e**, the adverb is formed by adding **-mente** directly to the adjective.

lento →	lenta + mente →	lentamente
vero →	vera + mente →	veramente
veloce →	veloce + mente →	velocemente

When adjectives end in **-le** or **-re**, **-mente** is added after dropping the final **-e**.

facile →	facil + mente →	facilmente
generale →	general + mente →	generalmente
regolare →	regolar + mente →	regolarmente

Da piccola Benedetta aiutava pazientemente la madre a fare la spesa

8.22 I giorni di scuola. Roberto racconta cosa facevano un tempo lui, i suoi amici e i professori di liceo. Completa le frasi formando un avverbio in **-mente** dagli aggettivi della lista.

facile	gentile	lento	paziente
severo	affettuoso	tranquillo	regolare

1. Io capivo il latino...
2. Anche prima dei compiti in classe Carla dormiva...
3. La professoressa di scienze spiegava sempre tutto...
4. Quando non capivamo, chiedevamo... ai professori di ripetere.
5. Finivo i compiti tardi perché scrivevo...
6. Dovevamo studiare tutti i pomeriggi...
7. Quando parlavamo troppo in classe, il professore di matematica ci guardava molto...
8. La professoressa d'italiano era davvero gentile e, anche fuori di scuola, ci salutava...

SCAMBI

8.23 Da bambini. Due vecchi amici parlano di quando erano bambini. Ascolta la conversazione e indica se le affermazioni che seguono sono vere o false. Poi descrivi com'erano i due bambini.

1. La bambina prendeva buoni voti a scuola.
2. La bambina aveva molti giocattoli.
3. Il bambino era molto tranquillo.
4. Il bambino giocava molto fuori casa con i fratelli.
5. Ai bambini piacevano le favole che raccontava la nonna.
6. Com'era la bambina: ______________________________
7. Com'era il bambino: ______________________________

8.24 Una tipica giornata. Prendi come esempio quello che Laura dice di quando era bambina. Poi indica che cosa facevi o non facevi mai in una tipica giornata quando eri un ragazzino/una ragazzina. Quindi, con un altro studente/un'altra studentessa paragonate le vostre liste. Com'era simile e com'era diversa la vostra giornata?

8.25 I ricordi di scuola. Intervistate un compagno/una compagna sui suoi ricordi di scuola elementare. Prima preparate cinque domande.

ESEMPIO: **S1:** Com'era la tua scuola?
S2: Era una scuola statale. Era grande e vecchia.
S1: Com'erano i tuoi insegnanti?
S2: I miei insegnanti erano severi...

8.26 E Lei, professore? Insieme preparate cinque domande per intervistare il vostro professore/la vostra professoressa sui suoi anni di scuola. Ricordate di usare il **Lei!**

Questa ero io a quattro anni, quando andavo all'asilo. Stavo a scuola tutto il giorno fino alle 4.30 di pomeriggio. Mangiavo a scuola, mi piaceva molto perché era divertente, e facevamo molti lavori e giocavamo insieme.

PERCORSO III La vita com'era

VOCABOLARIO

Com'era una volta?

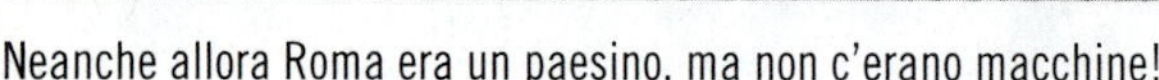

Neanche allora Roma era un paesino, ma non c'erano macchine!

Il traffico oggi a Roma

Per discutere dei cambiamenti

l'abitante (*m./f.*)	*inhabitant*
i cambiamenti	*changes*
cambiare*	*to change*
diventare*	*to become*
la gente	*people*
l'industria	*industry, factory*
l'inquinamento	*pollution*
inquinare (l'aria)	*to pollute the air*
il progresso	*progress*
la tecnologia	*technology*

I mezzi di trasporto

andare* a piedi	*to walk*
andare* in...	*to go by ...*
aereo	*airplane*
autobus	*bus*
automobile, macchina	*car*
bicicletta	*bike*
metropolitana	*subway*
motocicletta	*motorcycle*
motorino	*moped*
taxi	*taxi*
treno	*train*

Per descrivere i posti

affollato/a	*crowded*
agricolo/a	*agricultural*
industriale	*industrial*
inquinato/a	*polluted*
sporco/a	*dirty*

Così si dice | I mezzi di trasporto

With means of transportation, use the verb **prendere: Prendi la metropolitana per andare a scuola?** *Do you take the subway to go to school?* To express the English *to go by* + means of transportation, use **andare in: Anna andava a scuola sempre in autobus.** *Anna always went to school by bus.* Use the preposition **a** in the expression **andare a piedi,** *to walk:* **Quando ero al liceo, andavo a scuola a piedi.**

>> Un'automobile mitica!
In alto a sinistra la FIAT 500, rinata nel 2007, esattamente 50 anni dopo la comparsa[1] della famosissima "nuova 500" originale. Questa piccola auto è molto utile nel traffico di Roma.
208202-PI

1. *appearance*

8.27 Com'era? Descrivi com'era un vecchio paesino del passato. Completa le frasi con la forma corretta di una parola del *Vocabolario* del *Percorso III*.

1. Per le strade circolavano poche ________________ e non c'erano molte industrie.
2. La gente andava a piedi e non prendeva la ________________.
3. L'economia era soprattutto ________________ e non di tipo industriale.
4. L'aria era pulita e non ________________ come adesso.
5. Le strade erano strette (*narrow*) e non erano molto ________________.
6. La vita cambiava lentamente e la ________________ non progrediva (*did not progress*) velocemente.

BIT Biglietto Integrato
FAN8VF11830693
Metrebus Roma
P.Iva 06341981006
Euro 1.50
Vale 100 minuti
una sola corsa metro
Emiss.: 30/06/2013 07.38
71 182A0207 01067558 1067558
Scad.: 30/06/2013 09:19
30062013 07:39 0202143F M
Tutte le avvertenze disponibili sul sito www.atac.roma.it
e sul circuito informativo di Atac S.p.A. presente sul territorio.

8.28 I mezzi di trasporto. Secondo te, quali sono i mezzi di trasporto più adatti nei seguenti casi? Perché?

1. al centro di un'antica città europea
2. da una città a un'altra nella stessa nazione
3. dalla periferia al centro della città
4. in un parco
5. da un continente all'altro
6. su un'autostrada con molto traffico

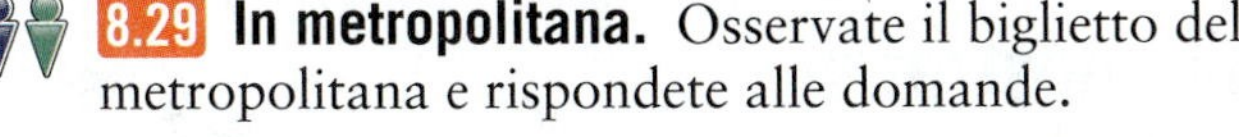

8.29 In metropolitana. Osservate il biglietto della metropolitana e rispondete alle domande.

1. In che città abita la persona che lo ha usato?
2. Quanto ha speso per comprare il biglietto?
3. Quando l'ha usato?
4. Dove doveva andare secondo voi? Perché ha preso la metropolitana?

Così si dice
I suffissi

In Italian, many nouns and adjectives can be modified by adding suffixes. It is important to be able to recognize these endings and understand what they mean. To denote small size and/or to convey a positive and affectionate attitude toward the person or thing described, suffixes such as **-ino / -ina** and **-etto / -etta** can be used: **una manina** (*a small / cute hand*), **un paesino** (*a small town*), **un ragazzino** (*a young boy*), **una ragazzina** (*a young girl*), **una casetta** (*a small house*). The suffix **-one / -ona** is used to indicate largeness: **un palazzone** (*a big, tall building*), **un portone** (*a large front door*). Some endings, such as **-accio / -accia,** can denote poor quality and ugliness: **un tempaccio** (*horrible weather*).

In contesto Com'era...

Claudia è andata a visitare il paese dove sono nati i bisnonni e lo racconta sul suo blog.

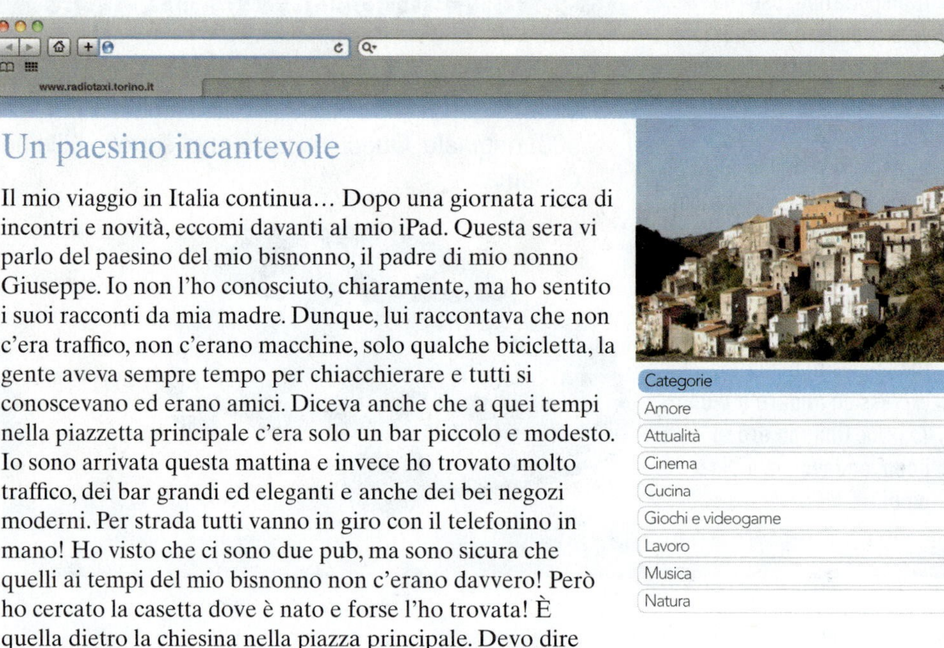

Un paesino incantevole

Il mio viaggio in Italia continua... Dopo una giornata ricca di incontri e novità, eccomi davanti al mio iPad. Questa sera vi parlo del paesino del mio bisnonno, il padre di mio nonno Giuseppe. Io non l'ho conosciuto, chiaramente, ma ho sentito i suoi racconti da mia madre. Dunque, lui raccontava che non c'era traffico, non c'erano macchine, solo qualche bicicletta, la gente aveva sempre tempo per chiacchierare e tutti si conoscevano ed erano amici. Diceva anche che a quei tempi nella piazzetta principale c'era solo un bar piccolo e modesto. Io sono arrivata questa mattina e invece ho trovato molto traffico, dei bar grandi ed eleganti e anche dei bei negozi moderni. Per strada tutti vanno in giro con il telefonino in mano! Ho visto che ci sono due pub, ma sono sicura che quelli ai tempi del mio bisnonno non c'erano davvero! Però ho cercato la casetta dove è nato e forse l'ho trovata! È quella dietro la chiesina nella piazza principale. Devo dire che il centro storico è rimasto incantevole, con le stradine di pietra e tanti scalini! Domani scrivo della gente.

Categorie
Amore
Attualità
Cinema
Cucina
Giochi e videogame
Lavoro
Musica
Natura

8.30 Com'era e com'è. Descrivi il paese del bisnonno di Claudia com'era una volta e com'è oggi. Prendi in considerazione i mezzi di trasporto e i diversi posti. Poi scrivi un commento per il blog di Claudia.

Occhio alla lingua!

1. Find all the forms of **questo** and **quello** in Claudia's blog in the *In contesto* section. Indicate each instance where a form you have identified is used as an adjective and what word it modifies.
2. In any instance where **questo** or **quello** is used as a pronoun, can you identify the word to which **questo** or **quello** is referring?

GRAMMATICA

Gli aggettivi e i pronomi dimostrativi

Demonstrative adjectives and pronouns are used to point out people or things. The demonstrative adjectives **questo** (*this*) and **quello** (*that*) precede the noun they modify.

Questo ragazzo è proprio viziato.	*This child is really spoiled.*
Quei motorini sono rumorosi.	*Those mopeds are noisy.*

1. Like other adjectives that end in **-o**, the demonstrative adjective **questo** (*this*) has four forms and agrees in number and gender with the noun it modifies.

	Singolare	Plurale
Maschile	quest**o** paesin**o**	quest**i** paesin**i**
Femminile	quest**a** strad**a**	quest**e** strad**e**

Non mi piacciono tutti **questi** cambiamenti.	*I don't like all these changes.*
Queste strade non erano affollate.	*These streets were not crowded.*

2. In **Capitolo 3** you studied the different forms of the demonstrative adjective **quello**. Remember that its forms, like the forms of the definite article, depend on the gender and number of the noun modified and on the first letter of the word they precede.

Quei paesini erano proprio tranquilli.	*Those little towns were really quiet.*
Quella piazzetta era molto graziosa.	*That small plaza was very charming.*
Giravo sempre con **quel** vecchio motorino!	*I always went around with that old moped!*

3. **Questo** and **quello** can be used alone as pronouns when the noun they refer to is clear to both the speaker and the listener. Used as pronouns, they have four regular endings: **-o, -a, -i, -e**.

—Quale paese preferisci, **questo** o **quello**?	—*Which town do you prefer, this one or that one?*
—Preferisco **questo**, ma anche **quello** è bello.	—*I prefer this one, but that one is also beautiful.*
—Quali città hai visitato, **queste** o **quelle**?	—*Which cities did you visit, these or those?*
—Ho visitato quelle.	—*I visited those.*
Questi palazzi sono antichi e **quelli** sono moderni.	*These buildings are antique and those are modern.*
Questo bar è nuovo e **quello** è vecchio.	*This bar is new and that one is old.*

Questi caffè e ristoranti si trovano in una delle più antiche piazze di Roma, davanti al Pantheon, che fu (*was*) commissionato da Marco Aurelio Agrippa nel 126 d.C.

e **8.31 Vecchie foto.** Immagina di guardare delle vecchie foto insieme a un'amica. Completa le sue domande e rispondi secondo l'esempio.

ESEMPIO: Chi è ________________ ragazzo? ________________ ragazzo è mio cugino.
Chi è questo ragazzo? Quel ragazzo è mio cugino.

1. Chi è ________________ bambina? ________________ bambina è mia sorella.
2. Chi è ________________ signora? ________________ signora è la mia maestra di piano.
3. Chi sono ________________ persone? ________________ persone sono i miei genitori.
4. Chi sono ________________ studenti? ________________ studenti sono i miei compagni di liceo.
5. Chi è ________________ ragazzo? ________________ ragazzo è un mio amico della scuola media.

6. Di chi era ________________ automobile? ________________ automobile era di mio padre.
7. Di chi erano ________________ pattini? ________________ pattini erano di mia sorella.
8. Di chi era ________________ casa? ________________ casa era dei nonni.

8.32 Cosa volevi? Da ragazzino tuo fratello era molto capriccioso. Quando tu volevi comprare una cosa, lui ne voleva un'altra. Completa le domande con **questo** e le risposte con **quello**.

ESEMPIO: TU: Vuoi comprare questo CD?
LUI: No, voglio comprare quello !

1. TU: Vuoi provare ________________ pattini?
   LUI: No, ________________!
2. TU: Vuoi leggere ________________ fumetti?
   LUI: No, ________________!
3. TU: Vuoi giocare con ________________ macchinine?
   LUI: No, ________________!
4. TU: Vuoi ascoltare ________________ canzone?
   LUI: No, ________________!
5. TU: Vuoi vedere ________________ film?
   LUI: No, ________________!
6. TU: Vuoi giocare con ________________ videogiochi?
   LUI: No, ________________!

8.33 Questo o quello? A turno, fate domande e rispondete per scoprire che cosa l'altra persona preferisce fra i due oggetti nei disegni seguenti. Seguite l'esempio.

ESEMPIO: **S1:** Preferisci questo motorino rosso o quella motocicletta nera?
S2: Preferisco questo motorino! E tu?
S1: Anch'io preferisco questo motorino! O Io preferisco quella motocicletta nera.

1. ________________
2. ________________
3. ________________
4. ________________
5. ________________
6. ________________

SCAMBI

8.34 I cambiamenti. Due amici si rivedono dopo tanto tempo e parlano di com'è cambiato il loro paese. Ascolta la conversazione e poi completa le frasi con l'espressione corretta.

1. Secondo Marco,...
   a. Giovanna è cambiata molto.
   b. Giovanna non è cambiata per niente.
2. Giovanna ricorda che una volta...
   a. c'era un cinema vicino al bar.
   b. facevano molto sport.
3. Marco ricorda che...
   a. passavano molte ore al bar.
   b. andavano spesso al cinema.
4. Secondo Giovanna, adesso in paese...
   a. ci sono troppe automobili.
   b. ci sono troppi motorini.
5. Marco dice a Giovanna che il loro liceo...
   a. non è cambiato.
   b. adesso è lontano dal centro.
6. Alcuni vecchi professori di Giovanna e Marco...
   a. lavorano ancora.
   b. sono andati in pensione.

8.35 Sei cambiato/a molto? Prepara sei domande per intervistare una persona in classe e scoprire quanto è cambiato/a negli ultimi 10 anni. Prendete in considerazione: le abitudini e la routine, i gusti e i rapporti con i familiari e compagni.

8.36 Prima del personal computer. Immagina com'era la vita prima del personal computer. Come si svolgeva (*unfolded*) una tipica giornata? Cosa si faceva nel tempo libero?

8.37 Come si viveva nella tua città cent'anni fa? Descrivi com'era la tua città cent'anni fa. Parla delle strutture, della gente, dei mezzi di trasporto, della routine giornaliera e di come si passava il tempo libero.

Lo sai che? L'Italia di ieri e di oggi

Alla fine della seconda guerra mondiale l'Italia era un Paese devastato, molto diverso da quello che conosciamo oggi. In seguito, nei decenni (*decades*) successivi al 1945, l'Italia è profondamente cambiata ed è diventata un Paese industriale fra i primi del mondo. Oggi, oltre all'industria automobilistica conosciuta in tutto il mondo, sono rilevanti anche le industrie tessili, metalmeccaniche, alimentari, chimiche, elettroniche e aeronautiche. Le industrie italiane, in genere, si distinguono per l'alta qualità dei prodotti, per la capacità d'innovazione e per l'abilità creativa artigianale.

A questi grandi cambiamenti nella struttura economica del Paese si sono aggiunte profonde modifiche nelle aree urbane. Infatti interi paesi distrutti (*destroyed*) dalla guerra sono stati ricostruiti completamente e si sono sviluppati enormemente. I nuovi palazzi in genere sono stati costruiti fuori dal centro storico per permettere una maggiore espansione urbanistica e le grandi città hanno delle periferie molto estese.

8.38 È vero che? Trova informazioni per giustificare le seguenti affermazioni.

1. Oggi l'Italia è diversa da come era negli anni quaranta.
2. In Italia ci sono molte industrie importanti.
3. Le città italiane sono cambiate dopo la guerra.

8.39 I cambiamenti nel vostro Paese. Ci sono stati nel vostro Paese cambiamenti economici o nella struttura delle città? Dove? Che cosa li ha determinati?

Una sfera di Arnaldo Pomodoro nel cortile del Vaticano

ATTRAVERSO

IL LAZIO

Il Lazio è una regione collinare (*hilly*) che ha anche belle pianure lungo la costa tirrenica (*Thyrrenean*). L'agricoltura si basa soprattutto sulla produzione di olio e vino. Ci sono varie industrie, come ad esempio quella farmaceutica e aerospaziale, mentre la maggiore è l'industria cinematografica con gli studi di Cinecittà a Roma. Roma, dove abita la maggior parte della popolazione della regione, è anche la città più grande d'Italia. Dai tempi dell'Impero Romano si dice che «**tutte le strade portano a Roma**» e infatti allora tutte le strade principali partivano dalla capitale. Roma è conosciuta anche come la **città eterna** e la storia stessa della regione corrisponde spesso alla storia della capitale italiana. Nel Lazio e a Roma monumenti e siti archeologici testimoniano praticamente tutti i periodi storici: dai tempi degli etruschi alla Roma classica, dal Medioevo alla Roma dei Papi e alla Roma dell'Italia contemporanea.

Il Colosseo, uno dei principali monumenti dell'antica Roma. Nell'antica Roma il Colosseo, per la sua funzione popolare, era simile allo stadio di oggi. L'anfiteatro, di quattro piani, poteva contenere fino a 50.000 spettatori. I romani ci andavano per vedere spettacoli di ogni genere. Il Foro invece era un luogo d'incontro nel centro della città. Qui si trattavano affari, si commerciava e si faceva politica.

La Roma rinascimentale e barocca: la Basilica di San Pietro, con la maestosa cupola (*dome*) di Michelangelo, a Piazza San Pietro circondata dal colonnato di Gianlorenzo Bernini (1598–1680), uno degli artisti più importanti del barocco. La Basilica di San Pietro è il centro spirituale del mondo cattolico. È situata nella Città del Vaticano, un piccolo stato indipendente il cui capo è il Papa. All'interno della Basilica di San Pietro e nei vicini Musei Vaticani si trovano alcuni dei capolavori (*masterpieces*) della Roma rinascimentale.

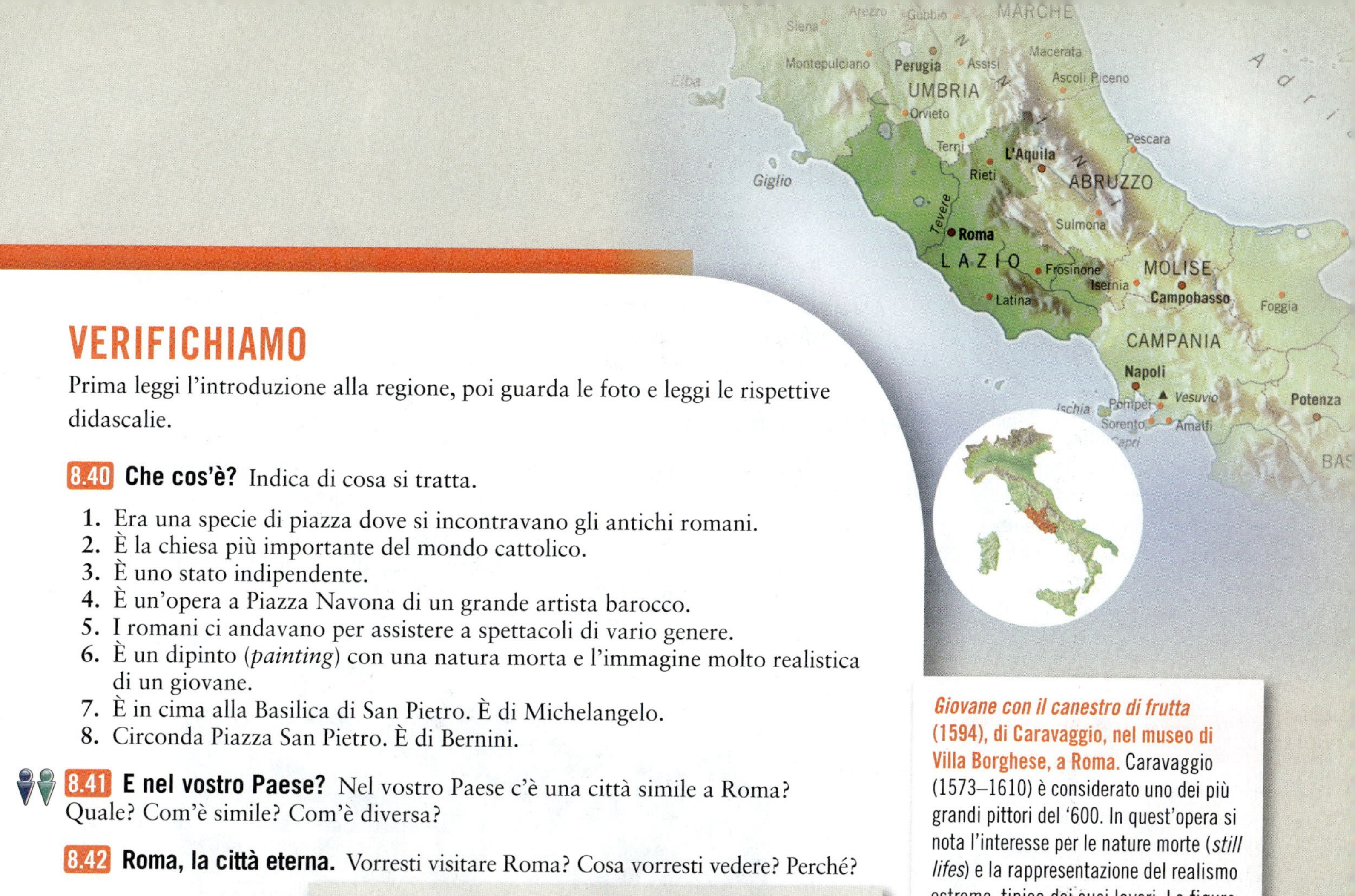

VERIFICHIAMO

Prima leggi l'introduzione alla regione, poi guarda le foto e leggi le rispettive didascalie.

8.40 Che cos'è? Indica di cosa si tratta.

1. Era una specie di piazza dove si incontravano gli antichi romani.
2. È la chiesa più importante del mondo cattolico.
3. È uno stato indipendente.
4. È un'opera a Piazza Navona di un grande artista barocco.
5. I romani ci andavano per assistere a spettacoli di vario genere.
6. È un dipinto (*painting*) con una natura morta e l'immagine molto realistica di un giovane.
7. È in cima alla Basilica di San Pietro. È di Michelangelo.
8. Circonda Piazza San Pietro. È di Bernini.

8.41 E nel vostro Paese? Nel vostro Paese c'è una città simile a Roma? Quale? Com'è simile? Com'è diversa?

8.42 Roma, la città eterna. Vorresti visitare Roma? Cosa vorresti vedere? Perché?

***Giovane con il canestro di frutta* (1594), di Caravaggio, nel museo di Villa Borghese, a Roma.** Caravaggio (1573–1610) è considerato uno dei più grandi pittori del '600. In quest'opera si nota l'interesse per le nature morte (*still lifes*) e la rappresentazione del realismo estremo, tipica dei suoi lavori. La figura del ragazzo è ritratta in modo autentico senza nessun tentativo di idealizzazione.

La Fontana dei Quattro Fiumi, di Gianlorenzo Bernini (1651) a Piazza Navona, a Roma. La fontana rappresenta i quattro fiumi dei quattro continenti: il Nilo, il Gange, il Danubio e il Rio della Plata. Nella rappresentazione dei fiumi e nel movimento delle figure sono evidenti l'eleganza barocca e il gusto per la spettacolarità. Piazza Navona è una delle più grandi piazze romane. Qui i romani vengono a prendere un caffè, a fare una passeggiata o a gustare un gelato con gli amici al ristorante «Tre Scalini».

IN PRATICA

GUARDIAMO

Strategie per guardare
Understanding people's recollections

When people share their recollections of the past, they often choose to describe specific events or relationships. To understand their recollections fully, it is important to focus not only on what they remember but also on their feelings. Are the associations pleasant or unpleasant? How can you tell?

Il mondo italiano

In questo episodio, Giulia ed Elena visitano la città di Gaeta. In lontananza, su un alto promontorio della città, possiamo vedere il castello di Gaeta. Il castello ha subito varie modificazioni attraverso i secoli. Oggi consiste di due edifici comunicanti. È chiamato Castello Angioino-Aragonese, perché realizzato in due periodi storici diversi: quello Angioino, durante la dominazione francese degli angioini, e quello Aragonese durante il regno di Carlo V.

Per saperne di piu su altri famosi castelli italiani, vai su MyItalianLab.

Per capire meglio!

A te manca...?	*Do you miss . . . ?*
fare ritratti	*to do portraits*
la terza media	*eighth grade*

Prima di guardare

8.43 In questo episodio, Giulia ed Elena parlano dei loro ricordi d'infanzia. Prima di guardare il clip, completate le attività che seguono.

1. Descrivete la foto. Dove sono le due ragazze? Cosa fanno?
2. Secondo voi, Giulia ha bei ricordi o brutti ricordi d'infanzia? Che rapporto aveva con la mamma?

Mia madre mi portava sempre qui da piccola...è uno dei miei ricordi più belli...

Mentre guardi

8.44 Mentre guardi l'episodio, prendi appunti sui ricordi di Giulia ed Elena.

Dopo aver guardato

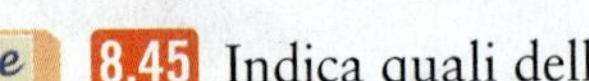

8.45 Indica quali delle seguenti affermazioni sono vere e quali sono false.

1. A Giulia piace molto Gaeta e la sua chiesa.
2. Giulia ha un buon rapporto con il padre.
3. A Giulia non manca molto la madre.
4. La fotografia è sempre stata molto importante per Elena.
5. Da piccola a Elena non piaceva fare foto di amici e parenti.
6. Elena e Giulia vanno molto d'accordo.

8.46 Pagina da diario. Immagina di essere Giulia e di raccontare nel tuo diario come hai passato la giornata a Gaeta con Elena. Racconta anche come ti sentivi e perché.

8.47 Caro... / Cara... Scrivi una mail ad un amico / un'amica e racconta delle tue prime esperienze fotografiche. Come sono simili o diverse da quelle di Elena?

LEGGIAMO

Strategie per leggere
Making inferences

As you read a text, you usually focus first on understanding the literal meaning. It is often important, however, to also read between the lines, using the information given to infer what may not be stated directly. For example, what might you infer from the extensive use of a single tense, such as the **imperfetto** in a passage? Are there any telling details that can help you learn more than what is being said explicitly?

Prima di leggere

8.48 Prima di leggere l'intervista a Roberto Bolle, completate le seguenti attività.

1. Nel paragrafo introduttivo si legge: « A 11 anni entra alla Scuola di ballo della Scala di Milano» ... Che cosa suggerisce questa frase? Un'infanzia e una giovinezza come tutti, oppure diversa e speciale? Perché?
2. Leggete il primo paragrafo dell'introduzione e poi rispondete alle domande. Usate esempi dal testo.
   a. Un altro famoso ballerino ha aiutato Roberto Bolle agli inizi della sua carriera. Chi?
   b. Usate degli esempi per giustificare questa frase: La carriera di Roberto Bolle è cominciata presto.
3. Leggete il secondo paragrafo dell'introduzione e trovate conferma alle seguenti affermazioni:
   a. Roberto Bolle non balla soltanto in Italia.
   b. Lo stile di Roberto Bolle è versatile.

Mentre leggi

8.49 Identifica i verbi e le espressioni che indicano com'era la vita di Roberto Bolle da ragazzo.

Roberto Bolle nasce il 26 marzo 1975 a Casale Monferrato, in provincia di Alessandria. La sua non è una famiglia di artisti: il padre Luigi è un piccolo imprenditore, la madre Mariuccia fa la casalinga. Roberto ha tre fratelli: Maurizio, il suo gemello, Emanuela e Paolo. A 11 anni entra alla Scuola di Ballo della Scala di Milano. A 15 viene scoperto da Rudolf Nureyev. A 21 anni, appena due anni dopo il diploma, Roberto diventa primo ballerino della Scala.

I suoi successi

Roberto Bolle è il ballerino che il mondo ci invidia[1]. Si è esibito[2] nei teatri più celebri del mondo: dal Covent Garden di Londra, in onore della Regina Elisabetta II, al Bolscioi di Mosca e anche davanti al Papa Giovanni Paolo II, in Piazza San Pietro. Ha danzato con le colleghe più brave, da Alessandra Ferri a Darcey Bussell. Il 2004 è l'anno della sua consacrazione: gli viene riconosciuto il titolo di étoile del Teatro alla Scala di Milano e diventa noto al grande pubblico ballando al Festival di Sanremo. Nel 2006 ha ballato per la cerimonia di apertura dei giochi olimpici a Torino. Il suo segreto? Interpreta con uguale bravura ed eleganza balletti classici come "Il lago dei cigni[3] e coreografie moderne come quella di Torino nel 2006. Nel 2009 è stato nominato "Principal" dell'American Ballet Theatre. Dal 1999 è "Ambasciatore di buona volontà" per l'UNICEF.

D: E la sua prima volta con la danza?

Andavo alle elementari. Mia madre mi portava a un corso di nuoto con il mio gemello Maurizio. Ma il sabato sera guardavo sempre i varietà in televisione e ballavo in salotto. Ho insistito così tanto fino a che i miei mi hanno iscritto all'Accademia di Ballo di Vercelli, convinti che avrei lasciato perdere[4].

D: Invece ha continuato...

Esatto. A quel punto mia madre mi ha accompagnato a un provino alla Scuola di Ballo della Scala [...]

D: Così a 11 anni si è trovato da solo nella grande Milano.

Sì [...] abitavo in una camera in affitto da una vecchia signora. Non vedevo l'ora che arrivasse il weekend per tornare a casa. Avevo una nostalgia fortissima, e stare lontano dal mio gemello mi faceva sentire strappato a metà[5].

D: Ha mai pensato di mollare[6]?

Sì, dopo la terza media: ballavo e piangevo. Iniziavo ad allenarmi alle 8 del mattino e dalle 6 del pomeriggio frequentavo il liceo scientifico serale, quello per gli studenti lavoratori. Quando alle 11 la giornata finiva, ero esausto.

D: Niente cinema, discoteca o partite di calcetto?

Pur volendo, dove li avrei infilati[7]?

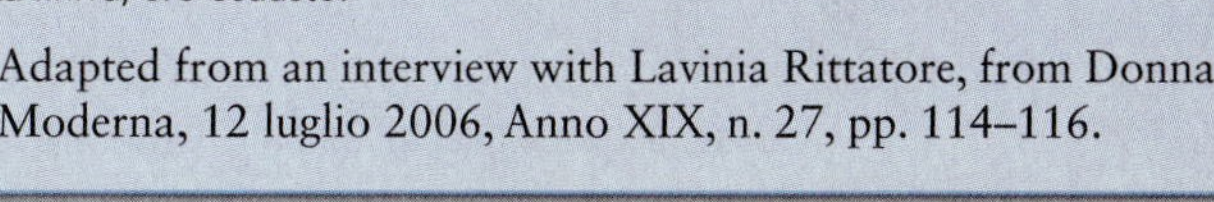

Adapted from an interview with Lavinia Rittatore, from Donna Moderna, 12 luglio 2006, Anno XIX, n. 27, pp. 114–116.

1. *envies us* 2. *performed* 3. *Swan Lake* 4. *I would let it go* 5. *torn in half* 6. *quit* 7. *would I have squeezed them in*

Dopo la lettura

8.50 Indica se le seguenti affermazioni sono vere o false e correggi quelle false con esempi dal testo.

1. A Milano Roberto abitava con la famiglia.
2. Quando Roberto studiava, la sua giornata non era come quella tipica di altri ragazzi.
3. Roberto non passava molto tempo con gli amici.

8.51 Considerate le informazioni che avete identificato e discutete le domande seguenti.

1. Cosa faceva Bolle tutti i giorni?
2. Cosa non poteva fare?
3. Com'era diversa la giornata di Roberto Bolle da quella di un tipico studente di liceo?
4. Come si sentiva?
5. Secondo voi, perché ha continuato con la sua severa disciplina giornaliera? Che cosa era importante per lui?

Strategie per parlare
Interviewing a classmate

Before you interview someone, even informally, think about the information you want to obtain and how you can phrase your questions. Jot down the questions you want to ask; then organize them in a logical order.

Ricordi d'infanzia. Scoprite com'era l'infanzia di un compagno/una compagna.

Prima di parlare

8.52 Prima di parlare con il compagno/la compagna, completa le seguenti attività.

1. Decidi di quali argomenti vuoi parlare. Per esempio: animali, amici, famiglia, scuola, giochi, sport, gusti e abitudini. Ricorda di usare le parole che conosci!
2. Prepara una lista di almeno sei domande per intervistare il compagno/la compagna. Poi organizza le domande in ordine logico.

Cosa facevano questi bambini? Come era la loro vita di tutti i giorni?

Mentre parli

 **8.53** A turno, intervistate l'altra persona e usate le domande che avete preparato.

Dopo aver parlato

 **8.54** Raccontate che cosa avete imparato a proposito dell'infanzia del vostro compagno/della vostra compagna. Indicate se ha ricordi belli o brutti e rispondete alle possibili domande delle altre persone del gruppo.

SCRIVIAMO

Il ricordo di una persona o di un posto. Descrivi una persona o un luogo del tuo passato che era importante per te.

- **Una persona importante.** Parla di una persona che era importante per te durante la tua infanzia o adolescenza.
- **Una città.** Descrivi com'era tanti anni fa la tua città o una città che conosci bene.

Strategie per scrivere
Recollecting people and places

When you write about a person or a place important to you in the past, include key physical details. You may also choose to give some indication of your own feelings. When you describe a person, for example, you can focus, as appropriate, on aspects of his/her appearance, personality, and lifestyle, while also suggesting how you felt about him or her.

Prima di scrivere

8.55 Decidi quale posto o persona vuoi descrivere. Poi organizza le tue idee e i tuoi ricordi secondo lo schema seguente.

In quale periodo della tua vita era importante la persona o il posto?	
Quali aspetti del fisico o del carattere della persona vuoi descrivere?	
Quali aspetti del posto o della città vuoi descrivere?	
Quali aggettivi e verbi vuoi includere nella descrizione?	
Come ti sentivi e cosa provavi verso quella persona o verso quel posto?	

La scrittura

8.56 Usa i tuoi appunti per scrivere la prima stesura della descrizione.

La versione finale

8.57 Adesso rileggi la prima stesura.

1. Hai usato correttamente l'imperfetto?
2. Hai usato particolari sufficienti (*enough details*) per rendere interessante la descrizione?
3. Hai descritto i tuoi sentimenti verso la persona o il posto?
4. Controlla come hai scritto tutte le parole e l'accordo degli aggettivi e dei nomi.

Le attività dell'infanzia

amare gli animali — *to love animals*
andare* all'asilo — *to go to preschool*
avere molti / pochi giocattoli — *to have many / few toys*
avere paura di — *to be afraid of*
colorare — *to color*
disegnare — *to draw*
fare collezione di... — *to collect . . .*
giocare a — *to play*
  calcetto — *table football; soccer game played on a small field*
  nascondino — *hide-and-seek*
giocare con — *to play with*
  le bambole — *dolls*
  le macchinine — *toy cars*
  il trenino — *toy train*
  i videogiochi — *videogames*
giocare dentro / fuori (casa) — *to play inside / outside (the house)*
guardare i cartoni animati — *to watch cartoons*
l'infanzia — *childhood*
raccontare / leggere una favola — *to tell / to read a fairy tale*
saltare la corda — *to jump rope*

Le persone e i rapporti

capriccioso/a — *naughty*
dire le bugie — *to tell lies*
paziente — *patient*
piangere (*p.p.* pianto) — *to cry*
viziato/a — *spoiled*
volere bene a qualcuno — *to love someone*

La scuola

l'esame — *exam*
la materia obbligatoria — *required course*
la pagella — *report card*
la ricreazione — *recess*
la scuola elementare — *elementary school*
la scuola media — *junior high school*
la scuola media superiore / il liceo — *high school*
la scuola privata / statale — *private / public school*

Verbi ed espressioni

andare male / bene (a scuola) — *to do poorly / well (in school)*
arrabbiarsi* — *to get mad*
Che classe fai / facevi? — *What grade are you / were you in?*
dimenticare / dimenticarsi* — *to forget*
essere assente / presente — *to be absent / present*
essere bravo/a — *to be good*
  in disegno — *at art*
  in biologia, ecc. — *at biology, etc.*
fare attenzione — *to pay attention*
fare i compiti — *to do homework*
fare un compito in classe — *to take a written exam*
marinare la scuola — *to cut school*
prendere un buon, bel / brutto voto — *to get a good / bad grade*
prendere in giro — *to make fun of*
punire (-isc) — *to punish*
ricordare / ricordarsi* — *to remember*
scherzare — *to joke, to fool around*

Per descrivere le persone e i luoghi (aggettivi)

affettuoso/a	*affectionate*
affollato/a	*crowded*
agricolo/a	*agricultural*
attivo/a	*active*
calmo/a	*calm*
contento/a	*happy, glad*
geloso/a	*jealous*
impegnato/a	*busy*
industriale	*industrial*
infelice	*sad, unhappy*
inquinato/a	*polluted*
obbediente	*obedient*
prepotente	*overbearing, bullying*
pulito/a	*clean*
ribelle	*rebellious*
severo/a	*strict*
sporco/a	*dirty*
terribile	*terrible*

I cambiamenti

l'abitante (*m./f.*)	*inhabitant*
l'aria	*air*
i cambiamenti	*changes*
cambiare*	*to change*
diventare*	*to become*
la gente	*people*
l'industria	*industry, factory*
l'inquinamento	*pollution*
inquinare	*to pollute*
il progresso	*progress*
la tecnologia	*technology*

I mezzi di trasporto

andare* a piedi	*to walk*
andare* in...	*to go by . . .*
aereo	*airplane*
autobus	*bus*
automobile, macchina	*car*
bicicletta	*bike*
metropolitana	*subway*
motocicletta	*motorcycle*
motorino	*moped*
taxi	*taxi*
treno	*train*

Espressioni di tempo: See p. 235.

Espressioni negative: See p. 243.

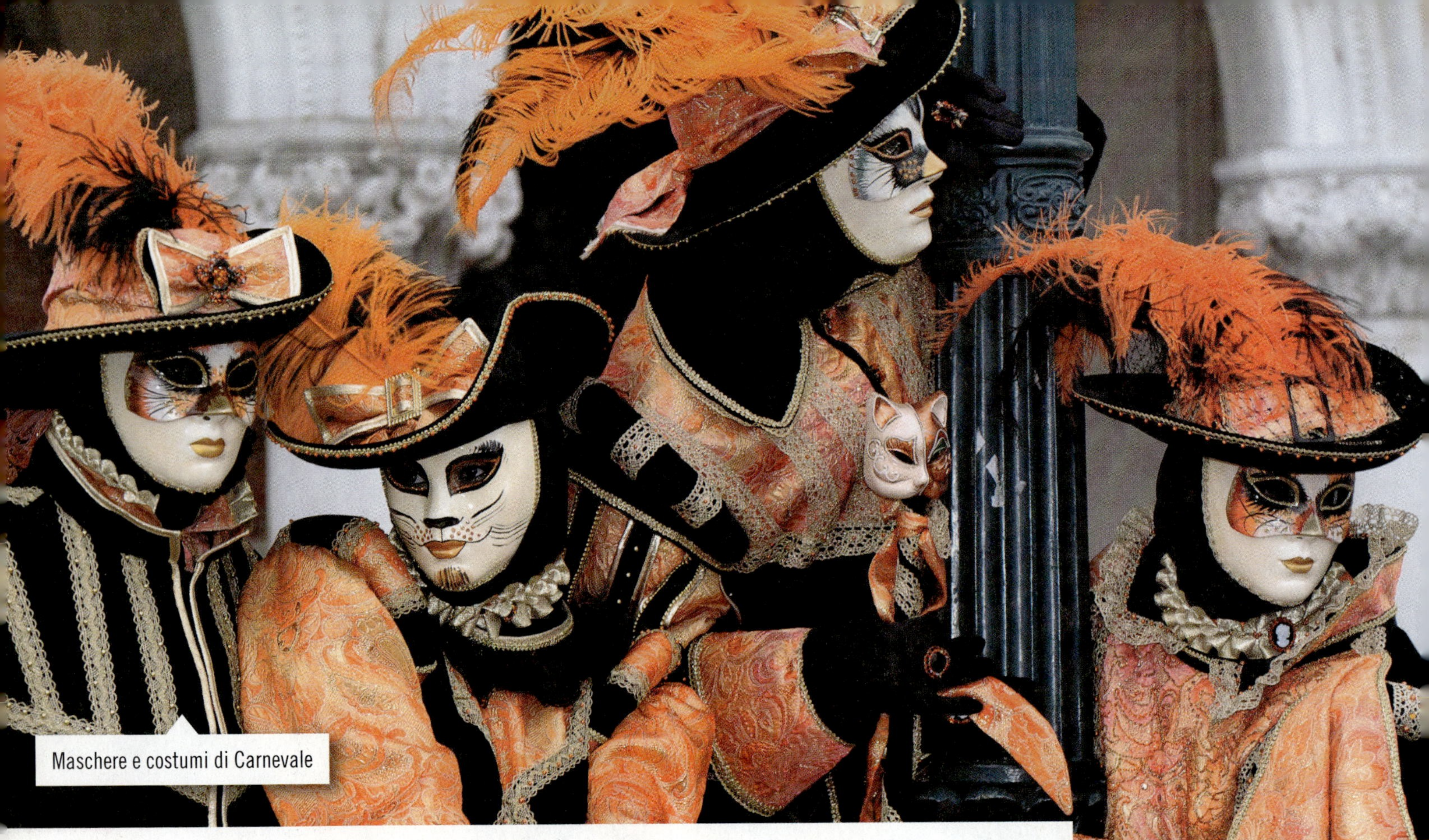

Maschere e costumi di Carnevale

CAPITOLO 9

BUON DIVERTIMENTO!

PERCORSO I: Le feste e le tradizioni

PERCORSO II: I pranzi delle feste

PERCORSO III: Al ristorante

ATTRAVERSO: L'Umbria

IN PRATICA

In this chapter you will learn how to:

- Talk about holidays
- Describe holiday meals
- Discuss food and order in a restaurant

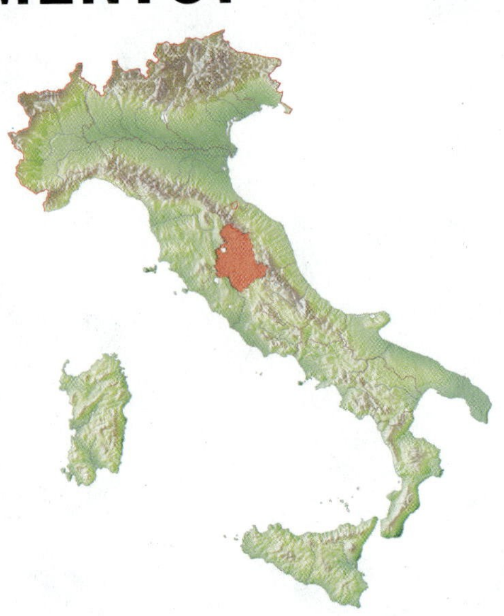

PERCORSO I Le feste e le tradizioni

VOCABOLARIO

Che feste si celebrano nel tuo Paese?

La vigilia di Natale, il 24 dicembre, molti festeggiano con un gran cenone a base di pesce. Il giorno dopo i bambini aprono i regali che Babbo Natale ha portato **loro** durante la notte. Si mangia il panettone e si beve lo spumante.

Il 6 gennaio, l'Epifania, si rievoca l'arrivo dei tre Re Magi a Betlemme con regali per Gesù Bambino. La Befana è una donna vecchia e brutta che sembra una strega (*witch*) e porta giocattoli ai bambini buoni. A quelli che sono stati cattivi, invece, nelle calze (*stockings*) **gli** lascia il carbone (*coal*).

L'8 marzo è la Festa della donna. La mimosa è il primo albero che fiorisce verso la fine dell'inverno e si offrono rami (*branches*) di mimose alle donne. Colleghi e amici regalano **loro** questi fiori.

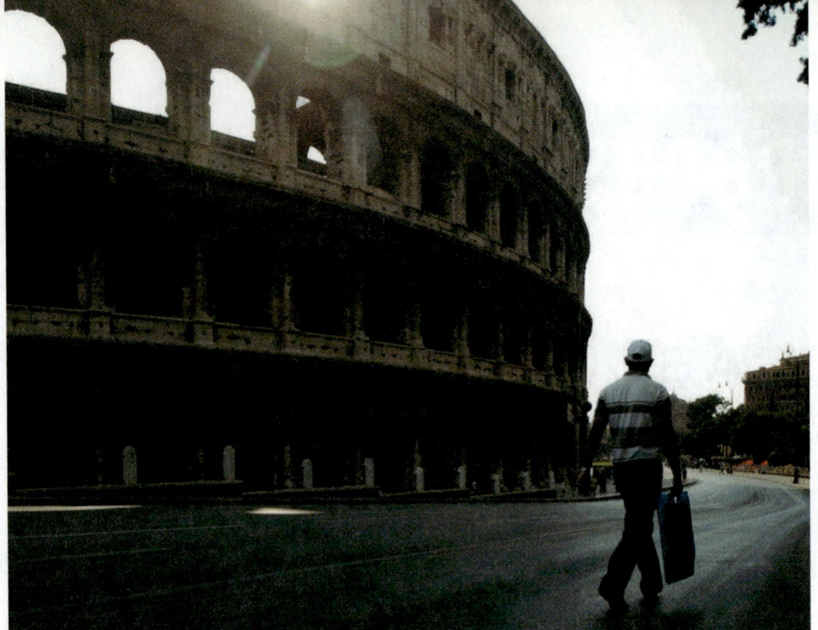

A Ferragosto, il 15 agosto, si celebra l'assunzione in paradiso della Vergine Maria. La festa però ha origine pagana ed era collegata alla prosperità e alla fertilità della natura. In Italia tutti sono in vacanza e le città italiane sono per lo più deserte.

Le feste

addobbare	*to decorate*
andare* in vacanza	*to go on vacation*
brindare	*to toast*
il Capodanno	*New Year's Day*
il Carnevale	*Carnival*
il costume	*costume*
la maschera	*mask*
il panettone	*traditional Italian Christmas cake*
la Pasqua	*Easter*
San Valentino	*Valentine's Day*
l'uovo (*pl.* le uova)	*egg*
il veglione	*party, dance*

Per fare gli auguri

il biglietto di auguri	*greeting card*
Buon anno! / Felice anno nuovo!	*Happy New Year!*
Buon Natale!	*Merry Christmas!*
Buona Pasqua!	*Happy Easter!*
Buone feste!	*Happy Holidays!*

9.1 Associazioni! Abbina le feste con i termini appropriati.

1. il Capodanno
2. il Natale
3. la Festa della donna
4. la Befana
5. il Carnevale
6. il Ferragosto

a. le mimose
b. i giocattoli
c. il panettone
d. i negozi chiusi
e. brindare
f. la maschera
g. addobbare
h. il cenone
i. il veglione

9.2 Le feste. Indicate tutte le attività e gli oggetti che associate a queste feste: il Natale, l'Epifania, la Festa della donna, il Ferragosto.

9.3 Indovina! A turno, descrivete una festa e indovinate di quale festa si tratta.

Lo sai che? Le feste, le tradizioni e le sagre

Il Palio di Siena

Molte feste italiane sono religiose o hanno avuto origine in tempi antichi e sono radicate[1] nella cultura popolare. Ci sono però anche feste civili. A esempio, il **25 aprile** si festeggia l'anniversario della liberazione dell'Italia, alla fine della seconda guerra mondiale. Si fanno sfilate[2] e su tutti i palazzi pubblici si espone la bandiera[3] italiana. Il **Primo Maggio**, poi, è la festa di tutti i lavoratori, mentre una festa particolarmente romantica è **San Valentino**, la festa degli innamorati, che si scambiano biglietti, fiori e regali. In Italia si celebrano anche la **Festa del papà** il 19 marzo, il giorno di San Giuseppe, e la **Festa della mamma**, la seconda domenica di maggio.

Ci sono poi anche feste specifiche in determinate città e paesi. Ad Arezzo, per esempio, si gioca ogni anno la **Giostra del Saracino**, che ricorda le giostre[4] medievali. In tanti paesi italiani ci sono feste collegate con la natura che in genere si chiamano *sagre.* A esempio, a Rocca Priora, nel Lazio, di solito la prima domenica di maggio c'è la sagra del narciso, un fiore molto profumato. Quel giorno le strade del paese sono tutte addobbate di narcisi.

Una delle tradizioni più note è la corsa del Palio delle Contrade a Siena. Le contrade sono i quartieri[5] della città. Prima c'è una sfilata in costume storico e poi una corsa di cavalli[6] che segue regole antiche. Ogni cavallo rappresenta una contrada e tutti gli abitanti di Siena partecipano con grande entusiasmo e animosità a questa corsa per la quale la città si prepara tutto l'anno.

1. *rooted* 2. *parades* 3. *flag* 4. *tournaments* 5. *districts* 6. *horses*

9.4 Feste e sagre. Trova nel testo informazioni per giustificare le affermazioni seguenti.

1. Il 25 aprile e il Primo Maggio sono feste civili.
2. La festa di San Valentino in Italia è simile a quella del tuo Paese.
3. A Rocca Priora c'è una festa legata alla natura.
4. Tutta la città partecipa al Palio di Siena.

 **9.5 Le sagre.** Ci sono nel vostro Paese feste simili alle sagre? Quali sono? Come si festeggiano?

In contesto Le feste a casa mia

Giulio scrive al suo amico americano Jason e gli parla di alcune feste in Italia.

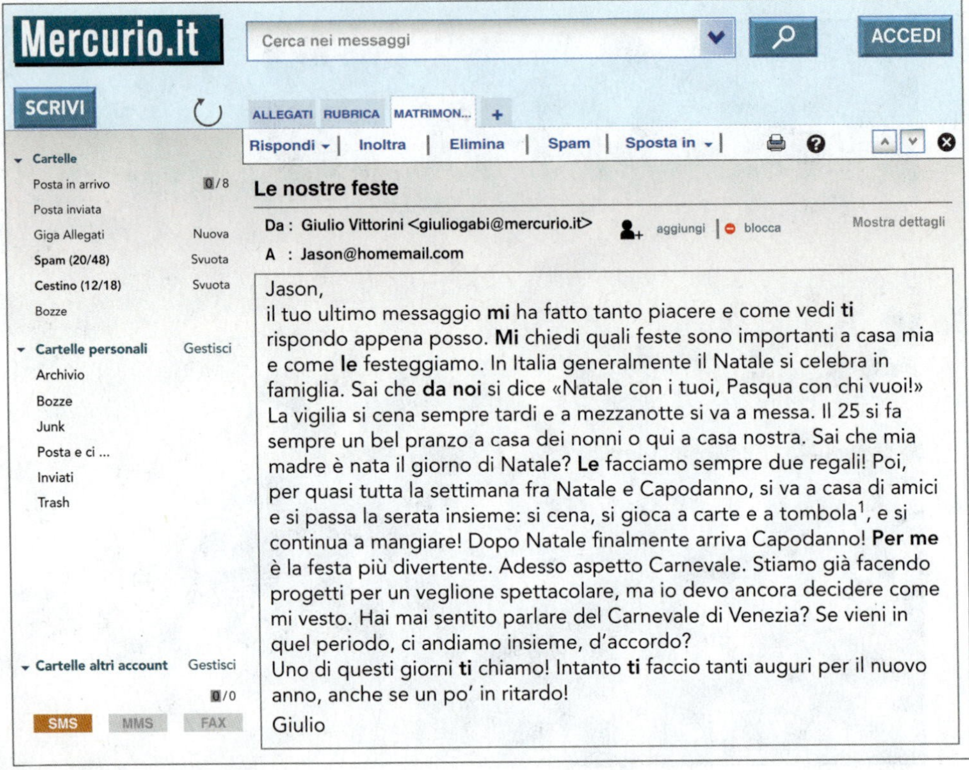
Le nostre feste

Da : Giulio Vittorini <giuliogabi@mercurio.it>

A : Jason@homemail.com

Jason,
il tuo ultimo messaggio **mi** ha fatto tanto piacere e come vedi **ti** rispondo appena posso. **Mi** chiedi quali feste sono importanti a casa mia e come **le** festeggiamo. In Italia generalmente il Natale si celebra in famiglia. Sai che **da noi** si dice «Natale con i tuoi, Pasqua con chi vuoi!» La vigilia si cena sempre tardi e a mezzanotte si va a messa. Il 25 si fa sempre un bel pranzo a casa dei nonni o qui a casa nostra. Sai che mia madre è nata il giorno di Natale? **Le** facciamo sempre due regali! Poi, per quasi tutta la settimana fra Natale e Capodanno, si va a casa di amici e si passa la serata insieme: si cena, si gioca a carte e a tombola[1], e si continua a mangiare! Dopo Natale finalmente arriva Capodanno! **Per me** è la festa più divertente. Adesso aspetto Carnevale. Stiamo già facendo progetti per un veglione spettacolare, ma io devo ancora decidere come mi vesto. Hai mai sentito parlare del Carnevale di Venezia? Se vieni in quel periodo, ci andiamo insieme, d'accordo?
Uno di questi giorni **ti** chiamo! Intanto **ti** faccio tanti auguri per il nuovo anno, anche se un po' in ritardo!
Giulio

1. *bingo*

9.6 Che cosa fa Giulio? Indica se le seguenti affermazioni sono vere o false e correggi quelle false.

1. Giulio festeggia il Natale con gli amici in montagna.
2. Il compleanno della mamma di Giulio è il 25 dicembre.
3. Il giorno di Natale la mamma riceve un solo regalo.
4. Durante le feste, Giulio gioca a carte con gli amici.
5. Giulio non festeggia mai il Capodanno.
6. Giulio pensa di vestirsi in maschera per Carnevale.

9.7 Capodanno e altre feste. Le feste che celebrate voi sono simili o diverse da quelle che descrive Giulio? Come?

Occhio alla lingua!

1. The object pronouns in Giulio's e-mail message in the *In contesto* are in boldface type. Which ones do you recognize? To whom or what do they refer?
2. Can you tell which object pronouns correspond to the subject pronoun **io**? To **tu**? To **noi**?
3. The object pronoun **le** appears twice in Giulio's message. Can you tell how its meaning differs in the two instances?
4. Reread the descriptions of **Natale, Epifania,** and **la Festa della donna** in the *Percorso I Vocabolario* section. Can you tell to whom the object pronouns in boldface type refer?

GRAMMATICA

I pronomi di oggetto diretto

In **Capitolo 5**, you learned that the direct-object pronouns, **lo, la, li,** and **le** are used to replace direct-object nouns in order to avoid repetition. They refer to people or things that have just been mentioned.

—Quando mangiate il pesce? *—When do you eat fish?*
—**Lo** mangiamo la vigilia di Natale. *—We eat **it** on Christmas Eve.*
—Regali fiori per San Valentino? *—Do you give flowers for Valentine's Day?*
—Sì! **Li** regalo alla mia ragazza! *—Yes, I give them to my girlfriend!*

The direct-object pronouns **mi, ti, ci,** and **vi,** are used when you or the person or people to whom you are talking receive the action of the verb.

—Carlo, **mi** inviti? *—Carlo, are you going to invite me?*
—Certo che **ti** invito! *—Of course, I'm going to invite you!*
—Paolo **vi** porta alla festa? *—Is Paolo going to take you (pl.) to the party?*
—No, non **ci** porta. *—No, he isn't going to take us.*

The chart below lists all the forms of the direct-object pronouns.

I pronomi di oggetto diretto			
Singolare		**Plurale**	
mi	*me*	**ci**	*us*
ti	*you*	**vi**	*you*
La	*you (formal, m./f.)*	**Li/Le**	*you (formal, m./f.)*
lo	*him / it (m.)*	**li**	*them (m.)*
la	*her / it (f.)*	**le**	*them (f.)*

1. Direct-object pronouns are always placed directly in front of a conjugated verb.

   —**Ci** accompagni al veglione? *—Will you accompany **us** to the party?*
   —Sì, **vi** accompagno volentieri. *—Yes, I will be happy to accompany **you**.*
   —**Mi** ascolti quando parlo? *—Do you listen to **me** when I speak?*
   —Certo! **Ti** ascolto attentamente. *—Of course! I listen to **you** carefully.*

2. When **lo, la, li,** and **le** are used with the **passato prossimo**, the past participle agrees in number and gender with the pronoun. With **mi, ti, ci,** and **vi** the agreement is optional.

   Giulia non **li** ha invitati alla sua festa! *Giulia did not invite them to her party!*
   Suo padre **ci** ha accompagnato in macchina. *His father drove us in his car.*

3. When direct-object pronouns are used with an infinitive, the final **-e** of the infinitive is dropped and the pronoun is attached to the end of the verb.

   Finisco di addobbare l'albero. → Finisco di addobbar**lo.**
   I'm going to finish decorating the tree. → I'm going to finish decorating it.
   Penso di invitare i miei cugini per Natale. → Penso di invitar**li.**
   I'm thinking of inviting my cousins for Christmas. → I'm thinking of inviting them.

9.8 Quante domande! Abbina le domande alle risposte.

1. Mi inviti?
2. Ci inviti?
3. Ti ascolta sempre?
4. Hai già addobbato l'albero?
5. Hai aspettato Babbo Natale?
6. Accompagni me e Carla al veglione?

a. Sì, vi invito.
b. No, non mi ascolta mai.
c. Sì, ti invito.
d. Sì, l'ho aspettato.
e. No, non vi accompagno.
f. Sì, l'ho addobbato ieri sera.

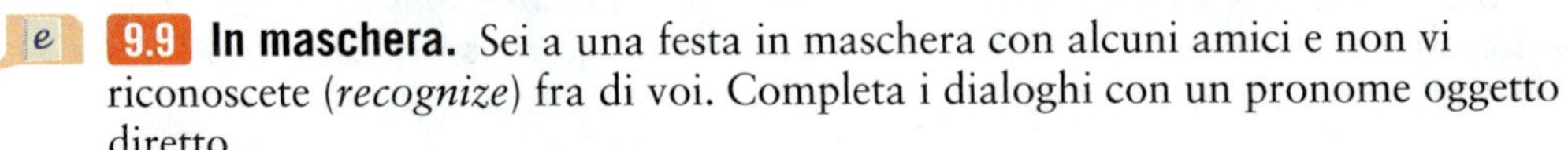
9.9 In maschera. Sei a una festa in maschera con alcuni amici e non vi riconoscete (*recognize*) fra di voi. Completa i dialoghi con un pronome oggetto diretto.

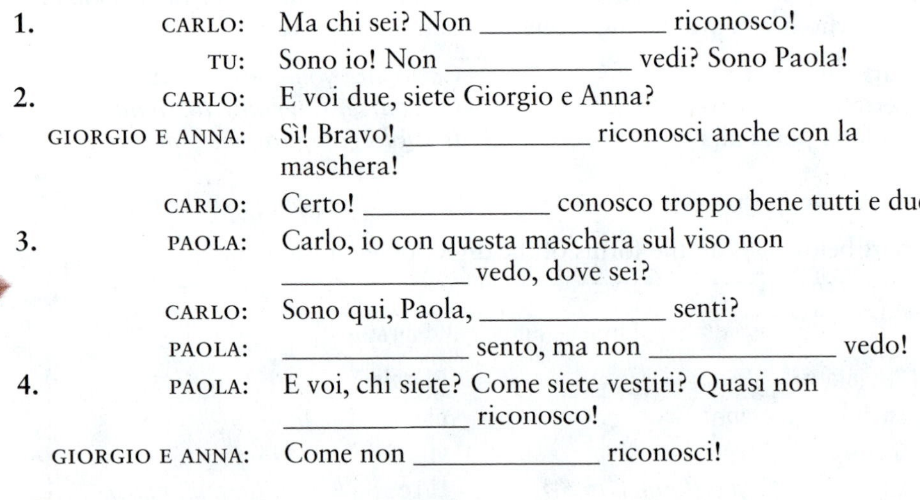

1.	CARLO:	Ma chi sei? Non ____________ riconosco!
	TU:	Sono io! Non ____________ vedi? Sono Paola!
2.	CARLO:	E voi due, siete Giorgio e Anna?
	GIORGIO E ANNA:	Sì! Bravo! ____________ riconosci anche con la maschera!
	CARLO:	Certo! ____________ conosco troppo bene tutti e due.
3.	PAOLA:	Carlo, io con questa maschera sul viso non ____________ vedo, dove sei?
	CARLO:	Sono qui, Paola, ____________ senti?
	PAOLA:	____________ sento, ma non ____________ vedo!
4.	PAOLA:	E voi, chi siete? Come siete vestiti? Quasi non ____________ riconosco!
	GIORGIO E ANNA:	Come non ____________ riconosci!

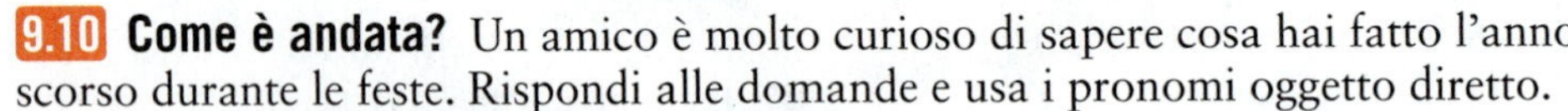
9.10 Come è andata? Un amico è molto curioso di sapere cosa hai fatto l'anno scorso durante le feste. Rispondi alle domande e usa i pronomi oggetto diretto.

1. Hai festeggiato San Valentino a casa?
2. Hai passato Ferragosto in montagna?
3. Dove hai comprato il costume di Carnevale?
4. Hai scritto i biglietti di auguri?
5. I tuoi amici ti hanno invitato a molte feste?
6. Hai bevuto lo spumante a tutte le feste?
7. Hai regalato o ricevuto le mimose?
8. Perché non ti ho visto durante le feste?

I pronomi di oggetto indiretto

You have learned that a direct object receives directly the action of the verb. It answers the question *what?* or *whom?* Nouns and pronouns can also function as indirect objects, indicating the person *to* whom or *for* whom something is done or given. For example, in the sentence *Anne is buying a present for her mother,* "her mother" is an indirect object. It answers the question *For whom is Anne buying a present?* An indirect object is always preceded by **a** or **per,** whereas a direct object is never preceded by a preposition. Compare the following sentences: **Mangi le uova di cioccolato?** and **Cosa regali alle donne l'otto marzo?** In the first sentence, **le uova di cioccolato** is a direct object; in the second, **alle donne** is an indirect object. An indirect object introduced by **a** or **per** can be replaced by an indirect-object pronoun.

Facciamo gli auguri di Pasqua **a un amico.** → **Gli** facciamo gli auguri di Pasqua.
We wish a friend Happy Easter. → *We wish him Happy Easter.*
Compro un regalo **per mia nonna.** → **Le** compro un regalo.
I buy a present for my grandmother. → *I buy her a present.*

I pronomi di oggetto indiretto			
Singolare		**Plurale**	
mi	*(to / for) me*	**ci**	*(to / for) us*
ti	*(to / for) you*	**vi**	*(to / for) you*
Le	*(to / for) you (formal, m./f.)*	**Loro**	*(to / for) you (formal, m./f.)*
gli	*(to / for) him*	**gli/loro**	*(to / for) them (m./f.)*
le	*(to / for) her*		

1. The direct- and indirect-object pronouns **mi, ti, ci,** and **vi** are the same. Only the third person direct-object pronouns, **lo, la, li,** and **le,** and indirect-object pronouns, **gli, le,** and **loro,** are different.

Ci accompagni al veglione di Capodanno?	*Will you accompany us to the New Year's Eve party?*
Ci dite dov'è la festa?	*Will you tell us where the party is?*
La chiami questa sera?	*Will you call her tonight?*
Le hai regalato un ramo di mimose?	*Did you give her a branch of mimosa?*

2. Indirect-object pronouns precede the verb, with the exception of **loro,** which always follows the verb. In everyday usage, **gli** is often used instead of **loro.**

—Hai comprato le uova di cioccolato ai bambini?	*—Did you buy the chocolate eggs for the children?*
—Sì, ho comprato **loro** delle bellissime uova!	*—Yes, I bought them some very beautiful eggs!*
—Sì, **gli** ho comprato delle bellissime uova!	

3. The indirect-object pronouns **gli** and **le** are never contracted before a verb beginning with a vowel or **h.**

Le offro un tè.	*I'll offer her a cup of tea.*
Gli ho dato il regalo la vigilia di Natale.	*I gave him his present on Christmas Eve.*

4. When an indirect-object pronoun is used with the **passato prossimo,** the past participle does not agree with the pronoun.

—Hai scritto **alla Befana**?	—*Did you write to the Befana?*
—No, non **le** ho ancora **scritto**.	—*No. I didn't write to her yet.*

5. The following Italian verbs are commonly used with an indirect-object noun or pronoun. Note that in most instances the equivalent English verbs take a direct rather than an indirect object.

chiedere	*to ask*
consigliare	*to advise*
dare	*to give*
dire	*to say*
domandare	*to ask (a question)*
insegnare	*to teach*
mandare	*to send*
parlare	*to speak*
regalare	*to give a gift*
rispondere	*to answer*
scrivere	*to write*
telefonare	*to call*

Telefoniamo a Tommaso subito!	*Let's call Tommaso right away!*
Le ho consigliato di andare a Venezia.	*I advised her to go to Venice.*

e **9.11 Che hai fatto a Natale?** Un'amica ti fa delle domande sul Natale. Le rispondi completando il dialogo seguente con i pronomi indiretti.

1. —Cosa hai regalato a tua sorella?
   — ____________ ho regalato un gioco per il computer.
2. —E a tuo padre?
   — ____________ ho dato una bottiglia di spumante speciale!
3. —Hai fatto una festa per gli amici? Hai chiesto il permesso ai tuoi genitori?
   —Certo! ____________ ho chiesto anche aiuto per la cena!
4. —Che cosa ____________ hanno risposto?
   — ____________ hanno detto di invitare poche persone.
5. —Hai organizzato la festa con tuo fratello? Avete telefonato o scritto agli amici?
   — ____________ abbiamo scritto insieme!
6. —E loro, ____________ hanno risposto tutti?
   — ____________ hanno risposto tutti subito!

9.12 Pasqua in Italia. Sei andato/a in Italia per Pasqua. Un amico ti fa tante domande. Rispondi usando i pronomi indiretti.

ESEMPIO: —Che cosa hai comprato per tua sorella? (un uovo di cioccolata)
—Le ho comprato un uovo di cioccolata.

1. Che cosa hai scritto agli amici? (delle mail)
2. Che cosa hai regalato alla tua ragazza/al tuo ragazzo? (delle uova colorate)
3. Che cosa hai mandato a me? (un calendario)
4. Che cosa hai scritto a tuo fratello? E a tua sorella? (una cartolina)
5. Che cosa hai comprato per i tuoi nonni? (un bel libro)
6. Che cosa dai a me e a mia sorella quando ci vediamo? (un poster)

9.13 In Italia. Rispondi alle domande di un nuovo amico/una nuova amica che non conosce bene le usanze italiane. Usa i pronomi indiretti.

1. Che cosa regali a una donna l'otto marzo?
2. Che cosa porta la Befana ai bambini buoni?
3. Che cosa lascia la Befana a un bambino cattivo?
4. Cosa dici a una cugina il giorno di Natale?
5. Che cosa ti danno i genitori la vigilia di Natale?
6. Cosa vi offrono gli amici durante le feste di Natale?

Lo sai che? Carnevale e la commedia dell'arte

Burlamacco, la maschera ufficiale del Carnevale di Viareggio

Arlecchino è vestito di pezze (*rags*) di tutti i colori perché è molto povero.

Non tutti sono d'accordo sull'origine del **Carnevale**. Alcuni pensano che sia un'antica festa pagana per celebrare l'arrivo della primavera. Con il cristianesimo, il Carnevale è stato incorporato nel calendario religioso e indica l'ultima settimana prima della Quaresima[1] che poi termina con il giorno di Pasqua. Uno dei carnevali più conosciuti in Italia è quello di Viareggio, in Toscana, che consiste in una splendida sfilata di carri trionfali allegorici. Le figure dei carri sono fatte di cartapesta[2] e spesso sono una rappresentazione satirica di famosi personaggi della politica e dello spettacolo.

Tipiche di queste sfilate e di Carnevale sono anche alcune maschere fisse, proprie della Commedia dell'Arte, un tipo di spettacolo che si afferma tra il XVII e il XVIII secolo. Questa commedia si basava sull'improvvisazione e su alcuni personaggi tipici: il vecchio avaro e geloso, il giovane povero e innamorato, il servo scaltro[3] che generalmente si alleava al giovane innamorato, ecc. Celebri, a esempio, sono le maschere di Arlecchino, Pulcinella, Pantalone e Colombina.

1. *Lent* 2. *papier-mâché* 3. *cunning*

 **9.14 Il Carnevale.** Rispondete alle seguenti domande sul Carnevale.

1. Quali sono le caratteristiche del Carnevale di Viareggio?
2. Che cosa rappresentavano le maschere della Commedia dell'Arte?

 **9.15 E nel vostro Paese?** Nel vostro Paese, ci sono carnevali famosi o altre feste simili? Dove? Come si festeggiano? Come si possono paragonare al Carnevale in Italia?

9.16 Le maschere. Cerca su Internet informazioni su Arlecchino, Pulcinella e Colombina e scrivi un breve paragrafo per descriverli.

SCAMBI

9.17 Che festa è? Ascolta le conversazioni. Per ognuna, indica di quale festa si parla e l'argomento principale.

Conversazione 1

1. **La festa:** Pasqua, Epifania, Ferragosto
2. **L'argomento principale:** viaggi, giocattoli, punizioni

Conversazione 2

1. **La festa:** Primo Maggio, 25 aprile, Carnevale
2. **L'argomento principale:** costumi, concerti, vestiti moderni

Conversazione 3

1. **La festa:** Natale, Capodanno, Festa della donna
2. **L'argomento principale:** fiori e pranzo, gioielli, le maschere

9.18 Che cosa gli/le hai comprato? Domanda ad alcuni compagni che regali hanno fatto recentemente alle seguenti persone e in quale occasione: **il padre/la madre, il fratello/la sorella, un/una parente, un amico/un'amica.** Scopri anche i particolari.

ESEMPIO: S1: Che cosa hai comprato a tuo fratello?
S2: Gli ho comprato una racchetta da tennis.
S1: Quando l'hai comprata? ...

9.19 Il veglione di Capodanno. Organizzate insieme una festa per festeggiare l'arrivo dell'anno nuovo. Poi presentatela alla classe.

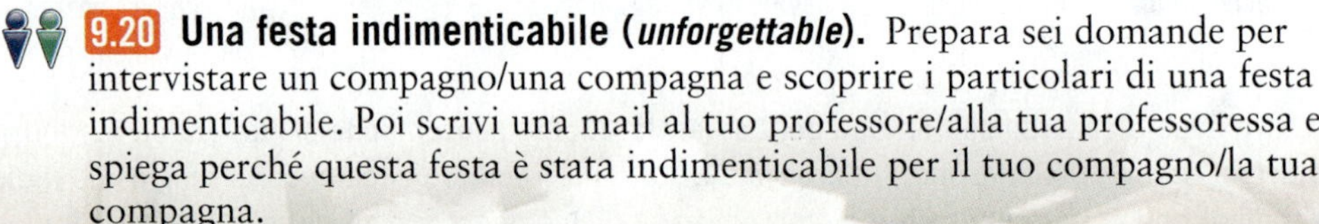

9.20 Una festa indimenticabile (*unforgettable*). Prepara sei domande per intervistare un compagno/una compagna e scoprire i particolari di una festa indimenticabile. Poi scrivi una mail al tuo professore/alla tua professoressa e spiega perché questa festa è stata indimenticabile per il tuo compagno/la tua compagna.

Tanto pesce fresco per il cenone della vigilia

I pranzi delle feste

VOCABOLARIO

Cosa mangiamo?

Per apparecchiare la tavola

Le pietanze

Il cibo

l'agnello	*lamb*
l'antipasto	*hors d'oeuvres*
il ghiaccio	*ice*
la ricetta	*recipe*
il tacchino	*turkey*

I condimenti

l'aceto	*vinegar*
l'aglio	*garlic*
il burro	*butter*
il limone	*lemon*
l'olio d'oliva	*olive oil*
la panna	*cream*
il parmigiano grattugiato	*grated Parmesan cheese*
il pepe	*pepper*
il peperoncino rosso	*hot red pepper*
il ragù	*meat sauce*
il sale	*salt*
il sugo di pomodoro	*tomato sauce*
lo zucchero	*sugar*

Per spiegare le ricette

aggiungere (*p.p.* aggiunto)	*to add*
assaggiare	*to taste*
condire (-isc-)	*to season, to dress*
cuocere (*p.p.* cotto)	*to cook*
friggere (*p.p.* fritto)	*to fry*
mescolare	*to stir, to mix*
soffriggere (*p.p.* soffritto)	*to sauté*
tagliare	*to cut*

9.21 Che cosa ci hai messo? Spiega come hai preparato la tavola per il cenone di Capodanno. Completa le frasi con i vocaboli corretti.

1. Prima di tutto ho preso la _____________ bianca elegante della nonna.
2. Poi ho messo i _____________ di porcellana azzurri.
3. Ho deciso di usare i _____________ di cristallo per l'acqua e per il vino.
4. Sopra i piatti ho messo i _____________, anche questi bianchi.
5. A destra e a sinistra di ogni piatto ovviamente ho messo le _____________.
6. Poi ho messo sulla tavola anche le _____________ per il caffè.

9.22 L'intruso. Indica la parola che non c'entra con le altre.

1. **insalata:** olio, zucchero, aceto
2. **tortellini:** sugo, ghiaccio, formaggio
3. **crostata di frutta:** sugo di pomodoro, zucchero, pesche
4. **tacchino:** olio, panna, burro
5. **scaloppine di vitello:** sale, pepe, parmigiano
6. **lasagne:** ragù, limone, parmigiano

9.23 Che strani gusti! Marco ha abitudini e gusti insoliti riguardo al cibo. Rispondi alle sue domande e indica cosa fai tu diversamente da lui. Usa un pronome oggetto diretto.

1. Prendo il caffè con il sale. E tu?
2. Mangio la minestra con il coltello. E tu?
3. Metto lo zucchero sulle lasagne. E tu?
4. Taglio la bistecca con il cucchiaio. E tu?
5. Bevo il latte con il limone. E tu?
6. Mangio le lasagne in una tazza. E tu?
7. Condisco la bistecca con l'aceto. E tu?
8. Non assaggio mai il ragù e aggiungo sempre troppo sale! E tu?

9.24 Gli spaghetti al pomodoro. Completa la ricetta seguente con la forma corretta di un verbo dal *Vocabolario* del *Percorso II*.

Oggi parliamo di una ricetta facile per preparare gli spaghetti. Prima facciamo (1) _______________ un po' di cipolla con dell'olio o del burro. Laviamo i pomodori e poi li (2) _______________ a pezzetti (*little pieces*). Quindi li (3) _______________ alla cipolla. Facciamo cuocere per pochi minuti. Non possiamo dimenticare di (4) _______________ il sugo per vedere se dobbiamo (5) _______________ sale e pepe. Quando gli spaghetti sono pronti, li (6) _______________ bene al sugo di pomodoro. Saranno buonissimi!

In contesto Dammi una mano!

Riccardo deve aiutare la madre in casa per il pranzo di Pasqua.

MAMMA: Riccardo, perché non vieni ad aiutarmi? L'agnello è pronto? **Assaggia** un po' se va bene. È tardi! **Cerchiamo** di fare presto!

RICCARDO: Eccomi, mamma, vengo subito! Cosa devo fare?

MAMMA: **Apparecchia** la tavola e **usa** la tovaglia bianca. **Controlla** anche se ci sono dei bicchieri di cristallo per tutti.

RICCARDO: E per le posate, metto quelle d'argento°? — *silver*

MAMMA: Sì, e al centro della tavola **metti** dei fiori insieme a un po' di frutta.

RICCARDO: E per i piatti? Posso mettere qualche piatto azzurro con alcuni piatti bianchi?

MAMMA: Certo! Intanto, **telefona** alla nonna e poi **vieni** in cucina. Anzi°, no, **va'** in cantina e **prendi** qualche bottiglia di vino buono. — *Or better still*

RICCARDO: Ho già telefonato alla nonna. Lei porta dei dolci.

MAMMA: Bene! Bravo! Adesso **guardiamo** cosa c'è da bere e **non dimenticare** di vedere se c'è un po' di ghiaccio nel frigo. Tu e papà, poi, **portate** tutte le sedie in sala da pranzo.

9.25 Il pranzo di Pasqua. Quali elementi nella conversazione indicano che si tratta di un pranzo speciale?

Occhio alla lingua!

1. In the *In contesto* conversation between Riccardo and his mother, find expressions that indicate quantity. With which of these expressions are you already familiar?
2. Look at the verbs in boldface type in the *In contesto* conversation. Who will carry out these actions?
3. Look at the endings of the verbs in boldface type. Do they look familiar?

GRAMMATICA

Il partitivo

To express indefinite quantities in Italian—the equivalent of the English *some, any, a few*—you can use the partitive. In **Capitolo 3** and **Capitolo 4,** you learned to use the preposition **di** + the definite article with singular and plural nouns to express *some* or *a few.* Below are additional expressions you can use.

1. **Un po' di** is used with singular nouns to indicate an indefinite quantity.

   Beve **un po' di** vino solo alle feste. — *He drinks a little wine only at parties.*
   Dopo cena gli italiani mangiano sempre **un po' di** frutta. — *After dinner Italians always eat some fruit.*

2. **Alcuni** (*some*) and **alcune** are used with plural nouns.

   Ho assaggiato **alcuni** dolci tradizionali. — *I tasted some traditional desserts.*
   Ha usato **alcune** posate nuove. — *She used some new silverware.*

3. **Qualche** is always used with singular nouns, but it has a plural meaning. The form is the same for feminine and masculine nouns.

   Usiamo **qualche** piatto bianco e **qualche** tazza azzurra. — *Let's use some white plates and some blue cups.*

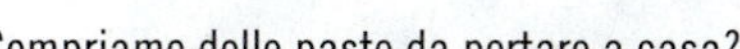
Compriamo delle paste da portare a casa?

4. Expressions of quantity are often omitted with items in a series and in questions, and they are not usually used in negative sentences.

Con l'arrosto serviamo piselli, carote e asparagi.	*We are serving some peas, spinach, and asparagus with the roast.*
Non ho bicchieri di cristallo.	*I don't have crystal glasses.*

9.26 Al mercato. Racconta cosa hai comprato al mercato. Scegli la forma corretta del partitivo.

1. Questa mattina ho comprato (*alcune / della*) frutta freschissima.
2. Ho riportato a casa (*alcune / qualche*) borse piene di cose buone da mangiare!
3. Al mercato ho trovato (*alcune / qualche*) bottiglia di olio d'oliva speciale.
4. Ho comprato anche (*alcuni / un po' di*) ragù già pronto.

9.27 Un pranzo festivo. Indica che cosa serve per apparecchiare una bella tavola. Usa il partitivo **di** + l'articolo determinativo.

1. ______ bicchieri di cristallo
2. ______ tazze da caffè
3. ______ cucchiai per il gelato
4. ______ posate d'argento
5. ______ coltelli per il pesce
6. ______ tovaglioli

9.28 Le scaloppine. Completa la ricetta per le scaloppine ai funghi con il partitivo **di** + articolo o **un po' di**.

Dobbiamo usare (1) __________ fettine di vitello piuttosto sottili. Mettiamo (2) __________ burro in un tegame (*pan*) largo e facciamo soffriggere la carne. Quando le scaloppine sono dorate (*browned*), aggiungiamo (3) __________ vino. Intanto cuciniamo i funghi con (4) __________ olio e (5) __________ aglio. Poi uniamo i funghi alle scaloppine e facciamo cuocere ancora con (6) __________ panna.

9.29 Come lo prendi? A turno, scoprite come l'altra persona prende le bevande e i piatti che seguono. Usate il partitivo e un pronome oggetto diretto.

ESEMPIO: S1: Come prendi il tè?
S2: Lo prendo con un po' di zucchero.

1. il caffè
2. la cioccolata
3. il tè
4. gli spaghetti al sugo di carne
5. l'insalata

L'imperativo informale

The imperative form of verbs is used to give orders, suggestions, directions, and instructions. The informal imperative—the **tu, noi,** and **voi** forms of verbs—is used when talking to friends and family members.

L'imperativo informale				
	assaggiare	**prendere**	**offrire**	**condire**
(tu)	Assaggia!	Prendi!	Offri!	Condisci!
(noi)	Assaggiamo!	Prendiamo!	Offriamo!	Condiamo!
(voi)	Assaggiate!	Prendete!	Offrite!	Condite!

1. The forms of the informal imperative of **-ere** and **-ire** verbs are identical to those of the **tu, noi,** and **voi** forms of the present indicative tense. The **tu** form of verbs that end in **-are** differs from the present indicative tense; it is formed by dropping the **-re** from the infinitive.

Servi il caffè agli ospiti!	*Serve the coffee to the guests!*
Prepara l'arrosto!	*Prepare the roast!*

2. The negative imperative of the **tu** form of verbs consists of **non** + the infinitive. The negative imperative of the **noi** and **voi** forms of verbs is formed by adding **non** in front of the affirmative forms.

	assaggiare	**prendere**	**offrire**	**condire**
(tu)	Non assaggiare!	Non prendere!	Non offrire!	Non condire!
(noi)	Non assaggiamo!	Non prendiamo!	Non offriamo!	Non condiamo!
(voi)	Non assaggiate!	Non prendete!	Non offrite!	Non condite!

Paolo, non mangiare prima di cena!	*Paolo, don't eat before dinner!*
Non servite il formaggio con il pesce!	*Don't serve cheese with fish!*

3. Most verbs that are irregular in the present indicative have the same irregular forms in the imperative.

Vieni con me!	*Come with me!*
A Capodanno non bevete troppo!	*On New Year's Eve, don't drink too much!*

The following irregular verbs have imperative **tu** forms that differ from the indicative. The **noi** and **voi** forms are the same as those of the present indicative.

andare	va'	Va' in sala da pranzo!	*Go to the dining room!*
dare	da'	Da' un po' di dolce ai bambini!	*Give some dessert to the children!*
fare	fa'	Per favore, fa' presto!	*Please, hurry up!*
stare	sta'	Sta' calmo!	*Stay calm!*
dire	di'	Di' che cosa vuoi!	*Say what you want!*

Avere and **essere** are irregular in the **tu** and **voi** imperative forms. The **noi** form is the same as the present indicative.

	avere	**essere**
(tu)	abbi	sii
(noi)	abbiamo	siamo
(voi)	abbiate	siate

Ragazzi, per piacere, abbiate pazienza!	*Guys, please, be patient!*
Giulio, sii buono!	*Giulio, be good!*

4. In Italian, the infinitive rather than the imperative is frequently used to give written instuctions and directions.

Aggiungere del parmigiano grattugiato.	*Add some grated Parmesan cheese.*

9.30 Una bella tavola! Una signora chiede ai figli di aiutarla a preparare una bella tavola per una festa. Ascolta le sue richieste. Scrivi tutti gli imperativi che senti al singolare e al plurale. Poi confronta la tua lista con quella di un compagno/una compagna e insieme indicate l'infinito di ogni verbo che avete scritto.

Singolare		Plurale	
Imperativo	**Infinito**	**Imperativo**	**Infinito**

9.31 Una brava cuoca. Tua nonna ti dà qualche lezione di cucina. Tu le fai tante domande e lei ti dice che cosa devi o non devi fare.

ESEMPIO: —Metto il sale nella pasta? (Sì)
—Sì, metti il sale nella pasta!

—Metto il sale nella pasta? (No)
—No, non mettere il sale nella pasta!

1. Metto l'agnello nel forno? (Sì)
2. Uso un po' d'aglio? (No)
3. Assaggio il sugo? (No)
4. Preparo gli antipasti? (Sì)
5. Cucino la crostata prima del pollo? (No)
6. Condisco l'insalata? (Sì)

9.32 Un'altra lezione. Adesso tu dai a due amici/amiche gli stessi consigli dell'esercizio precedente.

ESEMPIO: —Mettiamo il sale nella pasta? (Sì)
—Sì, mettete il sale nella pasta!

—Mettiamo il sale nella pasta? (No)
—No, non mettete il sale nella pasta!

9.33 Aiuto! Alcuni amici ti chiedono consigli e suggerimenti. Rispondi alle loro domande e usa l'imperativo.

ESEMPIO: GIULIA E LETIZIA: Mettiamo i tovaglioli sopra i piatti?
TU: No, non mettete i tovaglioli sopra i piatti!
LETIZIA: Offro il caffè dopo il dolce?
TU: Sì, offri il caffè dopo il dolce!

1. GIULIA E LETIZIA: Usiamo un solo piatto per la pasta e la carne?
TU: No, ____________ un solo piatto!
2. LETIZIA: Servo il parmigiano con la pasta?
TU: Sì, ____________ il parmigiano con la pasta!
3. GIANNA: Taglio gli spaghetti?
TU: No, ____________ gli spaghetti!
4. GIANNA E MARCO: Mettiamo le fragole sulla torta?
TU: Sì, ____________ le fragole sulla torta!
5. MARCO: Metto le forchette a destra dei piatti?
TU: No, ____________ le forchette a destra dei piatti!
6. GIANNA E MARCO: Usiamo un bicchiere per l'acqua e uno per il vino?
TU: Sì, ____________ un bicchiere per l'acqua e uno per il vino!

9.34 Un bambino terribile. Di' a tuo fratello, un bambino terribile, cosa deve e non deve fare questa sera quando vengono degli amici a cena. Usa l'imperativo.

1. salutare gli amici e dire «Buona sera»
2. dare la mano a tutti
3. andare in camera tua
4. non mangiare con le mani
5. stare zitto (*keep quiet*)
6. fare il bravo (*behave well*) tutta la sera
7. non dire «Non mi piace»
8. usare sempre il tovagliolo

9.35 Un nuovo coinquilino (*housemate*). Preparate una lista di consigli e suggerimenti per un nuovo coinquilino/una nuova coinquilina.

ESEMPIO: Non bere il mio latte!

SCAMBI

9.36 I pranzi a casa tua. Usa le domande che seguono per intervistare un compagno/una compagna sui pasti.

1. Quanti pasti fai al giorno? A che ora?
2. Dove mangi in genere? Con chi?
3. A casa tua, come preparate la tavola per i pasti?
4. Per quali occasioni preparate un pasto speciale? Che cosa preparate?

9.37 Che cosa serviamo? Quali pasti sono più adatti in queste situazioni?

1. È Ferragosto e fa molto caldo. La signora Benini ha invitato tutta la famiglia a cena a casa sua.
2. Jacopo ha invitato l'amico Fabio a pranzo, ma Fabio non sta molto bene e non vuole mangiare molto né pesante.
3. È San Valentino e volete preparare una cena romantica per il vostro ragazzo/la vostra ragazza. Ricordatevi che lui/lei non mangia carne!
4. Questa sera dovete giocare a calcio e volete fare un pranzo leggero.

 **9.38 Ricette facili.** Leggete le ricette che seguono e poi completate le attività.

1. Decidete quale piatto vi piace di più e spiegate perché.
2. A turno, scegliete una ricetta e ripetetela al compagno/alla compagna usando l'imperativo.
3. Fate une lista degli ingredienti di cui avete bisogno per preparare questi piatti. Non dimenticate di usare il partitivo.

Macedonia di frutta fresca

Scegliere la frutta di stagione e fare anche attenzione ai colori. Per esempio: le fragole rosse sono belle con le banane e i kiwi verdi. Oppure mescolare pesche e melone. Tagliare sempre la frutta a pezzi piccoli, aggiungere dello zucchero e un po' di succo di limone. Si può anche servire con un po' di gelato!

Tortellini al burro

Comprare tortellini già pronti, di una buona marca[1] o fatti a mano. I tortellini devono cuocere in abbondante acqua bollente. Intanto sciogliere[2] del burro con della panna. Quando sono pronti, mescolare i tortellini con il burro e la panna e aggiungere del parmigiano grattugiato. Non dimenticare sale e pepe!

1. *brand* 2. *melt*

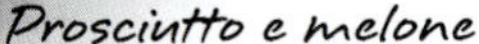

Prosciutto e melone

Si comprano un bel melone maturo e del prosciutto crudo. Si taglia in lungo il melone e si mette su un piatto largo. Poi, intorno ad ogni fetta[1] di melone, mettere una fetta di prosciutto. Servire freddo.

1. *slice*

PERCORSO III Al ristorante

VOCABOLARIO

Il signore desidera?

In un ristorante italiano

il cameriere/la cameriera	*waiter/waitress*
chiedere il conto	*to ask for the check*
il/la cliente	*client, customer*
la mancia	*tip*
il menù	*menu*
ordinare	*to order*

Espressioni al ristorante

C'è posto per due / quattro?	*Is there room for a party of two / four?*
Il signore/La signora desidera?	*What would you (sing.) like to order?*
Vorrei...	*I would like ...*
Per favore mi porti...	*Please bring me ... (polite)*

Così si dice
Prendere e *Buon appetito!*

To express in Italian the equivalent of "to have something to eat or drink," use the verb **prendere: Prendi anche tu del riso?** *Are you going to have some rice, too?*

When Italians sit down for a meal, before they start eating, it is customary to say: **Buon appetito!** *Enjoy your meal!* and to respond: **Altrettanto!** *The same to you!*

Per descrivere i piatti

l'acqua gassata / liscia	*sparkling / still water*
al sangue	*rare*
ben cotto/a	*well done*
dolce	*sweet*
fresco/a	*fresh*
insipido/a	*bland*
leggero/a	*light*
pesante	*heavy, rich*
piccante	*spicy*
salato/a	*salty*
saporito/a	*tasty*
squisito/a	*delicious*

Lo sai che? I ristoranti in Italia

Oltre ai ristoranti, in Italia ci sono le **trattorie** e le **osterie**, che spesso sono meno eleganti e offrono in genere una cucina casalinga[1] e un'atmosfera familiare. Alcune di queste sono molto tipiche e possono essere anche più care dei ristoranti. La **pizzeria** è, ovviamente, il posto dove si va per mangiare una pizza, molto popolare, soprattutto fra i giovani, perché in genere è meno cara degli altri ristoranti. Nelle grandi città ci sono anche ristoranti di altri Paesi del mondo.

Quando si va al ristorante qualche volta si paga anche il **coperto**, che indica il posto occupato e di solito il pane. Il numero dei coperti quindi corrisponde al numero delle persone. Molti ristoranti espongono[2] fuori un menù **fisso** che in genere comprende il primo, il secondo, il dolce e la frutta.

Gli italiani non sempre lasciano la mancia al cameriere e, quando lo fanno, non calcolano una percentuale precisa.

1. *homemade* 2. *display*

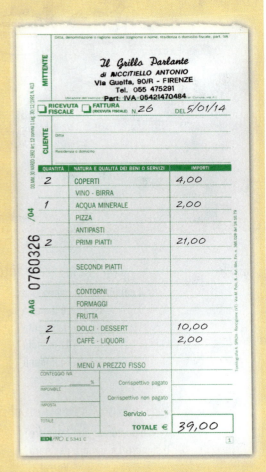

9.39 E nel vostro Paese? Quali sono alcune differenze fra i ristoranti italiani e quelli del vostro Paese?

9.40 Al ristorante. Cosa fai quando vai al ristorante? Metti in ordine logico le seguenti frasi.

_____________ Chiedi il conto.
_____________ Dici: «Mi porti dell'acqua minerale».
_____________ Lasci la mancia al cameriere/alla cameriera.
_____________ Chiedi: «C'è posto?»
_____________ Ordini quello che vuoi mangiare.
_____________ Leggi il menù.
_____________ Dici: «Buon appetito!»
_____________ Domandi: «Qual è il piatto del giorno?»

9.41 Chi lo dice? Chi dice le frasi seguenti? Il cliente/La cliente o il cameriere/la cameriera?

1. Ecco il menù.
   a. il cliente / la cliente
   b. il cameriere / la cameriera
2. C'è posto per quattro?
   a. il cliente/la cliente
   b. il cameriere/la cameriera
3. Prendo il risotto e una bistecca ben cotta.
   a. il cliente/la cliente
   b. il cameriere/la cameriera
4. Mi porti il conto, per favore.
   a. il cliente/la cliente
   b. il cameriere/la cameriera
5. Che cosa desidera?
   a. il cliente/la cliente
   b. il cameriere/la cameriera
6. Qual è il piatto del giorno?
   a. il cliente/la cliente
   b. il cameriere/la cameriera
7. Le porto dell'acqua? Gassata o liscia?
   a. il cliente/la cliente
   b. il cameriere/la cameriera
8. Il coperto è compreso?
   a. il cliente/la cliente
   b. il cameriere/la cameriera

9.42 Non è vero! Tu e un tuo amico/una tua amica avete gusti molto diversi. Indica il contrario degli aggettivi nelle frasi seguenti.

ESEMPIO: La bistecca è buona.
—Questa bistecca è buona!
—No! È cattiva!

1. L'arrosto è insipido.
2. La minestra è calda.
3. I tortellini sono salati.
4. Il dolce è pesante.

9.43 Come ti comporti al ristorante? Rispondi alle domande e indica che cosa fai e dici al ristorante.

1. Cosa chiedi quando arrivi al ristorante?
2. Cosa leggi per sapere che piatti ordinare?
3. Che espressioni puoi usare per ordinare?
4. Cosa dici quando inizi a mangiare?
5. Cosa chiedi quando hai finito di mangiare?
6. Che cosa lasci al cameriere se sei soddisfatto/a?

In contesto Che si mangia di buono?

Alcuni amici vanno a cena in trattoria.

CAMERIERE: Cosa desiderano per primo? Possiamo fare un assaggio° di primi: dei tortellini con la panna, degli spaghetti al pesto e delle penne all'arrabbiata piuttosto° piccanti.

LA CLIENTE: Benissimo, allora, gli assaggi per tutti, vero? E per secondo? Qual è il piatto del giorno? L'ultima volta qui ho mangiato delle ottime scaloppine ai funghi. Ricordo che mi sono piaciute proprio tanto!

CAMERIERE: Oggi il cuoco ha preparato l'arrosto di vitello, con una salsa al vino rosso. È squisito e leggero. Di solito piace a tutti.

LA CLIENTE: Allora, arrosto per sei! Va bene? E di verdura cosa c'è?

CAMERIERE: Vi potrei portare degli spinaci saltati° al burro o al limone e delle patate arrosto.

LA CLIENTE: A me però gli spinaci non piacciono tanto.

CAMERIERE: Allora può prendere dell'insalata. E poi le consiglio una torta al cioccolato veramente squisita! Ne è rimasta solo una porzione!

LA CLIENTE: Benissimo! La conosco! L'altra volta mi è piaciuta moltissimo!

sample (assaggio) · *rather* (piuttosto) · *pan-fried* (saltati)

9.44 Al ristorante. Leggi la conversazione «Che si mangia di buono?» e poi compila la seguente scheda.

Che piatti consiglia il cameriere:	
Che piatti ordina la cliente:	
Che cosa le piace:	
Che cosa non le piace:	

Occhio alla lingua!

1. Look at the various forms of the verb **piacere** in the *In contesto* conversation. Which indicate a present experience and which a past experience?
2. What do you notice about the forms of **piacere** in the **passato prossimo**? How are they conjugated? What is the past participle?
3. How is the **passato prossimo** of **piacere** similar to that of other verbs you have learned?

GRAMMATICA

Il verbo *piacere*

A me e ai miei amici piace ritrovarci al ristorante.

You have already learned to use the verb **piacere** in the present tense. You use **piace** when the thing liked is singular and **piacciono** when the things liked are plural. The singular form **piace** is also used with verbs in the infinitive.

Mi **piace** la pasta, ma non mi **piacciono** i tortellini.	*I like pasta, but I do not like tortellini.*
A Cinzia **piace** andare spesso al ristorante.	*Cinzia likes to go to the restaurant often.*

The verb **piacere** in English means *to be pleasing to*. The sentence **A Roberta piacciono i tortellini** corresponds literally to *Tortellini are pleasing to Roberta,* although this sentence would be expressed in English as *Roberta likes tortellini.* Note that the subject of the sentence is **tortellini**. The indirect object, Roberta, is the person doing the liking.

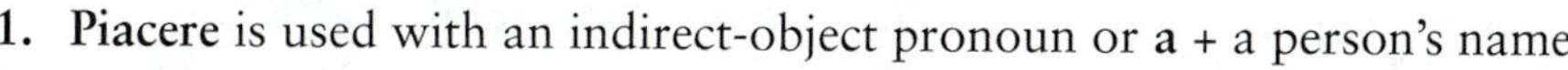

1. **Piacere** is used with an indirect-object pronoun or **a** + a person's name.

—**A Teresa** piace la bistecca ben cotta?	—*Does Teresa like her steak well done? (Literally: Is a well-done steak pleasing to Teresa?)*
—Sì, **le** piace.	—*Yes, she likes it.*
—**A Carlo** non piacciono i piatti piccanti?	—*Doesn't Carlo like spicy dishes?*
—No, non **gli** piacciono.	—*No, he doesn't like them.*

2. **Piacere** can also be used with the preposition **a** + a disjunctive pronoun for clarification or emphasis.

A me non piacciono gli spinaci saltati. E **a te**?	*I don't like pan-fried spinach. Do you?*

3. The past tense of **piacere** is conjugated with the verb **essere**. The past participle agrees in gender and number with the thing or person liked.

A tua madre sono piaciut**i** **gli scampi**?	*Did your mother like the prawns?*
Al cliente non sono piaciuti **gli spaghetti**, ma gli sono piaciute **le lasagne**.	*The customer didn't like the spaghetti, but he liked the lasagna.*
Ai bambini non è piaciut**o** **il pesce**!	*The children didn't like the fish!*

Così si dice *Anche / Neanche a me*

When using the verb **piacere** to express *I like it too* or *I don't like it either* use **Anche a me** or **Neanche a me:**

—Non mi piace il pesce! E a te?
—I don't like fish! And you?
—Neanche a me!
—I don't like it either!
—Mi piace la cioccolata da matti!
—I am crazy about chocolate!
—Anche a me!
—Me too!

9.45 I gusti (*Tastes*). Discutete che cosa vi piace e non vi piace della lista seguente.

ESEMPIO: i piatti piccanti
S1: Ti piacciono i piatti piccanti?
S2: Non mi piacciono. E a te?
S1: Neanche a me!

1. il caffè
2. l'acqua gassata
3. la bistecca al sangue
4. i broccoli
5. cucinare
6. i piselli
7. gli asparagi
8. mangiare fuori

9.46 A cena fuori. Unisci i termini per indicare che cosa ti è piaciuto al ristorante l'ultima volta che ci sei andato/a.

1. mi è piaciuta
2. mi è piaciuto
3. mi sono piaciute
4. mi sono piaciuti

a. il vino
b. gli spinaci
c. le patate
d. l'atmosfera

9.47 Al ristorante. Il weekend scorso sei andato/a al ristorante con degli amici. Usa gli elementi che seguono per spiegare cosa vi è piaciuto e cosa non vi è piaciuto.

ESEMPIO: al mio amico / il dolce
Al mio amico è piaciuto il dolce.

1. a me / i primi piatti
2. a noi / gli antipasti
3. a una mia amica / l'atmosfera
4. ai miei amici / il pesce

SCAMBI

9.48 Ordiniamo! Ascolta una conversazione al ristorante fra una cameriera e un cliente e rispondi alle domande.

1. Che cosa non piace al Signor Benini?
2. Che cosa gli è piaciuto in passato nello stesso ristorante?
3. Che cosa gli consiglia la cameriera?
4. Che cosa ordina il Signor Benini da bere?
5. Che cosa ordina il Signor Benini per primo, per secondo e alla fine del pranzo?

9.49 Il menù. Leggete il menu del ristorante «Al San Francesco» e scegliete dei piatti che piacciono a tutti per (1) una cena leggera e per (2) un pranzo completo.

AL SAN FRANCESCO
ristorante pizzeria self-service

al centro di Orvieto nel cuore del sapore

LE NOSTRE PROPOSTE
Pane e coperto € 2.00

GLI ANTIPASTI

Spiedino di mozzarella e pancetta alla griglia	€ 7.00
Savarin di polenta e funghi porcini	€ 7.00
Ricette tipiche	
Crostini all'orvietana	€ 6.00
Salumi e formaggi umbri	€ 6.00
Frittelle di baccalà[1]	€ 7.00
Guanciale all'aceto e salvia	€ 6.50

I PRIMI PIATTI

Umbrichelli con pancetta e pomodoro	€ 8.00
Gnocchi di patate alla crema alle noci	€ 8.00
Ricette tipiche	
Tagliatelle ai porcini e tartufo	€ 8.00
Tagliatelle al cinghiale[2]	€ 8.00
Ravioli con patate e pecorino umbro al ragù di coniglio[3]	€ 8.00
Zuppa di ceci e funghi porcini con crostini di pane	€ 7.50

I SECONDI PIATTI

Filetto di manzo[4] *ai porcini*	€ 14.00
Tagliata di manzo al sale speziato	€ 13.00
Petto d'anatra[5] *scaloppato*	€ 12.00
Scamorza affumicata e verdurine alla griglia	€ 11.00
Ricette tipiche	
Costolette di agnello alla griglia	€ 10.00
Baccalà all'orvietana	€ 9.00

I CONTORNI

di stagione	€ 4.00
Ricette tipiche	
Fagioli con il battuto	€ 4.00
Patate rustiche	€ 4.00

FORMAGGI

Misto di formaggi Umbri	€ 9.00
Pecorino di norcia	€ 8.00

PIZZERIA

MARGHERITA *(pomodoro e mozzarella)*	€ 4.50
NAPOLETANA *(pomodoro, mozzarella, alici)*	€ 5.00
PIZZA MARINARA *(pom., aglio, origano)*	€ 4.50
PIZZA AL RADICCHIO *(mozz., radicchio, parmigiano)*	€ 6.00
ORTOLANA *(pom., rucola, pomodoro a fette)*	€ 5.00
A MODO NOSTRO *(pom., salsiccia, funghi, e mozzarella)*	€ 5.50
CAPRICCIOSA *(pom., funghi, carciofi, olive e mozzarella)*	€ 5.50
QUATTRO STAGIONI *(pom., funghi, carciofi, olive, uovo, mozzarella)*	€ 5.50
AI PEPERONI *(pomodoro e peperoni)*	€ 5.50
ALLE MELANZANE *(pom., mozzarella e melanzane)*	€ 5.50
PIZZA AL SAN FRANCESCO *(mozz., funghi, salsiccia, crema di tartufo)*	€ 6.50
PIZZA DIAVOLA *(pom., mozzarella, salame piccante)*	€ 6.00
FOCACCIA AL PROSCIUTTO	€ 6.00

I DESSERT

Tozzetti e vin santo	€ 4.50
Zuppa inglese	€ 4.50

VINI *Abbiamo scelto una vasta selezione di spumanti, champagne, vini bianchi e rossi provenienti da varie regioni: Umbria, Friuli Venezia Giulia, Toscana, Piemonte.*

BEVANDE

CAFFETTERIA LIQUORI	€ 1.50
Acqua minerale 1 lt	€ 1.50
Acqua minerale ½ lt	€ 1.00
Bibite in lattina	€ 2.00
Caffè	€ 1.00

1. *cod* 2. *boar* 3. *rabbit* 4. *beef* 5. *duck*

9.50 Dal San Francesco. Immaginate di essere al ristorante «Al San Francesco». Uno studente/Una studentessa fa la parte del cameriere/della cameriera e le altre due persone fanno la parte di un/una cliente vegetariano/a e un/una cliente molto difficile e indeciso/a. Immaginate la conversazione e ricordate di usare il **Lei** quando è necessario.

9.51 Mangiare al ristorante. Usa le domande che seguono per intervistare un compagno/una compagna. Poi scrivi una mail al professore/alla professoressa con le informazioni che hai ottenuto.

1. Preferisci mangiare a casa o fuori?
2. Quante volte alla settimana mangi fuori? Perché? In quali occasioni?
3. Qual è il tuo ristorante preferito? Ci vai spesso? È caro? Cosa si mangia? Quando e con chi ci vai?
4. In generale, cosa ti è piaciuto l'ultima volta che sei stato/a a un ristorante? Che cosa non ti è piaciuto?
5. Che cosa è più importante quando scegli un ristorante? L'atmosfera, il menù, il prezzo, la qualità?

9.52 Dove andiamo a cena? Leggete gli annunci che seguono e decidete dove volete andare a cena. Spiegate perché.

Benvenuti alla Cantina!
La fotografia della Cantina è di Massimo Sean Pepe

Nel **Ristorante Cantina della Villa** troverete tante botti e macchinari per la trasformazione dell'uva in vino, 20 semplici tavoli con le panche, 4 grandi archi, le antiche pareti in pietra, e un grande camino dove regna sempre il fuoco.
La Cantina è il luogo dove vogliamo far vivere la tradizione attraverso i cibi, gli arredi, le persone.
Siamo presenti da molti anni nella Guida delle Osterie d'Italia della Slow Food Editore e nella Guida del 2010 abbiamo avuto il riconoscimento della "chiocciola".

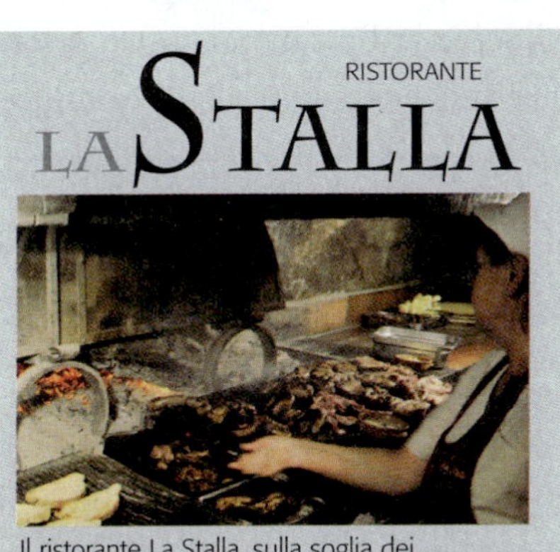

Il ristorante La Stalla, sulla soglia dei cinquant'anni di attività, rappresenta ormai un'istituzione per molti clienti e amici sparsi in tutto il mondo. La sua cucina deriva direttamente dai piatti che la signora Maria Oliva – nonna degli attuali proprietari, Claudio e Federica – preparava ai pellegrini. Nella bella stagione, l'ampio terrazzo esterno offre degli scorci suggestivi sulla vallata e la Rocca Maggiore. Il menù parte dalla tradizionale torta al testo farcita con prosciutto, salsicce, bieta e cicoria o caciotta, a cui affiancare l'immancabile bruschetta condita con olio di produzione locale

Il Ristorante Le Noci è un ambiente familiare, semplice e molto accogliente[1], gestito[2] quasi tutto al femminile e dotato di un bel giardino con tavoli all'aperto in cui mangiare d'estate. La cucina è tipica, a base di ricette regionali e fatta di prodotti freschi e genuini, con tutte le paste fresche ed i dolci fatti in casa.

1. *cosy* 2. *managed, run*

9.53 «Il ristorante è un rito...» Leggete che cosa dice Plinio sulle cene al ristorante e rispondete alle domande.

Il ristorante è un rito a Roma, è un rito anche di amicizia, oltre che un rito gastronomico, quindi è piacevole andare o a pranzo ma forse ancora di più la sera a cena, [...] Penso a Bastianelli a Fiumicino, che è una località vicino Roma, di mare, oppure anche in queste pizzerie di Trastevere, di Testaccio, che sono dei quartieri popolari di Roma molto belli, dove ci sono ancora dei vecchi forni a legna, e [...] queste pizze sono molto buone, insomma, ma è anche un'occasione per stare fra amici per parlare in libertà e in grande allegria.

1. Per voi e i vostri amici andare al ristorante è un rito (*ritual*), come dice Plinio, oppure no? Perché?
2. Per voi il buon cibo e stare fra amici sono cose importanti? Perché?
3. Quale pizzeria o ristorante preferite? Perché?

ATTRAVERSO

L'UMBRIA

L'Umbria, nell'Italia centrale, è conosciuta come il cuore (*heart*) verde dell'Italia. È una delle regioni italiane più piccole, ed è anche l'unica regione che non si affaccia sul mare. Il territorio è collinoso, ricco di valli verdi e numerosi fiumi. C'è anche un grande lago, il Lago Trasimeno.

L'economia della regione si basa sull'industria, l'artigianato, l'agricoltura e il turismo. Si trovano in Umbria due grandi industrie alimentari: la Perugina, nota per i suoi cioccolatini chiamati *Baci*, e la Buitoni che produce pasta. La regione è anche famosa per i numerosi laboratori di ceramica artistica di stile rinascimentale, le piccole cittadine medioevali e i tanti splendidi monumenti e opere d'arte. In Umbria si produce anche un ottimo (*excellent*) olio d'oliva.

In questa regione sono nati grandi artisti fra i quali Masolino da Panicale, il Pinturicchio, il Perugino e santi molto noti, come San Francesco, San Benedetto, Santa Chiara e Santa Rita e il poeta Jacopone da Todi.

L'Umbria è una regione particolarmente ricca di antiche tradizioni ed eventi culturali. A Spoleto ogni anno c'è il Festival dei Due Mondi, una manifestazione internazionale di musica, arte, cultura e spettacolo.

La facciata (*facade*) del Duomo di Orvieto, uno dei più belli e più importanti esempi di architettura gotica italiana. La facciata, a forma di trittico (*triptych*), è ornata con marmi (*marble*) policromi, sculture e splendidi mosaici dorati (*golden*). Hanno contribuito alla sua realizzazione alcuni dei maggiori artisti del Medioevo e del Rinascimento, fra cui Andrea Orcagna, il Beato Angelico e Luca Signorelli.

Il centro storico medievale di Perugia, la piazza centrale con la Fontana Maggiore e il Duomo di San Lorenzo. Perugia, il capoluogo dell'Umbria, è situata su un colle (*hilltop*) come tante altre città umbre. È una città antica dove è possibile ammirare monumenti etruschi, medievali e rinascimentali. A Perugia c'è anche l'Università per Stranieri, dove arrivano studenti da tutti i Paesi del mondo per imparare l'italiano. A Perugia ogni estate c'è un'importante manifestazione di Jazz, Umbria Jazz.

VERIFICHIAMO

Prima leggi l'introduzione alla regione, poi guarda le foto e leggi le rispettive didascalie.

9.54 Vero o falso? Indica quali delle seguenti affermazioni sono vere e quali sono false. Correggi le affermazioni false.

1. Orvieto è una piccola città che non ha molto interesse artistico.
2. Perugia è una città importante in Umbria.
3. A Perugia ci sono pochi giovani.
4. A Perugia c'è una scuola di lingue e letterature straniere molto nota.
5. Assisi è una città importante per il mondo cristiano.
6. Nella Basilica di San Francesco ci sono celebri affreschi del Rinascimento.
7. Giotto è un grande artista del Medioevo.
8. Con la Corsa dei Ceri si celebrano i prodotti tipici di Gubbio.

 **9.55 E voi, che altro ne sapete?** Discutete cosa sapete:

1. del Festival dei Due Mondi
2. di Umbria Jazz
3. di Giotto
4. di San Francesco

 **9.56 E nel vostro Paese?** Nel vostro Paese ci sono celebrazioni simili alla Corsa dei Ceri? Quali? Come sono simili e come sono diverse?

La Corsa dei Ceri (*Race of the candles*) a Gubbio. Ogni anno, il 15 maggio, a Gubbio si tiene la Corsa dei Ceri, in onore di Sant'Ubaldo, il patrono del paese. Uomini delle diverse contrade (*districts*) della città portano i tre grandi e pesanti ceri (circa 300 kg) sulle spalle dal centro della città fino alla chiesa di Sant'Ubaldo, che si trova su un monte. La corsa è frenetica e difficile ed è infusa di misticismo.

Un particolare di un affresco di Giotto nella Basilica di San Francesco, ad Assisi. Assisi è la meta di tanti pellegrini cristiani che vogliono visitare la città di San Francesco, il santo patrono d'Italia. Nella Basilica di San Francesco ci sono i dipinti di Giotto, Cimabue, Simone Martini e Pietro Lorenzetti, grandi maestri della pittura medievale. Particolarmente importanti sono gli affreschi di Giotto (1267–1337), che narrano la vita del santo. Nelle opere di Giotto sono evidenti i principi della prospettiva e il naturalismo.

IN PRATICA

GUARDIAMO

Strategie per guardare
Summarizing

When you watch a film or a video episode, summarizing what has happened and what is happening can help you to understand the main events and ideas. To summarize effectively, focus on familiar words and expressions and try to guess the meaning of those you do not know, while ignoring unimportant and redundant details.

Per capire meglio!

una casa discografica	*a record label*
è in gamba	*she's smart; she's sharp*
Fermatevi!	*Stop!*
Figurati!	*Don't mention it! No big deal!*
forse	*maybe*
Non ce l'avrei mai fatta.	*I would have never made it.*
l'inquadratura	*shot (movie)*
i pennelli	*brushes*
il presentatore	*master of ceremonies*
ho ridipinto	*I painted over*
Scappa!	*Run!*
gli spaghetti allo scoglio	*spaghetti with seafood*
gli strozzapreti cacio e pepe	*pasta with cheese and pepper*
il tipo	*guy*

Il mondo italiano

In una scena di questo episodio Roberto e Claudio pranzano in un ristorante romano. La cucina romana tradizionale è una cucina popolare, povera e molto antica. Si basa su ingredienti semplici, poco costosi e non particolarmente pregiati, che provengono dal territorio vicino a Roma. Essa riflette le origini contadine e l'arte d'arrangiarsi (*make do*) tipicamente italiane. In ogni modo, i piatti sono sempre molto abbondanti, gustosi e saporiti.

I primi piatti, che si basano sulla pasta, sono particolarmente apprezzati (*appreciated*) dai romani. Gli spaghetti all'amatriciana, alla carbonara, alla gricia e al cacio e pepe, sono alcuni primi tipici che si possono trovare in tutte le trattorie romane.

 Per saperne di più sulla cucina regionale, vai su MyItalianLab.

Prima di guardare

Tu, va' più indietro con la sedia. Paolo, un passo indietro e poi avanti...

Ti piacciono tutte queste cose e non ti piaccio io?

9.57 Questo episodio consiste di scene diverse con personaggi che conoscete e uno nuovo, Claudio. Prima di guardare il videoclip, completate le seguenti attività.

1. Descrivete la prima foto. Chi sono i personaggi principali? Cosa fanno?
2. Le battute che seguono concludono una delle scene di questo episodio. Basandovi su quello che sapete di Elena e del suo rapporto con Roberto, immaginate l'episodio e una conclusione alla battuta di Roberto.

   Roberto: Claudio ha un amico, un certo Simone e lui lavora in una casa discografica, e ci vuole fare un contratto! ... Se noi...

3. La seconda foto conclude un'altra scena di questo episodio. Descrivete la foto. Dove sono Giulia e Taylor? Come sembra il loro rapporto?

Mentre guardi

9.58 Per ogni scena principale prendi nota di cosa fanno e dicono i personaggi indicati.

1. Elena, Roberto e Claudio durante la registrazione: ______________________________
____
2. Giulia e Taylor dentro e fuori del Duomo di Siena: ______________________________
____
3. Roberto e Claudio al ristorante: ______________________________
____
4. Giulia e Taylor a Piazza del Campo: ______________________________
____
5. Elena e Roberto per strada: ______________________________
____
6. Giulia e Taylor al ristorante: ______________________________
____

Dopo aver guardato

9.59 Paragonate i vostri appunti e insieme ricostruite che cosa è successo nelle scene principali. Cosa hanno fatto e detto i personaggi?

9.60 Che cosa ha fatto Giulia con i pennelli del padre quando era bambina? E voi, avete combinato mai un danno (*done something mischievous*) simile a Giulia quando eravate bambini? Che cosa è successo?

LEGGIAMO

Prima di leggere

9.61 Scorri (*Skim*) il testo che segue.

1. Di che tipo di testo si tratta?
   a. un testo letterario
   b. un articolo
   c. una pubblicità
   d. una guida
2. Osserva e descrivi le foto. Che cosa suggeriscono?
3. Qual è il titolo del testo?
4. Secondo te, qual è l'argomento principale dell'articolo?

Mentre leggi

9.62 Rileggi attentamente il testo e trova le informazioni necessarie per completare l'attività in *Dopo la lettura*.

Strategie per leggere
Skimming

Skimming is an effective strategy for efficient reading. You might skim the headings on a website, for example, to get a sense of the content, or skim a magazine article to get the gist prior to going back and reading it thoroughly. To skim a text, read the material quickly to understand the main ideas. Focus on key aspects such as the format, the title, the subtitles, and any illustrations. Don't try to understand every word or get lost in details.

Capodanno in Italia: tradizioni, usanze e riti

A voler dar seguito* a tutte le tradizioni di Capodanno, ai riti propiziatori, ai gesti portafortuna, [...] alle superstizioni [...] la sera dell'ultimo dell'anno e la mattina di quello nuovo possono essere davvero stressanti. Ce n'è per tutti i gusti, dalle lenticchie ai soldi in tasca, dalle mutandine* rosse ai fuochi d'artificio, [...], il bacio sotto il vischio*[...]. Ma andiamo con ordine scopriamo ad uno ad uno i significati delle tradizioni e dei riti del Capodanno italiano

Lenticchie*

Mangiare le lenticchie a mezzanotte dell'ultimo dell'anno porta fortuna. È una usanza che ha origini diverse a seconda di chi la racconta. Secondo alcuni, si devono mangiare lenticchie perché i legumi, già resistenti di natura (se ben conservati) sono simbolo di lunga vita: essendo molto nutrienti salvaguardano i corpi anche in tempi più sfortunati. Per altri le lenticchie ricordano le antiche monete d'oro [...]

Botti* e fuochi d'artificio

Pare che gli spiriti maligni abbiano una certa riluttanza per i rumori forti. È per questo che a Capodanno è tradizione sparare* fuochi d'artificio, ma soprattutto petardi* che con i loro botti spaventano* diavoli e diavoletti. Anche il tappo* dello spumante sparato per festeggiare la mezzanotte è ottimo per allontanare i malocchi vari*.

Lancio dei cocci[1]

È una tradizione nazionale, ma i napoletani la prendono più sul serio. In sostanza usanza vuole che a mezzanotte dell'ultimo dell'anno vengano gettati* a terra (o in strada dalle finestre), piatti, bicchieri, oggetti in ceramica. Con questo gesto simbolico si cacciano via* i mali sia fisici che morali che sono stati accumulati nel corso dell'anno che sta finendo.

Bacio sotto il vischio

Il vischio è da sempre la pianta degli Dei. [...] Il bacio sotto il vischio allo scoccare della mezzanotte è quindi una tradizione antica fautrice d'amore e di fertilità.

Biancheria* rossa

Non è chiaro da dove arrivi questa tradizione, ma visti i piacevoli risvolti non importa a nessuno. Ma giusto per fare un po' di storia possiamo dire che già gli antichi Romani usavano abbigliamenti (anche intimi) rossi a Capodanno, ma per loro era un modo per allontanare la paura dal sangue e dalla guerra. [...] Noi moderni abbiamo ripreso questa usanza ma per renderla davvero «utile» è necessario ricordare due cose: la prima è che non vale comprarsi la biancheria rossa, bisogna averla in regalo. La seconda è che il primo dell'anno, indipendentemente dalla «maison» che indossate, la biancheria va gettata via*. Altrimenti è tutto, quasi, inutile.

Mangiare uva

[...] [A]nche mangiare l'uva è una tradizione, che seppur molto antica, ha ripreso vigore negli ultimi anni grazie al Capodanno spagnolo. Ormai in tutte le piazze d'Italia dove si festeggia il Capodanno a mezzanotte, gli amanti si offrono 12 chicchi d'uva a vicenda proprio come ci hanno insegnato gli spagnoli che festeggiano Capodanno alla Puerta del Sol a Madrid. Mangiare l'uva a Capodanno, averla sulla tavola del Cenone, conservarne un po' per l'anno nuovo è simbolo di abbondanza: un po' come le lenticchie gli acini d'uva simboleggiano monete d'oro. Anche l'uva passa* va bene, così come i semi del melograno*. [...] Come dicevamo all'inizio: le tradizioni di Capodanno, comprese quelle del Nuovo Anno, sono una fatica.

*A voler dar seguito: *If one were to follow* ; mutandine: *underwear*; vischio: *mistletoe*; lenticchie: *lentils*; botti: *bangs*; sparare: to *shoot*; petardi: *firecrackers*; spaventano: *frighten*; tappo: *cork*, malocchi vari: *various evil eyes*; gettati: *thrown*; si cacciano via: *chase away*; biancheria: *underclothes*; va gettata via: *has to be thrown away*; l'uva passa: *raisins*; i semi del melograno: *pomegranate seeds*

1. *Questa usanza sta praticamente scomparendo (disappearing).*

Dopo la lettura

9.63 Rispondi alle domande che seguono.

1. Riassumi brevemente le idee principali del testo.
2. Trova informazioni nel testo per giustificare le seguenti affermazioni:
   a. Gli italiani sembrano molto superstiziosi.
   b. Le tradizioni e i riti sono importanti nella società italiana.
   c. Gli italiani hanno un forte legame con l'antichità.
   d. Alcuni dei riti e tradizioni che si seguono portano fortuna.
   e. Alcuni allontanano gli spiriti malefici.
   f. Le tradizioni di Capodanno sono una vera fatica (*an effort*).
3. E nel tuo Paese, quali riti e tradizioni si osservano? Sai qualcosa della loro storia?

Strategie per parlare
Expressing likes and dislikes

When we talk about food and restaurants with family and friends, we usually share information about our likes and dislikes. Remember that you need to use the verb **piacere** to indicate what you like and don't like, and that you can use the expressions **anche** and **neanche a me** to indicate whether or not you agree with someone else's preferences.

PARLIAMO

Dove mangi? Cosa mangi? Discutete cosa e dove mangiate di solito. Poi tenete presente i gusti di tutti e decidete dove volete incontrarvi per cenare insieme questo weekend.

Dai! Mangiamo qui anche oggi! Ieri la bistecca mi è piaciuta moltissimo!

Prima di parlare

9.64 Prima di parlare con i tuoi compagni, rispondi alle seguenti domande.

1. Prepara una lista di cinque cose che hai mangiato la settimana scorsa fuori di casa. Che cosa ti è piaciuto in particolare? Che cosa non ti è piaciuto?
2. Dove mangi di solito? Perché?

Mentre parlate

9.65 Descrivete e spiegate ai compagni i vostri gusti riguardo al cibo e ai ristoranti. Fate loro delle domande sui loro gusti. Quali ristoranti vi piacciono? Preferite mangiare a casa o fuori?

ESEMPIO: —La settimana scorsa sono andato/a al ristorante tre volte! Il ristorante italiano mi è piaciuto moltissimo!
—Che cosa ti è piaciuto?
—Mi sono piaciute soprattutto le lasagne! …

Dopo aver parlato

9.66 Adesso decidete che cosa avete in comune per quanto riguarda il cibo e decidete dove potete mangiare insieme questo weekend. Date dei consigli alle altre persone del gruppo.

ESEMPIO: —Andiamo da «Pantalone»! È sempre buono!
—Non mangiamo fuori! Cuciniamo a casa!

Strategie per scrivere
Writing a good topic sentence

Whether you are writing a short paragraph or an introduction to a longer essay, decide what your focus will be and make it clear in your introductory sentence. This first sentence can summarize your point of view or lay out the topic you are going to develop. It should be short, simple, and to the point. Then plan and organize the points you wish to make and provide examples and supporting details as you develop your ideas.

SCRIVIAMO

Una festa importante. Descrivi una festa importante per te. Per esempio, puoi scegliere di parlare di Capodanno, del 4 di luglio, della Festa del Ringraziamento o di un'altra festa importante nel tuo Paese.

Prima di scrivere

9.67 Prima di cominciare a scrivere organizza le tue idee.

1. Scegli la festa di cui vuoi parlare e decidi l'argomento principale. Quindi scrivi una prima frase per riassumere l'argomento che hai scelto.

ESEMPIO: *Una festa molto importante per me e la mia famiglia è la Festa del Ringraziamento perché siamo tutti insieme.*

2. Indica tre aspetti di questa festa che dimostrano perché è importante per te. Per esempio: Fai un pranzo o una cena speciale? Che cosa ti piace fare durante questa festa? La celebri in un posto particolare? Quali sono le tradizioni e le usanze importanti per te?
3. Trova un titolo appropriato per la tua descrizione.

La scrittura

9.68 Scrivi la prima stesura. Usa la frase che hai scritto prima per introdurre l'argomento. Poi descrivi i tre aspetti della festa che sono importanti per te e usa gli esempi e i particolari che hai preparato.

La versione finale

9.69 Leggi la prima stesura.

1. Hai dato un titolo adatto alla descrizione? Hai introdotto l'argomento? Hai menzionato tre aspetti di questa festa che sono importanti per te? Hai usato esempi e particolari appropriati?
2. Controlla i verbi e l'accordo degli aggettivi e dei nomi.
3. Copia la prima stesura e fa' attenzione a come si scrivono tutte le parole. Leggi l'ultima stesura un'altra volta.

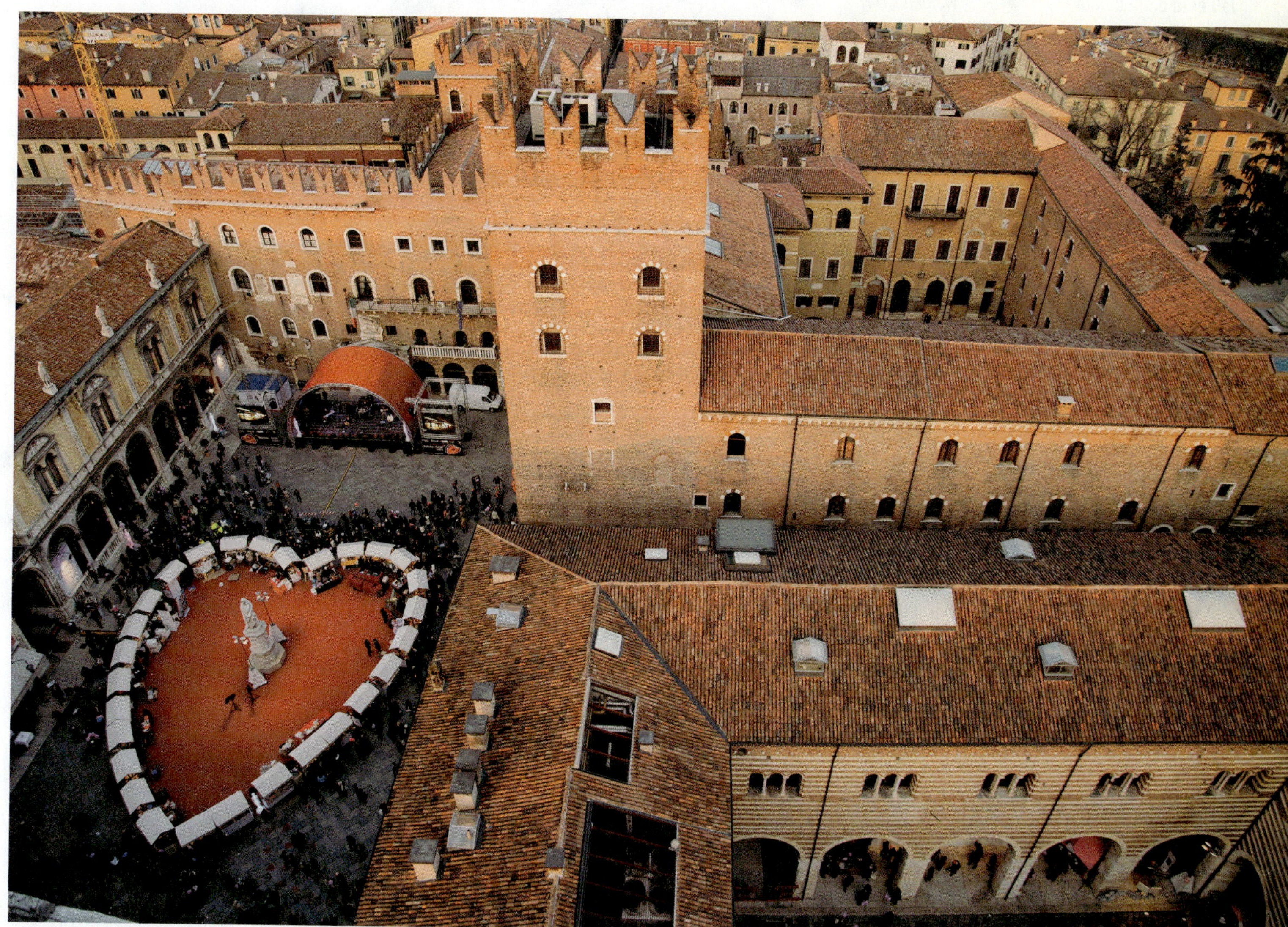

San Valentino a Verona

Le feste

Babbo Natale *Santa Claus*
la Befana *a kind old witch who gives children gifts on Epiphany*
il Capodanno *New Year's Day*
il Carnevale *Carnival*
il cenone *Christmas Eve and New Year's Eve dinner*
l'Epifania *Epiphany*
il Ferragosto *holiday in mid-August*
la Festa della donna *Women's Day*
il Natale *Christmas*
la Pasqua *Easter*
San Valentino *Valentine's Day*
il veglione *party, dance*
la vigilia *eve*

Per descrivere le feste

addobbare *to decorate*
andare* in vacanza *to go on vacation*
brindare *to toast*
la calza *stocking*
il costume *costume*
festeggiare *to celebrate*
la maschera *mask*
la mimosa *mimosa*
il panettone *traditional Italian Christmas cake*
il regalo *gift*
la sorpresa *surprise*
l'uovo (*pl.* le uova) *egg*

Per fare gli auguri

il biglietto di auguri *greeting card*
Buon anno! / Felice anno nuovo! *Happy New Year!*
Buon Natale! *Merry Christmas!*
Buona Pasqua! *Happy Easter!*
Buone feste! *Happy Holidays!*

La tavola

il bicchiere *glass*
il coltello *knife*
il cucchiaio *spoon*
la forchetta *fork*
il piatto *dish, plate*
le posate *silverware*
la tazza *cup*
il tovagliolo *napkin*
la tovaglia *tablecloth*

Le pietanze e il cibo

l'agnello *lamb*
l'antipasto *hors d'oeuvres*
la ciliegia *cherry*
la crostata di frutta *fruit tart*
la fragola *strawberry*
i funghi *mushrooms*
le lasagne *lasagna*
il melone *melon*
la pesca *peach*
il prosciutto *prosciutto*
la ricetta *recipe*
il risotto *Italian style rice*
le scaloppine di vitello *veal scaloppini*
il tacchino *turkey*
i tortellini *tortellini*
la trota *trout*
l'uva *grapes*

I condimenti

l'aceto *vinegar*
l'aglio *garlic*
il burro *butter*

il ghiaccio	*ice*
il limone	*lemon*
l'olio d'oliva	*olive oil*
la panna	*cream*
il parmigiano grattugiato	*grated Parmesan cheese*
il pepe	*pepper*
il peperoncino rosso	*hot red pepper*
il ragù	*meat sauce*
il sale	*salt*
il sugo di pomodoro	*tomato sauce*
lo zucchero	*sugar*

Per spiegare le ricette

aggiungere (*p.p.* aggiunto)	*to add*
assaggiare	*to taste*
condire (-isc-)	*to season, to dress*
cuocere (*p.p.* cotto)	*to cook*
friggere (*p.p.* fritto)	*to fry*
mescolare	*to stir, to mix*
soffriggere (*p.p.* soffritto)	*to sauté*
tagliare	*to cut*

Al ristorante

il cameriere/la cameriera	*waiter/waitress*
chiedere il conto	*to ask for the check*
il/la cliente	*client, customer*
consigliare	*to suggest*
la mancia	*tip*
il menù	*menu*
ordinare	*to order*
il piatto del giorno	*special of the day*

Per descrivere i piatti

l'acqua gassata / liscia	*sparkling / still water*
al sangue	*rare*
ben cotto/a	*well done*
dolce	*sweet*
fresco/a	*fresh*
insipido/a	*bland*
leggero/a	*light*
pesante	*heavy, rich*
piccante	*spicy*
salato/a	*salty*
saporito/a	*tasty*
squisito/a	*delicious*

Espressioni al ristorante

C'è posto per due / quattro?	*Is there room for a party of two / four?*
Il signore/La signore desidera?	*What would you (singular) like to have?*
I signori desiderano?	*What would you (plural) like to have?*
Vorrei...	*I would like ...*
Per favore, mi porti...	*Please bring me ... (polite)*

Una giornata indimenticabile!

CAPITOLO 10

CHE RICORDO SPLENDIDO!

In this chapter you will learn how to:

- Discuss important events and relationships in your life
- Describe good and bad memories
- Talk about unforgettable trips and vacations

PERCORSO I Avvenimenti importanti

VOCABOLARIO

Gli avvenimenti importanti nella vita di Chiara

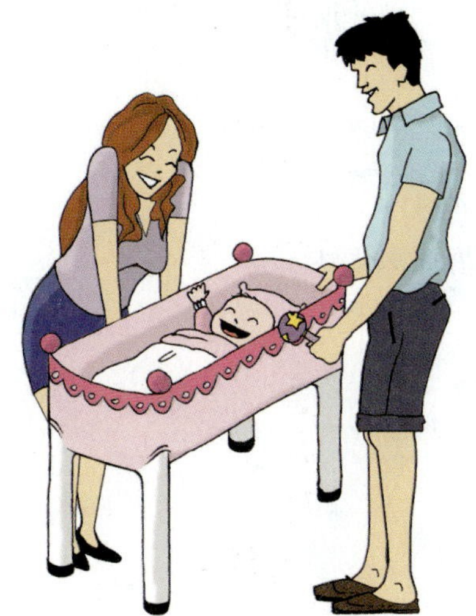

Sono nata il 5 agosto. I miei genitori erano molto felici.

Mi sono diplomata nel 2006. Avevo 19 anni. Io e i miei amici eravamo molto allegri.

Io e Niccolò ci siamo conosciuti il 14 febbraio. Avevamo 27 anni. Ci siamo innamorati subito e poco dopo ci siamo fidanzati.

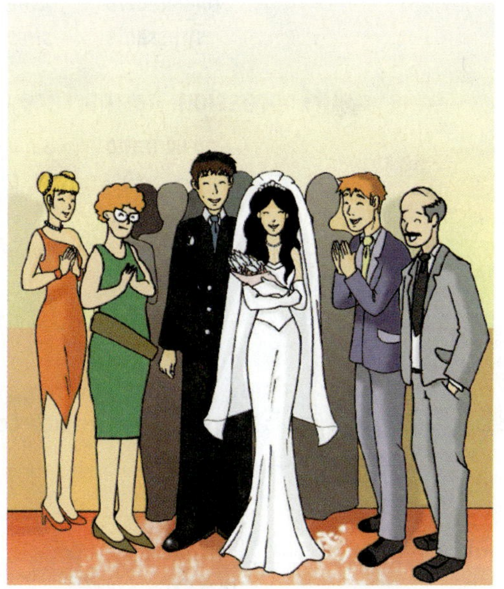

Mi sono sposata il 24 luglio. È stato il giorno più bello della mia vita. Io e Niccolò eravamo proprio innamorati.

Rachele e Fabio si sono fidanzati due anni fa e si sono sposati a luglio di quest'anno.

Per parlare di avvenimenti importanti

laurearsi*	*to graduate from college*
prendere la patente	*to get one's driver's license*
sentirsi*	*to feel*

Per descrivere i rapporti fra le persone

abbracciarsi*	*to hug (each other)*
amarsi*	*to love (each other)*
baciarsi*	*to kiss (each other)*
il bacio	*kiss*
divorziare	*to divorce*
fidanzarsi*	*to get engaged*
il fidanzato/la fidanzata	*fiancé(e)*
frequentarsi*	*to go out together*
incontrarsi*	*to meet, to see (each other)*
innamorarsi* di	*to fall in love with*
lasciarsi*	*to break up (with each other)*
il mio ragazzo/la mia ragazza	*my boyfriend/girlfriend*
stare insieme con	*to go out with*
vedersi (*p.p.* visto)*	*to see each other*
volersi* bene	*to like (each other) / to love (each other)*

Per descrivere gli avvenimenti

favoloso/a	*fabulous*
indimenticabile	*unforgettable*
orribile	*horrible*
meraviglioso/a	*marvelous*
rilassante	*relaxing*
romantico/a	*romantic*
stressante	*stressful*

Espressioni per narrare una storia

ad un tratto	*suddenly*
così	*so, thus*
infatti	*in fact, as a matter of fact*
mentre	*while*
purtroppo	*unfortunately*
quindi	*so, therefore*

 **10.1 In quale ordine?** Metti gli avvenimenti seguenti in ordine logico. Poi paragona la tua lista con quella di un compagno/una compagna. Avete lo stesso ordine?

a. ____________ sposarsi
b. ____________ diplomarsi
c. ____________ frequentarsi
d. ____________ laurearsi
e. ____________ nascere
f. ____________ divorziare
g. ____________ innamorarsi
h. ____________ conoscersi
i. ____________ volersi bene
j. ____________ fidanzarsi
k. ____________ lasciarsi
l. ____________ amarsi

10.2 I contrari. Indica l'opposto delle seguenti parole ed espressioni.

1. sposarsi
2. stare insieme
3. incontrarsi
4. orribile
5. rilassante
6. favoloso/a

10.3 Cosa fanno? Completa le frasi e indica cosa fanno queste persone.

1. Quando un ragazzo finisce gli studi all'università si dice che ____________________.
2. Due persone sposate che non si vogliono più bene e litigano sempre possono ____________________.
3. Molti ragazzi giovani ____________________ per guidare anche da soli.
4. Prima di sposarsi, molte persone ____________________ e poi ____________________.
5. Due persone che si amano ____________________ e ____________________ spesso.

In contesto Un colpo di fulmine

A settembre Giulio torna all'università. Scrive una mail a Jason, il suo amico di chat, e gli parla di un evento molto importante.

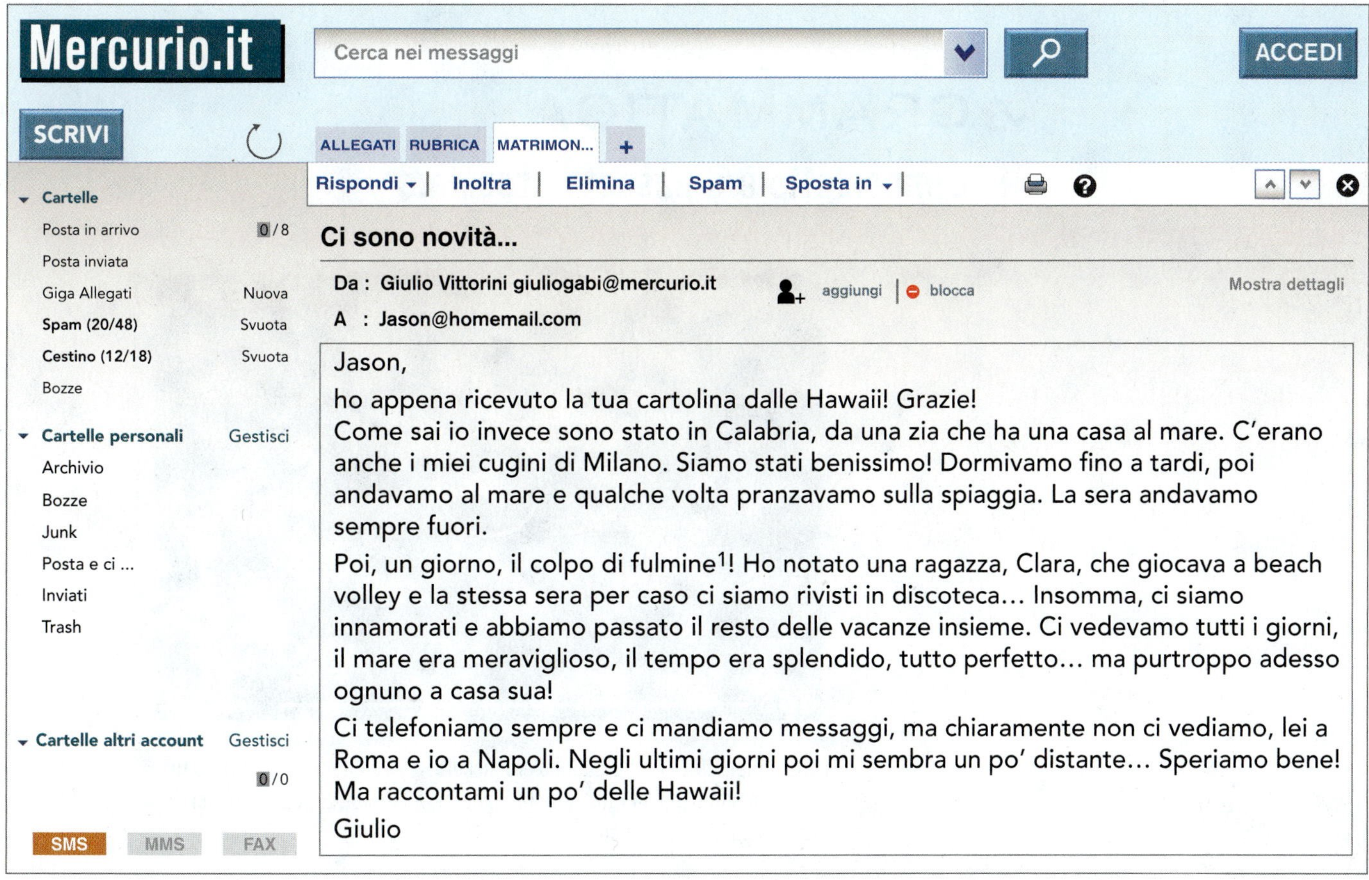

Jason,

ho appena ricevuto la tua cartolina dalle Hawaii! Grazie!
Come sai io invece sono stato in Calabria, da una zia che ha una casa al mare. C'erano anche i miei cugini di Milano. Siamo stati benissimo! Dormivamo fino a tardi, poi andavamo al mare e qualche volta pranzavamo sulla spiaggia. La sera andavamo sempre fuori.

Poi, un giorno, il colpo di fulmine[1]! Ho notato una ragazza, Clara, che giocava a beach volley e la stessa sera per caso ci siamo rivisti in discoteca... Insomma, ci siamo innamorati e abbiamo passato il resto delle vacanze insieme. Ci vedevamo tutti i giorni, il mare era meraviglioso, il tempo era splendido, tutto perfetto... ma purtroppo adesso ognuno a casa sua!

Ci telefoniamo sempre e ci mandiamo messaggi, ma chiaramente non ci vediamo, lei a Roma e io a Napoli. Negli ultimi giorni poi mi sembra un po' distante... Speriamo bene! Ma raccontami un po' delle Hawaii!

Giulio

1. *love at first sight*

 **10.4 Le vacanze di Giulio.** Decidete quali dei seguenti aggettivi descrivono meglio (*better*) le vacanze di Giulio. Motivate le vostre scelte.

1. romantiche
2. rilassanti
3. indimenticabili
4. divertenti

 **10.5 Giulio e Clara.** Immaginate come è continuata e si è conclusa la storia fra Giulio e Clara. Raccontate le vostre conclusioni alla classe.

Occhio alla lingua!

1. Look at the descriptions of important events in Chiara's life in the *Percorso I Vocabolario* section. What verb tenses are used?
2. When is the imperfetto used to talk about Chiara's life? When is the **passato prossimo** used? What patterns can you detect?
3. Reread Giulio's message and identify all of the verbs that describe people, places, things, or routines in the past. Then find all the verbs that refer to actions that occurred at one specific time. What tenses are used in each instance?
4. In Giulio's message, look at all the verbs in the **noi** form that are preceded by the pronoun **ci**. What is the function of the pronoun **ci**? What do the verbs preceded by **ci** mean?

GRAMMATICA

L'imperfetto e il passato prossimo

Suono il pianoforte fin da quando ero piccola… Recentemente, ho fatto un concerto molto bello, in Piazza della Signoria, a Firenze. Eravamo tredici musicisti sul palco e un coro.

In **Capitolo 6**, **Capitolo 7**, and **Capitolo 8**, you studied the present perfect tense (**passato prossimo**) and the imperfect tense (**imperfetto**). As you know, these tenses are both used to talk about the past, but each has distinct uses.

1. The **passato prossimo** is used to refer to events or actions that occurred at a specific time or a specific number of times in the past.

Sono nata nel 1990. **Mi sono diplomata** nel 2009. **Ho studiato** all'università quattro anni e **mi sono laureata** nel 2013. Tre anni fa **ho conosciuto** Paolo. **Siamo stati** insieme due anni, poi **ci siamo sposati.**	*I was born in 1990. I graduated from high school in 2009. I studied at the university for four years and I graduated in 2013. Three years ago I met Paolo. We went out for two years and then we got married.*

2. The **imperfetto** is used to describe people, places, and things in the past. It is also used to talk about repeated or habitual past actions, and actions that occurred an indefinite number of times or for an unspecified period of time.

Carlo **era** un bel ragazzo, alto e muscoloso. **Ci vedevamo** ogni giorno e **facevamo** una passeggiata prima di cena.	*Carlo was a handsome young man, tall and muscular. We saw each other every day and went for a walk before dinner.*

3. The **imperfetto** is also used to describe an action that was going on in the past when another action interrupted it. The **passato prossimo** is used to express the action that interrupted it.

Quando Giuseppe **è entrato**, io **studiavo.**	*When Giuseppe came in, I was studying.*
Renata **ha telefonato** mentre **mangiavamo.**	*Renata called while we were eating.*

4. Some verbs have a different meaning when used in the **imperfetto** and **passato prossimo.**

   - When used in the **imperfetto, dovere, volere,** and **potere** express an obligation, a desire, or a possibility, without necessarily specifying the outcome. When used in the **passato prossimo,** they indicate actions that actually took place

Marco **doveva** finire di leggere il romanzo.	*Marco was supposed to finish reading the novel.*
Paola **voleva** studiare con un amico.	*Paola wanted to study with a friend.*
Il professore **poteva** spiegare meglio!	*The professor could have explained (had the ability to explain) better!*
Ieri sera **ho dovuto** studiare tanto!	*Last night I had to study a lot!*
È venuta al bar con noi ma non ha voluto prendere niente.	*She came to the bar with us but she did not want to have anything.*
Non ho potuto studiare perché ho perso il libro!	*I could not study because I lost the book!*

   - **Sapere** and **conoscere** also have different meanings when used in the **imperfetto** and **passato prossimo.** In the **imperfetto,** they are equivalent to the English *to know something or someone* or *to be familiar with a place or concept.* When used in the **passato prossimo,** they express *to find out* and *to meet someone,* respectively.

Conosceva Giuliano molto bene.	*She knew Giuliano very well.*
Sapeva tutto di lui.	*She knew everything about him.*
Ho conosciuto Giuliano nel 2000.	*I met Giuliano in the year 2000.*
Ho saputo che lui e Marisa si sono lasciati.	*I found out that he and Marisa have broken up.*

e **10.6 Che bella giornata!** Roberto parla del giorno della laurea di sua sorella. Completa le frasi scegliendo tra il passato prossimo e l'imperfetto.

Il 3 luglio mia sorella (1. *si è laureata / si laureava*). (2. *È stata / Era*) una bella giornata d'estate. (3. *Ha fatto / Faceva*) caldo. Mia sorella (4. *è stata / era*) molto nervosa. (5. *Ha portato / Portava*) un bel vestito rosso. (6. *L'abbiamo accompagnata / L'accompagnavamo*) in facoltà tutti insieme. I parenti (7. *le hanno fatto / le facevano*) dei bei regali. Luisa, una sua amica (8. *è arrivata / arrivava*) molto in ritardo. Infatti (9. *è venuta / veniva*) all'università mentre mia sorella (10. *è uscita / usciva*). Dopo, alla cena (11. *ci siamo divertiti / ci divertivamo*). E in discoteca (12. *abbiamo ballato / ballavamo*) tutta la notte.

10.7 Ho sognato che... Immagina di raccontare a un amico/un'amica un sogno che hai fatto recentemente. Cambia i verbi indicati dal presente al passato prossimo o all'imperfetto.

Sono a una festa. *Ho* vent'anni. *Sono* elegantissima e tutti *mi guardano*. *Porto* un bel vestito. A un certo punto *arriva* un giovane bellissimo. È un famoso attore del cinema. Improvvisamente *mi guarda* e *mi invita* a ballare. *Balliamo* tutta la sera. Dopo *mi accompagna* a casa e *mi abbraccia*. La serata *è* bellissima, non *fa* né freddo né caldo e *c'è* una bell'aria fresca. Insomma, l'atmosfera *è* perfetta e io *sono* felicissima. A un tratto però *mi sveglio* mentre mia madre *mi chiama* e *mi porta* il caffè.

e **10.8 Una storia d'amore.** Completa la storia di Paolo e Luisa con l'imperfetto o il passato prossimo.

Luisa (1. avere) ________________ diciotto anni e (2. frequentare) ________________ il liceo, mentre io (3. lavorare) ________________ già. Luisa (4. abitare) ________________ in una casa vicino alla nostra e ogni giorno io la (5. vedere) ________________ mentre (6. lei, andare) ________________ a scuola. Mi (7. piacere) ________________ molto! Un giorno mentre io (8. uscire) ________________ di casa con alcuni amici, lei mi (9. chiamare) ________________ e mi (10. invitare) ________________ a una festa a casa sua. Io (11. essere) ________________ molto contento e ovviamente (12. andare) ________________ alla festa. Luisa e io (13. parlare) ________________ tutta la notte e a un certo punto io la (14. baciare) ________________ e poi noi (15. abbracciarsi) ________________. Dopo quella sera noi (16. stare) ________________ insieme per quattro anni. Poi finalmente (17. sposarsi) ________________!

10.9 Cosa è successo? Completa le seguenti frasi in modo logico.

1. Avevo 18 anni quando...
2. Due miei compagni di scuola parlavano mentre...
3. Due miei amici litigavano quando...
4. Io e un mio amico/una mia amica studiavamo all'università quando...
5. Un mio amico/Una mia amica ha conosciuto la sua ragazza/il suo ragazzo mentre...
6. Io mi sono diplomato/a quando...

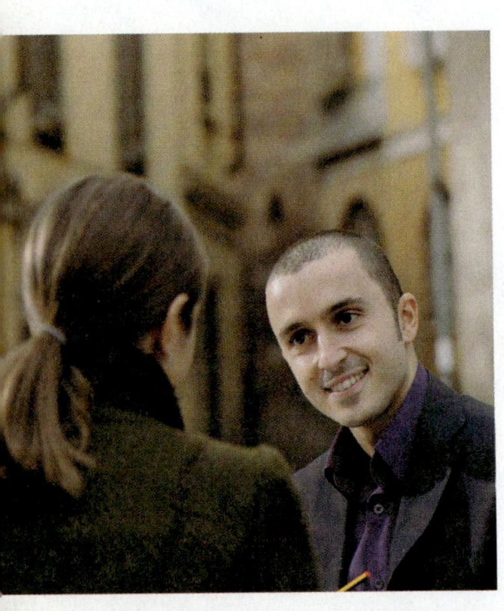

Martina e Filippo sono cari amici e si incontrano spesso.

Azioni reciproche

In Italian, reciprocal actions, such as *we call each other, you see one another, they write to each other,* are expressed with the plural reflexive pronouns **ci, vi, si,** and the plural forms of the verb.

Io e Anna **ci vogliamo** bene.	*Anna and I love each other.*
Tu e Fabio **vi frequentate** da molto tempo.	*You and Fabio have been going out together for a long time.*
Luigi ed Enzo **si conoscono** da due anni.	*Luigi and Enzo have known each other for two years.*

Like reflexive verbs, verbs that indicate reciprocal actions are conjugated with **essere** in the **passato prossimo** and the past participle agrees with the subject.

Io e Margo **ci siamo lasciati.**	*Margo and I broke up (with each other).*
Serena e Ricky **si sono innamorati.**	*Serena and Ricky fell in love (with one another).*
Bianca e Carolina non **si sono** più **viste** dopo il liceo.	*Bianca and Carolina never saw each other again after high school.*

10.10 Insieme e no. Indica i rapporti fra le persone seguenti, abbinando i soggetti alle attività.

1. Tu e Mario
2. Giulio e Jason
3. Io e Carlo

a. Si scrivevano spesso.
b. Vi incontravate ogni mattina.
c. Si aiutano sempre.
d. Si sono visti ieri sera.
e. Ci capiamo.
f. Vi telefonate ogni sera.
g. Ci vogliamo bene.
h. Vi frequentate da un anno.
i. Ci siamo conosciuti a una festa.
l. Si telefonano qualche volta.
m. Non si sono mai incontrati.

e **10.11 L'amicizia.** Spiega che cosa fanno le seguenti persone. Completa le frasi con il presente del verbo.

1. Andrea e Cecilia (conoscersi) _________________ da cinque anni. Ogni mattina loro (incontrarsi) _________________ davanti alla biblioteca. (Salutarsi) _________________ e (parlarsi) _________________ per un po'.
2. Giovanna e Paola non (vedersi) _________________ spesso, però (telefonarsi) _________________ ogni sera.
3. Io e Luisa (sentirsi) _________________ su Skype perché abitiamo molto lontano. Però noi (scriversi) _________________ mail di continuo. Ogni volta che (vedersi) _________________, (abbracciarsi) _________________ e (baciarsi) _________________ sulle guance (*on the cheeks*).
4. E tu e i tuoi amici? (Vedersi) _________________ spesso? (Mandarsi) _________________ messaggini qualche volta? Dove (incontrarsi) _________________ la sera?

 **10.12 I rapporti.** Usate i verbi elencati per descrivere i rapporti fra le seguenti persone. Cosa fanno spesso? Cosa non fanno mai?

aiutarsi	**capirsi**	**frequentarsi**	**incontrarsi**
telefonarsi	**vedersi**	**volersi bene**	**scriversi**

1. due fidanzati
2. tu e il tuo/la tua migliore amico/a
3. io e gli studenti del corso d'italiano

Taylor e Elena si incontrano, si salutano e si baciano.

SCAMBI

10.13 Di cosa parlano? Alcune persone parlano dei loro rapporti. Ascolta le conversazioni e indica chi parla di ognuno degli argomenti seguenti.

a. Rita e Sandra
b. Signora Bellini e Signora Testa
c. Signor Verdi

1. ________________________________: due amici d'infanzia
2. ________________________________: una coppia che ha dei problemi
3. ________________________________: due amiche che non vanno più d'accordo

10.14 Vi conoscete bene? Chiedete ai compagni/alle compagne se fanno le seguenti attività con i loro amici fuori della scuola. Scoprite anche con quale frequenza le fanno. Spesso? Qualche volta? Mai? Ci sono studenti che hanno gli stessi rapporti? Siete simili o molto diversi?

ESEMPIO: incontrarsi in piazza

S1: Vi incontrate in piazza spesso?
S2: Sì, ci incontriamo in piazza ogni giorno.
S3: Anche noi ci incontriamo spesso! ...

1. telefonarsi
2. vedersi
3. mandarsi messaggi
4. parlarsi
5. aiutarsi
6. incontrarsi
7. salutarsi
8. frequentarsi

10.15 La prima volta! Intervista un compagno/una compagna. Domanda quando ha fatto le seguenti esperienze la prima volta. Scopri anche i particolari.

1. il primo appuntamento con un ragazzo/una ragazza
2. il primo amore
3. la prima macchina
4. la prima volta che ha marinato la scuola
5. la prima volta che ha incontrato il suo migliore (*best*) amico/la sua migliore amica
6. il primo giorno di scuola

10.16 Inventiamo una storia! Immaginate una storia avvenuta (*that took place*) in passato ispirata alla fotografia. Poi raccontate la storia alla classe e i compagni decidono qual è la più divertente o interessante. Indicate:

- chi erano e dove erano le due persone
- quando e cosa è successo
- come si sentivano

PERCORSO II Quanti ricordi!

VOCABOLARIO

Che cosa è successo?

Quando avevo tredici anni, ho vinto una gara di corsa. Ho ancora a casa la medaglia d'oro **che** mi hanno dato. È stato un momento indimenticabile!

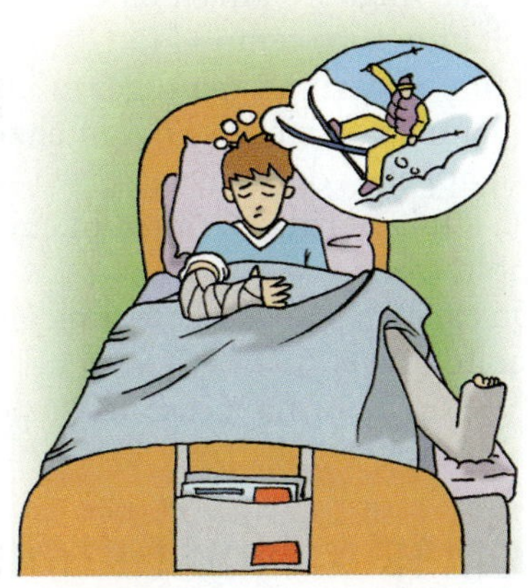

Un giorno sono andato a sciare. Gli amici **con cui** sono andato erano bravissimi. Io invece non sapevo sciare per niente e tutto d'un tratto sono caduto. Mi sono rotto una gamba **che** mi hanno ingessato.

Per parlare di infortuni (*accidents*)

ammalarsi*	*to get sick*
avere un incidente stradale / con la macchina	*to have a car accident*
cadere (*p.p.* caduto)*	*to fall*
farsi* male al braccio / alla gamba / alla mano / al piede / alla testa	*to hurt one's arm / leg / hand / foot / head*
guidare	*to drive*
perdersi* (*p.p.* perso)	*to get lost*
il pronto soccorso	*emergency room*
rompere (*p.p.* rotto); rompersi* il braccio / la gamba	*to break; to break one's arm / leg*
slogarsi* la caviglia / il polso	*to sprain one's ankle / wrist*
soffrire (*p.p.* sofferto)	*to suffer*

Per parlare di gare e competizioni

la medaglia di bronzo / d'argento / d'oro	*bronze / silver / gold medal*
partecipare (a)	*to participate, to compete*
il premio	*prize*

Esclamazioni ed espressioni

Beato/a te!	*Lucky you!*
Che fortuna!	*What luck! How lucky!*
Figurati!	*You bet! Not at all! Not on your life!*
improvvisamente	*suddenly*
Ma dai! / Ma va!	*No way!*
Poverino/a!	*Poor thing!*
Su! Dai!	*Come on! Go on!*
tutto d'un tratto	*suddenly, all of a sudden*

10.17 Associazioni. Che eventi associ con questi oggetti?

1. una medaglia d'oro
2. il pronto soccorso
3. una macchina
4. un premio

 **10.18 Cosa è successo?** Fate una lista di tutti i vocaboli e tutte le espressioni del *Vocabolario* del *Percorso II* che associate con il disegno.

 **10.19 Cosa diresti (*What would you say*)?** Indica cosa diresti nelle situazioni che seguono. Il tuo compagno/La tua compagna ha scelto le stesse espressioni?

1. La tua migliore amica ha deciso di sposarsi con un ragazzo che ha conosciuto soltanto poco tempo fa.
2. Il tuo ragazzo/La tua ragazza non ha voglia di uscire stasera.
3. Un'amica ti chiede se hai intenzione di uscire con un ragazzo/una ragazza che hai appena conosciuto.
4. Sei a una partita di calcio in cui gioca un ragazzo che conosci molto bene.
5. Un caro amico/Una cara amica ti parla di un suo problema molto grave.
6. Tua sorella torna a casa felice perché è finalista a un premio di pittura.

In contesto Non tutti i mali vengono per nuocere.

Davanti alla biblioteca di facoltà Gianna incontra Simonetta, che ha un piede ingessato.

GIANNA: Simonetta, cosa ti è successo?

SIMONETTA: È una lunga storia! L'altro giorno avevo un esame di matematica di cui avevo tanta paura. Volevo arrivare a scuola presto, così ho preso la macchina di mia sorella. Sai, la macchina che è sempre dal meccanico! Si è rotta proprio mentre andavo a scuola!

GIANNA: E allora cosa hai fatto?

SIMONETTA: Ero disperata, ma improvvisamente è apparso° Claudio che mi ha offerto un passaggio° in motorino.

appeared
ride

GIANNA: Claudio? Il ragazzo di cui mi parli da una settimana? Beata te! Però, ancora non mi hai detto come ti sei fatta male al piede.

SIMONETTA: Ero nervosa perché ero con Claudio e sono caduta mentre montavo° sul motorino.

I was getting on

GIANNA: E magari non hai neanche potuto dare l'esame che avevi quel giorno.

SIMONETTA: Veramente l'esame l'ho dato e ho anche preso un bel voto! Non solo, ma Claudio mi ha chiesto di uscire sabato sera!

GIANNA: Allora è proprio vero che non tutti i mali° vengono per nuocere°!

misfortunes / to harm

 **10.20 Poteva andar peggio (*It could have been worse*)!** Elencate tutte le cose che sono successe a Simonetta e decidete quali sono stati gli episodi piacevoli e quali spiacevoli. Secondo voi, perché Gianna dice che «non tutti i mali vengono per nuocere»?

Occhio alla lingua!

1. Look at the words **che** and **cui**, which appear in boldface type in the descriptions of the scenes in the *Percorso II Vocabolario* section. What do **che** and **cui** refer to in the sentences?
2. Reread the *In contesto* conversation and note all instances where **che** and **cui** appear. How and when are they used?

GRAMMATICA

I pronomi relativi *che* e *cui*

[H]o partecipato a un concorso di canto, che si chiama lo Zecchino d'Oro, e ho una medaglia che ricorda… questa esperienza…

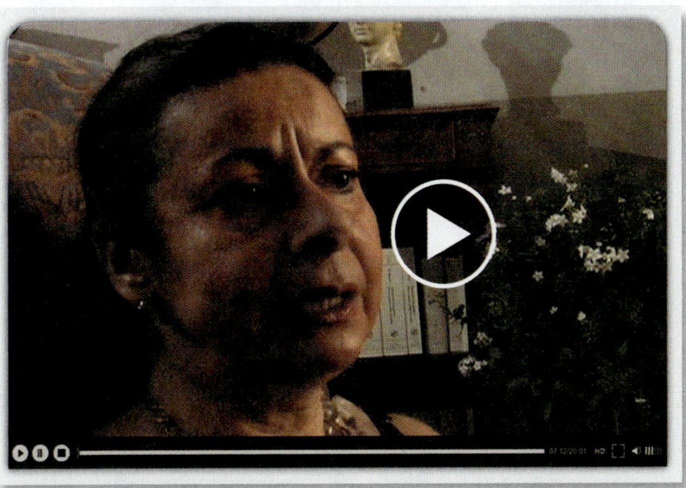

Ho passato delle belle estati da bambina… [P]assavamo la giornata facendo scampagnate, gite in bicicletta, passeggiate sui sentieri di montagna, cose molto divertenti che in città non potevamo fare.

Relative pronouns are used to link two or more clauses together. Unlike in English, relative pronouns can never be omitted in Italian.

Dov'è la medaglia **che** hai vinto?	*Where's the medal (that) you won?*
Il medico **che** lavora al pronto soccorso è molto simpatico.	*The doctor who works in the emergency room is very nice.*

1. The relative pronoun **che** (*who, whom, that, which*) replaces the subject or direct object of a clause, that is, the person or thing doing or receiving the action of the verb.

Ecco la ragazza **che** si è rotta il braccio.	*Here's the girl who broke her arm.*
Dov'è il premio **che** ti hanno dato?	*Where's the prize (that) they gave you?*

2. The relative pronoun **cui** (*whom, which*) replaces the object of a preposition.

L'ospedale **in cui** mi hanno portato è qui vicino.	*The hospital to which they brought me is close by.*
Ho perso la gara **per cui** mi sono tanto allenata.	*I lost the race (for which) I trained so much.*
Il ragazzo **a cui** hanno dato la medaglia d'oro era molto felice.	*The boy to whom they gave the gold medal was very happy.*

Remember:
Never use **che** after a preposition. **Che** and **cui** can refer to people or to things, and both are invariable.

10.21 Ti ricordi? Alcuni amici ricordano persone, avvenimenti e cose dei giorni del liceo. Completa le frasi con il pronome relativo **che** o **cui**.

—Ti ricordi la professoressa di storia dell'arte (1) ____________ si arrabbiava continuamente?
—Ah, sì! Quella signora (2) ____________ si vestiva sempre di rosso, vero?
—Ti ricordi i panini (3) ____________ Viola mangiava durante la ricreazione?
—Certo! Quei panini orribili (4) ____________ comprava davanti alla scuola.
—Ti ricordi l'aula in (5) ____________ dovevamo andare per la lezione di fisica?
—Come no! Quell'aula vecchia con una sola finestra da (6) ____________ non entrava luce.
—Come si chiamava la ragazza di (7) ____________ si è innamorato Loris in seconda liceo?
—La ragazza (8) ____________ era antipatica a tutti? Robbi, credo.
—E il ragazzo con (9) ____________ tu non sei mai voluta uscire?
—Quel ragazzo con i capelli lunghi e lisci?
—No, il ragazzo a (10) ____________ una volta hai prestato il motorino.
—Già, Alessio! E ha avuto un incidente proprio con il motorino (11) ____________ gli avevo prestato!

10.22 Ricordi di gare e competizioni. Due amici ricordano episodi passati. Usa **che** o **cui** per unire le seguenti frasi e fa' tutti i cambiamenti necessari.

ESEMPIO: Il medico ha ingessato la gamba. Mi sono rotto/a la gamba durante la corsa di biciclette.
Il medico ha ingessato la gamba che mi sono rotto/a durante la corsa di biciclette.

1. Ho vinto la competizione. Non volevo partecipare a quella competizione.
2. Una volta ho vinto una medaglia. Era una medaglia d'argento.
3. La palestra era brutta e vecchia. Noi ci allenavamo in quella palestra.
4. Dov'è il pallone? Noi abbiamo vinto la partita con quel pallone.
5. La nostra squadra perdeva sempre. Tutti facevano il tifo per la nostra squadra.
6. Questo è il braccio. Mi sono rotto il braccio.

SCAMBI

10.23 Ricordi d'adolescenza. Una donna parla di alcuni ricordi della sua adolescenza. Ascolta quello che racconta e poi indica quali delle seguenti affermazioni sono vere (V) e quali sono false (F).

1. La donna ha solo brutti ricordi della sua adolescenza.
2. I suoi genitori hanno divorziato quando lei era molto piccola.
3. Quando era giovane aveva delle care amiche.
4. Ha un bel ricordo del primo bacio.

10.24 Ricordi belli e brutti. Continuate a scrivere questa semplice poesia di un amore finito male, usando i pronomi **che** e **cui**. Poi leggete la vostra poesia alla classe. La classe decide chi ha scritto la poesia più interessante, più originale o più triste.

La strada in cui ci siamo conosciuti
I fiori che ti ho comprato
I messaggi che ci siamo mandati...

10.25 Ti è mai successo? Per ogni situazione, trova almeno un compagno/una compagna a cui è successo qualcosa di simile. Scopri anche i particolari.

ESEMPIO:
S1: Hai mai avuto un incidente stradale?
S2: Sì, una volta.
S1: Quando? Cosa è successo? Di chi era la macchina che guidavi? Che cosa hai fatto? Come ti sentivi? ...

1. avere un incidente stradale
2. vincere una gara o un premio
3. cadere e farsi male
4. incontrare amico/un'amica speciale
5. perdersi
6. rompere o perdere qualcosa di prezioso

10.26 Il giorno più bello della mia vita. Prepara una lista di almeno cinque domande per intervistare un compagno/una compagna e scoprire informazioni sul giorno più bello della sua vita. Poi usa la lista per intervistarlo/la.

Lo sai che? La scuola e lo sport

In Italia non ci sono organizzazioni sportive nelle università. I giovani che vogliono praticare qualsiasi tipo di sport possono farlo soltanto in associazioni indipendenti dalla scuola. Il **Coni** (**C**omitato **O**limpico **N**azionale **I**taliano) rappresenta tutte le discipline sportive e per il calcio esiste la **F.I.G.C.** (**F**ederazione **I**taliana **G**ioco del **C**alcio). Ci sono anche enti e organizzazioni locali che contribuiscono alla promozione di vari sport. Tutto ciò è molto diverso da quei Paesi, come gli Stati Uniti, in cui il reclutamento dei giovani per le squadre sportive delle università è un avvenimento di grande importanza.

10.27 Lo sport a scuola. Discutete cosa sapete adesso della scuola italiana riguardo alle attività sportive. Quali sono le maggiori differenze con la vostra scuola?

La squadra olimpica italiana

PERCORSO III

Viaggi e vacanze indimenticabili

VOCABOLARIO

Come hai passato le vacanze?

Antonella e Cecilia sono partite da Milano per la Sardegna il 20 luglio. I giorni precedenti **avevano prenotato** il volo su Internet, **avevano comprato** i biglietti e **avevano fatto le valigie.**

Antonella e Cecilia hanno passato una vacanza fantastica. **Avevano visto** l'albergo e le foto della spiaggia su Internet, ma nella realtà tutto era ancora più bello!

Per parlare dei programmi per le vacanze

l'aereo / l'aeroplano	*plane / airplane*
l'aeroporto	*airport*
l'agenzia di viaggi	*travel agency*
andare* in vacanza	*to go on vacation*
il biglietto di sola andata / di andata e ritorno	*one-way / round-trip ticket*
il dépliant	*brochure*
fare una prenotazione	*to make a reservation*
fare un viaggio	*to take a trip*
un inconveniente	*a mishap*
la linea aerea	*airline*
prenotare un albergo a una stella / a due stelle / a cinque stelle	*to reserve a one-star / two-star / five-star hotel*
richiedere / rinnovare il passaporto	*to apply for / to renew the passport*
viaggiare in prima classe / in classe economica	*to travel in first class / economy class*
il villaggio (turistico)	*resort*
il volo	*flight*

Per descrivere le vacanze e i viaggi

eccezionale	*exceptional, extraordinary*
un incubo	*a nightmare*
lussuoso/a	*luxurious*
stupendo/a	*wonderful*
una vacanza da sogno	*a dream vacation*

10.28 Un viaggio. Indica in quale ordine fai le seguenti cose.

a. ______________ comprare un biglietto di andata e ritorno
b. ______________ prenotare un albergo
c. ______________ fare le valigie
d. ______________ telefonare all'agenzia di viaggi
e. ______________ leggere i dépliant
f. ______________ andare all'aeroporto
g. ______________ prenotare un volo su Internet
h. ______________ rinnovare il passaporto
i. ______________ divertirsi

10.29 Cosa si fa? Indica cosa si fa di solito in queste situazioni.

1. Per andare da New York a Roma si prende l'aereo o il treno?
2. Cosa si fa prima: si compra il biglietto o si fa la prenotazione?
3. Quando una persona fa una vacanza da sogno, è felice o triste?
4. Chi viaggia in prima classe di solito va in un albergo a cinque stelle o in un albergo a due stelle?
5. Per organizzare una vacanza o un viaggio si prenota su Internet o si va in un albergo?
6. Per andare da Milano a Los Angeles portiamo la carta d'identità o il passaporto?

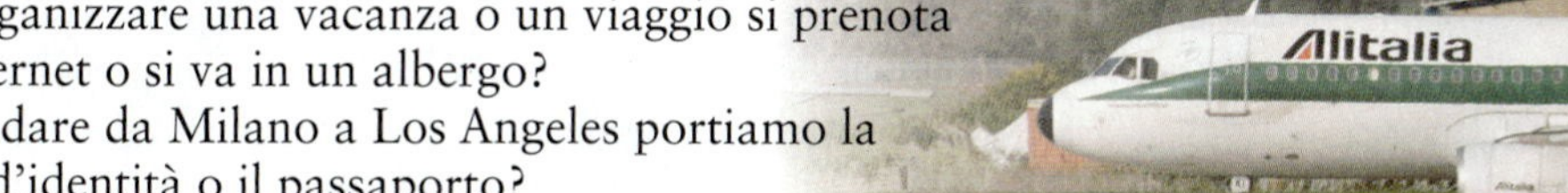

 **10.30 Una vacanza da sogno?** Leggete le frasi seguenti. Secondo voi, quali aggettivi descrivono meglio le vacanze di queste persone?

1. Siamo stati in un albergo a cinque stelle.
2. Siamo partiti il 14 agosto ma i miei amici avevano dimenticato di prenotare l'albergo.
3. Siamo restati senza valigie per cinque giorni. La linea aerea le aveva perse.
4. Siamo stati in un villaggio tranquillo vicino al mare.
5. La nostra camera aveva un bel terrazzo con una magnifica vista del mare.
6. Abbiamo dormito male, perché ci avevano dato una camera che dava sul parcheggio.

Così si dice Il superlativo

There are two ways to express the English idea of *extremely* or *very.* You can use **molto** + an adjective: **Questo albergo è molto bello.** *This hotel is very beautiful.* You can add **-ssimo/a/i/e** to the masculine plural form of the adjective: **Questo albergo è bellissimo.** *This hotel is extremely beautiful.*

bello → belli- → + -ssimo → **bellissimo**

lungo → lunghi- → + -ssimo → **lunghissimo**

simpatico → simpatici- → + -ssimo → **simpaticissimo**

Adjectives ending in **-ssimo**, like all others, agree in number and gender with the noun they modify.

La *spiaggia* è bellissim**a**.	*The beach is very beautiful.*
Le *spiagge* sono bellissim**e**.	*The beaches are extremely beautiful.*

In contesto Una vacanza indimenticabile

Vittorio, che è appena tornato dalla Calabria, racconta il viaggio sul suo blog.

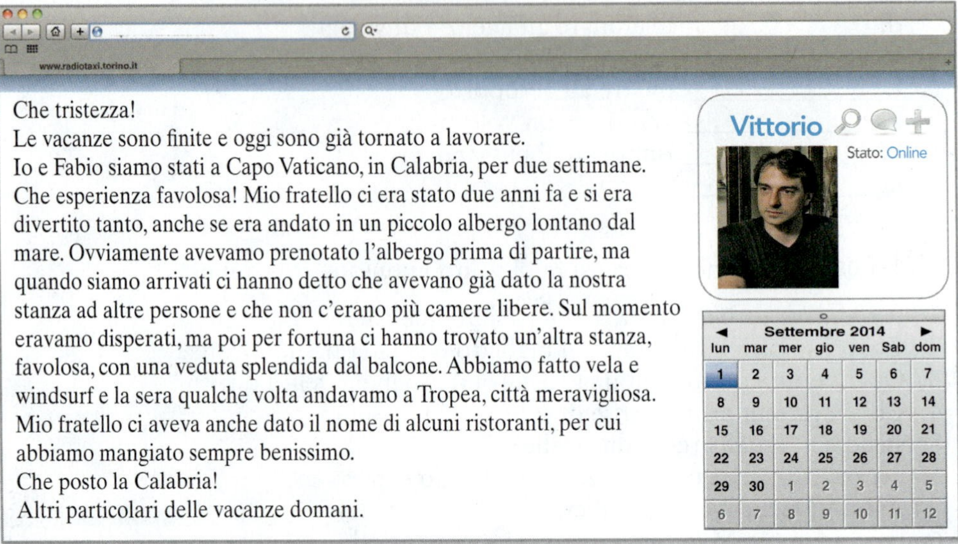

Che tristezza!
Le vacanze sono finite e oggi sono già tornato a lavorare.
Io e Fabio siamo stati a Capo Vaticano, in Calabria, per due settimane. Che esperienza favolosa! Mio fratello ci era stato due anni fa e si era divertito tanto, anche se era andato in un piccolo albergo lontano dal mare. Ovviamente avevamo prenotato l'albergo prima di partire, ma quando siamo arrivati ci hanno detto che avevano già dato la nostra stanza ad altre persone e che non c'erano più camere libere. Sul momento eravamo disperati, ma poi per fortuna ci hanno trovato un'altra stanza, favolosa, con una veduta splendida dal balcone. Abbiamo fatto vela e windsurf e la sera qualche volta andavamo a Tropea, città meravigliosa. Mio fratello ci aveva anche dato il nome di alcuni ristoranti, per cui abbiamo mangiato sempre benissimo.
Che posto la Calabria!
Altri particolari delle vacanze domani.

 **10.31 Il viaggio di Vittorio e Fabio.** Rispondete alle seguenti domande.

1. Che cosa avevano fatto i due giovani prima di partire?
2. Che inconveniente è successo quando sono arrivati in Calabria?
3. Descrivete le vacanze di Vittorio e Fabio. Si sono divertiti? Perché?
4. Scrivete un commento sul blog di Vittorio.

Occhio alla lingua!

1. Look at the photos and the captions in the *Percorso III Vocabolario* section. When did Antonella and Cecilia take their trip? How can you tell?
2. Look at the verbs in boldface type in the captions. When did these actions take place? What do you notice about these verbs?
3. Reread Vittorio's blog and, first, identify all of the verbs in a past tense. Then note all of the verbs that express actions that took place prior to other past events. What patterns can you see?

GRAMMATICA

Il trapassato prossimo

The **trapassato prossimo** is equivalent to the English *had* + past participle (*I had seen, I had gone*). It is used to indicate an action that occurred before another action in the past.

Il 2 giugno Carlo **è andato** a Cagliari. Prima di partire **aveva comprato** i biglietti e **aveva prenotato** un albergo.	*On June 2nd, Carlo went to Cagliari. Before he left, he had bought the tickets and had reserved a hotel.*

The **trapassato prossimo** is formed with the imperfect of **essere** or **avere** + past participle.

	prenotare	**andare**	**vestirsi**
io	avevo prenotato	ero andato/a	mi ero vestito/a
tu	avevi prenotato	eri andato/a	ti eri vestito/a
lui/lei	aveva prenotato	era andato/a	si era vestito/a
noi	avevamo prenotato	eravamo andati/e	ci eravamo vestiti/e
voi	avevate prenotato	eravate andati/e	vi eravate vestiti/e
loro	avevano prenotato	erano andati/e	si erano vestiti/e

Remember:
In compound tenses (tenses in which the verb consists of two parts, as in the **passato prossimo**), transitive verbs are conjugated with **avere;** intransitive verbs, reflexive verbs, and verbs that express reciprocal actions are conjugated with **essere.** When a verb is conjugated with **essere,** the past participle agrees in number and gender with the subject. When a verb is conjugated with **avere**, the past participle agrees with a direct-object pronoun that precedes the verb.

L'estate scorsa non **siamo andati** in vacanza perché l'estate prima **eravamo andati** a Cuba. — *Last summer we didn't go on vacation because the summer before we had gone to Cuba.*

—Perché non ha comprato i biglietti Lisa? — *—Why didn't Lisa buy the tickets?*

—Perché **li aveva** già **comprati** Giulio. — *—Because Giulio had already bought them.*

10.32 La prima volta in America. Un amico italiano ti racconta alcune cose che non aveva mai fatto prima di venire in America. Segui l'esempio.

ESEMPIO: andare in aereo
Non ero mai andato in aereo.

1. viaggiare da solo
2. visitare una città come New York
3. sentirsi solo
4. divertirsi tanto
5. perdersi in una città
6. vedere un grattacielo (*skyscraper*)

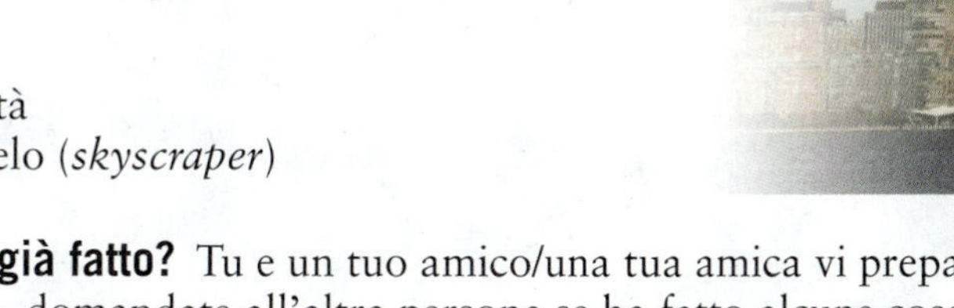

10.33 Ma non l'avevi già fatto? Tu e un tuo amico/una tua amica vi preparate per un viaggio. A turno, domandate all'altra persona se ha fatto alcune cose e rispondete spiegando perché non le avete fatte. Seguite l'esempio.

ESEMPIO: fare le valigie
S1: Hai fatto le valigie?
S2: Non le avevi già fatte tu ieri?

1. andare all'agenzia di viaggi
2. pagare i biglietti
3. prenotare un albergo
4. preparare lo zaino
5. leggere alcuni dépliant
6. controllare l'orario del volo
7. salutare gli amici
8. telefonare ai genitori

10.34 Un viaggio in Italia. Carla è stata in Sardegna diverse volte e ti racconta il suo ultimo viaggio. Completa il paragrafo con il trapassato prossimo, il passato prossimo o l'imperfetto.

Questa volta non (1. andare) ____________ a Porto Cervo, perché l' (2. vedere) ____________ bene la volta precedente. Invece (3. tornare) ____________ a Villasimius dove, durante il mio ultimo viaggio, (4. conoscere) ____________ delle persone simpaticissime e (5. volere) ____________ rivederle. Insieme noi (6. tornare) ____________ in una trattoria dove noi (7. mangiare) ____________ anche la volta precedente. Il proprietario mi (8. riconoscere) ____________ ed (9. essere) ____________ gentilissimo. Io (10. sentirsi) ____________ come a casa: tutto (11. essere) ____________ come prima.

Lo sai che? Il turismo in Italia

Il turismo è una delle maggiori risorse economiche italiane. In Italia, infatti, c'è un gran numero di città, monumenti e luoghi artistici riconosciuti dall'UNESCO come beni dell'umanità. I turisti vengono in Italia attratti dalle bellezze artistiche, ma anche dalle spiagge e dalle località di montagna che offrono tanti posti caratteristici per una bella vacanza.

Numerosissime scuole straniere poi hanno una o più sedi in Italia, e migliaia di studenti ogni anno vengono per studiare varie materie, soprattutto la lingua italiana e la storia dell'arte, oltre che per[1] un'esperienza sociale e umana particolare. La tradizione del viaggio in Italia per ragioni educative e di piacere risale[2] ai primi dell'800, quando i giovani di famiglie benestanti,[3] soprattutto francesi, inglesi e tedesche, viaggiavano in Italia per approfondire[4] la loro cultura.

1. *in addition to* 2. *dates back*
3. *well-off* 4. *to deepen*

10.35 I turisti in Italia. Insieme rispondete alle seguenti domande.

1. Perché tanti turisti visitano l'Italia?
2. Fra le regioni che avete studiato finora, quale pensate di visitare? Perché?

Lungo la costa a Tropea

SCAMBI

10.36 Le vacanze. Tre persone—Luisa, Roberto e Giovanna—parlano delle vacanze estive. Ascolta i loro commenti e indica quali delle seguenti espressioni descrivono meglio (*better*) le loro vacanze. Scrivi accanto a ogni espressione il numero della registrazione.

1. è stata una vacanza costosa ____________
2. indimenticabile ____________
3. da sogno ____________
4. rilassanti ____________
5. poteva andar meglio ____________

10.37 Una vacanza da sogno o da incubo? Intervista un compagno/una compagna e scopri se l'ultima vacanza che ha fatto è stata favolosa o un incubo.

1. Dove sei andato/a? Quando sei partito/a? Come sei andato/a?
2. Con chi hai fatto il viaggio?
3. Con quale linea aerea hai viaggiato?
4. Cosa avevi fatto prima di partire?
5. Com'era l'albergo in cui siete stati/e?
6. Vi siete divertiti/e? Avete avuto degli inconvenienti?
7. Che cosa facevate ogni giorno? E ogni sera?

10.38 Una vacanza in Sardegna. Hai passato una settimana di vacanza al residence Miramare e sei appena tornato/a a casa. Un amico/Un'amica vuole sapere come ti eri preparato/a prima di partire e che cosa hai fatto in Sardegna. Insieme immaginate la conversazione.

Residence
Hotel Vista del Mare
MARE ▶
Il panorama dall'albergo
Il Residence Hotel Vista del Mare si trova sulla Costa Verde, nella Sardegna sud occidentale. Offre spiaggia privata con ombrelloni e sedie e una vista spettacolare: calette di spiaggia bianca, promontori a strapiombo[1] sul mare, acque trasparenti e cristalline.
L'HOTEL
Appartamenti
Tutti gli appartamenti hanno l'aria condizionata, il telefono e la TV e la connessione internet. In tutti c'è il cucinotto. Alcuni hanno anche il giardino e altri la veranda.
Servizi e Attività
Oltre alla piscina, gli ospiti possono usufruire del campo per il beach volley e dei campi da tennis. I clienti possono fare tante attività: escursioni organizzate, nuoto, aerobica canoa e tennis. Ogni sera in albergo musica e spettacoli al piano bar. Cena sulla splendida terrazza sul mare. Una sera alla settimana anche spettacoli florkloristici con danze tradizionali.

1. *overhanging*

ATTRAVERSO

LA CALABRIA E LA SARDEGNA

Gli italiani amano molto il mare e spesso scelgono di andare in vacanza dove ci sono spiagge belle e pulite, dove l'acqua è limpida e cristallina. Forse proprio per questo la Calabria e la Sardegna sono fra i luoghi preferiti dagli italiani per le vacanze estive. La Calabria è una regione montagnosa con circa 800 km di costa, circondata (*surrounded*) quasi interamente da due mari, il Tirreno e lo Ionio. La Sardegna è una delle più grandi isole del Mediterraneo e presenta circa 1.800 km di costa, con le acque fra le più trasparenti del mondo. Il turismo in queste due regioni è molto sviluppato (*developed*) per le bellezze naturali, per la loro affascinante storia secolare e le antiche tradizioni culturali. In queste regioni anche la cucina è molto caratteristica.

Testa del Filosofo, V sec. a.C., Museo Nazionale di Reggio Calabria, uno dei musei più importanti della Magna Grecia. La Calabria una volta faceva parte della Magna Grecia e Reggio era un famoso centro artistico. Questa testa di bronzo è uno degli esempi più antichi della ritrattistica greca e molto probabilmente l'uomo con la barba rappresenta un filosofo. In questo museo si trovano anche i famosi Bronzi di Riace, due bellissime ed enormi statue greche del V secolo a.C., ritrovate nel 1972 nei pressi di Riace, vicino a Reggio Calabria.

Stilo, in Calabria: la magnifica chiesa "la Cattolica" (X secolo), un gioiello d'arte e architettura bizantina. La piccola chiesa è costruita sulla roccia (*rock*) all'interno di un paesaggio naturale mistico e affascinante. A Stilo è nato il filosofo Tommaso Campanella (1568–1639), autore di *La Città del sole*, un'opera filosofica simile alle utopie politiche di Platone e Tommaso Moro.

VERIFICHIAMO

Prima leggi l'introduzione alle regioni, poi guarda le foto e leggi le rispettive didascalie.

10.39 È vero che... Trova informazioni nei testi per giustificare le seguenti affermazioni.

1. La Calabria e la Sardegna sono perfette per quelli che amano il mare e la natura.
2. La Calabria è il luogo ideale per quelli che vogliono conoscere meglio la civiltà greca.
3. La Sardegna e la Calabria hanno una lunga e antica storia.
4. Nel nord della Sardegna ci sono spiagge meravigliose, ma per divertirsi bisogna avere molti soldi.

10.40 E nel vostro Paese? Ci sono zone come la Calabria e la Sardegna nel vostro Paese? In che cosa sono simili? In che cosa sono diverse? Vi piacerebbe visitare queste regioni? Perché?

10.41 Una vacanza indimenticabile. Preparate un dépliant turistico per la Calabria o la Sardegna. Consultate Internet per trovare delle foto e informazioni utili.

Un nuraghe, antichissima costruzione sarda. In Sardegna ci sono più di settemila nuraghi, che sono costruiti con grandi pietre (*stones*) e senza cemento. Hanno una forma circolare e sono simili a una torre. Sono tipici della civiltà nuragica, fiorita in Sardegna più di 1600 anni prima di Cristo.

Punta Volpe, a Porto Rotondo, in Sardegna. Le coste settentrionali della Sardegna sono molto affascinanti. L'acqua è trasparente e di colore verde smeraldo. Le grandi rocce sul mare e la vegetazione intorno creano un ambiente incantevole (*charming*). Da molti anni in questa zona si è sviluppato un turismo internazionale di lusso. Lungo la Costa Smeralda ci sono molti alberghi lussuosi e splendide ville.

IN PRATICA

GUARDIAMO

Strategie per guardare
Focusing on people's actions

Do you remember the saying: "A picture is worth a thousand words"? When watching a video it is obviously important to understand what people are saying. However, at times, it is just as relevant to pay attention to their movements and actions, which can offer valuable clues as to what is happening and what may have happened in the past.

Per capire meglio!

chiedere scusa	*to apologize*
Come mai?	*How come?*
una cosa che riguarda me	*something that concerns me*
Il mio cuore palpita così forte dentro il mio petto.	*My heart pounds in my chest.*
geloso/a	*jealous*
Io non l'avrei mai fatto!	*I would have never done it!*
maleducato/a	*ill-mannered*
ne faccio a meno	*I do without it*
uno schiaffo	*a slap*
sicuro/a di sé	*self confident*
soldi sprecati	*money wasted*

Prima di guardare

10.42 I rapporti fra Giulia, Roberto, Elena e Taylor sono diventati un po' complicati e in questo episodio ci sono scene diverse con i vari protagonisti. Prima di guardare l'episodio, osserva le fotografie e rispondi alle domande.

1. Di cosa discutono Giulia e Roberto secondo te? Perché sembrano arrabbiati?
2. Secondo te, perché Taylor ha una rosa in mano? Cosa vuole fare? A chi la vuole dare?
3. Cosa fa Elena nella foto? Perché sembra contenta?

Mentre guardi

10.43 Guarda l'episodio una prima volta senza l'audio e fa' attenzione ai punti seguenti.

1. Taylor si guarda allo specchio. Che cosa fa? Con chi parla?
2. Che cosa fanno Giulia e Roberto in giro per Roma? Cosa vuole Roberto secondo te? Cosa prova per Giulia?
3. Perché Taylor non dà la rosa a Giulia? Come si sente?
4. Elena entra nella stanza di Taylor. Che cosa guarda?

10.44 Adesso guarda l'episodio con l'audio e prendi nota di cosa fa ogni persona.

Dopo aver guardato

10.45 Che cosa è successo? Che cosa hanno fatto i vari protagonisti? Giustificate le seguenti affermazioni con informazioni dall'episodio.

1. Taylor si è innamorato di Giulia.
2. Anche a Roberto piace Giulia.
3. Giulia ha raccontato a Roberto del viaggio a Siena.
4. Giulia si è arrabbiata con Roberto.
5. Elena ha molta simpatia per Taylor.
6. Taylor è stato in Sardegna.
7. L'avventura musicale va molto bene per il gruppo!
8. Giulia e Taylor non si sono detti quello che pensavano.

 **10.46** Un vostro compagno/Una vostra compagna non ha visto questo episodio. Ricostruite insieme cosa è successo e perché per raccontarlo a lui/lei.

 **10.47** Immaginate una conversazione fra Giulia e Taylor in cui si dicono quello che in realtà non si sono detti alla fine dell'episodio.

LEGGIAMO

Prima di leggere

 **10.48** L'articolo che segue parla di Federica Pellegrini, una giovane atleta italiana che ha vinto la sua seconda medaglia d'oro ai mondiali di nuoto a Roma, a luglio del 2009 e in seguito la medaglia d'argento ai mondiali del 2013. Prima di leggere il testo completo, leggete le seguenti frasi. Usate il contesto e parole simili che conoscete in inglese per capire il significato delle parole in corsivo.

1. «Federica Pellegrini firma un'altra storica *impresa*, vincendo la medaglia d'oro nella gara dei 400 stile libero ai mondiali di nuoto di Roma...»
2. «Oggi pomeriggio mi sono messa a letto e pensavo di avere *la febbre* ma non volevo *misurarla*.»
3. «Fino a dieci minuti prima è stata molto *dura*, questa gara è molto difficile.»
4. «I suoi occhi neri, piccoli, stretti, acuti, *guardano fisso* l'interlocutore, sono attenti a ogni *dettaglio*, lucidi, pronti...»

Mentre leggi

10.49 Mentre leggi, identifica le parti del testo che parlano di Federica Pellegrini come nuotatrice (*swimmer*) e quelle che riguardano il suo carattere e i suoi sentimenti.

Oro e record mondiale per Federica Pellegrini nei 400sl

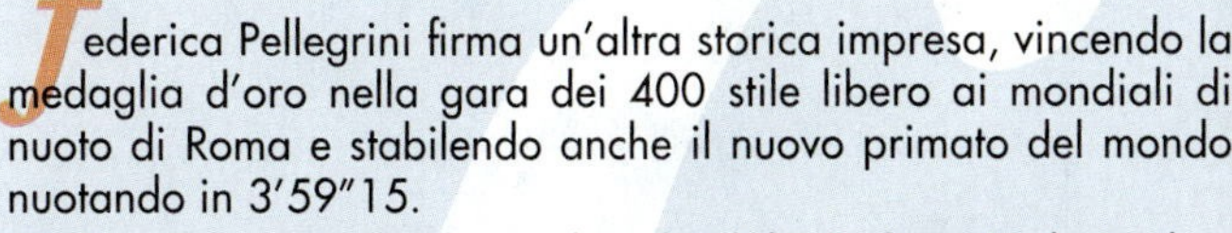

Federica Pellegrini firma un'altra storica impresa, vincendo la medaglia d'oro nella gara dei 400 stile libero ai mondiali di nuoto di Roma e stabilendo anche il nuovo primato del mondo nuotando in 3'59"15.

Felice, un po' incredula per lo splendido risultato, Federica ha parlato ai microfoni di Rai Sport: «Ne ho passate di cose oggi... Ad un certo punto pensavo di aver perso la speranza: oggi pomeriggio mi sono messa a letto e pensavo di avere la febbre ma non volevo misurarla [...] Fino a dieci minuti prima è stata molto dura, questa gara è molto difficile, più mentalmente che fisicamente. Ora sono felice di avercela fatta[1] e di aver nuotato sotto i 4 minuti [...] Il mio carattere mi ha portato a vincere, anche se fino agli ultimi cinque metri non ci credevo». E mezz'ora dopo il suo primo trionfo mondiale Federica Pellegrini è lì, seduta[2] di fronte alla stampa[3] di mezzo mondo, a spiegare i perché e i percome di come è andata una giornata che è entrata nella storia del nuoto e nella sua piccola grande storia, quella di una ragazza ad un passo[4] dai 21 anni (torta e candeline già pronte per il 5 agosto), che sogna l'America e che ha davanti a sé un presente e un futuro tutto d'oro. Lo capisci in quel momento lì, che Federica è cambiata, cresciuta, maturata. [...] I suoi occhi neri, piccoli, stretti, acuti, guardano fisso l'interlocutore, sono attenti ad ogni dettaglio, lucidi, pronti [...]. È lì che capisci che quello che hai visto pochi minuti prima in acqua è un pezzo di futuro.

1. having made it 2. seated 3. press 4. a step away

Il mondo italiano

Roberto e Giulia fanno una passeggiata al Gianicolo, che è considerato uno dei posti più romantici e panoramici di Roma. È un colle alto circa 88 metri, con ville molto eleganti e monumenti storici. Da qui si può ammirare quasi tutta la città. Scendendo dal Gianicolo si arriva al popolare quartiere di Trastevere.

Per saperne di più sul Gianicolo e altre passeggiate e luoghi romantici di Roma, vai su MyItalianLab.

Strategie per leggere
Guessing meaning from context

When you encounter an unfamiliar word while reading, use the context to figure out its meaning. Look at the surrounding words for clues that can help you make an educated guess. Also, check to see if the word is repeated or explained. Or does it resemble another word—English or Italian—that you already know and to which it may be related? As a last step, read the passage as a whole to see if it confirms your understanding of the unfamiliar word.

Dopo la lettura

10.50 Rispondete alle domande.

1. Paragonate le frasi che avete identificato. Quali riguardano il nuoto e la carriera di Federica? Quali si riferiscono al suo carattere?
2. Trovate degli aggettivi per descrivere le particolari qualità di Federica e il suo carattere.
3. Insieme riassumete (*summarize*) la giornata di Federica. Come si è sentita? Cosa è successo?
4. Avete avuto esperienze memorabili simili a quella di Federica? Come vi siete sentiti?

PARLIAMO

Strategie per parlare
Using details and examples

When talking about key events in your or someone else's experience, use precise details and clear examples to give your listener an immediate feel for what happened. Think about what verbs and adjectives you can use to describe a situation and how you or other people felt about it.

Che giornataccia! Lorenzo ha avuto una giornata terribile. Raccontate cosa gli è successo.

La giornata di Lorenzo

Prima di parlare

10.51 Completa le attività seguenti per ricostruire la storia.

1. Fa' una lista delle cose principali che sono successe a Lorenzo.
2. Immagina alcuni particolari per ogni avvenimento.

Mentre parlate

10.52 Ricostruite insieme la giornata di Lorenzo e aggiungete tutti i particolari possibili.

Dopo aver parlato

10.53 Immaginate come è finita la giornata di Lorenzo: cosa è successo la sera? Come si sentiva Lorenzo?

SCRIVIAMO

Strategie per scrivere
Telling a story in the past

When you tell a story, consider carefully what verb tenses you need to use. To tell what happened, use the **passato prossimo**. To describe a setting, a situation, or the people involved, use the **imperfetto**. To relate events that occurred prior to those in your story, use the **trapassato prossimo**.

Sai cosa è successo? Scrivi un messaggio a un amico/un'amica e raccontagli/raccontale un episodio recente della tua vita. Per esempio: puoi raccontare di come hai incontrato un nuovo amico/una nuova amica o descrivere una vacanza in cui ti è successo qualcosa di particolare.

Prima di scrivere

10.54 Decidi quale episodio o esperienza del tuo passato vuoi raccontare. Scegli un avvenimento di cui puoi scrivere in italiano.

1. Fa' una breve lista degli eventi che vuoi raccontare.
2. Fa' una lista delle informazioni che vuoi includere: per esempio, sulle persone che c'erano, sul posto dove eri.
3. C'è anche un episodio che era successo prima dell'avvenimento di cui vuoi scrivere?

Siamo stati in vacanza in questo posto magnifico della Sardegna e... sai cosa è successo?

La scrittura

10.55 Scrivi la prima stesura.

1. Scrivi un breve paragrafo per introdurre l'argomento. Descrivi la scena.
2. Descrivi le persone importanti della storia.
3. Narra gli avvenimenti in ordine cronologico: racconta l'episodio principale e che cosa era successo prima. Descrivi anche come ti sentivi.

La versione finale

10.56 Aspetta un po' di tempo e poi leggi la prima stesura.

1. Hai raccontato dei particolari per rendere la storia interessante?
2. Correggi attentamente quello che hai scritto. Fa' attenzione all'uso e alle forme dell'imperfetto, del passato prossimo e del trapassato prossimo.

I ra…

- **abbracciarsi*** — *to hug (each other)*
- **amarsi*** — *to love (each other)*
- **baciarsi*** — *to kiss (each other)*
- **il bacio** — *kiss*
- **divorziare** — *to divorce*
- **essere innamorato/a (di)** — *to be in love (with)*
- **fidanzarsi*** — *to get engaged*
- **frequentarsi*** — *to go out together*
- **incontrarsi*** — *to meet, to see (each other)*
- **innamorarsi* di** — *to fall in love with*
- **lasciarsi*** — *to break up (with each other)*
- **sentirsi*** — *to feel*
- **stare* insieme con** — *to go out with*
- **vedersi (*p.p.* visto)*** — *to see each other*
- **volersi* bene** — *to like (each other) / to love (each other)*

I ricordi

- **ammalarsi*** — *to get sick*
- **avere un incidente stradale / con la macchina** — *to have a car accident*
- **cadere* (*p.p.* caduto)** — *to fall*
- **farsi* male (a)** — *to hurt oneself*
- **guidare** — *to drive*
- **ingessare** — *to put a cast on*
- **laurearsi*** — *to graduate from college*
- **partecipare (a)** — *to partecipate, to compete*
- **perdersi (*p.p.* perso)*** — *to get lost*
- **prendere la patente** — *to get one's driver's license*
- **rompere / rompersi (*p.p.* rotto)*** — *to break*
- **slogarsi* la caviglia / il polso** — *to sprain one's ankle / wrist*
- **soffrire (*p.p.* sofferto)** — *to suffer*

I viaggi e le vacanze

- **andare* in vacanza** — *to go on vacation*
- **fare una prenotazione** — *to make a reservation*
- **fare le valigie** — *to pack (suitcases)*
- **fare un viaggio** — *to take a trip*
- **prenotare** — *to reserve*
- **prenotare su Internet** — *to make a reservation through the Internet*
- **richiedere / rinnovare il passaporto** — *to apply for / to renew the passport*
- **salutare** — *to say good-bye, to greet*
- **viaggiare** — *to travel*

La descrizione

- **un albergo a una stella / a due stelle / a cinque stelle** — *a one-star / a two-star / a five-star hotel*
- **contento/a** — *happy*
- **eccezionale** — *exceptional, extraordinary*
- **favoloso/a** — *fabulous*
- **un incubo** — *nightmare*
- **indimenticabile** — *unforgettable*
- **lussuoso/a** — *luxurious*
- **meraviglioso/a** — *marvelous*
- **orribile** — *horrible*
- **in prima classe / in classe economica** — *in first class / in economy class*
- **rilassante** — *relaxing*
- **romantico/a** — *romantic*
- **stressante** — *stressful*
- **stupendo/a** — *wonderful*
- **una vacanza da sogno** — *dream vacation*

I nomi

- **l'aereo / l'aeroplano** — *plane / airplane*
- **l'aeroporto** — *airport*
- **l'agenzia di viaggi** — *travel agency*

l'albergo	*hotel*
un avvenimento	*an event*
il bagaglio	*luggage*
il biglietto di sola andata / di andata e ritorno	*one-way / round-trip ticket*
il braccio	*arm*
la caviglia	*ankle*
la competizione	*competition*
il dépliant	*brochure*
il fidanzato/la fidanzata	*fiancé/fiancee*
la gamba	*leg*
la gara	*race*
l'incidente stradale	*car accident*
un inconveniente	*a mishap*
la linea aerea	*airline*
la mano	*hand*
la medaglia di bronzo / d'argento / d'oro	*bronze / silver / gold medal*
l'ospedale (*m.*)	*hospital*
la partenza	*departure*
il passeggero/a	*passenger*
il piede	*foot*
il polso	*wrist*
il premio	*prize*
il pronto soccorso	*emergency room*
il mio ragazzo/la mia ragazza	*my boyfriend/girlfriend*
la testa	*head*
il villaggio turistico	*resort*
il volo	*flight*

Espressioni

ad un tratto / tutto d'un tratto	*suddenly / all of a sudden*
Beato/a te!	*Lucky you!*
Che fortuna!	*What luck! How lucky!*
Cosa è successo?	*What happened?*
così	*so, thus*
Figurati!	*You bet! Not at all! Not on your life!*
improvvisamente	*suddenly*
infatti	*in fact, as a matter of fact*
Ma dai! / Ma va!	*No way!*
mentre	*while*
poco dopo	*shortly after*
Poverino/a!	*Poor thing!*
purtroppo	*unfortunately*
quindi	*so, therefore*
Su! Dai!	*Come on!*

Rondo, August Mosca (1905–2003), artista italo-americano nato a Napoli. *Rondo* è un'interpretazione futuristica della città moderna.

CAPITOLO 11

E DOPO, CHE FARAI?

In this chapter you will learn how to:

- Talk about your plans for the immediate future
- Make plans on the telephone
- Discuss your long-term goals

PERCORSO I I progetti per i prossimi giorni

VOCABOLARIO

Che cosa farai?

I piani e i progetti di Bianca per i prossimi giorni

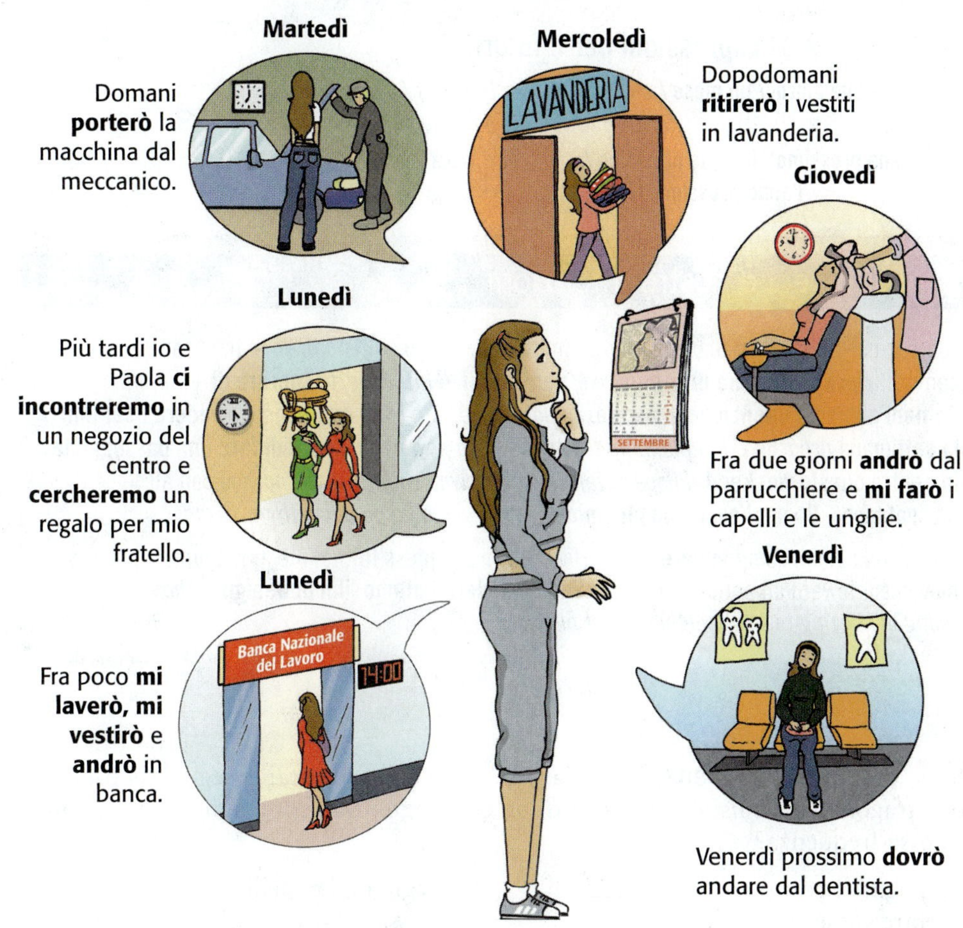

Martedì
Domani **porterò** la macchina dal meccanico.
Mercoledì
LAVANDERIA
Dopodomani **ritirerò** i vestiti in lavanderia.
Giovedì
Fra due giorni **andrò** dal parrucchiere e **mi farò** i capelli e le unghie.
Lunedì
Più tardi io e Paola **ci incontreremo** in un negozio del centro e **cercheremo** un regalo per mio fratello.
SETTEMBRE
Lunedì
Banca Nazionale del Lavoro
14:00
Fra poco **mi laverò, mi vestirò** e **andrò** in banca.
Venerdì
Venerdì prossimo **dovrò** andare dal dentista.

Per discutere degli impegni

aggiustare la macchina	*to fix the car*
avere un sacco di cose da fare	*to have a million things to do*
cambiare l'olio	*to change the oil*
fare commissioni	*to run errands*
fare progetti	*to make plans*
fissare un appuntamento	*to set a date / to make an appointment*
un impegno	*an engagement, commitment, errand*
pagare i conti	*to pay the bills*
tagliarsi i capelli	*to cut one's hair, to get a haircut*

Per esprimere intenzione e incertezza

avere intenzione di + *infinitive*	*to intend to do something*
credere (di + *infinitive*)	*to believe, to think*
chissà	*who knows*
difficilmente	*unlikely, not likely, with difficulty*
forse	*maybe, probably*
Mah!	*Who Knows! Well!*
pensare di + *infinitive*	*to think about / to intend to do something*
probabilmente	*probably*
sicuramente	*certainly, surely*
sperare di + *infinitive*	*to hope to do something*

Espressioni per il futuro

fra due giorni / un mese / un anno	*in two days / a month / a year*
fra poco	*in a little while*
la settimana prossima / il mese prossimo / l'anno prossimo	*next week / month / year*

Così si dice Le nostre intenzioni

You can use the present tense to express in Italian what you intend to do in the near future. You can use **avere intenzione di** + *infinitive*, **pensare di** + *infinitive*, or **sperare di** + *infinitive*: **Domani abbiamo intenzione di uscire.** *Tomorrow we plan to go out.* **Penso di vedere quel film la settimana prossima.** *I'm planning to see that film next week.* **Spero di fare una passeggiata in centro questo weekend.** *I hope to take a walk downtown this weekend.* You can also use the present tense: **Domani esco con gli amici.** *Tomorrow I'm going out with my friends.*

Unlike in English, using **andare** + *infinitive* does not express future intent. It simply expresses movement toward an action. **Dove vai? Vado a vedere l'ultimo film di Benigni.** *Where are you going? I'm going to see Benigni's latest film.*

11.1 Con quale frequenza? Indica con quale frequenza fai le seguenti cose. Poi paragona la tua lista con quella di un compagno/una compagna. Le fate con la stessa frequenza?

1. pagare i conti
2. fare spese
3. aggiustare la macchina
4. fare commissioni
5. fare il bucato
6. ritirare i vestiti in lavanderia
7. tagliarsi i capelli
8. passare l'aspirapolvere
9. cambiare l'olio
10. lavare la macchina
11. andare in banca
12. andare al cinema

11.2 Che cosa? Fate una lista di tutte le attività che si possono fare nei seguenti posti: **in giardino, in casa, in centro, dal parrucchiere, dal meccanico, a scuola.**

11.3 Quando? Scrivi tutte le espressioni di tempo che si possono usare per indicare attività al presente, al passato e al futuro.

11.4 Che cos'è? Leggi le definizioni e indica di cosa si tratta.

1. Ci andiamo quando abbiamo bisogno di soldi.
2. Si fa dal meccanico.
3. Ci andiamo per tagliarci i capelli.
4. Lo facciamo in lavanderia.
5. Di solito le facciamo in città il weekend o la sera prima di tornare a casa.
6. Le donne se le fanno spesso, gli uomini qualche volta.

In contesto Fissiamo un appuntamento

Giulio e Giacomo si parlano al telefono per fissare un appuntamento per fare qualcosa insieme. Discutono dei loro programmi e progetti per i prossimi giorni.

GIACOMO: Che programmi hai la settimana prossima? Vogliamo vederci giovedì sera?

GIULIO: Mah, non lo so. Giovedì dovrò lavorare fino a tardi. La sera sarà un po' difficile, ma se vuoi possiamo pranzare insieme.

GIACOMO: No, purtroppo, ho un appuntamento dal dentista alle undici e mezza. Perché non ci vediamo sabato sera invece?

GIULIO: No, non credo che sarà possibile. Sabato pomeriggio verranno i miei genitori e penso che andremo fuori a cena.

GIACOMO: Beh, allora, possiamo vederci sabato mattina o sabato pomeriggio. Possiamo prendere un caffè insieme.

GIULIO: No, sabato ho un sacco di cose da fare in casa. E poi voglio anche tagliarmi i capelli.

GIACOMO: Beh! Allora mi sa° che dovremo vederci la settimana dopo.

° *I think*

11.5 Vero o falso? Indica quali delle seguenti affermazioni sono vere e quali sono false. Correggi le affermazioni false.

1. Giulio è libero giovedì all'ora di pranzo.
2. Giacomo non vuole pranzare con Giulio giovedì.
3. Sabato sera Giulio probabilmente cenerà con i suoi genitori.
4. Giulio e Giacomo sono liberi sabato mattina.
5. Sabato Giulio ha intenzione di tagliarsi i capelli.
6. Giulio e Giacomo difficilmente faranno qualcosa insieme la prossima settimana.

Occhio alla lingua!

1. Look at the verbs in boldface type in the captions accompanying the *Percorso I Vocabolario* illustrations. Do they refer to actions taking place in the present, the past, or the future? How can you tell?
2. Look at the verbs in the *In contesto* conversation. Which are in the present tense? Do any of these verbs convey actions that will take place in the future? How do you know?
3. In the *In contesto* conversation, find all the verbs in the future tense. Look at the endings of these verbs. Can you tell who the subject is? What pattern can you detect?

GRAMMATICA

Il futuro

The future tense, **il futuro**, is used to express an event that will take place in the future. Unlike English, which forms the future with two verbs—the helping verb *will* or *shall* plus a main verb—Italian expresses the future with just one verb whose ending indicates the tense.

...Andrò dal parrucchiere, andrò a fare shopping, comprerò tanti regali per mio marito, la mia famiglia, e i miei fratelli e andrò a prendere il sole al mare, andrò a comprarmi scarpe e borse, costume da bagno, e gonne, e tante scarpe che mi piacciono tanto.

Stasera **resteremo** a casa. — *Tonight we will stay home.*
Domani Paolo **metterà** in ordine la sua camera da letto. — *Tomorrow Paolo will clean his bedroom.*

1. The future tense is formed by adding the endings **-ò, -ai, -à, -emo, -ete, -anno** to the infinitive after dropping the final **-e**. Note that verbs ending in **-are** change the **-a** of the infinitive ending to **-e** before adding the future tense endings.

Il futuro			
	incontrare	**mettere**	**vestirsi**
io	incontr**erò**	mett**erò**	**mi** vest**irò**
tu	incontr**erai**	mett**erai**	**ti** vest**irai**
lui/lei	incontr**erà**	mett**erà**	**si** vest**irà**
noi	incontr**eremo**	mett**eremo**	**ci** vest**iremo**
voi	incontr**erete**	mett**erete**	**vi** vest**irete**
loro	incontr**eranno**	mett**eranno**	**si** vest**iranno**

—**Aggiusterai** tu la macchina? — *Will you fix the car?*
—No, la **porterò** dal meccanico. — *No, I will take it to the mechanic.*
—A che ora **vi alzerete**? — *At what time will you get up?*
—**Ci alzeremo** alle otto. — *We will get up at eight.*

2. Verbs that end in **-care** and **-gare** add an **h** in front of the **-er** to retain the hard guttural sound throughout the conjugation. Verbs that end in **-ciare** and **-giare** drop the **i** before adding the future tense endings.

	giocare	pagare	cominciare	mangiare
io	gio**che**rò	pa**ghe**rò	comin**ce**rò	man**ge**rò
tu	gio**che**rai	pa**ghe**rai	comin**ce**rai	man**ge**rai
lui/lei	gio**che**rà	pa**ghe**rà	comin**ce**rà	man**ge**rà
noi	gio**che**remo	pa**ghe**remo	comin**ce**remo	man**ge**remo
voi	gio**che**rete	pa**ghe**rete	comin**ce**rete	man**ge**rete
loro	gio**che**ranno	pa**ghe**ranno	comin**ce**ranno	man**ge**ranno

Dopodomani **giocheremo** a tennis. *The day after tomorrow we will play tennis.*

Io probabilmente **mangerò** fuori. *I will probably eat out.*

Carlo **pagherà** i conti. *Carlo will pay his bills.*

3. The verbs **dare, fare,** and **stare** do not change the **-a** to **-e** before adding the future tense endings.

dare:	d**a**rò, d**a**rai, d**a**rà, d**a**remo, d**a**rete, d**a**ranno
fare:	f**a**rò, f**a**rai, f**a**rà, f**a**remo, f**a**rete, f**a**ranno
stare:	st**a**rò, st**a**rai, st**a**rà, st**a**remo, st**a**rete, st**a**ranno

Sabato **staremo** a casa e **faremo** una festa. *Saturday, we will stay home and we will have a party.*

4. Many irregular verbs have irregular stems in the future. However, the future endings are always the same.

andare	and**r**-	**andrò**, ...	**potere**	pot**r**-	**potrò**, ...
avere	av**r**-	**avrò**, ...	**vedere**	ved**r**-	**vedrò**, ...
bere	ber**r**-	**berrò**, ...	**venire**	ver**r**-	**verrò**, ...
dovere	dov**r**-	**dovrò**, ...	**vivere**	viv**r**-	**vivrò**, ...
essere	sar-	**sarò**, ...	**volere**	vor**r**-	**vorrò**, ...

—**Verrete** da noi? *Will you come to our house?*

—No. Mario **andrà** a casa e io **berrò** qualcosa al bar. *No. Mario will go home and I will have something to drink at the bar.*

5. To talk about future actions and events, the future is used in clauses introduced by **quando** (*when*), **appena** (*as soon as*), and **se** (*if*). Note that English uses the present tense in these instances.

Quando ci **vedremo**, fisseremo un appuntamento. *When we see each other, we'll set up an appointment.*

Se andrai dal parrucchiere, verrò anch'io. *If you go to the hairdresser's, I'll also come.*

6. When an action is fairly likely to occur in the near future, Italians frequently use the present instead of the future tense.

Questa sera **andiamo** al cinema. *This evening we are going to the movies.*

Cinque Terre: Vernazza

11.6 Le promesse per l'anno nuovo. Ascolta le promesse che alcune persone fanno per l'anno nuovo e indica il soggetto e l'infinito di ogni verbo al futuro.

	Soggetto	Infinito
1.		
2.		
3.		
4.		
5.		
6.		
7.		
8.		

11.7 Chi lo farà? Indica chi farà che cosa. Abbina i soggetti con le attività.

1. Io
2. Giulia
3. Io e Luigi
4. Tu
5. Paola e Roberta
6. Tu e Renato

a. si farà le unghie.
b. andremo in banca.
c. ti taglierai i capelli.
d. cercherete un regalo in centro.
e. ritireranno i vestiti in lavanderia.
f. farò il bucato.

11.8 Gli impegni. Indica gli impegni che tu e i tuoi amici avrete nei prossimi giorni. Completa le frasi con i verbi al futuro.

1. Giuseppe e Roberto (aggiustare) ________________ la macchina.
2. Rita (essere) ________________ molto impegnata.
3. Io e Marco (dare) ________________ una festa.
4. Tu (avere) ________________ un sacco di cose da fare.
5. Chi (annaffiare) ________________ le piante? Le (annaffiare) ________________ io e Mario.
6. Tu e Giuseppe (pagare) ________________ i conti.
7. Noi (cominciare) ________________ a mettere in ordine la casa.
8. Alessia e Lisa (bere) ________________ un caffè con gli amici.

11.9 Una giornata molto impegnata. Racconta a un'amica che cosa tu e un amico farete lunedì prossimo. Riscrivi il brano con i verbi al futuro e fa' i cambiamenti necessari.

Lunedì prossimo…

Oggi io **mi alzo** molto presto, **mi lavo** e **mi vesto.** Dopo Carlo **viene** da me e **beviamo** un caffè insieme. Più tardi **usciamo** e **andiamo** in centro per fare delle commissioni. Io **compro** un vestito nuovo e Carlo **vuole** andare in banca. Poi Carlo **si taglia** i capelli. Io, invece, **devo** andare dal dentista. Io e Carlo **torniamo** a casa molto tardi.

11.10 Appena arriverò a casa. Scrivi almeno quattro cose che farai sicuramente appena tornerai a casa e quattro cose che molto probabilmente non farai. E il tuo professore/la tua professoressa, invece, che cosa farà sicuramente? Che cosa non farà? Confronta le tue liste con quelle dei tuoi compagni. Sono simili o diverse?

Il futuro di probabilità

In Italian, the future tense is frequently used to express probability or conjecture. The English equivalent is *must be* ... or *probably is / are* ...

—Dov'è Paolo adesso?	*Where is Paolo right now?*
—Non lo so. **Sarà** a casa.	*I don't know. He's probably at home.*
—Ma cosa fa a quest'ora a casa?	*But what is he doing at home at this hour?*
—Chissà. **Dormirà** o **studierà** per gli esami.	*Who knows. He must be sleeping or studying for exams.*

11.11 Non lo so! Un amico ti fa un sacco di domande sui vostri comuni conoscenti. Tu non sei sicuro/a delle risposte. Rispondi alle sue domande e usa il futuro di probabilità.

ESEMPIO: —Dov'è Andrea?
—Non lo so. Sarà in biblioteca.

1. Che cosa fanno Mario e Giuseppe?
2. Dove andate tu e Giuseppe?
3. Che cosa bevono Renato e Carlo?
4. A chi telefona Luisa?
5. Cosa legge Fabrizio?
6. Quando partono Fabio e la sua ragazza?

11.12 Chissà perché! Come si sentiranno queste persone? Perché? Usate il futuro di probabilità e... l'immaginazione!

1. 

La ragazza con il cane...

2. 

I ragazzi e l'insegnante...

3. 

La giovane donna...

4. 

I due ragazzi...

5. 

Le amiche con l'iPad...

6. 

Il signore dal barbiere...

SCAMBI

11.13 Pensi di fare queste cose? Trova un compagno/una compagna che ha intenzione di fare le seguenti cose in un futuro immediato. Scopri anche i particolari.

ESEMPIO: **S1:** Pensi di andare al cinema?
S2: Sì, penso / spero / ho intenzione di andarci. *o* No, non penso di andarci.
S1: Quando ci andrai? Con chi? Cosa vedrete? *o* Perché non ci andrai?

1. farsi i capelli
2. cercare un nuovo appartamento
3. pulire l'appartamento
4. bere un caffè con gli amici
5. vedere i genitori
6. comprare una nuova macchina
7. fare un viaggio
8. seguire un altro corso d'italiano
9. invitare alcuni compagni di scuola a casa tua per cena
10. ?

11.14 Ma cosa faranno? Immaginate dove saranno le seguenti persone in questo momento e cosa faranno.

1. i tuoi genitori
2. il tuo coinquilino/la tua coinquilina
3. gli studenti e il professore nell'aula vicino alla vostra
4. ?

11.15 Che tipo sei? Completa la scheda con informazioni sui tuoi progetti per il futuro. Poi scambia (*exchange*) la scheda con un compagno/una compagna. Siete simili o diversi? In cosa? Secondo te, quali aggettivi vi descrivono meglio? Perché?

1. tre cose che farai stasera			
2. tre cose che farai questo weekend			
3. tre cose che farai l'estate prossima			
4. tre cose che farai nei prossimi quattro anni			

11.16 Fissiamo un appuntamento. Osserva la tua agenda per la settimana prossima e fissa tre appuntamenti con due persone diverse. Decidete anche che cosa farete insieme.

ESEMPIO: **S1:** Sei libero/a sabato all'una?
S2: No, sono impegnato/a. Pranzerò con degli amici. Cosa farai venerdì alle undici? ...

PERCORSO II I programmi al telefono

VOCABOLARIO

«Pronto! Chi parla?»

Pronto? Ciao, Maurizio! Sono Marisa. Che **stai facendo**
Niente. **Sto prendendo** un caffè e **sto leggendo** il giornale. Mi **sto annoiando**. **Stavo** infatti **pensando** di telefonarti. Vogliamo fare qualcosa stasera?
il cordless
l'elenco telefonico
la segreteria telefonica
le pagine gialle
il cellulare

Il telefono

abbassare	*to hang up*
la cabina telefonica	*phone booth*
il telefono pubblico	*public phone*
il telefono fisso	*land line*
il cellulare / il telefonino	*cell phone*
digitare	*to press / to type*
fare il numero	*to dial*
fare la ricarica	*to get more prepaid cell phone minutes*
mandare un messaggino / un SMS	*to send a text message*
memorizzare un numero	*to store a number*
la rubrica	*address book*
la scheda telefonica	*prepaid phone card*
lo smartphone	*smartphone*
il tablet	*tablet*

Per parlare al telefono

Chi parla? Sono...	*Who is it? It's ...*
Gli/Le vuoi lasciare un messaggio?	*Do you want to leave him/her a message? (informal)*
Gli/Le vuole lasciare un messaggio?	*Do you want to leave him/her a message? (formal)*
La linea è occupata.	*The line is busy.*
Mi dispiace. Non c'è.	*I'm sorry. He/She is not here.*
il numero verde	*toll-free number*
Pronto!	*Hello!*
richiamare più tardi	*to call back later*
sbagliare numero	*to get the wrong number*
Un momento. Ti passo... (*informal*) / **Le passo...** (*formal*)	*Just a minute. Here is ...*
Vorrei parlare con...	*I would like to speak with ...*

11.17 L'intruso. Indica quale parola o espressione non c'entra con le altre.

1. il telefonino, le pagine gialle, l'elenco telefonico
2. il telefono pubblico, la scheda telefonica, mandare un messaggino
3. il cordless, il telefono fisso, il numero verde
4. sbagliare numero, abbassare, fare la ricarica
5. cercare un numero, lasciare un messaggio, la segreteria telefonica
6. digitare, fare il numero, il cellulare
7. lo smartphone, il cellulare, la scheda telefonica
8. il tablet, memorizzare un numero, digitare
9. la rubrica, il telefonino, abbassare

 **11.18 Associazioni.** Indicate tutte le parole ed espressioni che associate con i seguenti termini.

1. fare una telefonata
2. il cellulare
3. cercare un numero

11.19 Che cos'è? Leggi le definizioni e indica di cosa si tratta.

1. Le usiamo quando, a esempio, cerchiamo un parrucchiere e non ne conosciamo nessuno in città.
2. La possiamo usare quando chiamiamo da un telefono pubblico.
3. Lo diciamo quando rispondiamo al telefono.
4. Lo usiamo quando cerchiamo il numero di una persona o ditta (*company*) di cui conosciamo il nome.
5. Lo diciamo quando sbagliamo numero.
6. Lo facciamo quando la persona a cui telefoniamo non è in casa.
7. Quando lo usiamo, non dobbiamo pagare per la telefonata.
8. La facciamo per usare il cellulare.

 **11.20 I rapporti con il telefono.** Intervista un compagno/una compagna e scopri quant'è importante il telefono nella sua vita. È molto importante, importante o per niente importante?

1. Hai il telefono fisso? Dov'è? Cosa usi di più: il fisso o il cellulare?
2. Quante telefonate fai al giorno? Fai telefonate internazionali qualche volta? O preferisci usare programmi come Skype?
3. A che ora preferisci telefonare? Per quanto tempo parli di solito?
4. Cosa fai più spesso: telefoni o mandi messaggini? Ti piace mandare messaggini? Quanti ne mandi ogni giorno?
5. Hai uno smartphone? Quale? Cambi suoneria (*ring*) spesso? Ti piace fare giochi al cellulare?
6. In genere, se non trovi la persona a cui telefoni, che cosa fai?

In contesto Una conversazione al telefono

Luca telefona a un'amica dal centro.

SIGNORA LENTINI: Pronto!
LUCA: Buona sera, signora Lentini. Sono Luca. Vorrei parlare con Roberta, per piacere.
SIGNORA LENTINI: Buona sera, Luca. Mi dispiace, ma in questo momento Roberta sta facendo la doccia. Le vuoi lasciare un messaggio?
LUCA: No, grazie! Non fa niente. Sto andando a tagliarmi i capelli. Richiamerò più tardi.
SIGNORA LENTINI: Aspetta… un momento, Luca… ti passo Roberta; è appena uscita dalla doccia. Eccola.
ROBERTA: Luca, ciao! Da dove stai telefonando? Ti ho lasciato un messaggio poco fa sulla segreteria telefonica a casa.
LUCA: Sono in centro. Allora, cosa si fa sabato sera?
ROBERTA: Beh! Andremo al concerto di Pino Daniele, no?
LUCA: Sì, certo! Poi, ti mando un messaggino e ti confermo tutto!

11.21 Pronto! Leggete la telefonata di Luca e poi rispondete alle domande che seguono.

1. Quali espressioni si usano:
   a. per rispondere al telefono?
   b. per identificarsi?
   c. per dire che la persona cercata c'è o non c'è?
2. Che cosa stavano facendo Roberta e Luca al momento della telefonata?
3. Cosa faranno sabato?

Occhio alla lingua!

1. In the *Percorso II Vocabolario* section, look at the expressions in boldface type in Marisa's and Maurizio's conversation. Do they refer to present, past, or future actions? How can you tell?
2. How many words make up each expression? Do you recognize the first verb in each expression? Look at the endings of the accompanying words. Can you detect a pattern?
3. Reread the *In contesto* phone conversation and find all the verbs that refer to ongoing actions. How are these actions expressed?

A chi starà sorridendo (*smiling*)?

GRAMMATICA

Il gerundio e il progressivo

The progressive construction expresses an *ongoing action* in the present, the future, or the past.

Sto facendo la doccia.	*I'm taking a shower.*
Domani a quest'ora, **staremo passeggiando** per via Caracciolo.	*Tomorrow at this time, we will be strolling in via Caracciolo.*
Stavo cercando il numero.	*I was looking for the number.*

1. The progressive construction is formed with the present, future, or imperfect of **stare** + the gerund. The gerund is equivalent to the *-ing* form of a verb in English (*watching, reading, sleeping, finishing*). It is formed by adding **-ando** to the stem of verbs ending in **-are** and **-endo** to the stem of verbs ending in **-ere** and **-ire**.

La forma progressiva					
stare					
Presente	**Futuro**	**Imperfetto**		**Infinito**	**Gerundio**
st**o**	star**ò**	stav**o**	+	(guard**are**)	guard**ando**
st**ai**	star**ai**	stav**i**		(legg**ere**)	legg**endo**
st**a**	star**à**	stav**a**		(dorm**ire**)	dorm**endo**
st**iamo**	star**emo**	stav**amo**		(fin**ire**)	fin**endo**
st**ate**	star**ete**	stav**ate**			
st**anno**	star**anno**	stav**ano**			

Sto leggendo il giornale. — *I'm reading the newspaper.*
Starà giocando. — *He/She is probably playing.*
Stavano partendo. — *They were leaving.*

2. Verbs that have an irregular stem in the **imperfetto** have the same irregular stem in the gerund.

   bere: **bevendo** dire: **dicendo** fare: **facendo**

3. Reflexive pronouns and direct- and indirect-object pronouns can either precede **stare** or be attached to the gerund.

—**Ti stai divertendo?** — *—Are you having a good time?*
—No, non **mi sto divertendo** affatto. — *—No, I'm not having a good time at all.*
—**Stavate telefonandomi?** — *—Were you calling me?*
—**Sì, stavamo telefonandoti.** — *—Yes, we were calling you.*

4. In Italian, the progressive construction is used much less frequently than in English. The present, future, and imperfect are used to convey many actions that are expressed with the progressive in English.

Vado al cinema. — *I'm going to the movies.*
Comprerà i biglietti. — *He must be buying the tickets.*
Parlava con un'amica. — *He was talking with a friend.*

11.22 Cosa state facendo? Immagina almeno tre cose che tu e le seguenti persone state facendo nei posti indicati.

ESEMPIO: noi / a scuola
Stiamo leggendo. Stiamo ascoltando il professore.
Stiamo scrivendo.

1. io / in cucina
2. Paolo / in camera da letto
3. Marisa e Fabio / in garage
4. Rosalba / in centro

11.23 Cosa stavano facendo? Indica che cosa le seguenti persone stavano facendo quando un amico ha telefonato.

ESEMPIO: tu / scrivere una mail
Tu stavi scrivendo una mail. O Stavi scrivendo una mail.

1. io / mandare un messaggino
2. Paola / tagliarsi i capelli
3. io e Renata / bere un tè
4. Giulia / svegliarsi
5. Luisa / vestirsi
6. tu e Luigi / fare delle commissioni

11.24 Ma cosa staranno facendo? Hai cercato di telefonare alle seguenti persone molte volte, ma non sono mai a casa. Fai supposizioni su cosa staranno facendo.

ESEMPIO: Pietro e Paolo
Staranno cenando in centro.

1. i tuoi genitori
2. tua sorella/tuo fratello
3. i tuoi amici
4. il meccanico

Lo sai che? Telefonare in Italia

L'Italia è uno dei Paesi con la più alta percentuale di cellulari nel mondo. Infatti in Italia ci sono più telefonini che abitanti. In molte famiglie italiane ormai il cellulare si usa al posto del telefono fisso. Chi non ha un telefonino, in ogni caso, può sempre chiamare da un telefono pubblico usando una scheda telefonica. Le schede telefoniche si comprano al bar, in edicola[1] o in tabaccheria[2]. A causa della grande diffusione dei cellulari, però, i telefoni pubblici stanno quasi scomparendo.

In Italia, per fare una telefonata, bisogna sempre digitare il prefisso della città. Se si telefona in Italia dall'estero invece bisogna fare lo 0039 prima del prefisso. Per telefonare dall'Italia a un Paese straniero si digita 00 e poi il codice del Paese (per esempio, per gli Stati Uniti: 1) e infine il prefisso e il numero della persona chiamata. In genere, quando si telefona a casa di qualcuno, per non disturbare, non si chiama mai prima delle otto di mattina o dopo le dieci di sera. Ci sono poi dei numeri utili che tutti possono chiamare gratis[3] in caso di emergenza da qualsiasi telefono.

1. *newspaper stand* 2. *tobacco shop* 3. *free*

NUMERI DI EMERGENZA

CARABINIERI[1]
Chiamata gratuita **112**

PUBBLICA EMERGENZA
Chiamata gratuita **113**

EMERGENZA INFANZIA
Gestito da Telefono Azzurro
Chiamata gratuita **114**

VIGILI DEL FUOCO[2]
Chiamata gratuita **115**

EMERGENZA SANITARIA
Chiamata gratuita **118**

1. *police* 2. *firelighters*

Un telefono pubblico che ormai non si usa quasi più.

11.25 Telefonare in Italia. Spiegate a un turista come fare telefonate in Italia.

SCAMBI

 **11.26 Pronto!** Ascolta le telefonate e scrivi la lettera che corrisponde alla conversazione. Poi, indica di che cosa parlano le persone al telefono e quando avrà luogo (*will take place*) l'avvenimento di cui parlano.

1. Conversazione: ______________________
   Di che cosa parlano? ______________________
   Quando avrà luogo l'avvenimento di cui parlano? ______________________

2. Conversazione: ______________________
   Di che cosa parlano? ______________________
   Quando avrà luogo l'avvenimento di cui parlano? ______________________

3. Conversazione: ______________________
   Di che cosa parlano? ______________________
   Quando avrà luogo l'avvenimento di cui parlano? ______________________

11.27 Chi parla? Mettete nell'ordine giusto le battute (*lines*) del dialogo che segue. Poi ricostruite il dialogo completo. Attenzione, c'è una battuta in più!

______ a. Ah! Tiziana! Come stai? Un momento. Ti passo Gino.
______ b. Allora, a domani! Grazie.
______ c. Prego.
______ d. Pronto! Signora Bonelli! Sono Tiziana. Vorrei parlare con Gino.
______ e. Che bell'idea! Così non dovremo fermarci per strada.
______ f. Ciao, Tiziana, sono Gino. Allora, a che ora partiremo?
______ g. No, mi dispiace, in questo momento non c'è.
______ h. Alle 8.30 del mattino. Ti va bene?
______ i. Sì, certo! Preparerò dei panini e delle bevande per il viaggio.

11.28 Al telefono. Ricostruite le telefonate nelle situazioni indicate. Una persona considera la colonna destra e l'altra la colonna sinistra. Non dimenticate di usare il formale quando è necessario.

a. Sei la signora Genovesi e vuoi parlare con il signor Tarantini.	**a.** Sei la signora Tarantini. Tuo marito non è in casa. Spieghi anche che cosa sta facendo.
b. Vuoi parlare con Cecilia.	**b.** Sei la madre di Cecilia. Cecilia è occupata. Spieghi anche che cosa sta facendo.
c. Vuoi parlare con Paolo. Fai il numero 889732.	**c.** Il tuo numero è 899732.

11.29 Una scusa. Oggi le persone seguenti non vogliono parlare al telefono e chiedono ai loro collaboratori e familiari di farlo per loro. Ricostruite le telefonate e immaginate le scuse che devono trovare per loro. Usate il «Lei».

ESEMPIO: un medico

S1: Pronto! Vorrei parlare con il Dottor Rossi, per piacere.
S2: Mi dispiace, ma il dottore sta visitando un paziente. Gli vuole lasciare un messaggio?

1. un avvocato
2. una professoressa
3. tuo padre
4. tua madre

I piani per il futuro

VOCABOLARIO

Che farai dopo aver finito di studiare?

Quando saremo grandi, giocheremo per la Juventus, la nostra squadra preferita. **Dopo esserci diplomati al liceo,** diventeremo calciatori famosi e guadagneremo tanto.

Studio biologia all'Università di Genova. **Prima di laurearmi**, dovrò ancora dare parecchi esami. Spero di finire fra cinque anni. **Dopo essermi laureata,** spero di trovare un posto in un grande ospedale come ricercatrice.

I mestieri e le professioni

l'arredatore/l'arredatrice	*interior decorator*
il/la giornalista	*journalist*
il modello/la modella	*model*
il poliziotto/la poliziotta	*policeman/policewoman*
il produttore/la produttrice	*(movie) producer*
lo psicologo/la psicologa	*psychologist*
il ricercatore/la ricercatrice	*researcher*
lo sceneggiatore/la sceneggiatrice	*script writer*
lo/la scienziato/a	*scientist*
lo scrittore/la scrittrice	*writer*
lo/la stilista	*designer*
il vigile del fuoco	*fireman*

Sogni e aspirazioni per il futuro

avere figli	*to have children*
avere molte soddisfazioni personali	*to be very satisfied in one's personal life*
avere successo	*to be successful*
cercare un posto / un lavoro	*to look for a position / job*
diventare* famoso/a, ricco/a	*to become famous, rich*
fare carriera	*to advance in one's career*
fare sacrifici	*to make sacrifices*
fare una scoperta	*to make a discovery*
fare uno stage	*to do an internship*
fare un viaggio all'estero	*to take a trip abroad*
guadagnare molti / pochi soldi	*to make a lot / a little money*
prendere un altro titolo di studio	*to get another degree*
trovare un posto / un lavoro	*to find a position / job*

Così si dice Nomi e aggettivi in *-ista* e *-ore*

Words ending in **-ista**, such as **musicista, dentista, ottimista,** and **altruista**, have the same form for the masculine and feminine in the singular. In the plural, they have a masculine form ending in **-isti** and a feminine form ending in **-iste**: **Paolo Sorrentino è un bravo regista. Cristina Comencini è una brava regista.**

Some nouns ending in **-ore**, such as **attore** and **produttore**, form the feminine with **-rice: attrice, produttrice**.

11.30 Che professione? Indica tutte le professioni che associ con questi termini.

1. una casa
2. un crimine
3. il teatro
4. un computer
5. un film
6. una scoperta scientifica

11.31 Chi? Indica la professione di queste persone.

1. Scrive molti articoli.
2. Lavora in un laboratorio e fa molte scoperte importanti.
3. Disegna vestiti.
4. Ascolta i problemi degli altri e gli dà tanti consigli.
5. È una persona che fa un film.
6. Aiuta le persone ad arredare la casa.

11.32 In che ordine? Indica in che ordine farai le seguenti cose in futuro. Poi paragona la tua lista con quella di un compagno/una compagna. È uguale?

________________ trovare un posto
________________ fare carriera
________________ cercare un posto
________________ fare un viaggio all'estero
________________ fare uno stage
________________ avere figli
________________ avere molte soddisfazioni personali
________________ guadagnare molti soldi
________________ diventare ricco/a
________________ prendere un altro titolo di studio
________________ diventare famoso/a
________________ fare molti sacrifici
________________ sposarsi

In contesto Dall'indovino

Paolo, un ragazzo molto superstizioso, consulta un indovino (*fortune-teller*) per conoscere il suo futuro.

PAOLO: Cosa farò dopo aver finito il liceo? Andrò all'università?

INDOVINO: Sì, ci andrai, ma prima di andare all'università farai un lungo viaggio all'estero.

PAOLO: Veramente? Andrò anche in America?

INDOVINO: Sì, e ci resterai a lungo. Tornerai a casa solo dopo aver finito i soldi! Intanto conoscerai una ragazza americana e ti innamorerai.

PAOLO: La sposerò?

INDOVINO: Sì, ma non subito. Prima di sposarti, ti laureerai e cercherai un posto, ma non diventerai ricco. Avrai però molte soddisfazioni personali. Prima farai l'insegnante in una scuola elementare per qualche anno e poi ti sposerai.

PAOLO: Quanti figli avrò?

INDOVINO: Ne avrai due, un maschio e una femmina. Vivrete in una piccola casa e sarete molto felici.

PAOLO: Avrò successo nella mia carriera prima o poi?

INDOVINO: Non farai carriera, ma i tuoi figli diventeranno molto famosi.

11.33 Dall'indovino. Indicate se le seguenti affermazioni sono vere (V) o false (F). Correggete le affermazioni false.

1. Paolo andrà all'università dopo essere tornato dall'estero.
2. Quando sarà all'estero Paolo s'innamorerà.
3. Paolo si sposerà prima di laurearsi.
4. Dopo avere finito gli studi, avrà molte soddisfazioni personali.
5. Paolo e sua moglie saranno molto ricchi, ma non avranno figli.
6. Paolo sarà molto felice.

Occhio alla lingua!

1. Look at the expressions in boldface type in the photo captions in the *Percorso III Vocabolario* section. In what sequence do you think these actions will occur?
2. What follows **prima di**? What form of the verb follows **dopo**? How do the verb forms that follow **prima di** and **dopo** differ?
3. Reread the *In contesto* conversation and circle each action that occurs before another action and underline all the actions that occur after another action takes place.

GRAMMATICA

Dopo e *prima di* con l'infinito

You have already learned that **prima** and **dopo** can be used to indicate the order of actions.

Prima mi diplomo e **dopo** vado all'università.	*First I'm going to graduate from high school and then I'm going to college.*

1. To express *before doing something,* **prima di** + the infinitive is used. Pronouns are attached to the infinitive.

Prima di sposarmi, voglio trovare un lavoro.	*Before getting married, I want to find a job.*
Ho studiato all'università per due anni **prima di andare** all'estero.	*I studied at the university for two years before going abroad.*

2. To express *after doing something,* **dopo** + a past infinitive is used. The final **-e** of **avere** is frequently dropped before the past participle.

Dopo aver(e) finito gli studi, cercherò un lavoro.	*After finishing my studies, I will look for a job.*
Dopo essere arrivati, ti telefoneremo.	*After we arrive, we will call you.*
Dopo averli chiamati, li ho incontrati al bar.	*After calling them, we met them at the bar.*

The past infinitive is formed with **avere** or **essere** + the past participle of the verb. If the verb is conjugated with **essere,** the past participle agrees with the subject, as with all verbs conjugated with **essere.** If the verb is conjugated with **avere** and is used with one of the following direct-object pronouns—**lo, la, li, le,** or **ne**—the past participle agrees with the direct object.

3. With a past infinitive, pronouns are attached to **avere** and **essere** after the final **e** is dropped.

Dopo avergli parlato, ti telefonerò.	*After having spoken to him, I'll call you.*
Dopo essermi riposata, leggerò gli annunci sui giornali.	*After having rested, I'll read the newspaper ads.*

11.34 Quando lo faranno? Ascolta le conversazioni e indica l'ordine delle azioni di cui parlano le persone, scrivendo il numero *1* o *2* accanto a ogni attività.

Conversazione 1:

a. finire i compiti ____________ uscire ____________

b. finire i compiti ____________ mangiare ____________

c. finire i compiti ____________ cenare ____________

Conversazione 2:

a. cominciare a lavorare ____________ laurearsi ____________

b. cercare lavoro ____________ girare l'Europa ____________

Conversazione 3:

a. dire ____________ rivedere ____________

b. spiegare ____________ chiedere scusa ____________

11.35 In che ordine? Indica in che ordine farai le seguenti azioni scrivendo frasi con **prima di** + infinito.

ESEMPIO: svegliarsi / alzarsi
Mi sveglierò prima di alzarmi.

1. lavarsi i denti / fare colazione
2. farsi la doccia / vestirsi
3. addormentarsi / spogliarsi
4. lavarsi i capelli / pettinarsi
5. uscire / mettersi l'impermeabile

11.36 Quando? Indica quando tu e i tuoi compagni farete le seguenti cose. Usa **dopo** + infinito passato.

ESEMPIO: fare un viaggio
Faremo un viaggio dopo aver comprato un biglietto.

1. cercare un lavoro
2. sposarsi
3. avere un figlio
4. cambiare casa
5. fare uno stage
6. prendere un altro titolo di studio

11.37 Il futuro di Paolo. Rileggi la conversazione «Dall'indovino» e metti nell'ordine corretto gli avvenimenti importanti nella vita di Paolo secondo l'indovino. Usa **prima di** + infinito o **dopo** + infinito passato.

ESEMPIO: Dopo avere finito gli studi, Paolo farà un viaggio all'estero... *o*
Prima di andare all'università, Paolo farà un viaggio all'estero...

Lo sai che? L'Italia, un Paese di «mammoni»?

Sembra che il mito della «mamma» non tramonterà[1] mai in Italia. Secondo i dati dell'Istat, il 60 percento dei giovani italiani fra i 18 e i 34 anni vive con almeno un genitore. E sembra che siano più gli uomini che le donne i mammoni d'Italia.

I motivi per cui tanti giovani italiani scelgono[2] di vivere con la famiglia più a lungo dei loro coetanei[3] europei sono tanti. Alcuni sono di natura economica. La difficoltà di trovare un lavoro stabile che paghi bene contribuisce enormemente a questo fenomeno. È anche sempre più difficile trovare casa a un prezzo accessibile.

Oltre ai fattori economici, però, molti giovani vivono in famiglia perché ci stanno bene e non se ne vogliono andare. I giovani italiani vanno abbastanza d'accordo con i genitori e preferiscono le comodità che solo vivendo con loro possono avere.

1. *die out* 2. *choose* 3. *same age*

 **11.38 E nel vostro Paese?** Paragonate la situazione dei giovani italiani a quella dei giovani del vostro Paese.

SCAMBI

11.39 Chi lo farà? Trova una persona in classe che in futuro farà le seguenti cose. Scopri anche quando le farà.

ESEMPIO: andare all'università

S1: Andrai all'università?
S2: Sì, ci andrò. *o* No, non ci andrò.
S1: Quando?
S2: Ci andrò subito dopo aver finito il liceo.

1. prendere una seconda laurea
2. viaggiare in Paesi lontani
3. scrivere dei libri
4. guadagnare molti soldi
5. sposare una persona ricca
6. andare a vivere in un'altra città o in un altro Paese
7. diventare ricco/a e famoso/a
8. fare una grande scoperta
9. avere molti figli
10. ?

11.40 I piani per il futuro. Intervista un compagno/una compagna e scopri i suoi progetti per il futuro.

1. Che cosa farai subito dopo aver finito l'università?
2. Che cosa farai prima di incominciare a lavorare?
3. Dove pensi di vivere?
4. Che lavoro farai? Come sarà la tua vita quando incomincerai a lavorare e a guadagnare bene? Cosa farai che adesso non puoi fare?
5. Che cosa significa per te il successo? Guadagnare molti soldi? Fare carriera? Le soddisfazioni personali? L'avventura?

11.41 Dall'indovino. Immagina di consultare un indovino. Insieme discutete del tuo passato e del tuo futuro. A coppie, ricostruite la conversazione.

Quali saranno i suoi piani e progetti per il futuro?

ATTRAVERSO

LA LIGURIA

La Liguria, con la Lombardia e il Piemonte, fa parte della zona più industrializzata d'Italia.

Questa stretta striscia (*narrow strip*) costiera fra le montagne e il mare è una delle regioni italiane più piccole. Si estende dalla frontiera francese alla Toscana. È una regione prevalentemente marittima, ma vi si coltivano anche fiori, pesche, mele, albicocche (*apricots*), mandorle (*almonds*) e castagne (*chestnuts*).

La Liguria è ricca di bellezze naturali ed è particolarmente famosa per le sue coste. Il turismo, soprattutto lungo la riviera ligure, è molto importante per l'economia della regione. Molti italiani del Piemonte e della Lombardia hanno qui una seconda casa dove trascorrono l'estate e i weekend.

Il porto di Genova. Il porto di Genova è il più importante d'Italia. Navi (*Ships*) da ogni parte del mondo arrivano ogni giorno con le materie prime per le industrie di Milano, di Torino e di tutta la Liguria. Le navi poi trasportano i prodotti delle industrie italiane in tutti i Paesi del mondo. Sono nati a Genova il compositore e violinista Niccolò Paganini (1782–1840) ed Eugenio Montale (1896–1981), uno dei più grandi poeti italiani del '900, premio Nobel per la letteratura.

Il Bigo e il Porto Antico di Genova. Il Bigo è una struttura metallica moderna con un ascensore panoramico. L'architetto Renzo Piano, nato a Genova, ha progettato questa struttura, che ha la forma di una gru (*crane*). Prendendo l'ascensore panoramico è possibile vedere l'intera città di Genova.

VERIFICHIAMO

Prima leggi l'introduzione alla regione, poi guarda le foto e leggi le rispettive didascalie.

11.42 Quiz. Indica quali delle seguenti affermazioni sono vere (**v**) e quali sono false (**f**).

1. La Liguria non è una regione molto industrializzata.
2. La Liguria è famosa per il mare.
3. Il porto di Genova non è molto importante per il commercio internazionale.
4. Un famoso architetto moderno è nato a Genova.
5. Il Porto Antico di Genova è importante per il turismo.
6. Portofino è un famoso centro turistico per il *jet set*.
7. Le case a Portofino sono bianche.
8. A Vernazza, Monterosso e Riomaggiore è possibile ammirare la natura incontaminata.

11.43 Partiamo per il weekend. Immaginate che presto potrete passare un weekend in Liguria. Dove andrete? Cosa farete? Perché?

11.44 E nel vostro Paese? Nel vostro Paese c'è una zona come la Liguria? Com'è simile? Com'è diversa?

Il porticciolo di Portofino. Portofino è un antico borgo (*village*) di case colorate situato intorno a (*around*) una baia pittoresca e circondato da una densa vegetazione. Nel suo piccolo porto sono sempre presenti piccole barche (*boats*) e lussuosi yacht. A Portofino ci sono anche molti negozi eleganti, ristoranti rinomati, un piccolo teatro e locali vivaci. Molti personaggi famosi frequentano questo piccolo paese.

Cinque Terre: Riomaggiore. Le Cinque Terre, Riomaggiore, Manarola, Corniglia, Vernazza e Monterosso, sono situate vicino al Golfo di La Spezia. L'accesso a questi piccoli villaggi pittoreschi è piuttosto difficile, così essi hanno conservato le loro tradizioni e la loro bellezza caratteristica. Nel 1997 le Cinque Terre sono state iscritte nella lista del patrimonio mondiale dell'UNESCO.

IN PRATICA

GUARDIAMO

Strategie per guardare
Focusing on specific details

Sometimes it's important to watch a video segment with a focus on details. When you know the general topic—talking about future plans, for example—you will find the discussion more meaningful if you grasp precisely what people say. In order to do this, pay careful attention as each person speaks, listening for key words and phrases; then try to summarize the main points he or she has made using your own words.

Per capire meglio

Ci sono novità?	*What's up?, Anything new?*
controllare	*to check*
matto	*crazy*
Non vedo l'ora di...	*I can't wait . . .*
le prove	*rehearsal*
un romanzo di successo	*(bestseller) novel*
un saggio	*an essay*
una tesina	*a paper*

Prima di guardare

11.45 In questo episodio del video alcuni dei personaggi parlano dei loro piani per i prossimi giorni e per il futuro. Prima di guardare il clip, completa le attività che seguono.

1. Descrivete la foto. Dove sono Giulia e Taylor? Che cosa faranno?
2. Secondo te, che piani e progetti avranno Roberto, Elena, Giulia e Taylor per i prossimi giorni?
3. Basandoti su quello che già sai dei quattro protagonisti dell'episodio, immagina (1) quali saranno i loro piani e progetti per il futuro e (2) spiega perché.
   a. Giulia: ______________________
   b. Roberto: ______________________
   c. Taylor: ______________________
   d. Elena: ______________________

Mentre guardi

11.46 Rispondi alle domande.

1. Cosa farà Taylor sabato?
2. Cosa farà Elena sabato? Cosa dice a Roberto che farà sabato? Cosa farà mercoledì? E venerdì?
3. Quando è impegnato Roberto?
4. Dopo aver finito gli studi, cosa farà Taylor?
5. Secondo Giulia, che lavoro dovrebbe (*should*) fare Taylor in futuro? Perché?
6. Cosa farà Giulia sabato?

Il mondo  **italiano**

In questo episodio scopriamo che Taylor deve andare a Napoli per studiare una pittura rinascimentale per la sua tesina.

Il Rinascimento, che nasce e si sviluppa a Napoli, benché molto legato alle tendenze artistiche italiane dell'epoca, è ben diverso da quello fiorentino e di altre città italiane. Il Rinascimento napoletano, che si sviluppa alla corte di Alfonso d'Aragona, è più simile a quello delle corti belghe, francesi e spagnole.

Alfonso d'Aragona, grande umanista e mecenate (*patron*) delle arti, conquista Napoli nel 1443 e in poco tempo trasforma la corte di Napoli in una delle più colte e raffinate d'Europa. Il sovrano spagnolo riunisce attorno alla sua corte grandi artisti di tutta l'Europa. Napoli diventa un punto d'incontro fra artisti e correnti artistiche diverse.

Per saperne di più sul Rinascimento a Napoli, vai su MyItalianLab.

Dopo aver guardato

11.47 Completate le seguenti attività.

1. Confrontate e discutete le vostre risposte all'attività **11.46.**
2. Quali delle vostre supposizioni sui piani e progetti dei vari personaggi erano corrette?
3. Immagina di essere Taylor. Scrivi una mail a tua madre e parla dei tuoi piani e progetti per il futuro e di quelli dei tuoi amici.

LEGGIAMO

Strategie di lettura
Understanding a poem

An effective poem often has many layers of meaning. A poet may evoke a very specific imagined experience—for example, travelers' lives and feelings in an era of interplanetary voyages, as in the poem that follows—while also conveying an unspoken message. As you read a poem, focus first on the literal meaning. Then consider what else the poet may be trying to say, how he or she does it, and why.

Prima di leggere

11.48 La poesia che segue, «La stazione spaziale», è di Gianni Rodari. Rodari (1920–1980) è nato a Omegna (Novara). Ha pubblicato più di trenta volumi di racconti, fiabe e filastrocche (*nursery rhymes*) per bambini. In questa poesia Rodari immagina un'epoca in cui la gente può viaggiare su altri pianeti. Prima di leggere la poesia, completa le attività seguenti.

1. Leggi il titolo e i primi sei versi.
   a. L'autore si riferisce a un'epoca passata o futura?
   b. Quali parole ed espressioni sono realistiche e si usano nella vita contemporanea?
2. Che tono usa l'autore? Drammatico? Ironico? Satirico? Scherzoso? Serio?

Mentre leggi

11.49 Mentre leggi, nota le parole ed espressioni, relative ai viaggi nello spazio, che si riferiscono alla vita di tutti i giorni. Nota anche le parole ed espressioni che descrivono i sentimenti delle persone.

La Stazione Spaziale
Gianni Rodari

Nella stazione spaziale
c'è un traffico infernale.
Astronavi° che vengono,
astronavi che vanno,
astronavi di prima classe
per quelli che non pagano le tasse°.
L'altoparlante°
non tace un istante:
«È in partenza dal primo binario°
il rapido° interplanetario.»
Prima fermata° Saturno.
«L'astroletto° da Giove
viaggia con un ritardo
di minuti trentanove».

Spaceships
taxes
loudspeaker
track
express
stop
space sleeper

La gente protesta:
— Che storia è questa?
Mai un po' di puntualità.
— Devo essere a Plutone
prima di desinare°!
— Io perdo un grosso affare°:
Mi sentiranno quelli
dell'Amministrazione…

In un angolo° della stazione
due timidi sposini
in viaggio di nozze°:
vanno su certi pianetini
di un'altra nebulosa
dove hanno una zia
che si chiama Ponti Rosa
e fa la portinaia°
in un osservatorio d'astronomia.
E questo è un venditore
di frigoriferi a rate°:
dice che su Nettuno
non c'è ancora stato nessuno
del suo ramo°,
farà quattrini a palate°.
Questa signorina,
maestra di ricamo°,
va su Venere per un corso
di perfezionamento,
ma il suo fidanzato
non è troppo contento,
lui sta a Milano,
e fa l'impiegato°,
ha paura che sposi un Venusiano.

[…] Un momento, un momento:
ma allora il cosmo intero
non sarebbe che un ingrandimento°
di qualche paesotto
dell'Ohio o del Varesotto[1]
A parte le astronavi
questa specie di stazione
potrebbe stare tutta
in provincia di Frosinone[2]
o di Piacenza…[3]
Forse ho visto troppi film di fantascienza.

before supper (desinare)
deal (affare)
corner (angolo)
honeymoon (viaggio di nozze)
doorkeeper (portinaia)
installments (a rate)
field (ramo)
tons of money (a palate)
embroidery (ricamo)
office worker (impiegato)
enlargement (ingrandimento)

1. a wealthy, industrialized region in Lombardy
2. city in Lazio
3. city in Emilia-Romagna

Dopo la lettura

11.50 Rispondi alle domande che seguono.

1. A che cosa somiglia la stazione spaziale? Da' esempi concreti dal testo.
2. I viaggi dei vari personaggi nella poesia sono molto insoliti (*unusual*)? Da' esempi concreti dal testo.
3. Rileggi le parti del testo che descrivono i personaggi. Com'è la loro vita? È simile o diversa dalla vita degli abitanti della Terra (*Earth*) oggi? Come?
4. Rileggi gli ultimi dieci versi. Qual è la conclusione dell'autore? Secondo te, questo testo è per bambini o per adulti? Perché?

PARLIAMO

Strategie per parlare
Talking about future plans

To discuss your plans for the weeks and months ahead, you can use the future tense. Remember also that you can organize your ideas by using **prima di** with an infinitive to tell what you will do first, and **dopo** with a past infinitive to indicate what you will do after doing something else.

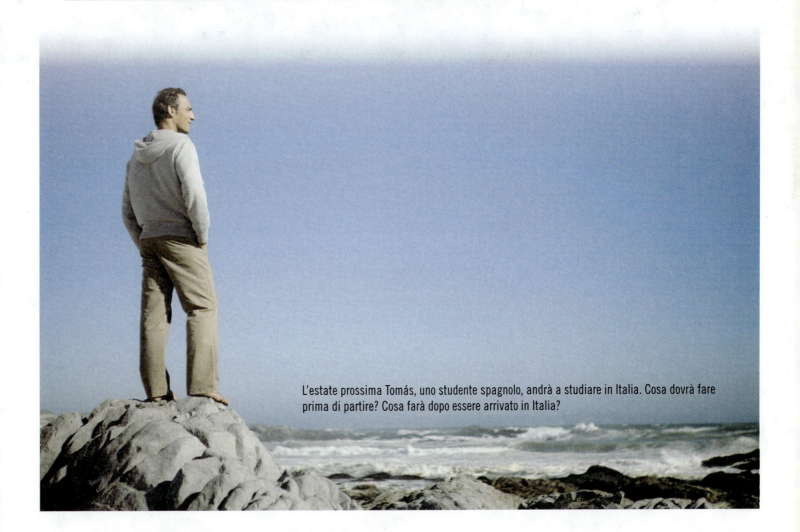

L'estate prossima Tomás, uno studente spagnolo, andrà a studiare in Italia. Cosa dovrà fare prima di partire? Cosa farà dopo essere arrivato in Italia?

Il mese prossimo Isabella comincerà a lavorare nello studio di un avvocato. Come si preparerà per il nuovo lavoro?

Che farai? Tu e un amico/un'amica parlate al telefono di cosa farete la prossima estate per quanto riguarda il lavoro o lo studio. Raccontate cosa farete per prepararvi e fate domande all'altra persona.

Prima di parlare

11.51 Prima di immaginare la telefonata, segui questi consigli.

1. Pensa di che cosa vuoi parlare: di lavoro o di studio?
2. Prepara le espressioni che userai al telefono per salutare il tuo amico/la tua amica e per concludere la telefonata.
3. Decidi come ti preparerai. Che commissioni dovrai fare? Per esempio, comprerai dei vestiti? Andrai a tagliarti i capelli?
4. Organizza le tue attività in ordine logico. Cosa farai prima? E dopo?

Mentre parlate

11.52 Adesso immaginate la conversazione al telefono: vi salutate, vi raccontate i vostri progetti e domandate alcuni particolari.

Dopo aver parlato

11.53 Presentate la conversazione alla classe. Chi dovrà fare più cose? Chi farà le attività più interessanti?

SCRIVIAMO

Unstructured brainstorming is a useful way to generate ideas. It entails coming up with and listing as many ideas about a given topic as possible. When you brainstorm in this way, write down anything that comes to mind, however farfetched or trivial, and do not worry about using complete sentences. Once you have gotten down all of your thoughts, group together and organize related clusters of ideas, make needed modifications or additions, and discard ideas that seem inappropriate.

Il mondo che sarà. Stai partecipando a un concorso di scrittura creativa e devi descrivere come immagini il mondo fra cento anni. Che cosa si farà ogni giorno? Che cosa non si farà?

Prima di scrivere

11.54 Usa la strategia che hai appena letto e fa' una lista delle idee che ti vengono in mente sulla vita giornaliera in un futuro lontano. Puoi usare la poesia «La stazione spaziale» come ispirazione! Prendi in considerazione, a esempio: le attività di tutti i giorni, il tempo libero e i mezzi di trasporto e di comunicazione. Poi segui questi suggerimenti.

1. Esamina la tua lista e scegli le idee che vuoi usare.
2. Decidi come vuoi organizzare la descrizione e metti in ordine le idee.
3. Prepara una scaletta (*outline*).

La scrittura

11.55 Usa la scaletta che hai preparato per scrivere la prima stesura.

La versione finale

11.56 Fa' passare un po' di tempo prima di rileggere la prima stesura.

1. L'ordine della descrizione è efficace (*effective*)?
2. Le idee sono interessanti e appropriate?
3. Adesso correggi attentamente quello che hai scritto. Hai usato il futuro correttamente?

11.57 **E gli altri?** Adesso leggete la descrizione di un'altra persona. Le vostre idee sono simili o diverse? Come? Chi ha le idee più interessanti o divertenti?

Commissioni e impegni

aggiustare la macchina — *to fix the car*
andare*... — *to go . . .*
  dal dentista — *to the dentist*
  dal parrucchiere — *to the hairdresser*
  in banca — *to the bank*
  in lavanderia — *to the cleaner's*
avere un sacco di cose da fare — *to have a million things to do*
cambiare l'olio — *to change the oil*
fare commissioni — *to run errands*
fare progetti — *to make plans*
farsi i capelli — *to do one's hair*
  le unghie — *to do one's nails*
fissare un appuntamento — *to set a date / to make an appointment*
un impegno — *engagement, commitment, errand*
pagare i conti — *to pay the bills*
portare la macchina dal meccanico — *to take the car to the mechanic*
i progetti — *plans*
ritirare i vestiti — *to pick up one's clothes*
tagliarsi i capelli — *to cut one's hair*

Espressioni per il futuro

fra due giorni / un mese / un anno — *in two days / a month / a year*
fra poco — *in a little while*
la settimana prossima / il mese prossimo / l'anno prossimo — *next week / month / year*

Espressioni per indicare incertezza e intenzione

avere intenzione di + *infinitive* — *to intend to do something*
chissà — *who knows*
credere (di + *infinitive*) — *to believe, to think*
difficilmente — *unlikely, not likely, with difficulty*
forse — *maybe, probably*
mah! — *well!*
pensare di + *infinitive* — *to think about doing / to intend to do something*
probabilmente — *probably*
sicuramente — *certainly, surely*
sperare di + *infinitive* — *to hope to do something*

Espressioni per il telefono

abbassare — *to hang up*
la cabina telefonica — *phone booth*
il telefono pubblico — *public phone*
il telefono fisso — *land line*
il cellulare / il telefonino — *cell phone*
il cordless — *cordless phone*
digitare — *to press; to type*
l'elenco telefonico — *phone book*
fare il numero — *to dial*
fare la ricarica — *to get more prepaid cell phone minutes*
mandare un messaggino / un SMS — *to send a text message*
memorizzare un numero — *to store a number*
le pagine gialle — *yellow pages*
la rubrica — *address book*
la scheda telefonica — *prepaid phone card*
lo smartphone — *smartphone*
la segreteria telefonica — *answering machine*
il tablet — *tablet*

Parlare al telefono

Chi parla? Sono... — *Who is it? It's . . .*
Gli/Le vuoi lasciare un messaggio? — *Do you want to leave him/her a message? (informal)*
Gli/Le vuole lasciare un messaggio? — *Do you want to leave him/her a message? (formal)*
La linea è occupata. — *The line is busy.*
Mi dispiace. Non c'è. — *I'm sorry. He/She is not here.*
Pronto! — *Hello!*

richiamare più tardi	*to call back later*
sbagliare numero	*to get the wrong number*
Un momento.	*Just a minute.*
Le passo...	*Here is ... (formal)*
Ti passo...	*Here is ... (informal)*
Vorrei parlare con...	*I would like to speak with . . .*

Le prospettive per il futuro

avere figli	*to have children*
avere molte soddisfazioni personali	*to be very satisfied in one's personal life*
avere successo	*to be successful*
cercare un posto / un lavoro	*to look for a position / job*
diventare famoso/a, ricco/a	*to become famous, rich*
fare carriera	*to advance in one's career*
fare sacrifici	*to make sacrifices*
fare una scoperta	*to make a discovery*
fare uno stage	*to do an internship*
fare un viaggio all'estero	*to take a trip abroad*
guadagnare molti / pochi soldi	*to earn a lot of / a little money*
prendere un altro titolo di studio	*to get another degree*
i soldi	*money*
trovare un posto / un lavoro	*to find a position / job*

Le professioni

l'arredatore/l'arredatrice	*interior designer*
il/la giornalista	*journalist*
il/la modello/a	*model*
il/la poliziotto/a	*policeman/policewoman*
il produttore/la produttrice	*(movie) producer*
lo/la psicologo/a	*psychologist*
il ricercatore/la ricercatrice	*researcher*
lo sceneggiatore/la sceneggiatrice	*script writer*
lo/la scienziato/a	*scientist*
lo scrittore/la scrittrice	*writer*
lo/la stilista	*designer*
il vigile del fuoco	*fireman*

Pannelli solari: l'energia di oggi e del futuro

CAPITOLO 12

LA VITA CHE VORREI

In this chapter you will learn how to:

- Discuss your career goals
- Express hopes, dreams, and aspirations
- Talk about finding a place to live

PERCORSO I La scelta della carriera

VOCABOLARIO

Che cosa vorresti fare?

Filippo fa il commesso, ma **vorrebbe** diventare architetto. **Dovrebbe** finire l'università. Potrebbe fare una bella carriera.

Monica e Rachele fanno le segretarie, ma sono molto creative e **vorrebbero** diventare amose.

Mestieri e professioni

il/la biologo/a	*biologist*
il chirurgo	*surgeon*
il/la commercialista	*Certified Public Accountant*
il/la dirigente	*manager*
il dottore/la dottoressa	*medical doctor*
l'elettricista (*m./f.*)	*electrician*
l'idraulico	*plumber*
l'impiegato/a	*office worker, clerk*
l'infermiere/l'infermiera	*nurse*
l'operaio/a	*(industrial) worker*
il programmatore/la programmatrice	*programmer*

Il posto di lavoro

l'azienda, la ditta	*firm*
la fabbrica	*factory*
l'officina	*workshop, mechanic's garage*

Per discutere di lavoro

disoccupato/a	*unemployed*
insoddisfatto/a	*unsatisfied*
il lavoro a tempo pieno / il lavoro part-time	*full-time / part-time job*
la responsabilità	*responsibility*
soddisfatto/a	*satisfied*
la soddisfazione	*satisfaction*
lo svantaggio	*disadvantage*
il vantaggio	*advantage*

Per parlare delle caratteristiche personali

ambizioso/a	*ambitious*
creativo/a	*creative*
l'entusiasmo	*enthusiasm*
l'esperienza	*experience*
lo spirito d'iniziativa	*enterprising spirit, nature*

Così si dice *Che lavoro fai?*

To ask someone about his or her job, you can say: **Che (lavoro) fai / fa?** *What do you do?* If someone asks you about your line of work, you can answer in various ways: **Faccio l'ingegnere.** *I am an engineer.* **Sono professoressa.** *I am a professor.* **Lavoro alla Fiat.** *I work at Fiat.*

12.1 Dove e che cosa? Completa ogni frase in modo logico usando le espressioni date.

1. In una fabbrica
2. Porto la macchina rotta
3. In un laboratorio
4. In un negozio

a. in un'officina.
b. si fa ricerca.
c. si vendono merci di vari tipi.
d. si costruiscono motociclette.

12.2 Cosa fa? Indica qual è il lavoro che corrisponde meglio alle attività e alle caratteristiche indicate.

1. Scrive molto al computer.
2. Gli/Le piace la musica.
3. Costruisce parti di automobili.
4. Disegna palazzi.
5. Dipinge.
6. Studia scienze biologiche.
7. Opera in un ospedale.
8. Lavora molto con l'acqua.
9. Fa i conti e calcola le tasse.

12.3 Definizioni e caratteristiche. Rispondete alle domande usando i termini del *Vocabolario* del *Percorso I*.

1. Com'è una persona senza lavoro?
2. Quali sono delle caratteristiche importanti per un/un'artista?
3. Qual è una qualità importante per un bravo dirigente?
4. Che qualità si può acquisire con tanti anni di lavoro?
5. Come si può definire chi non è contento del suo lavoro e vorrebbe cambiare carriera?
6. Qual è una qualità importante per iniziare un nuovo lavoro?

In contesto Hai deciso che farai?

Presto Francesca e Riccardo finiranno il liceo e discutono dei loro progetti per il futuro.

RICCARDO: Allora, hai deciso?
FRANCESCA: Sì! Mi iscrivo a Medicina.
RICCARDO: Davvero?! Certo dovrai studiare tanti anni!
FRANCESCA: Verissimo! È anche una professione dura°, ma mi darà molte soddisfazioni personali. *tough*
RICCARDO: Certo, potresti anche guadagnare abbastanza bene!
FRANCESCA: Anche questo è vero! E tu, hai deciso cosa vorresti fare?
RICCARDO: Io vorrei andare all'Accademia di Belle Arti. Sai, mi piace molto il disegno e potrei fare un lavoro creativo. Purtroppo però i miei genitori non sono d'accordo. Dicono che è molto difficile affermarsi° in questo campo° e, secondo loro, dovrei fare l'avvocato come mio padre. *succeed / field*
FRANCESCA: Povero Riccardo, non ti invidio°. È una scelta difficile. *envy*

 **12.4 La scelta della carriera.** Rispondete alle seguenti domande.

1. Cosa vorrebbero fare Francesca e Riccardo dopo il liceo?
2. Che cosa non vorrebbe fare Riccardo?
3. Quali sono alcuni vantaggi e svantaggi di ogni professione secondo Riccardo e Francesca? E secondo voi?
4. A chi somigliate di più voi? A Riccardo o a Francesca? Perché?

Occhio alla lingua!

1. Look at the forms of the verbs **dovere, potere,** and **volere** used in the *Percorso I Vocabolario* illustration captions. What do you notice about the endings of these verbs?
2. What are the similarities and differences between the forms of **dovere, potere,** and **volere** in the captions and the forms of the future tense?
3. Identify all of the forms of **dovere, potere,** and **volere** in the *In contesto* conversation. Looking at the endings of these verbs, can you tell who the subject is in each instance?

GRAMMATICA

Il condizionale presente di *volere*, *dovere* e *potere*

To indicate obligation, desire, and possibility—the English equivalent of *should*, *could*, and *would like*—the verbs **dovere, potere**, and **volere** are used in the present tense of the conditional mood. (You will learn about other uses of the conditional mood later in this chapter.)

As you will note in the chart that follows, the stems used for the conditional mood are the same as those used for the future tense.

Il condizionale presente			
	volere	**dovere**	**potere**
io	vorr**ei**	dovr**ei**	potr**ei**
tu	vorr**esti**	dovr**esti**	potr**esti**
lui/lei	vorr**ebbe**	dovr**ebbe**	potr**ebbe**
noi	vorr**emmo**	dovr**emmo**	potr**emmo**
voi	vorr**este**	dovr**este**	potr**este**
loro	vorr**ebbero**	dovr**ebbero**	potr**ebbero**

1. The present conditional of **volere** is used to express a wish or desire in the present or future. It is equivalent to the English *would like.*

   Dove **vorrebbero** lavorare? — *Where would they like to work?*
   Vorrei viaggiare! — *I would like to travel!*

2. The present conditional of **dovere** is used to give suggestions and advice. It is equivalent to the English *should* / *ought to* + verb.

   Dovrebbero studiare di più. — *They should study more.*
   Dovresti venire anche tu! — *You should come, too!*

3. The present conditional of **potere** is equivalent to the English *could* + verb. It is frequently used to make a polite request.

   Potremmo venire domani. — *We could come tomorrow.*
   Potrebbe dirmi quanto costano le scarpe? — *Could you tell me how much the shoes cost?*

12.5 Cosa vorrebbero fare? Alcuni giovani spiegano cosa cercano nel lavoro. Completa le frasi con il condizionale di **volere**.

1. Io _____________ guadagnare più soldi.
2. La mia ragazza e io _____________ lavorare nel mondo del cinema.
3. Luisa e Raffaella _____________ più libertà e autonomia.
4. Tu e Marco _____________ lavorare con gente più simpatica.
5. Gianni _____________ fare delle scoperte scientifiche importanti.
6. Maria e io _____________ aiutare gli altri.

12.6 Insoddisfazioni! Tu e alcuni amici discutete di cosa potreste fare per avere più soddisfazione nel lavoro. Completa le frasi con il condizionale di **potere**.

1. Marco _____________ lavorare a tempo pieno.
2. Io _____________ avere più responsabilità.
3. Tu e Matteo _____________ mostrare (*show*) più entusiasmo.
4. Noi _____________ aprire un negozio.
5. Serena e Martina _____________ cambiare lavoro.
6. Tu _____________ cercare un lavoro creativo.

12.7 Cosa dovrebbero fare? Spiega cosa dovrebbero fare le persone indicate per risolvere i loro problemi. Usa il condizionale di **dovere.**

ESEMPIO: —Sono sempre stanco. (tu)
—Dovresti dormire di più.

1. Mi piace molto lavorare con il computer. (tu)
2. A Laura piace insegnare. (lei)
3. Non abbiamo molti soldi, perché lavoriamo poche ore la settimana. (voi)
4. Non ci piace il nostro lavoro. (noi)
5. Paolo e Renata vogliono un lavoro stimolante e interessante. (loro)
6. Mi piace disegnare. (io)

12.8 E tu, che faresti? Due amici parlano del loro futuro e di alcuni problemi che vorrebbero risolvere. Ascolta la loro conversazione. Per ogni frase indica con una «F» quando senti un verbo al futuro e con una «C» quando senti un verbo al condizionale.

1. ____________
2. ____________
   ____
   ____
3. ____________
4. ____________
5. ____________
   ____
   ____
6. ____________
7. ____________
   ____

12.9 I suggerimenti. Discutete cosa vorreste fare dopo l'università e cosa dovreste e potreste fare per realizzare i vostri desideri. Prendete a esempio la conversazione tra Francesca e Riccardo—«Hai deciso che farai?»—e immaginate una conversazione simile.

Lo sai che? Un lavoro per i giovani

In un videoclip di questo capitolo, a proposito del lavoro dei giovani, Chiara dice:

«In Italia oggi è molto difficile trovare lavoro per le persone della mia età, e molti miei amici hanno studiato molto, e sono molto bravi, ma non trovano un lavoro che dia soddisfazione o che sia pagato nel modo giusto. E per le donne e per gli uomini è più o meno lo stesso».

In effetti è vero che per i giovani italiani non è facile trovare lavoro. Gli studenti universitari, a esempio, raramente possono conciliare lo studio con il lavoro, soprattutto perché è difficile trovare un posto part-time. Anche dopo aver finito l'università non è facile trovare il primo impiego[1]. I giovani italiani possono trovare un lavoro indipendente o possono cercare un lavoro fisso, che spesso è un impiego statale. La realtà italiana oggi permette soprattutto impieghi con un contratto a termine o a tempo determinato, senza nessuna certezza[2] per il futuro. Questo contrasta con i desideri degli italiani che preferirebbero un posto stabile piuttosto che, a esempio, la soddisfazione personale. Una inchiesta[3] nella provincia di Treviso ha dimostrato che la sicurezza è un elemento fondamentale nella ricerca del lavoro per il 57% dei giovani intervistati. Da questo stesso studio risulta che un altro stereotipo abbastanza comune è errato: i giovani non sono dei fannulloni[4] che pensano solo a divertirsi e a spendere soldi. Il tempo libero e i divertimenti infatti sono abbastanza secondari per loro.

Un'opportunità interessante oggi aperta a tutti i giovani italiani è quella di trovare lavoro in uno dei Paesi dell'Unione Europea.

Pubblicità per WorkNet, un'agenzia che aiuta a trovare lavoro.

1. *job* 2. *security* 3. *survey* 4. *slackers*

12.10 È vero che... ? Trova nel testo informazioni per confermare le seguenti affermazioni.

1. In Italia i giovani trovano soprattutto lavori precari (*precarious*).
2. Per gli italiani la sicurezza del lavoro è molto importante.
3. Per i giovani italiani divertirsi non è essenziale.

SCAMBI

 **12.11 Le qualità.** Indicate quali caratteristiche e competenze dovrebbero avere le persone che vorrebbero fare i lavori indicati. Giustificate le vostre scelte.

Professioni: architetto, avvocato, chirurgo, commesso/a, programmatore/programmatrice
Caratteristiche: avere entusiasmo, spirito d'iniziativa; essere creativo/a, organizzato/a, preciso/a, severo/a; parlare molte lingue

 **12.12 Cosa vorresti nel lavoro?** Indica quali delle seguenti caratteristiche consideri più o meno importanti nella scelta del lavoro. Dopo paragona e discuti le tue scelte con i compagni/le compagne.

Vorrei...	Molto importante	Importante	Di nessuna importanza
guadagnare molto			
un lavoro interessante e stimolante			
molto tempo libero			
molta libertà e autonomia			
lavorare con gente simpatica			
uno stipendio (*salary*) sicuro			
poche responsabilità			
molte soddisfazioni personali			
un buon orario di lavoro			
fare carriera			

 **12.13 I sogni nel cassetto.** Leggete le aspirazioni di Dejan e Laura. Secondo voi, che cosa dovrebbero e/o potrebbero fare i due giovani per realizzare i loro sogni? Motivate le vostre risposte.

Mi piacerebbe lavorare in un campo creativo, un campo creativo che potrebbe comprendere ovviamente la musica.

Però, il mio sogno nel cassetto è quello di diventare un'attrice di teatro, infatti, per quello sto lavorando sempre con la mia compagnia teatrale.

 **12.14 Conosci qualcuno che... ?** Domanda a un compagno/una compagna di classe se ha amici o parenti che esercitano le professioni e i mestieri seguenti. Scopri anche i particolari.

ESEMPIO: il medico
Hai un amico/un'amica medico? Da quanto tempo fa questo lavoro? Che studi ha fatto? Gli/Le piace fare il medico?

1. il/la commercialista
2. l'operaio/a
3. l'idraulico
4. il programmatore/la programmatrice
5. l'artista
6. lo psicologo/la psicologa

PERCORSO II Speranze e desideri

VOCABOLARIO

Che cosa ti piacerebbe?

Cosa faresti con i soldi di una lotteria?

Comprerei una bella macchina sportiva! Come mi **piacerebbe** andare in giro per l'Italia!

Mi **farei** una bella villa al mare e ci **abiterei** tutto l'anno!

Io non **avrei** bisogno di molti soldi, ma **cercherei** di proteggere l'ambiente.

Per parlare di sogni e desideri

altruista	*unselfish*
l'aspirazione (*f.*)	*aspiration*
da grande	*as an adult*
egoista	*selfish*
fare ricerca	*to do research*
idealista	*idealist*
sognare a occhi aperti	*to daydream*
il sogno	*dream*
la speranza	*hope*

Per discutere di problemi sociali

l'assistente sociale	*social worker*
diminuire (-isc) le tasse	*to lower taxes*
l'ecologia	*ecology*
eliminare la disoccupazione	*to eliminate unemployment*
fare beneficenza	*to give to charity*
fare sciopero	*to go on strike*
fare volontariato	*to do volunteer work*
occuparsi* di politica	*to be involved in politics*
la pace	*peace*
i partiti politici	*political parties*
povero/a	*poor*
riciclare il vetro, la carta, la plastica	*to recycle glass, paper, plastic*
rispettare	*to respect*
i senzatetto	*homeless people*
votare	*to vote*

12.15 Che cosa è vero? Indica qual è, secondo te, la definizione più adatta a ogni espressione.

1. Una persona idealista
   a. ha fiducia (*faith*) nel futuro.
   b. si occupa solo di lavoro.
2. Una persona altruista
   a. si interessa soprattutto di se stessa.
   b. si occupa degli altri.
3. Quando una persona fa sciopero
   a. non va a lavorare.
   b. va in vacanza.
4. Per proteggere l'ambiente
   a. dobbiamo diminuire le tasse.
   b. dobbiamo rispettare la natura.
5. Chi si occupa di politica
   a. va a votare.
   b. ama gli animali.
6. Eliminare la disoccupazione significa che
   a. tutti avrebbero una casa.
   b. tutti avrebbero un lavoro.
7. Riciclare la carta serve a
   a. rispettare la natura.
   b. scrivere libri.
8. I senzatetto sono persone
   a. senza casa.
   b. molto occupate.
9. Il volontariato è
   a. un lavoro pagato molto bene.
   b. un lavoro non pagato.
10. Le persone che fanno beneficenza
   a. organizzano eventi sportivi.
   b. aiutano le persone povere.

Così si dice
Tutto/Tutta

When the adjective **tutto/tutta** is used in the singular, it means *whole, entire*. When it is used in the plural, **tutti/tutte**, it means *all, every*. **Tutto/a** and **tutti/e** are commonly followed by a definite article: **Vorrei passare tutto il giorno al mare.** *I would like to spend the whole day at the beach.* **Tutti i soldi del mondo non danno la felicità.** *All the money in the world does not bring happiness.*

12.16 Che significa? Completa le frasi con uno dei termini del *Vocabolario* del *Percorso II*.

1. Chi non dà niente a nessuno è ____________.
2. Chi è ottimista ha molte ____________ per il futuro.
3. Un/Un'ambientalista (*environmentalist*) si occupa di ____________.
4. Chi è molto distratto e idealista spesso sogna ____________.
5. Chi lavora per aiutare gli altri e senza essere pagato ____________.
6. Per contribuire alla difesa dell'ambiente, si può ______________________________.

12.17 Secondo me... Fate una lista delle parole del *Vocabolario* del *Percorso II* che corrispondono ai problemi di cui vi preoccupate voi. Poi, a gruppi, paragonate le vostre liste.

In contesto Cosa farei con tanti soldi!

Giuseppe e Giulia hanno giocato al totocalcio e immaginano cosa potrebbero fare con i soldi della vincita.

GIUSEPPE: Io non andrei più a scuola e non lavorerei mai! Viaggerei per tutto il mondo sempre in prima classe.

GIULIA: Come sei egoista, però! Io penserei anche agli altri, almeno ai miei genitori e ai miei fratelli.

GIUSEPPE: Ma certo! Anch'io aiuterei la mia famiglia, cosa credi. E poi, mi interesserei ai problemi ecologici e sociali. E tu?

GIULIA: Bravo! Ambizioso e anche altruista! Io forse mi occuperei di politica.

GIUSEPPE: Di politica? Io non lo farei mai!

GIULIA: Penserei un po' anche a me, non ti preoccupare. Anch'io girerei per tutto il mondo. Ma prima finirei la scuola.

GIUSEPPE: Sei molto saggia°!

wise

12.18 Per essere felici. Indica se le seguenti affermazioni sono vere o false.

1. Giulia non darebbe niente ai suoi genitori.
2. Giuseppe vorrebbe pagarsi un'università privata.
3. Giuseppe e Giulia viaggerebbero per il mondo.
4. A Giuseppe non interessa la politica.

 **12.19 Siete d'accordo?** Insieme discutete perché:

1. Giulia dice che Giuseppe è ambizioso e altruista.
2. Giuseppe dice che Giulia è molto saggia.

Lo sai che? Lotterie in Italia

Oltre al **totocalcio**, in Italia ci sono altri tipi di lotterie, come la **Lotteria Italia**, in connessione con programmi televisivi. La più antica è il **lotto**: si giocano determinati numeri e si può scegliere a distanza in quale città giocarli. Una delle più ricche si chiama **Superenalotto**, in cui si devono indovinare sei numeri, con montepremi anche superiori a cento milioni di euro. Ogni giorno, con pochi soldi, si possono comprare i biglietti del **Gratta e Vinci**: si gratta (*scratch*) la superficie del biglietto e si scopre una combinazione di numeri o disegni che può far vincere fino a più di 2 milioni di euro. C'è anche una lotteria che ha il nome inglese, *Win for Life* (Vinci per la vita)! È possibile anche giocare a diverse lotterie online.

 **12.20 Le lotterie in Italia e nel vostro Paese.** Considerate quello che avete letto sulle lotterie in Italia e rispondete alle domande.

1. Nel vostro Paese, ci sono alcune lotterie simili a quelle italiane? Quali sono?
2. Voi giocate qualche volta a una lotteria? Cosa vorreste fare con i soldi della vincita?

Occhio alla lingua!

1. Read again the illustration captions in the *Percorso II Vocabolario*. What do you think the verbs in bold express: a fact, or what the speaker would aspire to do?
2. Do you notice a pattern in the endings of the verbs in bold? How are these verb forms similar to other verb forms you have already learned?
3. In the *In contesto* conversation, notice the verbs that express wishes and aspirations. What do these verbs have in common?

GRAMMATICA

 Il condizionale presente

1. You have learned that the verbs **potere, dovere**, and **volere** convey particular meanings when used in the present conditional mood. More generally, the present conditional of Italian verbs is used to express wishes, aspirations, and preferences. It corresponds to the English *would* + verb.

Mi piacerebbe comprare una casetta in campagna.

Mi piacerebbe comprare una casa al mare.	***I would like*** *to buy a house by the sea.*
In un mondo ideale, tutti **proteggerebbero** l'ambiente.	*In an ideal world, everyone* ***would protect*** *the environment.*
Fareste sciopero per diminuire le tasse?	***Would you go on strike*** *to lower taxes?*
Laura **preferirebbe** fare l'assistente sociale in una grande città.	*Laura* ***would prefer*** *to be a social worker in a big city.*

2. The present conditional, in the form of a question, can also be used to make suggestions and polite requests.

Mi **direbbe** dov'è Carlo, per favore?	***Would you tell*** *me where Carlo is, please?*
Aprireste la porta, per piacere?	***Would you*** *please* ***open*** *the door?*

3. As you have also learned, the stems used for the conditional mood are the same as those used for the future tense. Verbs ending in **-are** change the **-a** of the infinitive to **-e**. The present conditional endings are the same for all conjugations.

Il condizionale presente

	comprare	**proteggere**	**preferire**
io	compRer**ei**	protegger**ei**	preferir**ei**
tu	comprer**esti**	potegger**esti**	preferir**esti**
lui/lei	comprer**ebbe**	protegger**ebbe**	preferir**ebbe**
noi	comprer**emmo**	protegger**emmo**	preferir**emmo**
voi	comprer**este**	protegger**este**	preferir**este**
loro	comprer**ebbero**	protegger**ebbero**	preferir**ebbero**

4. As in the future tense, verbs that end in **-care** and **-gare** add an **h** to the stem before adding the conditional endings. Verbs that end in **-ciare** and **-giare** drop the **-i**.

Come gli piace il tennis! Gio**cherebbe** tutti i giorni!	*How he likes tennis!* ***He would play*** *every day!*
Mi pa**gheresti** un caffè?	***Would you pay*** *for a coffee for me?*

5. Verbs that have irregular stems in the future have the same irregular stems in the conditional. However, the conditional endings for these verbs are regular.

andare	**andr-**	**andr**ei,...
avere	**avr-**	**avr**ei,...
bere	**berr-**	**berr**ei,...
dare	**dar-**	**dar**ei,...
dovere	**dovr-**	**dovr**ei,...
essere	**sar-**	**sar**ei,...
fare	**far-**	**far**ei,...
potere	**potr-**	**potr**ei,...
sapere	**sapr-**	**sapr**ei,...
stare	**star-**	**star**ei,...
vedere	**vedr-**	**vedr**ei,...
venire	**verr-**	**verr**ei,...
vivere	**vivr-**	**vivr**ei,...
volere	**vorr-**	**vorr**ei,...

Cosa **faresti** per l'ambiente?	*What* ***would you do*** *for the environment?*
Una persona egoista **non darebbe** nulla agli altri.	*A selfish person* ***would not give*** *anything to others.*

Piove! **Starei** volentieri a casa!	*It's raining! **I would** gladly **stay** home!*
Carlo **sarebbe** felice anche con pochi soldi.	*Carlo **would be** happy even with little money.*

12.21 Con i soldi della lotteria. Indica cosa farebbero le seguenti persone con i soldi di una lotteria. Usa il condizionale.

1. Paolo (comprare) _____________ una macchina sportiva.
2. Luisa e io (dare) _____________ una festa per tutti i nostri amici.
3. Tu e Luigi (fare) _____________ un bel viaggio.
4. Rosalba e Marcella (costruire) _____________ una casa per i genitori.
5. Io (fare) _____________ molti regali a tutti gli amici.
6. Maria (aiutare) _____________ i poveri.
7. Tu e Renata (vendere) _____________ la vostra casa e ne (comprare) _____________ una nuova.
8. Tu (andare) _____________ in Italia.

12.22 Per piacere! Sei appena arrivato/a in una città italiana e hai bisogno di molte cose. Cambia le frasi e usa il condizionale per essere più gentile.

1. Mi suggerite un buon ristorante?
2. Sa dirmi l'ora, per favore?
3. Mi compri una scheda telefonica?
4. Venite con me per parlare con il professore?
5. Mi dà quel giornale, per favore?
6. Mi indica un museo interessante?

12.23 Abitando a Venezia... Indica quali delle seguenti attività faresti a Venezia e quali invece non potresti fare.

ESEMPIO: andare in gondola
Andrei in gondola. *o* Non andrei in gondola.

1. prendere un aperitivo al bar con gli amici
2. visitare la basilica di San Marco
3. conoscere molti italiani
4. mangiare sempre in ristoranti francesi
5. parlare solo in inglese
6. andare in barca per i canali
7. vedere molti film americani
8. guidare la macchina

12.24 Cosa faresti? A turno, spiegate cosa fareste per trovare una soluzione nelle seguenti situazioni.

ESEMPIO: Ti preoccupi dell'ambiente.
S1: Ricilerei la carta.
S2: Studierei ecologia.

1. Questo semestre non stai andando bene a scuola.
2. Non hai i soldi per pagare la scuola il prossimo semestre.
3. Non vai d'accordo con i tuoi genitori, ma non hai i soldi per andare ad abitare da solo/a.
4. Vivi in una nuova città e non conosci nessuno. Ti senti solo/a.
5. Hai litigato con il tuo migliore amico/la tua migliore amica.
6. Sei a Venezia e ti sei rotto/a un braccio.
7. Vuoi aiutare i senzatetto.
8. Desideri iniziare a occuparti di politica.

E voi, cosa fareste a Venezia?

SCAMBI

12.25 Sogni e desideri. Una giornalista ha chiesto a due ragazzi, Ilaria e Iacopo, quali sono i loro sogni. Ascolta la conversazione e indica se le seguenti affermazioni sono vere o false.

1. Ilaria studia biologia.
2. Ilaria fa il riciclaggio della carta e del vetro.
3. Ilaria ama le macchine sportive.
4. Iacopo vorrebbe aiutare i senzatetto.
5. Iacopo non ha nessuna esperienza di volontariato.
6. Iacopo va in giro per la città con il motorino.

12.26 E tu, saresti felice? Immagina come sarebbe la tua vita se fossi (*if you were*) uno dei seguenti personaggi. Cosa faresti o non faresti? Come sarebbe la tua giornata? Paragona le tue risposte con quelle di altri studenti.

1. un famoso giocatore di calcio
2. un povero operaio con tre figli piccoli
3. un attore molto noto
4. una studiosa che ha ricevuto il premio Nobel
5. una professoressa con famiglia
6. una dottoressa che lavora in ospedale

12.27 Un brutto sogno. Immaginate come sarebbe la vostra vita senza le risorse seguenti: **il computer, il telefono, l'aereo, il cellulare, la televisione, l'automobile, il cinema.** Come sarebbe diversa la giornata? Come vivreste? Cosa fareste o non fareste?

12.28 Sognando a occhi aperti. Prepara una lista di tre cose che faresti in ognuna delle seguenti situazioni. Poi scopri che cosa hanno scritto altre tre persone in classe. Siete molto simili, un po' simili o molto diversi?

1. Hai vinto una grossa somma di denaro alla lotteria: come la spenderesti?
2. Improvvisamente hai molto tempo a disposizione: cosa faresti?
3. Hai vinto un bel viaggio in Italia: dove e con chi andresti? Cosa faresti?
4. Hai la possibilità di abitare in un altro Paese: dove andresti? Cosa porteresti con te? Cosa faresti sempre e cosa non potresti più fare?

A cosa servono questi cassonetti? Per che cosa li utilizzereste? Ci sono oggetti simili nel vostro Paese?

PERCORSO III La residenza ideale

VOCABOLARIO

Dove ti piacerebbe vivere?

Una casa di campagna: nella pianura veneta ce ne sono diverse.

Le facciate delle case in una strada di Verona. Ci sono molti appartamenti. Ce ne sono alcuni con il balcone ma non ce n'è uno con la terrazza.

Per descrivere la casa

l'agenzia immobiliare	*real estate agency*
l'annuncio sul giornale / su Internet	*newspaper / Internet ad*
il caminetto	*fireplace*
luminoso/a	*bright*
il monolocale	*studio apartment*
mostrare	*to show*
signorile	*luxurious*
spazioso/a	*spacious*
trasferirsi*	*to move*

Per discutere dove abitare

le manifestazioni culturali	*cultural events*
provinciale	*provincial*
il rumore	*noise*
la tranquillità	*quietness*
la vita di provincia / di città	*provincial / city life*
la zona	*area*

12.29 L'intruso. Indica quale parola o espressione non c'entra con le altre.

1. la terrazza, luminoso, provinciale
2. trasferirsi, il traffico, il rumore
3. l'aria condizionata, l'agenzia immobiliare, l'annuncio
4. la provincia, la campagna, mostrare
5. le manifestazioni, la zona, la cantina
6. signorile, spazioso, la campagna

12.30 Cercando casa. Rispondi alle domande e usa i termini più adatti fra quelli del *Vocabolario del Percorso III*.

1. Cosa leggi se cerchi casa?
2. Dove andresti per trovare un appartamento?
3. Come sarà un appartamento che costa molto?
4. Che cosa c'è di solito quando c'è traffico?
5. Come si chiama un appartamento di una sola stanza?
6. Dove sarà una casa fuori città?
7. Qual è una parola simile a «balcone»?
8. Dove si possono conservare le bottiglie di vino?
9. Come si chiama una casa molto grande?
10. Come si può definire la vita in una piccola città?

12.31 L'abitazione ideale. Quali affermazioni corrispondono meglio a quello che vorresti tu riguardo alla casa? Indica l'ordine di importanza per te e poi paragona le tue scelte con quelle di altre persone in classe. C'è qualcuno simile a te? E qualcuno molto diverso?

Importanza	Affermazioni
	La cosa più importante per me è una zona tranquilla.
	Vorrei un balcone con una bella vista.
	A me la terrazza non interessa affatto (*at all*).
	Ho pochi soldi e cerco un monolocale.
	A me non dispiace se c'è traffico.
	Vorrei una casa nel centro storico.
	Mi piacerebbe una casa in campagna!
	Per me la casa deve essere luminosa!
	Mi piacerebbe molto avere un giardino.
	Preferirei la vita di provincia.
	Devo assolutamente avere due camere da letto.

Che posto romantico! Come mi piacerebbe abitare qui!

12.32 La casa ideale. A turno, descrivete come sarebbe la vostra casa ideale. Cosa avete in comune? Cosa desiderate di molto diverso?

In contesto Cercando casa

Tommaso e Serena vorrebbero sposarsi presto e per questo cercano casa. Parlano con un agente immobiliare.

SERENA: A me piacerebbe vivere proprio in centro. Mi piace la vita movimentata di Padova.

TOMMASO: Io, invece, preferirei la pace e la tranquillità della campagna.

AGENTE: Per Lei, signorina, avrei diversi appartamenti interessanti, appena restaurati.

SERENA: Quando ce li potrebbe far vedere?

AGENTE: Glieli mostro anche domani, se vuole.

TOMMASO: Scusatemi! E io? Ho sempre sognato una casetta fuori città!

AGENTE: Veramente ce ne sarebbe una libera, non troppo lontano. Potremmo andarci domenica.

SERENA: Prima però andiamo a vedere un paio di appartamenti in città.

AGENTE: Ve ne faccio vedere° quanti ne volete, anche tutti, ma dovreste mettervi d'accordo!

° *I will show you*

12.33 In città oppure no? Discutete le preferenze di Tommaso e Serena riguardo alla casa. Che cosa preferisce ognuno di loro? E voi, avete gli stessi gusti? Con chi dei due siete d'accordo? Perché?

Occhio alla lingua!

1. In the *In contesto* conversation, notice instances where direct- and indirect-object pronouns are used together. What nouns do they replace?
2. When direct- and indirect-object pronouns are used together, what patterns do you see?

GRAMMATICA

I pronomi doppi

You studied direct-object pronouns in **Capitolo 4** and indirect-object pronouns in **Capitolo 7**. In **Capitolo 6**, you studied the use of **ne** to refer to quantities. Very often you will want to use both a direct- and an indirect-object pronoun in a sentence, or to use an indirect-object pronoun with **ne** (referring to a quantity). The chart that follows shows how the indirect-object pronouns **mi, ti, gli, le, ci,** and **vi** are used in combination with direct-object pronouns and **ne.**

Indiretti		Diretti o *ne*		I pronomi doppi
mi	+	lo, la, li, le, ne	=	me lo, me la, me li, me le, me ne
ti	+			te lo, te la, te li, te le, te ne
gli/le (Le)	+			glielo, gliela, glieli, gliele, gliene
ci	+			ce lo, ce la, ce li, ce le, ce ne
vi	+			ve lo, ve la, ve li, ve le, ve ne

1. The indirect-object pronouns **mi, ti, ci,** and **vi** are used when talking directly to somebody. When these are used with direct-object pronouns, the indirect-object pronouns precede the direct-object pronouns.

—Domani **ti** do l'indirizzo dell'appartamento. — *—Tomorrow I will give you the address of the apartment.*
—**Me lo** dai questa sera, per piacere? — *—Will you give it to me this evening, please?*

—Quante case **ci** mostrerà? — *—How many houses will you show us?*
—**Ve ne** mostrerò tre. — *—I will show you three (of them).*

Mattia vuole regalare dei fiori a Roberta. Glieli vuole dare per il suo compleanno.

The final **-i** of the indirect-object pronouns **mi, ti, ci,** and **vi** changes to **-e** in front of **lo, la, li, le,** and **ne.**

—**Vi** mando gli annunci in una mail.	—*I am sending you the ads in an e-mail.*
—Grazie! **Ce li** mandi subito?	—*Thanks! Are you sending them to us right away?*

2. The indirect-object pronouns **gli, le,** and **loro** are used when talking about other people. **Gli** (*to him* or *to them*), **le** (*to her*), and **Le** (*to you,* formal) become **glie-** when used with **lo, la, li, le,** and **ne,** and combine with them to become one word. **Loro** never combines with direct-object pronouns; it always follows the verb.

—Ha dato il Suo indirizzo a Carlo?	—*Did you give Carlo your address?*
—Sì, **gliel'**ho dato.	—*Yes, I gave it to him.*
—Daresti dei soldi ai tuoi amici?	—*Would you give some money to your friends?*
—**Gliene** darei certamente!	—*I would give them some for sure!*
—Hai dato la tua camera ai tuoi genitori?	—*Did you give your bedroom to your parents?*
—Sì, l'ho data **loro** volentieri.	—*Yes, I gave it to them gladly.*

3. Double-object pronouns are attached to the infinitive upon which they depend after dropping the final **-e.** With **dovere, potere,** and **volere** they can either precede the conjugated verb or be attached to the infinitive.

—Preferisco **affittartela,** non **vendertela.**	—*I prefer to rent it to you, not to sell it to you.*
—**Me la** dovresti dare. / Dovresti **darmela.**	—*You should give it to me.*

BIANCA: Guarda questa foto di Burano, un'isoletta vicino Venezia.
LORENZO: Che bello! Ne hai altre? Me le mostri?

4. As you have already learned, in compound tenses the past participle always agrees in number and gender with the direct-object pronoun that precedes it. The same is true with double-object pronouns. The past participle agrees with the preceding direct-object pronoun.

—Hai dato le chiavi di casa a tua sorella? **Gliele** hai date?	—*Did you give the house keys to your sister? Did you give them to her?*
—Quante chiavi ti hanno dato?	—*How many keys did they give to you?*
—**Me ne** hanno data solo una.	—*They only gave me one (of them).*

e **12.34 Cosa compreresti?** Un amico pensa di ricevere una grossa eredità (*inheritance*). Gli chiedi cosa comprerebbe a te e alle seguenti persone. Trova la risposta più logica per ogni domanda.

1. Mi compreresti una borsa di Fendi?
2. Compreresti molti regali per gli amici?
3. Ci compreresti dei CD?
4. Compreresti una casa per tua madre?
5. Compreresti uno yacht per tuo padre?
6. Compreresti un appartamento per i tuoi genitori?

a. Sì, ve ne comprerei due.
b. Sì, gliela comprerei.
c. No, non glielo comprerei.
d. No, non te la comprerei!
e. Sì, gliene comprerei molti.
f. No, non lo comprerei loro.

12.35 Una festa in casa. Di recente hai fatto una festa nella tua casa di campagna. La tua amica Margherita ti telefona per chiederti com'è andata. Rispondi alle sue domande e sostituisci i pronomi doppi alle parole in corsivo.

1. Hai preparato *la cena per gli ospiti*?
2. Filippo *ti* ha portato *dei fiori*?
3. Giovanna *ti* ha fatto *un bel regalo*?
4. E tu, hai dato *a Giovanna il regalo* per il suo compleanno?
5. Hai mostrato tutte *le stanze agli amici*?

12.36 Ricco/a e famoso/a... Trova un compagno/una compagna che farebbe le seguenti cose se fosse (*if he/she were*) ricco/a e famoso/a.

ESEMPIO: regalarmi un computer
S1: Mi regaleresti un computer?
S2: Sì, certo, te lo regalerei. *o* No, non te lo regalerei.

1. fare molti regali a tutti gli amici
2. comprarmi una casa in campagna
3. comprare una macchina sportiva per tuo fratello/tua sorella
4. dare dei soldi ai poveri
5. comprare un appartamento per tua madre
6. regalarci un nuovo lettore CD
7. invitare i tuoi compagni di classe a cena nella tua villa
8. comprarti tanti vestiti nuovi

SCAMBI

12.37 Un messaggio dell'agente immobiliare. Un agente immobiliare ha lasciato un messaggio per tua madre sulla segreteria telefonica. Ascolta il messaggio e completa le frasi che seguono. Poi scrivi un biglietto ai tuoi genitori con il messaggio dell'agente immobiliare.

1. L'appartamento è _____________ piano.
2. Ci sono _____________camere da letto.
3. Il salone è _____________.
4. La cucina è _____________.
5. I colori della cucina sono _____________.
6. Com'è la zona in cui si trova l'appartamento? _____________
7. I proprietari vogliono _____________ l'appartamento.

Che splendida villa!

 **12.38 La sistemazione perfetta.** Hai trovato lavoro in Italia e vorresti comprare casa a Padova o in provincia di Padova. Leggi gli annunci seguenti. Quale sarebbe più adatto a te? Perché? Quale non andrebbe bene? Perché? Poi a gruppi, discutete le vostre scelte e per chi potrebbe andar bene ognuna delle case descritte.

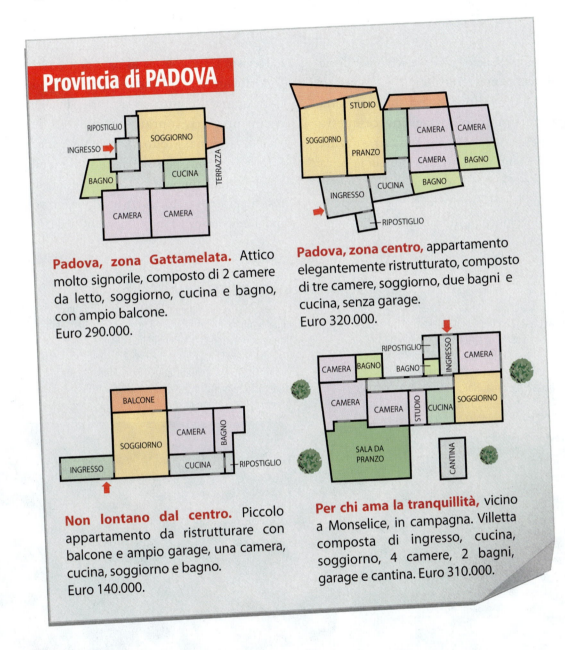

Provincia di PADOVA

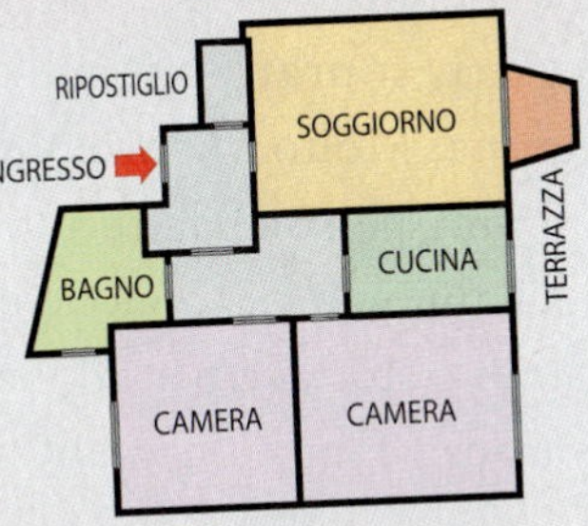

RIPOSTIGLIO
INGRESSO
SOGGIORNO
TERRAZZA
BAGNO
CUCINA
CAMERA
CAMERA

Padova, zona Gattamelata. Attico molto signorile, composto di 2 camere da letto, soggiorno, cucina e bagno, con ampio balcone.
Euro 290.000.

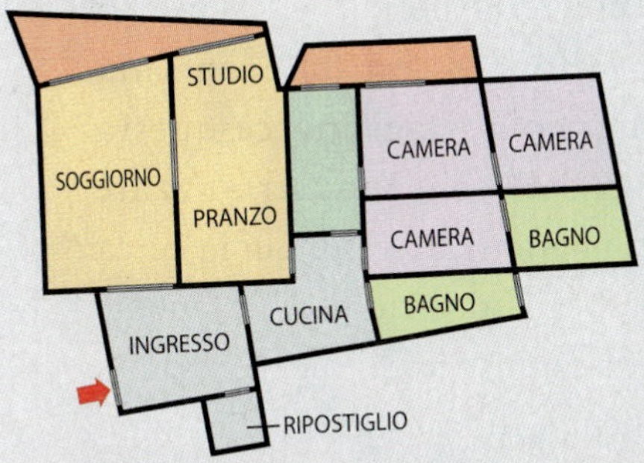

STUDIO
SOGGIORNO
PRANZO
CAMERA
CAMERA
CAMERA
BAGNO
CUCINA
BAGNO
INGRESSO
RIPOSTIGLIO

Padova, zona centro, appartamento elegantemente ristrutturato, composto di tre camere, soggiorno, due bagni e cucina, senza garage.
Euro 320.000.

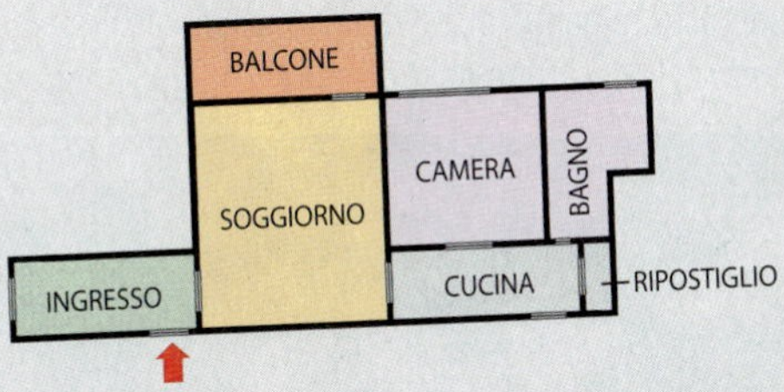

BALCONE
CAMERA
BAGNO
SOGGIORNO
INGRESSO
CUCINA
RIPOSTIGLIO

Non lontano dal centro. Piccolo appartamento da ristrutturare con balcone e ampio garage, una camera, cucina, soggiorno e bagno.
Euro 140.000.

RIPOSTIGLIO
INGRESSO
CAMERA
CAMERA
BAGNO
BAGNO
CAMERA
CAMERA
STUDIO
CUCINA
SOGGIORNO
SALA DA PRANZO
CANTINA

Per chi ama la tranquillità, vicino a Monselice, in campagna. Villetta composta di ingresso, cucina, soggiorno, 4 camere, 2 bagni, garage e cantina. Euro 310.000.

 **12.39 All'agenzia immobiliare.** Le persone seguenti cercano casa. Immaginate il dialogo fra queste persone e l'agente immobiliare. Ricordate di usare il «Lei».

1. Una signora anziana che non ha la macchina. Non vorrebbe spendere molto e non può fare le scale.
2. Una coppia, con due figli piccoli, che preferirebbe vivere in provincia.
3. Una studentessa che non ha molti soldi.
4. Un manager stressato che vorrebbe pace e tranquillità.

ATTRAVERSO

IL VENETO

In passato il Veneto era fra le regioni italiane più povere, con una percentuale molto alta di emigrazione e con un'economia soprattutto agricola. Oggi invece questa regione è una delle più industrializzate d'Italia e tanti migranti arrivano qui in cerca di lavoro. Ci sono industrie piccole, medie e grandi, fra cui industrie chimiche, tessili e dell'abbigliamento, come la famosa Benetton a Treviso. L'agricoltura in ogni modo resta fondamentale. Nel Veneto si producono in gran quantità frutta e granturco insieme a vini pregiati, soprattutto sulle colline vicino a Verona. Molto importante è anche il turismo: molte persone da tutto il mondo visitano ogni anno questa regione per i suoi tesori culturali e storici e per gli incantevoli luoghi di vacanza come il lago di Garda.

Veduta aerea di Venezia. Il campanile e la basilica romanico-bizantina di San Marco, il santo protettore di Venezia, sono di fronte al Canal Grande e alla chiesa di Santa Maria della Salute. Venezia è costruita su 118 isole, separate da 160 canali e unite da 400 ponti. Per muoversi in questa città si possono usare la gondola, il vaporetto, meno costoso e più efficiente, e anche i taxi d'acqua. Naturalmente è molto interessante esplorare la città a piedi attraverso le sue vie, «calli», e le tante piccole piazze, «campielli».

Il Papa Paolo III e i nipoti Alessandro e Ottavio Farnese di Tiziano Vecellio (1490–1576). Tiziano, uno dei più grandi artisti del Cinquecento italiano, era il maggiore pittore della Repubblica di Venezia, «la Serenissima». Tipici delle sue opere sono i colori accesi (*bright*) e l'uso del chiaroscuro. Nelle figure umane e soprattutto nei ritratti Tiziano riesce a catturare (*capture*) il carattere dei personaggi.

VERIFICHIAMO

Prima leggi l'introduzione alla regione, poi guarda le foto e leggi le rispettive didascalie.

12.40 Associazioni. Indica cosa associ con i seguenti luoghi, persone o cose.

1. Venezia
2. Verona
3. San Marco
4. Andrea Palladio
5. Tiziano
6. l'Arena
7. Vicenza
8. Monticello
9. William Shakespeare
10. il Castelvecchio

12.41 I luoghi da visitare nel Veneto. Fate una lista dei luoghi nel Veneto che vi piacerebbe visitare. Spiegate perché. Secondo voi, quali sarebbero molto interessanti anche per gli italiani?

La rappresentazione dell'*Aida*, di Giuseppe Verdi, all'Arena di Verona, un anfiteatro romano. A luglio e agosto migliaia di turisti arrivano a Verona per assistere alla rappresentazione di un'opera lirica all'Arena. A Verona i turisti visitano anche il Castelvecchio, costruito da Cangrande II della Scala, e naturalmente il balcone di Giulietta, reso celebre da William Shakespeare.

La celebre Villa Capra, detta «la Rotonda», di Andrea Palladio (1508–1580), in provincia di Vicenza. La Rotonda, conosciuta per la caratteristica cupola, è situata fuori città, in campagna. Il Pantheon a Roma probabilmente servì da modello per questa villa. Andrea Palladio progettò più di venti ville nel Veneto, ma questa è la più famosa. La Rotonda ha sempre ispirato molti architetti, fra cui quello della residenza di Thomas Jefferson, a Monticello. La Rotonda fa parte del Patrimonio dell'Umanità, UNESCO.

IN PRATICA

GUARDIAMO

Strategie per guardare
Filling in missing information

When watching a video, you do not need to understand everything that is said to get the main ideas. In fact, focusing too much on single words and phrases can cause you to lose track of the main message. To be a good listener, learn to cope with incomplete comprehension. Make educated guesses based on your knowledge of the real world, visual clues, and the tone and register used. Doing this will help you fill in what you don't understand and grasp the main ideas.

Per capire meglio

Che ne dici?	*How about it?, What do you say to…?*
Elena su, Elena giù	*Elena here, Elena there*
un fiocco	*a bow*
l'isola pedonale	*pedestrian area*
Mi cacci?	*You are throwing me out?*
Non sono affari tuoi!	*It's none of your business!*
ovunque	*anywhere*
Sembra un sogno.	*It seems like a dream.*

Prima di guardare

Il mondo italiano

In questa episodio, Taylor spiega che l'area intorno al Colosseo è adesso isola pedonale, cioè in questa zona della città è proibita la circolazione di tutti i mezzi pubblici e privati. La zona è riservata ai pedoni e alle biciclette. Come risultato l'aria è meno inquinata e c'è meno rumore.

Ci sono zone pedonali in tutte le grandi e piccole città italiane. Il centro storico poi è sempre chiuso al traffico per proteggere i monumenti dall'inquinamento e per facilitare il movimento dei pedoni.

Per saperne di più sulle isole pedonali e le città italiane, vai su MyItalianLab.

12.42 In questo episodio alcuni personaggi rivelano qualcosa dei loro sogni e aspirazioni per il futuro e qualcosa dei loro sogni nel cassetto. Prima di guardare il videoclip, completate le attività che seguono.

1. Descrivete la prima foto. Dove sono Elena e Taylor? Cosa fanno i due protagonisti? Di che cosa parlano? Le loro parole vi sembrano realistiche oppure no? Perché?
2. Che cosa potrebbe rivelare questa scena dei sogni e delle speranze dei protagonisti?
3. Descrivete la seconda foto. Giulia sarà felice che tutti cercano Elena? Secondo voi, che cosa potrebbe rivelare dei suoi sentimenti questa scena?

Mentre guardi

12.43 Questa puntata consiste di tre scene differenti. Mentre guardi l'episodio, completa la scheda.

1. Scena 1: Personaggi: ______________________________
   Come si conclude la scena? ______________________________

2. Scena 2: Personaggi: ______________________________
   Come si conclude la scena? ______________________________
3. Scena 3: Personaggi: ______________________________
   Come si conclude la scena? ______________________________

Dopo aver guardato

12.44 Indica quali delle seguenti affermazioni sono vere e quali sono false.

1. Taylor è innamorato di Elena.
2. Elena e Taylor cercano un'abitazione insieme.
3. Elena vorrebbe vivere con Taylor.
4. Roberto è arrabbiato con Elena.
5. Se fosse ricco e famoso, Taylor viaggerebbe per tutto il mondo con la madre.
6. Giulia è gelosa di Elena.

12.45 Immagina di essere Elena. Scrivi una mail a un'amica a Bologna e parlale del tuo rapporto con Taylor e Roberto.

LEGGIAMO

Strategie di lettura
Understanding linking words

As you begin to read more sophisticated texts, it is important to be able to recognize linking words, which connect and relate sentences and ideas. Linking words may announce an example, a supposition, or a conclusion. Recognizing them will help you understand important facts and concepts in a text. Following are useful linking words grouped according to their functions.

Function	Linking Word
Addition	**e, anche**
Opposition	**del resto** (*besides*), **invece, ma, però** (*but*), **anche se** (*even if*), **piuttosto** (*rather*), **al contrario**
Exemplification	**per esempio**
Reformulation	**cioè** (*that is to say*), **infatti** (*in fact*), **appunto** (*precisely*)
Result	**così** (*so, therefore*), **quindi,** (*so, therefore*), **dato che, siccome** (*since*), **poiché** (*since*), **perché** (*because*)
Summary	**insomma** (*in a word*), **in conclusione**
Time	**ancora, dopo, quando, quindi, più tardi, poi**

Prima di leggere

Il brano che leggerai è tratto dal libro *La prima volta.* Qui alcune donne italiane rispondono alla domanda: «Qual è stata la prima volta che avete percepito, sentito, pensato di essere donne?» Nel brano risponde a questa domanda Margherita Hack (1922–2013), grande donna e famosa astrofisica, morta a 91 anni.

 **12.46** Leggete il primo paragrafo e rispondete alle domande.

1. Cosa sappiamo della persona che scrive?
2. Com'era da bambina? Cosa faceva?
3. Com'era la sua famiglia?

12.47 Nei brani che seguono, Margherita Hack parla delle sue esperienze personali. Scegli l'espressione corretta fra quelle in parentesi e forma una frase unica dalle due frasi date.

1. Nella mia famiglia non c'erano distinzioni tra mio padre e mia madre. (*poiché* / *anche se*) / I miei genitori avevano gli stessi diritti (*rights*) e le stesse responsabilità.
2. Quando ero piccola giocavo spesso con i maschi. (*perché* / *quando*) / In famiglia non mi hanno mai fatto sentire di essere una bambina.
3. (*Siccome* / *Cioè*) / Non mi piacevano le bambole. Sceglievo i giocattoli che volevo.
4. Un giorno ero molto arrabbiata con il professore. (*quindi* / *anche se*) / Avevo preso un voto alto.

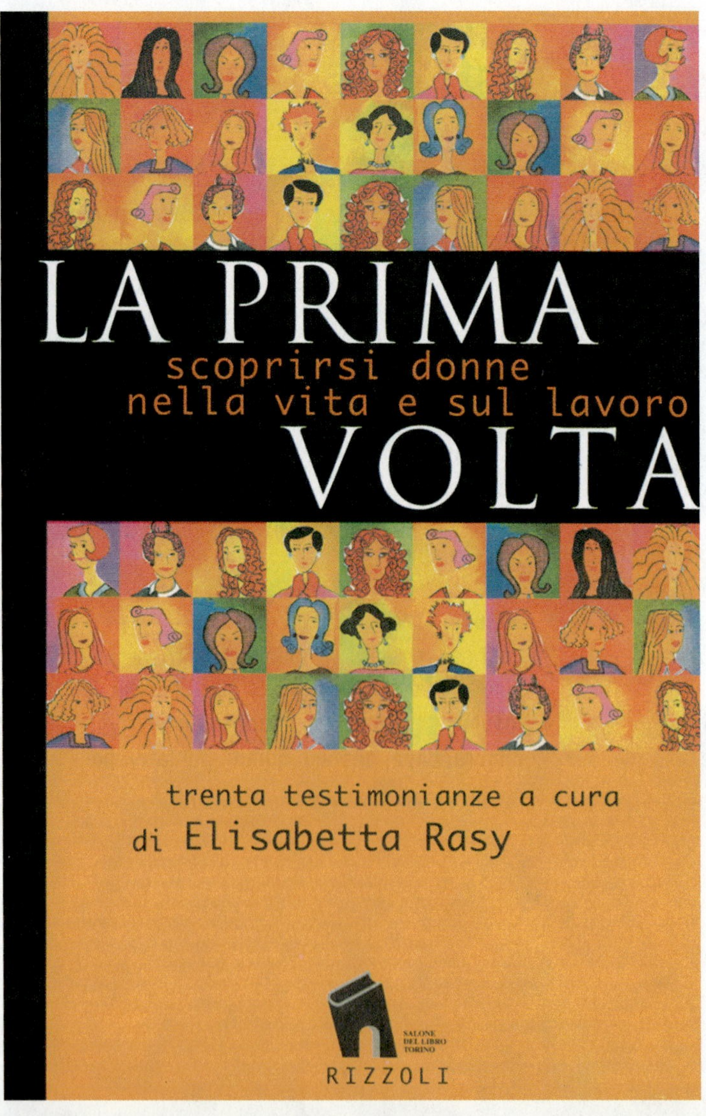

Mentre leggi

 **12.48** Mentre leggi completa le seguenti attività.

1. Indica le espressioni principali che si riferiscono alle esperienze di Margherita Hack quando era bambina.
2. Nota le espressioni principali che si riferiscono alle esperienze di Margherita Hack da adolescente e da ragazza.
3. Fa' una lista delle parole che servono per connettere (*connect*) le varie frasi o idee e quelle che servono per esprimere la sequenza temporale.

Margherita Hack, astrofisica

La prima volta che mi sono sentita donna? Non è facile per me rispondere. Ho avuto una famiglia in cui non c'erano distinzioni tra il babbo° e la mamma: avevano gli stessi diritti, gli stessi doveri°, ed erano interscambiabili°. A me non è mai stato fatto sentire che ero una bambina piuttosto che un bambino. Sceglievo i giocattoli che volevo; non ho mai avuto bambole e mi piaceva armeggiare° o costruire qualcosa con sega° e martello°. Del resto, giocavo spesso con i maschi. E anche negli ultimi anni a seguire, quando diventai° un'adolescente, non ci fu° nessun condizionamento in casa mia perché mi comportassi° come una ragazza. Condizionamenti che non ho sentito neppure a scuola, al ginnasio e al liceo classico, eppoi° all'università, dove frequentavo la facoltà di fisica. Certo, qualche piccolo episodio «discriminante» potrà esserci anche stato: me ne ricordo per la verità solo uno. Fu dopo il primo esame di Analisi matematica, che avevamo in comune con gli studenti d'ingegneria. Io avevo preso solo 23, un voto che mi sembrava basso, e me ne lamentavo appunto con un collega d'ingegneria, che mi rispose: «Cosa vuoi, per una ragazza è tanto!» Come si vede, un episodio piccolissimo, niente d'importante. Forse dipende dal mio carattere e dal fatto che nella mia formazione ha avuto molta importanza lo sport. Praticavo il salto in alto e il salto in lungo°, anche a livello professionale, tanto che mi è successo di essere convocata° per la nazionale di atletica. [...] Ero abituata a combattere, lo sport mi ha dato molta fiducia in me stessa°: ho affrontato° la carriera come si affronta una gara. E non ho mai avuto complessi, paura di non riuscire°.

Insomma, non ho mai avuto la percezione di avere degli svantaggi, e neppure dei vantaggi in quanto donna.

Direi che siamo persone: alcune con caratteri più maschili, altre con caratteri più femminili. Ancora oggi, che se ne parla tantissimo anche in ambito scientifico, non riesco a vedere una differenza specifica dovuta al sesso di una persona. [...]

In conclusione, non c'è mai stata una prima volta.

(*La prima volta*, a cura di Elisabetta Rasy. Milano: Rizzoli, 1996)

father
duties / interchangeable
to poke about
saw / hammer
I became/ was
that I behave
and later
high and long jump
summoned
confidence in myself / faced
succeed

Dopo la lettura

 **12.49** Indicate la funzione delle parole ed espressioni che avete notato nel testo.

1. Per continuare
2. Per spiegare
3. Per concludere
4. Per indicare il passare del tempo

12.50 Secondo te, qual è l'argomento principale del brano? Perché?

a. una carriera nello sport
b. gli studi di una scienziata
c. la carriera degli uomini e delle donne
d. la coscienza di essere donna

 **12.51** Che cosa sapete adesso su Margherita Hack riguardo agli argomenti seguenti?

1. i giochi d'infanzia preferiti
2. le scuole e gli studi
3. il ruolo dello sport nella sua vita
4. il lavoro
5. un episodio discriminante nella sua vita

 **12.52** Discutete i seguenti punti.

1. Voi avete mai avuto la percezione di avere dei vantaggi o degli svantaggi perché siete uomini o donne? Quali? Perché?
2. Che cosa si potrebbe o dovrebbe fare per eliminare «le differenze specifiche dovute al sesso di una persona»? Cosa potrebbe fare il padre? E la madre? Cosa dovrebbero fare i professori?
3. Conoscete una persona simile a Margheita Hack? Perché le somiglia secondo voi?

When you are going to participate in a discussion, it helps to prepare in advance. Consider carefully any related texts or documents. Make sure you understand what you have read and what the implications are: What information may be particularly relevant? How, specifically, can you use it as you talk with your classmates?

Che lavoro potremmo fare? Considerate le offerte di lavoro. Insieme discutete quale lavoro sarebbe più adatto e interessante per ognuno di voi. Perché?

ANNUNCI E OFFERTE DI LAVORO

- **Giovane coppia** con due bambini di tre e cinque anni offre vitto e alloggio a ragazza di madrelingua inglese seria, dolce e affidabile per il mese di agosto in cambio di alcune ore al giorno di aiuto. Camera con bagno in bella villa sul mare, a Iesolo. Piccolo compenso. Cellulare: 333/0890292

- **Mondo Web** con sede a Vicenza cerca grafico per ritocco fotografico. È necessaria la conoscenza dei programmi per il disegno. Si accettano solo domande da persone con alcuni anni di esperienza. Contratto di lavoro a tempo determinato. Diploma ad indirizzo grafico. Mandare la domanda e il curriculum a mondoweb@alice.it.

- **Il delfino** Villaggio turistico vicino a Iesolo cerca animatore/trice per stagione estiva, anche senza esperienza. Preferibile conoscenza della lingua tedesca. Si offrono euro 650 al mese oltre a vitto e alloggio. Sei motivato/a? Sei simpatico/a? Sai ballare? Sai insegnare uno sport? Invia il tuo curriculum ad animazionepertutti@tiscali.it

- **Informatico traduttore tecnico** Opportunità molto interessante per persona esperta d'informatica per società di gestione dati con sede a Treviso. Conoscenza perfetta dell'italiano e dell'inglese. Il candidato ideale avrà capacità di lavorare in team, disponibilità a brevi viaggi e vasta cultura generale. Dovrà tradurre manuali d'uso dall'inglese in italiano. Contratto a tempo indeterminato. Retribuzione adeguata all'esperienza. Scrivere a Sinergie S.p.A., viale Michelangelo, 62, 31100 Treviso

Prima di parlare

12.53 Prima di parlare segui questi suggerimenti.

1. Leggi attentamente gli annunci di lavoro e rifletti sulla discussione che devi sostenere.
2. Prendi degli appunti sugli annunci che potrebbero interessare te o i tuoi compagni. Prepara le espressioni e i vocaboli utili per discutere le caratteristiche dei vari lavori con i tuoi compagni.

Mentre parli

12.54 A gruppi di quattro decidete quale lavoro sarebbe il migliore per ognuno di voi e perché. Prendete in considerazione:

a. le vostre capacità
b. i vostri interessi
c. le mansioni (*tasks*) che fareste per ogni lavoro

Dopo aver parlato

12.55 Insieme riassumete alla classe le conclusioni della conversazione con i compagni/le compagne. Chi sarebbe più adatto a ogni lavoro? Perché?

SCRIVIAMO

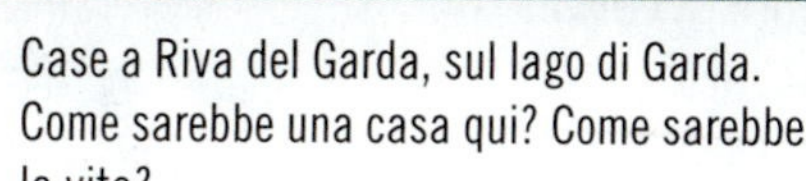

Case a Riva del Garda, sul lago di Garda. Come sarebbe una casa qui? Come sarebbe la vita?

Strategie per scrivere
Using examples and supporting details

When you have to write about a broad or complex topic, it is important not only to decide on the main points you wish to make but also to come up with appropriate examples and supporting details. Backing up your main points makes your presentation much more interesting and understandable.

La mia casa ideale. Descrivi sul tuo blog come sarebbe la tua casa ideale dopo l'università, quando avrai un lavoro stabile. Immagina anche come sarebbe la tua vita in questa casa.

Prima di scrivere

12.56 Segui questi suggerimenti per descrivere la casa dei tuoi sogni.

1. Immagina una situazione precisa. A esempio: dove sarebbe la casa?
2. Prepara una breve lista delle caratteristiche principali della tua casa ideale. Prendi in considerazione:
   a. che stanze ci sarebbero
   b. come sarebbe ogni stanza
   c. cosa faresti in ogni stanza

La scrittura

12.57 Descrivi la casa ideale per te. Poi usa gli appunti che hai preparato per parlare di ogni stanza. Aggiungi esempi e particolari interessanti.

La versione finale

12.58 Adesso leggi e correggi la prima stesura.

1. Hai espresso chiaramente i tuoi desideri?
2. Hai usato particolari interessanti?
3. Controlla i verbi e l'accordo degli aggettivi e dei nomi. Hai usato il futuro e il condizionale correttamente?

Il lavoro

l'architetto	*architect*
l'artista	*artist*
l'azienda, la ditta	*firm*
il/la biologo/a	*biologist*
il chirurgo	*surgeon*
il/la commercialista	*Certified Public Accountant*
il/la commesso/a	*salesman/saleswoman*
il/la dirigente	*manager*
disoccupato/a	*unemployed*
il dottore/la dottoressa	*medical doctor*
l'elettricista (*m./f.*)	*electrician*
la fabbrica	*factory*
l'idraulico	*plumber*
l'impiegato/a	*office worker, clerk*
l'infermiere/l'infermiera	*nurse*
insoddisfatto/a	*unsatisfied*
il lavoro a tempo pieno / il lavoro part-time	*full-time / part-time job*
il negozio	*store*
l'operaio/a	*(industrial) worker*
l'officina	*workshop, mechanic's garage*
il programmatore/la programmatrice	*programmer*
la responsabilità	*responsibility*
il/la segretario/a	*secretary*
soddisfatto/a	*satisfied*
la soddisfazione	*satisfaction*
lo studio	*professional office*
lo svantaggio	*disadvantage*
il vantaggio	*advantage*

Le caratteristiche personali

l'ambizione	*ambition*
ambizioso/a	*ambitious*
la creatività	*creativity*
creativo/a	*creative*
l'entusiasmo	*enthusiasm*
l'esperienza	*experience*
organizzato/a	*organized*
preciso/a	*thorough, meticulous*
lo spirito d'iniziativa	*enterprising spirit, nature*

Sogni e desideri

altruista	*unselfish*
l'aspirazione	*aspiration*
egoista	*selfish*

fare ricerca	*to do research*
idealista	*idealist*
sognare	*to dream*
sognare a occhi aperti	*to daydream*
il sogno	*dream*
la speranza	*hope*

I problemi sociali

l'assistente sociale	*social worker*
diminuire (-isc-) le tasse	*to lower taxes*
l'ecologia	*ecology*
eliminare la disoccupazione	*to eliminate unemployment*
fare beneficenza	*to give to charity*
fare sciopero	*to go on strike*
fare volontariato	*to do volunteer work*
occuparsi* di politica	*to be involved in politics*
la pace	*peace*
i partiti politici	*political parties*
povero/a	*poor*
proteggere l'ambiente	*to defend, to protect the environment*
riciclare il vetro, la carta, la plastica	*to recycle glass, paper, plastic*
rispettare	*to respect*
i senzatetto	*homeless people*
il sindaco	*mayor*
votare	*to vote*

La casa

l'agenzia immobiliare	*real estate agency*
l'annuncio sul giornale	*newspaper ad*
luminoso/a	*bright*
le manifestazioni culturali	*cultural events*
il monolocale	*studio apartment*
mostrare	*to show*
provinciale	*provincial*
restaurato/a	*restored*
il rumore	*noise*
signorile	*luxurious*
spazioso/a	*spacious*
la terrazza	*terrace*
il traffico	*traffic*
la tranquillità	*peacefulness*
trasferirsi*	*to move*
la villa	*villa*
la vita di provincia / di città	*provincial / city life*
la zona	*area*

Il Castel dell'Ovo, Napoli

CAPITOLO 13

DOVE ANDIAMO IN VACANZA?

PERCORSO I: I mezzi di trasporto

PERCORSO II: La sistemazione in albergo e in campeggio

PERCORSO III: Le vacanze

ATTRAVERSO: La Campania

IN PRATICA

In this chapter you will learn how to:

- Talk about your travel plans and compare options
- Discuss hotel arrangements
- Describe vacation activities

PERCORSO I

I mezzi di trasporto

VOCABOLARIO

Che mezzo prendi?

Alla stazione

Arianna: Due biglietti per Salerno, per favore.
Il bigliettaio: Quale treno?
Arianna: L'Intercity **è meno veloce** del Frecciarossa, vero?
Il bigliettaio: Certo!
Arianna: Allora vorrei due biglietti per il Frecciarossa delle due. C'è anche la carrozza ristorante?
Il bigliettaio: Sì, certo. Si mangia piuttosto bene e si sta molto comodi!

Il distributore di benzina

Lorenzo: Dobbiamo fare il pieno, vero?
Antonio: Sì, e la benzina oggi è **più cara di** ieri!

La fermata dell'autobus

La signora Campi: Magari avessi (*I wish I had*) il motorino! Con questo traffico sarebbe certo **più veloce** dell'autobus.
IL signor Perilli: A volte tornare a casa a piedi sarebbe quasi **più facile** che prendere l'autobus!
La signora Campi: Eccolo! Finalmente! Meglio tardi che mai.

Per parlare dei mezzi di trasporto

l'aliscafo	*hydrofoil*
l'autostrada	*freeway / highway*
la biglietteria	*ticket office*
il binario	*train track*
cambiare treno	*to change trains*
la cuccetta	*sleeping berth*
fare benzina	*to get gas*
fare il pieno	*to fill up the tank*
fare una crociera	*to go on a cruise*
la nave	*ship, boat*
noleggiare un'automobile	*to rent a car*
perdere l'aereo / l'autobus / il treno	*to miss the plane / the bus / the train*
il porto	*port, harbor*
la prima / la seconda classe	*first / economy class*
il traghetto	*ferry*
il vagone letto	*sleeping car*

Per descrivere i mezzi di trasporto

adatto/a	*appropriate*
comodo/a	*comfortable, convenient*
conveniente	*advantageous*
economico/a	*inexpensive*
efficiente	*efficient*
faticoso/a	*tiring*
lento/a	*slow*
pericoloso/a	*dangerous*

Espressioni alla stazione

C'è posto in seconda?	*Is there a seat in the economy class?*
Da quale binario parte il treno?	*From which track is the train leaving?*
Scusi, a che ora c'è la coincidenza per... ?	*Excuse me, at what time is the connection for ... ?*
Vietato fumare.	*No smoking.*

13.1 Viaggiare. Indica...

1. dove andresti per:
   a. fare benzina.
   b. prendere l'autobus.
   c. prendere il treno.
   d. prendere l'aereo.
   e. prendere il traghetto.
2. come si chiama una vacanza sulla nave.
3. cosa puoi prenotare se vuoi dormire comodamente sul treno.
4. dove vai se vuoi mangiare sul treno.
5. cosa puoi fare se non hai un'automobile.
6. qual è il contrario di *costoso*.
7. qual è il contrario di *veloce*.
8. qual è il contrario di *rilassante*.

13.2 I mezzi di trasporto. Quali mezzi di trasporto sono più adatti per le situazioni seguenti? Perché?

1. andare su un'isola
2. attraversare (*to cross*) l'oceano Atlantico
3. viaggiare sull'autostrada
4. andare da una città all'altra in Italia
5. viaggiare da un Paese all'altro in Europa

e **13.3 In treno.** Usa i vocaboli del *Percorso I* per completare il seguente dialogo fra un passeggero e il controllore (*ticket collector*).

1. IL PASSEGGERO: Scusi, si può mangiare un pasto regolare sul treno?
   IL CONTROLLORE: Certo, un po' più avanti c'è la _______________.
2. IL PASSEGGERO: Senta, ma posso fumare?
   IL CONTROLLORE: Assolutamente no! Non lo sa che sui treni è _______________?
3. IL PASSEGGERO: E per dormire? C'è posto?
   IL CONTROLLORE: Ma allora avrebbe dovuto prendere un treno con il _______________ oppure prenotare una _______________!

4. IL PASSEGGERO: Ha ragione Lei. Ma mi dica, questo treno non va a Caserta direttamente, vero? A che ora c'è la ________________?

IL CONTROLLORE: Fra mezz'ora. Alla prossima stazione deve scendere e ________________ subito treno.

13.4 Laura in Egitto! Guarda il videoclip in cui Laura parla di una crociera sul Nilo fatta in occasione del suo compleanno e ci mostra anche una foto. Poi a coppie rispondete alle domande.

1. Con chi ha fatto il viaggio Laura?
2. Che cosa ricorda in modo particolare di quel viaggio?
3. E voi, siete mai stati in crociera? Vi piacerebbe oppure no? Perché?

Lo sai che? In automobile, in treno e in autobus

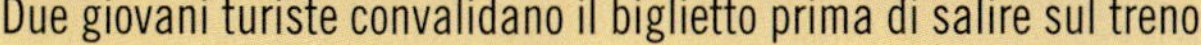
Due giovani turiste convalidano il biglietto prima di salire sul treno.

Il Frecciargento è un treno ad alta velocità.

Per i turisti che viaggiano in Italia non è sempre conveniente noleggiare una macchina: il costo della benzina è due o tre volte più alto che negli Stati Uniti e tutte le autostrade sono a pagamento, per cui un viaggio in macchina può diventare piuttosto costoso. Molto spesso è più comodo viaggiare in treno. Infatti si può prendere il treno per andare da una città a un'altra, ma anche per visitare i paesi più piccoli.

Alcuni treni ad Alta Velocità (**AV**), come il **Frecciarossa** e il **Frecciargento**, si fermano soltanto nelle città principali; questi treni sono più veloci di altri, ma costano di più e la prenotazione è obbligatoria. I treni AV viaggiano a circa 300 km all'ora. Con il Frecciarossa, per esempio, è possibile andare da Roma a Milano in meno di tre ore.

Ci sono diversi tipi di riduzioni (*discounts*) sul prezzo del biglietto, come la **carta verde** per i giovani dai 12 ai 26 anni e la **carta d'argento** per gli anziani. Il biglietto si può fare alla biglietteria della stazione o utilizzando le macchinette automatiche, oppure anche presso un'agenzia di viaggi. È anche possibile acquistare biglietti sul sito di Trenitalia e poi ritirarli presso un self-service alla stazione oppure scaricarli sul proprio smartphone. In ogni caso è sempre più opportuno fare il biglietto il giorno prima della partenza. All'inizio di ogni binario c'è una macchinetta gialla per convalidarlo (*to validate*): infatti, se non si convalida il biglietto prima della partenza, si rischia di prendere una multa (*fine*).

Per visitare città e paesi più piccoli sono molto comodi anche i pullman (*coaches*), o corriere, che collegano i posti dove il treno non passa spesso o dove non si ferma.

e **13.5 Viaggiare in Italia.** Dopo aver letto le informazioni sui mezzi di trasporto, indica se le seguenti affermazioni sono vere **(V)** o false **(F)**.

1. In Italia si paga per viaggiare in autostrada.
2. I treni Freccia sono più veloci di altri.
3. I treni AV si fermano solo nelle città maggiori.
4. Con la carta verde il biglietto costa di più.

13.6 E nel vostro Paese? I mezzi di trasporto nel vostro Paese sono simili? Quali sono alcune differenze?

In contesto Come ci vado?

Paul è in vacanza a Milano da alcuni giorni e adesso vorrebbe andare a Capri. Entra in un'agenzia di viaggi e chiede informazioni all'impiegata.

PAUL: Buongiorno, signora. Qual è il modo migliore per andare a Capri da Milano?

IMPIEGATA: Potrebbe andare in treno o in aereo. Un treno ad alta velocità potrebbe essere più veloce dell'aereo e tanto costoso quanto un aereo. C'è un aereo da Milano per Napoli ogni mattina alle otto. Poi a Napoli, dall'aeroporto, può prendere un taxi per andare ai traghetti. I traghetti per Capri ci sono molto spesso, specialmente d'estate. C'è anche l'aliscafo, che è più veloce e più comodo.

PAUL: E il treno?

IMPIEGATA: Ci sono treni ad alta velocità a tutte le ore. Con il Frecciarossa arriverebbe a Napoli in meno di cinque ore. A che ora vorrebbe partire?

PAUL: Veramente non sono ancora sicuro. E in macchina quanto tempo ci metterei?

IMPIEGATA: Parecchie ore. E poi con il costo della benzina e dell'autostrada spenderebbe molto di più.

PAUL: Mille grazie. Ci penso un po' e torno domani.

 **13.7 Per andare a Capri.** Completate le seguenti attività.

1. Fate una lista dei mezzi che Paul può prendere per andare a Capri.
2. Indicate quale mezzo, secondo l'impiegata all'agenzia di viaggi, è economico, conveniente, veloce, faticoso.
3. Secondo voi, quali sono i vantaggi e gli svantaggi di ogni mezzo? Quale consigliereste a Paul? Perché?

Occhio alla lingua!

1. Look at the words in boldface type in the three brief conversations in the *Percorso I Vocabolario* section. What do you think each expression is conveying? What elements are being compared?
2. Reread the *In contesto* conversation and identify the words used to make comparisons. What patterns do you see?

GRAMMATICA

I comparativi

When you make a comparison, you indicate whether one person or thing is equal to, inferior to, or superior to another. To make comparisons in Italian, use the following expressions:

uguaglianza (*equality*)	maggioranza (*superiority*)	minoranza (*inferiority*)
(così)... come (tanto)... quanto	più... di / che	meno... di / che

Comparativo di uguaglianza

1. When using adjectives to compare people and things that you consider equal, you can use **così** or **tanto** before the adjective and **come** or **quanto** after the adjective. Note that the first part of the comparison—**così** or **tanto**—is usually omitted.

   Un autobus è (**così**) veloce **come** una macchina. — *A bus is* **as** *fast* **as** *a car.*
   Il treno è (**tanto**) comodo **quanto** l'aereo. — *The train is* **as** *comfortable* **as** *the plane.*

2. When making a comparison of equality with verbs, use **tanto... quanto.** Usually, **tanto** is omitted.

   Il treno costa (**tanto**) **quanto** l'aereo. — *The train costs* **as much as** *the plane.*

3. When comparing nouns that you consider equal, use **tanto... quanto. Tanto** and **quanto** are adjectives in this instance and agree with the noun in gender and in number. **Tanto** cannot be omitted.

   In città ci sono **tante** macchine **quante** motociclette. — *In the city there are* **as many** *cars* **as** *there are motorcycles.*

Comparativo di maggioranza e di minoranza

1. To compare two different persons, places, or things, use **più... di** or **meno... di** to express the equivalent of *more than* or *less than.* The adjective agrees in gender and number with the first element. **Di** is placed in front of the second element of the comparison.

   Gli aerei sono **più** veloci **delle** navi. — *Airplanes are faster than ships.*
   La Campania è **più** grande **dell'**Umbria. — *Campania is larger than Umbria.*
   Le automobili sono **meno** rumorose **dei** motorini. — *Cars are less noisy than mopeds.*

   Remember: **Di** combines with definite articles to form a **preposizione articolata.**

   Il treno è **più** comodo **dell'** aereo. — *Trains are more comfortable than airplanes.*
   Le macchine sono **meno** pericolose **delle** motociclette. — *Cars are less dangerous than motorcycles.*

2. **Più... che** and **meno... che** are used to compare two nouns, two adjectives, two adverbs, or two verbs that refer to the same subject.

   L'aereo è **più** veloce **che** riposante. — *Airplanes are more fast than restful.*
   Ci sono **più** treni **che** aerei. — *There are more trains than airplanes.*
   Preferisco viaggiare **più** comodamente **che** velocemente. — *I prefer traveling more comfortably than rapidly.*

I comparativi irregolari

1. In addition to their regular forms, some adjectives also have irregular comparative forms, as shown in the following chart. Note that **minore** and **maggiore** are most frequently used to indicate younger and older brothers and sisters and to describe works of authors or artists.

Una piccolissima via di Pozzuoli, una città nella provincia di Napoli

buono	cattivo
migliore (più buono)	peggiore (più cattivo)
grande	**piccolo**
maggiore (più grande)	minore (più piccolo)

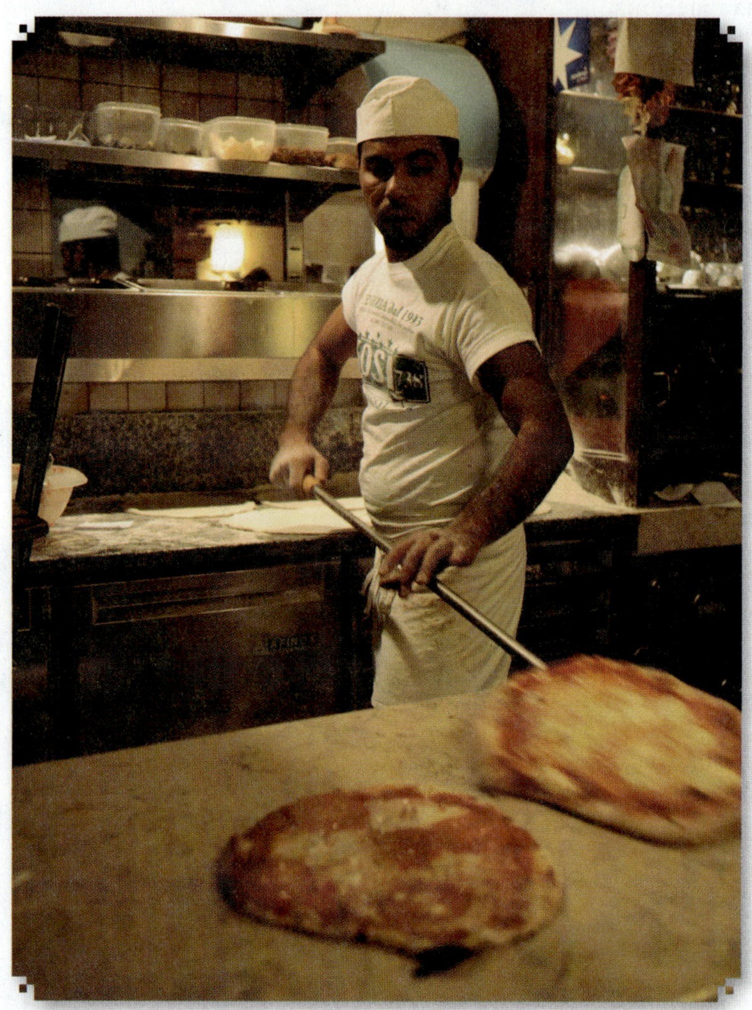

La pizza è più buona a Napoli?

Il vagone letto è **migliore** della cuccetta.	*The sleeping car is better than the sleeping berth.*
Ho un fratello **minore** e due sorelle **maggiori**.	*I have one younger brother and two older sisters.*

2. The adverbs **bene** and **male** also have irregular comparative forms, **meglio** (*better*) and **peggio** (*worse*). Remember that adverbs are used to describe actions and qualities (adjectives).

In aereo abbiamo viaggiato bene, ma abbiamo viaggiato **meglio** in treno.	*We traveled well by plane, but we traveled better by train.*
Ho mangiato **peggio** in aereo che in treno.	*I ate worse on the plane than on the train.*

13.8 In vacanza. Due amiche sono appena tornate da una vacanza e paragonano le loro esperienze. Ascolta la conversazione e indica quali delle affermazioni che seguono si riferiscono a Marina e quali a Silvana.

1. Ha fatto una crociera migliore di quella dell'anno precedente.
   Marina Silvana
2. Si è divertita meno dell'amica.
   Marina Silvana
3. Ha incontrato persone più simpatiche di quelle dell'anno precedente.
   Marina Silvana
4. È appena tornata dal mare.
   Marina Silvana
5. Secondo lei, una persona si diverte di più in crociera che al mare.
   Marina Silvana
6. Non lavora ancora.
   Marina Silvana

13.9 Come si viaggia? Un amico ti fa domande sui mezzi di trasporto nel tuo Paese. Rispondi usando **tanto… quanto** e **così… come.**

ESEMPI: —Ci sono aerei? (treni)
—Ci sono tanti aerei quanti treni.
—Un viaggio in aereo costa molto? (in treno)
—Costa (tanto) quanto un viaggio in treno.

1. I pullman sono efficienti? (le automobili)
2. Ci sono i traghetti? (i treni)
3. Si viaggia molto sull'autostrada? (in aereo)
4. Le stazioni sono affollate? (gli aeroporti)
5. Ci sono molti motorini? (automobili)
6. Gli aliscafi sono comodi? (traghetti)

13.10 Paragoniamo! Confronta i seguenti mezzi di trasporto. Scrivi frasi complete usando **più di… che** o **meno di… che.**

1. macchina / autobus
2. motorino / motocicletta
3. l'aereo / il treno
4. motociclette / biciclette
5. metropolitana / l'autobus
6. traghetto / aliscafo

13.11 Come è stata la tua vacanza? Rispondi alle domande usando i termini dati e i comparativi regolari e irregolari.

ESEMPIO: Avete viaggiato bene in treno quest'anno? (l'anno scorso)
Sì, abbiamo viaggiato meglio dell'anno scorso!

1. È stato difficile cambiare treno? (l'ultima volta)
2. Avete dormito male in vagone letto? (in aereo)
3. Quest'anno avete mangiato bene nei ristoranti? (l'estate scorsa)
4. Avete parlato italiano nei negozi? (la volta precedente)

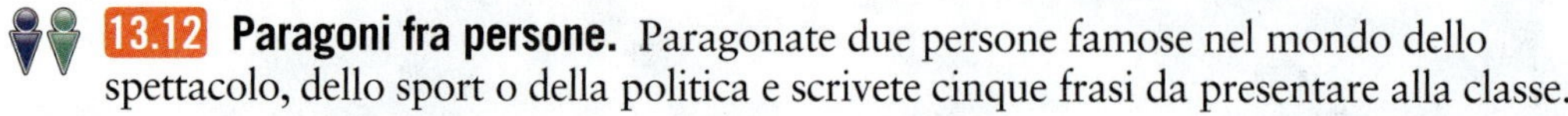

13.12 Paragoni fra persone. Paragonate due persone famose nel mondo dello spettacolo, dello sport o della politica e scrivete cinque frasi da presentare alla classe.

SCAMBI

13.13 Il biglietto ferroviario. Osservate il biglietto e indicate:

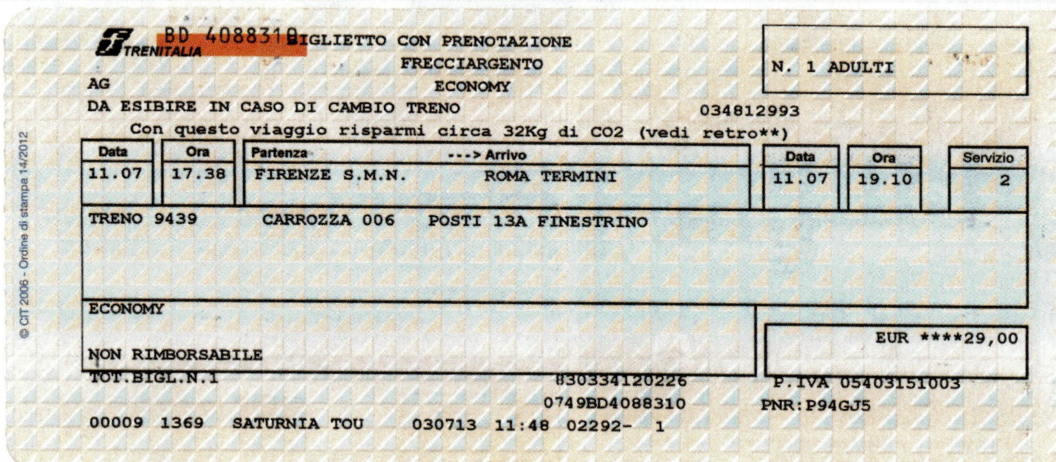

TRENITALIA BD 4088310 BIGLIETTO CON PRENOTAZIONE
FRECCIARGENTO
AG ECONOMY
N. 1 ADULTI
DA ESIBIRE IN CASO DI CAMBIO TRENO 034812993
Con questo viaggio risparmi circa 32Kg di CO2 (vedi retro**)

Data	Ora	Partenza ---> Arrivo	Data	Ora	Servizio
11.07	17.38	FIRENZE S.M.N. ROMA TERMINI	11.07	19.10	2

TRENO 9439 CARROZZA 006 POSTI 13A FINESTRINO

ECONOMY

NON RIMBORSABILE EUR ****29,00

TOT.BIGL.N.1 830334120226 P.IVA 05403151003
0749BD4088310 PNR:P94GJ5
00009 1369 SATURNIA TOU 030713 11:48 02292- 1

© CIT 2006 - Ordine di stampa 14/2012

1. il tipo di treno
2. la destinazione
3. la data e l'ora della partenza
4. il costo del biglietto
5. in quale classe e carrozza viaggia il passeggero
6. il numero del posto

13.14 I viaggi. Trova una persona che ha fatto le seguenti esperienze di viaggio. Scopri i particolari.

1. Ha fatto una crociera.
2. Ha fatto un viaggio in aereo, in prima classe.
3. Ha perso l'aereo o il treno.
4. È stato/a in un albergo a cinque stelle.
5. Ha dovuto aspettare più di quattro ore alla stazione o all'aeroporto.
6. Ha fatto un lungo viaggio in bicicletta o motocicletta.

13.15 I viaggi più belli. Ognuno descrive all'altra persona un viaggio che ha fatto. Poi, insieme, paragonate i due viaggi e decidete qual è stato migliore. Prendete in considerazione i mezzi di trasporto, il posto, il costo e le attività.

La sistemazione in albergo e in campeggio

VOCABOLARIO

Scusi, c'è posto?

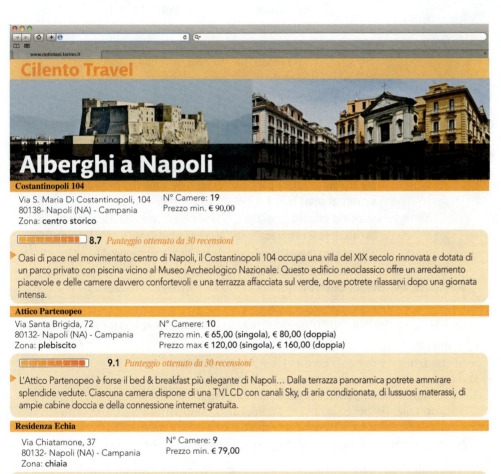

Costantinopoli 104

Via S. Maria Di Costantinopoli, 104
80138- Napoli (NA) - Campania
Zona: **centro storico**

N° Camere: **19**
Prezzo min. € 90,00

8.7 *Punteggio ottenuto da 30 recensioni*

Oasi di pace nel movimentato centro di Napoli, il Costantinopoli 104 occupa una villa del XIX secolo rinnovata e dotata di un parco privato con piscina vicino al Museo Archeologico Nazionale. Questo edificio neoclassico offre un arredamento piacevole e delle camere davvero confortevoli e una terrazza affacciata sul verde, dove potrete rilassarvi dopo una giornata intensa.

Attico Partenopeo

Via Santa Brigida, 72
80132- Napoli (NA) - Campania
Zona: **plebiscito**

N° Camere: **10**
Prezzo min. **€ 65,00 (singola), € 80,00 (doppia)**
Prezzo max **€ 120,00 (singola), € 160,00 (doppia)**

9.1 *Punteggio ottenuto da 30 recensioni*

L'Attico Partenopeo è forse il bed & breakfast più elegante di Napoli... Dalla terrazza panoramica potrete ammirare splendide vedute. Ciascuna camera dispone di una TVLCD con canali Sky, di aria condizionata, di lussuosi materassi, di ampie cabine doccia e della connessione internet gratuita.

Residenza Echia

Via Chiatamone, 37
80132- Napoli (NA) - Campania
Zona: **chiaia**

N° Camere: **9**
Prezzo min. **€ 79,00**

8.3 *Punteggio ottenuto da 30 recensioni*

Se desiderate visitare Napoli e intendete trascorrere un soggiorno di lunga durata, Residenza Echia fa proprio al caso vostro. Ottima alternativa al solito albergo, vanta alloggi confortevoli, un'atmosfera accogliente e una meravigliosa ubicazione[1]... L'Echia propone camere spaziose e confortevoli, dotate di angolo cottura e di connessione Internet Wi-Fi gratuita.

1. *location*

Che albergo scegliamo?

RICKY: Secondo me, il Costantinopoli è **il migliore,** soprattutto per l'ubicazione, che per noi è **importantissima!**

CATE: Veramente è **il più caro,** mi sembra, anche se **bellissimo.** Guarda un po' l'Attico Partenopeo, sembra **elegantissimo!**

RICKY: Certo! Anche la Residenza Echia è ottima! ma... ho già prenotato!

Per parlare degli alberghi e altri tipi di soggiorno

la camera singola, doppia / matrimoniale	*single, double room*
il campeggio / il camping	*camping, campground*
fare campeggio	*to camp*
i comfort	*amenities*
la connessione Internet	*Internet connection*
incantevole	*delightful*
l'ostello	*hostel*
pagare con la carta di credito	*to pay with a credit card*
la pensione	*bed and breakfast*
il residence	*apartment hotel*
il sacco a pelo	*sleeping bag*
i servizi	*services, restrooms*
la spiaggia privata	*private beach*
la tenda	*tent*
la vista sul mare	*ocean / sea view*

Espressioni in albergo

Ci sono camere libere?	*Do you have any rooms available?*
Avete una prenotazione per stasera al nome di… ?	*Do you have a reservation for tonight under the name of … ?*
Vorrei prenotare una camera doppia.	*I would like to reserve a double room.*
La colazione è compresa?	*Is breakfast included?*
Ha/Avete la prenotazione?	*Do you have a reservation?*
Quanti giorni pensa di restare?	*How many days do you think you will stay?*
Mi dispiace, non abbiamo camere disponibili.	*I am sorry, there is no vacancy.*

Grandi e piccoli alberghi a Positano

13.16 L'intruso. Indica l'espressione che non c'entra con le altre.

1. l'albergo, la pensione, la camera
2. il residence, la carta di credito, il villaggio turistico
3. la spiaggia privata, il sacco a pelo, la vista sul mare
4. la connessione Internet, la tenda, il campeggio
5. incantevole, l'albergo a cinque stelle, tutto esaurito

13.17 In albergo. Per ogni risposta, trova la frase corrispondente.

1. Penso di restare tre giorni.
2. Mi dispiace, non abbiamo camere disponibili.
3. No, non abbiamo fatto nessuna prenotazione.
4. Mi dispiace, abbiamo solo una camera singola.

a. Avete la prenotazione?
b. Avete una camera libera?
c. Quanti giorni pensa di restare?
d. Vorrei prenotare una camera doppia.

13.18 Come si dice? Rispondi alle seguenti domande.

1. Che cosa dici quando entri in un albergo?
2. Dove vai se non vuoi un albergo troppo caro?
3. Cosa puoi usare per pagare l'albergo?
4. Cosa porti in campeggio?
5. Di cosa hai bisogno per scrivere una mail o fare una ricerca su Internet?
6. Che tipo di spiaggia può avere un albergo molto costoso?

13.19 In campeggio o in albergo? Elencate i vantaggi e gli svantaggi di un albergo e di un campeggio. E voi, quale preferite? Perché?

Lo sai che? Gli alberghi in Italia

Hotel Excelsior, Napoli

In Italia ci sono alberghi di diverse categorie, a seconda dei comfort e dei servizi che offrono, del prezzo e della località in cui si trovano. Le camere possono essere singole, con un solo piccolo letto, matrimoniali, con un grande letto o doppie, con due letti singoli. Nel prezzo dell'albergo di solito è compresa la prima colazione. Per quanto riguarda la pensione, molto comune nelle località di vacanza, si può scegliere la pensione completa, con colazione, pranzo e cena, o la mezza pensione, con la colazione e un altro pasto soltanto. Quando si arriva in un albergo o in una pensione si deve sempre presentare un documento d'identità per ogni persona.

13.20 Gli alberghi nel mio Paese. Scrivi un breve paragrafo simile a quello che hai letto sugli alberghi nel tuo Paese per un pubblico di italiani.

Così si dice
Mi serve / Mi servono

To indicate that you need something, you can use the verb **servire**, which follows the same pattern as **piacere**. When the item you need is singular, **servire** is used in the singular: **Ci serve il sacco a pelo per il campeggio?** *Do we need the sleeping bag to go camping?* When the item is plural, **servire** is used in the plural: **Mi servono una camera doppia e una singola.** *I need a double and a single room.* **Servire**, like the verb **piacere**, is always used with an indirect object.

 In contesto Costa troppo!

Tre amici leggono su una rivista la pubblicità di alcuni alberghi e discutono quale scegliere per le vacanze.

LORENZO: Guardate un po'! Offertissima! L'Hotel Due Torri sembra **bellissimo** ed è **vicinissimo** al mare. È tutto compreso nel prezzo, anche una serata in discoteca. Mica male!° (*Not bad!*)

PAOLO: Certo che è **il migliore**, ma è anche **il più caro**, non vedi? Un albergo a quattro stelle! Ma che sei impazzito?

ANTONIO: Il massimo che posso spendere io sono 50 o 60 euro al giorno. Ecco, proviamo a telefonare a questa, Pensione Erika, e chiediamo se ci sono camere disponibili. Sembra **la più economica!**

LORENZO: Sì, e a quel prezzo sarà anche **la peggiore**, magari **lontanissima** dal mare e con una **pessima** cucina! Scommetto° (*I bet*) che non c'è nemmeno l'aria condizionata!

PAOLO: Sentite, si potrebbe cercare un villaggio turistico proprio sul mare.

ANTONIO: Ma se hai detto che non puoi spendere? Hai un'idea di quanto costerebbe?

PAOLO: Beh! Allora ne potremmo trovare uno un po' più lontano dal mare.

 **13.21 Tre amici in vacanza.** Dopo aver letto la conversazione, rispondete alle seguenti domande.

1. Che albergo preferisce ognuno dei tre amici? Perché?
2. Dove pensate che decideranno di andare i tre ragazzi? Perché?

Occhio alla lingua!

1. Look at the brief conversational exchange in the *Percorso II Vocabolario* section. Can you tell what the descriptive expressions in boldface type indicate about the hotels and about the rooms?
2. In the *In contesto* conversation, what do you think the expressions in boldface type indicate? What does the ending **-ssimo** convey?
3. What do you think **ottimo** and **pessimo** mean?

GRAMMATICA

 Il superlativo relativo

1. The **superlativo relativo** is used to compare things or people with all others in a category. It is equivalent to the English *the most* … or *the least* … The **superlativo relativo** is formed as shown in the chart that follows by using the definite article in front of **più** or **meno** + an adjective + **di** + group.

Il superlativo relativo	
maggioranza *(superiority)*	minoranza (inferiority)
il/la / i/le più + aggettivo (+ di…)	il/la / i/le meno + aggettivo (+ di…)

La Pensione Erika è **la meno costosa.**	*The Erika Bed and Breakfast is the least expensive.*
Gli alberghi a cinque stelle sono i **più cari della città.**	*The five-star hotels are the most expensive in the city.*

The **superlativo relativo** can also be formed with the definite article in front of the noun and the adjective following the noun.

Questo è **il** villaggio turistico **più comodo di tutti.**	*This is the most comfortable resort of all.*

2. In addition to their regular forms, some adjectives also have irregular relative superlative forms, as shown.

il/la migliore	**il/la peggiore**
il più buono/la più buona	il più cattivo/la più cattiva
il/la maggiore	**il/la minore**
il più grande/la più grande	il più piccolo/la più piccola

Questo è **il migliore** albergo d'Italia.	*This is the best hotel in Italy.*
È stata **la peggiore** vacanza della mia vita!	*It was the worst vacation in my life!*

Il/La minore and **il/la maggiore** are most frequently used to indicate the youngest and the oldest brothers and sisters and to refer to the works of authors or artists.

Io sono **la maggiore** di tre sorelle.	*I am the oldest of three sisters.*

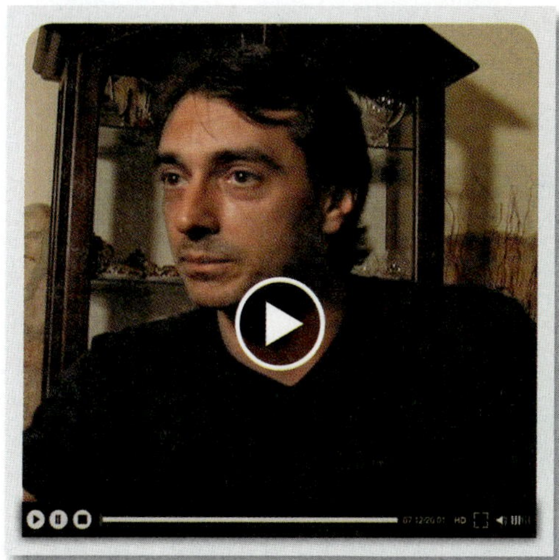

Io adoro viaggiare, e spesso rimango in Italia... In Italia, abbiamo la fortuna di avere **le montagne più alte d'Europa**, che sono le Alpi.

13.22 Un'esperienza indimenticabile. Sei in vacanza e fai dei commenti sulle tue esperienze. Scrivi frasi complete con i termini dati. Usa il superlativo relativo con **più** o **meno** e fa' tutti i cambiamenti necessari.

ESEMPIO: albergo / lussuoso / città
È l'albergo più lussuoso della città.

1. impiegata / gentile / albergo
2. pensione / economico / paese
3. villaggio turistico / costoso / isola
4. camera / comodo / pensione
5. turisti / difficile / gruppo
6. sala / elegante / residence
7. bar / affollato / villaggio turistico
8. ristoranti / buono / città

13.23 Com'è la tua città? Prepara delle domande da fare ai tuoi compagni sui posti migliori o peggiori della loro città.

ESEMPIO: **S1:** Qual è l'albergo più grande della città?
S2: L'albergo più grande della città è l'Hotel Madison.

Il superlativo assoluto

1. As you learned in **Capitolo 10**, the **superlativo assoluto** is used to express the equivalent of *very* or *extremely* + adjective. It can be formed by using **molto** in front of the adjective or by adding the suffix **-ssimo/a/i/e** to the masculine plural form of the adjective. The superlative adjective agrees in number and gender with the noun it modifies.

Questo gelato è ottimo!

Il superlativo assoluto		
	Maschile	**Femminile**
Singolare	-ssimo	-ssima
Plurale	-ssimi	-ssime

La nostra camera era **grandissima.** — *Our room was very big.*
I proprietari dell'albergo sono **molto gentili.** — *The owners of the hotel are very nice.*

2. In addition to their regular forms, **buono** and **cattivo** have irregular forms in the absolute superlative, **ottimo** (*very good*) and **pessimo** (*very bad*).

L'Imperial Hotel Tramontano è un **ottimo** albergo. — *The Imperial Hotel Tramontano is an excellent hotel.*
In questo albergo il servizio è **pessimo.** — *In this hotel the service is very bad.*

13.24 In vacanza. Un'amica ti fa alcune domande sulle ultime vacanze che hai fatto. Rispondi alle sue domande e usa il superlativo assoluto.

ESEMPIO: Com'era la stazione?
—La stazione era affollatissima.

1. Com'era il servizio in camera?
2. Com'era la zona?
3. Com'erano gli altri turisti?
4. Com'erano le camere?
5. Com'erano i ristoranti?
6. Com'era la spiaggia?

13.25 Tutto è favoloso! Lavori per un sito di viaggi. Usa gli aggettivi superlativi relativi e assoluti, regolari e irregolari, per pubblicizzare le strutture e le persone indicate. Usa immaginazione e fantasia!

ESEMPIO: le navi da crociera
Le navi da crociera sono ottime, sono le migliori e le più lussuose.

1. i villaggi turistici
2. la vacanza in un residence
3. gli alberghi di lusso
4. gli altri turisti
5. il campeggio
6. le camere

SCAMBI

13.26 Una conversazione al telefono. Ascolta la conversazione telefonica fra l'impiegato di un albergo e una cliente e indica se le seguenti affermazioni sono vere (V) o false (F).

1. La cliente telefona per fare una nuova prenotazione.
2. La cliente è già stata altre volte nello stesso albergo.
3. L'impiegato non trova la prenotazione.
4. La cliente si arrabbia.
5. La signora vuole una camera economica e non le interessa l'ubicazione.
6. L'impiegato trova due camere doppie.
7. L'impiegato manderà un messaggio alla cliente.

13.27 Cosa è meglio fare? Le persone seguenti sono in vacanza. Immaginate delle brevi conversazioni nelle situazioni indicate.

1. Marito e moglie sono appena arrivati a Positano e non sanno dove andare a cena. Chiedono un consiglio a un impiegato/un'impiegata dell'albergo.
2. Una giovane coppia arriva al mare per passare un paio di giorni ma è difficile trovare una camera. Chiedono in diversi alberghi e pensioni.
3. Quattro amici sono in campeggio e piove. Due vogliono andare via e cercare un albergo e due vogliono restare.

13.28 La sistemazione migliore. Hai intenzione di andare a Napoli per una settimana con la tua famiglia ma non sai dove sarebbe meglio stare. Telefoni a un'agenzia di viaggi per avere informazioni sui tre alberghi presentati nel *Vocabolario* del *Percorso II*. Ricostruite la telefonata e usate il «Lei».

13.29 Vacanze a Napoli. Tu e due amici discutete su dove stare quando andrete a Napoli in vacanza. Tu vorresti stare all'Hotel Costantinopoli 104, uno dei tuoi amici preferirebbe l'Attico Partenopeo e l'altro la Residenza Echia. Ricostruite la conversazione.

13.30 Una situazione difficile. Immaginate una storia al passato basata sui disegni. Come si è conclusa la storia?

PERCORSO III Le vacanze

VOCABOLARIO

Dove andiamo in vacanza?

Alcune spiagge italiane sono veramente splendide. Spesso, però, ci sono **tanti** ombrelloni e c'è troppa gente.

In **ogni** posto c'è **qualcosa** di affascinante per **tutti**.

Per parlare delle vacanze

abbronzarsi*	*to get a suntan*
l'agriturismo	*vacation on a farm*
l'asciugamano	*towel*
la crema / l'olio abbronzante	*suntan lotion / suntan oil*
il costume da bagno	*bathing suit*
fare	
una scalata	*to go mountain climbing*
windsurf	*to go wind surfing*
il filtro solare	*sunscreen*
la località	*site, place*
la maschera	*mask*
il motoscafo	*motorboat*
gli occhiali da sole	*sunglasses*
le pinne	*swim fins*
la pista	*slope*
gli scarponi da montagna	*hiking boots*
il sentiero di montagna	*mountain trail*
silenzioso/a	*quiet*

13.31 Al mare o in montagna? Prepara tre liste: una di vocaboli per il mare, una di vocaboli per la montagna e una di parole che si possono usare *sia* per il mare *sia* per la montagna. Elenca tutte le parole che conosci. Poi confronta la tua lista con quella di un altro compagno/un'altra compagna. Chi ha più parole?

13.32 L'intruso. Indica la parola che non c'entra con le altre.

1. il sentiero di montagna, gli scarponi da montagna, l'ombrellone
2. l'agriturismo, il motoscafo, l'asciugamano
3. abbronzarsi, il windsurf, la crema abbronzante
4. nuotare, il costume da bagno, splendido
5. la maschera, gli occhiali da sole, le pinne

13.33 Cosa ci serve? Spiega cosa ci serve nelle seguenti situazioni.

1. per non bruciarsi la pelle
2. per non prendere troppo sole
3. per fare una scalata
4. per nuotare
5. per proteggere gli occhi dal sole
6. per fare una gita sul mare

In contesto Ma allora, che si fa?

Renata e Patrizia stanno discutendo su Skype come organizzare le vacanze insieme.

RENATA: Sono contenta che **tutti** verranno con noi in montagna a luglio.

PATRIZIA: Sì, ci divertiremo. Madonna di Campiglio è un posto fantastico. Sono certa che **ognuno** troverà **qualcosa** di interessante da fare. La montagna d'estate è meravigliosa! Si può andare a cavallo e anche giocare a tennis. C'è anche **qualche** discoteca interessante.

RENATA: Bene, allora **ogni** sera in discoteca! E potremo anche fare **qualche** scalata. Ho sentito che ci sono **alcuni** sentieri proprio facili.

PATRIZIA: Se lo dici tu! E per il mare? Andiamo di sicuro sul Cilento? Magari a Marina di Camerota?

RENATA: Certo! Ci penso io! Ho trovato un villaggio abbastanza economico.

PATRIZIA: Fantastico! **Qualunque** località a sud di Napoli sarebbe splendida! Io vorrei provare a fare windsurf!

RENATA: Windsurf? Non lo so. Farò **qualche** telefonata e ti farò sapere.

13.34 Vero o falso? Indicate se le seguenti affermazioni sulle vacanze di Renata e Patrizia sono vere (V) o false (F). Correggete le affermazioni false.

1. Alcuni amici di Patrizia e Renata non andranno con loro in montagna.
2. Madonna di Campiglio non piacerà a tutti.
3. I ragazzi potranno andare in discoteca tutte le sere.
4. A Madonna di Campiglio tutti i sentieri sono molto difficili.
5. A Patrizia non piace la costa a sud di Napoli.
6. Renata vorrebbe passare una vacanza in un albergo lussuoso.

Occhio alla lingua!

1. You have already studied the words **alcuni/e** and **qualche**. How are these words used in the *In contesto* conversation? Which are singular and which are plural forms? How can you tell?
2. Look at other words in boldface type in the *In contesto* conversation and in the *Percorso III Vocabolario* photo captions. Can you determine what they mean from the contexts in which they appear? Which are followed by a singular and which by a plural noun?

Lo sai che? Viaggi e vacanze degli italiani

La maggior parte degli italiani va in vacanza fra luglio e agosto, per cui in questi mesi le spiagge italiane sono affollatissime. Soprattutto a Ferragosto, nella settimana a metà del mese, praticamente tutti lasciano le città. La maggioranza degli italiani preferisce andare al mare, anche se in Italia non sempre le spiagge sono libere e spesso bisogna pagare l'ombrellone e le sedie a sdraio (*beach chairs*).

D'inverno, poi, a volte gli italiani fanno una settimana di vacanza in montagna per sciare. Questa vacanza si chiama la **settimana bianca** ed è spesso organizzata anche dalle scuole. Gli italiani inoltre hanno anche un grande interesse per i viaggi all'estero: vanno in tutto il mondo, gli piace visitare Paesi poco conosciuti e andare su isole lontane ed esotiche. Si muovono con viaggi organizzati o anche da soli. Negli ultimi tempi, a causa di una pesante crisi economica, sono diminuiti gli italiani che possono permettersi di viaggiare o andare in vacanza.

Molti italiani oggi studiano l'inglese e, per imparare la lingua, fanno vacanze studio in Inghilterra o negli Stati Uniti.

La costiera amalfitana

13.35 Gli italiani e le vacanze. Trova informazioni nel testo per giustificare le seguenti affermazioni.

1. Le vacanze sono molto importanti in Italia.
2. Durante l'estate le spiagge italiane possono essere molto affollate.
3. Le vacanze al mare in Italia possono essere molto costose.
4. Agli italiani piace viaggiare.

 **13.36 E nel vostro Paese?** Paragonate le preferenze e le abitudini degli italiani riguardo alle vacanze con quelle della gente nel vostro Paese.

GRAMMATICA

Aggettivi e pronomi indefiniti: un riepilogo

1. As you have learned, indefinite adjectives express indefinite qualities or quantities. They can be used with people or things. You already know some of the indefinite adjectives; following is a more complete list.

Alcune località sono troppo famose. *Some places are too famous.*
Tutti gli ombrelloni sono occupati. *All of the umbrellas are taken.*

Aggettivi indefiniti			
ogni	*every*	qualche	*some, a few*
qualunque	*any*	alcuni/e	*some, a few*
tutto/a/i/e	*all, every*		

The indefinite adjectives **qualche, ogni,** and **qualunque** are always singular, and they are used with singular nouns. **Qualche,** however, is always plural in meaning.

Qualche agriturismo può essere molto costoso. *Some vacations on a farm can be very expensive.*
Ogni sentiero ha la sua bellezza. *Every trail has its beauty.*
Qualunque agenzia ci può dare le informazioni. *Any agency can give us the information.*

2. Indefinite pronouns refer to unspecified people and things.

Ognuno andrà in vacanza dove vuole. *Everyone will go on vacation where he or she wants.*
Alcuni preferiscono la montagna. *Some people prefer the mountains.*
Tutto sembra bello quando siamo in vacanza! *Everything seems beautiful when we are on vacation!*

Pronomi indefiniti	
ognuno	*everyone, everybody, each one*
qualcuno	*someone*
qualche cosa / qualcosa	*something, anything*
alcuni/e	*some, a few*
tutti/e	*everyone, everybody, all*
tutto	*everything*

Qualche cosa / qualcosa is followed by the preposition **di** when it is used with an adjective and it is considered masculine.

C'è **qualcosa di** bello nella tua città? *Is there something beautiful in your city?*

When used with an infinitive, **qualche cosa / qualcosa** is followed by the preposition **da.**

C'è **qualcosa da** fare la sera in montagna? *Is there something to do at night in the mountains?*

13.37 Una vacanza in montagna. Descrivi una recente vacanza in montagna. Completa le frasi con un aggettivo o pronome indefinito.

Io e (**1.** tutti / qualche) ____________ i miei amici siamo stati in vacanza in montagna. (**2.** Ogni / Ognuno) ____________ mattina facevamo lunghe passeggiate per (**3.** qualche / tutte) ____________ ora. Cercavamo (**4.** qualche / alcuni) ____________ sentiero nuovo, portavamo (**5.** tutti / alcuni) ____________ panini e (**6.** qualche / molte) ____________ lattina di Coca-Cola con un po' di frutta per (**7.** qualcosa / tutti) ____________. Spesso trovavamo anche (**8.** alcuni / qualche) ____________ bel fungo porcino che poi ci cucinavamo la sera. (**9.** Qualche / Tutte) ____________ volta facevamo delle scalate vere e proprie, anche difficili e lunghe. Abbiamo sempre visto (**10.** ognuno / qualcosa) ____________ di nuovo e interessante!

13.38 Messaggini. Tu e alcuni amici vi scambiate messaggini sulle vacanze. Riscrivi le frasi con un aggettivo o pronome indefinito con lo stesso significato. Fa' i cambiamenti necessari.

ESEMPIO: Ho ricevuto *alcuni messaggini* divertenti da Nicola.
Ho ricevuto *qualche messaggino* divertente da Nicola.

1. Ho letto *alcune informazioni* interessanti sulla Sardegna.
2. C'è *qualche cosa di importante* sul clima.
3. *Tutte le cartoline* che manda Carlo sembrano speciali.
4. *Ognuno* deve decidere cosa vuole fare.
5. Hai fatto *qualche foto*?

13.39 Le vacanze. Formulate domande e risposte per discutere di vacanze e viaggi. Usate alcuni aggettivi e pronomi indefiniti.

ESEMPIO: **S1:** Conosci qualcuno che è stato in Italia?
S2: Conosco molte persone che sono state in Italia!

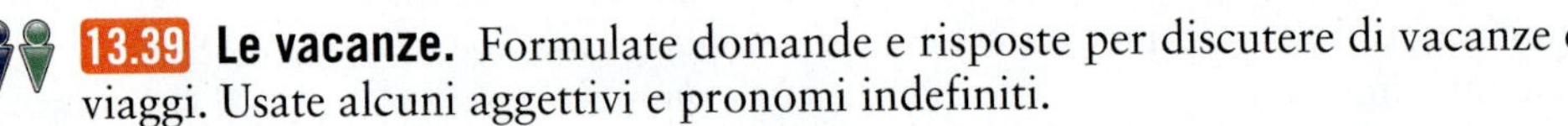

SCAMBI

13.40 Vacanze diverse. Ascolta la pubblicità alla radio di tre diversi posti di vacanza e completa le attività che seguono.

1. Ascolta una prima volta e scrivi quale pubblicità corrisponde a ogni illustrazione:

a. ____________

b. ____________

c. ____________

2. Ascolta una seconda volta e indica a quale descrizione corrispondono le caratteristiche seguenti.

	Pubblicità 1	Pubblicità 2	Pubblicità 3
a. La cucina è ottima e genuina.			
b. Ci sono moltissimi chilometri di piste (*slopes*) per sciare.			
c. È situato in una località di mare.			
d. Il paesaggio ricorda opere d'arte antiche.			
e. Si trovano vino buono e ottimo olio d'oliva.			
f. Non è necessario usare l'automobile e si può sciare dappertutto.			
g. I bambini non pagano.			
h. Si può giocare a tennis, si può nuotare e divertirsi in discoteca.			

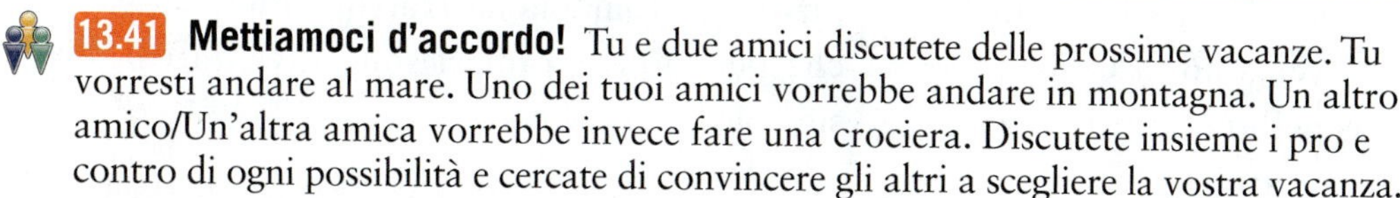

13.41 Mettiamoci d'accordo! Tu e due amici discutete delle prossime vacanze. Tu vorresti andare al mare. Uno dei tuoi amici vorrebbe andare in montagna. Un altro amico/Un'altra amica vorrebbe invece fare una crociera. Discutete insieme i pro e contro di ogni possibilità e cercate di convincere gli altri a scegliere la vostra vacanza.

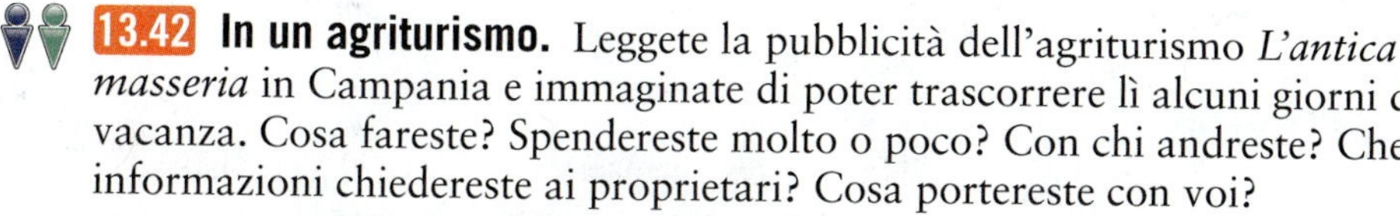

13.42 In un agriturismo. Leggete la pubblicità dell'agriturismo *L'antica masseria* in Campania e immaginate di poter trascorrere lì alcuni giorni di vacanza. Cosa fareste? Spendereste molto o poco? Con chi andreste? Che informazioni chiedereste ai proprietari? Cosa portereste con voi?

Agriturismo
L'antica masseria

Offerta speciale:
Pensione completa per 3 giorni incantevoli.
Passeggiate a cavallo
Solo mezz'ora dal mare
Telefonate o scrivete per avere informazioni:
081 8664591 – email: vecfattor@alice.it

Una bella villa di campagna restaurata, in zona tranquilla e silenziosa, ricca di località archeologiche interessanti. Cucina genuina e tradizionale della Campania. Potete anche acquistare alcuni prodotti locali.

13.43 Le avventure di Ilaria. Leggete che cosa racconta Ilaria sui suoi viaggi. Poi a turno, rispondete alle domande per raccontare al compagno/alla compagna un'esperienza simile che avete avuto voi.

Sono stata abituata a viaggiare molto, sono stata in America, in Spagna, in Grecia, e in particolar modo nel viaggio in Grecia, abbiamo avuto un imprevisto. Non ci siamo svegliati la mattina, e quindi, abbiamo perso l'aereo. Purtroppo, non c'erano aerei vicini, quindi, abbiamo dovuto passare tutta la notte in aeroporto, ci siamo arrangiati dormendo ... su delle coperte sul pavimento, e al nostro risveglio, fortunatamente, siamo riusciti a prendere un aereo successivo per Firenze.

1. Dove avete viaggiato?
2. Con chi eravate?
3. Che cosa vi è successo? Perché?
4. Paragonate le vostre esperienze. Che cosa c'è di simile o di molto diverso?

ATTRAVERSO

LA CAMPANIA

I Romani chiamavano la Campania ***Campania felix***, (*fertile countryside*) per le sue terre fertilissime formate da depositi vulcanici, il clima mite e la bellezza delle coste e delle isole. Gli Etruschi, i Greci e i Romani si stabilirono qui in periodi successivi e vi lasciarono ricche tracce della loro cultura e civiltà.

Ogni anno numerosi turisti e studiosi stranieri e italiani vengono in Campania attratti dalle sue bellezze naturali, tra le più pittoresche d'Italia, e dalle sue ricchezze artistiche, particolarmente quelle archeologiche. La Campania è anche famosa per il corallo e la porcellana di Capodimonte. E, naturalmente, per le sue specialità gastronomiche—come, a esempio, **i maccheroni, gli spaghetti alle vongole, la pizza, i calzoni** e **la mozzarella di bufala**—che per molti stranieri sono diventati il simbolo della cucina italiana.

Vista notturna della baia di Napoli e del Vesuvio. Nei numerosi monumenti e tesori artistici di Napoli è possibile riconoscere le tracce dei vari popoli ed epoche storiche, dai Greci ai Borboni, che influenzarono questa città. «Vedi Napoli e poi muori (*die*)»: questo antico detto descrive in poche parole la passione e l'entusiasmo che sentono i napoletani e i numerosi turisti per questa magnifica città con la sua bellissima baia e i pittoreschi e vivaci quartieri popolari.

I ruderi (*ruins*) del Tempio di Iside (*Isis*) a Pompei. Ancora oggi nelle città museo di Pompei ed Ercolano, seppellite (*buried*) dall'eruzione del Vesuvio nel 79 d.C., è possibile riconoscere tutto lo splendore e la ricchezza della civiltà romana. In tutti e due i paesi, che erano luogo di vacanza dei ricchi romani, ci sono i resti di bellissime ville e templi.

VERIFICHIAMO

Prima leggi l'introduzione alla regione, poi guarda le foto e leggi le rispettive didascalie.

13.44 Chissà Perché? Spiega perché:

1. Molti studiosi di civiltà antiche visitano la Campania.
2. La Campania è un ottimo luogo di villeggiatura per le persone che amano il mare.
3. Pompei era una città importante.
4. La costiera amalfitana è molto famosa.
5. Tanti turisti visitano Capri.

13.45 E nel tuo Paese? Ci sono zone simili alla Campania nel tuo Paese?

13.46 La vacanza ideale. Organizzate una vacanza ideale in Campania. Dove andreste? Cosa fareste?

La pittoresca cittadina di Positano, lungo la costiera amalfitana, con le sue case di tanti colori e la sua bella spiaggia. I piccoli centri lungo la costiera amalfitana sono costruiti su terrazze e circondati da fiori e alberi. Amalfi, uno dei centri più famosi, era una volta un'importante Repubblica Marinara.

Veduta notturna della vivace piazzetta di Capri. Capri è probabilmente una delle isole più famose del mondo. I turisti ci vengono per passeggiare nelle incantevoli stradine e per vedere la Grotta Azzurra e i Faraglioni, due grandi scogli (*reefs*) in mezzo al mare. A Capri si trovano anche resti di monumenti romani, come a esempio la villa dell'imperatore Tiberio. Altre isole nel golfo di Napoli sono Procida e Ischia.

IN PRATICA

GUARDIAMO

Strategie per guardare
Paraphrasing

Paraphrasing—restating in your own words—what you have heard in a video episode is a good way to make sure you have grasped what has gone on. To paraphrase effectively, you don't have to understand every word; instead, listen to get a general sense of what is being said. Then rely on the vocabulary and structures you know to restate the information.

Per capire meglio!

a proposito	*by the way*
cieco	*blind*
matto	*crazy*
mi fa arrabbiare	*he makes me mad*
mi manca il coraggio	*I don't have the courage*
mi sarò sbagliato	*I must have made a mistake*
il momento giusto	*the right moment*
non riesco a parlare	*I can't speak*
puoi contare sulla mia amicizia	*you can count on my friendship*
il prezzo scontato	*discounted price*
ti dispiace	*do you mind*

Il mondo italiano

In questo episodio, Elena e Taylor prendono un aperitivo al Gran Caffè Gambrinus, il più famoso e antico caffè letterario di Napoli. Il Gran Caffè, ristrutturato in stile Liberty e decorato con splendidi affreschi e dipinti dei più famosi artisti napoletani dell'Ottocento, apre con il nome "Gambrinus" nel 1890.

In passato intellettuali come Gabriele D'Annunzio, Matilde Serao, Oscar Wilde, Ernest Hemingway e Jean Paul Sartre, si riunivano nelle sue bellissime sale. E ancora oggi personaggi del mondo politico e culturale si fermano al Gran Caffè Gambrinus per sorseggiare un magnifico caffè napoletano e gustare il vasto assortimento di pasticceria napoletana in un ambiente raffinatissimo.

Per saperne di più su altri caffé letterari e storici in Italia vai su MyItalianLab.

Prima di guardare

Vuoi che prendiamo l'Intercity o il Frecciarossa?

 **13.47** In questo episodio, Taylor ed Elena passano del tempo insieme e si raccontano molte cose. Prima di guardare il video, completate le attività che seguono.

1. Cosa sapete del rapporto fra Taylor ed Elena? E del rapporto fra gli altri personaggi?
2. Descrivete la prima foto. Chi sono i personaggi? Dove sono? Cosa fanno? Perché?
3. Descrivete la seconda foto. Secondo voi, Elena è felice o triste? Immaginate cosa si sono detti Elena e Taylor poco prima.

Mentre guardi

 **13.48** Questo episodio consiste di quattro scene principali: la prima scena si svolge alla Stazione Termini a Roma e le altre tre a Napoli. Leggi le frasi seguenti e poi, mentre guardi, indica per ogni scena quale affermazione corrisponde meglio a quello che Elena e Taylor si dicono.

1. Scena alla Stazione Termini:
   a. Elena preferirebbe prendere l'Intercity, perché Napoli non è molto lontano da Roma e sarebbe più veloce.
   b. Elena preferirebbe prendere il Frecciarossa, ma non vuole che Taylor spenda troppo.
2. Scena all'arrivo di Napoli:
   a. Elena vorrebbe divertirsi con Taylor a Napoli ed è molto triste quando capisce che questo non succederà.
   b. Taylor ha intenzione di lavorare e studiare a Napoli, ma vuole anche divertirsi con Elena.
3. Scena in piazza:
   a. Secondo Taylor, Roberto non dovrebbe sempre dire a Elena cosa fare, perché lei è la regista del video, e poi è chiaro che Elena non piace a Roberto.
   b. Secondo Taylor, Elena non dovrebbe essere arrabbiata con Roberto, perché lui è il manager e deve darle ordini, e poi è chiaro che Roberto piace a Elena.
4. Scena al Gran Caffè Gambrinus:
   a. Taylor capisce che Elena è innamorata di lui, ma lui è innamorato di Giulia.
   b. Taylor non sa come esprimere i suoi sentimenti a Giulia, ma Elena è felice di aiutarlo, anche se lei è innamorata di lui.

Dopo aver guardato

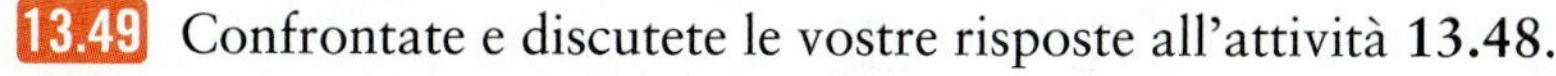

13.49 Confrontate e discutete le vostre risposte all'attività **13.48**.

13.50 Parafrasate la conversazione fra Taylor ed Elena nella terza scena. Secondo voi, perché Elena si arrabbia con Taylor?

13.51 Parafrasate la conversazione fra Taylor ed Elena nella scena al Gran Caffè Gambrinus. Secondo voi, che cosa voleva dire Elena a Taylor? Cosa rivela Taylor a Elena dei suoi sentimenti? Come reagisce (*reacts*) Elena? Cosa suggerisce a Taylor di fare per conquistare Giulia? Commentate la scena finale.

13.52 Immaginate una conversazione fra Elena e una sua amica. L'amica le fa tante domande sul suo viaggio e sul suo rapporto con Taylor. Elena le racconta tutto.

LEGGIAMO

Strategie di lettura
Recognizing the **passato remoto** *tense*

Most Italian literary texts, historical writings, and journalistic narratives use a verb tense known as the **passato remoto** to talk about past events. To be an effective reader, you will need to learn to recognize this tense. The **passato remoto** indicates an action completed in the past; it is expressed by a one-word verb.

Regular forms of the **passato remoto** are easy to identify because their stems are the same as that of the infinitive. For example, **mangiò** is the third-person singular **passato remoto** form of **mangiare; dovette** is a form of **dovere; partì** is a form of **partire.**

Many verbs have irregular forms in the **passato remoto**, although they, too, are usually easy to figure out. When you see an irregular form of the **passato remoto**, look at the beginning of the verb and consider what verbs you know that start with the same letter or letters. For example, if you see **disse**, think of what verbs you know that begin with **di-** and you can recognize that **disse** is the **passato remoto** of **dire**. Similarly, if you see **chiuse** and **scrisse**, think of verbs that begin with **chiu-** and **scri-** and you will be able to recognize that **chiuse** and **scrisse** are, respectively, forms of **chiudere** and **scrivere**. Most of all, the context can usually help you to determine the meaning of many irregular verbs in the **passato remoto**.

Il passato remoto

andare	dovere	partire
and**ai**	dov**etti**	part**ii**
and**asti**	dov**esti**	part**isti**
and**ò**	dov**ette**	part**ì**
and**ammo**	dov**emmo**	part**immo**
and**aste**	dov**este**	part**iste**
and**arono**	dov**ettero**	part**irono**

Prima di leggere

13.53 Il racconto che segue parla di un uomo che va in vacanza in campeggio, dove fa nuove amicizie e conosce una ragazza che gli piace molto. Poi tutto cambia con il cambiare delle stagioni. Prima di leggere, completa le attività che seguono.

1. I verbi seguenti hanno il passato remoto regolare. Indica qual è il soggetto e qual è l'infinito: **presentò, invitò, accettarono, passarono, partirono, restò, pensò, partì, arrivò, cercò, andò, raccontò, dormì, si svegliò, tornò, incontrò, dovette.**
2. I verbi usati nelle frasi seguenti hanno un passato remoto irregolare. Indica qual è l'infinito corrispondente:
   a. Il cliente **disse** che era stato benissimo in quell'albergo.
   b. In vacanza Mario **fece** fotografie a ogni cosa che vedeva.
   c. Carla andò a Capri ma non **vide** la Grotta Azzurra.
3. Leggete il primo paragrafo del racconto e poi descrivete il protagonista.

Mentre leggi

13.54 Mentre leggi, tieni presenti i seguenti suggerimenti e completa le attività.

1. Leggi velocemente il testo una prima volta e indica quali argomenti sono trattati nel testo.
   a. una vacanza al mare
   b. un uomo vede il mare per la prima volta
   c. un gruppo di amici conoscono un uomo che viaggia solo
   d. l'inquinamento del mare
   e. una fabbrica vicino al mare
2. Identifica i verbi al passato remoto.
3. Adesso leggi il racconto una seconda volta. Mentre rileggi, cerca nel testo le seguenti informazioni:
   a. cosa sappiamo del protagonista
   b. chi sono gli altri personaggi
   c. quali sono i diversi luoghi del racconto

Mare

lips / teeth — *furniture factory / widower*

Un giorno d'estate, un operaio di provenienza contadina con labbra° e denti° belli e forti, essendo molto caldo e il ferragosto vicino, approfittò delle ferie al mobilificio° per andare al mare a Iesolo. Aveva quasi quarant'anni, era vedovo° e non era mai stato in villeggiatura al mare. [...]

equipment — *he had* — *bushes* — *fence*

L'uomo si chiamava Bruno, aveva una tenda canadese abbastanza grande, tutta l'attrezzatura° e un'automobile: partì il mattino presto del giorno 7 e arrivò verso mezzogiorno. [...] Arrivò a Iesolo, cercò il camping Metropolis che però era pieno: insistendo perché non ne conosceva altri ebbe° lo spazio per la tenda (l'automobile dovette lasciarla lontano, in mezzo ai cespugli°) accanto alla rete° metallica che divideva l'interno del camping dalla strada. [...]

he rubbed — *dust*

Il camping era affollatissimo, non c'era un metro quadrato libero e si considerò molto fortunato della sistemazione, tanto fortunato che si stropicciò° le mani. È vero, c'era molta polvere°, nemmeno un filo d'erba ma tanta gente e bambini, della sua stessa condizione sociale, e anche molti operai tedeschi. [...]

Vide davanti a sé, proprio all'entrata del camping, una automobile con radiotelefono e una scritta sulle portiere. La scritta diceva: Corvo Selvaggio°. Andò dal capellone sorvegliante° nella garitta° d'entrata, accanto alla sbarra, e si informò. Si avvicinò un uomo molto robusto, alto e muscoloso, era proprio lui Corvo Selvaggio e il ragazzo fece le presentazioni dicendo a Corvo Selvaggio che Bruno era un nuovo ospite°. [...]

[...] Alle cinque [Bruno] indossò il costume da bagno, consegnò° il portafoglio° al capellone sorvegliante e andò verso il mare attraverso le tende e le roulottes°. [...]

Tornò alla tenda, andò alla doccia (che era fredda), si rasò e poi si cambiò d'abito, si spruzzò in faccia un po' di profumo. All'entrata [del campeggio] incontrò Corvo Selvaggio che invece era in pantaloncini corti e canottiera° come al mattino. Parlava con delle ragazze, anche loro già pronte per uscire, ma, si sarebbe detto°, incerte sul da farsi e senza appuntamenti precisi. [...]

Corvo Selvaggio presentò Bruno alle ragazze, che erano quattro, e stettero° un po' lì a chiacchierare°, le une° non conoscendo i propri progetti per la serata, né quelli di Bruno che a sua volta° non li conosceva. Bruno era un bell'uomo, dall'apparenza molto più giovane dei suoi anni, ma era timido, poco pratico, si vergognava° di unirsi alla compagnia delle ragazze che tra l'altro erano tutte molto giovani e carine, meno una. [...] «Qui vicino c'è una pizzeria birreria, c'è anche la pista da ballo» disse una delle ragazze che si chiamava Ines. [...]

Bruno chiacchierò molto con le ragazze che invece parlavano poco, ballò parecchio° (aveva passato la gioventù a partecipare a gare di ballo), così oltre alla birra le ragazze accettarono anche la pizza. [...] Maria Rita, che era la più vecchia delle quattro, non era «malvagia°», ma la più bella era Ines che era anche la più giovane e quella che rideva di più. Nonostante la timidezza, la discrezione e le ragioni d'età Bruno pensò che era quella che gli piaceva di più. [...]

[...] Bruno frequentava spesso la tenda delle ragazze e gli piaceva Ines, non c'era niente da fare, lei aveva capito [...], e talvolta sbuffava°, talvolta accettava di andare a mangiare la pizza con lui. Bruno vide poco il mare e fece soltanto un bagno perché le ragazze stavano quasi sempre in tenda, a pettinarsi, a truccarsi, a cambiarsi e a scambiarsi i vestiti. Spesso Bruno faceva da cuoco quando le ragazze invitavano amici a mangiare in tenda: prima tutti lo chiamavano signor Bruno, poi Bruno e i ragazzi gli davano del tu. Bruno era felice, aveva fatto molto bene a scegliere Iesolo e il camping Metropolis [...]

Il diciotto di agosto le ragazze partirono, Bruno restò ancora due giorni (il camping si era svuotato°) poi partì anche lui. [...]

Bruno tornò in mobilificio: passò settembre, ottobre, novembre e quasi tutto dicembre. Si era tenuto in contatto con Ines, scrisse due cartoline, una dal Lago Maggiore, telefonò una volta alla Pi-Erre, dove Ines lavorava: era stata gentile, l'aveva invitato ad andarla a trovare°.

Il giorno 31 di dicembre Bruno pensò di andarla a trovare, in fondo erano solo cinque ore di macchina. Arrivò al paese di Ines che era vicino a Iesolo, cercò la sua casa all'indirizzo che aveva ma Ines non c'era, la madre gli disse che era andata in montagna con la compagnia. Bruno mangiò in una trattoria del paese dove alla sera si facevano grandi feste [...] e dormì in un albergo verso Iesolo. Il mattino dopo andò a Iesolo per rivedere il camping. Lo trovò a stento°, tutto era deserto e irriconoscibile. [...] Le strade erano piene di sabbia° portata dal vento, a piccole dune, non c'era musica, non c'era una macchina, non un profumo, nulla.

(Goffredo Parise, *Sillabario n. 2,* Mondadori 1982)

Wild Raven
long-haired guard / gatehouse
guest
gave
wallet
campers
undershirt
one would have said
remained
to chat / the first ones
[the girls] / in turn
was embarrased
a lot
bad
snorted
emptied
visit
with difficulty / sand

Dopo la lettura

13.55 Dopo aver letto il racconto, completate le attività che seguono.

1. Osservate i verbi al passato remoto. Le azioni e gli eventi a cui si riferiscono sono passati da molto tempo o da poco?
2. Le frasi seguenti indicano gli avvenimenti principali del racconto. Organizzatele in ordine cronologico.
   _____ Bruno è di nuovo solo.
   _____ Bruno conosce quattro ragazze.
   _____ Bruno balla con le ragazze.
   _____ Bruno decide di andare in vacanza in campeggio.
   _____ A Bruno piace Ines, la ragazza più giovane.
   _____ Bruno va a trovare Ines.
   _____ Bruno scopre che d'inverno il campeggio è un posto desolato.
   _____ Bruno e Ines si parlano al telefono.

3. Discutete come cambia il campeggio dall'estate all'inverno e perché.
4. Avete mai avuto un'esperienza simile a quella di Bruno? Come? Dove? Con chi?

PARLIAMO

Strategie per parlare
Collaborating with classmates

A group project can provide practical opportunities to practice your Italian. Together, you can plan and divide up the work; then critique each other's findings and collaborate to create and present a unified product.

Venite a Sorrento!

Scopriamo Sorrento e la Penisola Sorrentina

Cenni storici
Potrete scoprire la storia di Surrentum con itinerari studiati per far rivivere al visitatore l'ebbrezza[1] del vivere a Sorrento fino dalle origini.

Musei e monumenti
Il Museo Correale di Terranova presenta fra l'altro una sezione archeologica, una pittorica e anche una delle porcellane.

Itinerari turistici (Sorrento e dintorni)
Percorsi ricchi d'interesse storico, artistico e naturalistico, godibili[2] in tutti i mesi dell'anno vi permetteranno di scoprire il passato e le bellezze di oggi.

Gastronomia
Conoscerete una tradizione millenaria che ha sviluppato sensazioni e piaceri ineguagliabili[3] attraverso percorsi gastronomici, segnati[4] dal profumo dei prodotti tipici.

Shopping
Tra le caratteristiche stradine[5] del centro storico, potrete ammirare e acquistare gli oggetti tradizionali della cultura sorrentina.

1. *inebriation* 2. *enjoyable* 3. *incomparable* 4. *marked* 5. *little streets*

Promozione turistica. L'ufficio del turismo della Campania vuole convincere i turisti a venire in vacanza in questa regione. Preparate la proposta di un sito per promuovere una delle seguenti località: Capri, Ischia, Amalfi o Napoli.

Prima di parlare

 **13.56** Prima di preparare la vostra proposta per un sito, completate le seguenti attività. Usate le informazioni su Sorrento come esempio.

1. Scegliete la località.
2. Decidete di quali argomenti si occuperà ognuno di voi. Prendete in considerazione:
   a. le caratteristiche per cui il posto è famoso
   b. i monumenti e musei
   c. la gastronomia
   d. le attività per divertirsi
3. Fate la ricerca e trovate delle foto.

Mentre parli

 **13.57** Usate la ricerca che avete fatto per preparare il sito.

1. Presentate al gruppo le informazioni che avete trovato.
2. Mettete insieme il lavoro di ogni persona e usate fotografie e illustrazioni. Decidete il titolo della presentazione e i titoli per ognuna delle diverse parti.

Dopo aver parlato

 **13.58** Presentate alla classe il vostro sito. Poi tutti insieme decidete quale sito è il più interessante. Quali sono i posti più belli? Dove preferireste andare?

SCRIVIAMO

In vacanza dove? Un tuo amico italiano/Una tua amica italiana ha solo due settimane di vacanze e vorrebbe visitare il tuo Paese. È indeciso/a su dove andare. Scrivigli/Scrivile un messaggio in cui paragoni alcuni posti del tuo Paese che conosci bene. Spiegagli/Spiegale dove dovrebbe andare, secondo te, e perché.

Strategie per scrivere
Comparing and contrasting

Very often our descriptions are based upon making comparisons and establishing contrasts. Comparing and contrasting can also be useful in conveying opinions and ideas and trying to persuade others to share them. To make effective use of comparisons and contrasts, select carefully the elements that you want to compare. Then consider how they resemble each other and how they differ, and decide which comparative and superlative forms you need to use.

Prima di scrivere

13.59 Segui i suggerimenti.

1. Fa' una breve lista degli aspetti che vuoi descrivere e paragonare. Per esempio, puoi prendere in considerazione: i mezzi di trasporto, gli alberghi, le attività.
2. Considera la lista che hai preparato e prendi dei brevi appunti. Pensa a esempi concreti che puoi fare. Per esempio, se vuoi paragonare gli alberghi, considera dove sono, come sono le camere, che cosa offrono.

La scrittura

13.60 Scrivi una prima stesura e usa gli appunti che hai preparato.

1. Descrivi e paragona i posti che hai scelto.
2. Usa la lista e gli esempi concreti che hai preparato.

La versione finale

13.61 Leggi la prima stesura.

1. Hai espresso con chiarezza i paragoni?
2. Hai presentato particolari sufficienti per dimostrare le tue idee?
3. Adesso correggi il testo attentamente. Controlla se hai scritto le parole correttamente, l'uso degli articoli, l'accordo degli aggettivi e dei nomi e le forme dei verbi.

I mezzi di trasporto

l'aliscafo	*hydrofoil*
l'autostrada	*freeway / highway*
il binario	*train track*
la biglietteria	*ticket office*
cambiare treno	*to change trains*
la carrozza ristorante	*restaurant car*
la cuccetta	*sleeping berth*
il distributore di benzina	*gas station*
fare benzina	*to get gas*
fare il pieno	*to fill up the gas tank*
fare una crociera	*to go on a cruise*
la fermata dell'autobus	*bus stop*
la nave	*ship, boat*
noleggiare un'automobile	*to rent a car*
perdere l'aereo / l'autobus / il treno	*to miss the plane / the bus / the train*
il porto	*port, harbor*
la prima / la seconda classe	*first / economy class*
il traghetto	*ferry*
il vagone letto	*sleeping car*

Per descrivere i mezzi di trasporto

adatto/a	*appropriate*
comodo/a	*comfortable, convenient*
conveniente	*advantageous*
disponibile	*available*
economico/a	*inexpensive*
efficiente	*efficient*
faticoso/a	*tiring*
lento/a	*slow*
pericoloso/a	*dangerous*
semplice	*simple*
veloce	*fast*

Espressioni alla stazione

Scusi, a che ora c'è la coincidenza per… ?	*Excuse me, at what time is the connection for … ?*
Da quale binario parte?	*Which track is it leaving from?*
C'è posto in seconda?	*Is there a seat in economy class?*
Vietato fumare.	*No smoking.*

Gli alberghi e altri tipi di soggiorno

la camera singola, doppia / matrimoniale	*single, double room*
il campeggio / il camping	*camping, campground*
i comfort	*amenities*
la connessione Internet	*Internet connection*
fare campeggio	*to camp*
incantevole	*delightful*
l'ostello	*hostel*
pagare con la carta di credito	*to pay with a credit card*
la pensione	*bed and breakfast*
il residence	*apartment hotel*

il sacco a pelo	*sleeping bag*
i servizi	*conveniences; restrooms*
la spiaggia privata	*private beach*
la tenda	*tent*
la vista sul mare	*ocean view*

Espressioni in albergo

Ci sono camere libere?	*Do you have rooms available?*
Ha/Avete una prenotazione per stasera al nome di… ?	*Do you have a reservation for tonight under the name of … ?*
Vorrei prenotare una camera doppia.	*I would like to reserve a double room.*
La colazione è compresa?	*Is breakfast included?*
Quanti giorni pensa di restare?	*How many days do you think you will stay?*
Mi dispiace, non abbiamo camere disponibili.	*I am sorry, there is no vacancy.*

Le vacanze

abbronzarsi*	*to get a suntan*
affascinante	*fascinating*
l'agriturismo	*vacation on a farm*
l'asciugamano	*towel*
la crema / l'olio abbronzante	*suntan lotion / suntan oil*
il costume da bagno	*bathing suit*
fare	
una scalata	*to go mountain climbing*
windsurf	*to go wind surfing*
il filtro solare	*sunscreen*
la località	*site, place*
la maschera	*mask*
il motoscafo	*motorboat*
gli occhiali da sole	*sunglasses*
l'ombrellone	*beach umbrella*
le pinne	*swim fins*
la pista	*slope*
gli scarponi da montagna	*hiking boots*
il sentiero di montagna	*mountain trail*
silenzioso/a	*quiet*
la spiaggia	*beach*
splendido/a	*splendid*

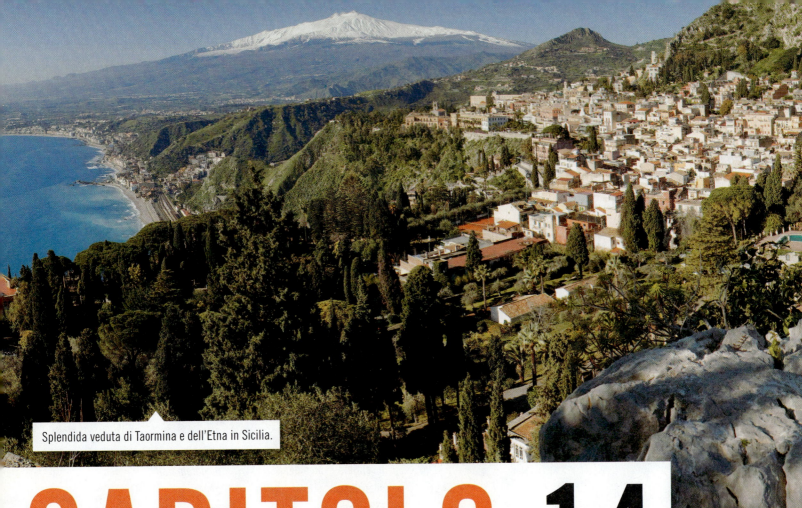

Splendida veduta di Taormina e dell'Etna in Sicilia.

CAPITOLO 14

QUANTE COSE DA FARE IN CITTÀ!

In this chapter you will learn how to:

- Talk about where to shop
- Give commands and instructions
- Give and follow directions to get around town
- Tell where to go for different services
- Talk about shopping for clothes

Fare acquisti in città

VOCABOLARIO

Compriamolo in centro!

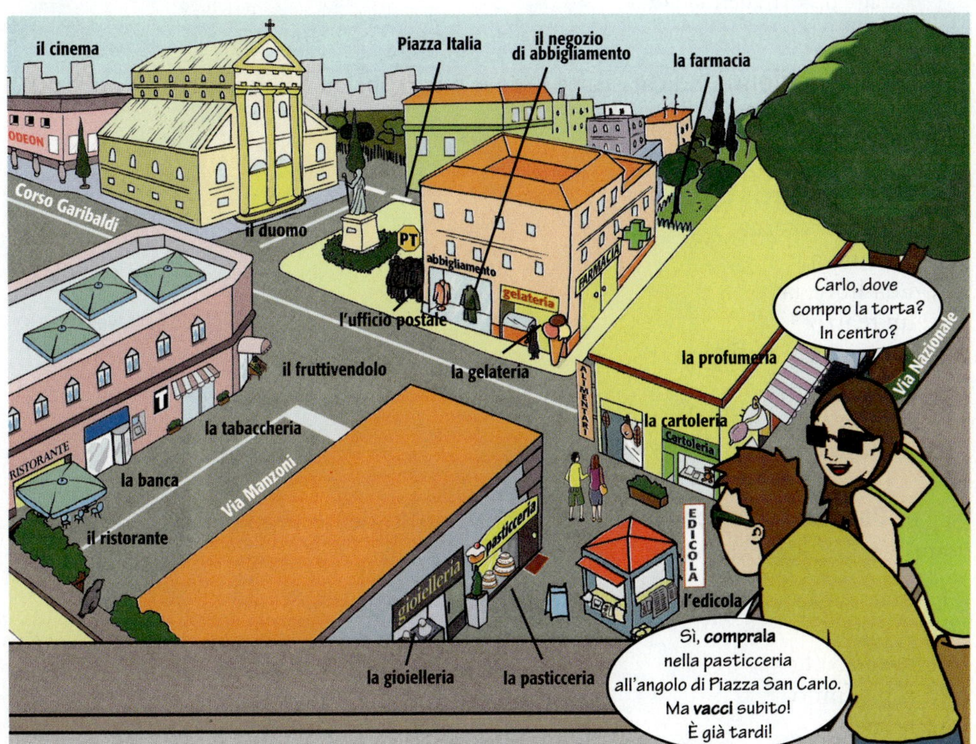

Negozi e rivenditori

il centro commerciale	*mall*
il/la farmacista	*pharmacist*
il forno, la panetteria	*bakery*
i grandi magazzini	*department stores*
la macelleria	*butcher shop*
il mercato all'aperto	*open-air market*
il negozio d'alimentari	*grocery store*
la rosticceria	*rotisserie*
la salumeria	*delicatessen, deli*
il supermercato	*supermarket*

Fare spese

gli affettati	*cold cuts*
l'anello	*ring*
la collana	*necklace*
il dentifricio	*toothpaste*
il francobollo	*postage stamp*
i prodotti alimentari	*food items*
il profumo	*perfume*
il rasoio	*razor*
il sapone	*soap*
lo spazzolino da denti	*toothbrush*

I contenitori

un barattolo (di)	*a jar (of)*
una busta (di)	*a bag (of)*
una lattina (di)	*a can (of)*
un pacco / un pacchetto (di)	*a (small) package (of)*
una scatola (di)	*a box (of)*
una vaschetta (di)	*a small tub (of)*

Il posto

all'angolo (di)	*at the corner (of)*
a fianco (di)	*beside, next to, alongside*
in fondo a	*at the end of*

Così si dice Pesi e misure

When purchasing food, to specify how much you want of an item, express the quantity according to the metric system followed by **di: Vorrei un chilo di pane, mezzo chilo di farina, due etti di prosciutto e un litro di olio extra vergine.** *I would like a kilo of bread, a half a kilo of flour, two hundred grams of prosciutto, and a liter of extra virgin olive oil.*

1 chilo (kg) = 1.000 grammi (g) (2.2 pounds)
1 etto = 100 grammi (3.5 ounces *approx.*)
1 litro (l) = (1 quart *approx.*)

14.1 Associazioni. Indicate tutte le cose e persone che associate con i negozi e le strutture seguenti.

1. un grande magazzino
2. un supermercato
3. una pasticceria
4. un cinema
5. una libreria
6. un teatro
7. un negozio d'alimentari
8. un ristorante
9. un negozio d'abbigliamento
10. un forno

14.2 Dove lo potrei comprare? Spiega a uno studente straniero dove potrebbe comprare le seguenti cose in Italia.

1. una rivista
2. il sapone
3. le sigarette
4. il profumo
5. le mele
6. della carne
7. l'aspirina
8. un gelato
9. il prosciutto
10. una torta
11. un anello
12. una scheda telefonica
13. delle penne e delle matite
14. i biglietti per l'autobus

Questo è il mio negozio preferito. Qui compro pantaloni, gonne, camicie e scarpe. E poi anche collane, braccialetti e orecchini.

14.3 Che cosa hai comprato? Sei andato/a al supermercato a fare la spesa. Guarda i disegni e spiega a un compagno/una compagna che cosa hai comprato. Non dimenticare di specificare il tipo di contenitore.

In contesto Spese in città

Cecilia è a casa con il raffreddore (*cold*). Paola, una sua amica, le telefona per sapere come sta e se ha bisogno di qualcosa.

PAOLA: Cecilia, come ti senti? Sto per uscire e volevo sapere se ti serve qualcosa.

CECILIA: Veramente in casa non ho più niente. Mi serve il pane. Compramene mezzo chilo, per favore. Poi fermati alla pasticceria qui all'angolo e prendi delle paste alla crema.

PAOLA: Quante ne vuoi?

CECILIA: Prendine sei.

PAOLA: E poi?

CECILIA: Beh, veramente avrei anche bisogno di un po' di frutta! ... Aspetta, dimenticavo, comprami un paio di fettine di vitella.

PAOLA: Dove la compro la carne? Al supermercato?

CECILIA: No, non comprarla al supermercato! Comprala alla macelleria in fondo alla piazza.

PAOLA: Va bene! Basta così?

CECILIA: Potresti portarmi il giornale e un paio di riviste? Mi sto proprio annoiando! ... Scusa, un'ultima cosa: le aspirine!

PAOLA: Certo che non hai proprio niente in casa!

14.4 Quante cose da comprare! Trova informazioni nel dialogo per giustificare le seguenti affermazioni.

1. Cecilia non esce di casa da alcuni giorni e ha fame.
2. Paola e Cecilia sono buone amiche.
3. Paola è una ragazza generosa e molto disponibile (*available*).
4. Cecilia e Paola abitano nella stessa città.

14.5 Dove deve andare? Fa' una lista di tutti i posti dove Paola deve andare per comprare le cose che vuole Cecilia. Dove andresti tu per comprare le stesse cose nella tua città?

Occhio alla lingua!

1. Reread the short conversation that is part of the *Percorso I Vocabolario* illustration. Are the two people addressing each other formally or informally?
2. What do the verbs in bold express in this conversation? Can you tell what **ci** and **la** refer to? Where are **ci** and **la** placed in the sentences?
3. Reread the *In contesto* conversation focusing on all verbs used to give instructions and orders. What direct- and indirect-object pronouns are used with these verbs? Indicate what nouns these object pronouns replace.

Lo sai che? Fare acquisti

Negli ultimi anni risulta che la maggioranza degli italiani fa la spesa al supermercato. In tutte le città italiane infatti ci sono supermercati piccoli e grandi, che offrono prodotti di marche (*brands*) ben note, mentre i supermercati discount vendono per lo più prodotti di marche poco conosciute e in grandi quantità.

Gli ipermercati e i centri commerciali si trovano in genere in periferia, occupano spazi molto vasti e sono provvisti di ampi parcheggi. Stanno diventando sempre più popolari, perché ci si può trovare di tutto e ci si arriva facilmente in macchina.

Per la spesa di tutti i giorni, invece, alcuni preferiscono ancora i negozi di quartiere, dove ci si ferma a chiacchierare e dove i prodotti alimentari sono più freschi e genuini, anche se probabilmente un po' più cari.

In tutte le città, grandi o piccole, ci sono i mercati all'aperto, dove si possono comprare vestiti, prodotti per la casa, formaggi, frutta e verdura. Spesso i prodotti alimentari che si trovano in questi mercati provengono dalle campagne vicine e sono quindi più genuini e saporiti.

Per l'abbigliamento gli italiani continuano a preferire i piccoli negozi, anche se i grandi magazzini sono sempre più popolari. Fra questi la **Rinascente** e la **Coin**, oltre ai capi di vestiario, vendono anche profumi e cosmetici, mobili e oggetti per la casa.

Sono sempre più numerosi gli **outlet** e i **parchi commerciali**, spesso grandi come un villaggio, dove si può comprare tutto a prezzi scontati.

 **14.6 In Italia e nel tuo Paese.** Paragonate come si fanno gli acquisti in Italia e nel vostro Paese. Poi immaginate di spiegare come si fanno gli acquisti nel vostro Paese a un amico/un'amica in Italia.

GRAMMATICA

Il plurale di nomi e aggettivi

In **Capitolo 2** and **Capitolo 3**, you learned that most nouns and adjectives form the plural by changing their final vowels. For example: **il supermercato** → **i supermercati; la panetteria** → **le panetterie; il/la turista** → **i turisti/le turiste.**

1. You also have learned that most masculine nouns and adjectives that end in **-co** and **-go** form the plural in **-chi** and **-ghi**.

il parco	i parchi	bianco	bianchi
l'albergo	gli alberghi	largo	larghi

However, the plural of most nouns and adjectives that end in **-ico** is **-ici**, if the stress is not on the syllable that precedes **-co**.

il meccanico	i meccanici	simpatico	simpatici
il medico	i medici	antipatico	antipatici

There are sosme exceptions to this rule:

l'amico	→	gli amici
il nemico	→	i nemici (*enemies*)

2. As you have learned, most nouns and adjectives that end in **-ca** and **-ga** form the plural in **-che** and **-ghe**.

la banca	le banche	simpatica	simpatiche
la biblioteca	le biblioteche	antipatica	antipatiche
la targa (*license plate*)	le targhe	lunga	lunghe

3. As you may have noticed, most nouns that end in **-io** form the plural in **-i**. However, nouns that end in **-io** form the plural with **-ii** when the **-i** is stressed in the singular.

l'ufficio postale	gli uffici postali	il negozio	i negozi
lo zio	gli zii	l'addio	gli addii

Nouns ending in **-ia** also retain the **-i** in the plural when the **-i** is stressed in the singular.

la profumeria	le profumerie	la farmacia	le farmacie
la tabaccheria	le tabaccherie	la pasticceria	le pasticcerie

4. Some masculine nouns that end in **-a** form the plural in **-i**. These nouns derive from Greek and usually end in **-ma** and **-ta**.

il clima	i climi	il problema	i problemi
il diploma	i diplomi	il dilemma	i dilemmi
il poeta	i poeti	il sistema	i sistemi
il programma	i programmi	il tema	i temi

14.7 Che cos'è? Leggi le seguenti descrizioni e indica di quale struttura si tratta. Poi spiega quante di queste strutture ci sono nella tua città o nel tuo campus.

ESEMPIO: I bambini ci giocano.
Il parco. Ci sono molti (pochi) parchi nella mia città.

1. Ci compriamo le medicine.
2. Ci compriamo le torte e le paste.
3. Ci compriamo i francobolli.
4. Ci compriamo gli anelli e altri gioielli.
5. Ci compriamo la carne.

6. Ci compriamo il cibo cotto e gli affettati.
7. Ci compriamo il gelato.
8. Ci dormiamo quando siamo in viaggio.
9. Ci andiamo per trovare e leggere libri.
10. Ci studiamo dopo il liceo.
11. Ci compriamo il profumo e i cosmetici.
12. Ci compriamo i quaderni, le penne e le matite.

L'imperativo informale con i pronomi

In **Capitolo 9**, you learned that the imperative forms of verbs are used to give orders, instructions, and suggestions. You also learned that, when addressing friends and family members, the informal forms of the imperative are used.

Per favore, comprami il giornale all'edicola qui vicino!

1. Reflexive, direct-, and indirect-object pronouns—with the exception of **loro**—are always attached to the affirmative forms of the informal imperative. **Loro** is never attached to the imperative. It always follows the verb.

—Ferma**ti** al bar all'angolo!	*—Stop at the bar at the corner!*
—Devo **comprarti** *Ciack*, la rivista di cinema?	*—Do I have to buy you* Ciack, *the movie magazine?*
—Sì, compra**mela**, per favore.	*—Yes, buy it for me, please.*
—Dobbiamo porta**rgli la carne**?	*—Do we have to bring him the meat?*
—Sì, portate**gliela**!	*—Yes, bring it to him!*
—Dobbiamo dir**le il nome del negozio**?	*—Do we need to tell her the name of the store?*
—Sì, diciamo**glielo**!	*—Yes, let's tell it to her!*
—Devo portare **la torta alle signore**?	*—Do I have to bring the ladies the cake?*
—Sì, porta**la loro**.	*—Yes, bring it to them.*

2. Object pronouns can immediately precede the negative forms of the informal imperative or they can be attached to it. Notice that in the **tu** form, the final **-e** of the infinitive is dropped before adding the pronoun.

Non veni**rci**! Non **ci** venire!	*Don't come (here)!*
Non far**glielo**! Non **glielo** fare!	*Don't do it for him/her!*
Non date**melo**! Non **me lo** date!	*Don't give it to me!*
Non scriviamo**glielo**! Non **glielo** scriviamo!	*Let's not write it to him/her!*

3. When pronouns are attached to imperatives that have only one syllable—**di', da', fa', sta', va'**—the first consonant of the pronoun is doubled. **Gli** is never doubled.

Da**mmi** la rivista! Da**mmela**!	*Give me the magazine! Give it to me!*
Fa**lle** un favore! Fa**glielo**!	*Do her a favor! Do it for her!*
Va**cci** e sta**cci** un mese!	*Go there and stay there for a month!*

Remember: Ne is used to replace a direct object preceded by a quantity. A specific or approximate quantity often follows **ne**.

—Devo portare **del** vino?	*—Do I have to bring some wine?*
—Sì, porta**ne un po'**.	*—Yes, bring some (of it).*

14.8 Cosa deve portare? Stasera fai una festa a casa tua. Una tua amica ti chiede cosa deve portare. Rispondile, abbinando le domande e le risposte.

1. Devo portare le paste?	a. Sì, portane due!
2. Devo portare l'acqua?	b. Sì, portalo!
3. Devo portare il vino?	c. Sì, portali!
4. Devo portare delle torte?	d. Sì, portale!
5. Devo portare i dolci?	e. Sì, portala!

14.9 Dove posso comprarlo? Alcuni studenti stranieri ti chiedono dove possono comprare le seguenti cose in Italia. Rispondi alle loro domande. Usa l'imperativo e sostituisci ai nomi i pronomi.

ESEMPI: —Dove posso comprare la carne?
—Comprala alla macelleria!
—Dove possiamo comprare la frutta?
—Compratela dal fruttivendolo!

1. Dove posso comprare un anello per mia madre?
2. Dove possiamo comprare il caffè?
3. Dove posso comprare le scarpe?
4. Dove possiamo comprare le aspirine?
5. Dove posso comprare un regalo per mio fratello?
6. Dove possiamo comprare un profumo italiano?
7. Dove posso comprare le verdure fresche?
8. Dove possiamo bere un'acqua minerale?

14.10 La cena. Hai invitato il tuo/la tua insegnante d'italiano e i tuoi compagni di classe a cena a casa tua. I tuoi compagni ti chiedono cosa possono fare per aiutarti. Rispondi alle loro domande e usa l'imperativo per dirgli che cosa devono e non devono fare. Sostituisci ai nomi i pronomi.

1. Dobbiamo usare i piatti buoni?
   Sì, ______________________!
2. Devo portarti alcune bottiglie di acqua minerale?
   No, ______________________ !
3. Devo comprare quattro pacchi di pasta?
   No, ______________________, ma solo due!
4. Devo fare una torta?
   Sì, per piacere, ______________________!
5. Devo pulire l'appartamento?
   No, ______________________!
6. Dobbiamo servire gli spaghetti agli ospiti?
   Sì, per piacere, ______________________!
7. Devo darti dei soldi?
   No, ______________________!
8. Devo servire il vino agli ospiti?
   Sì, per piacere, ______________________!
9. Devo andare al supermercato?
   Sì, per piacere, ______________________subito!
10. Devo dare agli ospiti il nostro indirizzo?
    Sì, certo, ______________________!

SCAMBI

14.11 La spesa. Alcune persone fanno la spesa in vari negozi. Ascolta le loro conversazioni e completa la scheda che segue indicando in quale negozio sono, che cosa comprano e quanto spendono.

	Negozio	Prodotti	Quanto spendono
Conversazione 1			
Conversazione 2			
Conversazione 3			

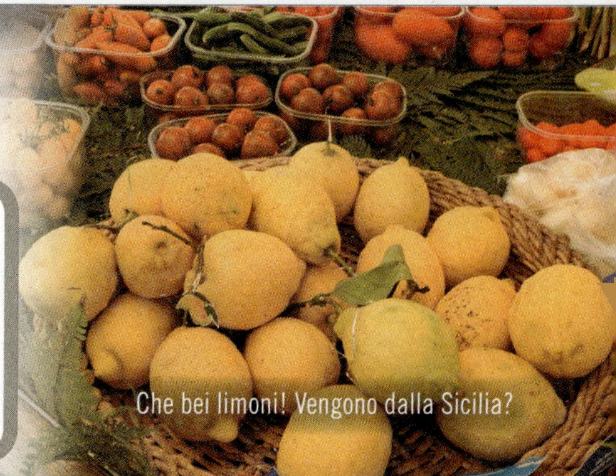

Che bei limoni! Vengono dalla Sicilia?

14.12 Sondaggio. I tuoi compagni fanno le spese come gli italiani? Completa il sondaggio che segue e poi paragona i tuoi risultati con quelli dei tuoi compagni.

Sondaggio

1. Dove fai acquisti? Con quale frequenza? Ogni giorno? Spesso? Una volta alla settimana? Raramente?

Dove	La frequenza
supermercato	__________
ipermercato	__________
grandi magazzini	__________
negozi di quartiere	__________
centro commerciale	__________
mercato all'aperto	__________

2. Indica con un numero da 1 (meno importante) a 5 (più importante) quali di queste caratteristiche sono importanti per te quando fai spese.

_____ la convenienza
_____ l'accessibilità
_____ il parcheggio
_____ la qualità dei prodotti
_____ il rapporto personale con il negoziante
_____ un nome famoso

14.13 Aiuto! Mi servono tante cose! Oggi hai molte commissioni da sbrigare (*to take care of*) ma non ti senti bene. Un amico/Un'amica si offre di aiutarti. Prepara una lista delle cose che ti servono. Poi a coppie, immaginate la conversazione con l'amico/l'amica. Usate la conversazione *Spese in città* come modello.

Mi compri dei pomodori speciali? Grazie!

14.14 Una festa indimenticabile. Organizzate una festa. Decidete dove la farete e perché. Poi fate una lista delle cose che dovrete fare prima della festa, durante la festa e dopo la festa. Decidete anche che cosa servirete agli ospiti e dove potrete comprare ogni cosa. Poi dividete i compiti e insieme decidete chi farà che cosa.

In giro per la città

VOCABOLARIO

Scusi, per andare... ?

Muoversi in città

chiedere / dare indicazioni	*to ask / give directions*
la piantina / la mappa	*city map*

Dare e seguire indicazioni

andare (sempre) dritto	*to go straight (to keep going straight)*
attraversare la piazza / il ponte	*to cross the square / the bridge*
continuare	*to continue*
dopo il ponte	*after the bridge*
È proprio qui / qua / lì / là	*It's right here / there*
fino a	*up to*
girare a destra / a sinistra	*to turn right / left*
la piazza	*square*
prendere la prima / la seconda... strada / via / traversa	*to take the first / second ... road / street / crossroad*
il primo / il secondo semaforo	*first / second traffic light*
proseguire	*to continue*

Commissioni in città

il bancomat	*ATM*
cambiare un assegno	*to cash a check*
la cartolina	*postcard*
la cassa	*cash register*
la cassetta delle lettere	*mailbox*
depositare	*to deposit*
firmare	*to sign*
imbucare	*to mail*
il pacco	*package*
prelevare dei soldi / del contante	*to withdraw money / cash*

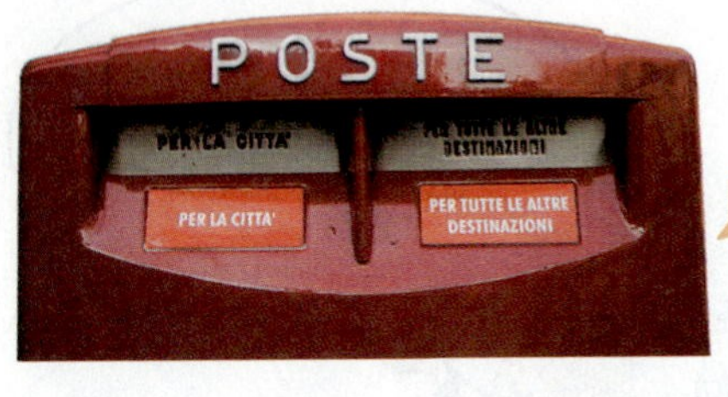

14.15 Dove si fanno? Indicate tutte le commissioni che si possono fare in città e dove si possono fare.

14.16 Che cos'è? Abbina ogni parola con la definizione corrispondente.

1. il bancomat
2. i francobolli
3. le cartoline
4. la cassetta delle lettere
5. la cassa

a. Ci mettiamo le lettere che vogliamo spedire.
b. Le scriviamo quando facciamo un viaggio.
c. Li mettiamo sulle buste, le cartoline e i pacchi.
d. Lo usiamo per prelevare i soldi quando non vogliamo entrare in banca.
e. È dove paghiamo quello che compriamo.

14.17 Che cosa facciamo? Quali verbi si possono usare con le seguenti indicazioni?

1. ______________________ la piazza, il ponte, l'incrocio
2. ______________________ dritto
3. ______________________ a destra, a sinistra
4. ______________________ la prima strada, la prima traversa

14.18 Che cosa devi fare? Scrivi tre commissioni che devi fare nei prossimi giorni e domanda ad alcuni compagni/alcune compagne dove puoi andare per farle vicino alla scuola.

ESEMPIO: andare in banca
S1: Dov'è una banca?
S2: Qui vicino. Prendi via… Va' sempre dritto…

In contesto In giro per Catania

La signora Bellini e la signora Settembrini sono a Catania e hanno appena visitato il Duomo, dedicato a Sant'Agata, la santa patrona della città, con la bellissima facciata del Vaccarini[1]. Adesso, sedute a un bar in Piazza del Duomo, scrivono delle cartoline e discutono cosa fare.

SIG.RA BELLINI: Questa cartolina della Badia di Sant'Agata voglio mandarla a Beppe. Vuoi firmarla anche tu?

SIG.RA SETTEMBRINI: Sì, certo, dammela! E poi, cosa vogliamo fare? Andiamo a fare delle spese in via Etnea[2]?

[1]Noto architetto barocco.
[2]Famosissima via, lunga più di 3 km. Qui si trovano i negozi più eleganti di Catania e numerosi palazzi e chiese. Camminando per questa strada si può vedere l'Etna, vulcano ancora in eruzione.

SIG.RA BELLINI: Sì, va bene, andiamoci! Però io vorrei proprio vedere anche via Crociferi, perché è considerata la via del barocco catanese per eccellenza.

SIG.RA SETTEMBRINI: D'accordo. Pensi che possiamo andare a piedi?

SIG.RA BELLINI: Non lo so. Chiediamo a quel signore... Senta, scusi, saprebbe dirmi come arrivare a via Crociferi?

SIGNORE: Prenda questa via qui a destra, via Vittorio Emanuele II, e vada sempre dritto; alla seconda traversa giri a destra e prosegua dritto. Poi prenda la prima via a sinistra e poi sempre dritto e troverà via Crociferi lì in fondo.

SIG.RA BELLINI: Mille grazie.

e **14.19 In giro per Catania.** Indica quali affermazioni sono vere e quali sono false.

1. La Signora Bellini e la Signora Settembrini abitano a Catania.
2. Le due amiche vogliono comprare delle cartoline.
3. Via Etnea è famosa per i bei negozi.
4. Via Crociferi è conosciuta per i resti di monumenti greci.
5. Le signore devono prendere l'autobus.
6. La signora Bellini e la signora Settembrini continuano a visitare Catania.

Via Etnea a Catania

Occhio alla lingua!

1. Read again the short conversation that accompanies the map in the *Percorso II Vocabolario* section. What does the young man say to get the woman's attention? Do you think they are speaking to each other in a formal or an informal manner?
2. In this short conversation, look at the verbs in the woman's response. What forms do you think she is using to give directions?
3. Do you recognize the verbs in the woman's response? What are their infinitive forms? What do you notice about the verb endings? Can you detect a pattern?
4. Reread the *In contesto* conversation and circle all requests, suggestions, orders, instructions, and directions. Which are formal and which are informal?

GRAMMATICA

L'imperativo formale

The formal imperative is used to give instructions, suggestions, orders, and directions to someone you don't know well. Only the singular form of the formal imperative is used in modern colloquial Italian; the plural formal imperative is almost never used anymore. Use the **voi** form of the informal imperative when speaking to more than one person in any context.

—Signora, **prosegua** sempre dritto! — *Madam, continue straight ahead!*
—Signori, **proseguite dritto!** — *Gentlemen, continue straight ahead!*

1. The formal singular imperative of regular **-are** verbs is formed by adding an **-i** to the verb stem after dropping the infinitive ending; regular **-ere** and **-ire** verbs take an **-a** after dropping their infinitive ending. Verbs that take **-isc** in the present indicative also have an **-isc** in the formal imperative. The negative is formed by placing **non** in front of the affirmative form.

L'imperativo formale dei verbi regolari				
	girare	**prendere**	**seguire**	**finire (-isc)**
Signora,	**(non)** gir**i**	**(non)** prend**a**	**(non)** segu**a**	**(non)** fin*isca*
Signore,	**(non)** gir**ino**	**(non)** prend**ano**	**(non)** segu**ano**	**(non)** fin*iscano*

—Signora, per andare al «Caffè Duomo» giri a destra! — *Madam to go to the "Caffè Duomo," turn right!*
—Signora, (non) prenda questa strada! — *Madam, (don't) take this street!*

2. Verbs that are irregular in the present indicative have the same types of irregularities in the formal imperative. The imperative of many irregular verbs can be obtained by changing the **-o** of the first-person singular of the present indicative to **-a**.

Imperativo formale dei verbi irregolari			
Infinito	**Presente indicativo**	**Singolare imperativo**	**Plurale imperativo**
andare	vad**o**	vad**a**	vad**ano**
bere	bev**o**	bev**a**	bev**ano**
dire	dic**o**	dic**a**	dic**ano**
fare	facci**o**	facci**a**	facci**ano**
uscire	esc**o**	esc**a**	esc**ano**
venire	veng**o**	veng**a**	veng**ano**

3. The formal imperative of some verbs is based on the first-person plural of the present tense.

Imperativo formale dei verbi irregolari			
Infinito	**Presente indicativo**	**Singolare imperativo**	**Plurale imperativo**
avere	abbia**mo**	abbi**a**	abbi**ano**
dare	dia**mo**	di**a**	di**ano**
essere	sia**mo**	si**a**	si**ano**
sapere	sappia**mo**	sappi**a**	sappi**ano**
stare	stia**mo**	sti**a**	sti**ano**

—Signora, **stia** attenta! — *—Madam, be careful!*
—Dottore, **abbia** pazienza! — *—Doctor, be patient!*

4. With the exception of **loro**, reflexive, single, and double object-pronouns always precede the formal imperative. **Loro** always follows the verb.

(Non) **si** accomodi! — *(Don't) make yourself comfortable!*
(Non) **glielo** dia! — *(Don't) give it to him/her / them!*
Me lo compri! — *Buy it for me!*

e **14.20 Cambiare soldi!** Rispondi alle domande di una signora straniera e spiegale cosa fare per cambiare soldi in Italia. Usa l'imperativo formale.

ESEMPIO: —Devo scrivere la data sul traveller's cheque?
—Sì, scriva la data sul traveller's cheque.

1. —Devo andare in banca?
—Sì, _____________ in banca!
2. —Devo portare un documento?
—Sì, _____________ un documento!
3. —Devo dare il passaporto all'impiegato?
—Sì, _____________ il passaporto all'impiegato!
4. —Posso controllare il cambio su Internet?
—Sì, _____________ il cambio su Internet!
5. —Se non voglio andare in banca, posso usare la carta di credito?
—Sì, _____________ la carta di credito!
6. —Posso prelevare dei soldi da un bancomat?
—Sì, _____________ dei soldi da un bancomat!

e **14.21 Scusi, potrei... ?** Un signore italiano è ospite a casa tua e ti chiede se può fare alcune cose. Rispondi alle sue domande. Usa l'imperativo formale e sostituisci ai nomi i pronomi.

ESEMPIO: —Potrei fumare una sigaretta?
—Sì, la fumi pure! O No, non la fumi!

1. Potrei aprire le finestre?
2. Potrei chiudere la porta?
3. Potrei telefonare a mia moglie?
4. Potrei mettere i miei libri sugli scaffali?
5. Potrei bere un po' di vino?
6. Potrei darle il mio numero di telefono?

14.22 In giro per la città! Due signore straniere che non conoscono bene l'Italia ti chiedono alcune informazioni. Rispondi alle loro domande. Usa il **voi** o l'imperativo formale e sostituisci ai nomi i pronomi.

ESEMPI: —Dove posso comprare il profumo?
—Lo compri in profumeria.
—Dove possiamo comprare le cartoline?
—Compratele alla tabaccheria.

1. Dove possiamo imbucare queste lettere?
2. Dove possiamo comprare i francobolli?
3. Dove posso spedire questo pacco?
4. Dove posso comprare il biglietto per l'autobus?
5. Dove posso cambiare questi dollari?
6. Dove posso prelevare dei soldi?
7. Dove possiamo prendere il caffè?

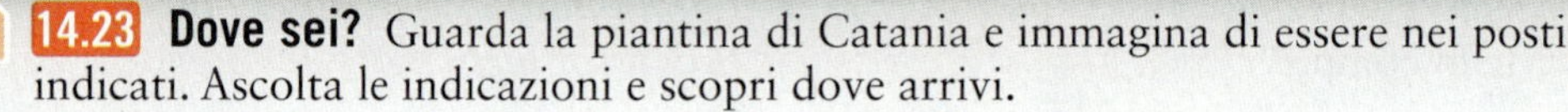

14.23 Dove sei? Guarda la piantina di Catania e immagina di essere nei posti indicati. Ascolta le indicazioni e scopri dove arrivi.

1. ______________________________
2. ______________________________
3. ______________________________

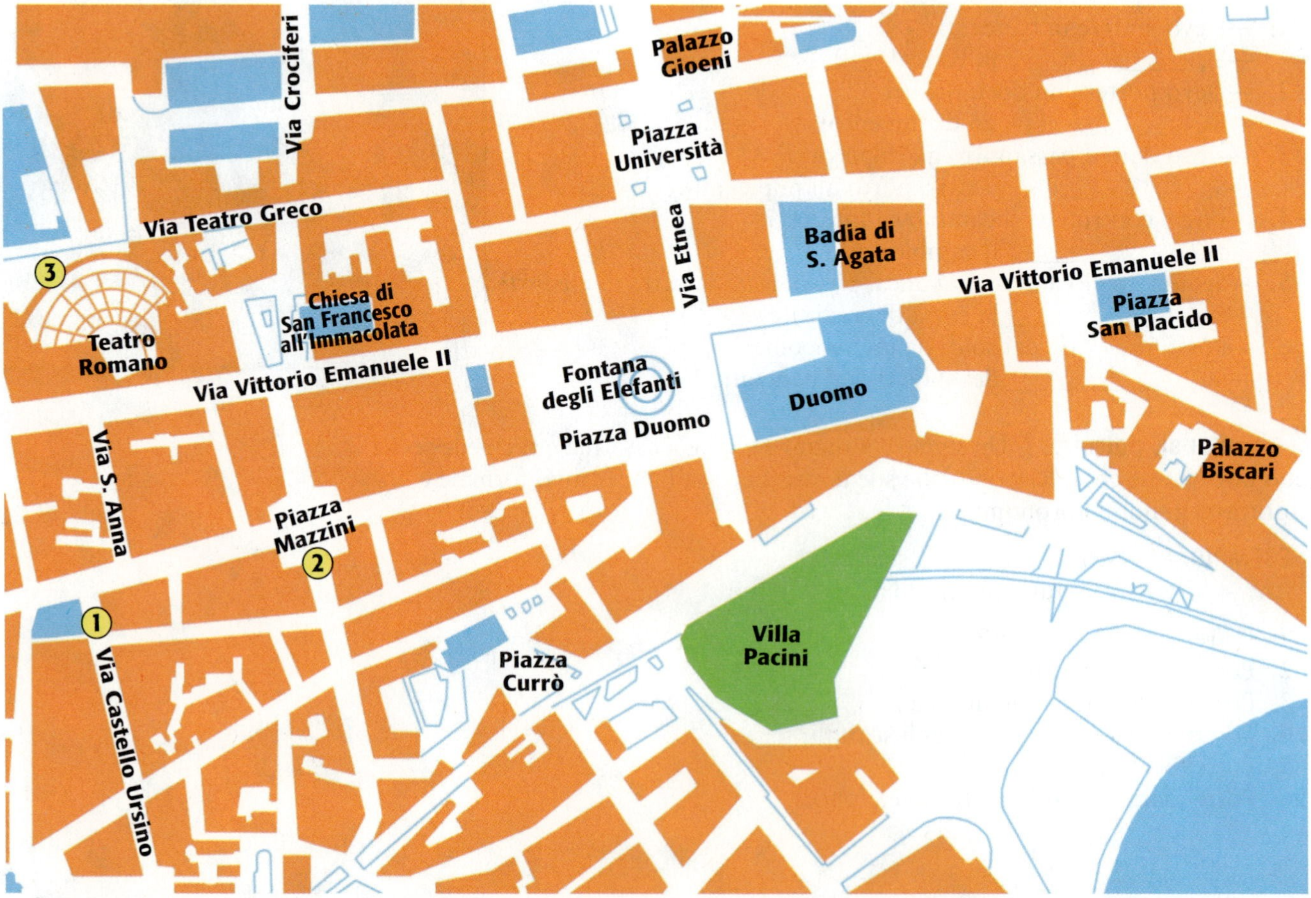

 **14.24 Dov'è... ?** Osservate la piantina di Catania dell'attività **14.23** e completate le attività che seguono per aiutare la Signora Bellini e la Signora Settembrini a girare in città.

1. Indicate alla Signora Bellini e alla Signora Settembrini come arrivare a via Crociferi dal Duomo.
2. Aiutate le due signore a trovare il Palazzo Gioeni da via Crociferi.
3. Sulla piantina trovate Piazza San Placido e spiegate alle due signore come andare a Palazzo Biscari da questa piazza.

 **14.25 A scuola.** Un/Una giornalista è venuto/a dall'Italia a parlare nel tuo corso d'italiano. Adesso tu devi spiegargli/le come andare dalla tua classe nei posti seguenti: in biblioteca, alla mensa, al campo sportivo, al teatro. A coppie, immaginate la conversazione.

 **14.26 Viene a casa mia a cena?** Uno studente/Una studentessa desidera invitare a casa sua il/la giornalista dell'attività precedente per una bella cena. Immaginate la conversazione e tenete presente i seguenti punti: dov'è la casa, l'ora della cena, cosa deve portare, con chi può venire. Il/La giornalista vuole anche essere sicuro/a di aver capito bene.

Lo sai che? La piazza italiana e il corso principale

La piazza e le strade che portano a essa sono sempre state luoghi d'incontro molto importanti nel mondo mediterraneo, per motivi culturali e antica tradizione. Fin dai tempi dell'antica Grecia la piazza era il cuore della città. In greco si chiamava **agorà** e per i romani era il **forum**.

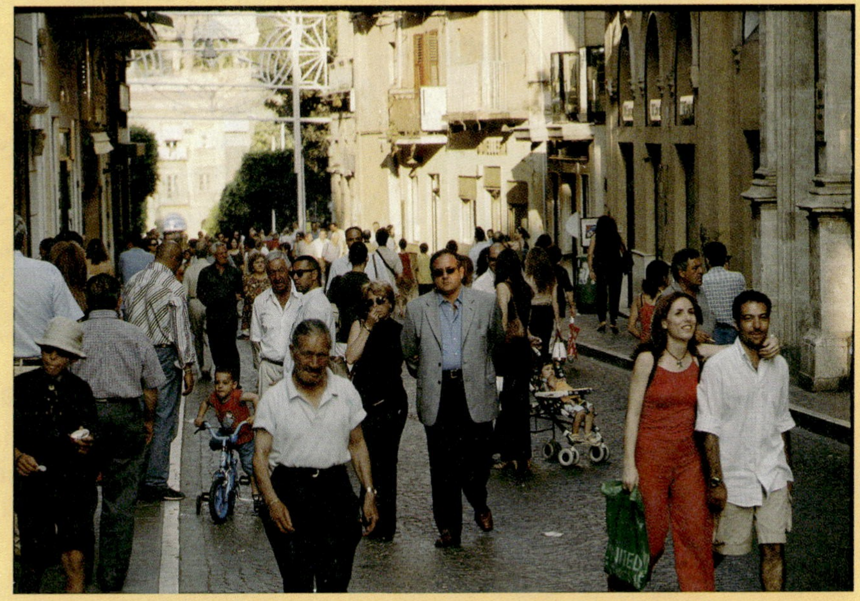

Ogni città e paese ha una piazza principale, spesso con il Duomo, la chiesa più importante del posto. Quasi ogni giorno gli italiani si ritrovano con gli amici in piazza e nelle strade intorno per prendere un caffè o fare due passi. Soprattutto d'estate, poi, nelle piazze si tengono concerti e spettacoli teatrali e a volte anche i mercati dell'antiquariato. Nei piccoli paesi in piazza si festeggiano le sagre e le feste popolari per il Santo patrono con fiere (*fairs*) e mercati. Quasi tutte le città, grandi e piccole, hanno diverse piazze, ognuna delle quali costituisce un piccolo centro.

Le vie e piazze principali del centro storico delle città italiane sono generalmente chiuse al traffico, per proteggere i monumenti dallo smog e per consentire alla gente di passeggiare tranquillamente.

e **14.27 La piazza italiana.** Indica quali di queste affermazioni sono vere e quali sono false.

1. Le piazze italiane hanno bar e negozi, ma offrono poco dal punto di vista culturale.
2. In molte città italiane non è possibile girare in centro in macchina.
3. Nel centro storico ci sono i monumenti artistici più importanti della città.
4. La piazza esiste soltanto nelle città più moderne.

 **14.28 E nella vostra città?** Quali sono i luoghi d'incontro più frequentati nella vostra città? Piacerebbero agli italiani? Cosa potrebbero fare?

PERCORSO III Al negozio d'abbigliamento

VOCABOLARIO

Su, dai, provatelo!

I capi d'abbigliamento

l'abito da sera	*an evening gown*
il bracciale d'argento	*silver bracelet*
il cappello	*hat*
la cintura	*belt*
il giaccone	*heavy jacket*
l'orecchino (d'oro)	*(gold) earring*
le scarpe con i tacchi alti / bassi	*high- / low-heeled shoes*
la sciarpa	*scarf*
lo smoking	*tuxedo*
il tailleur	*woman's suit*
il vestito	*man's suit*

La descrizione dell'abbigliamento

a fiori	*flowered*
a quadretti	*checked*
Di che cos'è?	*What is it made out of?*
È di cotone / di lana / di lino / di seta.	*It's (made of) cotton / wool / linen / silk.*
largo/a	*wide, large (if used to describe fit)*
leggero/a	*light (weight)*
pesante	*heavy (weight)*
stretto/a	*tight*

Per fare spese

il camerino	*dressing room*
i saldi	*sale*
misurarsi / provarsi	*to try on*
a saldo	*on sale*
la vetrina	*store window*

Espressioni per lo shopping

Si accomodi.	*Make yourself comfortable. Sit down.*
Che misura / numero ha?	*What shoe size are you?*
Che misura / taglia porta?	*What size (clothing) do you wear?*
Come mi sta / stanno?	*How does it / do they fit me / look on me?*
Di chi è?	*Who is the designer?*
Fate sconti?	*Do you give discounts?*
Quanto viene / vengono?	*How much does it / do they cost?*

Così si dice
Che bello... !

To express the English exclamation: *What a ... !*, **Che** is used with a noun and an adjective. **Che cappotto elegante!** *What an elegant coat!* Remember that when **bello** precedes a noun, it has the same forms as the definite article. **Che bel vestito! Che bei guanti!**

14.29 Descriviamoli! Fa' una lista di tutti gli aggettivi che si possono usare con capi d'abbigliamento. Quali di questi descrivono meglio il tuo look? Paragona la tua lista con quella di un compagno/una compagna.

14.30 Che cos'è? A turno, leggete le descrizioni e indovinate di quale capo d'abbigliamento si tratta.

1. Lo indossiamo quando fa freddo.
2. Lo usiamo al mare o in piscina quando nuotiamo.
3. Li mettiamo d'inverno quando fa molto freddo. Possono essere di lana, di cotone o di pelle.
4. Lo indossiamo quando piove.
5. Gli uomini la mettono quando vanno fuori a cena, quando hanno un appuntamento importante o a volte quando lavorano. Le donne la usano raramente.
6. Gli uomini e le donne la mettono quando fa fresco.
7. Lo portiamo in inverno sotto il cappotto quando fa molto freddo. È generalmente di lana, ma può anche essere di cotone.
8. Li portiamo ai piedi d'estate.
9. Li portiamo ai piedi quando nevica.
10. Lo usiamo quando piove, ma alcune persone lo usano quando fa molto caldo per proteggersi dal sole.
11. Le donne la indossano con una maglietta, una camicia o un maglione. Può essere lunga o corta, di lana, di cotone, di seta o a volte di pelle.

14.31 Al negozio di scarpe. Completate la conversazione con il commesso in un negozio di scarpe.

TU: Buongiorno. Vorrei __________.
COMMESSO: Quali?
TU: Quelle __________ vicino __________.
COMMESSO: Va bene. __________?
TU: 37.
COMMESSO: Subito! Eccole! Prego! __________?
TU: Grazie. È un bel modello. Quanto __________?
COMMESSO: Centocinquanta euro.
TU: Posso pagare con __________?
COMMESSO: Sì, certo! __________.

In contesto | I saldi

Nei negozi ci sono i saldi di fine stagione (*end-of-the-season sales*) e Gianni e Cristina sono in giro a fare spese. Si fermano davanti alla vetrina di un negozio d'abbigliamento per ammirare alcuni capi firmati (*designer items*).

CRISTINA: Guarda, che bel maglione! Quel colore ti starebbe proprio bene e va tanto quest'anno! Perché non te lo provi?

Gianni e Cristina entrano nel negozio.

GIANNI: Buongiorno. Volevo vedere il golf di cashmere in vetrina.
COMMESSA: Questo?
GIANNI: Sì, quanto viene?
COMMESSA: Viene trecentocinquanta euro a saldo. Vuole provarlo? Che misura porta?
GIANNI: La 46.
COMMESSA: C'è solo una 48, ma se lo misuri, questi maglioni si portano lunghi.
CRISTINA: Sì, dai, misuratelo!
GIANNI: Allora? Come mi sta?
COMMESSA: Le sta benissimo.
CRISTINA: No, non gli sta affatto bene. È troppo largo e lungo.
COMMESSA: Mah, no! È la sua taglia! E poi vanno di moda così.
GIANNI: Mi piace. Lo prendo!

Così si dice *Mi sta / Mi stanno*

To describe how something fits or looks on you, you can use the expression: **mi sta / mi stanno**. It follows the same pattern as the verb **piacere**: It is always used with an indirect object, and the singular form of the verb is used with singular nouns and the plural with plural nouns. **Quella gonna non ti sta bene.** *That skirt doesn't suit you.* **Quelle scarpe gli stanno strette.** *Those shoes are too tight on him.*

 **14.32 Spese in città.** Trovate informazioni per giustificare le seguenti affermazioni.

1. Il maglione è di moda.
2. Il maglione è grande.
3. La commessa e Cristina non sono d'accordo.

Occhio alla lingua!

1. Look at the brief exchange in the *Percorso III Vocabolario* section between the two men in front of the store. Note the verbs in boldface type: What kind of verbs are they? How are they used?
2. What do you think the object pronoun **li** refers to in the sentence **Io me li misurerei subito**? What does **me** refer to? Do you know a similar pronoun?

GRAMMATICA

I verbi riflessivi con i pronomi di oggetto diretto

When the reflexive pronouns **mi, ti, ci, vi, si**, are used with the object pronouns, **lo, la, li, le**, and **ne**, they change to **me, te, ce, ve**, and **se**.

—**Ti** proverai quel costume?	—*Will you try on that suit?*
—**Me lo** sono già provato.	—*I already tried it on.*
—Misuriamo**celo!**	—*Let's try it on!*

Mi misuro il vestito.	**Me lo** misuro.
Ti misuri la gonna.	**Te la** misuri.
Si misura le scarpe.	**Se le** misura.
Ci misuriamo il cappello.	**Ce lo** misuriamo.
Vi misurate molti vestiti.	**Ve ne** misurate molti.
Si misurano un tailleur.	**Se ne** misurano uno.

When the reflexive verb is in a compound tense, the past participle agrees in number and gender with the direct-object pronoun rather than with the subject.

—Maria, ti sei misurat**a** le scarpe?	—*Did you try on the shoes?*
—Sì, me **le** sono misurat**e**.	—*Yes, I tried them on.*
—Vi siete messi il cappotto?	—*Did you put on your coat?*
—No, non ce **lo** siamo mess**o**.	—*No, we didn't put it on.*

14.33 L'oggetto di cui parlano. Ascolta le conversazioni di alcune persone che fanno spese e indica l'oggetto di cui parlano.

Conversazione 1: **a.** un cappello **b.** una maglietta **c.** i guanti **d.** gli orecchini
Conversazione 2: **a.** gli stivali **b.** un golf **c.** una giacca **d.** un impermeabile
Conversazione 3: **a.** una collana **b.** un bracciale **c.** le scarpe **d.** i sandali

14.34 Quando te li metti? Indica quando ti metti i seguenti articoli di vestiario. Rispondi alle domande e sostituisci ai nomi i pronomi.

ESEMPIO: **S1:** Quando ti metti la giacca?
S2: Me la metto quando vado fuori a cena. (Non me la metto mai.)

1. Quando ti metti l'impermeabile?
2. Quando ti metti un abito da sera lungo di seta?
3. Quando ti metti lo smoking?
4. Quando ti metti il costume da bagno?
5. Quando ti metti gli stivali?
6. Quando ti metti una sciarpa?
7. Quando ti metti le scarpe da ginnastica?
8. Quando ti metti gli occhiali da sole?

14.35 Me lo metto? Un amico/Un'amica deve andare a un ricevimento elegante e chiede consiglio su cosa mettersi. A turno, fate le domande e rispondete usando l'imperativo informale. Sostituite i pronomi ai nomi. Seguite l'esempio.

ESEMPIO: calzini
S1: Mi metto i calzini?
S2: Sì, mettiteli! (No, non metterteli! *o* Non te li mettere!)

1. la cravatta
2. i jeans
3. la camicia
4. un completo (*suit*)
5. uno smoking / un abito lungo
6. una giacca
7. i pantaloni di cotone
8. una cintura

14.36 Gli acquisti. Sei in un negozio a fare spese e ti piacciono molte cose. Una commessa ti invita a provarti tutto. A turno, con un compagno/una compagna, fate le domande e immaginate le risposte. Seguite l'esempio.

ESEMPIO: pantaloni
S1: Che bei pantaloni!
S2: Se li provi.

1. sandali
2. orologio
3. stivali
4. cintura
5. giubbotto
6. sciarpa
7. abito da sera
8. cappello

SCAMBI

14.37 Indovina quanto l'ho pagato. Fa' una lista di sei capi d'abbigliamento che hai comprato recentemente e il prezzo di ognuno. Poi, a piccoli gruppi, fate domande per indovinare il costo di ogni capo.

14.38 Fare acquisti in Italia. Siete in viaggio in Italia e volete comprare dei regali per gli amici e i parenti a casa. Preparate una lista delle persone per cui vorreste comprare qualcosa e indicate che cosa vorreste comprare. Poi discutete la lista con un compagno/una compagna e spiegate perché volete comprare determinati oggetti.

14.39 Cosa vi piacerebbe comprare? Osservate i capi d'abbigliamento delle foto e discutete cosa vi piacerebbe comprare oppure no e perché. Decidete se volete provare qualcosa.

ESEMPIO: **S1:** Che bei pantaloni!
S2: È vero! Sarebbero perfetti per viaggiare…

ATTRAVERSO

LA SICILIA

La Sicilia, un'altra regione a statuto speciale, è la più grande isola del Mediterraneo. Ha una grande importanza strategica proprio per la sua posizione geografica. La regione ha anche un'economia vivace e un clima molto mite (*mild*). È una terra fertile, profumata di limoni e aranci, che offre splendidi panorami e tesori artistici e architettonici.

Popolazioni diverse hanno occupato questa splendida isola attraverso i secoli: prima i fenici (*Phoenicians*), i greci, i romani e gli arabi e poi anche i normanni, i francesi e gli spagnoli. Tutti hanno lasciato tracce profonde della loro cultura. In particolare, a esempio, la Sicilia fiorì (*flourished*) dal punto di vista economico e artistico sotto l'imperatore svevo (*Swabian*) Federico II (1194–1250), il quale la chiamava «la pupilla degli occhi miei». Proprio alla ricca corte (*court*) di Federico II, a Palermo, nacque la «Scuola Siciliana» e furono composte le prime poesie in italiano.

La Sicilia è anche la patria di scrittori e artisti fra i più noti d'Italia, tra cui Giovanni Verga (1840–1922), Giuseppe Tomasi di Lampedusa (1896–1957), autore di *Il Gattopardo*, Luigi Pirandello (1867–1936) e il poeta Salvatore Quasimodo (1901–1968), entrambi (*both*) vincitori (*winners*) del premio Nobel per la letteratura, Leonardo Sciascia (1921–1989) e i grandi compositori Alessandro Scarlatti (1660–1725) e Vincenzo Bellini (1801–1835).

Taormina: il teatro greco-romano. Taormina, probabilmente la località turistica più famosa di tutta la Sicilia, sembra quasi una grande terrazza panoramica sul mar Ionio. Oltre alle bellezze naturali, ha un bellissimo teatro greco-romano del III secolo a.C., dove ancora si fanno tanti spettacoli, tra cui anche un festival del cinema. Un altro magnifico teatro è quello di Siracusa, di origine greca, poi ricostruito in epoca romana.

Il bellissimo Duomo di Catania, in stile barocco. Catania è una delle città più belle e più ricche della Sicilia. Fondata dai greci, Catania è situata ai piedi dell'Etna in una pianura molto fertile. Ha anche un importante porto. La città fu ricostruita in stile barocco dopo essere stata distrutta dall'eruzione dell'Etna nel 1669 e da un terremoto (*earthquake*) nel 1693.

VERIFICHIAMO

Prima leggi l'introduzione alla regione, poi guarda le foto e leggi le rispettive didascalie.

14.40 Cosa sai di... Indica due cose che adesso sai dei seguenti luoghi e persone.

1. la Sicilia
2. Giovanni Verga
3. Taormina
4. il Duomo di Catania
5. Agrigento
6. Federico II
7. l'isola di Vulcano
8. l'Etna

14.41 Cosa sapete di... Indicate cosa sapete:

1. della Scuola Siciliana
2. dei popoli che occuparono la Sicilia
3. dello stile barocco
4. di Luigi Pirandello

14.42 Un viaggio in Sicilia. Organizzate un viaggio in Sicilia. Decidete dove andrete, quando, cosa farete e perché. Poi presentate il vostro viaggio alla classe.

La Valle dei Templi ad Agrigento. Ad Agrigento sono particolarmente importanti i sette templi che si trovano appunto nella Valle dei Templi, un sito archeologico molto affascinante dell'epoca della Magna Grecia. La Valle dei Templi fa parte della lista dei Patrimoni Mondiali dell'Umanità (UNESCO).

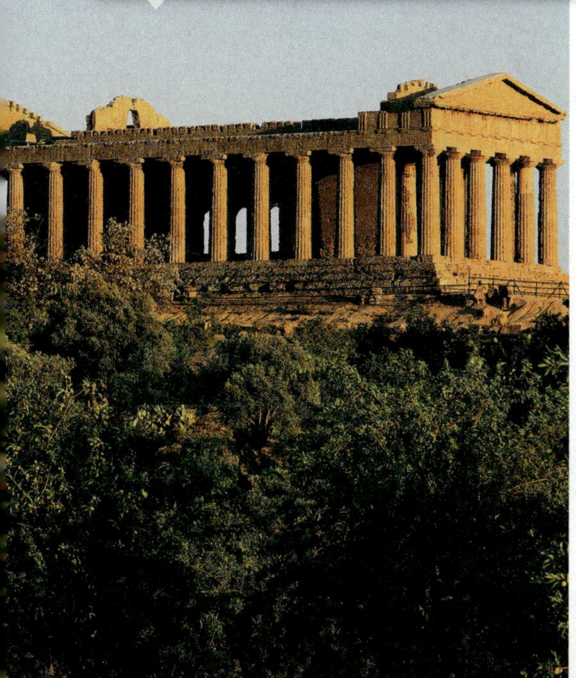

Vulcano, una delle isole Eolie. Intorno alla Sicilia ci sono diversi gruppi d'isole più piccole: l'isola di Ustica, le Egadi, l'isola di Pantelleria e le Pelagie, oltre alle isole Eolie. Queste prendono il nome da Eolo, il dio dei venti secondo la mitologia greca. Di queste dieci isole, di origine vulcanica, solo sette sono abitate.

IN PRATICA

GUARDIAMO

Strategie per guardare
Using visual and environmental clues

When you watch a video, visual and environmental clues, such as the setting where a conversation takes place, facial expressions, gestures, and even people's attire can provide valuable information regarding the level of formality between the speakers and their emotional involvement, as well as the general atmosphere and mood. These clues can help you anticipate and predict the topic of a conversation and get a general sense of what is said even if you don't understand every word.

Il mondo  italiano

In una scena di questo episodio, Roberto ed Elena sono in Piazza di Spagna. Piazza di Spagna, con la scalinata Trinità dei Monti, è una delle piazze più famose d'Italia. La piazza deve il suo nome all'ambasciata spagnola situata nella piazza. Nel 1725, la scalinata Trinità dei Monti, con 135 gradini, è costruita per collegare (*connect*) l'ambasciata borbonica spagnola alla Chiesa Trinità dei Monti. In fondo alla scalinata, c'è la famosa fontana della Barcaccia (1627) di Pietro e Gian Lorenzo Bernini.

Per saperne di più su alcune piazze romane famose, vai su MyItalianLab.

Per capire meglio!

apprezzare	*to appreciate*
chiedere un piacere	*to ask for a favor*
innamorato cotto	*madly in love*
in un certo senso	*in a way*
non vedo l'ora	*I can't wait*
le scuse	*apologies*
te le meriti	*you deserve them*

Prima di guardare

 **14.43** In questo episodio Elena e Roberto vanno in Piazza di Spagna per incontrare Claudio e discutono del loro rapporto e dei loro amici. Guarda le foto e rispondi alle domande.

1. Descrivete la prima foto. Dove sono Roberto ed Elena? Cosa fanno? Dall'espressione di Roberto ed Elena, cosa potete dedurre del loro rapporto?
2. Immaginate una didascalia (*caption*) per la prima foto. Poi confrontate e discutete le vostre didascalie.
3. Descrivete la seconda foto. Cosa fanno? Perché?
4. Immaginate una didascalia per la seconda foto. Poi confrontate e discutete le vostre didascalie.

Mentre guardi

 **14.44** Mentre guardi, completa le seguenti attività.

1. Osserva dove sono Elena e Roberto nella prima scena. Di cosa discutono?
2. In questa prima scena Elena e Roberto sono:
   a. felici. **c.** arrabbiati.
   b. tristi. **d.** calmi e tranquilli.
3. Come sono vestiti Roberto ed Elena nella seconda scena?
4. Nella seconda scena, Elena e Roberto discutono:
   a. di Taylor e Giulia. **c.** di Claudio.
   b. del loro rapporto. **d.** del video.
5. Osserva Elena e Roberto a Piazza di Spagna. Cosa fanno? Di cosa discutono? Chi incontrano?
6. Fa' attenzione a come cambia il rapporto fra Elena e Roberto quando sono a Piazza di Spagna.

Dopo aver guardato

 **14.45** Confrontate e discutete le vostre risposte all'attività **14.44**.

14.46 Indica quali delle seguenti affermazioni sono vere e quali false.

1. Roberto vuole comprare una giacca per Elena.
2. Secondo Elena, Roberto è diventato molto carino e gentile.
3. Roberto non vuole chiedere scusa a Elena per quello che ha fatto.
4. Elena ancora non conosce bene Roma e si confonde facilmente.
5. Roberto è innamorato di Giulia.
6. Roberto vuole aiutare Taylor e Giulia.

 **14.47** Immaginate il dialogo nel negozio fra il commesso ed Elena e Roberto.

LEGGIAMO

Strategie di lettura
Understanding geographical references

Before you read a travel guide or other geographically oriented text, it is a good idea to consult a map and think about the location of a city or region and its physical landscape. Notice any distinctive features, such as mountains or rivers, and consider what the implications might be. Consider also what you already know about a place and what influence geography and location may have had on its history and way of life.

Prima di leggere

14.48 Le seguenti informazioni su Palermo, il capoluogo della Sicilia, sono tratte da una guida turistica. Prima di leggere, rispondi alle domande.

1. Trova Palermo sulla mappa dell'Italia. La sua posizione è importante per la città? Perché? Quali mezzi prenderesti per arrivare a Palermo?
2. Attraverso i secoli a Palermo, come in tutta la Sicilia, ci sono state diverse dominazioni straniere. Puoi immaginare perché, osservando la posizione della regione nel Mediterraneo?

Mentre leggi

14.49 Leggi le domande in **14.50**. Poi, mentre leggi, prendi nota delle informazioni necessarie per rispondere.

Piccola guida di Palermo

PALERMO

Con i suoi 700mila abitanti circa, Palermo è il capoluogo della Sicilia. Situata sul golfo dallo stesso nome, la città si affaccia sulle acque del Mar Tirreno, al nord dell'isola, in una posizione affascinante.

Un po' di storia

La città, il cui nome in greco significa 'tutto porto", ha origini antichissime: fu fondata dai Fenici, poi conquistata dai Romani e divenne quindi bizantina nel 535. Ha avuto numerose dominazioni straniere, dagli Arabi ai Normanni e successivamente gli Svevi, i Francesi e gli Spagnoli, i quali tutti hanno lasciato tracce della loro cultura, soprattutto nell'architettura. La presenza araba (durata quasi duecentocinquanta anni) fu di grande importanza e contribuì a rendere Palermo una città ricca e splendida. Oggi si nota la sua influenza nei giardini e nella forma delle cupole. Si può ancora visitare la Kalsa, una volta quartiere arabo, con la piazza dallo stesso nome dove si trovano il magnifico Palazzo Abatelli e la chiesa di Santa Maria dello Spasimo. Nel 1072 la città fu conquistata dai Normanni e divenne[1] capitale del regno di Sicilia sotto Ruggero II, il quale seppe armonizzare suggestioni architettoniche normanne con la tradizione araba e quella precedente dei Bizantini. Il regno di Ruggero II fu forse il periodo più splendido della storia di Palermo soprattutto dal punto di vista artistico. Successivamente la città è stata dominata dagli Angioini e dagli Aragonesi e quindi influenzata dallo stile gotico. Più tardi la dominazione dei Borboni di Napoli arricchì Palermo anche di una sontuosa arte barocca. La Cattedrale di Palermo è un esempio ricchissimo di stili diversi che dimostrano appunto le diverse influenze straniere sulla città. Il Teatro Massimo, dalla perfetta acustica, di stile neoclassico, è per grandezza il terzo teatro lirico d'Europa e il maggiore in Italia.

Per arrivare a Palermo

In auto Palermo è situata alla congiunzione di tre direzioni del sistema autostradale siciliano: Palermo-Trapani, Palermo-Catania, Palermo-Messina. Da Messina si possono prendere i traghetti che collegano la Sicilia al continente.

Via mare Il porto di Palermo è molto ben collegato con i più importanti porti sul Mediterraneo e in Italia: Cagliari, Civitavecchia, Genova, Livorno, Napoli, Salerno, e anche Tunisi e Valencia in Spagna. Ulteriori informazioni si possono ottenere direttamente dalle compagnie di navigazione, tra cui la Tirrenia, Grimaldi Ferries e Grandi Navi Veloci.

102

Via aerea L'aeroporto di Palermo si chiama Falcone-Borsellino a ricordo dei due maggiori oppositori alla mafia che li uccise. Si trova a circa trenta chilometri dalla città. Il sito dell'aeroporto è www.gesap.it

Dall'aeroporto Si può raggiungere Palermo in treno o in autobus. Ci sono autobus tutto il giorno, circa ogni trenta minuti. Anche i treni sono molto frequenti e arrivano alla Stazione Centrale.

In giro per la città

A Palermo c'è sempre molto traffico: per i turisti e per chi non conosce bene la città è più conveniente e piacevole prendere un autobus o il taxi, oltre owiamente a girare a piedi.

Taxi

AutoRadio Taxi: 091 51 33 11; Radio Taxi Trinacria: 091 68 78

I mercati

A Palermo si trovano diversi mercati storici. I più noti sono la Vucciria, Ballarò e il Capo, tutti caratterizzati da grande animazione, chiasso, e colori vivaci. Ballarò è il più antico, famoso perché qui si possono comprare i prodotti provenienti dalle campagne intorno a Palermo, frequentatissimo ogni giorno da chi cerca frutta, verdure, carne e pesce freschissimi. Coloratissimo e pittoresco, come è anche la Vucciria, raffigurato in un celebre quadro di Renato Guttuso. Anche qui bancarelle colorate lungo piccole vie e piazzette espongono prodotti alimentari freschi e particolari, caratteristici della cucina siciliana. Al mercato il Capo oltre ai prodotti alimentari si possono acquistare anche capi di abbigliamento.

PER AVERE INFORMAZIONI
Azienda Autonoma di Turismo
per Palermo e Monreale
Via Belmonte, 43
90142 Palermo
091 637 5400
103

1. *became*

Dopo la lettura

14.50 Ora rispondi alle domande.

1. Quali popoli stranieri hanno dominato la Sicilia? Indica tutte le risposte corrette.
   a. gli inglesi **b.** i romani **c.** i portoghesi **d.** gli arabi **e.** i russi **f.** i normanni **g.** gli spagnoli
2. Quali stili architettonici sono evidenti a Palermo?
   a. bizantino **b.** rinascimentale **c.** barocco **d.** gotico **e.** arabo **f.** normanno
3. Come si può arrivare a Palermo?
4. Come si può girare in città?
5. Trova informazioni su questi tre mercati tipici: la Vucciria, il Ballarò, il Capo.
6. Quale mercato vi piacerebbe visitare? Perché?
7. Conoscete una città nel vostro Paese simile a Palermo per la sua posizione geografica e la sua storia? Come potreste descriverla a un amico italiano/un'amica italiana?

PARLIAMO

Che belle tute! Entriamo, dai, proviamocele!

Guardi! Questa mattina abbiamo prodotti freschissimi!

Strategie per parlare
Thinking through what you need to say

When you are about to begin an activity or do an errand, it is useful to think through the types of vocabulary and expressions you will probably need to use. Are there words and expressions—for greeting a shopkeeper or asking questions, for example—that you will want to keep in mind so that you can express yourself effectively?

Al negozio! A coppie, immaginate una conversazione in una delle situazioni indicate.

1. **In un negozio d'abbigliamento:** hai visto un bel vestito in vetrina e vuoi misurarlo. Non ti sta molto bene, ma il commesso/la commessa vuole convincerti a comprarlo.
2. **In un negozio d'alimentari:** entri in un negozio d'alimentari perché vorresti un panino e qualcosa da bere. Il/La negoziante (*Shopkeeper*) ti convince a comprare molte altre cose.

Prima di parlare

 **14.51** Preparatevi a parlare seguendo questi suggerimenti.

1. Scegliete la situazione e decidete la conclusione.
2. Decidete quali sono i vocaboli più utili per la conversazione con il commesso/la commessa o il/la negoziante. Come vi saluterete? Come esprimerete quello che vorreste? Che domande potrebbe fare il commesso/la commessa o il/la negoziante?
3. Preparatevi a presentare la conversazione alla classe, usando le espressioni e le informazioni che avete scelto.

Mentre parlate

 **14.52** Presentate la conversazione alla classe. Cercate di improvvisare e non leggete gli appunti!

Dopo aver parlato

 **14.53** Dopo aver ascoltato le conversazioni dei vostri compagni, discutete con quale cliente e quale commesso/a preferireste parlare e quale vorreste evitare. Perché? Quale commesso/a era più gentile? Quale cliente era più interessato/a?

SCRIVIAMO

Strategie per scrivere
Providing written instructions

When you need to provide written instructions, begin by deciding whether to write in a formal or informal register and if you will be addressing one or more than one person. Consider as well what tone will be appropriate: will you, for example, be making polite requests, offering suggestions to an acquaintance, or giving directions to a friend? Then, keeping these points in mind, organize and write out the points you need to make.

Una città italiana. La madre di un tuo carissimo amico ha intenzione di andare in Sicilia e visitare Palermo. Le scrivi un messaggio formale per darle dei consigli. Offri suggerimenti su come arrivare a Palermo e come girare la città. Le descrivi anche i mercati più caratteristici e le ricordi alcune informazioni sulla sua storia.

Prima di scrivere

14.54 Comincia a scrivere seguendo questi suggerimenti.

1. Fa' una lista dei consigli che vuoi dare e organizzali in ordine logico.
2. Ricorda che devi scrivere un messaggio formale e scegli come vuoi esprimerti.
   - Puoi usare l'imperativo formale come, a esempio: *Vada anche al mercato. Prenda il traghetto. Mi mandi una cartolina, per favore.*
   - Ricorda che puoi anche usare il condizionale, come, a esempio: *Dovrebbe proprio vedere il teatro. Mi manderebbe una cartolina, per favore?*

La scrittura

14.55 Usa gli appunti per scrivere una prima stesura. Non dimenticare di variare lo stile.

La versione finale

14.56 Leggi e correggi la prima stesura.

1. Hai usato le espressioni e le strutture giuste per un messaggio formale? I verbi sono corretti?
2. Hai offerto suggerimenti utili e interessanti?
3. Correggi attentamente quello che hai scritto. Controlla come si scrivono le parole, gli articoli, i nomi e gli aggettivi.
4. Scambiatevi i messaggi e decidete se l'altra persona ha scritto informazioni e suggerimenti convincenti.

Palermo, splendida città siciliana sul mare

La città: negozi e rivenditori

gli alimentari	*grocery store*
la cartoleria	*stationery store*
il centro commerciale	*mall*
il duomo	*cathedral*
l'edicola	*newsstand*
la farmacia	*pharmacy*
il/la farmacista	*pharmacist*
il forno, la panetteria	*bakery*
il fruttivendolo	*greengrocer*
la gelateria	*ice-cream shop*
la gioielleria	*jewelry store*
i grandi magazzini	*department store*
la macelleria	*butcher shop*
il mercato all'aperto	*open-air market*
il negozio d'abbigliamento	*clothing store*
la pasticceria	*pastry shop*
la profumeria	*cosmetics shop*
il negozio d'alimentari	*grocery store*
la rosticceria	*rotisserie*
la salumeria	*delicatessen, deli*
il supermercato	*supermarket*
la tabaccheria	*tobacco shop*

Dare e seguire indicazioni

a fianco di	*to the side of, beside, next to*
all'angolo	*at the corner*
andare (sempre) dritto	*to go straight (to keep going straight)*
attraversare la piazza / il ponte	*to cross the square / the bridge*
continuare	*to continue*
dopo il ponte	*after the bridge*
È proprio qui / qua / lì / là.	*It's right here / there.*
fino a	*up to*
girare a destra / a sinistra	*to turn right / left*
in fondo a	*at the end of*
prendere la prima / la seconda… strada / via / traversa	*to take the first / second … road / street / crossroad*
proseguire	*to continue*
il primo / secondo semaforo	*first / second traffic light*
Senta, scusi, per andare a… ?	*Pardon me, excuse me, how do I go to … ?*
la piazza	*square*

Muoversi in città

chiedere / dare indicazioni	*to ask / give directions*
la piantina / la mappa	*city map*

Commissioni in città: la banca e l'ufficio postale

la banca	*bank*
il bancomat	*ATM*
la cassetta delle lettere	*mailbox*
cambiare un assegno	*to cash a check*
la cartolina	*postcard*
la cassa	*cash register*
depositare	*to deposit*
firmare	*to sign*
il francobollo	*stamp*
imbucare	*to mail*
il pacco	*package*
prelevare dei soldi / del contante	*to withdraw money / cash*
l'ufficio postale	*post office*

Capi d'abbigliamento

l'abito da sera	*evening gown*
i calzini	*socks*
la camicia da notte	*nightgown*
il cappello	*hat*
il cappotto	*coat*
la cintura	*belt*
il costume da bagno	*bathing suit*
il giaccone	*heavy jacket*
il giubbotto	*bomber jacket*
i guanti	*gloves*
il maglione	*sweater*
i pantaloncini	*shorts*
il pigiama	*pajamas*

la polo	*polo shirt*
i sandali	*sandals*
le scarpe con i tacchi alti / bassi	*high- / low-heeled shoes*
la sciarpa	*scarf*
lo smoking	*tuxedo*
il tailleur	*woman's suit*
il vestito	*man's suit*

I gioielli

l'anello (d'oro)	*(gold) ring*
il bracciale	*bracelet*
la collana	*necklace*
l'orecchino	*earring*

La descrizione degli articoli d'abbigliamento

a fiori	*flowered*
a quadretti	*checked*
a righe	*striped*
È di argento / cotone / lana / lino / pelle / oro / seta.	*It's silver / cotton / wool / linen / leather / gold / silk.*
largo/a	*wide*
leggero/a	*light (weight)*
pesante	*heavy (weight)*
stretto/a	*tight*

Cose da comprare

gli affettati	*coldcuts*
il dentifricio	*toothpaste*
il paio / le paia	*pair / pairs*
il profumo	*perfume*
il rasoio	*razor*
il sapone	*soap*
lo spazzolino da denti	*toothbrush*

I contenitori

un barattolo (di)	*a jar (of)*
una busta (di)	*a bag (of)*
una lattina (di)	*a can (of)*
un pacco / un pacchetto (di)	*a (small) package (of)*
una scatola (di)	*a box (of)*
una vaschetta (di)	*a small tub (of)*

Fare spese

il camerino	*dressing room*
misurarsi / provarsi	*to try on*
i saldi	*sales*
a saldo	*on sale*
la vetrina	*store window*

Espressioni per lo shopping

Si accomodi / Si accomodino	*Make yourself / Make yourselves comfortable / Sit down*
Che misura / numero ha?	*What is your shoe size?*
Che misura / taglia porta?	*What size (clothing) do you take?*
Come mi sta / stanno?	*How does it / do they fit me / look on me?*
Di chi è?	*Who is the designer?*
Fate sconti?	*Do you give discounts?*
Quanto viene?	*How much is it?*

CAPITOLO 15

ALLA SALUTE!

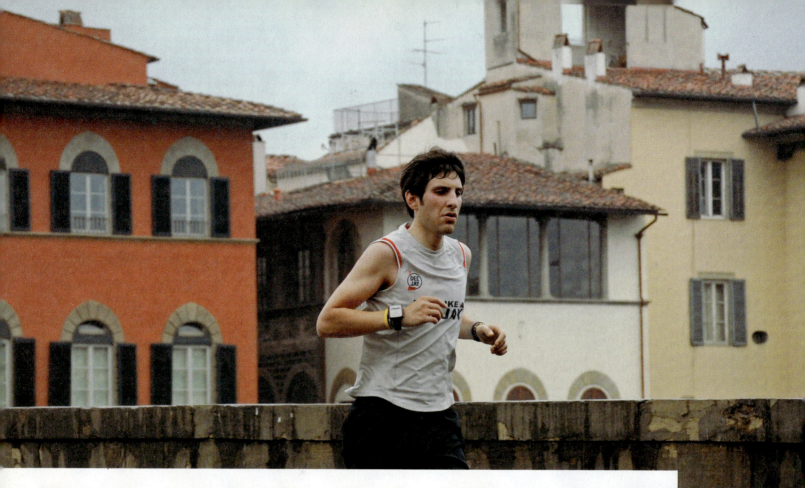

In this chapter you will learn how to:

- Identify parts of the body and discuss health and wellness issues
- Describe ailments and give and follow health-related advice
- Express opinions on health and environmental issues

PERCORSO I Il corpo e la salute

VOCABOLARIO

Cosa fai per mantenerti in forma?

La testa

Il famoso bronzo di Riace

Il corpo

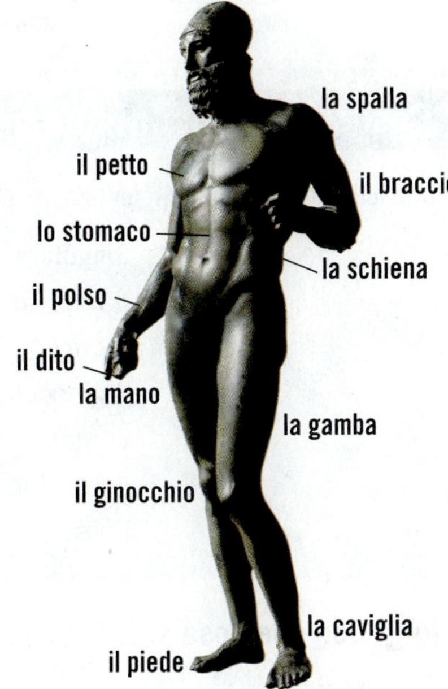

Le parti del corpo

il cuore	*heart*
l'osso (*pl.* le ossa)	*bone*
la pelle	*skin*

La salute

l'abitudine (*f.*)	*habit*
avere un'alimentazione sana	*to have a healthy diet*
dimagrire (-isc)*	*to lose weight*
esagerare	*to exaggerate*
essere* a dieta	*to be on a diet*
evitare	*to avoid*
fare bene / male	*to be good / bad (for you)*
il fast food	*fast food*
ingrassare*	*to gain weight*
mantenersi in forma	*to keep in shape*
nocivo/a	*unhealthy, harmful*
prendere vitamine	*to take vitamins*
sano/a	*healthy*
vegano/a	*vegan*
vegetariano/a	*vegetarian*

Espressioni impersonali

(non) bisogna	*it's (not) necessary*
(non) è bene	*it's (not) good*
(non) è difficile	*it's not difficult*
(non) è facile	*it's (not) easy, likely*
(non) è importante	*it's (not) important*
(non) è indispensabile	*it's (not) indispensable*
(non) è meglio	*it's (not) better*
(non) è necessario	*it's (not) necessary*
(non) è (im)possibile	*it's (not) (im)possible*
(non) è probabile	*it's (not) probable*
(non) è vero	*it's (not) true*

Così si dice Alcuni plurali irregolari

The following nouns that refer to parts of the body have irregular plurals:

Singolare	Plurale
il braccio	le braccia
il dito	le dita
il ginocchio	le ginocchia
la mano	le mani
l'orecchio	le orecchie
l'osso	le ossa

15.1 Con che cosa si fa? Quali parti del corpo associ con le seguenti attività?

1. mangiare
2. ascoltare
3. ballare
4. guardare un film
5. leggere
6. scrivere
7. suonare il piano
8. volersi bene
9. pettinarsi
10. abbracciarsi
11. truccarsi
12. ?

Così si dice L'articolo con le parti del corpo

When talking about parts of the body, usually the definite article is used, not the possessive adjective.

Metti la mano sulla testa! *Put your hand on your head!*

15.2 Con quali parti del corpo? Indicate quali parti del corpo si usano quando si praticano i seguenti sport.

1. il calcio
2. il baseball
3. il pattinaggio
4. il ciclismo
5. lo sci
6. il golf
7. il nuoto
8. ?

15.3 Vestiario e accessori. Quali parti del corpo associ con i seguenti oggetti?

1. un anello
2. i pantaloni
3. i guanti
4. le scarpe
5. un bracciale
6. la collana
7. un cappello
8. l'orologio

15.4 Cosa si può fare per mantenersi in forma? Completa le frasi con la forma corretta di uno dei termini seguenti: **dimagrire, esagerare, evitare, fare bene, ingrassare, sano/a, vegetariano/a, vitamine, vegano/a.**

1. Ho letto che per mantenersi in forma bisogna seguire sempre un'alimentazione ______________ e ogni mattina prendere delle ______________.
2. Io ho sempre paura di mangiare troppo e ______________, così cerco di ______________ di mangiare dolci troppo spesso.
3. Io invece sono troppo magra e cerco di non ______________! Cerco anche di mangiare soltanto cose che ______________. Lo sai che non mangio carne e sono ______________?
4. Veramente si può mangiare un po' di tutto, ma è importante non ______________ mai.

15.5 Per stare sani. Indicate che cosa bisogna fare e non fare per stare sani e mantenersi in forma. Prendete in considerazione: l'alimentazione, l'attività fisica, lo stress e i rapporti con gli altri.

In contesto Per mantenere corpo e mente sani

Ecco alcuni consigli importanti per mantenere il corpo e la mente sani.

12 regole da seguire per mantenere corpo e mente[1] sani

1. Non **bisogna** fumare.
2. **Bisogna** mangiare in modo corretto.
3. **È importante** avere un'alimentazione ricca di frutta e verdura.
4. Non **bisogna** mai seguire una dieta da fame.
5. **È bene** bere un po' di vino ogni giorno.
6. **È meglio** non consumare troppi alcolici.
7. **Bisogna** bere molta acqua.
8. **È indispensabile** dormire almeno otto ore ogni notte.
9. **È necessario** fare esercizio fisico ogni giorno.
10. **È indispensabile** divertirsi quando si fa sport.
11. **È importante** trovare il tempo per rilassarsi.
12. **Bisogna** proteggere la pelle dal sole.

1. *mind*

15.6 Altre regole. Dopo aver letto «12 regole per mantenere corpo e mente sani», rispondi alle domande che seguono.

1. Sei d'accordo con tutte le regole?
2. Quali altre regole aggiungeresti?
3. Da' alcuni esempi concreti per spiegare le seguenti regole e usa altre espressioni impersonali:
   a. Bisogna mangiare in modo corretto.
   b. È indispensabile divertirsi quando si fa dello sport.
   c. È importante trovare il tempo per rilassarsi.
4. Quali di queste regole dovresti seguire tu? Le segui sempre? Perché?

Occhio alla lingua!

1. Look at the expressions in bold in the *In contesto* reading. How are they used?
2. What do you notice about the verbs that follow these expressions?
3. What do these sentences express? Who or what is the subject of the verbs in these sentences?

GRAMMATICA

Le espressioni impersonali + l'infinito

Obligation, necessity, possibility, and probability can be expressed with impersonal expressions. You have already learned some of the most common ones (see the *Percorso I, Vocabolario*).

1. Impersonal expressions are used with an infinitive to make general statements.

Bisogna bere molta acqua.	*It's necessary to drink a lot of water.*
È meglio evitare il fast food.	*It's better to avoid fast food.*
È difficile seguire una dieta rigida per molto tempo.	*It's difficult to follow a strict diet for a long time.*

2. Impersonal expressions can be made negative by placing **non** in front of the verb.

Non è necessario eliminare i grassi.	*It's not necessary to eliminate fats.*
Non bisogna fumare.	*One must not smoke.*
Non è impossibile mangiare in modo corretto.	*It's not impossible to eat correctly.*

È importante consumare molta frutta e verdura.

15.7 I consigli della nutrizionista. Riscrivi i consigli della nutrizionista per una sana alimentazione. Usa un'espressione impersonale + l'infinito.

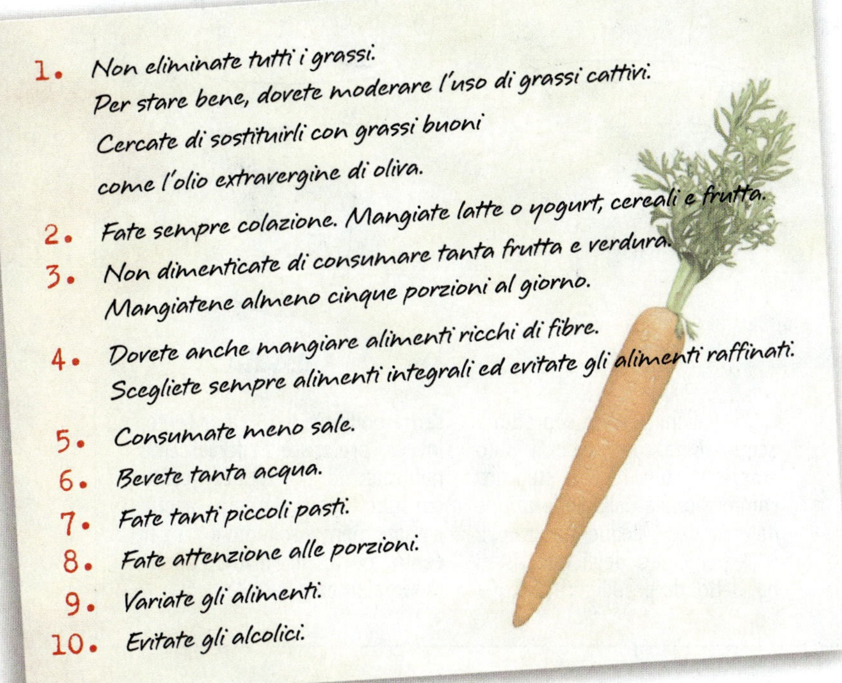
1. Non eliminate tutti i grassi.
Per stare bene, dovete moderare l'uso di grassi cattivi.
Cercate di sostituirli con grassi buoni
come l'olio extravergine di oliva.
2. Fate sempre colazione. Mangiate latte o yogurt, cereali e frutta.
3. Non dimenticate di consumare tanta frutta e verdura.
Mangiatene almeno cinque porzioni al giorno.
4. Dovete anche mangiare alimenti ricchi di fibre.
Scegliete sempre alimenti integrali ed evitate gli alimenti raffinati.
5. Consumate meno sale.
6. Bevete tanta acqua.
7. Fate tanti piccoli pasti.
8. Fate attenzione alle porzioni.
9. Variate gli alimenti.
10. Evitate gli alcolici.

15.8 I consigli dell'esperto. Usa un'espressione impersonale + l'infinito e immagina cosa un esperto suggerirebbe nei seguenti casi.

1. Quando si è stanchi e nervosi e si litiga con tutti...
2. Quando si mangia male e si ingrassa...
3. Quando si è stressati e si dorme male...
4. Quando non si fa mai sport e si è sempre stanchi...
5. Quando si lavora troppo e si è stressati...
6. Quando si vuole perdere qualche chilo...
7. Quando si vogliono fare nuove amicizie...
8. Quando non si ha tempo per gli amici e i familiari...

SCAMBI

15.9 Di quale parte del corpo si tratta? Ascolta le descrizioni e indica di quale parte del corpo si tratta.

1. ________________
2. ________________
3. ________________
4. ________________
5. ________________
6. ________________

 **15.10 Liscia o gassata?** Dopo aver letto il trafiletto, discutete quale tipo di acqua bevono gli italiani. E nel vostro Paese, cosa si beve di più?

Gli italiani bevono soprattutto acqua liscia: questo è il dato emerso da una recente statistica commissionata dalla Federazione italiana delle acque naturali. Il 63,3 per cento degli intervistati ha detto di prediligere l'acqua senza bollicine. Il 15,2 per cento, invece, preferisce l'effervescente naturale. Il 14,2 per cento consuma abitualmente acqua gassata mentre soltanto il 7,3 per cento porta in tavola quella moderatamente gassata.

 **15.11 Cos'è meglio fare?** Preparate una lista di cose che bisogna fare e di cose che è meglio non fare nelle seguenti situazioni.

1. Quando una persona ha bevuto troppo vino...
2. Quando si è molto stanchi e stressati...
3. Quando si soffre di insonnia...
4. Quando non si è in forma...
5. Quando non si ha tempo per preparare e mangiare un pasto sano...
6. Quando si soffre di solitudine...
7. ?

Per mantenermi in forma, oltre a fare molto sport, infatti faccio danza due o tre volte a settimana, cerco di avere un'alimentazione molto semplice, soprattutto d'estate con il caldo, cerco di mangiare più che altro frutta e verdura, eh infatti amo la cucina semplice, fresca e leggera, molte insalate con i pomodori o per merenda carote, sgranocchio (*munch*) una carota, e molta frutta, e il melone, che è molto fresco, e altrimenti, succhi o yogurt, purché siano senza conservanti.

 **15.12 Le abitudini di Gaia e le vostre.** Leggete cosa fa Gaia per mantenersi in forma. Poi completate le attività che seguono.

1. Quanto è importante per Gaia mantenersi attiva e mangiare bene? Trova esempi nel testo per giustificare le tue risposte.
2. Intervista un compagno/una compagna per scoprire se ha abitudini simili o meno salutari (*healthy*). Prepara delle domande da fargli/le sulla sua dieta e attività giornaliere.

 **15.13 Dovresti / Potresti... !** Adesso usa i risultati dell'intervista nell'attività 15.12 per dargli/le dei consigli e suggerimenti su come migliorare le sue abitudini e la sua salute.

PERCORSO II

Dal medico

VOCABOLARIO

Come si sente?

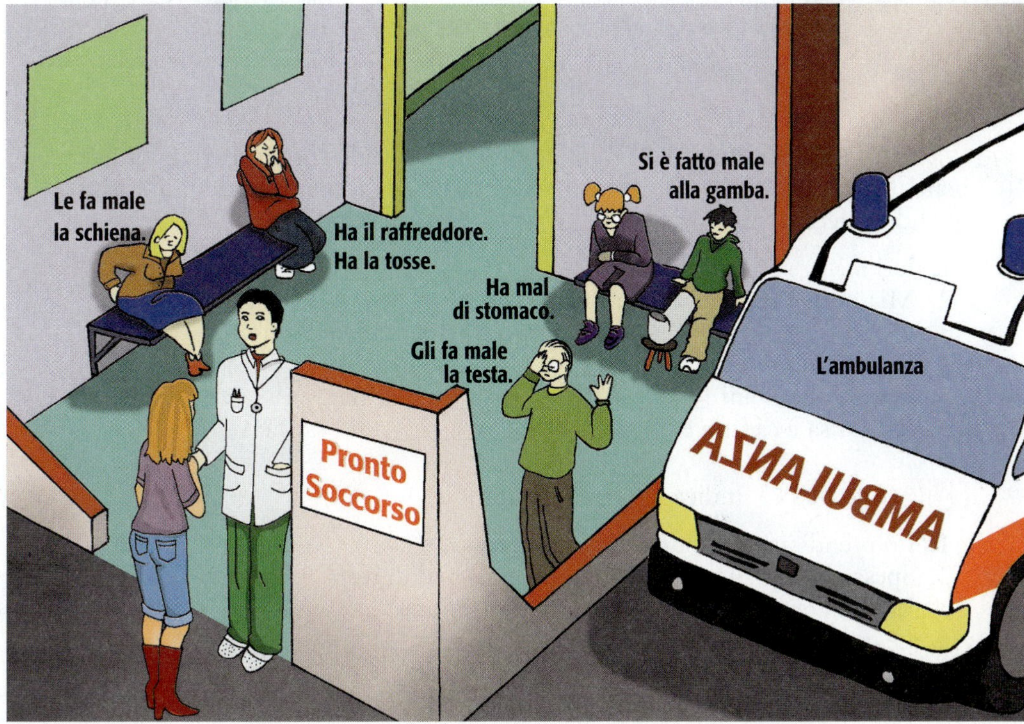
Le fa male la schiena.
Ha il raffreddore. Ha la tosse.
Si è fatto male alla gamba.
Ha mal di stomaco.
Gli fa male la testa.
L'ambulanza
Pronto Soccorso
AMBULANZA

LA SIGNORA ROSSI: Sto male. Mi fa male la gola e ho mal di stomaco.

IL DOTTORE: Penso che Lei **abbia** l'influenza. È importante che Lei **beva** molti liquidi. È meglio che **prenda** due aspirine ogni quattro ore. Voglio che Lei mi **telefoni** domani.

Disturbi e malesseri

ammalato/a	*sick*
avere…	*to have …*
la febbre	*a fever*
l'influenza	*the flu*
avere mal di…	*to have …*
denti	*a toothache*
gola	*a sore throat*
schiena	*a backache*
testa	*a headache*
la cura	*treatment*
curare	*to treat, to take care of*
fare male	*to hurt*
farsi male	*to hurt oneself*
la malattia	*illness*
misurare la febbre	*to take someone's temperature*
il sintomo	*symptom*

Rimedi e medicine

gli antibiotici	*antibiotics*
l'aspirina	*aspirin*
la compressa	*tablet*
la medicina	*medicine*
lo sciroppo	*syrup*

Dal medico

il dolore	*pain*
fare una radiografia	*to take an x-ray*
grave	*serious*
guarire (-isc)*	*to recover, to heal*
la ricetta	*prescription*
la visita medica	*medical examination*

Si è fatto male al ginocchio.

Così si dice *Fare male* e *farsi male*

Mi fa male la testa / Mi fanno male le gambe are used to express the equivalent of the English: *My head hurts / My legs hurt.* This construction, which always takes an indirect object, is similar to that used with the verb **piacere**. The singular form of the verb is used with singular parts of the body, and the plural form is used with plural parts of the body: **A Paolo fa male la testa. Gli fa male la testa.**

Farsi male is reflexive and follows all the rules of reflexive verbs. In compound tenses, the past participle always agrees with the subject. **Farsi male** expresses the equivalent of the English expression: *to hurt oneself.* **Mi sono fatto/a male al ginocchio** is the equivalent of *I hurt my knee.*

e **15.14 Mi sono fatto/a male!** Completa le frasi con la forma corretta di **fare male** o **farsi male**. Non dimenticare di usare un pronome oggetto indiretto quando è necessario.

1. Ieri mentre giocavo a calcio, ______________________ al piede.
2. Mia nonna si lamenta sempre perché ____________ le gambe.
3. Oggi ____________ la testa. Devo prendere un'aspirina.
4. Carlo, che cosa hai? ____________ la gola?
5. Spesso i bambini ____________ quando giocano.
6. Ieri Luisa è caduta e ___________________ al braccio.

15.15 Che cos'è? Indica di cosa si tratta.

1. Lo prendiamo quando abbiamo la tosse.
2. Spesso la prendiamo quando abbiamo mal di testa.
3. Li prendiamo quando abbiamo un'infezione.
4. Le compriamo in farmacia.
5. La scrive il medico quando siamo ammalati.
6. Spesso la facciamo quando ci rompiamo il braccio o la gamba.
7. Li spieghiamo al medico quando non stiamo bene.
8. Quando ci fanno male, dobbiamo andare dal dentista.

15.16 Scopri il disturbo. Leggi i seguenti rimedi e decidi per quale disturbo potrebbero essere più indicati. Poi paragona i tuoi risultati con quelli di un compagno/una compagna.

1. È importante riposarsi e bere molti liquidi.
2. È meglio prendere dello sciroppo.
3. È necessario prendere degli antibiotici.
4. Bisogna prendere due aspirine ogni quattro ore.
5. Non è indispensabile misurarsi la febbre.
6. È bene mangiare leggero.
7. È importante rilassarsi, mangiare molta frutta e verdura e fare un po' di ginnastica.

15.17 Cosa fate? Spiegate cosa fate quando soffrite di uno di questi disturbi.

1. il mal di testa
2. il mal di stomaco
3. il mal di gola
4. il mal di denti
5. la tosse
6. il raffreddore
7. l'influenza
8. la febbre

In contesto I malesseri di un ipocondriaco

Pietro è un po' ipocondriaco ed è sempre convinto di avere qualche malattia grave. Oggi discute con i suoi amici i suoi ultimi sintomi.

PIETRO: Oh Dio, come sto male oggi!

LORIS: Cosa c'è che non va adesso?

PIETRO: Da due giorni ho un mal di testa terribile e mi fanno male le gambe e le braccia. Ho anche un po' di febbre. Chissà cosa avrò! Sarà il cuore?

LORIS: Ma no! Non ti preoccupare! Sarà l'influenza che c'è in giro°. Ti fa anche male la gola?

that's going around

PIETRO: No, la gola no. Semmai° un po' lo stomaco.

If anything

SILVIA: Ma non sarà niente di grave! Fa' una bella passeggiata. Vedrai che domani ti sentirai meglio.

LORIS: Mah, no! Secondo me, Pietro dovrebbe stare a letto e riposarsi per qualche giorno. È chiaro che ha l'influenza. Bisogna che beva molte spremute d'arancia. È anche meglio che mangi leggero.

SILVIA: Dubito che Pietro abbia l'influenza. Credo che sia solo un po' raffreddato. Penso che debba mangiare qualcosa e prendere delle aspirine per il mal di testa.

PIETRO: Basta! Basta! Lo so che voi non capite niente di medicina! È meglio che io vada dal dottore.

15.18 Cosa c'è che non va? Discutete i malesseri di Pietro e completate le attività seguenti.

1. Fate una lista dei sintomi di Pietro.
2. Fate una lista dei consigli e suggerimenti che Silvia e Loris gli danno.
3. Secondo voi, Pietro ha il raffreddore o l'influenza? Cosa bisogna fare e cos'è meglio non fare quando si ha il raffreddore? E quando si ha l'influenza?

Occhio alla lingua!

1. Look at the verbs and expressions underlined in the brief emergency room conversation in the *Percorso II Vocabolario* section. Do you think they express facts or opinions?
2. Now look at the verbs in bold in that conversation. Who is each verb referring to?
3. Look at the endings of the verbs in bold in the conversation. Can you detect a pattern?
4. Reread the *In contesto* conversation and note (1) all the verbs and expressions that indicate an objective fact, and (2) all the verbs and expressions that express necessity, personal opinion, uncertainty, doubt, and preferences. What do you notice about the forms of verbs that follow the verbs indicating an objective fact? What do you notice about the forms of the verbs that follow the verbs expressing a more subjective or uncertain point of view?

GRAMMATICA

Il congiuntivo presente

In the preceding chapters, you studied the tenses of the indicative mood (present, past, imperfect, pluperfect, and future). The indicative mood is used to state objective facts.

Carlo è ammalato.	*Carlo is sick.*
Domani **andrà** in ospedale.	*Tomorrow he is going to the hospital.*

In this chapter, you will study the subjunctive mood. The subjunctive mood, **il congiuntivo**, is used to express actions, states, and conditions that the speaker senses to be subjective or uncertain.

È possibile che Carlo **sia** ammalato.	*It's possible that Carlo is sick.*
Credo che domani **vada** in ospedale.	*I believe that tomorrow he is going to the hospital.*

The subjunctive is used after expressions of uncertainty, doubt, and personal feelings, emotions, and attitudes. Compare the following sentences.

Carlo **prende** due compresse.	*Carlo is taking two tablets.*
Bisogna che Carlo **prenda** due compresse.	*It's necessary that Carlo take two tablets.*
È strano che Carlo **prenda** due compresse.	*It's strange that Carlo is taking two tablets.*

In the first sentence, the speaker is stating an objective fact, and the indicative mood is used. In the other two sentences, the speaker is making subjective statements, indicating what it is necessary or strange for Carlo to be doing. In these cases, the subjunctive mood is used.

1. The present subjunctive of regular **-are, -ere,** and **-ire** verbs is formed by dropping the infinitive ending and adding the appropriate subjunctive endings to the verb stem.

Il congiuntivo presente				
	misurare	**prendere**	**dormire**	**guarire (-isc)**
che io	misur**i**	prend**a**	dorm**a**	guar*isc***a**
che tu	misur**i**	prend**a**	dorm**a**	guar*isc***a**
che lui/lei	misur**i**	prend**a**	dorm**a**	guar*isc***a**
che noi	misur**iamo**	prend**iamo**	dorm**iamo**	guar**iamo**
che voi	misur**iate**	prend**iate**	dorm**iate**	guar**iate**
che loro	misur**ino**	prend**ano**	dorm**ano**	guar*isc***ano**

È importante che tu **ti alzi** presto.	*It's important that you wake up early.*
Pare che voi **prendiate** troppe medicine.	*It seems that you take too many medicines.*
È possibile che loro **finiscano** per le due.	*It's possible that they will finish by two.*

a. Verbs ending in **-care** and **-gare** add an **h** to all forms of the present subjunctive to retain the hard sound of the **c** and **g**.

Sembra che voi **giochiate** troppo.	*It seems that you play too much.*
È probabile che lui **paghi** le medicine.	*It's probable that he pays for the medicines.*

b. Verbs ending in **-iare, -ciare**, or **-giare** have only one **-i** throughout the conjugation.

Pare che Carlo **studi** troppo. — *It seems that Carlo studies too much.*

Sembra che loro non **mangino** abbastanza. — *It seems that they don't eat enough.*

2. Since the first three persons of the subjunctive are identical, to avoid ambiguity, subject pronouns are frequently used.

Bisogna che **tu** pratichi uno sport. — *It's necessary that you play a sport.*
È necessario che **lui** faccia una radiografia. — *It's necessary that he get an x-ray.*

Usi del congiuntivo

1. The subjunctive is rarely used by itself; it is almost always used in dependent clauses introduced by **che**, when the verb or expression in the main clause denotes actions and states that are subjective or uncertain.

È meglio che tu **prenda** lo sciroppo. — *It's better that you take the syrup.*
Spero che Paolo **guarisca** presto. — *I hope that Paolo recovers quickly.*

È bene che il bambino dorma un po'!

2. The subjunctive is frequently used in dependent clauses introduced by the following impersonal expressions and verbs that convey uncertainty or a subjective attitude.

Espressioni impersonali	
(non) basta	*it's (not) enough*
(non) è bene	*it's (not) good*
(non) è difficile	*it's (not) difficult, unlikely*
(non) è facile	*it's (not) easy, likely*
(non) è importante	*it's (not) important*
(non) è (im)possibile	*it's (not) (im)possible*
(non) è meglio	*it's (not) better*
(non) è probabile	*it's (not) probable*
(non) pare / sembra	*it (doesn't seem) seems*

Desiderio e volontà	
(non) desiderare	*(not) to desire*
(non) piacere	*(not) to like*
(non) preferire	*(not) to prefer*
(non) sperare	*(not) to hope*
(non) volere	*(not) to want*

Opinione, dubbio e incertezza	
(non) credere	*(not) to believe*
(non) dubitare	*(not) to doubt*
(non) pensare	*(not) to think*

Emozioni	
(non) avere paura	*(not) to be afraid*
(non) essere contento/a	*(not) to be happy*

3. The subjunctive is used only when the subject of the dependent clause is different from the subject of the main clause. When the subject of the two clauses is the same, or there is no specific subject, the infinitive is used.

Voglio misurarmi la febbre. — *I want to take my temperature.*
Voglio che **ti misuri** la febbre. — *I want you to take your temperature.*
Penso di **dormire.** — *I plan on sleeping.*
Penso che lui **dorma.** — *I think he is sleeping.*
È meglio riposarsi. — *It's better to rest.*
È meglio che loro **si riposino.** — *It's better that they rest.*

15.19 È possibile. Tua nonna è convinta di sapere tutto sui tuoi amici. Tu invece hai dei dubbi. Riscrivi le frasi usando le espressioni in parentesi e il congiuntivo.

ESEMPIO: —Paolo partirà domani. (è possibile)
—È possibile che Paolo parta domani.

1. Tu e Giulio vi alzerete presto la settimana prossima. (è probabile)
2. Roberto non studia abbastanza. (pare)
3. Giuseppe e Luisa prenderanno gli antibiotici. (è difficile)
4. Giulio consuma troppi alcolici. (sembra)
5. Giuseppe mangia poca carne rossa. (è bene)
6. I ragazzi guariranno presto. (è possibile)

15.20 I consigli. Una tua amica si è fatta male al ginocchio mentre giocava a calcio. Spiegale che cos'è meglio che faccia o non faccia usando i seguenti suggerimenti e le espressioni impersonali.

1. riposarsi
2. dormire
3. muovere il ginocchio
4. prendere antibiotici
5. telefonare al medico
6. correre

15.21 Desideri e speranze! Indica cosa tu e le seguenti persone volete. Scrivi delle frasi complete e usa il congiuntivo.

1. mia madre / volere / io / prendere buoni voti
2. io / sperare / i miei genitori / mi / regalare una nuova macchina
3. Paolo / preferire / voi / gli / prestare dei soldi
4. io / sperare / tu / vincere la lotteria
5. mio padre / preferire / io / trovare un posto in Italia
6. mia madre / volere / che / io / guadagnare molti soldi
7. noi / sperare / loro / scoprire un vaccino contro il raffreddore
8. io / desiderare / loro / trovare una cura per il mal di testa

15.22 L'ammalato/a. Sei a casa con l'influenza. Completa le seguenti frasi e spiega cosa vuoi che le seguenti persone facciano per te.

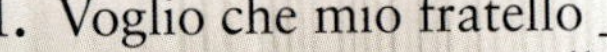

1. Voglio che mio fratello ______________________________.
2. Desidero che mia sorella ______________________________.
3. Spero che i miei amici ______________________________.
4. Preferisco che voi ______________________________.
5. Non voglio che tu ______________________________.
6. Spero che mia madre ______________________________.

15.23 Dal medico. Non stai bene e vai dal medico. Completa la conversazione e immagina che cosa non va e che cosa suggerirà il medico.

MEDICO: Cosa c'è che non va?
TU: Non mi sento bene. Ho... e...
MEDICO: Pare che Lei... È possibile che... È meglio che...
TU: Mi darà...
MEDICO: Sì, voglio che... Desidero che...
TU: Basta che... ?
MEDICO: Sì, è importante che...
TU: Grazie.

Il congiuntivo presente dei verbi irregolari

Verbs that are irregular in the present indicative are also irregular in the present subjunctive. Here are the present subjunctive forms of some of the most common irregular verbs:

Il congiuntivo presente dei verbi irregolari	
andare: vada, vada, vada, andiamo, andiate, vadano	**piacere:** piaccia, piacciano
avere: abbia, abbia, abbia, abbiamo, abbiate, abbiano	**potere:** possa, possa, possa, possiamo, possiate, possano
bere: beva, beva, beva, beviamo, beviate, bevano	**sapere:** sappia, sappia, sappia, sappiamo, sappiate, sappiano
dare: dia, dia, dia, diamo, diate, diano	**stare:** stia, stia, stia, stiamo, stiate, stiano
dire: dica, dica, dica, diciamo, diciate, dicano	**uscire:** esca, esca, esca, usciamo, usciate, escano
dovere: debba, debba, debba, dobbiamo, dobbiate, debbano	**venire:** venga, venga, venga, veniamo, veniate, vengano
essere: sia, sia, sia, siamo, siate, siano	**volere:** voglia, voglia, voglia, vogliamo, vogliate, vogliano
fare: faccia, faccia, faccia, facciamo, facciate, facciano	

È possibile che Carlo **stia** a casa. — *It's possible that Carlo is staying home.*
Dubito che **vengano** domani. — *I doubt they will come tomorrow.*
Bisogna che io **esca** stasera. — *It's necessary that I go out tonight.*

15.24 L'opinione della nutrizionista. Vuoi metterti in forma e consulti una nutrizionista. Le spieghi le tue abitudini. Immagina i suoi consigli e suggerimenti. Usa **credo, penso, voglio, dubito, spero, preferisco, sono contenta** e **pare.**

ESEMPIO: —Studio troppo.
—Voglio che Lei studi di meno.

1. Bevo molti caffè.
2. Faccio poco sport.
3. Vado in palestra raramente.
4. Esco ogni sera fino a tardi.
5. Non so mai cosa mangiare di leggero.
6. Mi piacciono le verdure e la frutta.
7. Sono poco paziente.
8. Voglio imparare a mangiare meglio.

15.25 L'opinione dell'esperto. Immagina le risposte di un esperto di nutrizione alle seguenti domande. Usa un verbo o un'espressione che indica incertezza oppure un verbo o espressione che indica certezza.

ESEMPIO: —Troppi grassi fanno male?
—Sì, è vero che troppi grassi fanno male.

1. Una sana alimentazione è molto importante?
2. Il fast food fa bene?
3. Le persone in forma mangiano molta frutta e verdura?
4. Le persone in forma bevono molto alcool?
5. Le persone in forma seguono una dieta equilibrata?
6. Le persone in forma fanno molta ginnastica?
7. Le persone in forma vanno in palestra ogni giorno per molto tempo?
8. Le persone in forma fumano dieci sigarette al giorno?
9. Le persone in forma dormono solo sei ore la notte?
10. Le persone in forma non soffrono d'insonnia?

15.26 È importante che... È il periodo degli esami e una tua amica ti parla dei problemi suoi e di alcuni vostri amici. Dille che cos'è meglio che facciano. Usa le varie espressioni impersonali con il congiuntivo.

ESEMPIO: —Giulio è stanco.
—Bisogna che lui si riposi.

1. Paolo mangia poco.
2. Io ho sempre un gran mal di testa.
3. Io e Giulio non abbiamo più tempo per uscire.
4. Giovanna e Giulia non fanno più sport.
5. Giuseppe ha mal di gola.
6. Tu hai la tosse.

SCAMBI

15.27 Dal medico. Ascolta le brevi conversazioni e indica di quale problema si tratta.

1. Conversazione 1 ________________
2. Conversazione 2 ________________
3. Conversazione 3 ________________

15.28 Mi sento male! Sei un ragazzo/una ragazza liceale (*of high school age*) e oggi non vuoi andare a scuola. Ti inventi una serie di malanni per restare a casa. Un compagno/Una compagna immagina di essere il padre/la madre e ti dà suggerimenti per stare meglio.

ESEMPIO: **S1:** Mamma, mi fa male lo stomaco!
S2: Non bere caffè e mangia un po' di pane.

15.29 Cosa sai della nutrizione e della salute? Cosa pensate che debbano fare le persone che vogliono mettersi in forma? Cosa pensate che non debbano fare? Prendete in considerazione i seguenti argomenti:

1. la dieta
2. la ginnastica e lo sport
3. i rapporti personali
4. il tempo libero
5. il lavoro
6. le attività giornaliere

15.30 Le cattive abitudini. Leggi il breve articolo sulla salute degli uomini e delle donne. Poi a coppie, decidete chi, secondo voi, ha le abitudini peggiori. Motivate le vostre opinioni. Che consigli dareste a queste persone per migliorare la loro salute?

Uomini, donne... e cattivi stili di vita

Chi mette più a rischio il proprio cuore? Gli uomini o le donne? Vediamo cosa dicono i numeri:

Pressione alta: è un problema per il 33 per cento degli uomini e il 28 per cento delle donne.

Ipercolesterolemia: interessa il 37 per cento degli uomini e il 34 per cento delle donne.

Glicemia: il 23 per cento degli uomini e il 21 per cento delle donne hanno i valori alti.

Fumo: In Italia si continua a fumare. Il 33 per cento degli uomini fuma in media 17 sigarette al giorno e il 28 per cento delle donne ne fuma 13.

Sedentarietà: il 34 per cento degli uomini e il 46 per cento delle donne non fanno nessun'attività fisica nel tempo libero.

Obesità: il 17 per cento degli uomini e il 21 per cento delle donne sono obesi.

Lo sai che? L'assistenza sanitaria

La Costituzione italiana garantisce a tutti i cittadini il diritto[1] alla salute e quindi all'assistenza medica. I cittadini italiani contribuiscono al finanziamento del Sistema Sanitario Nazionale attraverso le tasse.

Tutti i cittadini hanno una tessera[2] sanitaria che devono presentare per visite mediche o ricoveri ospedalieri. Possono scegliere il proprio medico e usare tutti gli ospedali sul territorio nazionale. Per i farmaci, invece, devono pagare un ticket[3] da cui sono esenti[4] i redditi[5] più bassi, gli invalidi totali e i malati cronici.

Negli ultimi anni l'assistenza sanitaria sta cambiando e non è completamente gratuita per tutti. Molti devono pagare un ticket per le visite specialistiche e gli accertamenti diagnostici e anche alcuni medicinali sono a carico[6] del malato. Il medico di base (*family doctor*), oltre a ricevere giornalmente nel proprio ambulatorio, continua anche a fare le visite a casa ai malati più gravi.

Oltre agli ospedali e ai medici pubblici ci sono in Italia anche molti ospedali e cliniche private e si possono anche fare assicurazioni[7] private.

1. *right* 2. *identity card* 3. *copayment* 4. *exempt* 5. *incomes* 6. *must be paid* 7. *insurance*

15.31 Il sistema sanitario. Preparate una lista delle differenze fra il sistema sanitario in Italia e quello del vostro Paese. Quali pensate che siano i pro e i contro dei due sistemi?

Ospedale San Raffaele, Istituto di Ricovero e Cura a Carattere Scientifico, Milano

L'ambiente e le nuove tecnologie

VOCABOLARIO

Credo che le nuove tecnologie abbiano solo danneggiato l'ambiente.

Agenda 21 città sostenibile | Piano Strategico della Città di Verona | Comune di Verona

Cambieresti il tuo stile di vita?

un mondo di buone idee

in famiglia, in ufficio, nel condominio e nella città.

Bastano poche buone idee, come sostituire le normali lampadine[1] con quelle a risparmio, acquistare prodotti locali o bere acqua di rubinetto[2], per modificare abitudini consolidate ed accorgersi che si può vivere in sintonia con gli altri e con l'ambiente, risparmiando denaro e non solo ...

ARIA - ACQUA - ENERGIA - RIFIUTI - MOBILITÀ
ACQUISTI - VACANZE - RISPARMIO - PARTECIPAZIONE

partecipa anche tu!

Nei gesti quotidiani della nostra vita – in casa, sul luogo di lavoro, nel tempo libero e in vacanza – le nostre scelte influiscono direttamente sul nostro benessere, sull'ambiente, sulla società e sull'economia.

Scegliere cosa mangiare, come spostarsi, dove comprare ... sono comportamenti che hanno un impatto sull'ambiente e sulla società, condizionano le modalità di produzione e le fasi di vita dei prodotti.

Illustrazione: Manuel Malesani | EcoComunicazione.it

1. *light bulbs* 2. *faucet*

L'ecologia

la benzina verde	*unleaded gasoline*
distruggere (*p.p.* distrutto)	*to destroy*
ecologico/a	*ecological, green*
l'effetto serra	*greenhouse effect*
la foresta	*forest*
i gas serra	*greenhouse gases*
la natura	*nature*
l'ossigeno	*oxygen*
i pesticidi	*pesticides*
la raccolta differenziata	*collection of pre-sorted trash*
respirare	*to breathe*
i rifiuti	*garbage, waste*
il riscaldamento globale	*global warming*
le risorse naturali	*natural resources*
risparmiare	*to save*
salvaguardare	*to protect*
lo smog	*smog*
sprecare	*to waste*
lo strato dell'ozono	*ozone layer*

- il trasporto veicolare
- il riscaldamento degli edifici
- le attività produttive con emissioni in atmosfera

LORENZO: Pensi che i gas emessi dalle auto **abbiano danneggiato** lo strato dell'ozono?

FABIO: Non lo so. Credo che tutte le sostanze inquinanti **abbiano avuto** un ruolo.

La tecnologia

gli alimenti transgenici	*genetically altered foods*
la biodiversità	*biodiversity*
la biotecnologia	*biotechnology*
il cibo biologico	*organic food*
i conservanti	*preservatives*
l'energia solare / nucleare	*solar energy / nuclear energy*
la macchina ibrida	*hybrid car*

15.32 Fanno bene o male? Prepara due liste: una di fattori ambientali che fanno bene alla salute e una di quelli che fanno male. Poi paragona i tuoi risultati con quelli di un compagno/una compagna.

15.33 Associazioni. Scrivete tutte le parole ed espressioni che associate con questi argomenti: **l'ambiente, l'inquinamento, la natura, la biotecnologia.**

15.34 Che cos'è? Scrivi tutte le parole che associ con le espressioni e le parole che seguono. Poi leggile ai compagni. I compagni devono indovinare a quale espressione della lista si riferiscono.

1. respirare
2. riciclare
3. la macchina ibrida
4. l'effetto serra
5. i pesticidi
6. il cibo biologico
7. lo smog
8. i rifiuti
9. i conservanti
10. le risorse naturali
11. il riscaldamento globale
12. la raccolta differenziata

Raccolta differenziata

15.35 In ordine d'importanza. Indica con un numero da 1 a 12 quali di questi fattori che minacciano (*threaten*) l'ecosistema pensi che siano più gravi. Paragona i tuoi risultati con quelli di un compagno/una compagna.

1. ______________ l'inquinamento dell'aria
2. ______________ l'inquinamento dei mari
3. ______________ lo smog
4. ______________ la sovrappopolazione
5. ______________ la distruzione delle foreste
6. ______________ l'uso dei pesticidi
7. ______________ la biotecnologia
8. ______________ l'effetto serra
9. ______________ gli alimenti transgenici
10. ______________ i gas serra
11. ______________ l'energia nucleare
12. ______________ i rifiuti nucleari

Il cartone si ricicla

In contesto Piccolissime azioni per cambiare il mondo

Il movimento inglese, *We Are What We Do*, propone a tutti di fare qualcosa perché il mondo sia migliore.

piccolissime azioni per cambiare il mondo

Non inquinare
- Non usare sacchetti di plastica.
- Usa i mezzi pubblici di trasporto.
- Non bere il caffè in bicchieri di plastica. Utilizza sempre tazze di ceramica.

Non avere paura di comunicare
- Fa' amicizia con una persona di un'altra generazione.
- Sorridi a tutti.
- Impara ad ascoltare.
- Sii cordiale con gli altri.
- Non dimenticare di dire «Per favore» e «Grazie».
- Da' il tuo numero di telefono ad alcuni vicini di casa per le loro emergenze.
- Abbraccia una persona.
- Prepara una bella cena per un amico.

Risparmia le risorse naturali
- Ricordati di spegnere gli elettrodomestici.
- Non lasciare gli elettrodomestici in stand by.
- Chiudi il rubinetto dell'acqua mentre ti lavi i denti.
- Abbassa il termostato a casa e in ufficio.

Ricicla tutto
- Ricicla il cellulare.
- Dona il computer, i libri, gli occhiali a organizzazioni di beneficenza.
- Scrivi su tutti e due i lati dei fogli di carta.

 **15.36 Ecologia, solidarietà, risparmio, gentilezza.** Elencate cosa bisogna che le persone facciano per cambiare il mondo secondo il brano. Prendete in considerazione l'ecologia, la solidarietà, il risparmio e la gentilezza.

Occhio alla lingua!

1. Read again Lorenzo and Fabio's brief exchange in the *Percorso III Vocabolario* section. Look at the underlined verbs and determine whether they are expressing factual knowledge or their own opinions.
2. Look at the verbs in bold in the dependent clauses. When do the actions they describe occur, before the actions of the main clause, at the same time, or later? How can you tell?

GRAMMATICA

Il congiuntivo passato

1. You have learned that the subjunctive is used in a dependent clause after verbs and expressions that denote uncertainty, personal preferences, necessity, feelings, or points of view. When the verb of the main clause is in the present tense, the present subjunctive is used in the subordinate clause to express actions, conditions, and states in the present or in the future. The past subjunctive is used in the subordinate clause to express actions that have taken place before the action of the main clause. Compare the following sentences.

Penso che le grandi industrie **inquinino** l'ambiente.	*I believe that large industries pollute the environment.*
Penso che le grandi industrie **abbiano inquinato** l'ambiente.	*I believe that large industries have polluted the environment.*

2. The past subjunctive is formed with the present subjunctive of **avere** or **essere** + the past participle. Verbs that can take a direct object are conjugated with **avere.** Reflexive verbs and intransitive verbs—verbs that cannot take a direct object—are conjugated with **essere.**

Il congiuntivo passato			
	riciclare	**venire**	**ammalarsi**
che io	abbia riciclato	sia venuto/a	mi sia ammalato/a
che tu	abbia riciclato	sia venuto/a	ti sia ammalato/a
che lui/lei	abbia riciclato	sia venuto/a	si sia ammalato/a
che noi	abbiamo riciclato	siamo venuti/e	ci siamo ammalati/e
che voi	abbiate riciclato	siate venuti/e	vi siate ammalati/e
che loro	abbiano riciclato	siano venuti/e	si siano ammalati/e

15.37 Dubbio o certezza? Quando? Ascolta le frasi e indica se le persone parlano di fatti oggettivi o soggettivi. Poi ascoltale una seconda volta e indica se parlano di azioni del presente, del futuro o del passato.

	Fatti		Quando		
	oggettivi	**soggettivi**	**presente**	**futuro**	**passato**
1.					
2.					
3.					
4.					
5.					
6.					
7.					
8.					

15.38 L'inquinamento. Due amici discutono sulle cause dell'inquinamento atmosferico e su alcune possibili soluzioni. Completa la conversazione scegliendo fra il congiuntivo presente e passato.

1. TOMMASO: Pensi che negli ultimi anni la benzina verde (*risolva / abbia risolto*) veramente tutti i problemi dell'aria in città?
2. MARGHERITA: No. Credo che, per tanti anni ormai (*now*), le macchine (*causino / abbiano causato*) l'inquinamento atmosferico.
3. TOMMASO: Ma non solo le macchine! Adesso bisogna che tutti noi (*proteggiamo / abbiamo protetto*) l'ambiente in molti modi diversi.
4. MARGHERITA: Secondo me, è importante che gli abitanti delle grandi e piccole città (*usino / abbiano usato*) più spesso i mezzi pubblici.
5. TOMMASO: Sono d'accordo. Credo che anche le biciclette (*siano / siano state*) molto utili.
6. MARGHERITA: Certo, ma è necessario anche che nelle città (*ci sia / ci sia stato*) più verde.

15.39 Idee diverse. Il tuo amico è convinto che il mondo è perfetto così com'è. Tu non sei d'accordo con le sue affermazioni. Riscrivi le frasi usando un verbo o un'espressione che indica incertezza e facendo tutti i cambiamenti necessari.

ESEMPIO: —La benzina verde ha risolto i problemi dell'ambiente.
—Non credo che la benzina verde abbia risolto i problemi dell'ambiente.

1. Il governo ha salvaguardato l'ambiente.
2. Le persone non hanno sprecato le risorse naturali.
3. Io ho sempre usato i mezzi pubblici.
4. Il weekend scorso io e i miei amici abbiamo usato la bicicletta per andare in centro.
5. I miei genitori sono andati in centro a piedi.
6. La qualità dell'aria in città è sempre stata accettabile.
7. Il governo ha sempre protetto la qualità del cibo.

8. A casa mia abbiamo sempre comprato cibo biologico.
9. Il weekend scorso io e la mia famiglia abbiamo partecipato a una manifestazione (*demonstration*) contro il traffico.
10. Il traffico non ha causato lo smog.

SCAMBI

15.40 Cosa ne pensi? Usa le domande che seguono per intervistare un compagno/una compagna e scoprire cosa pensa dei problemi che minacciano l'ecosistema.

1. Ti interessi di ecologia? Cosa fai nella tua vita giornaliera per salvaguardare l'ambiente? Cosa pensi che debba fare la gente?
2. In genere, cerchi di conservare energia e altre risorse naturali? Cosa fai tu? Cosa bisogna che facciano gli altri?
3. Qual è, secondo te, il problema ecologico maggiore? Come pensi che questo problema si sia verificato? Pensi che si possa risolvere? Come?

15.41 L'anno 2100. Immaginate di essere dei viaggiatori extraterrestri nell'anno 2100 e di visitare il pianeta Terra. Com'è possibile che sia il pianeta Terra? Parlate dell'ambiente, delle risorse naturali, delle città e della salute della gente.

15.42 È possibile che abbiano... Immaginate di essere i viaggiatori extraterrestri dell'attività **15.41.** Fate supposizioni su cosa pensate che gli abitanti della Terra abbiano fatto o non abbiano fatto in passato.

Lo sai che? Il cibo biologico

Frutta, verdura, carni e altri prodotti alimentari biologici seguono un metodo di produzione regolato da leggi italiane e comunitarie europee. I cibi biologici sono prodotti con tecniche tradizionali che rispettano l'ambiente. Nell'agricoltura biologica non si possono usare le sostanze chimiche sintetizzate, come i pesticidi e gli OGM (*genetically modified organisms*). Tutto deve essere naturale. La coltivazione biologica aiuta anche a proteggere tanti prodotti e gusti italiani tradizionali che altrimenti sarebbero scomparsi (*would have disappeared*).

L'Italia ha il primato europeo per la coltivazione naturale. Le aziende che producono alimenti biologici sono quasi 50.000. Nonostante (*In spite of*) il costo elevato di questi prodotti, gli italiani, sempre più preoccupati per la salute, l'ambiente e la genuinità del cibo che consumano, li preferiscono agli altri prodotti. Nell'ultimo anno il 54,5% degli italiani ha acquistato alimenti naturali.

15.43 Il cibo biologico. Indicate almeno quattro cose che avete imparato sul cibo biologico in Italia. E i vostri connazionali consumano molto cibo biologico? Perché?

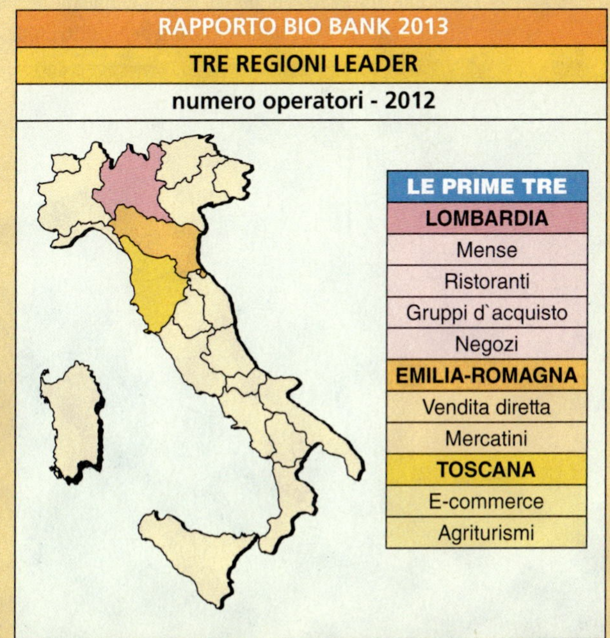

Rapporto Bio Bank 2013 - 3 regioni top per numero operatori
Source: http://www.biobank.it/it/BIO-biobank.asp?act=ddc&id=469

Bio Bank è un sito che offre tantissime informazioni sui prodotti biologici in Italia, insieme a ricette, interviste con esperti e notizie su mercatini e agriturismi. Operatori biologici sono tutti quelli che usano il metodo biologico di produzione.

ATTRAVERSO

L'ABRUZZO

L'Abruzzo è una regione montuosa, situata al centro della penisola italiana, che si estende fra le vette (*peaks*) maggiori dell'Appennino e il Mar Adriatico. Oltre il 30 per cento del suo territorio è protetto (*protected by environmental legislation*). In questa verde regione, soprannominata (*nicknamed*) la regione dei parchi, si trovano tre parchi nazionali (del Gran Sasso, della Majella, d'Abruzzo), un parco regionale (Sirente Velino) e più di venti riserve naturali.

Nel 2009 un terremoto (*earthquake*) ha distrutto una gran parte del patrimonio storico e artistico dell'Aquila, il capoluogo dell'Abbruzzo.

Parco Nazionale d'Abruzzo, Lazio e Molise: una vasta zona in cui la flora e la fauna sono protette dalle leggi. I monti in questa zona sono in gran parte coperti di boschi (*woods*). Qui si trovano anche varie specie di animali, come l'orso (*bear*) e il lupo (*wolf*), che sono scomparsi da altre regioni. In estate e in inverno numerosi turisti vengono a stare nei piccoli paesini che si trovano nel parco. In uno di questi paesini, Pescasseroli, è nato il filosofo Benedetto Croce.

La bella e antica cittadina di Sulmona, la patria del poeta romano Ovidio. Nel 1228 l'imperatore Federico II fondò proprio a Sulmona una delle prime università. Oggi la città è conosciuta per l'artigianato di oggetti d'oro, di rame e di ferro battuto (*wrought iron*). In tutto il mondo poi sono particolarmente noti i confetti prodotti qui: mandorle (*almonds*) ricoperte di zucchero, di solito bianco. Ci sono però confetti di tanti colori, a seconda delle occasioni, e spesso sono confezionati per riprodurre un fiore o anche un mazzo di fiori.

VERIFICHIAMO

Prima leggi l'introduzione alla regione e poi guarda le foto e leggi le rispettive didascalie.

15.44 Che cos'è? Indica di che zona o città si tratta.

1. Qui si trovano l'orso e il lupo.
2. Nel 2009 un terremoto ha distrutto una grande parte dei monumenti in questa città.
3. È famosa per i confetti.
4. È il paese natale del filosofo Benedetto Croce.
5. Qui si possono comprare oggetti fatti a mano d'oro, di rame e di ferro battuto.
6. Qui si può andare al mare.
7. È la città natale di Gabriele D'Annunzio.

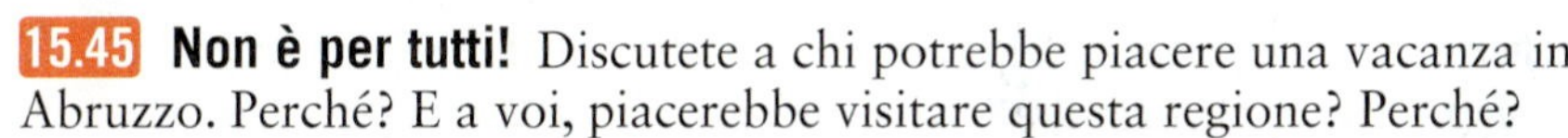

15.45 Non è per tutti! Discutete a chi potrebbe piacere una vacanza in Abruzzo. Perché? E a voi, piacerebbe visitare questa regione? Perché?

15.46 E nel vostro Paese? C'è una regione simile all'Abruzzo nel vostro Paese? In cos'è simile? In cos'è diversa?

L'Aquila, il capoluogo dell'Abruzzo. Molti dei preziosi monumenti del centro storico di questa città sono stati distrutti dal terremoto (*earthquake*) del 2009 e ci vorrà molto tempo per restaurarli.

Dalla città si gode la vista di una delle montagne più affascinanti d'Italia, il Gran Sasso, con la cima più alta degli Appennini (2914 metri). Nel cuore del Gran Sasso ci sono i **Laboratori nazionali del Gran Sasso** (il più grande laboratorio scientifico sotterraneo del mondo), un istituto di ricerca di fisica nucleare dove gli scienziati studiano le più piccole particelle dell'universo.

Pescara: una città moderna e industrializzata. Pescara è vicino al mare e ha una spiaggia molto frequentata. In estate ci sono varie manifestazioni culturali come il Festival Internazionale del Folclore. Gabriele D'Annunzio (1863–1938), un famoso rappresentante del decadentismo europeo, nacque a Pescara.

IN PRATICA

GUARDIAMO

Il mondo italiano

In questo episodio Taylor e Roberto citano (*quote*) la frase *Il coraggio, uno non se lo può dare!* Questa frase è molto conosciuta fra gli italiani perché è presa da uno dei romanzi più famosi della letteratura italiana, *I Promessi sposi*, di Alessandro Manzoni. Tutti leggono questo romanzo al secondo anno di liceo e tanti spettatori hanno anche visto le diverse versioni televisive. I protagonisti di questo romanzo storico sono Renzo e Lucia, una delle coppie di innamorati, nate dall'immaginazione di uno scrittore, più conosciute in Italia. Nel romanzo, la famosa frase è pronunciata da Don Abbondio, un personaggio molto timoroso.

 Per saperne di più su romanzi italiani famosi, vai su MyItalianLab.

Strategie per guardare
Recognizing conflicting feelings

When watching a video episode you obviously want to understand what people say and do. It is often just as relevant, however, to focus on other clues, such as their expressions and tone of voice. This helps you to recognize what their real feelings are, beyond their words and actions.

Per capire meglio!

affrontare	*to confront, to face*
andare in scena	*to go on stage*
l'animo	*soul*
cambiare idea	*to change one's own mind*
Facesse come crede!	*He/She can do what he/she wants!*
fregarsene	*not to give a damn*
guadagnare tempo	*to make up time*
il palco	*stage*
la scaletta	*program*
la sciocchezza	*nonsense*
Ti manca il coraggio.	*You lack courage.*
ti prego	*I beg you, please*
tremare	*to tremble*

Prima di guardare

...l'unica cosa importante oggi, è che la band vinca: tutto il resto non conta!
Credo che Taylor non venga.

Ma Taylor, ... questa è l'occasione della tua vita,... puoi andare sul palco...

Ho mal di testa. Mal di stomaco, ... Mal di gola... Non posso venire.

15.47 È la grande serata e tutti cercano di fare il possibile perché la band i *Controsenso* vinca. Prima di guardare l'episodio rispondi alle domande.

1. Descrivi la prima foto. Dove pensi che siano Elena e Roberto? Di che cosa è possibile che discutano?
2. Descrivi la seconda foto. Dove pensi che sia Roberto? Quali aggettivi potrebbero descrivere il suo umore?
3. Taylor dice che sta male. Secondo te, è vero oppure è una scusa? Perché?

Mentre guardi

15.48 Mentre guardi l'episodio, nota i sentimenti che i personaggi rivelano e completa lo schema seguente.

	I sentimenti:	I motivi:
Elena		
Roberto		
Taylor		
Giulia		

Dopo aver guardato

15.49 Giustificate le seguenti affermazioni con informazioni dall'episodio.

1. Questa è una serata determinante per la band.
2. Lo spettacolo deve continuare.
3. Taylor dice cha sta male, ma non è vero.
4. Roberto pensa che Taylor sia innamorato di Giulia.
5. Il rapporto fra Roberto ed Elena sta cambiando.

15.50 Immaginate una conversazione fra Roberto ed Elena dopo che Roberto è tornato a teatro. Elena vuole sapere come sta Taylor e Roberto le racconta cosa è successo alla villa.

15.51 In questo episodio si rivelano emozioni piuttosto forti. Tutti i protagonisti sembrano molto coinvolti (*involved*) a livello personale e professionale. Che sentimenti più o meno positivi o negativi rivelano? Come si risolveranno nell'ultimo episodio?

Strategie di lettura
Combining reading strategies

You have learned to apply varied strategies to obtain information from a written text even when you don't understand every word: Titles, subtitles, and visual clues can help you anticipate what will be treated. Recalling what you already know about a topic can help you predict and understand the main ideas. You have practiced looking for cognates and guessing the meaning of key words and discovered that you can often skip words whose meaning you can't figure out quickly. You have also practiced scanning for specific information and skimming to get a general sense of a text. You have discovered how important it is to read with a specific purpose in mind. Efficient readers apply all or many of these strategies, as appropriate, to get the most from a given text.

LEGGIAMO

Prima di leggere

15.52 Dal medico. Il racconto che segue, di Dino Buzzati (1906–1972), parla di un signore che va dal medico per una visita di controllo (*check-up*). Prima di leggere il racconto, completa le attività che seguono.

1. Esamina il titolo del racconto. Che cosa sai già di questo argomento? Quali vocaboli pensi di trovare in questa lettura?
2. Leggi il primo paragrafo e rispondi alle domande.
   a. Chi sono i personaggi principali?
   b. Dove sono?
   c. Descrivi il loro rapporto.
3. Leggi le domande in *Dopo la lettura*.

Mentri leggi

15.53 Indica le parti del testo che contengono le informazioni necessarie per rispondere alle domande in *Dopo la lettura*.

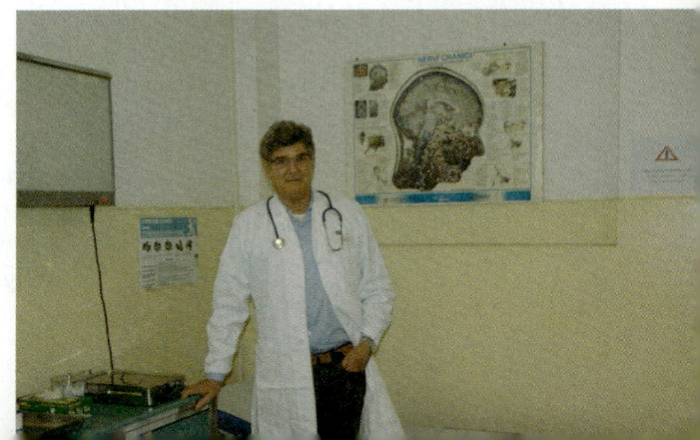

Dal medico

Sono andato dal medico per la visita di controllo semestrale: un'abitudine che ho preso da quando sono diventato quarantenne. Il mio medico è un vecchio amico, Carlo Trattori, che ormai mi conosce per diritto e per rovescio°. È un pomeriggio infido° e nebbioso d'autunno, tra poco dovrebbe arrivare la sera. Appena entro, Trattori mi guarda in un certo modo e sorride:

inside out
treacherous

«Ma tu stai magnificamente, stai. Non ti si riconoscerebbe, a pensare che faccia tirata avevi, solo un paio d'anni fa.»

«È vero. Non mi ricordo d'essere mai stato bene come adesso.»

Di solito si va dal medico perché si sta male. Oggi sono venuto dal medico perché sto bene, benissimo. E ne provo una soddisfazione nuova, quasi vendicativa, di fronte a Trattori che mi ha sempre conosciuto come un nevrotico, un ansioso, affetto dalle principali angosce del secolo. Ora invece sto bene. Da qualche mese in qua, di bene in meglio. [...]

«C'è bisogno di visitarti?» dice Trattori. [...]

«Be', già che sono venuto...°»

since I came
examination table

Mi spoglio, mi stendo sul lettuccio°, lui misura la pressione, ascolta cuore e polmoni, tenta i riflessi. Non parla.

«E allora?» chiedo io.

Trattori alza le spalle, manco si degna° di rispondere. Però mi guarda, mi osserva come se non conoscesse la mia faccia a memoria. Finalmente:

doesn't even bother

«Piuttosto dimmi. Le tue fisime°, le tue classiche fisime? Gli incubi°? Le ossessioni? Mai conosciuto uno più tormentato di te. Non vorrai mica farmi credere...»

whims / nightmares

Faccio un gesto categorico.

«Piazza pulita°. Sai quello che si dice niente? Neanche il ricordo. Come se fossi diventato° un altro.»

A clean sweep
As if I had become

«Come se fossi diventato un altro...» fa eco Trattori. [...]

«Ti ricordi» dico «quando all'una, alle due di notte venivo a sfogarmi° da te? E tu stavi ad ascoltarmi anche se cascavi° dal sonno? A ripensarci mi vergogno°. Che idiota ero, solo adesso lo capisco, che formidabile idiota.»

vent
you were ready to drop
I am embarassed

«Mah, chissà.»

«Che cosa vorresti dire?»

«Niente. Piuttosto rispondi sinceramente: sei più felice adesso o prima?»

«Felice! Che parola grossa°.»

big

«Be' diciamo soddisfatto, contento, sereno.»

«Ma certo, molto più sereno adesso.»

«Dicevi sempre che in famiglia, sul lavoro, fra la gente, ti sentivi sempre isolato, estraniato°? È dunque finita la tua bella alienazione?»

estranged

«Proprio così. Per la prima volta, come dire? [...] ecco, mi sento finalmente inserito nella società.»

«Caspita°. Complimenti. E da qui un senso di sicurezza, vero? Di coscienza appagata°?»

Goodness gracious
satisfied

«Mi prendi in giro?»

«Neppure per idea°. E dimmi: fai una vita più regolata di prima?»

Not at all

«Non saprei. Forse sì.»

«Vedi la televisione?»

«Be', quasi tutte le sere. Irma e io non usciamo quasi mai.»

«Ti interessi allo sport?»

«Riderai se ti dico che sto cominciando a diventare tifoso.»

«E per chi tieni?»

«Per l'Inter, naturalmente. [...] Ma si può sapere il perché di tutto questo interrogatorio?» [...]

«Vuoi sapere quello che ti è successo?»

Io lo guardo, interdetto°. Che, senza parere, Trattori abbia notato i sintomi di una orrenda malattia? — *dumbfounded*

«Quello che mi è successo? Non capisco. Mi hai trovato qualche cosa?»

«Una cosa semplicissima. Sei morto.»

Trattori non è un tipo facile agli scherzi, soprattutto nel suo studio di medico.

«Morto?» balbettai° io. «Morto come? Una malattia incurabile?» — *I stuttered*

«Macché malattia. Non ho detto che tu debba morire. Ho detto soltanto che sei morto.»

«Che discorsi. Se tu stesso poco fa dicevi che sono il ritratto° della salute?» — *picture*

«Sano, sì. Sanissimo. Però morto. Ti sei adeguato°, ti sei integrato, ti sei omogeneizzato, ti sei inserito anima e corpo nella compagine sociale, hai trovato l'equilibrio, la tranquillità, la sicurezza. E sei un cadavere°.» — *adjusted*; *corpse*

Dopo la lettura

15.54 Rispondi alle domande seguenti.

1. Discutete che cosa sapete del protagonista. Parlate della sua routine giornaliera, del suo carattere e della sua famiglia.
2. Com'è cambiata la sua salute ultimamente? Sta meglio o peggio?
3. Adesso il protagonista è più o meno felice? Perché?
4. Quali sono alcune delle attività giornaliere che il protagonista fa ora e che prima non faceva?
5. Secondo il medico, il protagonista sta meglio o peggio di prima? Perché?

6. Nei suoi scritti Dino Buzzati spesso parla della solitudine e dell'angoscia dell'individuo che si muove in una realtà qualche volta assurda. Com'è evidente questo concetto nel racconto che avete letto? Citate esempi specifici dal testo per giustificare le vostre opinioni.

PARLIAMO

Strategie per parlare
Organizing your ideas to discuss problems and solutions

When you are discussing a problem and possible solutions, you need to speak convincingly to your listeners. To do this, it helps to organize your ideas: First, identify the problem clearly. Then, suggest specific ways to address the problem and explain why your proposed solution is likely to be effective.

Di che problema si tratta? Che soluzione pensate che sia?

La nostra scuola. Discutete cosa si fa nella vostra scuola per proteggere l'ambiente. Pensate che ci siano altre cose da fare? Quali?

Prima di parlare

15.55 Prima di discutere in gruppi le vostre idee, completate a coppie le seguenti attività.

1. Che cosa si fa attualmente nella vostra scuola per la difesa dell'ambiente?
2. C'è un problema ambientale che dovrebbe essere risolto? Quale?
3. Pensate insieme a una possibile soluzione.

Mentre parlate

15.56 Adesso discutete a piccoli gruppi i problemi che avete identificato e le soluzioni che volete proporre.

ESEMPIO: C'è molto traffico intorno al campus e l'aria è inquinata... È necessario chiudere altre strade al traffico. È importante che gli studenti possano respirare bene!

Dopo aver parlato

15.57 Ogni gruppo decide chi ha presentato il problema ambientale più importante e chi ha proposto la soluzione migliore. Presentate le conclusioni a tutta la classe.

SCRIVIAMO

Strategie per scrivere
Giving suggestions and advice

As you have learned, impersonal expressions, verbs of volition, and verbs that indicate personal opinions can be used with the subjunctive to give suggestions and advice. The conditional of **dovere** or **potere** + the infinitive, or the imperative can also be used, depending on the tone you want to convey, and to give your writing variety.

Secondo me... Hai creato e gestisci (*manage*) un sito Web in cui dai consigli su uno stile di vita salutare e a volte anche su come migliorare i rapporti con gli altri. Oggi hai deciso di rispondere a uno dei messaggi seguenti.

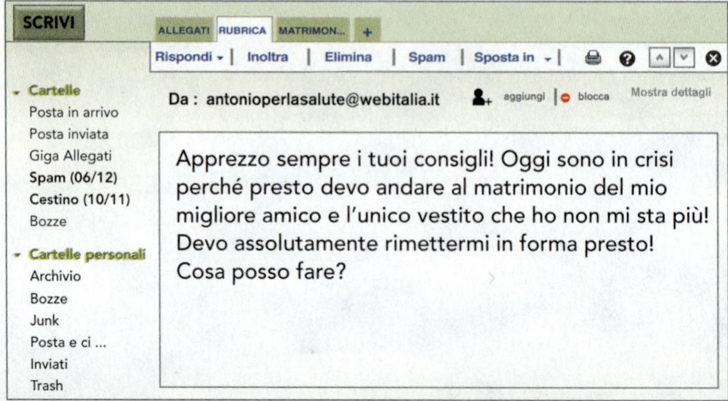

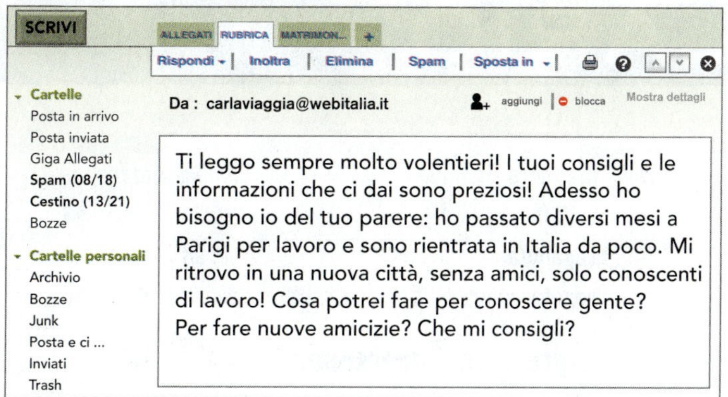

SCRIVI

ALLEGATI RUBRICA MATRIMON... +

Rispondi | Inoltra | Elimina | Spam | Sposta in

Cartelle
Posta in arrivo
Posta inviata
Giga Allegati
Spam (08/18)
Cestino (13/21)
Bozze

Cartelle personali
Archivio
Bozze
Junk
Posta e ci ...
Inviati
Trash

Da : carlaviaggia@webitalia.it aggiungi | blocca Mostra dettagli

Ti leggo sempre molto volentieri! I tuoi consigli e le informazioni che ci dai sono preziosi! Adesso ho bisogno io del tuo parere: ho passato diversi mesi a Parigi per lavoro e sono rientrata in Italia da poco. Mi ritrovo in una nuova città, senza amici, solo conoscenti di lavoro! Cosa potrei fare per conoscere gente? Per fare nuove amicizie? Che mi consigli?

Prima di scrivere

15.58 Segui questi suggerimenti.

1. Decidi a chi vuoi rispondere.
2. Prepara una breve lista dei consigli che vorresti dare e mettili in ordine logico.
3. Fa' una breve lista dei verbi e delle espressioni che puoi usare per esprimere le tue opinioni e offrire consigli e suggerimenti.

La scrittura

15.59 Usa la lista dei consigli che hai preparato per scrivere la prima stesura della tua risposta. Non dimenticare di variare lo stile usando strutture diverse.

La versione finale

15.60 Leggi la prima stesura della tua risposta.

1. Hai espresso i tuoi suggerimenti e consigli in modo chiaro?
2. Hai usato una varietà di espressioni per esprimere i tuoi consigli?
3. Hai usato correttamente l'indicativo, il condizionale e il congiuntivo?
4. Correggi attentamente la tua risposta. Controlla come hai scritto tutte le parole e l'accordo fra gli aggettivi e i nomi.

Una passeggiata sulle Ciminiere al Passo del Caparale (fra Pescasseroli e Scanno) in Abruzzo

VOCABOLARIO

Le parti del corpo

la bocca	*mouth*
il braccio (*pl.* le braccia)	*arm*
la caviglia	*ankle*
il collo	*neck*
il corpo	*body*
il cuore	*heart*
il dito (*pl.* le dita)	*finger*
la faccia	*face*
la fronte	*forehead*
la gamba	*leg*
il ginocchio (*pl.* le ginocchia)	*knee*
la mano (*pl.* le mani)	*hand*
il naso	*nose*
l'occhio	*eye*
l'orecchio (*pl.* le orecchie)	*ear*
l'osso (*pl.* le ossa)	*bone*
la pelle	*skin*
il petto	*chest*
il piede	*foot*
il polso	*wrist*
la schiena	*back*
la spalla	*shoulder*
lo stomaco	*stomach*
la testa	*head*

La salute

l'abitudine (*f.*)	*habit*
avere un'alimentazione sana	*to have a healthy diet*
dimagrire (-isc)*	*to lose weight*
esagerare	*to exaggerate*
essere* a dieta	*to be on a diet*
evitare	*to avoid*
fare bene / male	*to be good / bad (for you)*
il fast food	*fast food*
ingrassare*	*to gain weight*
mantenersi in forma	*to keep in shape*
nocivo/a	*unhealthy, harmful*
prendere vitamine	*to take vitamins*
sano/a	*healthy*
vegano/a	*vegan*
vegetariano/a	*vegetarian*

Espressioni impersonali

(non) bisogna	*it's (not) necessary*
(non) è bene	*it's (not) good*
(non) è difficile	*it's (not) difficult*
(non) è facile	*it's (not) easy, likely*
(non) è importante	*it's (not) important*
(non) è indispensabile	*it's (not) indispensable*
(non) è meglio	*it's (not) better*
(non) è necessario	*it's (not) necessary*
(non) è (im)possible	*it's (not) (im)possible*
(non) è probabile	*it's (not) probable*
(non) è vero	*it's (not) true*

I dolori del corpo

avere mal di…	*to have …*
denti	*a toothache*
gola	*a sore throat*
schiena	*a backache*
stomaco	*a stomachache*
testa	*a headache*
fare male	*to hurt*
farsi male	*to hurt oneself*
mi fa male la testa / la schiena	*my head / back hurts*

Disturbi e malesseri

ammalato/a	*sick*
avere…	*to have …*
la febbre	*a fever*
l'influenza	*the flu*
il raffreddore	*a cold*
la tosse	*a cough*
la cura	*treatment*
curare	*to treat, to take care of*

la malattia	*illness*
misurare la febbre	*to take someone's temperature*
il sintomo	*symptom*

Rimedi e medicine

gli antibiotici	*antibiotics*
l'aspirina	*aspirin*
la compressa	*tablet*
la medicina	*medicine*
lo sciroppo	*syrup*

Dal medico

il dolore	*pain*
fare una radiografia	*to take an x-ray*
grave	*serious*
guarire (-isc)	*to recover, to heal*
la ricetta	*prescription*
la visita medica	*medical examination*

L'ecologia

la benzina verde	*unleaded gas*
distruggere (*p.p.* distrutto)	*to destroy*
ecologico/a	*ecological, green*
l'effetto serra	*greenhouse effect*
la foresta	*forest*
i gas serra	*greenhouse gases*
la natura	*nature*
l'ossigeno	*oxygen*
i pesticidi	*pesticides*
la raccolta differenziata	*collection of pre-sorted trash*
respirare	*to breathe*
i rifiuti	*garbage, waste*
il riscaldamento globale	*global warming*
risolvere	*to resolve, to solve*
le risorse naturali	*natural resources*
risparmiare	*to save*
salvaguardare	*to protect*
lo smog	*smog*
sprecare	*to waste*
lo strato dell'ozono	*ozone layer*

La salute e la tecnologia

gli alimenti transgenici	*genetically altered foods*
la biodiversità	*biodiversity*
la biotecnologia	*biotecnology*
il cibo biologico	*organic food*
i conservanti	*preservatives*
l'energia solare / nucleare	*solar energy / nuclear energy*
la macchina ibrida	*hybrid car*

Incontriamoci in un mondo comune!

CAPITOLO 16

GLI ITALIANI DI OGGI

In this chapter you will learn how to:

- Discuss Italian politics and Italy's role in the European Union
- Discuss and express opinions about contemporary Italian society
- Talk about Italian people around the world

PERCORSO I Il governo italiano e la politica

VOCABOLARIO

Com'è il governo italiano?

Palazzo del Quirinale, residenza del Presidente della Repubblica

Per parlare del governo

il cittadino/la cittadina	*citizen*
la carica	*office*
la coalizione	*coalition*
la costituzione	*constitution*
la democrazia	*democracy*
il diritto	*right*
eleggere (*p.p.* eletto)	*to elect*
le elezioni	*elections*
la libertà di parola, di pensiero, di stampa	*freedom of speech, of thought, of press*
il sindacato	*labor union*
il voto	*vote*

Per parlare di altre nazioni

confinare	*to border (upon), to confine*
il confine	*border*
la frontiera	*border*

16.1 La politica. Per ogni parola, trova la definizione corrispondente.

1. la democrazia
2. la libertà di parola
3. il sindacato
4. la costituzione
5. il parlamento
6. il presidente

a. È la più alta carica politica.
b. Protegge i diritti dei lavoratori.
c. I cittadini scelgono il governo attraverso libere elezioni.
d. È composto dai rappresentanti dei partiti votati dai cittadini.
e. Indica i principi su cui si basa il governo di una nazione.
f. È il diritto di esprimere liberamente la propria opinione.

Lo sai che? L'Italia oggi

Dalla sua unificazione (1870) fino alla seconda guerra mondiale l'Italia è stata una monarchia. Per vent'anni circa (1922–1945) gli italiani hanno anche subito il regime fascista con a capo Benito Mussolini. Dopo la fine della seconda guerra mondiale, con il referendum del 1946, il Paese è diventato una Repubblica Parlamentare, con a capo un Presidente del Consiglio.

Per molto tempo in Italia ci sono stati numerosi partiti politici, ma in questi ultimi anni sono diminuiti considerevolmente. In tempo di elezioni i partiti si riuniscono formando grandi coalizioni. Gli italiani quindi votano per una coalizione. La Camera dei Deputati e il Senato sono composti dai rappresentanti dei partiti che i cittadini hanno votato. Il governo è composto dalla coalizione che vince le elezioni. L'Italia non è una repubblica federale come, a esempio, gli Stati Uniti e la Germania: c'è un solo governo centrale, ma le venti regioni hanno autonomia amministrativa. Gli italiani votano non solo nelle elezioni politiche ogni quattro anni ma anche in quelle amministrative per la loro città e regione.

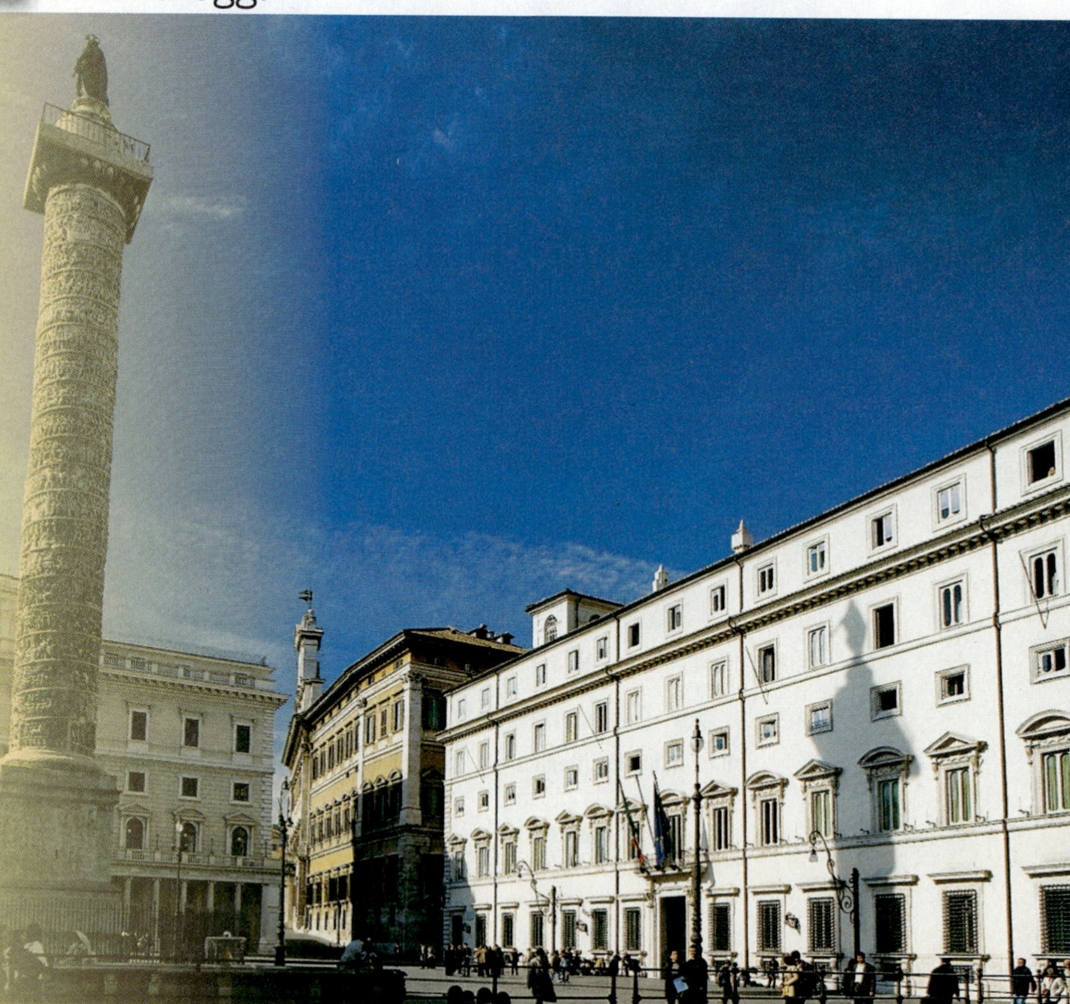

Palazzo Chigi a Roma, sede del Governo. Chi pensi che lavori qui?

16.2 Che cos'è cambiato? Com'è cambiato il governo italiano dopo il 1946? Ci sono stati cambiamenti ugualmente (*equally*) importanti nel vostro Paese?

16.3 Non solo politica. Nel *Vocabolario* del *Percorso I* trova le parole che corrispondono meglio alle descrizioni seguenti. Poi confronta le tue risposte con un compagno/una compagna e insieme scrivete delle frasi usando le parole della vostra lista.

1. È un'organizzazione che protegge i diritti dei lavoratori.
2. I cittadini esprimono la loro volontà politica e scelgono le persone che vogliono al governo.
3. Si attraversa quando si viaggia dal proprio Paese verso un Paese straniero.
4. È l'insieme di leggi (*laws*) fondamentali che regolano uno Stato.
5. Ce l'hanno i giornalisti che pssono scrivere quello che pensano.
6. Una forma di governo in cui i cittadini sono liberi di votare.

16.4 I nostri governi. Fate una breve lista dei vocaboli relativi al governo italiano, alla politica e alla collocazione (*location*) geografica.

16.5 Fra i Paesi. Rispondete alle seguenti domande.

1. Con quali nazioni confina il vostro Paese?
2. Con quali nazioni confina l'Italia?

In contesto Sono andato a votare!

Un giovane che ha finito il liceo non molto tempo fa incontra la sua professoressa di storia e insieme parlano delle recenti elezioni.

PROFESSORESSA: Allora, Riccardo, alla fine, hai deciso di votare? Lo sai, io credo che sia molto importante! Per te era la prima volta, vero?

RICCARDO: Non esattamente. Ma, sa, questa volta mi sembrava che **dovessi** fare particolare attenzione a non dare un voto sbagliato.

PROFESSORESSA: Ma, dimmi, sono curiosa, hai votato per la coalizione di destra o quella di sinistra?

RICCARDO: Professoressa, ce lo ha insegnato Lei che il voto è segreto! Come vorrei però che la politica **fosse** più semplice!

PROFESSORESSA: E a me piacerebbe che **si formasse** una coalizione più di centro, per chi non vuole votare né a destra né a sinistra.

RICCARDO: Ecco, professoressa, anche noi come tutti gli italiani finiamo sempre col parlare di politica!

16.6 Le opinioni della professoressa e di Riccardo. Dopo aver letto la conversazione fra la professoressa e Riccardo, indicate se le seguenti affermazioni sono vere o false. Correggete quelle false.

1. Secondo Riccardo, la politica è complicata.
2. La professoressa è soddisfatta delle due principali coalizioni fra i partiti.
3. Gli italiani non discutono mai di politica.

... da quando ho 18 anni, ho sempre votato per elezioni politiche...

16.7 Le elezioni. Preparate quattro domande sulle elezioni nel vostro Paese e fate una breve inchiesta fra i vostri compagni. Volete sapere, a esempio, se e quando hanno votato la prima volta e se le loro opinioni corrispondono a quelle di Riccardo e della sua professoressa.

Occhio alla lingua!

1. Look again at the *In contesto* conversation and find the verbs in boldface type. Do these verbs refer to a present, past, or future situation? Do you think these verbs are in the indicative or the subjunctive?
2. What verbs or expressions introduce the verbs in boldface type? In what tense are these verbs and expressions? Can you draw any conclusions?
3. With a classmate, look at the other verbs in the *In contesto* conversation. Which are in the indicative and which are in the subjunctive? Can you explain in each instance why the indicative or the subjunctive is used?

Lo sai che? L'Italia e l'Europa

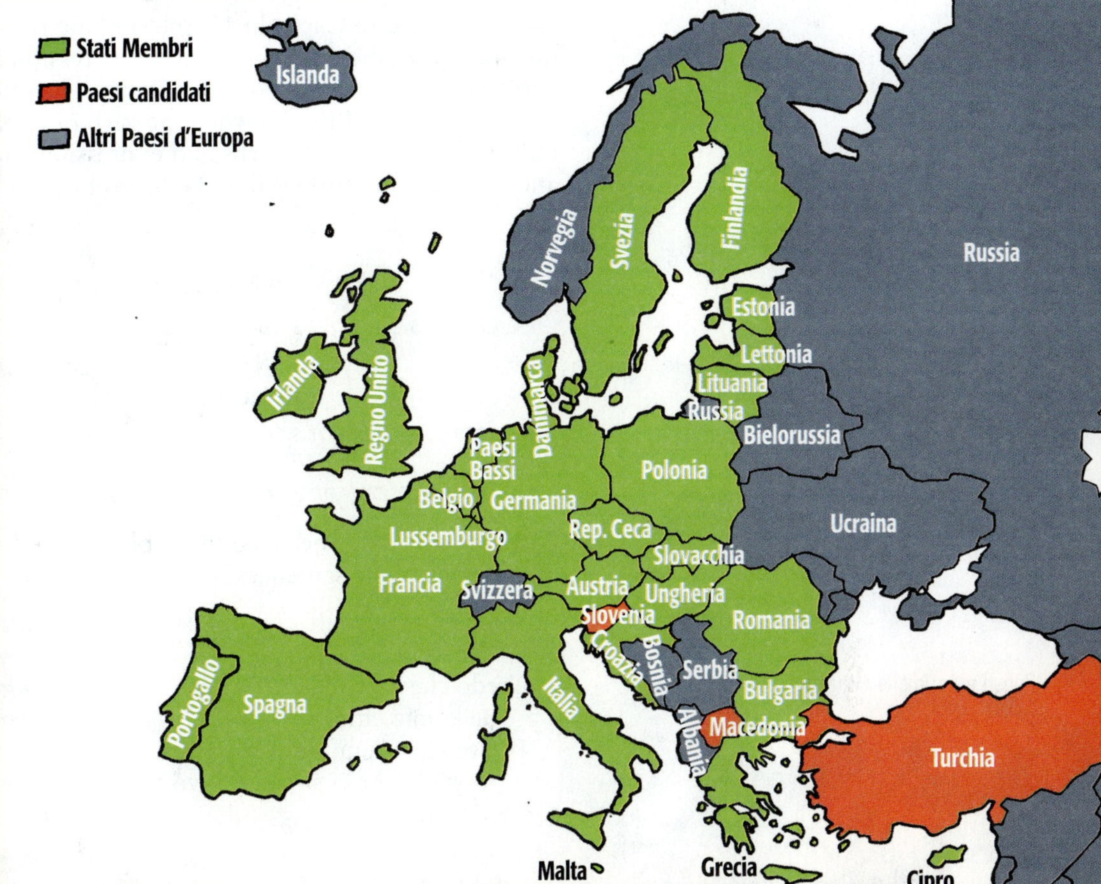

L'Italia fa parte dell'Unione Europea da molti anni. Per l'Italia la partecipazione all'UE implica alcuni fattori pratici molto importanti, come, a esempio:

- l'euro è la moneta di molti Paesi dell'UE. Quando viaggiano, quindi, gli italiani possono usare la valuta (*currency*) del proprio Paese e possono anche usare le banche dei Paesi dell'UE;
- gli italiani possono viaggiare liberamente in quasi tutti i Paesi dell'Unione con la sola carta d'identità; esiste inoltre il passaporto UE uguale per tutti i cittadini europei, anche se ogni nazione rilascia il proprio (*issues its own*);
- i cittadini italiani hanno la possibilità di lavorare in una delle nazioni dell'UE e di trasferirsi da un Paese all'altro per motivi di studio senza problemi di visto (*visa*);
- da tempo c'è anche il Parlamento europeo a Strasburgo, in cui vengono eletti rappresentanti italiani oltre che degli altri Paesi dell'UE. Il Parlamento si occupa di leggi che riguardano questioni comuni a tutti i Paesi dell'UE, come a esempio la sanità, l'ambiente, il turismo.

 **16.8 L'Unione Europea.** Discutete insieme quali sono per gli italiani alcuni vantaggi della partecipazione all'UE. Di quali vi piacerebbe godere anche voi? Perché?

GRAMMATICA

Il congiuntivo o l'indicativo

As you learned in **Capitolo 15**, the subjunctive is used in dependent clauses introduced by **che** when the verb or expression in the main clause indicates desire, personal opinion, doubt, or uncertainty. The indicative is used in dependent clauses introduced by **che** when the verb or expression in the main clause indicates certainty. The verbs and expressions in the chart below indicate certainty and are therefore followed by verbs in the indicative.

Verbi ed espressioni che indicano certezza			
è certo / sicuro	*it's certain / sure*	essere certo / sicuro	*to be certain / sure*
è chiaro	*it's clear*	sapere	*to know*
è ovvio	*it's obvious*	vedere	*to see*
è vero	*it's true*		

Note the difference between the expressions of certainty and the more subjective expressions in the sentences below.

So che il presidente viene nella mia città. — *I know the president is coming to my town.*
Credo che il presidente venga nella mia città. — *I think that the president will come to my town.*
È vero che c'è un nuovo partito. — *It's true that there is a new party.*
È possibile che ci sia un nuovo partito. — *It's possible that there is a new party.*

Penso proprio che i due signori discutano di politica!

16.9 La mia opinione. Tu e un'amica discutete di politica. Lei non è molto sicura e ti fa tante domande. Rispondi usando un'espressione che indica certezza e segui l'esempio.

ESEMPIO: Credi che questo partito sia d'accordo con i sindacati?
Sono sicuro/a che questo partito è d'accordo con i sindacati.

1. Pensi che la coalizione di destra diminuisca le tasse?
2. È possibile che gli studenti facciano sciopero?
3. Dubiti che molte persone votino a queste elezioni?
4. Credi che quel giornalista combatta sempre per la libertà di parola?
5. Hai paura che il Presidente del Consiglio non nomini i ministri migliori?

16.10 La politica. Un amico ti chiede informazioni sulla politica italiana. Rispondi alle sue domande usando l'indicativo quando sei sicuro/a e il congiuntivo quando non sei sicuro/a. Usa alcune delle seguenti espressioni: **credo che, so che, sono certo che, è ovvio che, è probabile che.**

1. Gli italiani votano ogni quattro anni?
2. Quanti partiti ci sono?
3. C'è la democrazia in Italia?
4. Eleggono anche deputati europei?
5. Chi elegge il Presidente del Consiglio?

Il congiuntivo o l'infinito

As you learned in **Capitolo 15,** the subjunctive is used in the dependent clause after verbs that express uncertainty, personal opinion, doubt, and desire when the subjects of the dependent clause and the main clause are different.

Spero che tu **sia andato** a votare.	*I hope you went to vote.*
Il sindacato vuole che voi **facciate** sciopero.	*The union wants you to go on strike.*

When the subject of the two clauses is the same, the infinitive is used.

Il presidente crede di agire per **difendere** la Costituzione.	*The president thinks he is acting to defend the Constitution.*
Crede di **sapere** già tutto sulle elezioni europee.	*He/She thinks he already knows everything about European elections.*

1. Verbs such as **volere, dovere, potere, preferire**, and **desiderare** are directly followed by an infinitive.

Desidero tenermi al corrente sui partiti.	*I wish to keep current on political parties.*
Preferisci fare sciopero o **andare** a lavorare?	*Do you prefer to go on strike or go to work?*

2. Some verbs and expressions require a preposition before the infinitive. The following require the preposition **di.**

avere paura di	*to be afraid*	dubitare di	*to doubt*
credere di	*to believe*	pensare di	*to think*
decidere di	*to decide*	sperare di	*to hope*

Spera di vincere le elezioni.	*He/She hopes to win the elections.*
Pensiamo di passare la frontiera facilmente.	*We think we will cross the border easily.*

16.11 Una ricerca. Tu e i tuoi compagni dovete fare una ricerca per avere informazioni sull'Italia. I compagni ti chiedono se fai alcune cose. Rispondi usando l'infinito come nell'esempio e fa' tutti i cambiamenti necessari.

ESEMPIO: Sai trovare il sito ufficiale del governo? (credo)
Sì, credo di sapere trovare il sito ufficiale del governo.

1. Completi tu la ricerca sui partiti? (penso)
2. Prendi informazioni sul sito? (preferisco)
3. Cerchi tu la prima pagina dei giornali? (voglio)
4. Prepari tu le informazioni sulle elezioni? (spero)

 **16.12 Brevi messaggi elettronici.** Hai trovato un sito dove puoi parlare di politica con persone della tua età. Rispondi alle domande sui problemi indicati. Poi scambia le tue risposte con quelle di un compagno/una compagna e insieme discutete le vostre idee.

ESEMPIO:

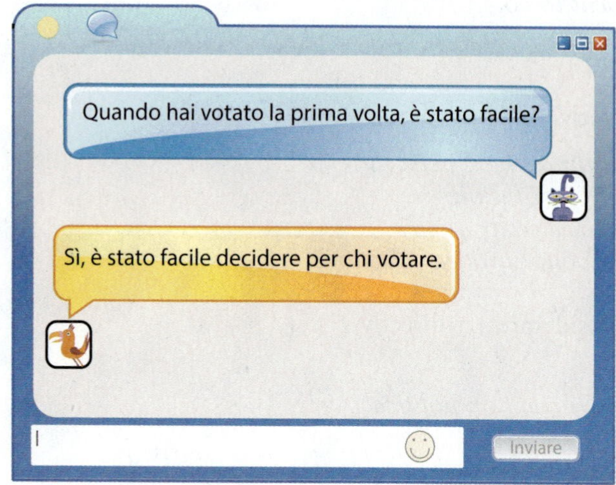

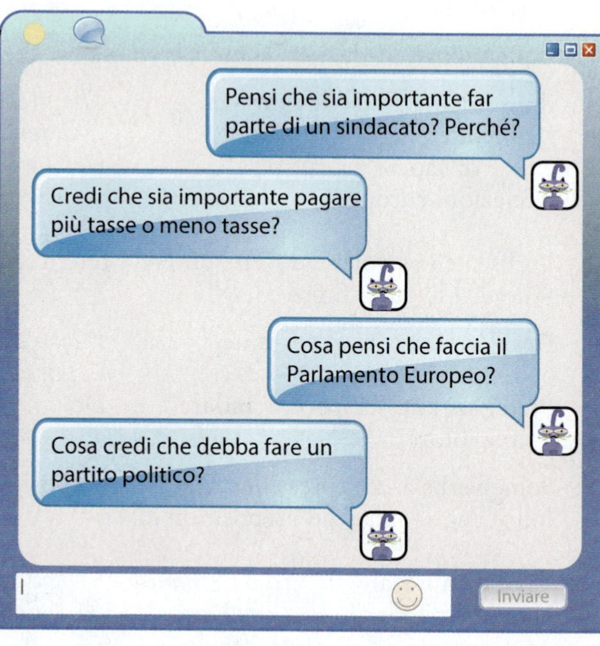

Il congiuntivo imperfetto (I)

The verbs and expressions that govern use of the present subjunctive also govern use of the imperfect subjunctive. The imperfect subjunctive is used when the verb of the main clause is in a past tense and the action of the dependent clause took place at the same time or later than that of the main clause.

Era difficile che **potesse** vincere le elezioni.	*It was unlikely that he could win the election.*
Sperava che io **andassi** a votare con lui.	*He hoped I would go to vote with him.*

Like the imperfect indicative, the imperfect subjunctive is formed by dropping the **-re** of the infinitive and adding the appropriate endings. The imperfect subjunctive presents the same types of irregularities as the imperfect indicative.

Il congiuntivo imperfetto				
	votare	**eleggere**	**servire**	**capire**
che io	vota**ssi**	elegge**ssi**	servi**ssi**	capi**ssi**
che tu	vota**ssi**	elegge**ssi**	servi**ssi**	capi**ssi**
che lui/lei	vota**sse**	elegge**sse**	servi**sse**	capi**sse**
che noi	vota**ssimo**	elegge**ssimo**	servi**ssimo**	capi**ssimo**
che voi	vota**ste**	elegge**ste**	servi**ste**	capi**ste**
che loro	vota**ssero**	elegge**ssero**	servi**ssero**	capi**ssero**

1. The following verbs have the same irregular stems in the imperfect subjunctive as in the imperfect indicative.

	bere (bevevo)	**dire (dicevo)**	**fare (facevo)**
che io	beve**ssi**	dice**ssi**	face**ssi**
che tu	beve**ssi**	dice**ssi**	face**ssi**
che lui/lei	beve**sse**	dice**sse**	face**sse**
che noi	beve**ssimo**	dice**ssimo**	face**ssimo**
che voi	beve**ste**	dice**ste**	face**ste**
che loro	beve**ssero**	dice**ssero**	face**ssero**

Era impossibile che **dicesse** la verità. — *It was impossible that he was telling the truth.*

2. The following verbs have irregular infinitive stems and regular endings.

	essere	**dare**	**stare**
che io	fo**ssi**	de**ssi**	ste**ssi**
che tu	fo**ssi**	de**ssi**	ste**ssi**
che lui/lei	fo**sse**	de**sse**	ste**sse**
che noi	fo**ssimo**	de**ssimo**	ste**ssimo**
che voi	fo**ste**	de**ste**	ste**ste**
che loro	fo**ssero**	de**ssero**	ste**ssero**

Speravi che **dessimo** il nostro appoggio ai Verdi? — *Were you hoping we would support the Green Party?*

Credevamo che il ministro **fosse** onesto. — *We thought the minister was honest.*

Non era possibile che loro **stessero** zitti. — *It was not possible for them to be quiet.*

16.13 L'Italia com'era. Ascolta quello che dice un anziano signore italiano sull'Italia di molti anni fa. Per ogni frase indica se afferma un **fatto oggettivo** o se esprime una sua **opinione personale**.

1. fatto oggettivo — opinione personale
2. fatto oggettivo — opinione personale
3. fatto oggettivo — opinione personale
4. fatto oggettivo — opinione personale
5. fatto oggettivo — opinione personale
6. fatto oggettivo — opinione personale
7. fatto oggettivo — opinione personale
8. fatto oggettivo — opinione personale
9. fatto oggettivo — opinione personale
10. fatto oggettivo — opinione personale

Non pensavo che gli studenti facessero sciopero.

16.14 Non credevo! Hai appena imparato alcune cose sulla politica italiana e sei molto sorpreso/a. Riscrivi le frasi usando il congiuntivo imperfetto secondo l'esempio.

ESEMPIO: In Italia si vota a 18 anni. (Non credevo)
Non credevo che in Italia si votasse a 18 anni!

1. Il Presidente della Repubblica nomina il Presidente del Consiglio. (Non sapevo)
2. In Italia ci sono la Camera e il Senato. (Dubitavo)
3. L'Italia fa parte dell'Unione Europea. (Non sapevo)
4. Esiste un Parlamento europeo. (Non credevo)
5. Le tasse per l'importazione di alcuni prodotti sono molto alte. (Non immaginavo)
6. La coalizione che vince forma il governo. (Non immaginavo)

16.15 La politica. Un amico/Un'amica più giovane ti esprime alcune opinioni politiche e tu ti ricordi che un tempo avevi le stesse idee. Riscrivi le frasi cambiando i verbi dal presente al passato e seguendo l'esempio.

ESEMPIO: Penso che le elezioni ci siano ogni anno.
Neanche io pensavo che le elezioni ci fossero ogni anno. / Anch'io pensavo che le elezioni ci fossero ogni anno.

1. Ho paura che la coalizione di centro perda.
2. Credo che i miei genitori votino sempre per la coalizione di destra.
3. Dubito che tutti facciano sciopero.
4. Non penso che ci sia la libertà di parola in tutto il mondo.
5. Non sono sicuro/a che il presidente formi il governo.

6. Penso che l'Unione Europea sia un sogno!
7. Non credo che esista una costituzione europea.
8. Non so chi elegga i deputati al Parlamento europeo.
9. Ho paura che non tutti esprimano la loro opinione liberamente.

SCAMBI

16.16 Tu e la politica. Intervista alcuni compagni per scoprire cosa sanno del governo del proprio Paese e qual è il loro atteggiamento verso la politica. S'interessano di politica? Partecipano in un partito o un'associazione politica? Che cosa potete concludere? Perché?

16.17 Il Paese ideale. Immaginate un Paese ideale. Decidete insieme i seguenti punti e giustificate le vostre opinioni: il nome, il governo, i partiti, le leggi, la scuola, il lavoro, la libertà.

16.18 Le donne e la politica. Leggete le opinioni di alcune italiane a proposito delle donne e la loro presenza nel mondo della politica. Poi rispondete alle domande.

«Ho letto che in Italia la presenza delle donne è arrivata al 31,4% alla Camera e al 27,3% al Senato. Queste sono buone notizie! La presenza alla Camera negli ultimi tempi è cresciuta del 46% e al Senato del 33,33%. Siamo quasi alla quota europea, che è del 34%. Mi sento molto ottimista e credo che le donne stiano facendo grandi passi verso l'uguaglianza. Personalmente, con un programma politico simile e altri elementi uguali, fra un uomo e una donna io preferirei sempre la donna e voterei per lei!»

(Carla Marini)

«Secondo me, le donne sarebbero più brave degli uomini a trovare soluzioni pacifiche. Con più donne al governo di vari Paesi del mondo, secondo me, ci sarebbero meno guerre, perché le donne preferiscono trovare un accordo quando possibile.»

(Roberta Santini)

«In realtà è un problema storico, perché le donne sono state escluse per secoli dal potere e non hanno potuto partecipare al governo».

(Emma Narducci)

«Per la mia esperienza, non solo in politica, ma in tutti i campi nel mondo del lavoro, le donne devono lavorare molto di più degli uomini per avere gli stessi riconoscimenti».

(Antonella Fabbrini)

1. Dalle opinioni che avete letto, potete dedurre se sia più o meno difficile per le donne italiane fare carriera in politica? Perché?
2. Come pensavate che fosse la situazione delle donne italiane nel mondo della politica prima di leggere le opinioni precedenti?
3. Secondo voi, le donne del vostro Paese sarebbero d'accordo oppure no con le opinioni che avete letto? Di quali altri problemi discuterebbero?

I nuovi italiani

VOCABOLARIO

Chi sono gli italiani?

Sono stato fortunato. Ho il permesso di soggiorno e ho trovato un ottimo lavoro. Qui in Italia sto benissimo, ma, se potessi, tornerei al mio Paese

E pensare che al mio Paese ho finito l'università… E ora faccio **l'assistente familiare**… ma se fossi a casa mia non guadagnerei abbastanza per mantenere i miei figli.

L'immigrazione

la classe sociale	*social class*
la differenza culturale / sociale	*cultural / social difference*
discriminare	*to discriminate*
l'extracomunitario/a	*a person from a country outside the EU*
illegale	*illegal*
l'immigrazione (*f.*)	*immigration*
l'immigrato/a	*immigrant*
industrializzato/a	*industrialized*
legale	*legal*
la mentalità aperta / chiusa	*open / closed mentality*
il/la migrante	*migrant*
il Paese emergente	*developing country*
la povertà	*poverty*
il pregiudizio	*prejudice*
lo stereotipo	*stereotype*
lo straniero/la straniera	*foreigner*
tollerante	*tolerant*
la tolleranza	*tolerance*
l'uguaglianza	*equality*
il visto	*visa*

16.19 Che significa? Per ogni parola, trova la definizione corrispondente.

1. l'uguaglianza
2. la classe sociale
3. Paesi emergenti
4. immigrati illegali
5. il permesso di soggiorno
6. gli extracomunitari

a. divisione dei cittadini secondo la loro condizione economica
b. non c'è nessuna differenza fra persone diverse
c. non hanno il permesso di abitare in Italia
d. è necessario per risiedere legalmente in Italia
e. nazioni non molto ricche
f. persone di Paesi che non fanno parte dell'UE

16.20 La società. Completa le frasi seguenti con il vocabolo più adatto fra quelli della lista: **tolleranti, pregiudizi, industrializzato, assistente familiare, visto, discriminazione, immigrati.**

1. Mi piacerebbe dare lavoro anche agli ________________ senza permesso di soggiorno.
2. Molti cercano lavoro in Italia perché è un Paese ________________ e ci sono molte fabbriche.
3. Mi piacerebbe che nessuno avesse ________________ contro altre culture.
4. Per accettare persone molto diverse da noi, dobbiamo essere ________________.
5. Una persona che si prende cura degli anziani fa l' ________________.
6. Se una persona è pagata meno di un'altra per lo stesso lavoro, c'è ________________.
7. Per entrare in molti Paesi stranieri, dobbiamo avere il ________________ sul passaporto.

16.21 Valori positivi e negativi. Fa' una breve lista delle espressioni che rappresentano valori positivi per accettare gli stranieri e una lista di quelle che rappresentano dei valori negativi. Poi, a coppie, paragonate e discutete le vostre scelte.

Tanti stranieri abitano in Italia o visitano il Paese.

In contesto Lei cosa farà?

Una giornalista italiana parla con due stranieri che abitano in Italia, Jorge e Nadja, che hanno preso decisioni molto diverse riguardo al loro futuro.

GIORNALISTA: Lei, Jorge, da quanto tempo è in Italia? E Lei, Nadja?

JORGE: Sono arrivato dal Guatemala circa otto anni fa. Mia figlia è nata qui.

NADJA: Io sono qui da cinque, ma ho dovuto lasciare i figli in Ucraina con mia madre.

GIORNALISTA: Che lingua parlate a casa?

JORGE: Io e mia moglie parliamo spagnolo, naturalmente, ma nostra figlia si sente italiana. Se qualcuno le parlasse spagnolo, lei risponderebbe in italiano!

NADJA: Io parlo sempre italiano per il mio lavoro, ma con le amiche parlo ucraino.

GIORNALISTA: Che lavoro fate?

JORGE: Io lavoro in una fabbrica. Per fortuna ho il permesso di soggiorno per lavorare. Mi piacerebbe che tutti e tre, però, potessimo prendere la cittadinanza italiana!

NADJA: Faccio l'assistente familiare per una signora anziana che mi vuole tanto bene. Ho il permesso di soggiorno, ma se avessi la cittadinanza potrei trovare un lavoro migliore, chissà!

GIORNALISTA: Vorreste tornare al vostro Paese o pensate di restare in Italia?

JORGE: In Guatemala, se tornassi non troverei lavoro. E poi, vorremmo che nostra figlia crescesse qui.

NADJA: Vorrei che i miei figli venissero in Italia anche loro, ma a mia madre piacerebbe che io tornassi... e anche a me. Non mi sono mai adattata bene.

16.22 Un'intervista. Discutete i seguenti punti riguardo all'intervista.

1. Qual è il problema principale di cui si discute?
2. Quali sono alcuni punti di vista diversi delle persone intervistate?
3. Per chi provate più simpatia? Perché?

16.23 I consigli. Che consigli dareste a Jorge e Nadja? Come vi sentireste voi nella loro situazione?

Occhio alla lingua!

1. Look at the various forms of the verbs **volere** and **piacere** in the *In contesto* interview. What verbs follow them? Can you detect a pattern?
2. In the interview there are three sentences that contain **se** (*if*). Are the verbs that follow **se** in the indicative or the subjunctive? Are they in the present or imperfect tense? What is the tense and mood of the verb in the main clause of these sentences? What pattern can you identify?
3.  With a partner, determine if the sentences introduced by **se** refer to situations that the speaker is certain will occur or that he/she is less sure about.

Lo sai che? L'immigrazione in Italia

In seguito a numerosi fattori storici, sociali ed economici, dall'inizio degli anni '80 l'Italia è diventata terra d'immigrazione. Attualmente in Italia ci sono più di quattro milioni di stranieri, residenti soprattutto nelle grandi città come Roma, Milano, Napoli e Torino, ma presenti in gran numero anche nelle province industriali e nelle campagne. La maggior parte proviene[1] da altri Paesi europei, ma molti vengono anche dall'Asia, dall'Africa e dall'America. Oggi in Italia c'è anche il fenomeno molto complicato degli immigrati illegali. Tanti di loro attraversano[2] il Mediterraneo su vecchie barche piene di gente e in condizioni terribili. Molti arrivano in Sicilia, in particolare all'isola di Lampedusa, dove ci sono i centri di accoglienza[3]. Qui vivono in condizioni difficili e spesso poi sono rimandati[4] nei loro Paesi di origine.

Gli italiani hanno opinioni diverse riguardo a questo fenomeno. Alcuni hanno paura della disoccupazione e di perdere l'omogeneità etnica e culturale. Altri promuovono la tolleranza e sono favorevoli a una società multietnica. Il governo e i partiti politici cercano di proporre riforme sociali e leggi[5] per regolare l'immigrazione e la permanenza[6] degli extracomunitari.

Una scena dal film *Quando sei nato non puoi più nasconderti* (2005) di Marco Tullio Giordana. Sandro, un ragazzo di dodici anni, si perde in mare e viene salvato da una barca di clandestini che stanno cercando di arrivare in Italia e troveranno una situazione molto triste e difficile.

1. *comes* 2. *cross* 3. *reception centers* 4. *sent back* 5. *laws* 6. *stay*

 **16.24 L'immigrazione in Italia.** Dopo aver letto le informazioni sull'immigrazione in Italia, rispondete alle domande.

1. Quali sono i possibili motivi dell'immigrazione in Italia?
2. Come pensate che sia la vita nei centri di accoglienza?
3. Che cosa cercano di fare alcuni politici?

 **16.25 L'immigrazione nel vostro Paese.** La storia dell'immigrazione nel vostro Paese è molto diversa da quella in Italia? Quali problemi sono simili a quelli dell'immigrazione in Italia?

GRAMMATICA

Il congiuntivo imperfetto (II)

You have learned about use of the imperfect subjunctive when the verb of the main clause is in a past tense. The imperfect subjunctive is also used in a dependent clause when the verb of the main clause is in the present conditional and the two clauses have two different subjects.

Vorrei che mia sorella **smettesse** di fumare!	*I wish my sister would quit smoking!*
Mi piacerebbe che tutti **avessero** un lavoro.	*I would be pleased if everybody had a job.*
Preferirei che tu non gettassi la carta per terra.	*I would prefer that you not throw paper on the ground.*

Mio padre vorrebbe che tutti si ricordassero di riciclare le pile!

16.26 Loro vorrebbero che... I tuoi genitori ti fanno spesso molte raccomandazioni riguardo all'ambiente. Racconta a un amico/un'amica che cosa vorrebbero che tu e i tuoi fratelli faceste riguardo alle seguenti cose.

ESEMPIO: l'acqua
Vorrebbero che ci facessimo la doccia con poca acqua!

1. la carta
2. la benzina
3. il vetro e la plastica
4. la bicicletta
5. il fumo

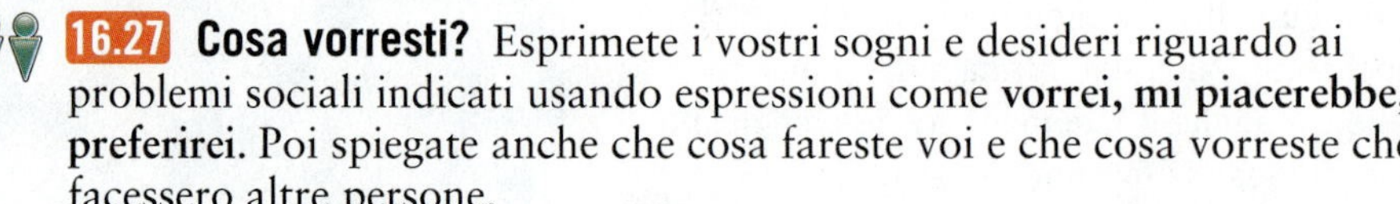

16.27 Cosa vorresti? Esprimete i vostri sogni e desideri riguardo ai problemi sociali indicati usando espressioni come **vorrei, mi piacerebbe, preferirei**. Poi spiegate anche che cosa fareste voi e che cosa vorreste che facessero altre persone.

a. i pregiudizi
b. l'immigrazione
c. la tolleranza

Frasi con il *se*

Hypothetical (*if*) sentences predict what can or could happen if a specific condition is met. *If* sentences consist of two clauses: the *if*-clause that expresses the condition and the main clause that expresses the result of that condition.

In sentences describing a situation that the speaker believes might occur but is unlikely, **se** + the imperfect subjunctive is used to express the condition, and the present conditional expresses the outcome.

Se avessimo un buon lavoro, **troveremmo** anche un bell'appartamento.	*If we had a good job, we would also find a nice apartment.*
Se tu avessi il permesso di soggiorno, **potresti** lavorare.	*If you had the residence permit, you could work.*
Se andaste in Italia, **potreste** visitare il Molise.	*If you went to Italy, you could visit the Molise region.*

16.28 Una discussione. Tu e i tuoi amici discutete di varie questioni attuali. Completa le seguenti frasi con la forma corretta del condizionale e del congiuntivo.

1. Tu (andare) _____________ in un altro Paese se non (trovare) _____________ lavoro qui?
2. Se noi (avere) _____________ una mentalità veramente aperta, non (pensare) _____________ troppo alle differenze culturali.
3. Se i miei amici stranieri (volere) _____________ il permesso di soggiorno, che cosa (dovere) _____________ fare?
4. Se i nostri amici (volere) _____________ conoscere il mondo, (viaggiare) _____________ di più.
5. (Esserci) _____________ più tolleranza nel mondo se tutti (cercare) _____________ di capire le culture diverse.
6. Se voi (interessarsi) _____________ di politica, (fare) _____________ una legge per regolare l'immigrazione?

16.29 Una società perfetta. Immagina come ogni situazione sarebbe diversa se cambiassero le circostanze. Completa le frasi con la forma corretta del congiuntivo. Usa anche vocaboli ed espressioni come, a esempio: **discriminare, capire le differenze culturali, dare il permesso di soggiorno, stereotipi.**

1. Ci sarebbe più uguaglianza se...
2. Ci sarebbero meno immigrati illegali se il governo italiano...
3. La gente capirebbe meglio gli stranieri se...
4. Ci sarebbero meno pregiudizi nel mondo se...

16.30 Sogniamo e immaginiamo! Oggi voi e i vostri amici state sognando sulle tante possibilità della vita e del futuro. Completa le frasi seguenti con il condizionale o il congiuntivo. Poi, a coppie, paragonate le vostre opinioni.

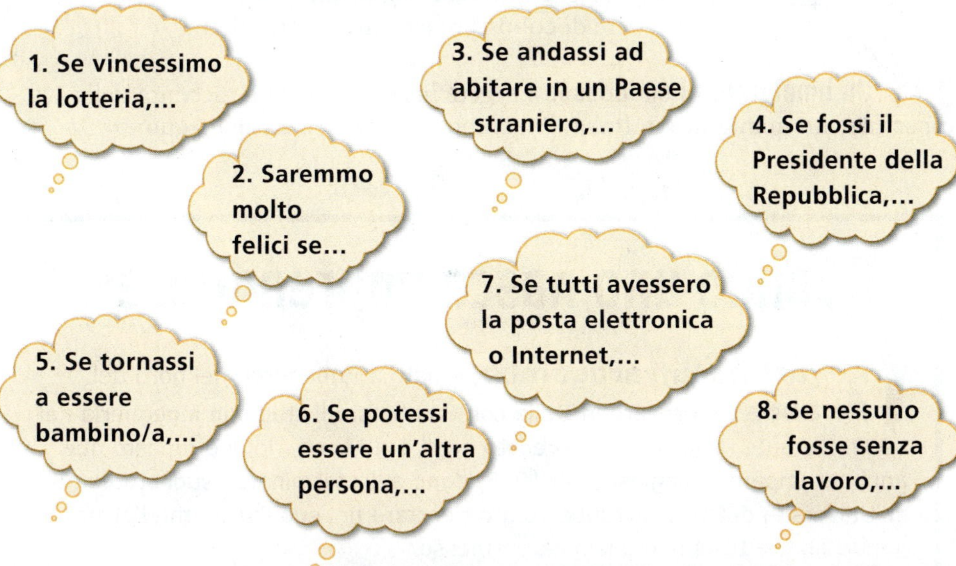

1. Se vincessimo la lotteria,...
2. Saremmo molto felici se...
3. Se andassi ad abitare in un Paese straniero,...
4. Se fossi il Presidente della Repubblica,...
5. Se tornassi a essere bambino/a,...
6. Se potessi essere un'altra persona,...
7. Se tutti avessero la posta elettronica o Internet,...
8. Se nessuno fosse senza lavoro,...

SCAMBI

16.31 L'immigrazione nelle scuole. Ascolta le notizie alla radio sull'immigrazione e la scuola. Poi completa le attività che seguono.

1. Indica con i numeri 1 e 2 a quale titolo corrisponde ognuna delle notizie.

a. ______________

La carica degli universitari stranieri

b. ______________

Nelle elementari e medie in Italia ci sono ragazzini di tantissime nazionalità

2. Quali delle seguenti affermazioni sono vere e quali sono false, secondo le notizie che hai ascoltato?
   a. Ci sono pochissimi bambini stranieri nelle scuole italiane.
   b. Ci sono corsi speciali per insegnare l'italiano ai bambini stranieri.
   c. La maggior parte degli studenti stranieri in Italia proviene dall'Unione Europea.
   d. La scuola serve come punto d'incontro e scambio fra le culture.
   e. Gli studenti stranieri nelle università sono sempre di più.
   f. Nelle università italiane ci sono moltissimi studenti albanesi.

16.32 Una società multiculturale. Indica con un numero da 1 a 6 in ordine di importanza quali dei seguenti principi sono, secondo te, i più importanti per una società multiculturale. Poi fa' un'inchiesta fra i tuoi compagni per vedere chi ha idee simili.

______________ regolare l'immigrazione
______________ combattere le discriminazioni
______________ correggere i pregiudizi
______________ conservare il proprio patrimonio culturale
______________ rispettare le differenze culturali
______________ cercare di conoscere e capire gli stranieri

16.33 Un immigrato di successo. Leggete insieme che cosa racconta delle sue esperienze un immigrato in Italia. Poi completate le attività che seguono.

Quando uno nasce imprenditore[1]...

Augustin Mujyarugamba, è nato a Ruhengeri, nel nord del **Rwanda**. È arrivato in Italia con una borsa di studio in ingegneria nel 1988. Durante i suoi studi si è recato negli Stati Uniti, dove è rimasto due anni per imparare l'inglese. Nel 1995, dopo aver terminato i suoi studi all'Università di Pavia, avrebbe voluto rientrare nel suo Paese, ma l'atroce genocidio del 1994 non glielo ha permesso.

Ha quindi iniziato a lavorare per la Siemens, "*Dopo due ore avevo chiaro che lavorare da dipendente non faceva per me. Per questo mi sono fatto imprenditore. Ho acquistato un bar, che poi ho venduto... e mi sono messo a fare l'ingegnere libero professionista*[2]".

Adesso dirige uno studio di architetti e ingegneri ed è presidente dell'AIPEL, l'Associazione degli imprenditori e professionisti extracomunitari in Lombardia, da lui fondata nel 2003...

"*L'Italia è la mia patria, perché è il Paese in cui vivo. Il Rwanda è la mia patria perché ci sono nato e cresciuto. Non mi piace neanche dire che sono mezzo e mezzo. Perché la mia non è un'anima*[3] *divisa in due, ma integrata. Tra le parti c'è una continua compenetrazione*[4]".

1. entrepreneur 2. freelancer 3. soul 4. assimilation

1. Trovate informazioni nel testo per confermare le seguenti affermazioni.
   a. Augustin ha una personalità indipendente.
   b. Ha dimostrato spirito d'iniziativa.
   c. Sente che il suo passato in Rwanda e le sue esperienze in Italia non sono in conflitto.
2. Immaginate una conversazione con Augustin. Cosa gli potreste chiedere sulla sua vita? Cosa risponderebbe?
3. Augustin dice: «La mia non è un'anima divisa in due, ma integrata». È possibile assimilare due culture diverse? Come?

16.34 La vita nel vostro Paese. Discutete insieme le domande che seguono. Poi immaginate di dare dei consigli a un amico italiano/un'amica italiana che vuole venire a vivere nella vostra città.

a. Quali difficoltà incontrerebbe una persona straniera nella vostra città? Perché?
b. Che cosa dovrebbe imparare delle usanze e tradizioni, se venisse a vivere nella vostra città?

16.35 Notizie dall'Italia. Secondo un sondaggio, sei famiglie di immigrati su dieci vorrebbe restare in Italia. Tenendo presente questa notizia, discutete le seguenti questioni.

1. Per quali motivi pensate che queste famiglie vorrebbero restare in Italia?
2. Immaginate per quali motivi invece le stesse famiglie vorrebbero lasciare l'Italia.
3. E voi? Che cosa vi piacerebbe dell'Italia se doveste restarci stabilmente?
4. Che cosa non vi piacerebbe?

In arrivo al porto di Otranto: Chi saranno? Da dove verranno?

PERCORSO III La presenza italiana nel mondo

VOCABOLARIO

Da dove vieni? Dove vai?

Domenico Ghirardelli **nacque** a Rapallo, in Italia, nel 1817. Lui e la moglie **emigrarono** prima in Uruguay e poi in Perù. Quindi nel 1849 Ghirardelli **si trasferì** in California, dove, dopo varie avventure, nel 1852 **fondò** la *D. Ghirardelli & Co.* Nel 1892 i suoi tre figli **sostituirono** il padre a capo dell'azienda.

Per parlare dell'emigrazione

abbandonare	*to abandon*
adattarsi	*to adapt*
il coraggio	*courage*
le difficoltà economiche	*economic difficulties*
la discriminazione	*discrimination*
l'emigrante (*m./f.*)	*emigrant*
fare fortuna	*to find good fortune, to become wealthy*
la generazione	*generation*
l'ignoto	*unknown*
inserirsi (-isc)*	*to become integrated*
la nostalgia	*homesickness, nostalgia*
il patrimonio culturale	*cultural heritage*
la perseveranza	*perseverance*
le radici	*roots*
la ricerca scientifica	*scientific research*
i tempi duri	*hard times*
la tradizione	*tradition*

 **16.36 L'intruso.** Per ogni gruppo di parole indicate qual è l'intruso e spiegate perché.

1. il coraggio, la perseveranza, la generazione
2. le radici, abbandonare, la tradizione
3. i tempi duri, le difficoltà economiche, l'ignoto

4. fare fortuna, inserirsi, la nostalgia
5. la tradizione, il patrimonio culturale, la ricerca scientifica
6. adattarsi, inserirsi, i tempi duri
7. le difficoltà economiche, inserirsi, abbandonare
8. l'ignoto, la generazione, la tradizione

16.37 L'emigrazione. Completa le frasi con uno dei vocaboli seguenti: **radici, coraggio, inserirsi, patrimonio, ignoto, abbandonare, tradizioni.**

1. Credo che sia necessario avere molto ____________ per ____________ il proprio Paese e andare verso l' ____________.
2. Penso che per i miei nonni non sia stato facile ____________ in una città straniera.
3. Mia madre pensava che fosse importantissimo conservare alcune abitudini e ____________ italiane e che noi conoscessimo il nostro ____________ culturale.
4. Mio padre aveva paura che noi figli, insieme alla lingua, perdessimo anche le nostre ____________.

16.38 Ancora sull'emigrazione. Per ogni parola, indica la definizione corrispondente.

1. la nostalgia	a. uno studio molto approfondito
2. il coraggio	b. una persona che lascia il proprio Paese
3. l'emigrante	c. qualità necessaria per cambiare vita
4. la ricerca scientifica	d. la tristezza che proviamo per quello che non abbiamo più

16.39 In giro per il mondo. Per ognuna delle domande seguenti, fate una breve lista delle parole ed espressioni che potreste usare. Poi insieme scrivete tre frasi usando alcune delle parole nella vostra lista.

1. Per quali motivi potreste lasciare il vostro Paese?
2. Che cosa provereste?
3. Quali qualità sono necessarie, secondo voi, per cambiare vita radicalmente?

In contesto La nuova emigrazione

Una giovane ricercatrice arrivata negli Stati Uniti da pochi anni e un signore di origine italiana, i cui genitori emigrarono in America, si ritrovano insieme in un programma televisivo e discutono le loro esperienze.

LA RICERCATRICE: Io qui negli Stati Uniti sto benissimo, soprattutto per il mio lavoro di ricerca all'università. È molto improbabile che torni a vivere in Italia.

IL SIGNORE: Beata Lei, dottoressa! Mi sembra anche che Lei vada e venga dall'Italia quando vuole, vero? Quindi forse non sa neppure cosa sia la nostalgia.

LA RICERCATRICE: È vero, lo so di essere fortunata. In Italia ci vado almeno un paio di volte l'anno! Parlavo l'inglese già bene e non posso certo dire di aver avuto problemi a inserirmi!

IL SIGNORE: Invece quando vennero i miei genitori dall'Italia i tempi erano duri per tutti, sa. Mica come ora! Mio padre l'inglese lo imparò a scuola e lui e mia madre tornarono al paese una sola volta, quando erano già anziani e parlavano sempre dell'Italia con tanta nostalgia! Hanno fatto molti sacrifici tutta la vita, ma noi figli abbiamo un'ottima posizione.

 **16.40 Le esperienze degli emigranti.** Completate le seguenti attività.

1. Quali sono le differenze principali nelle esperienze della ricercatrice e quelle dei genitori del signore? Che cosa invece hanno in comune?
2. Quale fra le due diverse esperienze d'emigrazione rappresenta meglio la realtà contemporanea? Perché? Come riflettono queste due esperienze la differenza di classe economica?

Lo sai che? L'emigrazione italiana nel mondo

Fra la fine del 1860 e gli inizi degli anni '70 del Novecento circa ventinove milioni di italiani hanno lasciato il loro Paese. La mancanza di lavoro e un grande sviluppo demografico hanno portato gli italiani a emigrare verso altre nazioni europee, negli Stati Uniti, nei Paesi del Sud America e anche in Africa e in Australia. In diverse città americane, come New York, si sono formati quartieri completamente italiani e in alcune nazioni, come l'Argentina, la popolazione d'origine italiana rappresenta il gruppo etnico più numeroso. Gli italiani all'estero hanno contribuito grandemente al progresso economico e sociale della società in cui sono andati a vivere e si sono inseriti con successo in tutto il mondo. Attualmente la maggior parte degli italiani residenti in altre nazioni è di terza e quarta generazione. Spesso sentono il desiderio di riscoprire le proprie radici, imparare la lingua, riprendere i contatti con l'Italia e ritrovare le tradizioni familiari.

Mulberry Street a New York, ai primi del 1900

Dagli anni '70 in poi, con il benessere economico, sono state molto meno di prima le persone che hanno lasciato l'Italia annualmente. Ancora oggi spesso questi sono tecnici che lavorano all'estero per periodi limitati: questa si chiama appunto **emigrazione tecnologica**. Oppure sono studiosi e ricercatori che trovano in altre nazioni, come negli Stati Uniti, possibilità di ricerca e studio più vaste che in Italia. Quest'ultimo fenomeno è indicato a volte come la **fuga dei cervelli** (*brain drain*).

Dopo la crisi economica del 2008, è ripresa anche l'emigrazione dei giovani che non hanno una specializzazione precisa e lasciano l'Italia perché hanno difficoltà a trovare lavoro. Le loro destinazioni preferite sono soprattutto nell'Europa del Nord, in Germania, in Svizzera e in Gran Bretagna.

16.41 L'emigrazione. Indica se le seguenti affermazioni sono vere o false e correggi quelle false con esempi dal testo.

1. Gli italiani sono emigrati soprattutto in Argentina.
2. In genere gli italiani all'estero hanno fatto fortuna.
3. Per gli italiani di terza o quarta generazione è importante riscoprire la cultura e la lingua italiane.
4. «La fuga dei cervelli» significa che oggi continua l'emigrazione degli italiani più poveri.
5. Di recente i giovani italiani lasciano l'Italia per desiderio di avventura.

 **16.42 La fuga dei cervelli.** Pensate che il fenomeno della fuga dei cervelli sia esclusivamente italiano? Quali sono, secondo voi, i vantaggi e gli svantaggi del lavorare in un Paese straniero?

 **16.43 L'emigrazione italiana.** Cerca informazioni su uno dei seguenti film: *Kaos* di Paolo e Vittorio Taviani, *Oltremare* di Nello Correale, *La leggenda del pianista sull'Oceano* di Giuseppe Tornatore o *Nuovomondo* di Emanuele Crialese. Poi insieme discutete quali aspetti dell'emigrazione italiana riflettono.

Occhio alla lingua!

1. In the *In contesto* conversation, look at the verbs in sentences that have more than one clause. In these sentences, do the verbs express events or circumstances occurring in the past, present, or future?
2. In the sentences that have more than one clause, can you tell how the tense of the verb in the main clause determines the tense of the verb in the dependent clause?
3. The verbs in boldface type in the photo caption in the *Percorso III Vocabolario* are in a past tense, the **passato remoto**, which is often used in written or literary texts. Do you recognize these verbs? Can you indicate their infinitive forms? Do they express events that occurred in the recent or distant past?

GRAMMATICA

Il congiuntivo: l'uso dei tempi

You have studied three tenses of the subjunctive: the present, past, and imperfect. As summarized in the chart below, the use of one of these tenses of the subjunctive in a dependent clause depends on the tense and mood of the verb in the main clause, and on the time relationship between the actions expressed in the main clause and in the dependent clause.

Present or future indicative + present subjunctive (same time or future action)

Credo che **sia** difficile inserirsi in un nuovo Paese.	*I think it's hard to become integrated in a new country.*
Non permetterò che voi **lasciate** l'Italia per sempre!	*I won't allow you to leave Italy forever!*
Dubito che in futuro l'emigrazione **aumenti.**	*I doubt emigration will increase in the future.*

Present indicative + past subjunctive (past action)

Sono contenta che **abbiano imparato** l'inglese subito!	*I am happy that they learned English right away!*

Indicative past tenses + imperfect subjunctive (same time or future action)

Pensavo che voi **conosceste** alcune tradizioni italiane.	*I thought you were familiar with some Italian traditions.*
Ho creduto che **volessero** sapere di più sulla storia della loro famiglia.	*I believed that they wanted to learn more about the history of their family.*

Conditional + imperfect subjunctive (same time or future action)

Come **sarei** contenta se **trovassero** lavoro facilmente!	*How happy I would be if they found a job easily!*

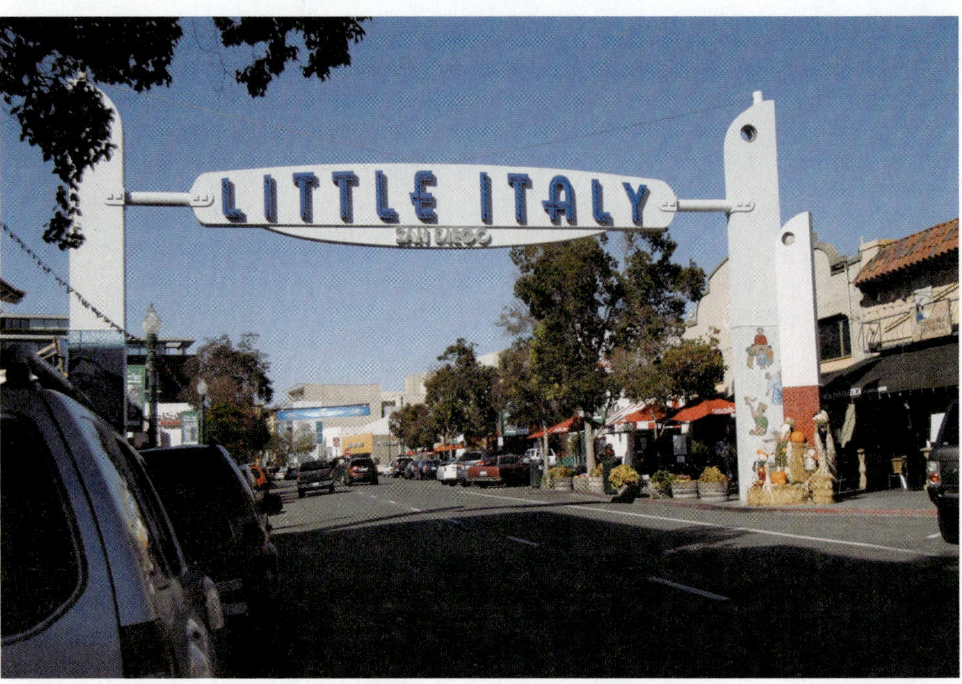

Che negozi pensate ci siano in questo quartiere di San Diego? Da dove credete che siano venuti i proprietari? Immaginavate che a San Diego ci fosse questo quartiere?

e **16.44 La nonna è preoccupata.** Una signora anziana, emigrata dall'Italia tanti anni fa, parla un po' dei suoi figli e del passato. Completa le frasi con il congiuntivo presente o passato.

1. Ho paura che loro non (parlare) ____________________ più l'italiano.
2. Credo che ormai (*by now*) i miei figli (dimenticare) ____________________ le nostre tradizioni.
3. Non permetterò che i miei nipoti (abbandonare) ____________________ la loro cultura.
4. Non penso che in passato tutti gli emigranti (fare) ____________________ fortuna.
5. È difficile che tutti (incontrare) ____________________ le stesse difficoltà economiche!
6. Pensate che fino a oggi la mia vita (essere) ____________________ facile e che io non (provare) ____________________ mai nostalgia?
7. Ho paura che i miei figli non (essere) ____________________ soddisfatti di quello che hanno.
8. Spero che in tutti gli anni passati qui voi (capire) ____________________ l'importanza di essere tolleranti.

e **16.45 Prima di arrivare.** Alcuni emigrati da varie parti del mondo indicano cosa pensavano del tuo Paese prima di venire a viverci. Completa le loro affermazioni con il tempo corretto del congiuntivo.

1. Io credevo che questo Paese (essere) _____________ molto ricco e che tutti (trovare) _____________ lavoro facilmente.
2. Mia madre pensava che tutte le donne (lavorare) _____________.
3. Mio padre sperava che noi (imparare) _____________ subito la lingua.
4. I nonni volevano che nessuno (perdere) _____________ le proprie radici, ma che tutti (conservare) _____________ le abitudini del loro Paese.
5. Tutti noi speravamo che la gente (volere) _____________ conoscerci.
6. Avevamo paura che voi (avere) _____________ dei pregiudizi.

16.46 Le mie esperienze. Un giovane scienziato italiano che adesso lavora negli Stati Uniti risponde alle domande di una giornalista sulle sue esperienze. Completa le domande e le risposte con il presente o l'imperfetto del congiuntivo.

1. GIORNALISTA: Perché pensava che in Italia non (potere) ____________ fare ricerca?
   SCIENZIATO: Pensavo che (essere) ____________ molto difficile avere fondi (*funds*) dall'università.
2. GIORNALISTA: È contento della sua decisione?
   SCIENZIATO: Penso che in Italia studiosi come me (avere) ____________ ancora tante difficoltà nella ricerca e qui sto benissimo! Credo che una persona nel mio ambiente di lavoro (trovare) ____________ facilmente buoni colleghi e amici.
3. GIORNALISTA: Credeva che (essere) ____________ più o meno difficile adattarsi al nuovo ambiente?
   SCIENZIATO: Veramente ero già stato tante volte in America. E poi speravo che il mio lavoro di ricerca mi (aiutare) ____________ a inserirmi.
4. GIORNALISTA: E adesso? Pensa di tornare in Italia?
   SCIENZIATO: È sempre possibile che prima o poi io (tornare) ____________, chissà! Dipende. Tornerei se qualcuno mi (offrire) ____________ una possibilità interessante!

Ruggero Tollini, giovane scienziato italiano, oggi negli Stati Uniti

16.47 Come pensavi che fosse? Come immaginavi alcune persone, posti e situazioni prima di conoscerli realmente? Scrivi quattro frasi seguendo l'esempio. Poi paragona i tuoi commenti con quelli di un compagno/una compagna.

ESEMPIO: l'italiano
Pensavo che l'italiano fosse come lo spagnolo!

1. una città
2. la scuola
3. il lavoro
4. una persona straniera

Il passato remoto

The **passato remoto** is a verb tense used to express events that took place in the distant past and that have no relationship to the present. The **passato remoto** is used in contemporary Italian mostly in literary and other written texts.

Quando **arrivò** in America, mio nonno **cercò** subito lavoro. — *When he arrived to America, my grandfather looked for a job right away.*

Dante **scrisse** la *Divina Commedia.* — *Dante wrote the* Divine Comedy.

In conversational Italian, use of the **passato remoto** is regional. It is more commonly used in the south and in some regions in central Italy than in the north. As a beginning Italian student, you should use the **passato prossimo** conversationally and learn to recognize the **passato remoto** when you encounter it.

Recognizing the infinitives and the endings of the **passato remoto** of regular verbs will help you to identify actions and determine who is doing them. The context can help you to identify irregular verbs.

Conobbi molte persone interessanti. — *I met many interesting people.*

Diede il libro al ragazzo. — *He gave the book to the boy.*

Leonardo dipinse la *Monna Lisa* prima di andare in Francia.

Like the **passato prossimo**, the **passato remoto** is used with the imperfect and the past perfect to talk about the past.

Quando **andammo** a Roma, **faceva** freddo.	*When we went to Rome, it was cold.*
Visitarono Matera perché **avevano visto** un bellissimo documentario sulla città.	*They visited Matera because they had seen a beautiful documentary about the city.*

1. The **passato remoto** of regular verbs is formed by adding the appropriate endings to the infinitive stem.

Il passato remoto				
	raccontare	**credere**	**dormire**	**capire**
io	raccont**ai**	cred**ei (-etti)**	dorm**ii**	cap**ii**
tu	raccont**asti**	cred**esti**	dorm**isti**	cap**isti**
lui/lei	raccont**ò**	cred**é (-ette)**	dorm**ì**	cap**ì**
noi	raccont**ammo**	cred**emmo**	dorm**immo**	cap**immo**
voi	raccont**aste**	cred**este**	dorm**iste**	cap**iste**
loro	raccont**arono**	cred**erono (-ettero)**	dorm**irono**	cap**irono**

2. Some verbs are irregular only in the first- and third-person singular (**io, lui/lei**), and the third-person plural (**loro**); they follow a 1-3-3 pattern. The first-person singular always ends in **-i**, the third-person singular in **-e**, and the third-person plural in **-ero**. The other persons are regular.

avere	**ebbi**, avesti, **ebbe**, avemmo, aveste, **ebbero**
chiedere	**chiesi**, chiedesti, **chiese**, chiedemmo, chiedeste, **chiesero**
conoscere	**conobbi**, conoscesti, **conobbe**, conoscemmo, conosceste, **conobbero**
dipingere	**dipinsi**, dipingesti, **dipinse**, dipingemmo, dipingeste, **dipinsero**
dire	**dissi**, dicesti, **disse**, dicemmo, diceste, **dissero**
fare	**feci**, facesti, **fece**, facemmo, faceste, **fecero**
leggere	**lessi**, leggesti, **lesse**, leggemmo, leggeste, **lessero**
mettere	**misi**, mettesti, **mise**, mettemmo, metteste, **misero**
nascere	**nacqui**, nascesti, **nacque**, nascemmo, nasceste, **nacquero**
prendere	**presi**, prendesti, **prese**, prendemmo, prendeste, **presero**
sapere	**seppi**, sapesti, **seppe**, sapemmo, sapeste, **seppero**
scrivere	**scrissi**, scrivesti, **scrisse**, scrivemmo, scriveste, **scrissero**
vedere	**vidi**, vedesti, **vide**, vedemmo, vedeste, **videro**
venire	**venni**, venisti, **venne**, venimmo, veniste, **vennero**
volere	**volli**, volesti, **volle**, volemmo, voleste, **vollero**

3. Some verbs in the **passato remoto** are irregular in all their forms.

bere	bevvi, bevesti, bevve, bevemmo, beveste, bevvero
dare	diedi, desti, diede, demmo, deste, diedero
essere	fui, fosti, fu, fummo, foste, furono

16.48 L'azione. Indica l'infinito e il soggetto dei verbi seguenti.

1. abbandonammo
   l'infinito: ______________
   il soggetto: ______________
2. preferisti
   l'infinito: ______________
   il soggetto: ______________
3. dormirono
   l'infinito: ______________
   il soggetto: ______________
4. cucinai
   l'infinito: ______________
   il soggetto: ______________
5. dissero
   l'infinito: ______________
   il soggetto: ______________
6. vide
   l'infinito: ______________
   il soggetto: ______________
7. suonaste
   l'infinito: ______________
   il soggetto: ______________
8. persi
   l'infinito: ______________
   il soggetto: ______________
9. si vestì
   l'infinito: ______________
   il soggetto: ______________
10. scrissero
    l'infinito: ______________
    il soggetto: ______________

16.49 Tanto tempo fa. Alcune persone parlano di eventi passati. Cambia i verbi dal passato remoto al passato prossimo.

1. (Andarono) ____________________ al cinema con gli amici.
2. (Vidi) ____________________ un bel film.
3. Fabrizio, a che ora (tornasti) ____________________ a casa?
4. Chi (scrisse) ____________________ quel libro?
5. Quando (faceste) ____________________ la festa? Chi (invitaste) ____________________? (Vennero) ____________________ i tuoi genitori?
6. (Fu) ____________________ un momento molto difficile.
7. —Cosa (desti) ____________________ a Carlo per il suo compleanno?
   —Gli (diedi) ____________________ una bella camicia.
8. (Scrissero) ____________________ molte opere importanti.
9. Non (uscii) ____________________. (Studiai) ____________________ in casa tutto il giorno.
10. Marina (venne) ____________________ a casa mia ma io non (volli) ____________________ vederla.

16.50 La storia di un immigrato in America. Leggi cosa racconta un anziano immigrato e prepara una lista dei verbi al passato remoto. Poi indica l'infinito di ogni verbo.

Un mio bisnonno nacque in un paesino del Molise da una famiglia molto povera. A vent'anni decise di partire per l'America. Andò a Napoli, dove prese una nave che andava a New York. Era con altri due giovani amici. Arrivarono a New York dopo molti giorni di viaggio. Trovarono dei parenti e gli chiesero aiuto. Questi gli dettero da mangiare e una stanza per dormire i primi tempi. Il mio bisnonno si mise subito a lavorare e dopo qualche mese prese un appartamentino con gli amici. Quello fu un periodo molto difficile della sua vita, ma un giorno mio nonno ebbe l'idea di tornare a scuola. In poco tempo imparò bene l'inglese e finì presto il liceo. Non fece l'università ma lesse sempre molto. Scrisse anche un diario dei primi anni in America.

SCAMBI

 **16.51 Fuori d'Italia.** Ascolta l'intervista a Silvia e Renzo, due italiani che vivono negli Stati Uniti, e poi completa le attività che seguono.

1. Indica a chi si riferiscono le seguenti affermazioni—a Silvia o a Renzo?
   ____________ a. In Italia la mia famiglia era molto povera.
   ____________ b. Mio padre ha deciso per tutti.
   ____________ c. In America non avevo i nonni, né zii e cugini.
   ____________ d. La lingua è stata la difficoltà maggiore per me.
   ____________ e. Negli Stati Uniti ho fatto fortuna.
   ____________ f. In America mi è stato facile studiare.
   ____________ g. La lingua è stata la difficoltà maggiore per i miei genitori.

2. Pensate che l'esperienza di Silvia e Renzo sia tipica di tanti italiani emigrati in America? Perché?

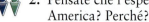

16.52 Cosa ne pensa Fabrizio? Leggete cosa dice Fabrizio sull'immigrazione. Poi rispondete alle domande.

L'immigrazione. Dobbiamo essere comprensivi. Dobbiamo essere accoglienti. Del resto, noi siamo stati un popolo fortemente immigratorio ed emigratorio. Noi abbiamo avuto una parte importante nella costruzione della società Americana, per esempio, una parte molto importante tutt'oggi.

1. Spiegate la frase seguente e date esempi basati anche su tutto quello che avete letto finora: «Del resto, noi siamo un popolo fortemente immigratorio ed emigratorio».
2. Cosa pensate che intenda dire Fabrizio nella frase che segue? Date esempi concreti: «Noi abbiamo avuto una parte importante nella costruzione della società Americana, per esempio, una parte molto importante tutt'oggi».

 **16.53 Giornalismo.** Leggete gli annunci che seguono e rispondete alle domande.

1. Che cosa significa, secondo voi, il fatto che in America esiste un giornale dal titolo *America Oggi*? Chi sono i possibili lettori di questo giornale?
2. Quale annuncio si riferisce alla televisione? Che tipo di programmi italiani conoscete? Quali vi piacerebbe vedere?
3. Discutete che cosa rivelano gli annunci sulla presenza degli italiani negli Stati Uniti.

QUOTIDIANO ITALIANO
america
Oggi
ITALIAN LANGUAGE
DAILY NEWSPAPER
Westwood, New Jersey Tel. 212-268-0250 o 201-358-6692. Fax 212-268-0379

Programmi in lingua italiana
RaiUsa, via cavo

Can. 63 Wmbc e Wnye can. 25

Mercoledì 9 settembre
18:00 Parliamo italiano
18:30 Italia Focus
19:00 Butta la Luna 2
19:30 Telegiornale

Giovedì 10 settembre
18:00 Parliamo italiano
18:30 Italia Focus
19:00 Butta la Luna 2
19:30 Telegiornale

Venerdì 11 settembre
18:00 Parliamo italiano
18:30 Italia Focus
19:00 Butta la Luna 2
19:30 Telegiornale

Sabato 12 settembre
19:00 Butta la Luna 2
19:30 Telegiornale

Dal lunedì al sabato
dalle 18:30 alle 19 Telegiornale

International Channel can. 500 - Telegiornale 20:30
Monday through Friday - Italian Variety 17:00 Sunday

16.54 Che faresti? Immagina di essere un emigrato/un'emigrata e indica cosa faresti nelle seguenti situazioni. Poi discuti le tue idee con altri/e due compagni/e.

1. se provassi nostalgia del tuo Paese
2. se avessi abbastanza soldi per tornare a vivere nel tuo Paese
3. se i tuoi figli non volessero parlare la tua lingua d'origine

16.55 Le vostre esperienze. Rispondi alle domande seguenti e poi scopri che cosa hanno risposto gli altri compagni/le altre compagne. Cosa avete in comune? Cosa c'è di diverso nelle vostre risposte?

1. Conosci degli italiani o persone d'origine italiana? Qual è la loro storia? Come si sono integrati nel nuovo Paese?
2. Conosci le tue radici e quelle della tua famiglia? In che modo cerchi di conservare le tradizioni della tua famiglia?

IL MOLISE E LA BASILICATA

Fino al 1963 il Molise faceva parte dell'Abruzzo, per cui è la regione italiana di formazione più recente.

La Basilicata è la regione più piccola nell'Italia del sud. Tutti e due, il Molise e la Basilicata, in passato erano considerate fra le aree meno sviluppate della nazione italiana e per ragioni storico-economiche erano piuttosto isolate dalle principali arterie di comunicazione. Per questo, fino a tempi abbastanza recenti, nelle due regioni non c'era molto turismo, nonostante la loro bellezza e importanza storica.

La costruzione di autostrade ha contribuito al recente sviluppo del turismo in queste regioni e alla scoperta delle loro bellezze incontaminate.

La principale industria è quella agricola, ma, a causa del terreno arido e poco fertile, in passato gli abitanti di queste due regioni spesso sono dovuti emigrare altrove in cerca di lavoro e di condizioni di vita migliori. Di recente, però, assistiamo a una immigrazione di ritorno e molti rientrano nella loro regione d'origine. Molto probabilmente ciò è dovuto ai più recenti sviluppi economici che hanno avuto luogo soprattutto in Basilicata, dove sono stati scoperti vasti depositi di gas naturale e, fattore ancora più importante, alcuni giacimenti (*deposits*) di petrolio, fra i più grandi dell'Europa occidentale.

Arturo Giovannitti (a sinistra nella foto), poeta e sindacalista (*trade unionist*), che si batté per i diritti degli italo-americani. Arturo Giovannitti nacque a Ripabottoni, in Molise, nel 1884 e morì a New York nel 1959. Emigrò in Canada e poi si trasferì in Pennsylvania. Qui fece esperienza dello sfruttamento e dei problemi sociali degli immigrati italiani. In carcere per le sue posizioni socialiste, scrisse *The Walker*, poemetto tradotto in più di 20 lingue. Le sue raccolte di poesie più importanti sono *Parole e sangue* e *Quando canta il gallo*.

La città di Isernia, nel Molise. A Isernia è stato scoperto il sito paleoantropologico più importante d'Europa, che risale a più di 700.000 anni fa. È chiamato la Pineta e presenta una fonte ricchissima d'informazioni per ricostruire la vita dell'uomo preistorico: gli strumenti di pietra, la caccia, il rapporto fra l'uomo e l'ambiente. Si può visitare il Museo Nazionale del Paleolitico: questo è quasi un laboratorio permanente di studio e di scoperta, dove si può assistere agli scavi (*excavations*) e ai lavori degli studiosi.

VERIFICHIAMO

Prima leggi l'introduzione alle regioni, poi guarda le foto e leggi le rispettive didascalie.

16.56 Chi è? Che cos'è? Indica le persone e le cose che corrispondono alle seguenti definizioni.

1. Ha scritto *The Walker.*
2. Moltissimi emigrati provengono da questa regione.
3. Questo sito serve anche a ricostruire la vita di quasi un milione di anni fa.
4. È un museo molto particolare, dove possiamo assistere agli scavi e ai lavori degli studiosi.
5. Sono abitazioni nella roccia.
6. È una città antica con un tempio greco.

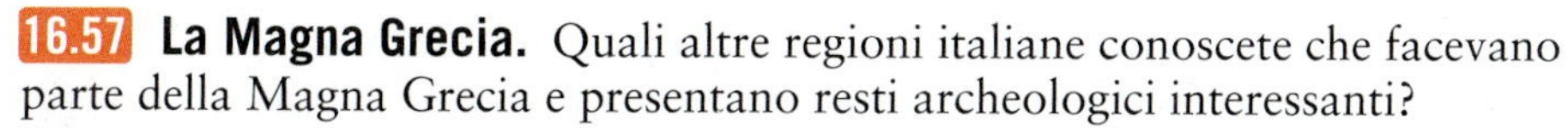

16.57 La Magna Grecia. Quali altre regioni italiane conoscete che facevano parte della Magna Grecia e presentano resti archeologici interessanti?

16.58 E nel vostro Paese? Ci sono siti archeologici nel vostro Paese? Di quale periodo storico sono? A quali popolazioni si riferiscono?

16.59 Il turismo. Ci sono nel vostro Paese delle zone che sono diventate mete turistiche soltanto di recente? Perché stanno diventando famose?

I resti del tempio dorico a Metaponto, in Basilicata. Metaponto, «città fra i fiumi», era una delle colonie più importanti della Magna Grecia. Fu fondata dai greci nel VII secolo a.C. Oggi è importante per gli scavi archeologici che continuano a rivelare nuove informazioni sulla vita ai tempi della Magna Grecia.

I Sassi a Matera, in Basilicata. I Sassi sono una pittoresca architettura rupestre (*rocky*) nella parte antica della città. Sono un insieme d'abitazioni molto antiche, una specie di grotte (*caves*) scavate (*dug*) nella roccia. Qui viveva un tempo una gran parte della popolazione di Matera e adesso sono meta di visitatori e turisti.

IN PRATICA

GUARDIAMO

Il mondo  italiano

In questo episodio si assiste alla conclusione del programma *Estate Rock Festival* presentato da Claudio. In Italia ci sono competizioni musicali di molti tipi, a livello locale e internazionale e dedicate a diversi generi di musica.

Il Festival di Sanremo è forse la manifestazione canora più antica e conosciuta, iniziata appunto a Sanremo, in Liguria, nel lontano 1951, e collegata a una popolarissima trasmissione televisiva.

Più recente, iniziato infatti nel 2001 con il nome *Saranno famosi*, la competizione *Amici* è un talent show dedicato a cantanti, ballerini e anche attori.

Negli ultimi anni poi sta avendo un grande successo di pubblico **X Factor**, che è la versione italiana di un programma simile che ha avuto origine in Inghilterra. È una sorta di talent show diviso in molte categorie, a cui partecipano anche gruppi musicali. In quasi tutte queste trasmissioni gli spettatori possono esprimere le loro preferenze attraverso il televoto.

Per saperne di più sulla musica contemporanea in Italia, vai su MyItalianLab.

Strategie per guardare
Realizing conflict resolutions

Very often at the end of a movie or a video, conflicts and problems are resolved. The resolution can be upsetting, unexpected, or positive and satisfying. In order to better understand the ending, it is helpful to keep in mind the main events of the story and the relationships among the characters. What situations might be addressed? What do you expect might happen?

Per capire meglio!

l'assessore	*councilor, member of the City Council*
avere la pelle d'oca	*to have goose bumps*
devoluto/a	*transferred*
l'esibizione dal vivo	*live performance*
i proventi	*proceeds*
il trucco	*trick*
la spaghettata	*spaghetti party*

Prima di guardare

16.60 In quest'ultimo episodio si scopre quale band vince e come si risolvono le relazioni fra i protagonisti. Prima di guardare, ricostruite insieme alcuni punti salienti della storia.

1. Guardando la prima foto, come pensate che Taylor si sia convinto a cantare? Quale era all'inizio la sua relazione con Giulia e gli altri protagonisti? Ricordate chi aveva comprato una rosa? Per chi? Con chi aveva una relazione Giulia all'inizio? Come è finita?
2. Perché Elena e Roberto ballano insieme? Cosa pensava Elena di Roberto finora (*until now*)? Su cosa non andavano d'accordo? Di chi Elena sospettava che Roberto fosse innamorato?
3. Chi è Claudio? Qual è il suo ruolo? Qual è il suo rapporto con gli altri protagonisti?

Mentre guardi

 **16.61** Mentre guardi l'episodio, fa' attenzione ai seguenti punti.

1. Qual è l'espressione di Giulia mentre Taylor canta?
2. A chi dedica Taylor la sua canzone? Perché?
3. Qual è il trucco che Roberto ha insegnato a Taylor?
4. Di che sciopero parla Claudio e che cosa spera?
5. Come cambiano i rapporti fra i quattro protagonisti alla fine dell'episodio? Che coppie si formano?

Dopo aver guardato

 **16.62** Discutete insieme come si sono risolti i vari conflitti fra i protagonisti e come sono cambiati i rapporti fra loro secondo lo schema seguente.

	Come erano	Cosa pensavano l'uno dell'altro	Come sono adesso
Giulia e Taylor			
Elena e Roberto			

 **16.63** Immaginate futuri sviluppi delle situazioni del video e rispondete alle domande.

1. Oltre ai rapporti personali, un aspetto importante di questa storia è la musica. Com'è cambiata la band? Chi cantava e chi canta ora? Qual'è stato il ruolo di Elena? Quale sarà il futuro della band?
2. Come continueranno i rapporti fra i diversi personaggi? Taylor continuerà a cantare? Tornerà a New York? Cosa farà Giulia?

 **16.64** Discutete quale personaggio vi è più simpatico e quale meno. Perché? Chi vi piacerebbe conoscere? Se poteste fargli/farle delle domande, che cosa gli/le chiedereste?

LEGGIAMO

Strategie di lettura
Reading a play

Reading a play requires some different skills than reading a novel or a poem. The spoken language is the essence of a play and at times it may be helpful and enjoyable to read some of the lines aloud. Be alert to effects particular to the spoken language and the meaning they convey. In addition, read carefully any stage directions that can help you visualize the characters and their physical setting as well as the unfolding of the play's events.

Prima di leggere

16.65 Il brano che segue è tratto dall'atto unico (*one-act play*) di Luigi Fontanella, il quale, oltre a lavori per il teatro e di poesia e critica letteraria, ha pubblicato anche *La parola transfuga* sugli scrittori italiani che abitano in America. Questo atto unico, *Wash*, rappresenta l'incontro fantastico fra un padre e una figlia, tutti e due da tempo emigrati dall'Italia negli Stati Uniti. Prima di leggerlo, completa le seguenti attività.

1. Leggi l'introduzione in corsivo. Quali gesti di tutti i giorni compie (*carry out*) Emilia appena rientra a casa? Perché «*farà un sobbalzo e tirerà un urlo di spavento*»?
2. Leggi la prima frase che pronuncia Emilia. Perché, secondo te, è tanto sorpresa a vedere il padre? Come sarà il loro incontro?
3. Leggi l'ultima frase pronunciata da Emilia e la conclusione in corsivo. Quali elementi possono confermare oppure no che si tratta di un incontro fantastico? Pensi che Emilia parli veramente con il padre?
4. Perché la lettera «W» di *Wash* non si accende? Forse l'insegna è troppo vecchia?

Mentre leggi

16.66 Mentre leggi, tieni presente che cosa sai già di Emilia e del suo incontro inaspettato con il padre. Trova le parti del testo che rivelano:

a. i sentimenti del padre per la figlia
b. i ricordi dei due personaggi riguardo all'Italia

«Wash»

Tardo pomeriggio ventoso e piovosissimo in un piccolo villaggio di Long Island. Siamo nel soggiorno di un modesto villino bifamiliare a due piani. Si capisce subito che qualcuno sta traslocando o risistemando la casa. Sul fondo a sinistra: una finestra piuttosto ampia dalla quale s'intravede l'insegna luminosa: CAR WASH. La prima lettera, «W», talora° non si accende, per cui si legge solo ASH. Entra un po' ansante° Emilia. Si toglie° l'impermeabile che appende° a un attaccapanni vicino all'ingresso. Va verso la zona d'ombra° dove si trova il divano e, non appena si accorgerà° dell'uomo seduto, farà un sobbalzo° e tirerà un urlo° di spavento°.

sometimes
breathless / takes off
hangs / shade
she will notice
start / scream / fright

EMILIA (*tremante ed emozionatissima*) Papà… Tu, qui! […] Non capisco… come… da dove vieni? Papà…, sei proprio tu, papà.

IL PADRE (*si alza lentamente dal divano, le va incontro spettrale ma affettuosissimo*) Emilia… figlia mia! (*Si abbracciano affettuosamente, l'uomo si guarda un po' attorno*) … calmati, non ti spaventare… sono solo venuto a tenerti un po' di compagnia…

EMILIA (*ancora emozionata*) Ma papà, come stai? Come mai qui… Dio, come sei pallido.

IL PADRE Sì… sono molto stanco… vieni, sediamoci un poco qui (*accenna al divano*). […] (*Le porge° delle ciliegie*) Dai… assaggiale, sono proprio buone… Di', ti ricordi quel pomeriggio che ne facemmo una scorpacciata°? (*sorride, anche Emilia accenna a un sorriso affettuoso e assaggia qualche ciliegia*)

offers
we stuffed ourselves with them

EMILIA Certo che mi ricordo! In questo Paese la frutta non sa di niente°. I primi ricordi che ho di questo Paese sono proprio la mancanza° di sapori… Ricordo quando assaggiai la prima volta un pomodoro… e non parliamo dei formaggi, a cominciare dalla mozzarella (*mangiano intanto le ciliegie*). Che disastro! E questo è solo l'inizio delle tante successive delusioni… E lasciamo perdere° tutte le assurde feste patronali che tanti nostri compatrioti hanno pensato di trapiantare° in questo Paese… un'illusione di continuare a essere in Italia, come un'illusione la speranza di preservare la nostra lingua che io stessa, stupidamente, dopo i primi anni che ci eravamo trasferiti in America, mi vergognavo° di parlare con voi, specialmente quando a casa venivano a trovarmi i miei amici di scuola. […]

does not have any flavor
lack
let's not even mention
transplant
I was embarassed

IL PADRE Sei troppo severa, Emy… in fondo le nostre comunità italiane in America hanno solo cercato di preservare alcuni aspetti delle nostre abitudini, della nostra cultura, come a volerla proteggere…

EMILIA Proteggere? Cosa vuoi proteggere? Ancora non ti rendi conto° che quello che è perso è perso… perso per sempre. Proteggere… da chi, o da cosa?

realize

IL PADRE Non saprei… per esempio dalla droga, dal razzismo…

EMILIA Già, perché tu pensi che oggi questi problemi non esistano anche in Italia? … ognuno fa le sue scelte, indipendentemente dai problemi che ciascun Paese ha… quanto «amor di patria» sprecato…

IL PADRE Che c'è di male nel manifestare il proprio «amor di patria»? Emilia, come sei ingiusta e severa. […]

EMILIA Avevo 16 anni quando tu decidesti che ci si dovesse trasferire in America… e pensare che io, in cuor mio, avrei tanto desiderato continuare i miei studi in Italia… restare con le mie amiche… […]

IL PADRE Pensavo di darti un avvenire° migliore venendo in questo Paese… che so? un arricchimento culturale… e dopotutto l'Italia non era… non è così lontana… Ma forse ho sbagliato° tutto… sì è vero in questa casa non c'ero spesso e ogni scusa era buona per andare in Italia… tua madre mi rimproverava° sempre, ogni volta che rientravo dal lavoro, di buttarmi° subito sulla posta che mi era arrivata, invece di dedicarmi a lei e a te… ma vedi per me quella posta era l'unico vero contatto con l'Italia, con i miei amici… non c'era egoismo da parte mia, ma solo desiderio di restare in contatto con loro e con ciò che loro rappresentavano per me… m'illudevo° scrivendo tutte quelle lettere di stare più vicino alla mia cultura man mano che disperavo di poterci ritornare… ma anche di

future
spoiled
reproached
to plunge
I deluded myself

I didn't realize *neglected*		questo ti chiedo scusa, non mi sono reso conto° del tempo che ti ho trascurato°... Perdonami, Emilia!
seizing *postponed* *scarf*	EMILIA	(*commossa*) Ascolta, papà... ma vieni qui, siediti... Ti capisco, sai? Tu ti illudevi di vivere *tra* due luoghi, *tra* due Paesi così diversi, «cogliendo° il meglio di tutti e due»: non era proprio così che usavi dire ogni volta che io o qualcun altro ti chiedeva ragione di questo nostro vivere fra due mondi così distanti e così differenti? ... E tu rimandavi sempre il nostro ritorno in Italia, rimandavi°, cioè, la realtà che stavi comunque vivendo, a un momento futuro, ma inesistente... [...] In realtà tra due Paesi non ne abbiamo avuto nessuno e nessun posto è il *nostro*... Aspetta, chiudo la finestra... Dio che vento! (*Emilia va a chiudere la finestra*)... Papà, papà... dove... dove sei? (*il padre non c'è più, c'è solo la sua sciarpa° appoggiata alla sedia*)

Dopo la lettura

16.67 Trova nel testo elementi per spiegare le frasi seguenti.

1. Emilia non vede il padre da molto tempo.
2. Il padre di Emilia non è veramente nella stanza.
3. Emilia non era contenta di lasciare l'Italia.
4. Gli italiani in America hanno cercato di preservare alcune tradizioni del Paese d'origine.
5. Il padre aveva molta nostalgia dell'Italia.

 **16.68** Discutete i seguenti punti.

1. Perché Emilia da ragazza era imbarazzata a parlare italiano?
2. Secondo Emilia, il padre si illudeva di poter vivere fra due Paesi. È possibile questo? Come si può far parte di due culture diverse? Date esempi concreti.
3. E voi, vi identificate di più con il padre o con la figlia?
4. Qual è il significato metaforico della scritta «*Wash*" e del fatto che a volte la «W" non si accende?
5. Avete mai avuto un'esperienza simile a quella di Emilia? Conoscete qualcuno che ha avuto un'esperienza simile?

 **16.69 Tocca a voi!** Immaginate una scena di quando Emilia era giovane e ricostruite una conversazione fra lei e il padre. Poi presentatela alla classe.

Strategie per parlare
A formal presentation

When you are preparing a report to present to an audience, consider how you can help your listeners follow and enjoy what you will be saying. Indicate clearly, at the outset, how you will be organizing your information; then be sure to follow the structure you have laid out.

Il grandissimo tenore Enrico Caruso nacque a Napoli nel 1873.

Jennifer Capriati, una delle maggiori tenniste di tutti i tempi, è nata a New York nel 1976.

Italiani in America. Cerca informazioni su uno dei seguenti personaggi di origine italiana e poi descrivilo alla classe.

Arte e cultura	Enrico Caruso, Frank Sinatra, Madonna, Don DeLillo, Frank Stella, Louise DeSalvo, Camille Paglia, Helen Barolini
Cinema	Robert De Niro, Al Pacino, Sylvester Stallone, Francis Ford Coppola, Martin Scorsese, John Turturro, Sophie Coppola, Marisa Tomei, Quentin Tarantino
Politica ed economia	Geraldine Ferraro, Amedeo Giannini, Rudy Giuliani, Fiorello La Guardia, Mario Cuomo, Nancy Pelosi
Scienze	Antonio Meucci, Enrico Fermi, Andrea Viterbi
Sport	Joe Di Maggio, Rocky Marciano, Jennifer Capriati

Prima di parlare

16.70 Segui questi consigli per prepararti alla presentazione di un personaggio italiano-americano.

1. Scegli un personaggio della lista precedente. Cerca informazioni sugli argomenti seguenti e prepara una scaletta:
   a. l'origine
   b. la famiglia
   c. il lavoro
   d. le ragioni per cui è famoso/a
2. Scegli delle foto per rendere la presentazione più interessante.
3. Prepara una breve introduzione per indicare di chi parlerai e come hai organizzato la presentazione.
4. Prepara una breve conclusione per riassumere i punti principali.

Mentre parli

16.71 Presenta alla classe il personaggio che hai scelto e, mentre parli, mostra le foto per illustrare quello che dici.

Dopo aver parlato

16.72 Rispondi alle domande dei compagni sul personaggio che hai presentato.

16.73 Discutete le varie presentazioni. Cosa hanno in comune i diversi personaggi? Perché?

SCRIVIAMO

Strategie per scrivere
Expressing opinions

When we write to communicate our opinions and ideas, it is often appropriate to use expressions, such as **secondo me**... and **da un lato... e dall'altro...**, in addition to verbs, such as **penso / pensavo che...** and **credo / credevo che**... and expressions, such as **è possibile, è probabile che...**, etc. Remember that these verbs and expressions may be followed by the subjunctive and think carefully about the correct tense you need to use.

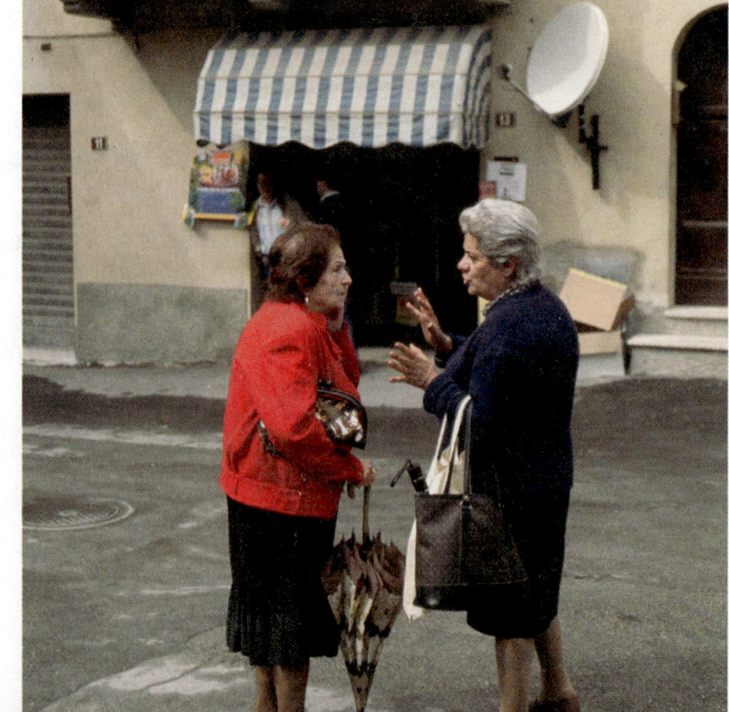

—Ah, sì? Scrivi anche tu su un blog?
—Certo !Me lo ha insegnato mio figlio!

Come pensavi che fosse? Descrivi sul tuo blog le opinioni sull'Italia e sugli italiani che avevi prima di frequentare i corsi d'italiano e come sono cambiate adesso.

Prima di scrivere

16.74 Tieni presente i seguenti consigli per organizzare il tuo blog.

1. Fa' una breve lista dei punti che vuoi trattare e di esempi concreti che vuoi includere. Puoi prendere in considerazione gli argomenti seguenti:
   a. gli italiani
   b. le regioni
   c. l'Italia del passato
   d. il contributo degli italiani nel mondo
   e. la cultura italiana contemporanea
2. Prepara una o due frasi per iniziare e introdurre l'argomento.

ESEMPI: Oggi voglio scrivere qualcosa sulla regione italiana che preferisco.
Non sapevo che tanti italiani avessero lasciato l'Italia!

3. Scrivi una breve conclusione.

ESEMPI: È chiaro che la regione che preferisco è molto bella e interessante!
E voi, immaginavate che questo personaggio fosse italiano?

La scrittura

16.75 Prepara la prima stesura.

1. Ricorda di includere i punti e gli esempi della lista che hai preparato.
2. Ricorda di esprimere e spiegare le tue idee e opinioni in modo appropriato e di usare le espressioni e i verbi corretti.

La versione finale

16.76 Adesso rileggi la prima stesura.

1. Hai organizzato bene quello che hai scritto? Hai incluso esempi interessanti per dimostrare i punti più importanti?
2. Hai espresso chiaramente le tue idee e opinioni?
3. Hai usato correttamente l'indicativo e il congiuntivo?

La politica

la Camera dei deputati	*Chamber of deputies*
il cittadino/la cittadina	*citizen*
il Consiglio dei Ministri	*Council of Ministers, Cabinet*
la carica	*office*
la coalizione	*coalition*
la costituzione	*constitution*
la democrazia	*democracy*
il diritto	*right*
eleggere (*p.p.* eletto)	*to elect*
le elezioni	*elections*
il governo	*government*
la libertà di parola, di pensiero, di stampa	*freedom of speech, of thought, of press*
il Parlamento	*Parliament*
il Presidente del Consiglio	*Prime Minister*
il Presidente della Repubblica	*President of the Republic*
il Senato	*Senate*
il sindacato	*labor union*
lo Stato italiano	*Italian State*
l'Unione Europea	*European Union*
il voto	*vote*

Per parlare di altre nazioni

confinare	*to border upon, to confine*
il confine	*border*
la frontiera	*borders*

L'immigrazione

l'assistente familiare (*m./f.*)	*caretaker*
la classe sociale	*social class*
la differenza culturale / sociale	*cultural / social difference*
discriminare	*to discriminate*
extracomunitario/a	*an immigrant who is not from the EU*
fortunato/a	*fortunate*
illegale	*illegal*
l'immigrazione (*f.*)	*immigration*
l'immigrato/a	*immigrant*
industrializzato/a	*industrialized*
legale	*legal*
mantenere (*p.p.* mantenuto)	*to support*
la mentalità aperta / chiusa	*open / closed mentality*
il Paese emergente	*developing country*
il permesso di soggiorno	*residence permit*

la povertà *poverty*
il pregiudizio *prejudice*
lo stereotipo *stereotype*
lo straniero/la straniera *foreigner*
tollerante *tolerant*
la tolleranza *tolerance*
l'uguaglianza *equality*
il visto *visa*

L'emigrazione

abbandonare *to abandon*
adattarsi *to adapt*
il coraggio *courage*
le difficoltà economiche *economic difficulties*
la discriminazione *discrimination*
l'emigrante (*m./f.*) *emigrant*
fare fortuna *to find good fortune, to become wealthy*
la generazione *generation*
l'ignoto *unknown*
inserirsi* *to become integrated*
la nostalgia *homesickness; nostalgia*
il patrimonio culturale *cultural background*
la perseveranza *perseverance*
le radici *roots*
la ricerca scientifica *scientific research*
i tempi duri *hard times*
la tradizione *tradition*

Appendix A Verb Charts

AVERE e ESSERE					
Verbi semplici					
Infinito (Infinitive)	avere			essere	
Presente (present indicative)	ho hai ha	abbiamo avete hanno	Presente (Present Indicative)	sono sei è	siamo siete sono
Imperfetto (Imperfect Indicative)	avevo avevi aveva	avevamo avevate avevano	Imperfetto (Imperfect Indicative)	ero eri era	eravamo eravate erano
Passato Remoto (Past Absolute)	ebbi avesti ebbe	avemmo aveste ebbero	Passato Remoto (Past Absolute)	fui fosti fu	fummo foste furono
Futuro (Future)	avrò avrai avrà	avremo avrete avranno	Futuro (Future)	sarò sarai sarà	saremo sarete saranno
Condizionale Presente (Conditional)	avrei avresti avrebbe	avremmo avreste avrebbero	Condizionale Presente (Conditional)	sarei saresti sarebbe	saremmo sareste sarebbero
Imperativo (Imperative)	___ abbi (non avere) abbia	abbiamo abbiate abbiano	Imperativo (Imperative)	___ sii (non essere) sia	siamo siate siano
Congiuntivo Presente (present subjunctive)	abbia abbia abbia	abbiamo abbiate abbiano	Congiuntivo Presente (Present Subjunctive)	sia sia sia	siamo siate siano
Congiuntivo Imperfetto (imperfect subjunctive)	avessi avessi avesse	avessimo aveste avessero	Congiuntivo Imperfetto (Imperfect Subjunctive)	fossi fossi fosse	fossimo foste fossero
Gerundio (gerund)	avendo		Gerundio (gerund)	essendo	

Verbi composti					
Participio Passato (past participle)	avuto	stato / a / i / e	(Futuro Anteriore) future perfect	avrò avuto avrai avuto avrà avuto avremo avuto avrete avuto avranno avuto	sarò stato / a sarai stato / a sarà stato / a saremo stati / e sarete stati / e saranno stati / e
Infinito Passato (past infinitive)	avere avuto	essere stato / a / i / e			
Passato Prossimo (present Perfect indicative)	ho avuto hai avuto ha avuto abbiamo avuto avete avuto hanno avuto	sono stato / a sei stato / a è stato / a siamo stati / e siete stati / e sono stati / e	Condizionale Passato (conditional perfect)	avrei avuto avresti avuto avrebbe avuto avremmo avuto avreste avuto àvrebbero avuto	sarei stato / a saresti stato / a sarebbe stato / a saremmo stati / e sareste stati / e sarebbero stati / e
Trapassato Prossimo (past perfect indicative)	avevo avuto avevi avuto aveva avuto avevamo avuto avevate avuto avevano avuto	ero stato / a eri stato / a era stato / a eravamo stati / e eravate stati / e erano stati / e	Congiuntivo Passato (present perfect subjunctive)	abbia avuto abbia avuto abbia avuto abbiamo avuto abbiate avuto abbiano avuto	sia stato / a sia stato / a sia stato / a siamo stati / e siate stati / e siano stati / e

Congiuntivo Trapassato (past perfect subjunctive)	avessi avuto avessi avuto avesse avuto avessimo avuto aveste avuto avessero avuto	fossi stato / a fossi stato / a fosse stato / a fossimo stati / e foste stati / e fossero stati / e	Gerundio Passato (past gerund)	avendo avuto	essendo stato / a / i / e

VERBI REGOLARI

Verbi Semplici

Infinito (infinitive)	Verbi in -are parlare	Verbi in -ere vendere	Verbi in -ire partire	Verbi in -ire (-isc-) finire
Presente (present indicative)	parl **o** parl **i** parl **a** parl **iamo** parl **ate** parl **ano**	vend **o** vend **i** vend **e** vend **iamo** vend **ete** vend **ono**	part **o** part **i** part **e** part **iamo** part **ite** part **ono**	fin isc **o** fin isc **i** fin isc **e** fin **iamo** fin **ite** fin isc **ono**
Imperfetto (imperfect indicative)	parla **vo** parla **vi** parla **va** parla **vamo** parla **vate** parla **vano**	vende **vo** vende **vi** vende **va** vende **vamo** vende **vate** vende **vano**	parti **vo** parti **vi** parti **va** parti **vamo** parti **vate** parti **vano**	fini **vo** fini **vi** fini **va** fini **vamo** fini **vate** fini **vano**
Passato Remoto (past absolute)	parl **ai** parl **asti** parl **ò** parl **ammo** parl **aste** parl **arono**	vend **ei** vend **esti** vend **è** vend **emmo** vend **este** vend **erono**	part **ii** part **isti** part **ì** part **immo** part **iste** part **irono**	fin **ii** fin **isti** fin **ì** fin **immo** fin **iste** fin **irono**
Futuro (future)	parler **ò** parler **ai** parler **à** parler **emo** parler **ete** parler **anno**	vender **ò** vender **ai** vender **à** vender **emo** vender **ete** vender **anno**	partir **ò** partir **ai** partir **à** partir **emo** partir **ete** partir **anno**	finir **ò** finir **ai** finir **à** finir **emo** finir **ete** finir **anno**
Condizionale Presente (present conditional)	parler **ei** parler **esti** parler **ebbe** parler **emmo** parler **este** parler **ebbero**	vender **ei** vender **esti** vender **ebbe** vender **emmo** vender **este** vender **ebbero**	partir **ei** partir **esti** partir **ebbe** partir **emmo** partir **este** partir **ebbero**	finir **ei** finir **esti** finir **ebbe** finir **emmo** finir **este** finir **ebbero**
Imperativo (imperative)	— parl **a** (non parlare) parl **i** parl **iamo** parl **ate** parl **ino**	— vend **i** (non vendere) vend **a** vend **iamo** vend **ete** vend **ano**	— part **i** (non partire) part **a** part **iamo** part **ite** part **ano**	— fin isc **i** (non finire) fin isc **a** fin **iamo** fin **ite** fin isc **ano**
Congiuntivo Presente (present subjunctive)	parl **i** parl **i** parl **i** parl **iamo** parl **iate** parl **ino**	vend **a** vend **a** vend **a** vend **iamo** vend **iate** vend **ano**	part **a** part **a** part **a** part **iamo** part **iate** part **ano**	fin isc **a** fin isc **a** fin isc **a** fin **iamo** fin **iate** fin isc **ano**
Congiuntivo Imperfetto (imperfect subjunctive)	parl **assi** parl **assi** parl **asse** parl **assimo** parl **aste** parl **assero**	vend **essi** vend **essi** vend **esse** vend **essimo** vend **este** vend **essero**	part **issi** part **issi** part **isse** part **issimo** part **iste** part **issero**	fin **issi** fin **issi** fin **isse** fin **issimo** fin **iste** fin **issero**
Gerundio (gerund)	parl **ando**	vend **endo**	part **endo**	fin **endo**

Verbi composti				
Participio Passato (past participle)	parl ato	vend uto	part ito	fin ito
Infinito Passato (past infinitive)	avere parlato	avere venduto	essere partito / a / i / e	avere finito
Passato Prossimo (present perfect indicative)	ho parlato hai parlato ha parlato abbiamo parlato avete parlato hanno parlato	ho venduto hai venduto ha venduto abbiamo venduto avete venduto hanno venduto	sono partito / a sei partito / a è partito / a siamo partiti / e siete partiti / e sono partiti / e	ho finito hai finito ha finito abbiamo finito avete finito hanno finito
Trapassato Prossimo (past perfect indicative)	avevo parlato avevi parlato aveva parlato avevamo parlato avevate parlato avevano parlato	avevo venduto avevi venduto aveva venduto avevamo venduto avevate venduto avevano venduto	ero partito / a eri partito / a era partito / a eravamo partiti / e eravate partiti / e erano partiti / e	avevo finito avevi finito aveva finito avevamo finito avevate finito avevano finito
Futuro Anteriore (future perfect)	avrò parlato avrai parlato avrà parlato avremo parlato avrete parlato avranno parlato	avrò venduto avrai venduto avrà venduto avremo venduto avrete venduto avranno venduto	sarò partito / a sarai partito / a sarà partito / a saremo partiti / e sarete partiti / e saranno partiti / e	avrò finito avrai finito avrà finito avremo finito avrete finito avranno finito
Condizionale Passato (conditional perfect)	avrei parlato avresti parlato avrebbe parlato avremmo parlato avreste parlato avrebbero parlato	avrei venduto avresti venduto avrebbe venduto avremmo venduto avreste venduto avrebbero venduto	sarei partito / a saresti partito / a sarebbe partito / a saremmo partiti / e sareste partiti / e sarebbero partiti / e	avrei finito avresti finito avrebbe finito avremmo finito avreste finito avrebbero finito
Congiuntivo Passato (present perfect subjunctive)	abbia parlato abbia parlato abbia parlato abbiamo parlato abbiate parlato abbiano parlato	abbia venduto abbia venduto abbia venduto abbiamo venduto abbiate venduto abbiano venduto	sia partito / a sia partito / a sia partito / a siamo partiti / e siate partiti / e siano partiti / e	abbia finito abbia finito abbia finito abbiamo finito abbiate finito abbiano finito
Congiuntivo Trapassato (past perfect subjunctive)	avessi parlato avessi parlato avesse parlato avessimo parlato aveste parlato avessero parlato	avessi venduto avessi venduto avesse venduto avessimo venduto aveste venduto avessero venduto	fossi partito / a fossi partito / a fosse partito / a fossimo partiti / e foste partiti / e fossero partiti / e	avessi finito avessi finito avesse finito avessimo finito aveste finito avessero finito
Gerundio Passato (past gerund)	avendo parlato	avendo venduto	essendo partito / a / i / e	avendo finito

VERBI IRREGOLARI

The following verbs are irregular only in the tenses and moods noted. The other forms are regular.

accendere	to turn on, to light
Passato remoto:	accesi, accendesti, accese, accendemmo, accendeste, accesero
Participio passato:	acceso
andare	to go
Indicativo presente:	vado, vai, va, andiamo, andate, vanno
Futuro:	andrò, andrai, andrà, andremo, andrete, andranno
Condizionale:	andrei, andresti, andrebbe, andremmo, andreste, andrebbero
Congiuntivo presente:	vada, vada, vada, andiamo, andiate, vadano
Imperativo:	va'!, andiamo!, andate!, vada!, vadano!
bere	to drink
Indicativo presente:	bevo, bevi, beve, beviamo, bevete, bevono
Imperfetto:	bevevo, bevevi, beveva, bevevamo, bevevate, bevevano
Passato remoto:	bevvi, bevesti, bevve, bevemmo, beveste, bevvero
Futuro:	berrò, berrai, berrà, berremo, berrete, berranno
Condizionale:	berrei, berresti, berrebbe, berremmo, berreste, berrebbero
Congiuntivo presente:	beva, beva, beva, beviamo, beviate, bevano

Congiuntivo imperfetto:	bevessi, bevessi, bevesse, bevessimo, beveste, bevessero
Imperativo:	bevi!, beviamo!, bevete!, beva!, bevano!
Participio passato:	bevuto
Gerundio:	bevendo
cadere	to fall
Passato remoto:	caddi, cadesti, cadde, cademmo, cadeste, caddero
Futuro:	cadrò, cadrai, cadrà, cadremo, cadrete, cadranno
Condizionale:	cadrei, cadresti, cadrebbe, cadremmo, cadreste, cadrebbero
chiedere	to ask
Passato remoto:	chiesi, chiedesti, chiese, chiedemmo, chiedeste, chiesero
Participio passato:	chiesto
chiudere	to close
Passato remoto:	chiusi, chiudesti, chiuse, chiudemmo, chiudeste, chiusero
Participio passato:	chiuso
comprendere	to understand, to comprehend (see prendere)
condividere	to share (see dividere)
conoscere	to know, to be acquainted
Passato remoto:	conobbi, conoscesti, conobbe, conoscemmo, conosceste, conobbero
Participio passato:	conosciuto
correre	to run
Passato remoto:	corsi, corresti, corse, corremmo, correste, corsero
Participio passato:	corso
crescere	to grow
Passato remoto:	crebbi, crescesti, crebbe, crescemmo, cresceste, crebbero
Participio passato:	cresciuto
cuocere	to cook
Passato remoto:	cossi, cocesti, cosse, cocemmo, coceste, cossero
Participio passato:	cotto
dare	to give
Indicativo presente:	do, dai, dà, diamo, date, danno
Passato remoto:	diedi (detti), desti, diede (dette), demmo, deste, diedero (dettero)
Futuro:	darò, darai, darà, daremo, darete, daranno
Condizionale:	darei, daresti, darebbe, daremmo, dareste, darebbero
Congiuntivo presente:	dia, dia, dia, diamo, diate, diano
Congiuntivo imperfetto:	dessi, dessi, desse, dessimo, deste, dessero
Imperativo:	da'!, diamo!, date!, dia!, diano!
decidere	to decide
Passato remoto:	decisi, decidesti, decise, decidemmo, decideste, decisero
Participio passato:	deciso
dire	to say, to tell
Indicativo presente:	dico, dici, dice, diciamo, dite, dicono
Indicativo imperfetto:	dicevo, dicevi, diceva, dicevamo, dicevate, dicevano
Passato remoto:	dissi, dicesti, disse, dicemmo, diceste, dissero
Congiuntivo presente:	dica, dica, dica, diciamo, diciate, dicano
Congiuntivo imperfetto:	dicessi, dicessi, dicesse, dicessimo, diceste, dicessero
Imperativo:	di'!, diciamo!, dite!, dica!, dicano!
Participio passato:	detto
Gerundio:	dicendo
discutere	to discuss
Passato remoto:	discussi, discutesti, discusse, discutemmo, discuteste, discussero
Participio passato:	discusso
dividere	to divide
Passato remoto:	divisi, dividesti, divise, dividemmo, divideste, divisero
Participio passato:	diviso
dovere	to have to, must
Indicativo presente:	devo (debbo), devi, deve, dobbiamo, dovete, devono (debbono)
Futuro:	dovrò, dovrai, dovrà, dovremo, dovrete, dovranno
Condizionale:	dovrei, dovresti, dovrebbe, dovremmo, dovreste, dovrebbero
Congiuntivo presente:	deva (debba), deva (debba), deva (debba), dobbiamo, dobbiate, debbano
fare	to make, to do
Indicativo presente:	faccio, fai, fa, facciamo, fate, fanno
Imperfetto:	facevo, facevi, faceva, facevamo, facevate, facevano
Futuro:	farò, farai, farà, faremo, farete, faranno
Condizionale:	farei, faresti, farebbe, faremmo, fareste, farebbero
Congiuntivo presente:	faccia, faccia, faccia, facciamo, facciate, facciano
Congiuntivo imperfetto:	facessi, facessi, facesse, facessimo, faceste, facessero
Imperativo:	fa'!, facciamo!, fate!, faccia!, facciano!
Participio passato:	fatto
Gerundio:	facendo
leggere	to read
Passato remoto:	lessi, leggesti, lesse, leggemmo, leggeste, lessero
Participio passato:	letto
mettere	to place, to put
Passato remoto:	misi, mettesti, mise, mettemmo, metteste, misero
Participio passato:	messo
morire	to die
Indicativo presente:	muoio, muori, muore, moriamo, morite, muoiono
Congiuntivo presente:	muoia, muoia, muoia, moriamo, moriate, muoiano
Imperativo:	muori!, moriamo!, morite!, muoia, muoiano
Participio passato:	morto
nascere	to be born
Passato remoto:	nacqui, nascesti, nacque, nascemmo, nasceste, nacquero
Participio passato:	nato
perdere	to lose
Passato remoto:	persi, perdesti, perse, perdemmo, perdeste, persero
Participio passato:	perso (perduto)
piacere	to like
Indicativo presente:	piaccio, piaci, piace, piacciamo, piacete, piacciono

Passato remoto:	piacqui, piacesti, piacque, piacemmo, piaceste, piacquero
Congiuntivo presente:	piaccia, piaccia, piaccia, piacciamo, piacciate, piacciano
Participio passato:	piaciuto
piangere	to cry
Passato remoto:	piansi, piangesti, pianse, piangemmo, piangeste, piansero
Participio passato:	pianto
porre	to put, to place
Indicativo presente:	pongo, poni, pone, poniamo, ponete, pongono
Imperfetto:	ponevo, ponevi, poneva, ponevamo, ponevate, ponevano
Passato remoto:	posi, ponesti, pose, ponemmo, poneste, posero
Futuro:	porrò, porrai, porrà, porremo, porrete, porranno
Condizionale:	porrei, porresti, porrebbe, porremmo, porreste, porrebbero
Congiuntivo presente:	ponga, ponga, ponga, poniamo, poniate, pongano
Congiuntivo imperfetto:	ponessi, ponessi, ponesse, ponessimo, poneste, ponessero
Imperativo:	poni!, poniamo!, ponete!, ponga!, pongano!
Participio passato:	posto
potere	to be able
Indicativo presente:	posso, puoi, può, possiamo, potete, possono
Futuro:	potrò, potrai, potrà, potremo, potrete, potranno
Condizionale:	potrei, potresti, potrebbe, potremmo, potreste, potrebbero
Congiuntivo presente:	possa, possa, possa, possiamo, possiate, possano
prendere	to take
Passato remoto:	presi, prendesti, prese, prendemmo, prendeste, presero
Participio passato:	preso
ridere	to laugh
Participio passato:	risi, ridesti, rise, ridemmo, rideste, risero
Participio passato:	riso
rimanere	to remain
Indicativo presente:	rimango, rimani, rimane, rimaniamo, rimanete, rimangono
Passato remoto:	rimasi, rimanesti, rimase, rimanemmo, rimaneste, rimasero
Futuro:	rimarrò, rimarrai, rimarrà, rimarremo, rimarrete, rimarranno
Condizionale:	rimarrei, rimarresti, rimarrebbe, rimarremmo, rimarreste, rimarrebbero
Congiuntivo presente:	rimanga, rimanga, rimanga, rimaniamo, rimaniate, rimangano
Imperativo:	rimani!, rimaniamo!, rimanete!, rimanga!, rimangano!
Participio passato:	rimasto
rispondere	to answer
Passato remoto:	risposi, rispondesti, rispose, rispondemmo, rispondeste, risposero
Participio passato:	risposto
salire	to get on, to go up, to come up
Indicativo presente:	salgo, sali, sale, saliamo, salite, salgono
Congiuntivo presente:	salga, salga, salga, saliamo, saliate, salgano
Imperativo:	sali!, saliamo!, salga!, salgano!

sapere	to know
Indicativo presente:	so, sai, sa, sappiamo, sapete, sanno
Passato remoto:	seppi, sapesti, seppe, sapemmo, sapeste, seppero
Futuro:	saprò, saprai, saprà, sapremo, saprete, sapranno
Condizionale:	saprei, sapresti, saprebbe, sapremmo, sapreste, saprebbero
Congiuntivo presente:	sappia, sappia, sappia, sappiamo, sappiate, sappiano
Imperativo:	sappi!, sappiamo!, sappiate!, sappia!, sappiano!
scegliere	to choose
Indicativo presente:	scelgo, scegli, sceglie, scegliamo, scegliete, scelgono
Passato remoto:	scelsi, scegliesti, scelse, scegliemmo, sceglieste, scelsero
Congiuntivo presente:	scelga, scelga, scelga, scegliamo, scegliate, scelgano
Participio passato:	scelto
scendere	to go down, to come down, to descend, to get off
Passato remoto:	scesi, scendesti, scese, scendemmo, scendeste, scesero
Participio passato:	sceso
scrivere	to write
Passato remoto:	scrissi, scrivesti, scrisse, scrivemmo, scriveste, scrissero
Participio passato:	scritto
sedere	to sit
Indicativo presente:	siedo, siedi, siede, sediamo, sedete, siedono
Congiuntivo presente:	sieda, sieda, sieda, sediamo, sediate, siedano
Imperativo:	siedi!, sediamo!, sedete!, sieda!, siedano!
spendere	to spend
Passato remoto:	spesi, spendesti, spese, spendemmo, spendeste, spesero
Participio passato:	speso
stare	to stay, to remain, to be
Indicativo presente:	sto, stai, sta, stiamo, state, stanno
Indicativo imperfetto:	stavo, stavi, stava, stavamo, stavate, stavano
Futuro:	starò, starai, starà, staremo, starete, staranno
Condizionale:	starei, staresti, starebbe, staremmo, stareste, starebbero
Congiuntivo presente:	stia, stia, stia, stiamo, stiate, stiano
Congiuntivo imperfetto:	stessi, stessi, stesse, stessimo, steste, stessero
Imperativo:	sta'!, stiamo!, state!, stia!, stiano!
Participio passato:	stato
tenere	to keep, to hold,
Indicativo presente:	tengo, tieni, tiene, teniamo, tenete, tengono
Passato remoto:	tenni, tenesti, tenne, tenemmo, teneste, tennero
Futuro:	terrò, terrai, terrà, terremo, terrete, terranno
Condizionale:	terrei, terresti, terrebbe, terremmo, terreste, terrebbero
Imperativo:	tieni!, teniamo!, tenete!, tenga!, tengano!
uscire	to go out
Indicativo presente:	esco, esci, esce, usciamo, uscite, escono
Congiuntivo presente:	esca, esca, esca, usciamo, usciate, escano

Imperativo:	esci!, usciamo!, uscite!, esca!, escano!
vedere	to see
Passato remoto:	vidi, vedesti, vide, vedemmo, vedeste, videro
Futuro:	vedrò, vedrai, vedrà, vedremo, vedrete, vedranno
Condizionale:	vedrei, vedresti, vedrebbe, vedremmo, vedreste, vedrebbero
Participio passato:	visto (veduto)
venire	to come
Indicativo presente:	vengo, vieni, viene, veniamo, venite, vengono
Passato remoto:	venni, venisti, venne, venimmo, veniste, vennero
Futuro:	verrò, verrai, verrà, verremo, verrete, verranno
Condizionale:	verrei, verresti, verrebbe, verremmo, verreste, verrebbero
Congiuntivo presente:	venga, venga, venga, veniamo, veniate, vengano
Imperativo:	vieni!, veniamo!, venite!, venga!, vengano!
Participio passato:	venuto
vivere	to live
Passato remoto:	vissi, vivesti, visse, vivemmo, viveste, vissero
Participio passato:	vissuto
volere	to want
Indicativo presente:	voglio, vuoi, vuole, vogliamo, volete, vogliono
Passato remoto:	volli, volesti, volle, volemmo, voleste, vollero
Futuro:	vorrò, vorrai, vorrà, vorremo, vorrete, vorranno
Condizionale:	vorrei, vorresti, vorrebbe, vorremmo, vorreste, vorrebbero
Congiuntivo presente:	voglia, voglia, voglia, vogliamo, vogliate, vogliano

VERBI CONIUGATI CON *ESSERE*

The following verbs are conjugated with **essere**. In addition, all reflexive verbs are conjugated with **essere** (for example, **divertirsi**, to have a good time): **mi sono divertito / a, ti sei divertito/a, si è divertito / a, ci siamo divertiti / e, vi siete divertiti / e, si sono divertiti / e.**

accadere	to happen
andare	to go
arrivare	to arrive
avvenire	to happen
bastare	to be enough, to suffice
cadere	to fall
***cambiare**	to change
***cominciare**	to begin, to start
costare	to cost
***correre**	to run
crescere	to grow
dimagrire	to lose weight
dispiacere	to be sorry
divenire	to become
diventare	to become
durare	to last
entrare	to enter
esistere	to exist
esplodere	to explode
essere	to be
***finire**	to finish
fuggire	to run, to flee
guarire	to recover, to heal
ingrassare	to gain weight, to get fat
mancare	to lack, to be lacking
morire	to die
nascere	to be born
parere	to seem, to appear
partire	to leave, to depart
***passare**	to pass time, to pass by
piacere	to like
restare	to remain, to stay
rimanere	to remain
***risalire**	to climb up again, to go up again
ritornare	to return
riuscire	to manage, to succeed
***salire**	to get on, to go up
***saltare**	to jump, to skip
scappare	to run away
***scendere**	to descend, to go down, to get off
sembrare	to seem
stare	to stay
succedere	to happen
tornare	to return
uscire	to go out
venire	to come

*Conjugated with **avere** when used with a direct object.

VERBI CON IL PARTICIPIO PASSATO IRREGOLARE

Infinito	Participio Passato
accendere *to turn on, to light*	acceso
aggiungere *to add*	aggiunto
apparire *to appear*	apparso
apprendere *to learn*	appreso
aprire *to open*	aperto
assumere *to hire*	assunto
bere *to drink*	bevuto
chiedere *to ask*	chiesto
chiudere *to close*	chiuso
comprendere *to understand*	compreso
concludere *to conclude*	concluso
conoscere *to know*	conosciuto
convincere *to convince*	convinto
coprire *to cover*	coperto
correre *to run*	corso
correggere *to correct*	corretto

Infinito	Participio Passato
cuocere *to cook*	cotto
decidere *to decide*	deciso
dipendere *to depend*	dipeso
dipingere *to paint*	dipinto
dire *to say*	detto
discutere *to discuss*	discusso
dividere *to divide*	diviso
eleggere *to elect*	eletto
esprimere *to express*	espresso
essere *to be*	stato
fare *to do, to make*	fatto
interrompere *to interrupt*	interrotto
leggere *to read*	letto
mettere *to put*	messo
morire *to die*	morto
muovere *to move*	mosso
nascere *to be born*	nato
offendere *to offend*	offeso
offrire *to offer*	offerto
parere *to seem*	parso
perdere *to lose*	perso (perduto)
permettere *to permit*	permesso
piangere *to weep, to cry*	pianto
prendere *to take*	preso
produrre *to produce*	prodotto
promettere *to promise*	promesso

Infinito	Participio Passato
promuovere *to promote*	promosso
proteggere *to protect*	protetto
raggiungere *to reach*	raggiunto
rendere *to return, to render*	reso
richiedere *to require, to ask for*	richiesto
ridere *to laugh*	riso
rimanere *to remain*	rimasto
risolvere *to solve*	risolto
rispondere *to answer*	risposto
rompere *to break*	rotto
scegliere *to choose*	scelto
scendere *to get off, to get down*	sceso
scommettere *to bet*	scommesso
scoprire *to discover*	scoperto
scrivere *to write*	scritto
soffrire to suffer	sofferto
sorridere to smile	sorriso
spegnere *to turn off, to extinguish*	spento
spendere *to spend*	speso
succedere *to happen*	successo
togliere *to remove, to take off*	tolto
vedere *to see*	visto (veduto)
venire *to come*	venuto
vincere *to win*	vinto
vivere *to live*	vissuto

Appendix B Vocabolario italiano–inglese

The Italian–English vocabulary includes most words and expressions used in this book. The meanings are based on the contexts in which they appear within the chapters. Each entry includes the number of the chapter in which a word or expression first appears. The gender of nouns is indicated by the definite article or the abbreviation *m.* or *f.* The masculine form of adjectives is given.

A

a at, to, 2
abbandonare to abandon, 10
abbassare to lower, to hang up, 11
abbastanza enough (**abbastanza bene** quite well), 1
abbigliamento l' (*m.*), clothing, 3
abbinare to link, to match, 6
abbondante plentiful, 9
abbozzo l' (*m.*), sketch, 14
abbracciare to hug, 5
abbronzarsi to get a tan, 13
abilità l' (*f.*), skill, 2
abitante l' (*m./f.*), resident, 6
abitare to live (**abitare a** to live in, 1), P
abitazione l' (*f.*), dwelling, 6
abito l' (*m.*), suit, dress (**abito da sera l'** (*m.*), evening gown, 14), 13
abitualmente usually, 15
abituare to accustom, 12
abitudine l' (*f.*), habit, 4
accademia l' (*f.*), academy, 3
accanto a next to, 10
accendere to light, to turn on, 11
accennare to point, 16
accertamento l' (*m.*), assessment, 15
acceso bright, 12
accessibile accessible, 11
accessibilità l' (*f.*), accessibility, 14
accesso l' (*m.*), access, 11
accessorio l' (*m.*), accessory, 6
accettabile acceptable, 15
accettare to accept, 7
accogliente cozy, 6
accoglienza l' (*f.*), reception, 16
accomodarsi to get comfortable, 14
accompagnare to accompany, 4
accordo l' (*m.*), agreement, 5
accorgersi to notice, 15
accurato precise, 13
accusare to accuse, 10
aceto l' (*m.*), vinegar, 9
acqua l' (*f.*), water, 4
acquisire to acquire, 12
acquistare to purchase, 6
acquisto l' (*m.*), purchase, 3
acuto sharp, acute P
adattarsi to adapt, 16
adatto suitable, 5
addirittura actually, 11
addobbare to decorate, 9
addormentarsi to fall asleep, 4
adeguarsi to adapt oneself, 15
aderente adherent, 6
adesso now, P
adolescente l' (*m.*), adolescent, 4
adolescenza l' (*f.*), adolescence, 4
adornato decorated, 3
adottare to adopt, 10
adottivo adopted, 9
adulto l' (*m.*), adult, 5
aereo l' (*m.*), plane, 8
aerobica l' (*f.*), aerobics, 7
aeroplano l' (*m.*), airplane, 10
aeroporto l' (*m.*), airport, 1
affari gli (*m. pl.*), business, 8
affascinante charming, 3
affascinato fascinated, 16
affatto at all, 8
affermarsi to establish oneself, 9
affermazione l' (*f.*), assertion, 5
affettati gli (*m. pl.*), cold cuts, 14
affetto l' (*m.*), affection, 5
affettuoso loving, 5
affezionato fond, 10
affidabile reliable, 12
affittare to rent, 6
affitto l' (*m.*), rent, 6
affollato crowded, 8
affrescare to fresco, 4
affresco l' (*m.*), fresco, 3
affrontare to face, 12
agenda l' (*f.*), appointment book, 2
agente l' (*m.*), agent, 6
agente immobiliare l' real estate agent, 12
agenzia l' (*f.*), agency (**agenzia di viaggi l'** (*f.*), travel agency, 10) (**agenzia immobiliare l'** (*f.*), real estate agency, 12), 6
aggettivo l' (*m.*), adjective, 3
aggirare to be about, 14
aggiungere to add, 9
aggiustare to repair, 5
aglio l' (*m.*), garlic, 9
agnello l' (*m.*), lamb, 9
agosto August, P
agricolo agricultural, 1
agricoltura l' (*f.*), agriculture, 1
agriturismo l' , (*m.*), farm holiday, 13
aiutare to help, 6
aiuto l' (*m.*), help, 4
al sangue rare, 9
ala l' (*f.*), wing, 14
alba l' (*f.*), dawn, 7
albanese Albanian, 16
albergo l' (*m.*), hotel, 10
albero l' (*m.*), tree, 2
alcolico alcoholic, 7
alcuni some, 6
alfabetico alphabetic, 1
alienazione l' (*f.*), alienation, 15
alimentare food (**prodotti alimentari** food items, groceries), 14
alimentazione l' (*f.*), nourishment, 15
aliscafo l' (*m.*), hydrofoil, 13
allargato extended, 5
allegare to enclose, to attach, 12
allegorico allegoric, 9
allegro cheerful, happy, 3
allenarsi to train, 7
allestire to organize, to set up, 7
allora then, 5
almeno at least, 6
alpinismo l' (*m.*), mountain climbing, 7
alpino alpine, 7
altalena l' (*f.*), swing, 8
alternativo alternate, 7
alto high, tall, 1
altoparlante l' (*m.*), speaker, 11
altro other, 1
altruista unselfish, 12
alzarsi to get up, 4
amare to love, 3
ambientalista l' (*m./f.*), environmentalist, 12
ambiente l' (*m.*), environment, 4
ambito l' (*m.*), circle, sphere, 12
ambizione l' (*f.*), ambition, 12
ambizioso ambitious, 7
americano American, 1
amichevole friendly, 15
amicizia l' (*f.*), friendship, 5
amico/amica l' (*m./f.*), friend, P
ammalarsi to get sick, 10
ammalato sick, 15
ammettere to admit, 10
amministrativo administrative, 6
amministrazione l' (*f.*), management, 11
ammirare to admire, 9
amore l' (*m.*), love, 7
ampio wide, 13
anagrafico registry, 1
analisi l' (*f.*), analysis, 12
anche also, even (**anche a me** me too), 1
ancora still, also, 5
andare to go, 1
andare a piedi to walk, 8
andare d'accordo to get along, to agree, 5
anello l' (*m.*), ring, 14
anfiteatro l' (*m.*), amphitheater, 8
angolo l' (*m.*), corner, 8
angoscia l' (*f.*), distress, 9
anima l' (*f.*), soul, 3
animale l' (*m.*), animal, 7
animatore l' (*m.*), organizer, 13
animazione l' (*f.*), animation, 7
animosità l' (*f.*), animosity, 9
annaffiare to water, 5
anniversario l' (*m.*), anniversary, 5
anno l' (*m.*), year (**avere... anni** to be ... years old) (**Buon anno!** Happy New Year!), 4
annoiarsi to get bored, 7
annotare to note, 5
annuale yearly, 7
annualmente yearly, 16
annunciare to announce, 5
annuncio l' (*m.*), announcement, ad, 3
ansante breathless, 16
ansia l' (*f.*), anxiety, 4
ansimare to pant, 8
ansioso anxious, 15
antibiotico l' (*m.*), antibiotic, 15
antico ancient, 2
antipasto l' (*m.*), appetizer, 5
antipatico unpleasant, 3
antiquariato l' (*m.*), antiques trade, 14
anzi on the contrary, 9
anziano l' (*m.*), elderly, 3
aperitivo l' (*m.*), aperitif, 12
aperto open, 7
apice l' (*m.*), top, 7
appagare to satisfy, 15
apparecchiare (la tavola) to set (the table), 5
apparenza l' (*f.*), appearance, 13
apparire to appear, 5
appartamento l' (*m.*), apartment, 2
appartenere to belong, 6

appassionato fond, 3
appena as soon as, 9
appendere to hang, 9
applicare to apply, 15
appoggiarsi to lean, 8
appoggio l' (*m.*), support, 16
apporto l' (*m.*), contribution, 14
apposta deliberately, 16
apprezzare to appreciate, 16
approfittare to take advantage, 13
approfondire to study in depth, 10
appropriato suitable, 6
appuntamento l' (*m.*), appointment, 2
appunti gli (*m. pl.*), notes, 6
appunto precisely, 12
aprile April, 1
aprire to open, P
aragosta l' (*f.*), lobster, 4
arancia l' (*f.*), orange, 4
arancione orange color, 3
archeologico archaeological, 13
architetto l' (*m./f*), architect, 1
architettura l' (*f.*), architecture, 2
argentino Argentinean, 1
argento l' (*m.*), silver, 9
argomento l' (*m.*) topic, 4
arguto witty, 11
aria l' (*f.*), air, 6
aria condizionata l' (*f.*), air conditioning, 6
armadio l' (*m.*), closet, wardrobe, 3
armeggiare to fumble, 12
arrabbiarsi to get angry, 5
arrampicarsi to climb, 8
arredamento l' (*m.*), furnishing, 6
arredare to furnish, 6
arredatore/arredatrice l' (*m./f.*), interior decorator, 1
arricchimento l' (*m.*), enrichment, 16
arricchire to enrich, 8
arrivare to arrive, 2
arrivederci / arrivederLa so long, good-bye, 1
arrivo l' (*m.*), arrival, 6
arrosto l' (*m.*), roast, 4
arte l' (*f.*), art, 2
articolato combined with an article, 6
articolo l' (*m.*), article, 2
artigianato l' (*m.*), handicraft, craftsmanship, 15
artista l' (*m.*), artist, 1
artistico artistic, 5
ascensore l' (*m.*), elevator, 6
asciugacapelli l' (*m.*), hair dryer, 7
asciugamano l' (*m.*), towel, 13
asciugatrice l' (*f.*), dryer, 6
ascoltare to listen, P
asilo l' (*m.*), preschool, 8
asparagi, gli asparagus, 4
aspettare to wait, 2
aspettarsi to expect, 6
aspetto l' (*m.*), appearance, aspect, 5
aspirapolvere l' (*m.*), vacuum (**passare l'aspirapolvere** to vacuum), 5
aspirazione l' (*f.*), ambition, aspiration, 12
aspirina l' (*f.*), aspirin, 14
assaggiare to taste, 9
assaggio l' (*m.*), taste, 9
assegno l' (*m.*), check, 14
assente absent, 8
assieme together, 7
assistente familiare l' (*m./f.*), caretaker, 16
assistente sociale l' (*m./f*), social worker, 12
assistenza sanitaria l' (*f.*), health care, 15
assistere to assist, to be present, 5
associare to associate, 5
associazione l' (*f.*), association, 1
assolutamente absolutely, 13
assoluto absolute, 13
assorbire to absorb, 16
assumere to hire, 16
Assunzione l' (*f.*), Assumption, 9
assurdo absurd, 15
astrofisico l' (*m.*), astrophysicist, 12
astrologo l' (*m.*), astrologer, 9
astronave l' (*f.*), spaceship, 11
astronomia l' (*f.*), astronomy, 11
atleta l' (*m./f.*), athlete, 7
atletica leggera l' (*f.*), track and field, 7
atletico athletic, 3
atmosfera l' (*f.*), atmosphere, 5
atmosferico atmospheric, 15
attaccapanni l' (*m.*), coat rack, 16
attaccare to tie, to fasten, 15
atteggiamento l' (*m.*), attitude, 9
attentamente carefully, 5
attenzione l' (*f.*), attention (**fare attenzione** to pay attention, 8), P
attico l' (*m.*), penthouse, 6
attirare to attract, 7
attività l' (*f.*), activity, 2
attivo active, 4
atto l' (*m.*), act, 7
attore/attrice l' (*m./f.*), actor, P
attorno around, 16
attrarre to attract, 10
attraversare to cross, 8
attraverso through, P
attrezzatura l' (*f.*), equipment, 13
attuale current, 6
audio l' (*m.*), sound, 10
augurio l' (*m.*), greeting, best wishes, P
aula l' (*f.*), classroom, 2
aumento l' (*m.*), increase, 6
auspicio l' (*m.*), omen, 14
australiano Australian, 1
austriaco Austrian, 6
autobiografia l' (*f.*), autobiography, 8
automatico automatic, 13
automobile / auto l' (*f.*), automobile, car, P
automobilistico car, 1
autonomia l' (*f.*), autonomy, 6
autore l' (*m.*), author, 5
autostrada l' (*f.*), highway, 8
autunno l' (*m.*), autumn, fall, 4
avanguardia l' (*f.*), forefront, 15
avanti ahead, 1
avanzare to proceed, 14
avaro stingy, 3
avere to have, 1
avere bisogno di to need, 4
avere caldo to be hot, 4
avere fame to be hungry, 4
avere freddo to be cold, 4
avere fretta to be in a hurry, 4
avere la tosse to have a cough, 15
avere sete to be thirsty, 4
avere sonno to be sleepy, 4
avere voglia to feel like, 4
avvenimento l' (*m.*), event, 5
avvenire to happen, 10
avvenire l' (*m.*), future, 16
avventura l' (*f.*), adventure, 6
avverbio l' (*m.*), adverb, 8
avvicinare to approach, 14
avvocato l' (*m.*), lawyer, 1
azienda l' (*f.*), business, company, 1
azione l' (*f.*), action, 5
azzurro light blue, 3

B

babbo il, dad, 9
Babbo Natale Santa Claus, 9
baccano il, noise, 5
baciare to kiss, 10
bacio il, kiss, 10
badante la, caretaker, 16
badia la, abbey, 14
baffi i, mustache, 3
bagaglio il, luggage, 10
bagno il, bath, 4
baia la, bay, 11
balbettare to stutter, 15
balcone il, balcony, 6
ballare to dance, 3
ballerina la, dancer, 8
ballo il, dance, 7
balzare to jump, 15
bambina la, girl, 12
bambino il, child, boy, 4
bambola la, doll, 8
banana la, banana, 4
banca la, bank, 2
bancarella la, stall, 14
banco il, student desk, 2
bancomat il, ATM, 14
bancone il, counter, 14
banconota la, bill, 6
banda la, band, 7
bandiera la, flag, 9
bar il, coffee shop, bar, 2
barattolo il, jar, 14
barba la, beard, 3
barbiere il, barber, 3
barocco il, Baroque, 8
basarsi to be based on, 9
base la, basis, 4
basilica la, basilica, 8
basso low, short, 2
bastare to be sufficient, 7
battere (le mani) to clap (hands), 14
batteria la, drums, 7
battesimo il, baptism, 5
battuta la, line, 1
beato lucky, 10
beige beige, 3
bellezza la, beauty, 3
bello beautiful, 3
ben cotta well done, 9
bene well, fine, (**andare bene a scuola** to do well in school, 8) (**fare bene** to be good for you, 15), 1
beneficenza la, charity (**fare beneficenza** to give to charity), 12
benessere il, comfort, 10
benestante well off, 10
benzina la, gasoline, (**fare benzina** to get gasoline), 13
benzina verde la, unleaded gas, 15
bere to drink, 4
berretto il, cap, 8
bevanda la, beverage, 9
biancheria la, linen, 6
bianco white, 1
bibita la, soft drink, soda, 10
biblioteca la, library, 2
bicchiere il, glass, 5
bicicletta / bici la, bicycle, 2
bifamiliare il, duplex, 16
biglietteria la, ticket office, 7, 13
biglietto il, ticket, (**biglietto di sola andata / andata e ritorno** one-way / round trip ticket, 9) (**biglietto d' auguri** greeting card, 5), 7
biliardo il, pool, 7
binario il, platform, train track, 11
biodiversità la, biodiversity, 15
biologia la, biology, 2
biologico biological, 15
biologo il / biologa la, biologist, 12
biondo blond, 3
biotecnologia la, biotechnology, 15
birra la, beer, 4
birreria la, pub, 13
biscotto il, cookie, 4
bisnonni i, great-grandparents, 5
bisogno il, need, (**avere bisogno di** to need), 12
bistecca la, steak, 4
bizantino Byzantine, 2
bocca la, mouth, 8
bodybuilding il, weightlifting, 7
bollente boiling, 9
bollicina la, small bubble, 15
bomboniera la, party favor, 5
bontà la, goodness, kindness, 5
borsa la, handbag, 2
borsa di studio la, scholarship, 10
bosco il, woods, 7
bottiglia la, bottle, 5
bottone il, button, 15
bracciale il, bracelet, 14
braccio (pl. le braccia) il, arm, 4
brano il, selection, 8
brasiliano Brazilian, 1
bravo good, clever, 3
breve short, 5

brevemente concisely, 12
brindare to toast, 9
britannico British, 8
brodo il, broth, 15
bronzo bronze, 10
bruciare to burn, 13
brulicare to swarm, 14
bruno brown, dark, 3
brutto ugly, 2
bucato il, laundry, 5
buffo funny, 3
bugia la, lie, 8
buon / buono good, 9
buonanotte good night, 1
buonasera good evening / good night, 1
buongiorno good morning, 1
buono good, 9
burro il, butter, 9
bus il, bus, 2
busta la, envelope, bag, 14
buttarsi to plunge, 16

C

C.A.P. (codice di avviamento postale) il, zip code, 1
cadere to fall, 10
cabina la, booth, 11
caccia la, hunt, 14
cadavere il, cadaver, 15
cadere to fall, 7
caduta la, fall, 16
caffè il, coffee, P
calcare limestone, 6
calcio il, soccer, 1
calcolare to calculate, 9
calcolatrice la, calculator, 2
caldo il, warmth, heat (**avere caldo** to be or feel hot), 4
calendario il, calendar, P
calmarsi to calm down, 16
calmo calm, 3
calore il, warmth, 9
calorico caloric, 10
calvo bald, 3
calza la, stocking, 8
calzini i, socks, 14
cambiamento il, change, 7
cambiare to change (**cambiare casa** to move), (**cambiare un assegno** to cash a check, 14), 5
cambio il, exchange, change, 6
camera la, room, (**camera da letto** bedroom, 6), 3
Camera dei deputati la, Chamber of deputies, 16
cameriera la, waitress, 8
cameriere il, waiter, 9
camerino il, dressing room, 14
camicia la, shirt, 3
caminetto il, fireplace, 12
camino il, chimney, P
camminare to walk, 8
cammino il, walk, P
campagna la, countryside, 4
campanile il, bell tower, 5
campeggio il, camping (**fare campeggio** to camp), 13
campionato il, championship, 7
campo il, field (**campo da tennis il,** tennis court) (**campo sportivo il,** field, track), 2
campus il, campus, 2
canadese Canadian, 1
canale il, channel, 7
cancellino il, eraser, 2
cancro il, cancer, 11
candela la, candle, 5
cane il, dog, 5
cannella la, cinnamon, 14
canottiera la, undershirt, 13
cantante il/la, singer, 2
cantare to sing, 2
cantautore, il / cantautrice la, singer-songwriter, 7
cantina la, basement, cellar, 6
canto il, singing, 10
capace able, 304
capacità la, ability, 9
capelli i, hair (**farsi i capelli** to style one's hair, 11),, 3
capellone il, long-haired person, 13
capire to understand, P
capitale la, capital city, 2
capitolo il, chapter, 1
capo il, head, item, 8
capodanno il, New Year's Day, 9
capolavoro il, masterpiece, 8
capoluogo il, capital city, P
cappello il, hat, 8
cappotto il, coat, 5
cappuccino il, cappuccino, 4
capriccioso naughty, 8
capricorno il, Capricorn, 10
capsula la, capsule, 16
carattere il, personality, trait, 5
caratteristica la, trait, feature, 3
caratteristico distinctive, 7
carboidrato il, carbohydrate, 15
carbone il, coal, 9
carcere il, jail, 16
carica la, office, charge, 16
carino cute, 6
carne la, meat, 4
carnevale il, carnival, 9
caro dear, expensive, 3
carota la, carrot, 4
carriera la, career (**fare carriera** to advance in one's career, 11), 10
carrozza la, wagon, 13
carta la, paper, card, 2
carta di credito la, credit card, 13
carta geografica la, map, 2
carte le, playing cards, 4
cartoleria la, stationery, 14
cartolina la, postcard, 9
cartoni animati i, cartoons, 8
casa la, house, home, P
casalinga la, homemaker, 5
casalingo homemade, 9
cascata la, waterfall, 7
cascina la, farmhouse, 6
caso il, case, 7
cassa la, cash register, 14
casse dell'iPod, le, iPod speakers, 6
cassetta delle lettere la, mailbox, 14
cassettone il, chest of drawers, 6
castano brown, 3
castello il, castle, 7
categoria la, category, 7
categorico categorical, 15
catena la, range, 7
cattedra la, teacher's desk, 2
cattivo bad, 3
cattolico Catholic, 5
catturare to capture, 12
cavallo il, horse, 5
caviglia la, ankle, 10
cavolfiore il, cauliflower, 4
celebrare to celebrate, 9
celebre famous, 9
cellulare il, cell phone, 11
cemento il, cement, 10
cena la, supper, P
cenare to eat dinner, 3
cenere la, ash, 16
cenone il, Christmas Eve / New Year's Eve dinner, 9
cento one hundred (**per cento** percent),1
centodieci one hundred and ten, 6
centomila one hundred thousand, 6
centralino il, switchboard, 11
centro il, center, 1
centro commerciale il, mall, 14
ceramica la, ceramic, 6
cerca la, search, 14
cercare to look for, 2
cerchio il, circle, 5
cerimonia la, ceremony, 5
cero il, candle, 9
certezza la, certainty, 2
certo definitely, 4
cervello il, brain, 16
cespuglio il, bush, 13
cestino il, wastebasket, 2
che what, what kind, that, P
che cosa what, P
cherubino il, cherub, P
chi who, whom, P
chiacchierare to chat, 7
chiacchierata la, chat, 7
chiamare to call, P
chiarezza la, clarity, 13
chiaro clear, 3
chiaroscuro il, chiaroscuro, 12
chiassoso noisy, 14
chiave la, key, 5
chiedere to ask, 8
chiesa la, church, 2
chilo il, kilo (100 grams; 2.2 lb.), 14
chilometro il, kilometer, 6
chimica la, chemistry, 2
chiocciola la, at (@), 1
chirurgo il, surgeon, 12
chissà who knows, 5
chitarra la, guitar, 2
chiudere to close, P
chiuso closed, 16
chiusura la, closing, 5
ciao hello, hi, good-bye, P
cibo il, food, (**cibo biologico il,** organic food, 15), 4
ciclismo il, cycle racing, 7
ciglio il, eyelash, P
ciliegia la, cherry, 9
cima la, top, 8
cinema il, cinema, 1
cinese Chinese, P
cinquanta fifty, 1
cinquantesimo fiftieth, 5
cinque five, 1
cinquecento five hundred, 6
cinquemila five thousand, 6
cintura la, belt, 14
cioccolata la, chocolate, 4
cioè that is, 12
cipolla la, onion, 9
circolare circular, 10
circolazione la, circulation, 4
circondare to surround, to move, 6
circostanza la, circumstance, 16
città la, city, P
cittadina la, small city, town, 4
cittadino il, citizen, 16
civico public, 11
civile secular, 9
civiltà la, civilization, 7
clandestino il, clandestine, 16
classe la, classroom, class, 2
classico classic, 3
cliente il, client, 6
clinica la, clinic, 15
clima il, climate, 13
coalizione la, coalition, 16
coetaneo il, person of the same age, 11
cogliere to seize, 16
cognata la / cognato il, sister-in-law / brother-in-law, 5
cognome il, last name, P
coincidenza la, connection, 13
coincidere to coincide, 14
coinquilino il, housemate, 6
colazione la, breakfast, 4
colesterolemia la, cholesterolemia (high cholesterol), 15
colesterolo il, cholesterol, 15
collaborare to cooperate, 11
collana la, necklace, 14
colle il, hill, 9
collega il/la, colleague, 9
collegare to link, 5
collezione la, collection, 7
collina la, hill, 1
collo il, neck, 15
collocazione la, position, 14
colloquio il, interview, 12
colonia la, colony, 10
colonna la, column, 6
colorare to color, 8
colorato colored, 9
colore il, color, 3
Colosseo il, Colosseum, 8
colpa la, fault, 8
colpire to hit, 15
colpo il, strike, 10
coltello il, knife, 9
coltivare to farm, 1
coltivazione la, farming, 15
colto well-read, 7
combattere to fight, 12

combinazione la, combination, 12
come how, as, P
comfort il, amenity, 13
comico funny, 4
cominciare to begin, 2
comizio il, political rally, 1
commedia la, comedy, play, 7
commentare to comment, 12
commento il, comment, 5
commerciale business (**centro commerciale** mall), 6
commercialista il/la, professional accountant (CPA), 12
commerciare to do business, 8
commercio il, trade, 11
commissario il, officer, 4
commesso il, salesperson, 12
commissionare to order, 15
commissioni le, errands, 7
comodino il, bedside table, 6
comodità la, comfort, 11
comodo comfortable, 6
compagine la, structure, 15
compagnia la, company, 7
compagno il, companion, classmate, 2
comparativo il, comparative, 13
comparire to appear, 11
compatriota il/la, of the same country, 16
compera la, purchase, 11
competizione la, competition, 10
compiere to turn, 5
compilare to compile, 5
compito il, homework, chore, 2
compleanno il, birthday, 1
complesso complex, 1
completamente completely, 6
completare to complete, 5
completo il, suit, 4
complicato complicated, 16
complimento il, compliment, 15
comporre to compose, 7
comportamento il, behavior, 15
comportarsi to behave, 12
compositore il, composer, 2
composizione la, composition, 5
comprare to buy, 2
comprendere to include, 6
comprensivo comprehensive, understanding, 3
compreso included, 13
compressa la, tablet, 15
computer il, computer, 2
comune il, city hall, common, 3
comunicare to communicate, 15
comunicativo communicative, 12
comunione la, communion, 5
comunità la, community, 6
comunitario community, 15
comunque anyhow, 4
con with, 6
concerto il, concert, 2
conchiglia la, seashell, 5
concludere to conclude, 5
conclusione la, conclusion, 7
concorso il, competition, 10
concreto concrete, 11
condimento il, dressing, 9
condire to season, 9
condividere to share, 6
condizionale il, conditional, 12
condizionamento il, conditioning, 12
condizionare to condition, 15
condizionato conditioned, 6
condizione la, condition, 2
condominio il, condominium, 15
conferenza la, conference, 1
conferire to confer, 14
conferma la, confirmation, 5
confermare to confirm, 7
confessare to confess, 16
confetti i, sugar candy, 5
confezionare to package, 15
confinare to border, 16
confine il, border, 16
confrontare to compare, 6
confusione la, confusion, 1
confuso confused, 13
congiuntivo il, subjunctive, 15
congratulazione congratulation, 5
congresso il, conference, 9
coniugare to conjugate, 7
connazionale il, from the same country, 15
connessione la, connection, (**connessione Internet la,** Internet connection, 13), 10
connettere to connect, 12
cono il, cone, 6
conoscente il/la, acquaintance, 11
conoscenza la, knowledge, 10
conoscere to know, to meet, P
conquistare to conquer, 7
consegnare to hand, 13
consentire to allow, 14
conservante il, preservative, 15
conservare to keep, to save, 6
considerare to consider, 1
considerazione la, consideration, 6
consigliabile advisable, 14
consigliare to advise, 9
consiglio il, advice, 5
Consiglio il, Council, 16
consistente consistent, 5
consistere to consist, 8
consolidare to consolidate, 15
consonante la, consonant, P
consultare to consult, 6
consumare to consume, 15
contadino il, peasant, 13
contante il, cash, 14
contare to count, 11
contattare to contact, 6
contatto il, contact, 12
contemporaneo contemporary, 7
contenere to contain, 4
contenitore il, container, 14
contento happy, 8
contessa la, countess, 5
contesto il, context, 2
continente il, continent, 8
continuamente continuously, 7
continuare to continue, 12
conto il, bill, calculation, 6
contorno il, side dish, 4
contrada la, district, 9
contraddire to contradict, 7
contrario il, opposite, 3
contribuire to contribute, 10
contro against, 6
controllare to check, 5
controllore il, ticket collector, 13
convalidare to validate, 13
conveniente convenient, advantageous, 6
convenienza la, convenience, 14
convento il, convent, 3
conversare to talk, 13
conversazione la, conversation, P
convincente convincing, 12
convincere to convince, 6
convivere to live together, 4
convocare to summon, 12
coperto il, table setting, 9
coppia la, pair, couple, 5
coprire to cover, 13
coraggio il, courage, 16
corda la, rope, 8
cordless il, cordless phone, 11
coreano Korean, 1
coriandoli i, confetti, 9
cornetto il, croissant, 4
corpo il, body, 15
correggere to correct, 5
corrente current (**tenersi al corrente** to keep current), 16
correre to run, 3
correttamente correctly, 5
corretto correct, 5
corridoio il, corridor, 8
corriera la, bus, 13
corrispondente il, correspondent, 7
corrispondere to correspond, 3
corsa la, race, 5
corsivo il, italics, 8
corso il, course, current, 11
corso (nel) during, 10
corte la, court, 3
cortigiano il, courtesan, 4
cortile il, courtyard, 5
corto short, 3
cosa what, 4
cosa la, thing, 4
coscienza la, conscience, 15
così so, like this (**così così** so-so) (**così... come,** as much as, 13), 10
cosmetici i, makeup, 14
cosmo il, cosmos, 11
costa la, coast, 10
costare to cost, 3
costituire to make up, 10
costituzione la, constitution, 16
costo il, cost, 6
costoso expensive, 5
costruire to build, 3
costruzione la, construction, 6
costume il, custom, 4; costume, 9
costume da bagno il, swimsuit, 7
cotone il, cotton, 14
cotto cooked, 9
cravatta la, tie, 3
creare to create, 1
creatività la, creativity, 12
creativo creative, 12
creazione la, creation, 6
credere to believe, to think, 11
credito il, credit, 11
crema la, lotion, 13
crescita la, growth, 5
crimine il, crime, 11
cristallo il, crystal, 6
cristianesimo il, Christianity, 9
cristiano Christian, 14
crociera la, cruise, 13
cronologico chronological, 10
cronico chronic, 15
crostata la, jam tart, pie, 9
cubo il, cube, 6
cuccetta la, berth, 13
cucchiaio il, spoon, 9
cucina la, cuisine, kitchen, 4
cucinare to cook, 4
cucire to sew, 5
cugino, il / cugina la cousin, 5
culto il, worship, 4
cultura la, culture, 2
culturale cultural, 6
cuocere to cook, 9
cuoco il, chef, 9
cuore il, heart, 3
cupola la, dome, 5
cura la, treatment, 15
curare to cure, to take care, 5
curioso curious, 6
curvatura la, curvature, 14

D

da from, 6
danneggiare to damage, 15
danza la, dance, 7
dappertutto everywhere, 8
dare to give (**dare una festa** to throw a party, 5) (**dare una mano** to help, 9) (**Ma dai!,** Go on!, 10), 3
data la, date, P
dati i, data, 1
dato che since, 12
dato personale il, personal information, 1
davanti a in front of, 2
davvero really, 6
debito il, due, debt, 14
debutto il, beginning, 10
decidere to decide, 5
decisione la, decision, 7
decorativo decorative, 14
dedicare to dedicate, 5
dedurre to infer, 14
definitivamente definitely, 6
definizione la, definition, 7
degnarsi to deign, 15
degustazione la, tasting, 10
delizia la, delicacy, 8
delusione la, disappointment, 16

democratico democratic, 16
democrazia la, democracy, 16
demografico demographic, 5
denominato called, 10
denso dense, 11
dente il, tooth, 4
dentifricio il, toothpaste, 14
dentista il/la, dentist, 1
dentro (casa) inside (the house), 8
dépliant il, brochure, 10
depositare to deposit, 14
depresso depressed, 15
deputato il, deputy, 12
descrivere to describe, 4
descrizione la, description, 3
deserto il, deserted, 9
desiderare to wish, 2
desiderio il, wish, 12
designare to designate, 2
desinare to dine, 11
desolato neglected, 13
desolazione la, neglect, 10
destra la, right, 2
determinante crucial, 8
determinativo definite, 2
determinato particular, 9
detto il, saying, 13
devoto devout, 14
di of, 6
diagnostico diagnostic, 15
dialetto il, dialect, 6
dialogo il, dialogue, 5
diario il, diary, 7
dicembre December, 1
diciannove nineteen, 1
diciassette seventeen, 1
diciotto eighteen, 1
dieci ten, 1
diecimila ten thousand, 6
dieta la, diet, (**essere a dieta** to be on a diet), 15
dietro behind, 2
difesa la, defense, 12
differenza la, difference, 6
differenziazione la, differentiation, 12
difficile difficult, 2
difficilmente unlikely, 8
difficoltà la, difficulty, 16
diffidare to mistrust, 14
diffondere to spread, 11
digitale digital, 13
digitare to press, to type, 11
dilemma il, dilemma, 14
diligente diligent, 8
dimagrire to lose weight, 15
dimenticare to forget, 5
diminuire to lower, 12
dimostrare to display, 4
dimostrativo demonstrative, 8
dinamico dynamic, 1
dintorni i, neighborhood, 14
dipartimento il, department, 2
dipendere to depend, 3
dipingere to paint, to depict, 3
dipinto il, painting, 8
diploma il, high school degree, 5

diplomarsi to graduate, 5
dire to say, to tell, P
direttamente directly, 7
diretto direct, 5
direttore il, director, 2
dirigente il/la, manager, 12
diritto right, straight, 12
disastro il, disaster, 16
disattento absent-minded, 8
disciplina la, discipline, 7
discorrere to talk, 14
discoteca la, disco, 4
discreto moderate, 13
discrezione la, discretion, 13
discriminante discriminating, 12
discriminare to discriminate, 16
discriminazione la, discrimination, 16
discutere to discuss, 3
disegnare to draw, to design, 2
disegno il, drawing, 5
disinvolto casual, easygoing, 5
disoccupato unemployed, 12
disoccupazione la, unemployment, 12
disordinato messy, 6
disordine il, mess, 5
disperare to despair, 16
disperato desperate, 10
disperso scattered, 9
dispiacere to be sorry, 8
disponibile available, 4
disporre to have, 13
disposizione la, disposal, 12
dissenso il, disapproval, 10
distante distant, 10
distanza la, distance, 14
distinto distinguished, 6
distinzione la, distinction, 12
distratto absent-minded, 12
distributore di benzina il, gas station, 13
distruggere to destroy, 8
distruzione la, destruction, 15
disturbo il, ailment, 15
dito (pl. le dita) il, finger, 10
ditta la, company, 11
dittatoriale dictatorial, 16
divano il, sofa, 6
divenire to become, 14
diventare to become, 4
diversità la, diversity, 6
diverso different, diverse, several, 2
divertente funny, 2
divertimento il, good time, 9
divertirsi to have a good time, 4
dividere to divide, to share, 5
divisione la, partition, 16
divorziare to divorce, 10
divorziato divorced, 5
divorzio il, divorce, 5
dizionario il, dictionary, P
doccia la, shower, 4
documento il, document, 6
documenti i, legal papers, 16
dodici twelve, 1
dolce sweet, dessert, 4

dollaro il, dollar, 6
dolore il, pain, 15
domanda la, question, application, 5
domandare to ask, 2
domani tomorrow, 1
domenica la, Sunday, 1
domenicano Dominican, 3
domestico household, 6
domicilio il, residence, 11
dominare to rule, 14
dominazione la, rule, 14
donare to give, 14
donna la, woman, 2
dopo after, 1
dopotutto after all, 16
dopodomani il, day after tomorrow, 1
doppio double, 6
dorato browned, golden, 9
dorico Dorian, 16
dormire to sleep, 2
dotare to supply, 13
dottorato di ricerca il, research doctorate, 2
dottore il / dottoressa la, doctor, P
dove where, P
dovere il, duty, 5
dovere should, to have to, 5
drammatico dramatic, 7
dritto straight (**andare sempre dritto** to go straight, to keep going straight), 14
duecento two hundred, 6
duemila two thousand, 6
droga la, drug, 16
dubbio il, doubt, 4
dubitare to doubt, 11
due two, 1
duna la, dune, 13
duomo il, cathedral, 14
durante during, 1
durare to last, 9
duro hard, tough, 6

E

e and, 1
eccellenza l' (*f.*), excellence, 14
eccessivo excessive, 6
eccezionale exceptional, 5
ecco here it is, 2
eco l' (*f.*), echo, 15
ecologia l' (*f.*), ecology, 12
ecologico ecological, 15
economia l' (*f.*), economy, 2
economico economic, 5
ecosistema l' (*m.*), ecosystem, 15
edicola l' (*f.*), newspaper stand, 14
edificatore l' (*m.*), builder, 14
edificio l' (*m.*), building, 2
educativo educational, 10
educazione l' (*f.*), upbringing, 8
effervescente sparkling, 15
effetto l' (*m.*), effect, 11
effetto serra l' (*m.*), greenhouse effect, 15
effettuare to carry out, 14

efficace effective, 11
efficiente efficient, 12
egoismo l' (*m.*), selfishness, 16
egoista selfish, 3
egregio dear, 6
elegante elegant, 3
eleggere to elect, 16
elementare elementary, 5
elemento l' (*m.*), component, 7
elencare to list, 6
elenco l' (*m.*) list, 11
elettricista l' (*m./f.*) electrician, 12
elettrizzare to electrify, 14
elettrodomestici gli, appliances, 6
elettronico electronic (**indirizzo elettronico l'** (*m.*) e-mail), 1
elevato high, 15
elezione l' (*f.*) election, 16
eliminare to exclude, to eliminate, 5
emergente rising, developing, 16
emergere to surface, 15
emigrante l' (*m./f.*), emigrant, 16
emigrare to emigrate, 16
emigrazione l' (*f.*) emigration, 16
emozionato excited, 8
energico lively, 5
energia l' (*f.*), energy, 15
enorme huge, 10
ente l' (*m.*), organization, 10
entrambi/e both, 5
entrare to enter, to go in, 2
entusiasmo l' (*m.*), enthusiasm, 7
Epifania l' , (*f.*), Epiphany, 9
episodio l' (*m.*), episode, 3
epoca l' (*f.*), times, 12
equilibrio l' (*m.*), balance, 15
equitazione l' (*f.*), horseback riding, 7
equivalente corresponding, 12
erba l' , (*f.*), grass, 6
erbe aromatiche le, herbs, 15
errore l' (*m.*), error, 2
eruzione l' (*f.*), eruption, 13
esagerare to exaggerate, 15
esame l' (*m.*), exam, 8
esaminare to examine, 11
esattamente exactly, 10
esaurito sold out, 13
esausto exhausted, 8
escludere to exclude, 16
esclusivamente exclusively, 2
esecutivo l' (*m.*), executive, 16
esempio l' (*m.*), example (**per esempio** for example), 12
esente exempt, 15
esercitare to exercise, 4
esercitazione l' (*f.*), training, 8
esigenza l' (*f.*), need, 6
esilio l' (*m.*), exile, 16
esistere to exist, 6
esortazione l' (*f.*), exhortation, 7
esotico exotic, 13
esotismo l' (*m.*), exoticism, 14
espansivo outgoing, friendly, 3
esperienza l' (*f.*), experience, 7
esperto expert, 3
esplodere to blow up, 9

esplorare to explore, 12
esporre to exhibit, 9
esposizione l' (*f.*), exposition, 1
espressione l' (*f.*), expression, P
espresso l' (*m.*), espresso, 4
esprimere to express, 3
essere to be, 1
essere impegnato to be busy, 4
essere in ritardo to be late, 4
estate l' (*f.*), summer, 4
estendere to extend, 7
estero foreign, 11
estetica l' (*f.*), beauty, 12
estivo summer, 6
estraniato estranged, 15
estroverso extroverted, 3
età l' (*f.*), age, 1
eterno eternal, 8
etnico ethnic, 16
etrusco Etruscan, 9
etto l' (*m.*), 100 grams, 14
euro l' (*m.*), Euro, 6
europeo European, 2
evangelico evangelic, 3
evento l' (*m.*), occurrence, 9
evidente evident, 4
evitare to avoid, 15
extracomunitario from outside the EU, 16
extraterrestre extraterrestrial, 15

F

fà ago (**un anno fà** a year ago), 6
fabbrica la, factory, 6
faccende le, housework, 5
faccia la, face, 5
facciata la, facade, 9
facile easy, 2
facilità la, easiness, 13
facilmente easily, 5
facoltà la, department, school (e.g., **Facoltà di Medicina** School of Medicine), 2
facoltativo elective, 8
fagioli i, beans, 4
fagiolini i, string beans, 4
falso false, 1
fame la, hunger (**avere fame** to be hungry), 4
famiglia la, family, P
familiare familiar, family member, 5
famoso famous, 1
fannullone il, slacker, 12
fantascienza la, science fiction, 7
fantasia la, imagination, 7
fantastico fantastic, 10
fare to do, to make, (**fare la spesa** to go grocery shopping, 4) (**fare gli auguri** to say best wishes, 5), 2
farmacia la, pharmacy, 1
farmacista il, pharmacist, 14
farmaco il, medicine, 15
farsi il bagno to take a bath, 4
farsi la barba to shave, 4
farsi la doccia to take a shower, 4
farsi male to hurt oneself, 15
fascismo il, fascism, 16
fascista il, fascist, 16
fase la, phase, 15
fast food il, fast food, 15
fastidio il, nuisance, 15
fastoso sumptuous, 14
faticoso tiring, 13
fattore il, factor, 11
fattoria la, farm, 6
fauna la, fauna, 15
favola la, story, tale, 8
favoloso fabulous, 10
favore il, favor (**per favore** please, 9), P
favorevole favorable, 16
favorire to favor, 10
fazzoletto il, handkerchief, 14
febbraio February, 1
febbre la, fever, 7
federale federal, 16
federazione la, federation, 10
felice happy, 3
felicità la, happiness, 9
felpa la, sweatshirt, 3
femmina la, female, **femminile** feminine, 2
fenicio Phoenician, 14
fenomeno il, phenomenon, 11
ferie le, vacation, 13
fermare to stop, 11
fermata la, stop, 11
fermento il, ferment, 14
ferragosto il, August 15, 9
ferreo rigid, 8
ferro il, iron, **ferro da stiro il,** iron, 6), 4
fertile fertile, 6
festa la, party, holiday (**festa a sorpresa la,** surprise party) (**Buone Feste!** Happy Holidays!, 9), 5
festeggiamento il, party, festivity, 5
festeggiare to celebrate, 5
festività la, holiday, 9
festone il, festoon, 14
fetta la, slice, 9
fettina la, minute steak, 9
fiaba la, fairy tale, 8
fianco il, side, 14
fidanzarsi to get engaged, 10
fidanzato il, fiancé, 10
fiducia la, confidence, 10
figli i, children, 5
figlia la, daughter, 5
figlio il, son, 5
figura la, figure, 8
figurati! You bet! Not at all! Not on your life! , 10
filastrocca la, nursery rhyme, 11
film il, film, movie, 3
filo il, wire, strand, 11
filosofia la, philosophy, 1
filosofico philosophical, 10
filosofo il, philosopher, 10
filtro solare il, sunscreen, 13
finale final, 1
finalmente lastly, 8
finanziamento il, funding, 15
finché until, 8
fine la, end, 7
finestra la, window, 2
finire to finish, 3
fino a until, 4
fiore il, flower (**a fiori** with a flower pattern, 14), 2
fiorente thriving, 15
fiorire to blossom, 9
firmare to sign, 14
fisica la, physics, 2
fisicità la, physicalness, 7
fisico physical, 3
fisima la, fixation, 15
fisso fixed, 9
fissare to set, 4
fiume il, river, 8
flora la, flora, 15
fluido flowing, 10
focaccia la, flat bread, 9
foglio il, sheet of paper, P
folklore il, folklore, 15
folla la, crowd, 14
fondare to found, 8
fondo il, bottom (**in fondo a** at the end of), 14
fondi i, resources, 16
fontana la, fountain, 2
fonte la, source, 14
football il, American football, 4
footing il, jogging, 7
forchetta la, fork, 9
foresta la, forest, 15
forma la, shape (**mantenersi in forma** to keep in shape), 15
formaggio il, cheese, 4
formale formal, 1
formare to form, 5
formazione la, formation, 13
formidabile formidable, 15
formulare to formulate, 7
fornello il, burner, 6
forno il, oven, bakery, 6
forno a microonde il, microwave oven, 6
foro il, forum, 8
forse maybe, 5
forte strong, 5
fortuna la, fortune, luck (**che fortuna!** what luck!) (**fare fortuna** to find good fortune, to become wealthy, 16), 10
fortunato fortunate, 13
foto la, photo, picture, 1
fotografia la, photo, picture, photography, 1
fotografo il, photographer, 12
fra between, among (**fra** in (+time), 11), 2
fragola la, strawberry, 9
frammento il, fragment, 5
francese French, 1
francobollo il, stamp, 14
frase la, sentence, 5
fratellastro il, stepbrother, 5
fratello il, brother, 5
freddo cold (**avere freddo** to be or feel cold), 4
frenesia la, frenzy, 7
frenetico frenzied, 9
frequentare to attend, 2
frequentarsi to go out together, 10
frequenza la, frequency, 3
fresco cool, fresh, 4
fretta la, haste, 8
friggere to fry, 9
frigorifero il, refrigerator, 4
friulano of Friuli, 6
fronte la, forehead, 15
fronte (di) on the opposite side, 12
frontiera la, border, 16
frullatore il, blender, 6
frutta la, fruit, 4
fruttivendolo il, greengrocer, 14
fulmine il, lightning (**colpo di fulmine il,** love at first sight), 10
fumare to smoke, 13
fumatore , il/fumatrice la, smoker, 15
fumetti i, comics, 7
fumo il, smoke, 15
funghi i, mushrooms, 9
funzione la, function, 8
fuoco il, fire (**fuochi d'artificio gli,** fireworks), 9
fuori out, outside, 4
futurismo il, futurism, 1
futurista il, futurist, 1

G

galleria la, gallery, 3
gamba la, leg, 10
gamberetti i, shrimp, 4
gara la, competition, 7
garage il, garage, 6
garantire to warrant, 15
gas il, gas, 15
gas serra i, greenhouse gases, 15
gassata sparkling / fizzy water, 9
gastronomico gastronomic, 10
gatto il, cat, P
gelateria la, ice cream shop, 14
gelato il, ice cream, 4
geloso jealous, 8
gemello il, twin, 5
genealogico genealogical, 5
generale general, common, 4
generalmente generally, 4
generazione la, generation, 5
genere il, gender, in genere, generally, 2
generoso generous, 3
geneticamente genetically, 15
genitori i, parents, 2
gennaio January, P
gente la, people, folks, 3
gentile gentle, dear, 3
gentilezza la, kindness, 15
genuinità la, genuineness, 15
genuino genuine, 13
geografia la, geography, P
geografico geographical, 14
Germania la, Germany, 9
gerundio il, gerund, 11

gesso il, chalk, 2
gesto il, gesture, 10
ghetto il, ghetto, P
ghiacciaio il, glacier, 7
ghiaccio il, ice, 7
ghirlanda la, wreath, P
già already, P
giacca la, jacket, 3
giaccone il, heavy jacket, 14
giallo yellow, 3
giapponese Japanese, 1
giardinaggio il, gardening (**fare giardinaggio** to work in the garden), 5
giardino il, garden, 3
ginnasio il, high school, 12
ginnastica la, exercise, 10
ginocchio (pl. le ginocchia) il, knee, 15
giocare to play, 2
giocatore il / giocatrice la, player, 7
giocattolo il, toy, 8
gioco il, game, 1
gioielleria la, jewelry store, 14
gioielli i, jewelry, 5
gioiello il, jewel, 10
gioioso joyful, 14
giornale il, newspaper, 2
giornaliero daily, 4
giornalismo il, journalism, 2
giornalista il/la, journalist, 6
giornalmente daily, 6
giornata la, day, 2
giorno il, day (**giorno per giorno** day by day, 4),, P
giostra la, tournament, 9
giovane il, young, 2
Giove Jupiter, 11
giovedì il, Thursday, 1
girare to turn, to go around, 8
giro, in, around (**fare dei giri** to do errands, 5), 14
gita la, excursion, 7
giubbotto il, bomber jacket, 14
giugno June, 1
giurisprudenza la, law, 2
giustificare to justify, 5
giusto correct, just, 5
glicemia la, glycemia, 15
glorioso glorious, 4
godere to enjoy, 7
gola la, throat, 15
golf il, golf, 4
golfo il, gulf, 11
golosità la, gluttony, 10
gomma la, eraser, 2
gondola la, gondola, 12
gonna la, skirt, 3
gotico Gothic, 2
governante la, housekeeper, 8
governo il, government, 16
gradire to appreciate, 5
grammatica la, grammar, 1
grande great, large, (**più grande** older), 1
grande magazzino il, department store, 14
grasso fat, 3
gratis free, 7
grattacielo il, skyscraper, 10
grattare to scratch, 12
grattugiare to grate, 9
gratuito free, 15
grave serious, 10
grazie thanks, P
grazioso pretty, 6
greco Greek, 1
grigio gray, 3
grigliato grilled, 9
grosso large, big, 11
grotta la, cave, 16
gru la, crane, 11
gruppo il, group,(**gruppo musicale il,** band, 7), 3
guadagnare to earn, 11
guancia la, cheek, 10
guanti i, gloves, 14
guardare to look, to watch, 1
guarire to recover, 15
guerra la, war, 8
guida la, guide, P
guidare to drive, 8
guidato guided, 10
gusto il, taste, 3

I

ibrida hybrid (la macchina ibrida hybrid car), 15
idea l' (*f.*), idea, 11
ideale ideal, 9
idealista idealistic, 12
identico identical, 6
identificare to identify, 7
identità l' (*f.*), identity, 13
ideologia l' (*f.*), ideology, 16
idiota idiotic, 15
idraulico l' (*m.*), plumber, 12
ieri yesterday, 6
ignoto l' (*m.*), unknown, 16
illegale illegal, 16
illegittimo illegitimate, 5
illudere to delude, 16
illuminato lighted, 14
illusione l' (*f.*), illusion, 16
illustrare to expound, 12
imbarazzo l' (*m.*), embarrassment, 14
imbucare to mail, 14
immaginare to imagine, 5
immaginario imaginary, 7
immagine l' (*f.*), image, 8
immediato immediate, 11
immergere to immerse, 6
immersione l' (*f.*), dive, immersion, 13
immigrato/a l' (*m./f.*), immigrant, 16
immigrazione l' (*f.*), immigration, 16
immobiliare l' (*m.*), real estate, 6
immortalare to immortalize, 3
impacciato awkward, 10
imparare to learn, 2
impatto l' (*m.*), impact, 15
impazzire to go insane, 13
impegnato busy, 4
impegno l' (*m.*), engagement, 10
imperativo l' (*m.*), imperative, 9
imperatore l' (*m.*), emperor, 2
imperfetto l' (*m.*), imperfect, 8
impermeabile l' (*m.*), raincoat, 3
impero l' (*m.*), empire, 2
impersonale impersonal, 7
impianto l' (*m.*), plant, 15
impiegare to use, 15
impiegato l' (*m.*), clerk, 12
importante important, 15
importanza l' (*f.*), importance, 9
importare to matter, to import, 7
impossibile impossible, 15
impossibilità l' (*f.*), impossibility, 16
improbabile unlikely, 16
improvvisamente unexpectedly, suddenly, 10
improvvisazione l' (*f.*), improvisation, 9
in in, 6
incantevole charming, 10
incantevole delightful, 13
incertezza l' (*f.*), uncertainty, 2
incerto uncertain, 13
inchiesta l' (*f.*), survey, 16
incidente l' (*m.*), accident, 10
incidente stradale l' (*m.*), road accident, 10
includere to include, 10
incominciare to begin, 10
incontaminato uncontaminated, 11
incontrare to meet (**incontrarsi** to meet, to see each other, 10), 2
incontro l' (*m.*), meeting, 7
inconveniente l' (*m.*), mishap, 10
incoraggiare to encourage, 10
incorporare to include, 9
incredibile incredible, 10
incubo l' (*m.*), nightmare, 10
incurabile incurable, 15
indeciso undecided, 13
indefinito indefinite, 13
indeterminativo indefinite, 2
indicare to show, to point to, 5
indicativo l' (*m.*), indicative, 16
indicato shown, 9
indicazione l' (*f.*), direction (**dare le indicazioni** to give directions), 14
indicazione l' (*f.*), direction, 14
indietro behind, 10
indimenticabile unforgettable, 9
indimenticabile unforgettable, 9
indipendente independent, 8
indiretto indirect, 9
indirizzare to address, 6
indirizzo l' (*m.*), address, 1
indispensabile indispensable, 15
individuo l' (*m.*), person, 15
indossare to wear, 3
indovinare to guess, 1
indovino l' (*m.*), fortune teller, 11
industria l' (*f.*), industry, 1
industriale industrial, 1
industrializzato industrialized, 11
ineguaglianza inequality, 13
inesistente nonexistent, 16
infanzia l' (*f.*), childhood, 8
infatti therefore, in fact, 2
infatti in fact, as a matter of fact, 10
infatuazione la, infatuation, 15
infelice sad, unhappy, 8
inferiore lower, 14
infermiere, l' (*m.*) / **infermiera l'** (*f.*), nurse, 12
infernale hellish, 11
infezione l' (*f.*), infection, 15
infido treacherous, 15
infine finally, at last, 4
infinitamente boundlessly, 6
infinito l' (*m.*), infinite, 3
inflessibile rigid, 4
influente influential, 8
influenza l' (*f.*), flu, 15
influenzare to affect, 6
influire to influence, 15
infondere to infuse, 9
informale informal, 1
informare to inform, 7
informatica l' (*f.*), computer science, 2
informazione l' (*f.*), information, 1
infortunio l' (*m.*), accident, injury, 10
ingegnere l' (*m.*), engineer,5
ingegneria l' (*f.*), engineering, 2
ingessare to put in a cast, 10
ingessato in plaster, 10
ingiusto unfair, 16
inglese English, 1
ingrandimento l' (*m.*), enlargement, 11
ingrassare to gain weight, 15
ingresso l' (*m.*), entrance hall, 6
iniziale initial, 9
iniziare to begin, 5
iniziativa l' (*f.*), enterprise, 12
inizio l' (*m.*), beginning, 6
innamorarsi (di) to fall in love, 10
innamorato in love (**essere innamorato di** to be in love with), 10
inquinamento l' (*m.*), pollution, 8
inquinare to pollute, 8
inquinato polluted, 8
insalata l' (*f.*), salad, 4
insediamento l' (*m.*), settlement, 14
insegna l' (*f.*), sign, 16
insegnante l' (*m./f.*), teacher, 8
insegnare to teach, 1
inserimento l' (*m.*), integration, 16
inserire to insert, 11
inserirsi to integrate, 16
insieme together (**stare insieme con** to go out with), 10
insipido bland, 9
insistere to insist, 8
insoddisfatto unsatisfied, 12
insoddisfazione l' (*f.*), dissatisfaction, 12
insolito unusual, 9
insomma in short, 6
insonne sleepless, 4
insonnia l' (*f.*), insomnia, 15
insopportabile unbearable, 10
intanto meanwhile, 5

integrale whole-grain, 14
integrarsi to integrate, 15
integrazione l' (*f.*), integration, 6
intellettuale intellectual, 7
intelligente intelligent, 3
intenso intensive, heavy, 8
intenzione l' (*f.*), intention, 6
interamente entirely, 3
interdetto dumbfounded, 15
interessante interesting, 2
interessare to interest, 7
interminabile endless, 8
internazionale international, 7
interno internal, interior, 8
intero entire, 10
interplanetario interplanetary, 11
interrogare to test orally, 8
interrogativo interrogative, 7
interrogatorio l' (*m.*), questioning, 15
interrogazione l' (*f.*), interrogation, oral exam, 8
interscambiabile interchangeable, 12
interurbano long distance, 11
intervista l' (*f.*), interview, 4
intervistare to interview, 5
intervistato l' (*m.*), interviewee, 15
intorno around, 9
intransigente intransigent, 4
intrattenersi to linger, 13
intravedere to catch a glimpse, 16
introdurre to introduce, 9
introduzione l' (*f.*) introduction, 6
intruso l' (*m./f.*) intruder, 1
inutile unnecessary, 4
invalido disabled, 15
invece instead, 1
inventare to invent, to make up, 7
invernale winter, 1
inverno l' (*m.*), winter, 4
investire to invest, to collide, 6
inviare to send, 6
invidiare to envy, 12
invitare to invite, 5
invitato l' (*m./f.*) guest, 5
invito l' (*m.*), invitation, 5
iodato iodate, 15
ipermercato l' (*m.*), hypermarket, 14
ipocondriaco hypochondriac, 15
ipotesi l' (*f.*), hypothesis, 4
iraniano Iranian, 1
ironico ironic, 11
irregolare irregular, 6
irresistibile irresistible, 4
irriconoscibile unrecognizable, 13
iscriversi to register, to enroll, 1
isola l' (*f.*), island, 4
isolato isolated, 15
ispirare to inspire, 12
istituto l' (*m.*), institute, 2
Italia l' (*f.*), Italy, P
italiano Italian, P

J

jeans i, denim, jeans, 3

K

kiwi il, kiwi, 9
labbra le, lips, 13
laboratorio il, laboratory (**laboratorio linguistico il,** language laboratory), 2
ladino Ladin (Romance language dialect), 6
lago il, lake, 3
lamentarsi to complain, 8
lampada la, lamp, 6
lampadario il, chandelier, 6
lampadina la, light bulb, 14
lana la, wool, 8
largo wide, 9
lasagne le, lasagna, P
lasciare to leave, 2
lasciarsi to break up, 10
latte il, milk, 4
lattina la, can, 13
laurea la, university degree, 5
laurearsi to graduate from college, 5
lava la, lava, 14
lavagna la, blackboard (**lavagna elettronica la,** smart board), 2
lavanderia la, cleaners, 11
lavandino il, sink, 6
lavare to wash, to mop, 4
lavastoviglie la, dishwasher, 6
lavatrice la, washer, 6
lavorare to work, 2
lavoratore il / lavoratrice la, worker, 8
lavoro il, job, work, position, 5
legale legal, 11
legame il, link, 5
legare to tie, to link, 4
legge la, law, 16
leggere to read, P
leggero light, 9
legno il, wood, 6
lentamente slowly, 8
lento slow, 13
lettera la, letter, 2
letteralmente literally, 10
letteratura la, literature, 2
lettere le, humanities, 2
letto il, bed (**letto matrimoniale il,** full-size bed), 4
lettore CD / DVD il, CD / DVD player, 6
lettura la, reading, 1
lezione la, lesson, class, 2
lì there, 10
libanese Lebanese, 1
liberamente freely, 16
liberazione la, liberation, 9
libero free, 3
libertà la, freedom, 16
libreria la, bookcase, book store, 6
libro il, book, P
liceo il, high school, 1
lieto happy, 1
limitare to restrict, 4
limitato limited, 16
limite il, limit, 4
limone il, lemon, 9
linea aerea la, airline, 10
linea la, style, 6
lingua la, language, P
linguistico language, linguistic, 2
lino il, linen, 14
liquido fluid, 2
lirico lyric, 3
liscio smooth, (**capelli lisci** straight hair, 3) (**acqua liscia** flat water, 9), 15
lista la, list, 5
litigare to argue, 5
litro il, liter, 15
livello il, level, 2
locale il, premise, 7
località la, place, 6
località turistiche le, resorts, 3
locandina la, playbill, 7
logico logical, 9
logoro worn out, 10
lontano far, 2
loro their, theirs, 1
lotteria la, lottery, 7
lotto il, lottery, 12
luce la, light, 2
luglio July, P
luminoso bright, 12
lunedì il, Monday, P
lungo long, along, 3
luogo il, place, P
lupo il, wolf, 15
lusso luxury, 6
lussuoso luxurious, 10

M

ma but, 1
macchina da caffè la, coffee maker, 6
macchina ibrida la, hybrid car, 15
macchina la, car, 3
macchinina la, toy car, 8
macedonia la, fruit salad, 4
macelleria la, butcher shop, 14
madre la, mother, 2
madrelingua la, native language, 12
maestà la, majesty, 8
maestoso majestic, 8
maestro il / maestra la, teacher, 7
magari perhaps, 7
magazzino il, warehouse (**grande magazzino il,** department store), 14
maggio May, P
maggioranza la, majority, 13
maggiore major, further, older 13
magistrale teacher training school, 10
maglia la, sweater, 3
maglietta la, T-shirt, 3
maglione il, sweater, 14
magnifico magnificent, 10
magro thin, slender, 3
mah! well!, 11
mai ever (**non... mai** never), 4
mail la e-mail, 1
maionese la, mayonnaise, 9
malanno il, illness, 10
malato sick, 8
malattia la, illness, 15
male bad, poorly (**fare male** to be bad for you, to hurt) (**avere mal di...**to have pain in the...) (**farsi male** to hurt oneself) (**andare male a scuola** to do poorly in school, 8) (**non c'è male** not too bad, 15), 1
malvagio bad, 13
mamma la, mother, mom, 5
mancanza la, lack, 16
mancare to miss, (**ci mancava solo questa!** that's all we needed!), 5
mancia la, tip, 9
mandare to send, 5
mandorla la, almond, 15
mangiare to eat, 2
maniera la, manner, way, 5
manifestare to display, 16
manifestazione la, display, event, demonstration, 5
mano (pl. le mani) la, hand (**dare una mano** to help, 9), 15
mantello il, coat, 8
mantenere to support, 16
manzo il, beef, 9
mappa la, map, 14
marca la, brand, 9
mare il, sea, P
marinara sailor style, 8
marinare (la scuola) to cut school, 8
marino marine, 7
marito il, husband, 5
marmellata la, jam, 4
marmo il, marble, 3
marrone brown, 3
martedì il, Tuesday, 1
martello il, hammer, 12
marzo March, 1
maschera la, mask, 9
maschile masculine, 2
maschio il, male, 11
massimo highest, 4
matematica la, mathematics, P
materia la, subject, 2
materia prima la, raw material, 11
materialista materialistic, 3
materno maternal, 5
matita la, pencil, 2
matrigna la, stepmother, 5
matrimonio il, wedding, 5
mattina la, morning, 2
matto crazy, 9
maturità la, high-school diploma, 8
maturo mature, ripe, 4
mazza la, bat, club, 7
meccanico il, mechanic, 7
meccanico mechanical, 7
medaglia la, medal, 1
mediare to mediate, 16
mediazione la, mediation, 4
medicina la, medicine, 5
medicinale il, medicine, 15
medico il (*m./f.*), doctor, 5
medio middle, 8
medioevale medieval, 2
Medioevo il, Middle Ages, 5

mediterraneo il, Mediterranean, 14
meglio better, 1
mela la, apple, 4
melone il, melon, 9
membro il, member, 6
memoria la, memory, 15
memorizzare to memorize (**memorizzare un numero** to store a number), 11
meno minus, less, 1
mensa la, cafeteria, 2
mentalità la, mentality, 16
mente la, mind, 15
mentre while, 10
menù il, menu, 9
menzionare to mention, 6
meravigliato surprised, 16
meraviglioso marvelous, 10
mercato il, market (**mercato all'aperto il,** open-air market), 14
merce la, merchandise, 12
mercoledì il, Wednesday, 1
merenda la, snack, 4
mescolare to stir, 9
mese il, month, P
messa la, mass, 9
messaggino il, text message, 11
messaggio il, message, 4
messicano Mexican, 1
mestiere il, trade, 4
meta la, destination, 9
metà la, half, middle, 8
metallico metallic, 11
metro il, meter, 1
metropolitana la, subway, 8
mettere to put, 4
mettersi to put on (**mettersi d'accordo** to come to an agreement) (**mettersi a** to begin, 4), 7
mezzanotte la, midnight, 4
mezzo il, middle, means, 7
mezzogiorno il, noon, 4
microonde il, microwave, 6
microrganismo il, micro-organism, 7
migliore better, best, 3
migrazione la, migration, 16
milanese Milanese, 3
miliardo il, billion, 6
milione il, million, 6
mille one thousand, 6
mimosa la, mimosa, 9
minacciare to threaten, 15
minerale mineral, 4
minestra la, soup, 4
minimo lowest, least, 4
ministro il, minister, cabinet member, 8
minoranza la, minority, 13
minore younger, less, 13
mio my, mine, 5
mirino il, sight, 15
misticismo il, mysticism, 9
mistico mystic, 10
misura la, measure, size, 7
misurare to measure, 14
misurarsi to try on, 14
mito il, myth, 11
mobili i, furniture, 5
mobilificio il, furniture factory, 13
moda la, fashion, 3
modalità la, manner, 15
modello il, pattern, model, 10
moderatamente moderately, 15
modernità la, modernity, 13
moderno modern, 2
modesto modest, 8
modificare to modify, 15
modo il, way, 8
modulo il, form, 14
moglie la, wife, 5
molto much, many, very, a lot, 3
momento il, moment, 7
monaca la, nun, 4
monarchia la, monarchy, 16
mondiale world, 5
mondo il, world, 3
moneta la, currency, coin, 6
monetario monetary, 6
monofamilare single family, 6
monolocale il, studio apartment, 6
montagna la, mountain, P
montagnoso mountainous, 7
montare to climb, 10
monte il, mountain, 1
monumenti i, monuments, 6
moquette la, (wall-to-wall) carpet, 6
morbido soft, 4
morire to die, 7
morsicare to bite, 10
morto dead, 5
mosaico il, mosaic, 2
mostra la, show, 14
mostrare to show, 6
motivare to justify, 8
motivo il, reason, 6
motocicletta la, motorcycle, 8
motorino il, moped, 8
motoscafo il, motorboat, 13
movimentato lively, 12
movimento il, movement, 8
mozzarella la, mozzarella, 16
multa la, fine, 13
multietnico multi-ethnic, 6
multifunzionale versatile, 1
muovere to move, 4
muro il, wall, 3
muscoloso muscular, 3
museo il, museum, 7
musica la, music, 7
musicista il/la, musician, 7
mutuo il, mortgage, 6

N

nano il, dwarf, 8
napoletano Neapolitan, 9
narciso il, narcissus, 9
narrare to tell, to narrate, 3
narratore il / narratrice la, narrator, 8
nascere to be born, 7
nascita la, birth, 5
nascondere to hide, 16
nascondino il, hiding place, hide-and-seek, 8
nascosto hidden, 10
naso il, nose, 15
nastro il, ribbon, 8
Natale il, Christmas (**Buon Natale!** Merry Christmas!), 9
natalizio Christmas, 7
natura la, nature, 15
naturale natural, 2
naturalismo il, naturalism, 9
naturalmente naturally, 7
nave la, ship, 13
navigare to navigate, to sail, 6
nazionale national, 4
nazionalità la, nationality, P
nazione la, nation, P
neanche not even (**neanche a me** me neither), 9
nebbia la, fog, 4
nebbioso foggy, 15
nebulosa la, nebula, 11
necessario necessary, needed, 15
necessità la, need, 6
negativo negative, 8
negoziante il/la, merchant, 14
negoziare to negotiate, 4
negoziatore il, negotiator, 4
negozio il, store, 1
negozio d'abbigliamento il, clothing store, 14
negozio d'alimentari il, grocery store, 14
nemmeno neither, not even, 8
neolatino Neo-Latin, 7
neppure not even, 8
nero black, 3
nervoso tense, nervous, 3
nessuno no one, 5
Nettuno Neptune, 11
nevicare to snow, 4
nevrotico neurotic, 15
niente nothing, 2
nipote il/la, nephew, niece, grandchild, 5
no no, 1
nocivo harmful, 15
nodulo il, nodule, 10
noioso boring, 2
noleggiare to rent, 13
nome il, noun, P
nominare to appoint, 16
non... ancora not yet, 8
non... mai never, 8
non... né... né neither ... nor, 8
non... neanche not even; neither, 8
non... nessuno nobody, no one, not ... anyone, 8
non... niente nothing, not ... anything, 8
non... più not anymore, no more, no longer, 8
nonna la, grandmother, 5
nonno il, grandfather, 5
nonostante in spite of, 12
nord il, north, 4
normanno il, Norman, 14
nostalgia la, nostalgia, homesickness, 8
nostro our / ours, 5
notare to note, 4
notevole considerable, 6
noto known, 1
notte la, night, P
notturno night, 13
novanta ninety, 1
nove nine, P
novecento nine hundred, 6
novembre November, 1
novità la, novelty, 10
nozze le, marriage (**viaggio di nozze il,** honeymoon), 5,
nucleare nuclear, 11
nucleo il, nucleus, unit, 5
nudo bare, nude, 14
nulla nothing, not ... anything, 8
numero il, number, shoe size (**fare il numero** to dial) (**numero verde il,** toll-free number), 11
numeroso numerous, 5
nuocere to harm, 10
nuotare to swim, 2
nuovo new, 2
nutrizione la, nutrition, 15
nutrizionista il/la, nutritionist, 15
nuvoloso cloudy, 4

O

o or, 3
obbediente obedient, 8
obbligatorio required, 8
obesità l' (*f.*), obesity, 15
occasione l' (*f.*), occasion, 5
occhiali gli, eyeglasses, 3
occhiali da sole gli, sunglasses, 13
occhiata l' (*f.*), glance, 14
occhio l' (*m.*), eye, 3
occorrere to need, 7
occupare to occupy, 5
occuparsi (di) to take care of, to get involved, 12
occupato busy, 11
oceano l' (*m.*), ocean, 13
odiare to hate, 8
offerta l' (*f.*), offer, 10
officina l' (*f.*), workshop, 12
offrire to offer, 4
oggettivo objective, 16
oggetto l' (*m.*), object, 5
oggi today, P
ogni every, 2
ognuno everyone, everybody, each one, 13
olimpico olympic, 1
olio l' (*m.*) oil (**olio d'oliva l'** (*m.*), olive oil, 9) (**l'olio abbronzante** suntan oil, 13), 4
oliva l' (*f.*), olive, 6
oltre besides, 7
ombra l' (*f.*), shadow, 16
ombrellone l' (*m.*), beach umbrella, 13
omogeneità l' (*f.*), homogeneity, 16
omogeneizzare to homogenize, 15
onesto honest, 3
onomastico l' (*m.*), saint's day, 5

onore l' (*m.*), honor, 9
opaco dull, 10
opera l' (*f.*), work of art, opera, 1
operaio l' (*m.*) / **operaia l'** (*f.*), worker, 12
operistico operatic, 10
opinione l' (*f.*), opinion, 4
opportuno suitable, 13
opposto opposite, 1
oppure or, 3
ora l' (*f.*), hour, now, 4
orale oral, 8
orario l' (*m.*), schedule, 2
orchestra l' (*f.*), orchestra, 2
ordinare to order, 4
ordinato neat, 5
ordine l' (*m.*), order (**mettere in ordine** to tidy up), 5
orecchino l' (*m.*), earring, 5
orecchio l' (*m.*) / **le orecchie** (*f.*), ear(s), 15
organismo l' (*m.*), organism, 15
organizzare to organize, 5
organizzato organized, 12
organizzazione l' (*f.*), organization, 10
orgoglioso proud, 6
orientale eastern, 7
oriente l' (*m.*), east, 2
originale original, 3
origine l' (*f.*), origin, 1
ormai by now, 7
ornare to decorate, 9
oro l' (*m.*), gold, 10
orologio l' (*m.*), clock, watch, 2
oroscopo l' (*m.*), horoscope, 11
orrendo dreadful, 15
orribile horrible, 10
orrore l', (*m.*), horror, 7
orsacchiotto l' (*m.*), teddy bear, 6
orso l' (*m.*), bear, 15
ospedale l' (*m.*), hospital, 10
ospedaliero hospital, 15
ospitare to host, 3
ospite l' (*m./f.*), guest, 13
osservare to observe, 5
osservatorio l' , (*m.*), observatory, 11
ossessione l' (*f.*), obsession, 15
ossigeno l' (*m.*), oxygen, 15
osso (pl. le ossa) l' bone, 15
ostello l' (*m.*), hostel, 13
osteria l' (*f.*), tavern, 9
ottanta eighty, 1
ottenere to attain, 10
ottimista optimistic, 3
ottimo best, 7
otto eight, 1
ottobre October, 1
ottocento eight hundred, 6
ovviamente obviously, 9
ovvio obvious, 16
ozono l' (*m.*), ozone, 15

P

pacchetto il, small package, 14
pacco il, package, 14
pace la, peace, 12
pacifico peaceful, 16
padre il, father, 5
paesaggio il, landscape, 4
paese il, country, nation, small town, 1
pagamento il, payment, 13
pagano il, pagan, 9
pagare to pay (**pagare i conti** to pay bills), 6
pagella la, report card, 8
pagina la, page, 7
pagine gialle le, yellow pages, 11
paio (pl. le paia) pair, 14
palazzo il, building, 2
palcoscenico il, stage, 4
paleoantropologico paleoanthropological, 16
paleolitico Paleolithic, 16
palestra la, gym (**andare in palestra** to go to the gym), 7
palla la, ball, 7
pallacanestro la, basketball, 7
pallavolo la, volleyball, 7
pallido pale, 15
palloncino il, balloon, 5
pallone il, (soccer) ball, 7
pancetta la, bacon, 8
pane il, bread, 4
panetteria la, bakery, 14
panettone il, traditional Italian Christmas cake, 9
panino il, sandwich, 2
panna la, cream, 9
panorama il, panorama, 1
panoramico panoramic, 2
pantaloncini i, shorts, 14
pantaloni i, pants, 3
papa il, pope, 4
papà il, dad, 5
paradiso il, heaven, 9
paragrafo il, paragraph, 8
paragonare to compare, 3
paragone il, comparison, 3
parcheggio il, parking, 6
parco il, park, 3
parecchio a lot, 13
parentela la, kinship, 5
parenti i, relatives, 5
parete la, wall, 6
parlamentare parliamentary, 16
parlamento il, Parliament, 16
parlare to talk, to speak, 2
parmigiano il, parmesan, 9
parola la, word, P
parrucchiere il, hairdresser, 11
parte la, part, 15
partecipare (a) to take part, to compete, 2
partecipante il/la, participant, 14
partecipazione la, participation, 16
partenza la, departure, 6
participio il, participle, 6
particolare il, particular, detail, 2
particolarmente particularly, 2
partire to leave, 10
partita la, game, 2
partitivo il, partitive, 9
partito il, party, 16
Pasqua la, Easter (**Buona Pasqua!** Happy Easter!), 9
passaggio il, ride, 10
passaporto il, passport, 10
passare to pass, to spend, 5
passatempo il, pastime, 13
passato il, past (**l'anno passato** last year), 6
passeggero il, passenger, 10
passeggiare to take a walk, 7
passeggiata la, walk, 4
passione la, enthusiasm, 7
passivo passive, 7
passo il, step, 7
pasta la, pasta, pastry, 2
pastasciutta la, pasta, 6
pasticceria la, pastry shop, 8
pasto il, meal, 4
patata la, potato, 4
patatine le, french fries, 4
patente la, driver's license, 10
paterno paternal, 5
patria la, homeland, 5
patrigno il, stepfather, 5
patrimonio il, heritage, 10
pattinaggio a rotelle / sul ghiaccio roller / ice skating, 7
pattinare to skate, 4
pattini i, skates, 7
patrigno il, stepfather, 5
patronale patron, 16
patrono il, patron, 5
paura la, fear (**avere paura di** to be afraid of, 8), 4
pavimento il, floor, 6
paziente patient, 3
pazientemente patiently, 8
pazzo crazy, 8
peccato il, sin, pity, 3
pedagogico pedagogical, 8
peggio worse, 10
peggiorare to worsen, 10
pelle la, skin, leather, 14
pellegrino il, pilgrim, 9
pena la, punishment, P
penisola la, peninsula, P
penna la, pen, feather, 3
pensare to think (**pensare di** + infinitive to intend to do something, 11), 2
pensione la, pension (**essere in pensione** to be retired), room and board, 5; bed and breakfast, 13
pepe il, pepper, 9
peperoncino rosso il, red pepper, 9
per for, in order to, 6
percentuale la, percentage, 5
percepire to perceive, 12
perché because, why, 7
percorso il, journey, 10
perdere to lose (**perdere qualcosa** to lose something), to miss, (**perdere tempo** to waste time), 6
perdersi to get lost, 10
perfetto perfect, 2
perfezionamento il, specialization, 11
perfezionare to improve, 7
perfezione la, perfection, 4
pericoloso dangerous, 13
periferia la, outskirt, suburbs, 6
periodo il, period, 2
perla la, pearl, 7
permanenza la, stay, 16
permanente permanent, 16
permesso il, permit (**permesso di soggiorno** residence permit), 16
permettere to allow, 8
permissivo lenient, 5
però but, 3
perseveranza la perseverance, 16
persona la, person (**persone** people), 3
personaggio il, character, 3
personale personal, 11
personalità la, personality, 3
pesante heavy (weight), rich, 9
pesca la, peach, fishing, 9
pesce il, fish, 4
pessimista pessimist, 3
pesticidi i, pesticides, 15
petardi i, fireworks, 9
pettinare to comb, 4
petto il, chest, 15
pezzo il, piece, 9
piacere to be pleasing to, to like (**Piacere!** Pleased to meet you!, 1), 9
piacevole pleasant, 7
pianeta il, planet, 11
piangere to cry, 8
piano il, floor, plan, 6
pianoforte il, piano, 7
pianta la, plant, 6
pianterreno il, ground floor, 6
piantina la, layout, city map, 6
pianura la, plain, flat land, 1
piatto il, dish, plate (**lavare i piatti** to wash the dishes, 5), 9
piazza la, square (**piazza pulita** clean sweep, 15), 14
piccante spicy, 9
piccolo small, 2
piede il, foot, 10
pieno full (**fare il pieno** to get a full tank of gas), 13
pietanza la, dish, course, 9
pietra la, stone, 6
pigiama il, pajamas, 14
pigro lazy, 3
pinne le, swim fins, 13
piovere to rain, 4
piscina la, swimming pool, 2
piselli i, peas, 4
pista la, track, 1
pittore il, painter, 4
pittoresco picturesque, 3
pittura la, painting, 9
più more (**più... di / che,** more than, 13) (**più tardi,** later), 1
piuttosto rather, 12
pizza la, pizza, 2
pizzeria la, pizzeria, pizza restaurant, 4
plastica la, plastic, 12
plurale plural, 1
Plutone Pluto, 12

poco, un po' little, 3
poesia la, poem, 3
poeta il, poet, P
poi after, then, 4
poiché since, 12
policromo polychromatic, 9
politica la, politics, 3
politicamente politically, 6
politico il, politician, political, P
poliziotto il, police officer, 11
pollo il, chicken, 4
polmone il, lung, 15
polo la, polo shirt, 14
polso il, wrist, 10
poltrona la, armchair, 6
polvere la, dust, 13
pomeriggio il, afternoon, 2
pomodoro il, tomato, 4
ponte il, bridge, 12
popolare popular, 7
popolazione la, population, 6
porcellana la, porcelain, 9
porgere to hand, 16
porta la, door, 2
portafoglio il, wallet, 13
portare to bring, to wear, 3
porticato il, arcade, 6
portinaio il, concierge, 11
porto il, port, 13
portoghese Portuguese, 14
porzione la, portion, 15
posate le, silverware, 9
positivo positive, 10
posizione la, location, 13
possedere to own, 1
possessivo possessive, 5
possibile possible, 4
possibiltà la, possibility, 16
posta la, mail, 4
postale (ufficio) post office, 14
poster il, poster, 6
posto il, place, position, 6
potenza la, power, 5
potere to be able to, can, 5
povero poor (**poverino!** poor thing!), 10
povertà la, poverty, 16
pranzare to eat lunch, 4
pranzo il, lunch, 4
praticamente virtually, 13
praticare to practice, 7
pratico practical, 13
precedente previous, 7
preciso precise, 11
prediligere to like better, 15
predizione la, prediction, 11
preferenza la, preference, 9
preferibilmente preferably, 12
preferire to prefer, 3
preferito favorite, 3
prefisso il, area code, 11
pregiato refined, 1
pregiudizio il, prejudice, 16
prego you are welcome, 1
preistorico prehistorical, 10
prelevare to withdraw (**prelevare dei soldi / del contante** to withdraw money / cash), 14
prelibato excellent, 9
premio il, award, 10
prendere to take (**prendere il sole** to sunbathe) (**prendere in giro** to make fun of, 8), 4
prenotare to book, to reserve, 6
prenotazione la, reservation, 10
preoccuparsi to worry, 4
preoccupato worried, 10
preparare to prepare, 4
prepararsi to get ready, 4
preparativo il, preparation, 5
preposizione la, preposition, 6
prepotente bullying, 8
presentare to introduce, to present, 1
presentazione la, introduction, 1
presente present, 1
preservare to preserve, 16
preside il/la, principal, 10
presidente il president, 7
Presidente del Consiglio il, Prime Minister, 16
Presidente della Repubblica il, President of the Republic, 16
pressione la, pressure, 15
presso near, 14
prestare to lend, 10
prestigioso prestigious, 3
presto soon, early, 1
pretesto il, excuse, 9
previsioni le, forecast, 4
previsto expected, 4
prezzo il, price, 6
prima before, first, 4
prima la, opening night, premiere, 7
primato il, leadership, 15
primavera la, spring, 4
primo il, first, (**primo piatto** first course), 4
principale main, 5
principe il, prince, 8
principio il, principle, 9
privato private, 7
probabile probable, 15
probabilmente probably, 11
problema il, problem, 12
processione la, procession, 14
processo il, process, 6
profumo il, perfume, 13
prodotto il, product, 1
produrre to produce, 1
produttore, il / produttrice la, producer, 11
produzione la, production, 15
professionale professional, 8
professione la, profession, 11
professionista il/la, professional (person), 7
professore, il / professoressa la, teacher, professor, 1
profumato scented, 9
profumeria la, perfume shop, 14
profumo il, scent, 14
progettare to design, 11
progetto il, plan (**fare progetti** to make plans), 11
programma il, program, 4
programmatore, il / programmatrice la, programmer, 12
progredire to progress, 8
progressivo progressive, 11
progresso il, progress, 8
proibito forbidden, 9
promozione la, promotion, 10
promuovere to promote, 16
pronome il, pronoun, 1
pronto ready (Pronto! Hello! (on telephone)), 9
pronto soccorso il, emergency room, 10
pronunciare to pronounce, P
proporre to propose, 8
proporzione la, proportion, 14
proposta la, proposal, 16
proprietà la, property, 6
proprietario il / proprietaria la, owner, 1
proprio really, own, right, proper, 14
prosciutto il, ham, 9
proseguire to continue, 14
prosperare to thrive, 6
prospettiva la, perspective, 3
prossimo next, 11
protagonista il/la, protagonist, main character, 7
proteggere to protect, 12
protesta la, protest, 7
protestare to protest, 11
protettore il, guardian, 12
prova la, test, 1
provare to try, to feel, 14
provarsi to try on, 14
provenienza la, origin, 13
provenire to originate, 16
provincia la, province, 1
provino il, audition, 8
provvedere to provide, 14
provvisorio provisional, 7
privato private, 7
privilegio il, privilege, 10
provinciale provincial, 12
psicologia la, psychology, 2
psicologico psychological, 3
psicologo lo / psicologa la, psychologist, 11
psicoterapeuta lo/la, psychotherapist, 4
pubblicare to publish, 11
pubblicità la, advertisement, 2
pubblico il, public, 8
pugilato il, boxing, 7
pulire to clean, 3
pulito clean, 8
pullman il, bus, 13
punire to punish, 8
punteggio il, score, 10
punto il, point, dot (.), 3
puntualità la, punctuality, 11
purtroppo unfortunately, 10

Q

quaderno il, notebook, 2
quadrato square, 7
quadretto il, check (**a quadretti** checked), 14
quadro il, picture, 5
qualche some, a few (**qualche volta** sometimes), 9
qualcosa something, anything, 4
qualcuno someone, 13
quale / qual which, what, 7
qualità la, quality, 15
qualunque any, 13
quando when, 1
quanti how many, 7
quantità la, quantity, 4, amount, 10
quanto how much, 3
quaranta forty, 1
Quaresima la, Lent, 9
quartiere il, neighborhood, 6
quasi almost, 4
quattordici fourteen, 1
quattrini i, money, 11
quattro four, 1
quattrocento four hundred, 6
quattromila four thousand, 6
quello that, 3
questionario il, questionnaire, 11
questione la, issue, 12
questo this, 3
quindi so, therefore, 10
quindici fifteen, 1
quindicinale il, biweekly, 14
quinto fifth, 6
quota la, price, 10
quotidiano il, daily (newspaper), 16

R

racchetta (da tennis) la, (tennis) racket, 7
raccomandazione la, advice, 16
raccontare to tell, 7
racconto il, short story, 11
radersi to shave, 13
radicalmente totally, 16
radicare to root, 9
radice la, root, 16
radio la, radio, 3
radiografia la, x-ray, 15
radunare to gather, 8
raffreddore il, cold, 15
ragazzo il / ragazza la, boy / girl (**il mio ragazzo / la mia ragazza** my boyfriend / girlfriend), 10
raggiungere to reach, 14
ragione la, reason (**avere ragione** to be right), 4
ragù il, meat sauce, 9
raffinato refined, 3
rame il, copper, 15
ramo il, branch, 9
rapido il, express, 11
rapporto il, relationship, 8
rappresentante il/la, representative, 15
rappresentare to represent, 5
rappresentazione la, representation, 8
raramente rarely, 3
raro rare, 5
rasoio il, razor, 14

rata la, installment (**a rate** in installments), 11
razzismo il, racism, 16
re il, king, 14
reagire to react, 8
realismo il, realism, 3
realista realistic, 3
realistico realistic, 8
realizzare to accomplish, 12
realizzazione la, realization, 9
realtà la, reality, 6
recapitare to deliver, 11
recente recent (**di recente** recently), 7
recentemente recently, 6
reciproco reciprocal, 5
reclutamento il, recruiting, 10
record il, record, 5
reddito il, income, 15
referendum il, referendum, 16
refettorio il, refectory, 3
regalare to give (as a present), 9
regalo il, gift, 5
regia la, direction, 7
regime il, government, 16
regionale regional, 7
regione la, region, P
regista il/la, director, P
registrazione la, recording, 10
regno il, kingdom, 14
regola la, rule, 7
regolare regular, 8
regolare to regulate, 15
relativo relative, 10
relazione la, relationship, 7
religioso religious, 3
rendere to render, 7
rendersi conto to realize, 14
repubblica la, republic, 12
residence il, apartment hotel, 13
residente il/la, resident, 16
residenza la, residence, 5
resistenza la, resistance, 10
respirare to breathe, 15
respiratorio respiratory, 15
responsabilità la, responsibility, 12
restare to remain, 7
restaurare to restore, 12
restaurato restored, 12
resto il, rest, 10
resti i, ruins, 13
resto il, rest, change (**del resto** besides), 12
rete la, net, 13
rettangolare rectangular, 3
riassumere to summarize, 9
ribelle rebellious, 8
ricamare to embroider, 11
ricapitolare to review, 1
ricarica la, recharge (**fare la ricarica** to get more prepaid cell phone minutes), 11
ricchezza la, wealth, 13
riccio curly, 3
ricco rich, 11
ricerca la, research (**fare ricerca** to do research), 6
ricercatore, il / ricercatrice la, researcher, 11
ricetta la, recipe, prescription, 9
ricevere to receive, to welcome, 6
ricevimento il, reception, 5
richiamare to call back, 11
richiamo il, appeal, 4
richiedere to require, to apply, 10
richiesta la, request, 9
riciclare to recycle, 12
riconoscere to recognize, 3
riconoscimento il, recognition, 16
ricoprire to cover, 14
ricordare / ricordarsi to remember, 5
ricordo il, memory, 8
ricostruire to rebuild, 5
ricovero il, admission, 15
ricreazione la, recess, 8
ridere to laugh, 13
riduzione la, discount, 13
rientrare reenter, to return, 7
rientro il, return, 4
rievocare to commemorate, 9
rifare to remake, 5
riferire to report, 5
riferirsi to refer, 5
rifiutare to refuse, 13
rifiuti i, garbage, 15
riflessivo reflexive, 4
riflesso il, reflex, 15
riflettere to consider, 6
riforma la, reform, 8
riga la, line, stripe (**a righe** striped), 14
rigido rigid, 15
riguardare to concern, 7
riguardo about, 6
rilassante relaxing, 10
rilassarsi to relax, 6
rileggere to reread, 6
rilievo il, relief (**di rilievo** relevant), 7
rima la, rhyme, 4
rimandare to send back, to postpone, 16
rimanere to remain, 7
rimedio il, remedy, cure, 15
rimettersi to recover, 10
rimproverare to reproach, 16
rinascimentale renaissance, 4
Rinascimento il, Renaissance, 3
rinchiudere to enclose, 3
Ringraziamento il, Thanksgiving, 9
ringraziare to thank, 5
rinnovare to renew, 10
rinunciare to renounce, 9
ripensare to reconsider, 15
ripetere to repeat, 2
riposarsi to rest, 4
risalire to date back, 10
risata la, laughter, 7
riscaldamento globale il, global warming, 15
riscrivere to write again, 8
riso il, rice, 4
risolvere to solve, to figure out, 15
risorse naturali le, natural resources, 15
ripassare to review, 5
ripetere to repeat, P
riposarsi to rest, 4
riposo il, rest, 10
ripostiglio il, storeroom, 12
riprendere to recapture, 16
risalire to go back, 6
riscaldameneto il, heating, 8 (**riscaldamento globale il,** global warming), 15
rischio il, risk, 15
riservato reserved, 10
risiedere to reside, 16
risistemare rearrange, 16
risotto il, risotto, 9
risorsa la, resource, 10
risparmiare to save, 15
risparmio il, saving, 15
rispettare to honor, to respect, 12
rispondere to answer, 3
risposta la, answer, 6
ristorante il, restaurant, 9
ristrutturare to renovate, 6
ristrutturazione la, remodeling, 6
risultare to result, 9
risultato il, result, 5
ritardo il, delay, 4
ritelefonare to call again, 7
ritentare to try again, 10
ritirare to get back, 11
rito il, ritual, 9
ritrattistica la, portrait painting, 10
ritratto il, portrait, picture, 15
ritrovamento il, recovery, 14
ritrovare to find again, to find, 8
ritrovarsi to gather, to get together, 7
riuscire to succeed, 12
riunione la, meeting, 5
riunirsi to get together, 5
rivedere to see again, 8
rilevare to reveal, 16
riviera la, coastline, 2
rivista la, magazine, 6
rivivere to revive, 14
rivolgersi turn to, 15
robusto well built, 13
roccia la, rock, 7
romanico Romanesque, 6
romano Roman, 2
romantico romantic, 10
romanzo il, novel, 3
rompere to break, 10
rosa la, rose, pink, 3
rosso red, 3
rosticceria la, deli, 14
rotto broken, 12
routine la, routine, 4
rovescio il, reverse (**a rovescio** upside down, inside out), 15
rovina la, ruin, 8
rubinetto il, faucet, 15
rubrica la, address book, 11
rumore il, noise, 12
rumoroso noisy, 8
ruolo il, role, 7
rupestre rocky, 16
russo Russian, 1

S

sabato il, Saturday, 1
sabbia la, sand, 13
sacco il, bag (**un sacco di ...** a ton of ...), 11
sacco a pelo il, sleeping bag, 13
sacro sacred, 14
sacrificio il, sacrifice, 11
saggio il, sage, sample, 11
sagra la, festival, 9
sala la, hall (**sala da pranzo la,** dining room, 6), 2
salmone il, salmon, 9
salato salted, 9
saldi i, clearance sale, 14
sale il, salt, 9
salire to climb, to go up, 4
salone il, hall, 7
salotto il, living room, 5
saltare to jump, 5
salto il, jump, 12
salume il, salami, 14
salumeria la, deli, 14
salutare to greet, 9
salute la, health (**Alla Salute!** Cheers! To your health!), 15
saluti i, greetings, 1
salvaguardare to protect, 15
salvare to save, 10
salve hello, 1
salsa la, sauce, 9
San Valentino il, Valentine's Day, 9
sandali i, sandals, 14
sangue il, blood (**al sangue** rare), 9
sanità la, health care, 16
sanitario medical, 15
sano healthy, 15
santo il, saint, holy, 5
sapere to know a fact, to know how to do something, 5
sapone il, soap, 14
sapore il, taste, 16
saporito tasty, 9
saraceno Saracen, 14
satirico satirical, 9
Saturno Saturn, 11
sbagliare to err, to make a mistake (**sbagliare numero** to get the wrong number), 11
sbagliato wrong, 16
sbarra la, gate, 13
sbrigare to take care, 2
sbuffare to puff, 13
scacchi gli, chess, 7
scadente cheap, 5
scaffale lo, shelf, 6
scalata la, mountain climbing (**fare la scalata** to go mountain climbing), 13
scale le, stairs, 6
scaletta la, list, outline, 5
scalone lo, staircase, 8
scaloppina la, cutlet, 9
scambiare to exchange, 9
scambio lo, exchange, 1
scandire to stress, 6

scarpa la, shoe (**scarpe da ginnastica le,** sneakers), 3
scarpe le, shoes (**scarpe con i tacchi alti / bassi** high- / low-heeled shoes), 14
scarponi da montagna gli, hiking boots, 13
scatola la, box, 14
scattare to snap, 10
scavare to dig, 16
scavo lo, excavation, 16
scegliere to choose, 11
scelta la, choice, 7
scena la, scene, 7
scendere to get off, 13
sceneggiatore, lo/sceneggiatrice la, script writer, 11
scheda la, form, grid, 5
scheda telefonica la, prepaid phone card, 11
schema lo, outline, 5
scherma la, fencing (**fare scherma** to fence), 7
schermo lo, screen, 2
scherzare to joke, to fool around, 8
scherzoso joking, 11
schiena la, back, 15
sci gli, skis, 7
sciare to ski, 4
sciarpa la, scarf, 14
sciatore lo, skier, 10
scientifico scientific, 8
scienza la, science, 2
scienze naturali le, natural sciences, 2
scienze politiche le, political science, 2
scienziato lo, scientist, 2
sciogliere to melt, 9
sciopero lo, strike (**fare sciopero** to go on strike), 12
sciroppo lo, syrup, 15
scivolare to slip, 7
scoglio lo, reef, 13
scolastico educational, 8
scommettere to bet, 13
scomparire to disappear, 15
sconosciuto lo, unknown, 14
sconto lo, discount, 14
scontro lo, clash, 4
scoperta la, discovery, 11
scoprire to find out, discover, 5
scorpacciata la, (**fare una scorpacciata** to gorge), 16
scorrere to skim through, 9
scorso past, last (**il mese scorso** last month), 6
scritta la, writing, 13
scrittore, lo/ scrittrice la, writer, 11
scrittura la, writing, 1
scrivania la, desk, 6
scrivere to write, 3
scuola la, school (**scuola elementare la,** elementary school, 8) (**scuola media / media superiore / il liceo** junior high school / high school / high school, 8), 2
scuro dark, 3
scusa la, excuse, 11
scusi excuse me (formal), 1
sdraio lo, deck chair, 13
se if, 16
secolo il, century, 2
secondo il, second (**secondo piatto** second course), 4
secondo me in my opinion, 15
sedentarietà la, sedentariness, 15
sedentario sedentary, 6
sedia la, chair, 2
sedici sixteen, 1
seduto seated, 10
sega la, saw, 12
segnare to mark, 5
segretario il / segretaria la, secretary, 12
segreteria telefonica la, answering machine, 11
seguente following, 5
seguire to follow, 3
sei six, 1
semaforo il, stoplight, 14
semestrale biannual, 15
semestre il, semester, 12
semmai if anything, 15
semplice simple, 13
sembrare to seem, 6
sempre always, all the time, 3
Senato il, Senate, 16
sensibile sensitive, 3
senso il, sense, 16
sentiero il, path, trail, 13
sentimento il, feeling, 8
sentire to listen, to hear, 4
sentirsi to feel, 10
senzatetto il, homeless, 12
separare to separate, 12
seppellire to bury, 4
sequenza la, sequence, 9
sera la, evening (**ieri sera** last night, 6), 2
serale of the evening, 8
serata la, evening, 4
sereno serene, calm, 5
serio serious, 3
serra la, greenhouse, 11
servire to serve, to be of use (**servire a** to be needed by, 13), 4
servizio il, service, 6
servizi i, restroom, conveniences, 13
sessanta sixty, 1
sesso il, sex, 11
seta la, silk, 8
sete la, thirst (**avere sete** to be thirsty), 4
settanta seventy, 1
sette seven, P
settembre September, 1
settentrionale northern, 10
settimana la, week, 1
settimana bianca la, weeklong skiing holiday, 13
settimanale weekly, 16
settimanalmente weekly, 6
settore il, field, 16
severo severe, strict, 8
sfilata la, parade, 9
sfogarsi to vent, 15
sfruttamento lo, exploitation, 16
sgridare to yell, 5
sì yes, 1
siccome since, 12
siciliano Sicilian, 9
sicuramente certainly, surely, 11
sicurezza la, security, 15
sicuro certain, sure, 16
sigaretta la, cigarette, 14
significare to mean, P
significativo significant, 16
significato il, meaning, 13
signor(e) il, gentleman, lord, Mr., 1
signora la, lady, Mrs., Ms., 1
signorile luxurious, 12
signorina la, miss, 1
silenzioso silent, 13
simbolo il, symbol, 1
similarità la, similarity, 16
simile similar, 5
simpatia la, sympathy, 16
simpatico nice, 3
sindacato il, labor union, 16
sindaco il, mayor, 12
singolare singular, 1
sinistra la, left, 2
sintetizzato synthesized, 15
sintomo il, symptom, 15
sintonia la, agreement, 15
sistema il, system, 1
sistema sanitario il, health care system, 15
sistemazione la, housing, accommodation, 6
sito il, site, 10
situare to place, 3
situazione la, situation, 5
slogare to sprain, 10
sloveno Slovenian, 6
smartphone lo, smartphone, 11
smeraldo lo, emerald, 10
smog lo, smog, 15
smoking lo, tuxedo, 14
SMS il, text message, 11
snobbare to snub, 10
snodarsi to wind, 14
sobbalzo il, jolt, 16
sociale social (**assistente sociale l'** (*m./f.),* social worker, 16), 12
socialista socialist, 16
società la, society, 4
socievole friendly, 3
sociologia la, sociology, 2
sociologo il, social scientist, 9
soccorso il, assistance (**pronto soccorso** emergency room), 10
soddisfare to satisfy, 9
soddisfazione la, satisfaction, 11
soddisfatto satisfied, 12
sofferenza la, suffering, 7
soffriggere to sauté, 9
soffrire to suffer, 10
sufficiente sufficient, passing, 8
soggetto il, subject, 1
soggiorno il, living room, residence, stay, 6
sognare to dream (**sognare a occhi aperti** to daydream), 12
sogno il, dream (**vacanza da sogno** dream vacation), 10
solare solar, 15
soldato il, soldier, 8
soldi i, money, 11
sole il, sun, 4
solidarietà la, solidarity, 15
solito usual (**di solito** usually), 4
solitudine la, loneliness, 8
solo alone, only, 4
soltanto only, 8
soluzione la, solution, 15
somigliare a to look like, to be like, 5
sondaggio il, survey, 3
sonno il, sleep (**avere sonno** to be sleepy), 4
sopito dormant, 10
sopportare to bear, 6
sopra on, on top of, 2
soprattutto above all, 3
sorella la, sister, 5
sorellastra la, stepsister, 5
sorpresa la, surprise, 9
sorridere to smile, 15
sorriso il, smile, 16
sorte la, luck, 10
sorvegliante il/la, guard, 13
sosta la, stop, 10
sostanza la, substance, 15
sostenere to take, 8
sostituire to substitute, 12
sotterraneo il, underground, 15
sottile thin, 9
sotto underneath, under, 2
sottolineare to underline, 6
sottomettere to subject, 5
sovrano il, monarch, 14
sovrappopolazione la, overpopulation, 15
spaghetti gli, spaghetti, P
spagnolo Spanish, P
spalla la, shoulder, back, 15
sparecchiare to clear (the table), 5
spaventare to frighten, 16
spavento lo, fright, scare, 16
spaziale space, 11
spazio lo, space, 14
spazioso spacious, 12
spazzare to sweep, 5
spazzatura la, garbage, 5
spazzolino da denti lo, toothbrush, 14
specchio lo, mirror, 6
speciale special, 3
specialistico specialized, 15
specialmente especially, 4
specialità la, specialty, 6
specie la, species, kind, 4
specifico specific, 6
spedire to mail, to ship, 5
spegnere to turn off, 11
spendere to spend, 6
speranza la, hope, 12
sperare to hope, 11

spesa la, groceries (**fare la spesa** to buy groceries, 5), 4
spese le, expenses, shopping, 6
spesso often, 3
spettacolare fantastic, 9
spettacolarità la, spectacularity, 8
spettacolo lo, show, 7
spettatore lo, spectator, 8
spettrale ghostlike, 16
spiacevole unpleasant, 7
spiaggia la, beach, 13
spiegare to explain, 2
spinaci gli, spinach, 4
spirito lo, spirit (**spirito d'iniziativa lo,** enterprising spirit), 12
spirituale spiritual, 8
splendido splendid, shining, 10
spogliarsi to undress, 4
spolverare to dust, 5
sporco dirty, 8
sport lo, sport (**fare dello sport** to play sports, 7) (**fare uno sport** to play a sport, 7), 3
sportivo sportsman, active, 3
sposare / sposarsi to get married, 5
sposato married, 5
sposi gli, newlyweds, 5
spostarsi to move, 15
sprecare to waste, 15
spremuta d'arancia la, orange juice, 15
spruzzare to spray, 13
spumante lo, sparkling wine, 5
spuntino lo, snack, 4
squadra la, team, (**squadra di calcio** soccer team), 1
squallido bleak, 15
squisito refined, delicious, 9
stabile steady, 10
stabile lo, building, 10
stabilimento lo, factory, plant, 1
stabilito set, 4
stadio lo, stadium, 2
stage lo, internship (**fare uno stage** to do an internship), 11
stagione la, season, 4
stamattina this morning, 6
stampa la, press, 10
stampante la, printer, 6
stampare to print, 6
stancarsi to get tired, 10
stanco tired, 3
stanza la, room, 6
stare to stay, to be, 1
stasera tonight, 2
statico motionless, 1
statistica la, statistics, 15
statale state, 8
stato lo, state, 6
stato civile lo, marital status, 1
statua la, statue, 3
statuto lo, charter, 6
stazione la, station, 13
stella la, star, 8
stento lo, difficulty (**a stento** with difficulty), 13
stereo lo, stereo, 5
stereotipo lo, stereotype, 16
stesso lo, same, 3
stesura la, draft, 5
stile lo, style, 3
stilista lo/la, designer, 11
stimolante stimulating, 12
stipendio lo, salary, 12
stirare to iron, 5
stivali gli, boots, 3
stomaco lo, stomach, 15
storia la, history, 2
storico historic, 2
strada la, street, road, 14
stradale road, 10
strano strange, 7
straniero lo / straniera la, foreigner, 16
straordinario remarkable, 3
strategia la, strategy, 1
strato lo, layer (**strato dell'ozono lo,** ozone layer), 15
strega la, witch, 8
stressante stressful, 10
stressato stressed, 12
stretto narrow, tight, 14
stropicciare to rub, 13
strumento lo, instrument, 2
struttura la, structure, organization, 1
studente, lo / studentessa la student, P
studiare to study, 2
studio lo, study, professional shop, 6
studioso lo, studious, scholar, 3
stupendo wonderful, 10
stupidamente foolishly, 16
su on, over, above, up (**Su!** Come on!, 10), 6
subire to endure, 16
subito right away, 14
succedere to happen, 7
successivo following, 10
successo il, success, 11
succinto concise, 6
succo il, juice, 4
sud il, south, 1
suggerimento il, hint, 12
suggerire to suggest, to hint, 1
sugo il, juice, 9
suo his/her/ hers, 5
Suo your/yours, 1
suocera la/il suocero mother-in-law/father-in-law, 5
suonare to play (an instrument), 2
suoneria la, ring tone, 11
superficie la, area, surface, 7
superiore higher, 8
superlativo il, superlative, 10
supermercato il, supermarket, 14
superstizioso superstitious, 11
supposizione la, assumption, 7
supremo supreme, 8
svantaggio lo, disadvantage, 12
sveglia la, alarm clock, 6
svegliarsi to wake up, 4
sveglio awake, 9
svendita la, sale, 14
sviluppare to develop, 8
sviluppo lo, development, 8
svolgere to happen, to carry out, 10
svolta la, turning point, 10
svuotare to empty, 13

T

tabaccheria la, tobacco shop, 14
tablet il, tablet, 11
tacchino il, turkey, 9
tacco il, heel, 14
tacere to be silent, 5
taglia la, size, 14
tagliare to cut, 9
taglio il, cut, 15
tailleur il, woman's suit, 14
talvolta at times, 13
tango il, tango, 5
tanto so much, so many, 3
tanto... quanto, as much as, 13
tappeto il, carpet, 6
tardi late (**più tardi** later, 4), 1
tassa la, tax, 11
tavola la, table (sitting at or setting), 9
tavolo il, table (furniture), 5
taxi il, taxi, 8
tazza la, cup, 9
tè il, tea, 5
teatrale theater, 14
teatro il, theater, 2
tecnica la, technique, 1
tecnico il, technician, 16
tecnologia la, technology, 8
tecnologico technological, 16
tedesco German, 1
tegame il, pot, 9
telefonare a to call (to phone), 9
telefonata la, phone call, 5
telefonino il, cell phone, 11
telefono il, phone (**telefono fisso il,** land line), 11
televisione la, television, 3
televisore il, television set, 2
tema il, theme, 7
temere to fear, 15
temperatura la, temperature, 4
tempio il, temple, 13
tempo il, time, weather (**a tempo pieno** full-time, 12), 4
temporale il, temporal, storm, 9
temporaneamente temporarily, 16
tenda la, tent, 13
tendenza la, tendency, 14
tenere to hold, to keep, 1
tennis il, tennis, 7
tennista il/la, tennis player, 5
tenore il, tenor, 7
tentare to try, 10
tentatrice la, temptress, tempting, 8
tepore il, warmth, 9
termale thermal, 10
terminare to end, 9
termine il, term, word, 7
terminologia la, terminology, 7
termostato il, thermostat, 15
terra la, ground, earth (**per terra** on the floor), 6
terrazza la, terrace, 12
terremoto il, earthquake, 14
terribile terrible, 8
territorio il, territory, 15
terzo third, 5
tesoro il, treasure, 13
tessera la, identity card, 15
testa la, head, 10
testo il, text, 5
tetto il, rooftop, 1
ticket il, co-payment, 15
tifo il, rooting, 7
tifoso il / tifosa la, fan, 7
timidezza la, shyness, 13
timido shy, 3
tinta la, dye, 14
tipicamente typically, 2
tipico typical, 3
tipo il, type, 6
tipologia la, typology, 5
tirato tense, 15
titolo il, title (**titolo di studio il,** degree), 5
tollerante lenient, broad-minded, 16
tolleranza la, tolerance, 16
tomba la, tomb, 2
tonico tonic, 7
tonno il, tuna, 14
tono il, tone, 14
tormentato tortured, 6
tornare to return, 2
torre la, tower, P
torta la, cake, 5
tortellini i, tortellini, 9
torto il, wrong (**avere torto** to be wrong), 4
Toscana la, Tuscany, 5
toscano Tuscan, 10
tosse la, cough, 15
tostapane il, toaster, 6
totale total, 10
totocalcio il, (football) pool, 7
tovaglia la, tablecloth, 9
tovagliolo il, napkin, 9
tra between, among, 2
traccia la, trace, 13
tradizionale traditional, 5
tradizione la, tradition, 9
tradurre to translate, 11
traffico il, traffic, 12
trafiletto il, paragraph, 11
traghetto il, ferry, 13
tragitto il, route, 14
tramontare to decline, 11
tranne except, 14
tranquillamente peacefully, 14
tranquillità la, calmness, 12
tranquillo calm, 7
transgenico genetically modified, 15
trapiantare to transplant, 16
trapassato il, past perfect, 10
trasferire to transfer, 6
trascinare to drag, 8
trascorrere to spend (time), 9
trascurare to neglect, 13
trasferirsi to move, 12
traslocare to move, 16
trasparente transparent, 10
trarre to pull, 8

trasmettere to convey, 14
trasportare to transport, 11
trasporto il, transportation, 8
trattamento il, treatment, 10
trattare to deal, 5
tratto il, dash (**ad un tratto / tutto d'un tratto** suddenly / all of a sudden), 10
trattoria la, eatery, 9
traversa la, crossroad, 14
tre three, 1
trecento three hundred, 6
tredici thirteen, 1
trekking il, (**fare trekking** to go hiking), 4
tremante shaking, 16
tremila three thousand, 6
trenino il, toy train, 8
treno il, train, 8
trenta thirty, 1
trentacinque thirty-five, 1
trentadue thirty-two, 1
trentanove thirty-nine, 1
trentaquattro thirty-four, 1
trentasei thirty-six, 1
trentasette thirty-seven, 1
trentatré thirty-three, 1
trentotto thirty-eight, 1
trentuno thirty-one, 1
trionfante triumphant, 9
triplo triple, 13
triste sad, 3
trittico il, triptych, 9
troppo too much, 3
trota la, trout, 9
trovare to find, 3
truccarsi to put on makeup, 4
tulipano il, tulip, 7
tuo your, yours, 5
turismo il, tourism, 1
turista il/la, tourist, 10
turistico tourist, 2
turno il, turn, 5
tuta la, sweats, 7
tutela la, protection, 15
tutti everyone, 6
tutto everything, all, P

U

Ucraina Ukraine, 16
ucraino Ukrainian, 16
ufficiale official, 6
ufficio l' (*m.*), office, **ufficio postale** l' (m.), post office, 14), 1
uguaglianza l' (*f.*), equality, 12
uguale equal, 15
ultimamente lately, 10
ultimo l' (*m.*) last, 3
umanità l' (*f.*), humanity, 10
umbro Umbrian, 9
undici eleven, 1
unghia le, nails, 11
unico only, unique, 5
unione l' (*f.*), union, 6
Unione Europea l' (*f.*), European Union, 16
unire to unite, to put together, 3
unito united, close, 5
università l' (*f.*), university, P
universitario university, 10
uno one (number), a / an (article), 1
uomo l' (*m.*), man, 2
uovo l' (*m.*) (**pl. le uova**) egg, 9
urbano local, 11
urlare to shout, 16
urlo l' (*m.*), shout, 16
usanza l' (*f.*), custom, habit, 9
usare to use, 1
uscire to go out, 4
uso l' (*m.*), usage, 3
utile useful, 5
utilizzare to utilize, 13
utilizzo l' (*m.*), utilizer, 10
utopia l' (*f.*), utopia, 10
uva l' (*f.*), grapes (**uva passa l'** (*f.*), raisins, 9), 4

V

vacanza la, vacation, holiday (**andare in vacanza** to go on vacation), 9
vaccino il, vaccine, 11
vagone letto il, sleeping car, 13
valere to be worth, 6
valido valid, 6
valigia la, suitcase (**fare le valigie** to pack suitcases), 10
valle la, valley, 7
valore il, value, 16
valuta la, currency, 6
vaniglia la, vanilla, 14
vantaggio il, advantage, 12
vantaggioso advantageous, 10
vaporetto il, steamboat, 12
varietà la, variety, 8
vario various, 8
variopinto multicolored, 14
vasca la, bathtub, 6
vaschetta la, small tub, 14
vaso il, vase, 6
vasto large, 14
vaticano il, Vatican, 4
vecchio old, 2
vedere to see (**vedersi** to see each other, 10), 3
vedovo il / vedova la, widower, widow, 13
vegano/a vegan, 15
vegetariano vegetarian, 15
vegetazione la, vegetation, 10
veglione il, ball, party, 9
vela la, sail (**fare vela** to sail), 4
veloce fast, 8
velocità la, speed, 8
vendere to sell, 6
vendita la, sale, 12
venditore il, vendor, 11
venerdì il, Friday, 1
Venere Venus, 11
veneto from the Veneto region, 6
venire to come (**Quanto viene?** How much is it?, 14), 4
venti twenty, 1
venticinque twenty-five, 1
ventidue twenty-two, 1
ventinove twenty-nine, 1
ventisei twenty-six, 1
ventisette twenty-seven, 1
ventiquattro twenty-four, 1
ventitré twenty-three, 1
vento il, wind, 4
ventoso windy, 16
ventotto twenty-eight, 1
ventuno twenty-one, 1
veranda la, porch, 6
veramente truly, 7
verbale verbal, 12
verbo il, verb, 4
verde green, 3
verdura la, vegetable, 4
vergognarsi to be ashamed, 13
verificare to check, to happen, P
verificarsi to come true, 6
verità la, truth, 8
vero real, true, 1
versione la, draft, 1
verso around, line, 4
vestiario il, clothing, 15
vestirsi to get dressed, 4
vestito il, man's suit, dress, 3
vestiti i, clothes, 5
vestito il, man's suit, dress, 3
vetrina la, store window, 14
vetro il, glass, 12
via la, street, road, 14
viaggiare to travel, 10
viaggio il, travel, trip (**viaggio di nozze il,** honeymoon, 11), 3
vicenda la, event(**a vicenda** one another), 5
vicino (a) next to, near, 2
video il, video, 4
videogioco il, video game, 8
vietare to forbid, 13
vietato forbidden, 13
vigile del fuoco il, fireman, 11
vigilia la, eve, vigil, 9
villa la, country house, 12
villaggio il, resort, 10
villaggio turistico il, resort, 10
villeggiatura la, holiday, 13
vincere to win, 7
vincita la, win, 12
vino il, wine, 1
viola purple, 3
violinista il/la, violin player, 11
violino il, violin, 5
visita la, visit (**visita medica la,** medical examination, 15), 14
visitare to visit, 3
viso il, face, 9
vista la, view (**vista sul mare** ocean view), 13
visto il, visa, 16
vita la, life, 2
vitamina la, vitamin, 15
vite la, vine, 1
vitello il, veal, 9
vittoria la, victory, 10
vivace lively, 2
vivere to live, 5
vivo alive, 5
viziato spoiled, 8
vocabolario il, vocabulary, P
vocabolo il, word, 8
vocale la, vowel, P
voce la, voice, 10
voglia la, desire (**avere voglia di...** to feel like doing or having something), 4
volante flying, steering wheel, 9
volentieri gladly, 7
volere to want (**volere bene a qualcuno** to love someone), 5
volo il, flight, 10
volontà la, will, 16
volontariato il, volunteer (**fare volontariato** to do volunteer work), 12
volta, (**una volta** once, **due volte** twice, **a volte** sometimes), 8
vongole le, clams, 4
vostro your / yours, 5
votare to vote, 12
votazione la, vote, 16
voto il, grade, vote, 8
vuoto empty, 6

W

water il, toilet, 6
weekend il, weekend, 1
windsurf il, windsurfing (**fare windsurf** to go windsurfing), 13

Z

zaino lo, backpack, 2
zebra la, zebra, 2
zero lo, zero, 1
zio lo / zia la, uncle / aunt, 5
zitto quiet, 9
zona la, area, zone, 12
zucca la, pumpkin, 9
zucchero lo, sugar, 9

Appendix C Vocabolario inglese–italiano

The English–Italian vocabulary includes most words and expressions used in this book. The meanings are based on the contexts in which they appear within the chapters. Each entry includes the number of the chapter in which a word or expression first appears. The gender of nouns is indicated by the definite article or the abbreviation *m.* or *f.* The masculine form of adjectives is given.

A

abandon (to) abbandonare, 10
abbey badia, la, 14
ability capacità, la, 12
able capace, 9
about riguardo, 6
absent assente, 8
absolute assoluto, 13
absolutely assolutamente, 13
absorb (to) assorbire, 16
absurd assurdo, 15
academy accademia, l' (*f.*), 3
accept (to) accettare, 7
acceptable accettabile, 15
access accesso, l' (*m.*), 11
accessibility accessibilità, l' (*f.*), 14
accessible accessibile, 11
accessory accessorio, l' (*m.*), 6
accident incidente, l' (*m.*), infortunio, l' (*m.*), 10
accomplish (to) realizzare, 12
according to secondo, 5
accustom (to) abituare, 12
acquaintance conoscente, il/la, 11
acquire (to) acquisire, 12
act atto, l' (*m.*), 7
action azione, l' (*f.*), 5
active attivo, 4
activity attività, l' (*f.*), 2
actor attore, l' (*m.*), P
actress attrice, l' (*f.*), P
actually in realtà, 11
ad annuncio, l' (*m.*), 12
adapt (to) adattarsi, 16
add (to) aggiungere, 9
address indirizzo, l' (*m.*), 1
address (to) indirizzare, 6
address book rubrica, la, 11
adherent aderente, 6
adjective aggettivo, l' (*m.*), 3
adjust (to) adeguarsi, 15
administrative amministrativo, 6
admire (to) ammirare, 9
admission ricovero, il, 15
admit (to) ammettere, 10
adolescence adolescenza, l' (*f.*), 4
adolescent adolescente, l' (*m.*), 4
adopt (to) adottare, 10
adopted adottivo, 9
adult adulto, l' (*m.*), 5
advantage vantaggio, il, 10
advantageous vantaggioso, conveniente, 10
adventure avventura, l' (*f.*), 6
adverb avverbio, l' (*m.*), 16
advertisement pubblicità, la, 2
advice consiglio, il, raccomondazione, la, 5
advisable consigliabile, 14
advise (to) consigliare, 9
aerobics aerobica, l' (*f.*), 7
affect (to) influenzare, 6
affection affetto, l' (*m.*), 5
afraid of (to be) avere paura di, 8
after dopo, poi, 1
afternoon pomeriggio, il, 2
against contro, 6
age età, l' (*f.*) (**person of the same age** coetaneo il, 11), 1
agency agenzia l' (*f.*), (travel agency, **agenzia di viaggi l'** (*f.*)), 10
agent agente, l' (*m.*), 6
ago f fà (a year ago un anno f fà), 6
agreement accordo, l' (*m.*), sintonia, la, 5
agricultural agricolo, l' (*m.*), 1
agriculture agricoltura, l' (*f.*), 1
ahead avanti, 1
ailment disturbo, il, 15
air aria, l' (*f.*), 6
air conditioning aria condizionata **l'** (*f.*), 6
airline linea aerea, la, 10
airplane aeroplano, l' (*m.*), 10
airport aeroporto, l' (*m.*), 1
alarm clock sveglia, la, 6
Albanian albanese, 16
alcoholic alcolico, 7
alienation alienazione, l' (*f.*), 15
alive vivo, 5
all tutto, P
allegoric allegorico, 9
allow (to) permettere, consentire, 8
almond mandorla, la, 15
almost quasi, 4
alone solo, 4
alphabetic alfabetico, 1
alpine alpino, 7
already già, P
also anche, ancora, 1
alternate alternativo, 7
always sempre, 3
ambition ambizione, l' (*f.*), aspirazione, l' (*f.*), 12
ambitious ambizioso, 12
amenities comfort, il, comodità, la, 13
American americano, P
American football football il, 4
among fra, tra, 2
amount quantità, la, 10
amphitheater anfiteatro, l' (*m.*), 8
analysis analisi, l' (*f.*), 12
ancient antico, 2
animal animale, l' (*m.*), 7
animation animazione, l' (*f.*), 7
animosity animosità, l' (*f.*), 9
ankle caviglia, la, 10
anniversary anniversario, l' (*m.*), 5
announce (to) annunciare, 5
announcement annuncio, l' (*m.*), 3
answer risposta, la, 6
answer (to) rispondere, P
answering machine segreteria telefonica, la, 11
antibiotic antibiotico, l' (*m.*), 15
any qualunque, 10
anyhow comunque, 4
anxiety ansia, l' (*f.*), 4
anxious ansioso, 15
apartment appartamento, l' (*m.*), 6
apartment hotel residence il, 13
aperitif aperitivo, l' (*m.*), 12
appeal richiamo, il, 4
appear (to) apparire, comparire, 6
appearance aspetto, l' (*m.*), 5
appetizer antipasto, l' (*m.*), 5
apple mela, la, 1
appliances elettrodomestici, gli, 6
application domanda, la, 12
apply (to) applicare, richiedere, 15
appoint (to) nominare, 16
appointment appuntamento, l' (*m.*), 2
appreciate (to) gradire, apprezzare, 5
approach (to) avvicinare, 14
April aprile, 1
arcade porticato, il, 6
archaeological archeologico, 13
architect architetto, l' (*m.*), 1
architecture architettura, l' (*f.*), 2
area superficie, la, 7
area code prefisso, il, 11
Argentinean argentino, 1
argue (to) litigare, 5
arm braccio, il (pl. le braccia) 4
armchair poltrona, la, 6
around in giro, intorno, 8
arrival arrivo, l' (*m.*), 6
arrive (to) arrivare, 2
art arte, l' (*f.*), 2
article articolo, l' (*m.*), 2
artist artista, l' (*m.*), 1
artistic artistico, 5
ash cenere, la, 16
ask (to) domandare, chiedere, 2
asparagus asparagi, gli (*m.*), 4
aspect aspetto, l' (*m.*), 13
aspiration aspirazione, 12
aspirin aspirina, l' (*f.*), 14
assertion affermazione, l' (*f.*), 5
assessment accertamento, l' (*m.*), 15
assist (to) assistere, 5
associate (to) associare, 5
association associazione, l' (*f.*), 1
assumption supposizione, la, (also Assunzione), l' (*f.*), 7
astrologer astrologo, l' (*m.*), 9
astronomy astronomia, l' (*f.*), 11
astrophysicist astrofisico, l' (*m.*), 1
at (Internet terminology) @, chiocciola, la, 2
athlete atleta, l' (*m./f.*), 7
athletic atletico, 3
ATM bancomat, il, 14
atmosphere atmosfera, l' (*f.*), 5
atmospheric atmosferico, 15
attain (to) ottenere, 10
attend (to) frequentare, 2
attention attenzione, l' (*f.*) (**to pay attention** fare attenzione, 8), P
attitude atteggiamento, l' (*m.*), 9
attract (to) attirare, attrarre, 7
audition provino, il, 8
August agosto, P
aunt zia, la, 5
Australian australiano, 1
Austrian austriaco, 6
author autore, l' (*m.*), 5
autobiography autobiografia, l' (*f.*), 8
autonomy autonomia, l' (*f.*), 6
autumn autunno l' (*m.*), 4
available disponibile, a disposizione, 4
avoid (to) evitare, 4
awake sveglio, 9
award premio, il, 10
awkward impacciato, 10

B

back schiena, la, 15
backpack zaino, lo, 2
bacon pancetta, la, 14
bad male, malvagio, cattivo, P
bag busta, la, sacco, il, 14
bakery panetteria, la, forno, il, 14
balance equilibrio, l' (*m.*), 15
balcony balcone, il, 6
bald calvo, 3
ball pallone, il, palla, la, (**dance** veglione, il), 7
balloon palloncino, il, 5
band gruppo musicale, il, banda la, 7
bank banca, la, 2
baptism battesimo, il, 5
barber barbiere, il, 4
bare nudo, 14
Baroque barocco, il, 8
basement cantina, la, 6
basilica basilica, cattedrale, la, 8
basis base, la, 4
basketball pallacanestro, la, 7
bat mazza, la, 7
bath bagno, il (**to take a bath** farsi il bagno, 4) 6
bathing suit costume da bagno, il, 14
bathtub vasca, la, 6
bay baia, la, 11
be (to) essere, stare, 1
beach spiaggia, la, 10
bear orso, l' (*m.*), 15
bear (to) sopportare, 6
beard barba, la, 3
beautiful bello, 2
beauty bellezza, la, estetica, l' (*f.*), 3
because perché, 4
become (to) diventare, divenire, assumere, 4
bed letto, il, 4
bedroom camera da letto, la, 6
bedside table comodino il, 6
beef manzo, il, 9
beer birra, la, 4
before prima, 1
begin (to) cominciare, iniziare, incominciare, mettersi a, 2
beginning inizio, l' (*m.*), debutto, il, 6
behave (to) comportarsi, 12
behavior comportamento, il, 15
behind indietro, alle spalle, 10
beige beige, 3
believe (to) credere, 11
belong (to) appartenere, 6
belt cintura, la, 14
berth cuccetta, la, 13
besides oltre, del resto, 7
best ottimo, 7
bet scommessa la, (you bet! figurati!), 10
bet (to) scommettere, 13
better meglio, migliore, 1
between tra, fra, 2
beverage bevanda, la, 9
biannual semestrale, 15
bicycle bicicletta, la (**bicycle racing** ciclismo, 7), 2
big grosso, grande, 2
bill conto, il, banconota, la, 6
billion miliardo, il, 6
biodiversity biodiversità la, 15
biological biologico, 15
biologist biologo il / biologa la, **12**
biology biologia, la, P
biotechnology biotecnologia, la, 15
birth nascita, la, 5
birthday compleanno, il, 1
bite (to) mordere, 10
biweekly quindicinale, il, 14
black nero, 3
blackboard lavagna, la, P
bland insipido, 9
bleak squallido, 15
blender frullatore, il, 6
blond biondo, 3
blood sangue il, 9
blossom (to) fiorire, 9
blow up (to) esplodere, 9
blue azzurro, blu, 3
boat barca, la, 11
body corpo, il, 15
boiling bollente, 9
bone osso, l' (*m.*), (**pl. le ossa**), 15
book libro, il, P
book (to) prenotare, 6
bookcase libreria, la, 6
boots stivali, scarponi, gli, 3
booth cabina, la, 11
border confine, il, frontiera, la, 16
border (to) confinare, 16
boring noioso, 2
both entrambi, 5
bottle bottiglia, la, 5
bottom fondo, il, 14
boundlessly infinitamente, 6
box scatola, la, 14
boxing pugilato, il, 7
boy bambino il, ragazzo, il, 2
boyfriend ragazzo, il, 10
bracelet bracciale, il, 14
brain cervello, il, 16
branch ramo, il, 9
brand marca, la, 9
Brazilian brasiliano, 1
bread pane, il, 4
break (to) rompere, 10
breakfast colazione, la, 4
breathe (to) respirare, 15
breathless ansante, 16
bridge ponte, il, 12
bright luminoso, acceso, 12
bring (to) portare, 3
British britannico, 8
brochure dépliant, il, 10
broken rotto, 12
bronze bronzo, 10
broth brodo, il, 15
brother fratello, il, 5
brother-in-law cognato, il, 5
brown marrone, castano, 3
browned dorato, 9
build (to) costruire, 3
builder costruttore, il, 14
building stabile, lo, 10
burner fornello, il, 6
bullying prepotente, 8
burn (to) bruciare, 13
bury (to) seppellire, 4
bus pullman, il, corriera, la, 13
bush cespuglio, il, 13
business commerciale, commercio, il, affari, gli, 6
busy impegnato, occupato, 8
but ma, però, 1
butcher shop macelleria, la, 14
butter burro, il, 9
button bottone, il, 15
buy (to) comprare, 2

C

cadaver cadavere, il, 15
cafeteria mensa, la, 2
cake torta, la, 4
calculate (to) calcolare, 9
calculation conto, il, 12
calculator calcolatrice, la, 2
calendar calendario, il, P
call (to) chamare, telefonare, P
called denominato, 10
calm calm, tranquillo, 3
calmness tranquillità, la, 12
caloric calorico, 10
camp (to) fare campeggio, 13
camping campeggio, il, 13
campus campus il, 2
can lattina, la, 13
Canadian canadese, 1
candle candela, la, cero, il, 5
cap berretto, il, 8
cappuccino cappuccino il, 4
Capricorn capricorno, 10
capture (to) catturare, 12
car automobile, l' (*f.*), macchina, la, P
carbohydrates carboidrati, i, 15
card carta, cartolina, la, biglietto, il (**greeting card** biglietto d' auguri, 5), 4
cards (playing) carte le, 4
career carriera, la (**to advance in one's career** fare carriera,11), 10
carefully attentamente, 5
caretaker badante, il/la, assistente familiare l' (*m./f.*), 16
carnival carnevale, il, 9
carpet tappeto, il, (**wall-to-wall carpet** moquette la,), 6
cartoon fumetti, cartoni animati, i, 7
case caso, il, 7
cash contante, il, 14
cash (to) (a check) cambiare un assegno, 14
cash register cassa, la, 14
castle castello, il, 7
casual disinvolto, 5
cat gatto, il, P
categorical categorico, 15
category categoria, la, 7
cathedral duomo, il, 14
catholic cattolico, 5
cauliflower cavolfiore, il, 4
cave grotta, la, 16
CD player lettore CD, 6
celebrate (to) festeggiare, celebrare, 5
cell phone cellulare il, telefonino il, 11
cellar cantina, la, 6
cement cemento, il, 10
center centro, il, 1
century secolo, il, 2
ceramic ceramica, la, 6
ceremony cerimonia, la, 5
certain sicuro, certo, 5
certainly sicuramente, 11
certainty certezza, la, 2
chair sedia, la, 2
chalk gesso, il, 2
Chamber of deputies Camera dei deputati, la, 16
championship campionato, il, 7
chandelier lampadario, il, 6
change cambio, cambiamento, resto, il, 6
change (to) cambiare, 5
channel canale, il, 7
chapter capitolo, il, 1
character personaggio, il, 3
characteristic caratteristico, 13
charge carica, la, 16
charity beneficenza, la (**to give to charity** fare beneficenza), 12
charming affascinante, incantevole, 3
charter statuto, lo, 6
chat chiacchierata, la, 7
chat (to) chiacchierare, 7
cheap scadente, 5
check assegno, l' (*m.*), 14
check (to) verificare, controllare, P
checked a quadretti, 14
cheek guancia, la, 10
cheerful allegro, 3
cheers salute, 15
cheese formaggio, il, 4
chef cuoco, il, 9
chemistry chimica, la, 2
cherry ciliegia, la, 9
cherub cherubino, il, P
chess scacchi, gli, 7
chest petto, il, 15
chiaroscuro chiaroscuro, il, 12
chicken pollo, il, 4
child bambino/a, 4
childhood infanzia, l' (*f.*), 8
children figli, bambini, i, 5
chimney camino, il, P
Chinese cinese, 2
choice scelta, la, 7
cholesterol colesterolo, il, 15
cholesterolemia colesterolemia, la, 15
choose (to) scegliere, 4

chore compito, il, 9
Christian cristiano, 14
Christmas Natale, il, natalizio, (**Merry Christmas!** Buon Natale, 9), 5
Christmas Eve dinner cenone, il, 9
Christianity critianesimo, il, 9
chronic cronico, 15
chronological cronologico, 10
cigarette sigaretta, la, 14
cinema cinema, il, 1
cinnamon cannella, la, 14
circle cerchio, il, ambito, l' (*m.*), 5
circular circolare, 10
circulation circolazione, la, 6
circumstance circostanza, la, 16
citizen cittadino, il, 16
city città, la, **capital city** capoluogo, il, P
city hall comune il, 3
civilization civiltà, la, 7
clams vongole, le, 4
clandestine clandestino, il, 16
clarity chiarezza, la, 13
clash scontro, lo, 4
class classe, la, 7
classic classico, 3
classmate compagno, il / compagna, la, 2
classroom aula, l' (*f.*), classe, la, 2
clean pulito, 8
clean (to) pulire, 3
cleaners lavanderia, la, 11
clear chiaro, 3
clear (to) the table sparecchiare, 5
clerk impiegato, l' (*m.*), 11
clever bravo, intelligente, 3
client cliente, il, 6
climate clima, il, 13
climb scalata, la, 13
climb (to) salire, 4, arrampicarsi, montare, 8
clinic clinica, la, 15
clock orologio, l' (*m.*), 2
close vicino, unito, 5
close (to) chiudere, P
closed chiuso, 16
closet armadio, l' (*m.*), 3
closing chiusura, la, 5
clothes vestiti, i, 5
clothing vestiario, il, abbigliamento, l' (*m.*), (**clothing store** negozio d'abbigliamento il, 14), 3
cloudy nuvoloso, 4
club mazza, la, 7
coal carbone, il, 9
coalition coalizione, la, 16
coast costa, la, 10
coastline riviera, la, 2
coat cappotto, il, mantello, il, 5
coffee caffè, il, P
coffee maker macchina da caffè, la, 6
coin moneta, la, 6
coincide (to) coincidere, 14
cold freddo, (**to be or feel cold** avere freddo), 4
cold (head) raffreddore, il, 14

colleague collega, il/la, 9
collection collezione, la, 7
collide (to) investire, 10
colony colonia, la, 10
color colore, il, 3
color (to) colorare, 8
colored colorato, 9
Colosseum Colosseo, il, 8
column colonna, la, 6
comb (to) pettinare, 4
combination combinazione, la, 12
come (to) venire, 4
comedy commedia, la, 7
comfort benessere, il, comodità, la, 10
comfortable comodo (**to get comfortable** accomodarsi, 14), 6
commemorate (to) rievocare, 9
comment commento, il, 5
comment (to) commentare, 12
common comune, 3
communicate (to) comunicare, 15
communicative comunicativo, 12
communion comunione, la, 5
community comunità, la, comunitario, 6
company compagnia, ditta, la, 7
comparative comparativo, il, 13
compare (to) paragonare, confrontare, 3
comparison paragone, il, 3
compete (to) partecipare, 2
competition competizione, la, concorso, il, 10
compile (to) compilare, 5
complain (to) lamentarsi, 8
complete completo, 4
complete (to) completare, 5
completely completamente, 6
complex complesso, 1
complicated complicato, 16
compliment complimento, il, 15
component elemento, l' (*m.*), 7
compose (to) comporre, 7
composer compositore, il, 2
composition composizione, la, 5
computer computer il 2
computer science informatica, l' (*f.*), 2
concern (to) riguardare, 7
concert concerto, il, 2
concise succinto, 6
concisely brevemente, 12
conclude (to) concludere, 5
conclusion conclusione, la, 7
concrete concreto, 11
condition condizione, la, 2
condition (to) condizionare, 15
conditional condizionale, il, 12
conditioned condizionato, 6
conditioning condizionamento, il, 12
condominium condominio, il, 15
cone cono, il, 6
confer (to) conferire, 14
conference conferenza, la, congresso, il, 1

confess (to) confessare, 16
confetti coriandoli, i, 9
confidence fiducia, la, 10
confirm (to) confermare, 7
confirmation conferma, la, 5
confused confuso, 13
confusion confusione, la, 1
congratulation congratulazione, la, 5
conjugate coniugare, 7
connect (to) connettere, 12
connection connessione, coincidenza, la, 10
conquer (to) conquistare, 7
conscience coscienza, la, 15
consider (to) considerare, riflettere, 1
considerable notevole, 6
consideration considerazione, la, 6
consist (to) consistere, 8
consistent consistente, 5
consolidate (to) consolidare, 15
consonant consonante, la, P
constitution costituzione, la, 16
construction costruzione, la, 6
consult (to) consultare, 6
consume (to) consumare, 15
contact contatto, il, 12
contact (to) contattare, 6
contain (to) contenere, 4
container contenitore, il, 14
contemporary contemporaneo, 7
context contesto, il, 2
continent continente, il, 8
continue (to) continuare, proseguire, 12
continuously continuamente, 7
contradict (to) contraddire, 7
contribute (to) contribuire, 10
contribution apporto, l' (*m.*), contributo, il, 14
convenience convenienza, la, 14
convenient conveniente, 6
convent convento, il, 3
conversation conversazione, la, P
convey (to) trasmettere, 14
convince (to) convincere, 6
convincing convincente, 12
cook (to) cuocere, 9
cooked cotto, 9
cookie biscotto, il, 4
cool fresco, 4
cooperate collaborare, 11
copayment ticket, il, 15
copper rame, il, 15
cordless phone cordless il, 11
corner angolo, l' (*m.*), 8
correct corretto, giusto, 5
correct (to) correggere, 5
correspond (to) corrispondere, 3
corresponding corrispondente, il, equivalente, 7
corridor corridoio, il, 8
cosmos cosmo, il, 11
cost costo, il, 6
cost (to) costare, 3
costume costume, il, 4

cotton cotone, il, 14
cough tosse, la, 15
Council Consiglio, il, 16
count (to) contare, 11
counter bancone, il, 14
countess contessa, la, 5
country Paese, il, 1
countryside campagna, la, 4
couple coppia, la, 10
courage coraggio, il, 16
course corso, il, 11
court corte, la, 3
courtesan cortigiano, il, 4
courtyard cortile, il, 5
cousin cugino, il / cugina, la, 5
cover (to) coprire, ricoprire, 13
cozy accogliente, 6
crazy pazzo, matto, 8
crane gru, la, 11
cream panna, la, 9
create (to) creare, 1
creation creazione, la, 6
creative creativo, 12
creativity creatività, la, 12
credit credito, il, 11
credit card carta di credito la, 13
crime crimine, il, 11
cross (to) attraversare, 8
crossroad traversa, la, 14
crowd folla, la, 14
crowded affollato, 8
crucial determinante, 8
cruise crociera, la, 13
cry (to) piangere, 8
crystal cristallo, il, 6
cube cubo, il, 6
cultural culturale, 6
culture cultura, la, 2
cup tazza, la, 9
cura la, rimedio, il, 15
cure (to) curare, 5
curious curioso, 6
curly riccio, 3
currency moneta, valuta, la, 6
current attuale (**to keep current** tenersi al corrente, 16), 6
current (electric) corrente la, 16
curvature curvatura, la, 14
custom usanza, l' (*f.*), 9
cut taglio, il, 12
cut (to) tagliare, (**to cut school** marinare la scuola, 8), 6
cute carino, 6
cutlet scaloppina, la, 9
cycling ciclismo, il, 7

D

dad papà, babbo, il, 5
daily giornaliero, giornalmente, quotidiano, il, 4
damage (to) danneggiare, 15
dance ballo, il, danza, la, 7
dance (to) ballare, 3
dancer ballerino, il, 8
dangerous pericoloso, 13
dark scuro, 3
data dati, i, 1

date data, la, P
daughter figlia, la, 5
dawn alba, l' (*f.*), 7
day giorno, il, giornata, la, (**day by day** giorno per giorno, 4), P
daydream (to) sognare a occhi aperti, 12
dead morto, 5
deal (to) trattare, 5
dear costoso, caro, gentile, egregio, 3
December dicembre, 1
decide (to) decidere, 5
decision decisione, la, 10
deckchair sdraio, la, 13
decline (to) tramontare, 11
decorate (to) addobbare, ornare, 9
decorated adornato, 3
decorative decorativo, 14
dedicate (to) dedicare, 5
defense difesa, la, 12
definitely certo, definitivamente, 4
definition definizione, la, 7
degree laurea, la, diploma, il, titolo di studio, 5
deign (to) degnarsi, 15
delay ritardo, il, 11
deli rosticceria, salumeria, la, 9
deliberately apposta, 16
delicacy delizia, la, 8
delicious squisito, 9
delightful, incantevole, 13
deliver (to) recapitare, 11
delude (to) illudere, 16
delusion illusione, l' (*f.*), 16
democracy democrazia, la, 16
democratic democratico, 16
demographic demografico, 5
demonstrative dimostrativo, 8
den studio, lo, 6
denim jeans, i, 3
denomination banconota, la, 6
dense denso, 11
dentist dentista, il/la, 1
department store grande magazzino, il, 14
departure partenza, la, 6
depend (to) dipendere, 3
deposit (to) depositare, 14
depressed depresso, 15
deputy deputato, il, 12
describe (to) descrivere, 4
description descrizione, la, 3
deserted deserto, 9
design (to) disegnare, progettare, 6
designate (to) designare, 2
designer stilista, lo/la, 3
desire voglia, la, desiderio, il, 7
desire (to) desiderare, 2
desk banco, il, scrivania, la, 2
despair (to) disperare, 16
desperate disperato, 10
dessert dolce, il, 4
destination meta, la, 9
destroy (to) distruggere, 8
destruction distruzione, la, 15
detail particolare, il, 2
develop (to) sviluppare, 8
developing emergente, 16
development sviluppo, lo, 8
devout devoto, 14
diagnostic diagnostico, 15
dialect dialetto, il, 6
dialogue dialogo, il, 5
diary diario, il, 7
dictatorial dittatoriale, 16
dictionary dizionario, il, P
die (to) morire, 7
diet dieta, la (**to be on a diet** essere a dieta), 15
difference differenza, la, 6
differentiation differenziazione, la, 12
difficult difficile, 2
difficulty stento, lo, difficoltà, la, 13
dig (to) scavare, 16
digital digitale, 13
dilemma dilemma, il, 14
diligent diligente, 8
dine (to) cenare, pranzare, 11
dining room sala da pranzo, 6
direct diretto, 5
direction regia, la, indicazione, l' (*f.*), (**to give directions** dare le indicazioni, 14), 7
directly direttamente, 7
director direttore, il, regista, il/la, P
dirty sporco, 8
disadvantage svantaggio, lo, 12
disappear (to) scomparire, 15
disappointment delusione, la, 16
disapproval dissenso, il, 10
disaster disastro, il, 16
discipline disciplina, la, 7
disco discoteca, la, 4
discount sconto, lo, riduzione, la, 9
discover (to) scoprire, 16
discovery scoperta, la, 11
discretion discrezione, la, 13
discriminate (to) discriminare, 16
discriminating discriminante, 12
discrimination discriminazione, la, 16
discuss (to) discutere, 3
dish pietanza, la, piatto, il, 4
dishwasher lavastoviglie, la, 6
display manifestazione, la, 5
display, (to) manifestare, esporre, 16
disposal disposizione, la, 12
dissatisfaction insoddisfazione, l' (*f.*), 12
distance distanza, la, 14
distant distante, 10
distinction distinzione, la, 12
distinctive caratteristico, 7
distinguished distinto, 6
distress angoscia, l' (*f.*), 15
district contrada, la, 9
diversity diversità, la, 6
divide (to) dividere, 5
divorce divorzio, il, 5
divorce (to) divorziare, 10
divorced divorziato, 5
do (to) fare, 1
doctor dottore, il, dottoressa, la, medico, il, P
document documento, il, 6
dog cane, il, 5
doll bambola, la, 8
dollar dollaro, il, 6
dome cupola, la, 5
Dominican domenicano, 3
door porta, la, 2
doorman portinaio, il, 11
Dorian dorico, 16
dormant sopito, 10
dot punto, il, 1
double doppio, 6
doubt dubbio, il, incertezza, l' (*f.*), 4
doubt (to) dubitare, 11
draft versione, stesura, la, 1
drag (to) trascinare, 8
dramatic drammatico, 7
draw (to) disegnare, 2
drawing disegno, il, 5
dreadful orrendo, 15
dream sogno, il, 10
dream (to) sognare, 8
dress abito, l' (*m.*), vestito, il, (**evening gown** abito da sera l' (*m.*)), 14
dressing (salad) condimento il, 9
drink (to) bere, 4
drive (to) guidare, 8
driver's license patente, la, 10
drug droga, la, 16
drums batteria, la, 7
due debito, il, 14
dull opaco, 10
dumbfounded interdetto, 15
dune duna, la, 13
duplex bifamiliare, il, 16
during durante, nel corso, 1
dust polvere, la, 13
dust (to) spolverare, 5
duty dovere, il, 5
DVD player lettore DVD, 6
dwarf nano, il, 8
dwelling abitazione, l' (*f.*), 6
dye tinta, la, 14
dynamic dinamico, 1

E

each ciascuno, ognuno (**each other** a vicenda), 5
ear orecchio, l' (*m.*), 5
earn (to) guadagnare, 11
earring orecchino, l' (*m.*), 14
earthquake terremoto, il, 14
easiness facilità, la, 13
east oriente, est, l' (*m.*), 2
Easter Pasqua, la, 9
eastern orientale, 7
easy facile, 2
easily facilmente, 5
eat (to) mangiare, pranzare, 2
eatery trattoria, la, 9
echo eco, l' (*f.*), 9
ecological ecologico, 12
ecology ecologia, l' (*f.*), 12
economic economico, 5
economy economia, l' (*f.*), 2
ecosystem ecosistema, l' (*m.*), 15
educational scolastico, educativo, 8
effect effetto, l' (*m.*), 11
effective efficace, 11
efficient efficiente, 12
egg uovo, l' (*m.*), (pl. le uova), 9
eight otto, 1
eighteen diciotto, 1
eight hundred ottocento, 6
eighty ottanta, 1
elderly anziano, l' (*m.*), 3
elect (to) eleggere, 16
election elezione, l' (*f.*), 16
elective facoltativo, 8
electrician elettricista, l' (*m.*), 12
electrify (to) elettrizzare, 14
elegant elegante, 2
elementary elementare, 5
elevator ascensore, l' (*m.*), 6
eleven undici, 1
eliminate (to) eliminare, 12
e-mail indirizzo elettronico, l', mail, la, posta elettronica, la, 1
embroidery ricamo, il, 11
emerald smeraldo, lo, 10
emergency room pronto soccorso, il, 10
emigrant emigrante, l' (*m./f.*), 16
emigrate (to) emigrare, 16
emigration emigrazione, l' (*f.*), 16
emperor imperatore, l' (*m.*), 2
empty vuoto, 6
empty (to) svuotare, 13
enclose (to) rinchiudere, allegare, 3
encourage (to) incoraggiare, 10
end fine, la, (**at the end of** in fondo a, 14), 7
end (to) terminare, finire, 9
endless interminabile, 8
endure (to) subire, 16
energy energia, l' (*f.*), 15
engagement impegno, l' (*m.*), 10
engineer ingegnere, l' (*m.*), 5
engineering ingegneria, l' (*f.*), 2
English inglese, 1
enjoy (to) godere, 7
enlargement ingrandimento, l' (*m.*), 11
enrich (to) arricchire, 8
enrichment arricchimento, l' (*m.*), 16
enroll (to) iscriversi, 1
enter (to) entrare, 2
enterprise iniziativa, l' (*f.*), 12
enthusiasm entusiasmo, l' (*m.*), passione, la, 7
entire intero, 10
entirely interamente, 3
environment ambiente, l' (*m.*), 4
environmentalist ambientalista, l' (*m./f.*), 12
envy (to) invidiare, 12
Epiphany Epifania, l' (*f.*), 9
episode episodio, l' (*m.*), 3
equal uguale, 15

equality uguaglianza, l' (*f.*), 13
equipment attrezzatura, l' (*f.*), 13
eraser cancellino, il, gomma, la, 2
err (to) sbagliare, 11
errands commissioni, le, 7
error errore, l' (*m.*), 2
eruption eruzione, l' (*m.*), 13
especially specialmente, 4
espresso espresso, l' (*m.*), 4
essay saggio, il, 11
establish affermarsi, 9
estranged estraniato, 15
eternal eterno, 8
ethnic etnico, 16
Etruscan etrusco, 9
euro euro, l' (*m.*), 6
European europeo, 2
European Union Unione Europea, l' (*f.*), 16
evangelic evangelico, 3
eve vigilia, la, 9
even anche, 1
evening sera, serata, la, P
event avvenimento, l' (*m.*), manifestazione, la, 5
ever mai, 4
every ogni, 2
everyone tutti, ognuno, 6
everything tutto, P
everywhere dappertutto, 8
evident evidente, 4
exactly esattamente, 10
exaggerate (to) esagerare, 15
exam esame, l' (*m.*), 8
examine (to) esaminare, 11
examination (medical) visita medica, la, 15
example esempio, l' (*m.*), 2
excavation scavo, lo, 16
excellent prelibato, eccellente, 9
except tranne, 14
exceptional eccezionale, 5
excessive eccessivo, 6
exchange scambio, lo, cambio, il, 1
exchange (to) scambiare, 9
excited emozionato, 8
exclude (to) eliminare, escludere, 5
exclusively esclusivamente, 2
excursion gita, la, 7
excuse scusa, la, pretesto, il, 5
executive esecutivo, l' (*m.*), 16
exempt esente, 15
exercise ginnastica, la, 10
exercise (to) esercitare, 4
exhausted esausto, 8
exhibit (to) esporre, 9
exhortation esortazione, l' (*f.*), 7
exile esilio, l' (*m.*), 16
exist (to) esistere, 6
exoticism esotismo, l' (*m.*), 14
expect (to) aspettarsi, 6
expected previsto, 4
expense costo, il, 6
expensive costoso, 5
experience esperienza, l' (*f.*), 7
expert esperto, 3
explain (to) spiegare, 2
exploitation sfruttamento, lo, 16
explore (to) esplorare, 12
export esportazione, l' (*f.*) 16
export (to) esportare, 16
exposition esposizione, l' (*f.*), 1
expound (to) illustrare, 12
express (train) rapido, il, 11
express (to) esprimere, 3
expression espressione, l' (*f.*), P
expressway autostrada, l' (*f.*), 8
exotic esotico, 13
extend (to) estendere, 7
extended allargato, 5
extraterrestrial extraterrestre, 15
extrovert estroverso, 3
eye occhio, l' (*m.*), P
eyeglasses occhiali, gli, 3
eyelash ciglio, il, P

F

fabulous favoloso, 10
facade facciata, la, 9
face faccia, la, viso, il, 5
face (to) affrontare, 12
fact fatto il, (**in fact, as a matter of fact** infatti), 10
factor fattore, il, 11
factory stabilimento, lo, fabbrica, la, 1
fairy tale fiaba la, 8
false falso, 1
fall caduta, la, 16
fall (autumn) autunno l' (*m.*), 4
fall (to) cadere, 10
family famiglia, la, P
family member familiare, 5
famous famoso, celebre, 1
fan tifoso, il, 7
fantastic spettacolare, fantastico, 9
far lontano, 2
farm fattoria, la, 6
farm (to) coltivare, 1
farmhouse cascina, la, 6
farming coltivazione, la, 15
fascinated affascinato, 16
fascion moda la, 3
fascism fascismo, il, 16
fascist fascista, il/la, 16
fast veloce, 12
fast food fast food **il**, 15
fat grasso, 2
father padre, il, 5
father-in-law suocero, il, 5
faucet rubinetto, il, 15
fault colpa, la, 8
fauna fauna, la, 15
favor (to) favorire, 10
favorable favorevole, 16
favorite preferito, 3
fear paura, la, spavento, lo, 8
fear (to) temere, 15
feature caratteristica, la, 3
feather penna, la, P
February febbraio, 1
federal federale, 16
federation federazione, la, 10
feel (to) sentirsi, provare, 5
feeling sentimento, il, 8
female femmina, la, 12
feminine femminile, 2
fence (to) fare la scherma, 7
fencing scherma, la, 7
ferment fermento, il, 14
ferry traghetto, il, 13
fertile fertile, 6
festival sagra, la, 9
festivity festa, la, 1
festoon festone, il, 14
fever febbre, la, 7
few pochi/e, qualche, 3
fiancé fidanzato, il, 10
field campo, settore, il, 2
fifteen quindici, 1
fifth quinto, 6
fiftieth cinquantesimo, 5
fifty cinquanta, 1
fight (to) combattere, 12
figure figura, la, 8
fill (to) riempire, (**fill the tank** fare il pieno), 13
film film il, 3
fin (swim fins) pinne, le, 13
final finale, 1
finally infine, 7
find (to) trovare (**to find out, scoprire**), 3
fine multa, la, 13
finger dito, il (pl. le dita), 10
finish (to) finire, 3
fireman vigile del fuoco, il, 11
fireplace caminetto, il, 12
fireworks petardi, i, fuochi d'artificio, gli, 9
firm azienda, l' (*m.*), 12
first primo, (**as adverb**, prima, 4), (**first course** primo, il, 9), 1
fish pesce, il, 4
five cinque, 1
five hundred cinquecento, 6
five thousand cinquemila, 6
fixation fisima, la, 15
fixed fisso, 9
fizzy water gassata, 9
flag bandiera, la, 9
flight volo, il, 10
floor piano, il, pavimento, il, 6
flora flora, la, 15
flower fiore, il, (with **flower pattern** a fiori, 14), 2
flowing fluido, 10
flu influenza, l' (*f.*), 15
fluid liquido, 2
flying volante, 9
fog nebbia, la, 4
foggy nebbioso, 15
folklore folclore, il, 15
follow (to) seguire, 3
following seguente, successivo, 5
fond affezionato, 10
food cibo, il, 4
foolishly stupidamente, 16
foot piede, il, 10
football (American) football il, 4
for per, 6
forbid (to) vietare, proibire, 13
forbidden proibito, vietato, 9
forecast previsioni, le, 4
forefront avanguardia, l' (*f.*), 15
forehead fronte, la, 14
foreign straniero, lo, estero, 1
foreign languages lingue straniere, le, 2
forest foresta, la, 15
forget (to) dimenticare, 5
fork forchetta, la, 9
form modulo, il, scheda, la, 5
form (to) formare, 5
formal formale, 1
formidable formidabile, 15
forming formazione, la, 12
formulate (to) formulare, 7
fortunate fortunato, 7
fortune fortuna, la, 8
fortune-teller indovino, l' (*m.*) / indovina l' (*f.*), 11
forty quaranta, 1
forum foro, il, 8
found (to) fondare, 8
fountain fontana, la, 2
four quattro, 1
four hundred quattrocento, 6
fourteen quattordici, P
four thousand quattromila, 6
fragment frammento, il, 5
free libero, gratis, gratuito, 3
freedom libertà, la, 9
freely liberamente, 16
French francese, 1
French fries patatine, le, 4
frenzied frenetico, 9
frenzy frenesia, la, 7
frequency frequenza, la, 3
fresco fresco, 3
fresco (to) affrescare, 4
fresh fresco, 4
Friday venerdì, 1
friend amico, l' (*m.*), P
friendly socievole, amichevole, 3
friendship amicizia, l' (*f.*), 5
fright spavento, lo, 16
frighten (to) spaventare, 16
from da, 6
fruit frutta, la, 4
fry (to) friggere, 9
full pieno, 13
fumble (to) armeggiare, 12
function funzione, la, 8
funding finanziamento, il, 15
funny buffo, divertente,comico, 2
furnish (to) arredare, 6
furnishing arredamento, l' (*m.*), 6
furniture mobili, i, 5
future futuro, il, avvenire, l' (*m.*), 11
futurism futurismo, il, 1
futurist futurista, il, 1

G

gallery galleria, la, 3
game gioco, il, partita, la, 1
garage garage, il, 1
garbage spazzatura, la, rifiuti, i, 5

garden giardino, il, 3
garden (to) fare giardinaggio, 5
gardening giardinaggio, il, 5
garlic aglio, l' (*m.*), 9
gas gas, il, 15
gasoline benzina, la (**to get gasoline** fare benzina), 13
gastronomic gastronomico, 10
gate sbarra, la, 13
gather (to) radunare, 8
gather (to) ritrovarsi, 7
genealogical genealogico, 5
general generale, 4
generally generalmente, in genere, 2
generation generazione, la, 5
generous generoso, 3
genetically modified transgenico, 15
gentle gentile, 3
genuine genuino, 13
genuineness genuinità, la, 15
geographical geografico, 14
geography geografia, la, P
German tedesco, 1
Germany Germania, la, 9
gerund gerundio, il, 11
gesture gesto, il, 10
ghetto ghetto, il, P
ghostlike spettrale, 16
gift regalo, il, 11
girl ragazza, bambina, la, 2
girlfriend ragazza, la, 10
give (to) dare, donare, 1
glacier ghiacciaio, il, 7
gladly volentieri, 7
glance occhiata, l' (*f.*), 14
glass bicchiere, vetro, il, 5
global warming riscaldamento globale, il, 15
glorious glorioso, 4
gloves guanti, i, 14
glycemia glicemia, la, 15
go (to) andare, 1
gold oro, l' (*m.*), 5
golden dorato, 9
golf golf, **il**, 4
gondola gondola, la, 12
good buono / buon, (**to be good for you** fare bene a, 15), 9
gorge (to) fare una scorpacciata, 16
Gothic gotico, 2
government governo, il, regime, il, 16
grade voto, il, 8
graduate (to) laurearsi, diplomarsi, 5
grammar grammatica, la, 1
grandchild nipote, il/la, 5
grandfather nonno, il, 5
grandmother nonna, la, 5
grapes uva, l' (*f.*), 4
grass erba, l' (*f.*), 6
grate (to) grattugiare, 9
gray grigio, 3
great grande, 1
great-grandparents bisnonni, i, 5
Greek greco, 1
green verde, 3
greengrocer fruttivendolo, il, 14
greenhouse serra, la (**greenhouse effect** effetto serra l' (*m.*),15
greenhouse gases gas serra, i, 15
greet (to) salutare, 9
greeting augurio, l' (*m.*), saluto, il, P
grilled grigliato, 9
grocery alimentari, gli, 14
grocery shopping (to do) fare la spesa, 5
growth crescita, la, 5
guard sorvegliante, il/la, 13
guardian protettore, il, 12
guess (to) indovinare, 1
guest ospite, l' (*m./f.*), invitato, l' (*m.*), 4
guide guida, la, P
guided guidato, 10
guitar chitarra, la, 2
gulf golfo, il, 11
gym palestra, la, (**to go to the gym** andare in palestra), 7

H

habit abitudine, l' (*f.*), 4
hair capelli, i (**to style one's hair** farsi i capelli ,11), 3
hairdresser parrucchiere, il/la, 11
hair dryer asciugacapelli, l' (*m.*), 7
half metà, 8
hall sala, la, salone, il, 2
ham prosciutto, il, 9
hammer martello, il, 12
hand mano, la, (**pl. le mani**), 9
hand (to) consegnare, porgere, 13
handbag borsa, la, 2
handicapped invalido, 15
handicraft artigianato, l' (*m.*), 15
handkerchief fazzoletto, il, 14
hang (to) appendere, 9
happen (to) succedere, avvenire, svolgere, verificare, 7
happiness felicità, la, 9
happy lieto, contento, felice, allegro, (**Happy Holidays!** Buone Feste!, 9), 1
hard duro, 6
harm (to) nuocere, 10
harmful nocivo, 15
haste fretta, la, 8
hat cappello, il, 14
hate (to) odiare, 8
have (to) avere, disporre, 1, dovere, 5
head capo, il, testa, la, 8
health salute, la, 4
health care sanità, la, assistenza sanitaria, l' (*f.*), 15
health system sistema sanitario il, 15
healthy sano, 15
hear (to) sentire, 7
heart cuore, il, 3
heat caldo, il, 6
heating riscaldamento, il, 8
heaven paradiso, il, 9
heavy pesante, intenso, 7
heel tacco, il, 14
hellish infernale, 11
hello ciao, salve, (**on the telephone** Pronto!, 9), P
help aiuto, l' (*m.*), 4
help (to) aiutare, dare una mano, 6
her/hers suo, 5
herbs erbe aromatiche, le, 15
heritage patrimonio, il, 10
hide (to) nascondere, (**hide and seek** nascondino, 8), 16
hidden nascosto, 10
high alto, elevato, 1
higher superiore, 8
highest massimo, 4
high-heeled scarpe con i tacchi alti, 14
high school scuola superiore, la, liceo, il, 8
hill collina, la, colle, il, 1
hint suggerimento, il, 6
his suo, 8
historic storico, 2
history storia, la, 2
hit (to) colpire, 15
hold (to) tenere, 1
holiday festività, villeggiatura, la, ferie, le, 9
holy santo, 14
home casa, la, P
homeland patria, la, 5
homeless senzatetto, il, 12
homemade casalingo, 9
homemaker casalinga, la, 5
homesickness nostalgia, la, 8
homework compito, il, 2
homogeneity omogeneità, l' (*f.*), 16
homogenize (to) omogeneizzare, 15
honest onesto, 3
honeymoon viaggio di nozze, il, luna di miele, la, 5
honor onore, l' (*m.*), 9
honor (to) rispettare, 12
hope speranza, la, 9
horoscope oroscopo, l' (*m.*), 11
horse cavallo, il, 5
horrible orribile, 10
horror orrore l' (m.), 7
horseback riding equitazione l' (*f.*), 7
hospital ospedale, l' (*m.*), ospedaliero, 1
host (to) ospitare, 3
hostel ostello, l' (*m.*), 13
hot caldo (**to be or feel hot** avere caldo), 4
hotel albergo, l' (*m.*), alberghiero, 8
hour ora, l' (*f.*), 3
house casa, la, P
housekeeper governante, la, 8
household domestico, 6
housemate coinquilino, il, 6
housework faccende, le, 5
housing sistemazione, la, 6
how come, P
how much quanto, 3
hug (to) abbracciare, 5
huge enorme, 10
Humanities lettere, le, 2
humanity umanità, l' (*f.*), 10
hunger fame, la, 4
hunting caccia, la, 16
hurry (to) sbrigarsi, 11
hurt (to) fare male (**to hurt oneself** farsi male), 15
husband marito, il, 5
hybrid car macchina ibrida, la, 15
hydrofoil aliscafo, l' (*m.*), 13
hypermarket ipermercato, l' (*m.*), 14
hypochondriac ipocondriaco, 15
hypothesis ipotesi, l' (*f.*), 4

I

ice ghiaccio, il, 7
ice cream gelato, il, (**ice cream shop** gelateria, 14), P
ice skating pattinaggio sul ghaccio, 7
idea idea, l' (*f.*), 11
ideal ideale, 9
idealistic idealista, 12
identical identico, 6
identify (to) identificare, 7
identity identità, l' (*f.*), 13
ideology ideologia, l' (*f.*), 16
idiot idiota, 15
if se, 16
illegal illegale, 16
illegitimate illegittimo, 5
illness malanno, il, malattia, la, 10
image immagine, l' (*f.*), 8
imaginary immaginario, 7
imagination fantasia, immaginazione, la, 7
imagine (to) immaginare, 5
immediate immediato, 11
immerse (to) immergere, 6
immersion immersione, l' (*f.*), 13
immigrant immigrato, il/la, 16
immigration immigrazione, l' (*f.*), 16
immortalize (to) immortalare, 3
impact impatto, l' (*m.*), 15
imperative imperativo, l' (*m.*), 9
imperfect imperfetto, l' (*m.*), 8
impersonal impersonale, 7
importance importanza, l' (*f.*), 9
important importante, 15
impossible impossibile, 15
improve (to) migliorare, perfezionare, 7
improvisation improvvisazione, l' (*f.*), 9
include (to) comprendere, incorporare, includere, 6
included compreso, 13
income reddito, il, 15
increase aumento, l' (*m.*), 6
incredible incredibile, 10
incurable incurabile, 15
indefinite indeterminativo, indefinito, 2

independence indipendenza, l' (*f.*), 1
independent indipendente, 8
indicative indicativo, 16
indirect indiretto, 9
indispensable indispensabile, 15
industrial industriale, 1
industrialized industrializzato, 16
industry industria, l' (*f.*), 1
inequality ineguaglianza, 13
infancy infanzia l' (*f.*), 8
infatuation infatuazione, l' (*f.*), 15
infection infezione, l' (*f.*), 15
infer (to) dedurre, 14
infinite infinito, l' (*m.*), 3
inform (to) informare, 7
informal informale, 1
influence influenza, l' (*f.*), 4
influence (to) influire, 15
influential influente, 8
information informazione, la, 1
infuse (to) infondere, 9
initial iniziale, 9
injury infortunio l' (*m.*), 10
inquiry inchiesta, l' (*f.*), 16
insert (to) inserire, 11
inside dentro, 8
inside out a rovescio, 15
insist (to) insistere, 8
insomnia insonnia, l' (*f.*), 15
inspire (to) ispirare, 12
installment rata, la, (**in installments** a rate), 11
instead invece, 1
institute istituto, l' (*m.*), 2
instrument strumento, lo, 2
integrate (to) integrarsi, inserirsi, 15
integration integrazione, l' (*f.*), inserimento, l' (*m.*), 6
intellectual intellettuale, il/la, 7
intelligent intelligente, 3
intend (to) pensare di, 11
intensive intenso, 8
intention intenzione, l' (*f.*), 6
interchangeable interscambiabile, 12
interest (to) interessare, 7
interesting interessante, 2
interior interno, 13
interior decorator arredatore/arredatrice, l' (*m./f.*), 11
internal interno, 8
international internazionale, 7
Internet connection connessione Internet, la, 13
internship stage lo, (**to do an internship** fare lo stage), 11
interplanetary interplanetario, 11
interrogation interrogazione, l' (*f.*), 8
interview intervista, l' (*f.*), colloquio, il, 4
interview (to) intervistare, 1
interviewee intervistato, l' (*m.*), 15
intransigent intransigente, 4
introduce (to) presentare, introdurre, 1
introduction presentazione, la, 1
intruder intruso, l' (*m.*), 1
invent (to) inventare, 7
invest (to) investire, 6
invitation invito, l' (*m.*), 5
invite (to) invitare, 5
Iranian iraniano, 1
iron ferro, il, ferro da stiro, il, 4
iron (to) stirare, 5
ironic ironico, 11
irregular irregolare, 6
irresistible irresistibile, 4
island isola, l' (*f.*), 4
isolated isolato, 15
issue questione, la, 12
Italian italiano, P
italics corsivo, il, 8
Italy Italia, l' (*f.*), P
item capo, il, 14

J

jacket giacca, la, (**heavy jacket** giaccone, il, 14), 3
jail carcere, il, 16
jam marmellata, la, 14
jam tart crostata la, 9
January gennaio, P
Japanese giapponese, 1
jar barattolo, il, 14
jealous geloso, 8
jeans jeans, i, 3
jewel gioiello, il, 10
jewelry gioielli, i, 5
jewelry store gioielleria, la, 14
job lavoro, il, 5
jogging footing, il, 7
joke (to) scherzare, 8
joking scherzoso, 11
jolt sobbalzo, il, 16
journalism giornalismo, il, 2
journalist giornalista, il/la, 6
journey percorso, il, 10
joyful gioioso, 14
juice succo, il, 4
July luglio, P
jump salto, il, 12
jump (to) saltare, balzare, 8
junior high school scuola media, la, 8
Jupiter Giove, 11
justify (to) giustificare, motivare, 5

K

keep (to) conservare, 6
key chiave, la, 5
kid ragazzo, il, 1
kilometer chilometro, il, 3
kindness bontà, gentilezza, la, 5
king re, il, 14
kingdom regno, il, 14
kinship parentela, la, 5
kiss bacio, il, 10
kiss (to) baciare, 10
kitchen cucina, la, 6
kiwi kiwi, il, 9
knee ginocchio, il, (**pl. le ginocchia**), 15
knife coltello, il, 9
know (to) sapere (a fact), conoscere (a person, a place), P
knowledge conoscenza, la, 10
known noto, 1
Korean coreano, 1

L

laboratory laboratorio il, 2
labor union sindacato, il, 16
lack mancanza, la, 16
Ladin ladino, 6
lake lago, il, 3
lamb agnello, l' (*m.*), 9
lamp lampada, la, 6
landline telefono fisso, 11
landscape paesaggio, il, 4
language lingua, la, P
large largo, grosso, vasto, 9
lasagna lasagne, le, P
last ultimo, l' (*m.*) (**last year** l'anno passato, l'anno scorso), 3
last (to) durare, 9
lastly finalmente, 8
late tardi, 1
lately ultimamente, 10
later più tardi, 1
laughter risata, la, 7
laundry bucato, il, 5
lava lava, la, 14
lavish fastoso, 14
law giurisprudenza, legge, la, 2
lawyer avvocato, l' (*m.*), 1
layer strato, lo, 15
layout piantina, la, 6
lazy pigro, 3
leadership primato, il, 15
lean (to) appoggiarsi, 8
learn (to) imparare, 2
leather la, pelle, 14
leave (to) lasciare, partire, 2
left sinistra, la, 2
leg gamba, la, 10
legal legale, 11
lend (to) prestare, 10
lemon limone, il, 9
lenient permissivo, tollerante, 3
Lent Quaresima, la, 9
letter lettera, la, 2
level livello, il, 2
liberation liberazione, la, 9
library biblioteca, la, 2
lie bugia, la, 8
life vita, la, 2
light luce, la, leggero, 2
lighted illuminato, 14
lightning fulmine, il, 10
limit limite, il, 4
limit (to) limitare, 4
limited limitato, 8
line verso, il, linea, la, 8
linen biancheria, la, lino, il, 6
linger (to) intrattenersi, 13
linguistic linguistico, 2
link legame, il, 5
link (to) collegare, abbinare, 5
lips labbra, le, 13
list lista, la, elenco, l' (*m.*), 5
list (to) elencare, 6
listen (to) ascoltare, P
liter litro, il, 15
literally letteralmente, 10
literature letteratura, la, 2
little poco, 1
live (to) abitare, (**to live in** abitare a, 1) 5
lively energico, movimentato, 2
local locale, urbano, 11
location posizione, la, 13
logical logico, 9
loneliness solitudine, la, 8
long lungo, 3
look aspetto, 6
look (to) guardare, 1
look for (to) cercare, 2
look like (to) somigliare, 5
lose (to) perdere, (**to get lost,** perdersi), 6
lord signore, il, 4
lotion crema, la, 13
lottery lotteria, la, lotto, il, 7
love amore, l' (*m.*), (love at first sight colpo di fulmine il, 10), 7
love (to) amare, 3, voler bene, 7
lover innamorato, 9
loving affettuoso, 5
low basso, 2
lower inferiore, 14
lower (to) diminuire, 12
lowest minimo, 4
luck fortuna, sorte, la (**to find good fortune, to become wealthy** fare fortuna, 16), 10
lucky beato, 10
luggage bagaglio, il, 10
lunch pranzo il, 4
lung polmone, il, 15
luxurious lussuoso, signorile, 3
luxury lusso, il, 6
lyric lirico, 3

M

magazine rivista, la, 14
magnificent magnifico, 10
maid cameriera, la, 8
mail posta, la, e-mail, la, 4
mail (to) spedire, imbucare, 5
mailbox cassetta delle lettere, la, 14
main principale, 5
majestic maestoso, 8
majesty maestà, la, 8
major maggiore, 5
majority maggioranza, la, 6
male maschio, il, 11
mall centro commerciale, il, 14
man uomo, l' (*m.*), 2
management amministrazione, l' (*f.*), 11
manager dirigente, il, 12
manner maniera, modalità, la, 5
many molto, 3
map carta geografica, mappa, piantina, la, (**city map** piantina, la, 6), 2

marble marmo, il, 3
March marzo, 1
marine marino, 7
marital status stato civile, lo, 1
mark (to) segnare, 5
market mercato, il, (**open-air market** mercato all aperto, 14) 9
married sposato, 5
marry (to) sposare, sposarsi, 5
masculine maschile, 2
mask maschera, la, 9
mass messa, la, 9
masterpiece capolavoro, il, 8
match (to) abbinare, 6
materialistic materialista, il/la, 3
maternal materno, 5
mathematics matematica la, P
matter (to) importare, 7
mature maturo, 4
maybe forse, 5
mayonnaise maionese, la, 9
mayor sindaco, il, 12
meal pasto, il, 4
mean (to) significare, P
meaning significato, il, 13
means mezzo, 8
meanwhile intanto, 5
measure misura, 7
measure (to) misurare, 14
meat carne, la, 4
mechanic meccanico, il, 11
mechanical meccanico, 7
medal medaglia, la, 10
mediate (to) mediare, 16
mediation mediazione, la, 4
medical sanitario, 15
medicine farmaco, il, medicina, la, 15
medieval medioevale, 2
Mediterranean mediterraneo, il, 14
meet (to) incontrare, 2
meeting riunione, la, 5
meeting incontro, l' (*m.*), 7
melon melone, il, 9
melt (to) sciogliere, 9
member membro, il, 6
memorize (to) memorizzare, 11
memory ricordo, il, memoria, la, 8
mentality mentalità, la, 16
mention (to) menzionare, 6
menu menù, il, 7
merchandise merce, la, 12
merchant negoziante, il/la, 11
mess disordine, il, 5
message messaggio, il, 4
messy disordinato, 6
metal metallo, il, metallico, 11
meter metro, il, 1
Mexican messicano, 1
micro-organism microrganismo, il, 7
microwave microonde, il, 6
midday mezzogiorno, il, 4
middle mezzo, medio, metà, la, 7
midnight mezzanotte, la, 4
migration migrazione, la, 16
Milanese milanese, 3
milk latte, il, 4
million milione, il, 6
mimosa mimosa, la, 9
mind mente, la, 8
mine mio, 5
mineral minerale, 4
minister ministro, il, 8
minority minoranza, la, 6
minus meno, 1
mirror specchio, lo, 4
mishap inconveniente, l' (*m.*), 10
miss (to) mancare, perdere, 1
mistake (to) sbagliare, 11
mistrust (to) diffidare, 14
model modello, il / modella, la, 11
moderate discreto, 13
moderately moderatamente, 15
modern moderno, 2
modernity modernità, la, 13
modest modesto, 8
modify (to) modificare, 15
mom mamma, la, 5
moment momento, il, 7
monarch sovrano, il, 14
monarchy monarchia, la, 16
Monday lunedì, P
monetary monetario, 6
money soldi, quattrini, i, 6
month mese, il, P
monument monumento, il, 6
mop (to) lavare, 4
moped motorino, il, 8
more più (**more than** più... di / che), 131
morning mattina, la, mattutino, 2
mortgage mutuo, il, 6
mosaic mosaico, il, 2
mother madre, la, 5
mother-in-law suocera, la, 1
motionless statico, 1
motorboat motoscafo, il, 13
motorcycle motocicletta, la, 8
mountain montagna, la, P
mountain climbing scalata la, (**to go mountain climbing** fare la scalata), 13
mountainous montagnoso, 7
mouth bocca, la, 8
move (to) muovere, cambiare, circolare, spostarsi, traslocare, trasferirsi, 6
movement movimento, il, 8
movie film il, 3
mozzarella mozzarella, la, 16
much molto (**as much as...** tanto... quanto), 13
multicolored variopinto, 14
multiethnic multietnico, 6
muscular muscoloso, 10
museum museo, il, 7
mushrooms funghi, i, 9
music musica, la, 7
musician musicista, il/la, P
mustache baffi i, 3
my mio, 5
mystic mistico, 10
mysticism misticismo, il, 9
myth mito, il, 11

N

nail (hand / toe) unghia, l' (*f.*), 11
name nome, il, (**last name** cognome, il), P
napkin tovagliolo, il, 9
narcissus narciso, il, 9
narrator narratore/narratrice, il/la, 8
narrow stretto, 2
nation nazione, la, P
national nazionale, 4
nationality nazionalità, la, P
natural naturale, 2
naturalism naturalismo, il, 9
naturally naturalmente, 7
natural resources risorse naturali le, 15
natural sciences scienze naturali, le, 2
nature natura, la, 7
naughty capriccioso, 8
navigate (to) navigare, 6
Neapolitan napoletano, 9
near vicino, presso, 14
neat ordinato, 5
nebula nebulosa, la, 11
necessary necessario, 2
neck collo, il, 15
necklace collana, la, 14
need bisogno, il, esigenza, l' (*f.*), necessità, la, 6
need (to) servire, aver bisogno di, occorrere, 2
negative negativo, 8
neglect desolazione, la, 10
neglect (to) trascurare, 16
neglected desolato, 13
negotiate (to) negoziare, 4
negotiator negoziatore, il, 4
neighborhood quartiere, il, dintorni, i, 6
neither nemmeno (**neither ...nor** non... né... né), 4
nephew nipote, il, 5
Neptune Nettuno, 11
net rete, la, 13
neurotic nevrotico, 15
never non... mai, 4
new nuovo, 2
newlywed sposi, gli, 5
newspaper giornale, il, 2
next prossimo, vicino, 5
niece nipote, la, 5
night notte, la, notturno, P
nightmare incubo, l' (*m.*), 10
nine nove, P
nine hundred novecento, 6
nineteen diciannove, 1
ninety novanta, 1
no no, 1
nobody nessuno, 8
nodule nodulo, il, 10
noise rumore, baccano, il, 5
noisy rumoroso, chiassoso, 5
non-existent inesistente, 16
Norman normanno, il, 14
north nord, il, 4
northern settentrionale, 10
nose naso, il, 10
not non (**not yet** non ancora, non... neanche)(**not anymore** non... più), 8
note (to) notare, annotare, 4
notebook quaderno, il, 2
notes appunti, gli, 6
nothing niente, nulla, 2
notice (to) accorgersi, 15
noun nome, il, P
nourishment alimentazione, l' (*f.*) il nutrimento, 15
novel romanzo, il, 3
novelty novità, la, 10
November novembre, 1
now adesso, ora, P
nuclear nucleare, 11
nuisance fastidio, il, 15
number numero, il, P
numerous numeroso, 5
nun monaca, la, 4
nurse infermiere/a, l' (*m./f.*), 12
nursery rhyme filastrocca, la, 11
nutrition nutrizione, la, 15
nutritionist nutrizionista, il/la, 15

O

obedient obbediente, 8
obesity obesità, l' (*f.*), 15
object oggetto, l' (*m.*), 5
objective oggettivo, 16
observatory osservatorio, l' (*m.*), 11
observe osservare, 5
obsession ossessione, l' (*f.*), 15
obvious ovvio, 16
obviously ovviamente, 9
occasion occasione, l' (*f.*), 5
occupy (to) occupare, 5
occurrence evento, l' (*m.*), 9
ocean oceano, l' (*m.*), 13
October ottobre, 1
of di, 6
offer offerta, l' (*f.*), 10
offer (to) offrire, 4
office carica, la, ufficio, l' (*m.*), agenzia, l' (*f.*), 16
official ufficiale, 6
often spesso, P
oil olio, l' (*m.*), (**olive oil** olio d'oliva l' (*m.*), 9) (**suntan oil** olio abbronzante, l' (*m.*), 13), 9
old vecchio, 2
older maggiore, 13
olive oliva, l' (*f.*), 6
Olympic olimpico, 1
omen auspicio, l' (*m.*), 14
on su, sopra, 2
once una volta, 8
one uno, P
one hundred cento, 1
one hundred and ten centodieci, 6
one hundred thousand centomila, 6
onion cipolla, la, 9
only unico, solo, soltanto, 5
open aperto, 7

open (to) aprire, P
opinion opinione, l' (*f.*), 4
opposite opposto, contrario, il, 1
optimistic ottimista, 3
or o, oppure, 3
oral oral, (oral exam interrogazione l' (*f.*)), 8
orange arancia, l' (*f.*) (**orange juice** spremuta d'arancia, la), 4
orange (color) arancione, 3
orchestra orchestra, l' (*f.*), P
order ordine, l' (*m.*), 1
order (to) commissionare, ordinare, 4, 15
organic (food) cibo biologico, il, 15
organism organismo, l' (*m.*), 15
organization organizzazione, l' (*f.*), struttura, la, ente, l' (*m.*), 1
organize (to) organizzare, allestire, 5
organized organizzato, 3
organizer animatore, l' (*m.*), 13
origin origine, l' (*f.*), provenienza, la, 1
originate (to) provenire, 13
other altro, 1
our / ours nostro, 5
out outside, 4
outline scaletta, la, schema, lo, 5
outside fuori, 16
outskirt periferia, la, 6
oven forno, il, 6
over sopra, finito, 6
overpopulation sovrappopolazione, la, 15
own proprio, 3
own (to) possedere, 1
owner proprietario, il, 1
oxygen ossigeno, l' (*m.*), 15
ozone ozono, l' (*m.*), 15
ozone layer strato dell' ozono, 15

P

package pacchetto, pacco, il, 10
package (to) confezionare, 15
pagan pagano, il, 9
page pagina, la, 7
pain dolore, il, (**to have a pain in...** aver mal di...),15
paint (to) dipingere, 3
painter pittore, il, 4
painting dipinto, il, pittura, la, 8
pair coppia, la, paio, il, (pl. le paia), 14
pajamas pigiama, il, 14
pale pallido, 15
paleoanthropological paleoantropologico, 14
Paleolithic paleolitico, 16
panorama panorama, il, 1
panoramic panoramico, 2
panettone panettone, il, 9
pant (to) ansimare, 8
pants pantaloni, i, 3
paper carta, la, 2
parade sfilata, la, 9
paragraph paragrafo, trafiletto, il, 8
parents genitori, i, 2
Parliament parlamento, il, 16
parliamentary parlamentare, 16
park parco, il, 3
parking parcheggio, il, 6
parmesan parmigiano, 9
part parte, la, 6
participant partecipante, il/la, 14
participation partecipazione, la, 16
participle participio, il, 6
particular determinato, 9
partition divisione, la, 16
party festa, la, festeggiamento, veglione, il, (**political**) partito, il, 5
pass (to) passare, 5
passenger passeggero, il, 13
passing sufficiente, 8
passive passivo, 7
passport passaporto, il, 10
past passato, il, scorso, 5
pasta pasta, pastasciutta, la, 6
pastime passatempo, il, 13
pastry pasta, la, (**pastry shop** pasticceria, la), 14
paternal paterno, 5
path sentiero, il, 13
patient paziente, 3
patiently pazientemente, 8
patron patrono, il, patronale, 5
pattern modello, il, 10
pay (to) pagare (**pay the bills** pagare i conti), 6
payment pagamento, il, 13
peace pace, la, 12
peaceful pacifico, 16
peacefully tranquillamente, 14
peach pesca, la, 9
pearl perla, la, 7
peas piselli, i, 4
peasant contadino, il, 13
pedagogical pedagogico, 8
pen penna, la, P
pencil matita, la, 2
peninsula penisola, la, P
pension pensione, la, 3
people gente, la, 3
pepper pepe, il, 9
perceive (to) percepire, 12
percent per cento, 6
percentage percentuale, la, 5
perfect perfetto, 2
perfection perfezione, la, 4
perfume profumo, il, (**perfume shop** profumeria, 14), 13
period periodo, il, 2
perhaps magari, forse, 7
permanent permanente, 16
permission permesso, il, 4
permit permesso, il, (**residence permit** permesso di soggiorno, 16), 4
perseverance perseveranza, la, 16
person persona, la, individuo, l' (*m.*), 3
personal personale (**personal information** dato personale il,), 1
personality personalità, la, 3
perspective prospettiva, la, 3
pessimistic pessimista, 3
pesticides pesticidi, i, 15
pesto pesto, il, 9
pharmacist farmacista, il, 14
pharmacy farmacia, la, 1
phase fase, la, 15
phenomenon fenomeno, il, 11
philosopher filosofo, il, 10
philosophical filosofico, 10
philosophy filosofia, la, 1
Phoenician fenicio, 14
phone telefono, il, P
phone call telefonata, la, 5
photographer fotografo, il / fotografa, la, 12
photography fotografia, la, 12
physical fisico, 3
physicality fisicità, la, 7
physics fisica, la, 2
piano piano, pianoforte, il, 7
picture quadro, ritratto, il, 6
piece pezzo, il, 9
pilgrim pellegrino, il, 9
pizza pizza, la, 2
pizzeria la, pizzeria, 4
place luogo, posto, il, località, la, P
place (to) situare, 3
plain pianura, la, 1
plan progetto, il, 11
plane aereo, l' (*m.*), 8
planet pianeta, il, 11
plant pianta, la, impianto, l' (*m.*), 5
plaster gesso il, (**to put in plaster** ingessare), 10
plastic plastica, la, 12
platform binario, il, 11
play (to) suonare, giocare, 2
playbill locandina, la, 7
player giocatore, il, 7
pleasant piacevole, 7
please per favore, P
pleased (to meet you) piacere, 1
pleasure piacere, il, P
plentiful abbondante, 9
plumber idraulico, l' (*m.*), 12
plunge (to) buttarsi, 16
plural plurale, 1
plus più, 1
Pluto Plutone, 11
poem poesia, la, 3
poet poeta, il, poetessa, la, P
point punto, il, 3
point (to) accennare, 16
police officer poliziotto, il, 11
political politico, 10
politically politicamente, 6
political rally comizio, il, 1
political science scienze politiche, le, 2
politician politico, il, 1
politics politica, la, 3
pollute (to) inquinare, 8
polluted inquinato, 8
pollution inquinamento, l' (*m.*), 8
polo shirt polo, la, 14
polychromatic policromo, 9
pool biliardo, il, piscina, la, (**football pool** totocalcio, il), 7
poor povero (**poor thing!** poverino!) 10
pope papa, il, 4
popular popolare, 7
population popolazione, la, 6
porcelain porcellana, la, 9
porch veranda, la, 6
port porto, il, 6
portion porzione, la, 15
portrait ritratto, il, 4
Portuguese portoghese, 14
position collocazione, la, posto, lavoro, il, 11
positive positivo, 10
possessive possessivo, 5
possibility possibilità, la, 16
possible possibile, 4
post office ufficio postale, l' (*m.*), 14
postcard cartolina, la, 9
poster poster, il, 6
postpone (to) rimandare, 16
pot tegame, il, 9
potato patata, la, 4
poverty povertà, la, 16
power potenza, la, potere, il, 5
practical pratico, 13
practice (to) praticare, 7
precise preciso, accurato, 11
precisely appunto, 12
prediction predizione, la, 11
prefer (to) preferire, 3
preferably preferibilmente, 12
preference preferenza, la, 9
prehistorical preistorico, 10
prejudice pregiudizio, il, 16
premise locale, il, 7
prepaid phone card scheda telefonica, la, 11
preparation preparativo, il, 5
prepare (to) preparare, apparecchiare, 5
preposition preposizione, la, 6
preschool asilo, l' (*m.*), 8
prescription ricetta, la, 15
present presente, regalo, il, 1
present (to) presentare, 6
preservative conservante il, 15
preserve (to) preservare, 16
president presidente, il/la, 7
President of the Republic il Presidente della Repubblica, 16
press stampa, la, 10
press (to) (a keypad) digitare, 11
pressure pressione, la, 15
pretty grazioso, 6
previous precedente, 7
price prezzo, il, quota, la, 6
Prime Minister Presidente del Consiglio il, 16
prince principe, il, 8

principal preside, il/la, 10
principle principio, il, 9
print (to) stampare, 6
printer stampante, la, 6
private privato, 7
privilege privilegio, il, 10
probability probabilità, la, 11
probable probabile, 15
probably probabilmente, 11
problem problema, il, 7
proceed (to) avanzare, 14
process processo, il, 6
procession processione, la, 14
produce (to) produrre, 1
producer produttore/produttrice, il/la, 11
product prodotto, il, 1
production produzione, la, 15
profession professione, la, 2
professional professionista, il/la, professionale, 7
professor professore, il, professoressa, la, P
program programma, il, 2
programmer programmatore, il, programmatrice, la, 12
progress progresso, il, 8
progress (to) progredire, 8
progressive progressivo, 11
project progetto, il, 9
promise promessa, la, 11
promote (to) promuovere, 16
promotion promozione, la, 10
pronoun pronome, il, 1
pronounce (to) pronunciare, P
property proprietà, la, 6
proportion proporzione, la, 14
proposal proposta, la, 16
propose (to) proporre, 8
protagonist protagonista, il/la, 7
protect (to) proteggere, salvaguardare, 12
protection tutela, la, 15
protest protesta, la, 7
protest (to) protestare, 11
proud orgoglioso, 6
provide (to) provvedere, 14
province provincia, la, 1
provincial provinciale, 12
provisional provvisorio, 7
pub birreria la, 13
publish (to) pubblicare, 11
puppet pupo, il, 9
purchase acquisto, l' (*m.*), compera, la, 3
purchase (to) acquistare, 6
psychological psicologico, 3
psychologist psicologo, lo, 4
psychology psicologia, la, 2
psychotherapist psicoterapeuta, lo/la, 4
pub birreria, la, 13
public pubblico, il, civico, 11
puff (to) sbuffare, 13
pull (to) tirare, 5
pumpkin zucca, la, 9
punctuality puntualità, la, 11
punish (to) punire, 8
punishment pena, la, P
purple viola, il, 3
put (to) mettere, (**to put on** mettersi, 7), 2

Q

quality qualità, la, 9
quantity quantità, la, 4
question domanda, la, 5
questioning interrogatorio, 15
questionnaire questionario, il, 11
quiet silenzioso, zitto, 8
quite well abbastanza bene, 1

R

race corsa, gara, la, 5
racism razzismo, il, 16
racket racchetta, la, 7
radio radio, la, 3
rain (to) piovere, 4
raisins uva passa la, 9
range catena, la, 7
rare raro, 5
rare (meat) al sangue, 9
rather piuttosto, 6
razor rasoio, il, 14
reach (to) raggiungere, 14
react (to) reagire, 8
read (to) leggere, P
reader lettore, il, lettrice, la, 10
reading lettura, la, 1
ready pronto, 9
real vero, 1
real estate agency agenzia immobiliare l' (*f.*), 12
real estate agent agente immobiliare l', 12
realism realismo, il, 3
realistic realista, 3
realistic realistico, 8
reality realtà, la, 6
realize (to) rendersi conto, 14
realization realizzazione, la, 9
really davvero, 6
rearrange risistemare, 16
reason motivo, il, ragione, la, 5
rebellious ribelle, 8
rebuild (to) ricostruire, 5
recapture (to) riprendere, 16
receive (to) ricevere, 4
recent recente, 10
recently recentemente, di recente, 6
reception ricevimento, il, accoglienza, l' (*f.*), 5
recess ricreazione, la, 8
recharge ricarica la, 11
renew (to) rinnovare, 10
recipe ricetta, la, 9
reciprocal reciproco, 5
recognition riconoscimento, il, 16
recognize (to) riconoscere, 3
reconsider (to) ripensarci, 15
record record, il, 5
recording registrazione, la, 10
recover (to) rimettersi, guarire, 10
recovery ritrovamento, il, 14
recruiting reclutamento, il, 10
rectangular rettangolare, 3
recycle (to) riciclare, 12
red rosso, 3
red pepper peperoncino rosso, il, 9
reef scoglio, lo, 13
refectory refettorio, il, 3
refer (to) riferirsi, 5
referendum referendum, il, 16
refined pregiato, squisito, raffinato, 1
reflex riflesso, il, 15
reflexive riflessivo, 4
reform riforma, la, 8
refrigerator frigorifero, il, 4
refuse (to) rifiutare, 13
region regione, la, P
regional regionale, 7
register (to) iscriversi, 1
regular regolare, 14
regulate (to) regolare, 15
relationship rapporto, il, relazione, la, 5
relative relativo, 10
relatives parenti, i, 5
relax, (to) rilassarsi, 6
relaxing rilassante, 10
relevant di rilievo, rilevante, 7
reliable affidabile, 12
reloading ricarico, il, 11
remain (to) restare, rimanere, 4
remake (to) rifare, 5
remarkable straordinario, 3
remedy rimedio, il, 15
remember (to) ricordare, 5
remodeling ristrutturazione, la, 6
Renaissance rinascimentale, Rinascimento, il, 3
render (to) rendere, 7
renounce (to) rinunciare, 9
renovate (to) ristrutturare, 6
rent affitto, l' (*m.*), 6
rent (to) affittare, noleggiare, 6
repair (to) aggiustare, 5
repeat (to) ripetere, 2
report (to) riferire, 5
report card pagella, la, 8
represent (to) rappresentare, 5
representation rappresentazione, la, 8
representative rappresentante, il/ la, 15
reproach (to) rimproverare, 16
republic repubblica, la, 12
request richiesta, la, 9
require (to) richiedere, 12
required obbligatorio, 8
reread (to) rileggere, 6
research (to) (**to do research** fare ricerca), 6
researcher ricercatore/ricercatrice, il/la, 11
reservation prenotazione, la, 6
reserve (to) prenotare, 6
reserved riservato, 10
reside (to) risiedere, 16
residence residenza, la, soggiorno, domicilio, il, 5
resident abitante, l' (*m./f.*), residente, il/la, 6
resistance resistenza, la, 10
resort villaggio turistico, il, 10
resource risorsa, la, 10
resources fondi, i, 16
respect (to) rispettare, 12
respiratory respiratorio, 15
responsibility responsabilità, la, 12
rest resto, il, riposo, il, 10
rest (to) riposarsi, 4
restore (to) restaurare, 12
restored restaurato, 12
restrict (to) limitare, 4
result risultato, il, 5
result (to) risultare, 9
return rientro, il, 4
return (to) rientrare, ritornare, 2
reveal (to) rivelare, 16
reverse rovescio, il, 15
review (to) ricapitolare, ripassare, 1
revive (to) rivivere, 14
rhyme rima, la, 4
ribbon nastro, il, 8
rice riso, il, 1
rich ricco, (**rich food**, pesante, 9), 1
ride passaggio, il, 10
right destra, la, diritto, il, straight, 1
right (to be) avere ragione, 4
rigid inflessibile, ferreo, rigido, 4
ring anello, l' (*m.*), 14
rising emergente, 16
risk rischio, il, 15
risotto risotto, il, 9
ritual rito, il, 14
river fiume, il, 8
road strada, la, stradale, via, la, 2
rock roccia, la, 7
rocky rupestre, 14
role ruolo, il, 1
roller skating pattinaggio a rotelle, 7
Roman romano, 2
Romanesque romanic, 6
romantic romantico, 7
rooftop tetto, il, 1
room camera, stanza, la, 6
root (to) for fare il tifo per, 9
rooting tifo, il, 7
rope corda, la, 8
rose rosa, la, P
route tragitto, il, 14
routine routine, la, 4
rub (to) stropicciare, 13
ruin rovina, la, 8
ruins resti, i, 13
rule regola, dominazione, la, 7
rule (to) dominare, 14
run (to) correre, 3
Russian russo, 1

S

sacred sacro, 14
sacrifice sacrificio, il, 11
sad triste, 3

sail vela, la, 4
sail (to) fare vela, 4
saint santo, il, (**Saint's day** onomastico, l' (*m.*)), 5
salad insalata, l' (*f.*), 4
salami salame, il, 14
salary stipendio, lo, 12
sale vendita, svendita, la, saldi, i, 12
salesperson commesso, il, commessa, la, 12
salmon salmone, il, 9
salt sale, il, 9
salted salato, 9
same stesso, 3
sand sabbia, la, 13
sandals sandali, i, 14
sandwich panino, il, 4
Saracen saraceno, 14
satirical satirico, 9
satisfaction soddisfazione, la, 11
satisfied soddisfatto, 9
satisfy (to) soddisfare, appagare, 9
Saturday sabato, 1
Saturn Saturno, 11
sauce sugo, il, 9
sauté (to) soffriggere, 9
save (to) salvare, risparmiare, conservare, 10
saving risparmio, il, 15
saw sega, la, 12
say (to) dire, P
saying detto, il, 13
scarf sciarpa, la, 14
scattered disperso, 9
scene scena, la, 7
scent profumo, il, 10
scented profumato, 9
schedule orario, l' (*m.*), 2
scholar studioso, lo, 16
scholarship borsa di studio, la, 10
school scuola, la, liceo, il, 1
science science, la, 2
science fiction fantascienza, la, 7
scientific scientifico, 8
scientist scienziato, 2
score punteggio, il, 10
scratch (to) grattare, 12
screen schermo, lo, 1
script writer sceneggiatore/ sceneggiatrice, lo/la, 11
sea mare, il, P
search ricerca, la, 6
seashell conchiglia, la, 5
season stagione, la, 4
season (to) condire, 9
seated seduto, 10
second secondo, 4
secretary segretario, il, segretaria, la, 12
security sicurezza, la, 15
sedentariness sedentarietà, la, 15
sedentary sedentario, 6
see (to) vedere, 1
seem (to) sembrare, 6
seize (to) cogliere, 16
selection brano, il, raccolta, la, 8
selfish egoista, 3
selfishness egoismo, l' (*m.*), 16
sell (to) vendere, 6
semester semestre, il, 12
senate senato, il, 16
send (to) mandare, inviare, 5
sense senso, il, 16
sensitive sensibile, 3
sentence frase, la, 5
separate (to) separare, 12
September settembre, 1
sequence sequenza, la, 9
serene sereno, 5
serious grave, serio, 3
service servizio, il, 6
set (to) fissare, (**to set the table** apparecchiare la tavola, 5), 4
settlement insediamento, l' (*m.*), 14
seven sette, P
seventeen diciassette, 1
seventy settanta, 1
several diversi, 7
severe severo, 4
sew (to) cucire, 5
sex sesso, il, 11
shadow ombra, l' (*f.*), 16
shaking tremante, 16
shape forma, la (**to stay in shape** mantenersi in forma, 15), 7
share (to) condividere, dividere, 6
sharp acuto, P
shave (to) farsi la barba, 4
sheet (of paper) foglio, il, P
shelf scaffale, lo, 6
shining splendido, 7
ship nave, la, 8
shop negozio il, 1
shop (to) fare la spesa, 4
shoe scarpa, la, 3
short basso, corto, 2
shorts pantaloncini, i, 7
shoulder spalla, la, 9
shout urlo, l' (*m.*), 16
shout (to) urlare, 5
show spettacolo, lo, mostra, la, 7
show (to) indicare, mostrare, 5
shower doccia, la (**to take a shower** farsi la doccia), 4
shown indicato, 9
shrimp gamberetti, i, 4
shy timido, 3
shyness timidezza, la, 13
Sicilian siciliano, 9
sick malato, ammalato, 15
side lato, fianco, il, 14
sign insegna, l' (*f.*), 16
sign (to) firmare, 14
significant significativo, 16
silk seta, la, 8
silver argento, l' (*m.*), 9
silverware posate, le, 9
similar simile, 5
similarity similarità, la, 16
simple semplice, 6
sin peccato, il, 3
since poiché, dato che, 12
sing (to) cantare, 2
singer cantante, il/la, 2
singing canto, il, 10
singular singolare, 1
sink lavandino, il, 6
sister sorella, la, 5
sister-in-law cognata, la, 5
situation situazione, la, 5
sight vista, la, 10
site sito, il, 10
six sei, 1
sixteen sedici, 1
sixty sessanta, 1
size misura, taglia, la, 14
skate (to) pattinare, 4
skates pattini, i, 7
skating pattinaggio, il, 7
sketch abbozzo, l' (*m.*), 14
ski (to) sciare, (**week-long skiing holiday** settimana bianca, la, 13), 4
skier sciatore, lo, 10
skill abilità, l' (*f.*), 2
skin pelle, la, 13
skirt gonna, la, 3
skis sci, gli, 7
skyscraper grattacielo, il, 10
slacker fannullone il, 12
sleep sonno, il, P
sleep (to) dormire, 2
sleeping bag sacco a pelo, il, 13
sleepless insonne, 4
slice fetta, la, 9
slip (to) scivolare, 7
Slovenian sloveno, 6
slow lento, 13
slowly lentamente, 8
small piccolo, 2
smart bravo, 8
smartphone smartphone lo, 11
smile sorriso, il, 16
smile (to) ridere, sorridere, 13
smog smog, lo, 15
smoke fumo, il, 15
smoke (to) fumare, 13
smoker fumatore/fumatrice, il/la, 15
smooth liscio, 3
snack merenda la, spuntino, lo, 4
snap (to) scattare, 10
sneaker scarpa da ginnastica, la, 3
snow (to) nevicare, 4
so così, quindi, 10
so so così così, 10
soap sapone, il, 14
soccer calcio, il, 1
social sociale, 7
socialist socialista, 16
social worker assistente sociale, l' (*m./f.*), 16
society società, la, 4
socks calzini, i, 14
soda bibita, la, 6
sofa divano, il, 6
soft morbido, 4
solar solare, 15
soldier soldato, il, 8
solidarity solidarietà, la, 15
solution soluzione, la, 15
solve (to) risolvere, 12
some alcuni, qualche, 3
someone qualcuno, 4
something qualcosa, 4
sometimes qualche volta, 8
son figlio, il, 5
soon presto, 1
soul anima, l' (*f.*), 3
sound audio, l' (*m.*), 10
soup minestra, la, 4
source fonte, la, 14
south sud, il, 1
space spazio, lo, spaziale, 1
spaceship astronave, l' (*f.*), 11
spacious spazioso, 12
spaghetti spaghetti, gli, P
Spanish spagnolo, P
sparkling effervescente, 15
speak (to) parlare, P
speaker altoparlante, l' (*m.*), (**iPod speakers** casse dell' iPod, 6), 11
special speciale, 3
specialist specialista, specialistico, 15
specialization perfezionamento, il, 11
specialty specialità, la, 6
specific specifico, 6
spectacularity spettacolarità, la, 8
spectator spettatore/spettatrice, lo/la, 8
speed velocità, la, 8
spend (to) spendere, passare, 5
spicy piccante, 9
spinach spinaci, gli, 4
spirit spirito, lo, 12
spiritual spirituale, 8
splendid splendido, 13
spoiled viziato, 8
spoon cucchiaio, il, 9
sport sport, lo, (**to play a sport** fare dello sport, fare uno sport), 7
sportsman sportivo, lo, P
sprain (to) slogare, 10
spray (to) spruzzare, 13
spread (to) diffondere, 11
spring primavera, la, 4
square piazza, la, quadrato, il, 3
stadium stadio, lo, 2
stairs scale, le, 6
stall bancarella, la, 14
stamp francobollo, il, 14
star stella, la, 8
start (to) mettersi, cominciare, 4
state stato, lo, statale, 6
station stazione, la, 7
stationery cartoleria, la, 14
statistics statistica, la, 15
statue statua, la, 3
stay soggiorno, il, permanenza, la, 10
stay (to) stare, P
steady stabile, 11
steak bistecca, la, 4
steamboat vaporetto, il, 12
step passo, il, 7
stepbrother fratellastro, il, 5
stepfather patrigno, il, 5
stepmother matrigna, la, 5
stepsister sorellastra, la, 5
stereo stereo, lo, 5
stereotype stereotipo, lo, 16
still ancora, 5
stimulating stimolante, 12
stir (to) mescolare, 9
stocking calza, la, 2

stomach stomaco, lo, 15
stone pietra, la, 6
stop sosta, la, fermata, la, 10
stop (to) fermare, 11
stoplight semaforo, il, 14
store negozio, il (**clothing store** negozio d'abbigliamento **il**, 14) grocery store negozio d'alimentari il,), 14
store (to) (a number) memorizzare un numero, 11
storeroom ripostiglio, il, 12
story favola, la, 8
straight diritto, dritto (**to go straight** andare sempre dritto), (**straight hair** capelli lisci, 3), 14
strand filo, il, 13
strange strano, 7
strategy strategia, la, 1
strawberry fragola, la, 9
street strada, via, la, 2
stress (to) scandire, 6
stressed stressato, 12
stressful stressante, 10
strict severo, 4
strike sciopero, lo, colpo, il, 10
strike (to) fare sciopero, 10
striped a righe, 14
strong forte, 5
structure struttura, la, 15
student studente, lo, studentessa, la, P
study studio, lo, 1
study (to) studiare (**to study in depth** approfondire, 10), P
stutter (to) balbettare, 15
style stile, lo, linea, la, 6
subject soggetto, il, materia, la, 1
subject (to) sottomettere, 5
subjunctive congiuntivo, il, 15
substance sostanza, la, 15
substitute (to) sostituire, 12
subway metropolitana, la, 8
succeed (to) riuscire, 12
success successo, il, 11
suddenly improvvisamente, 10
suffer (to) soffrire, 10
suffering sofferenza, la, 7
sufficient sufficiente, 8
sugar zucchero, lo, 9
suggest (to) suggerire, 1
suit abito, l' (*m.*), vestito, il, completo, il, 3
suitable adatto, appropriato, opportuno, 5
suitcase valigia, la, (**to pack a suitcase** fare la valigia), 10
summarize riassumere, 9
summer estate, l' (*f.*), estivo, 4
summon (to) convocare, 12
sumptuous fastoso, 14
sun sole, il, 4
sunbathe (to) prendere il sole, 13
Sunday domenica, la, 1
sunglasses occhiali da sole, gli, 13
sunscreen filtro solare il, 13
suntan oil olio abbronzante, l' (*m.*), 13
superlative superlativo, il, 10
supermarket supermercato, il, 14
superstitious superstizioso, 11
supper cena, la, P
supply (to) dotare, fornire, 13
support appoggio, l' (*m.*), 16
support (to) mantenere, 16
supreme supremo, 8
surely sicuramente, 11
surface (to) emergere, 15
surgeon chirurgo, il, 12
surprise sorpresa, la, 5
surprised meravigliato, 16
surround (to) circondare, 6
surrounded circondato, 3
survey sondaggio, il, 3
swarm (to) brulicare, 14
sweater maglia, la, maglione, il, 14
sweats tuta, la, 14
sweatshirt felpa, la, 3
sweep (to) spazzare, 5
swim (to) nuotare, 2
swimsuit costume da bagno, il, 7
swing altalena, l' (*f.*), 8
symbol simbolo, il, 1
sympathy simpatia, la, 16
symptom sintomo, il, 15
synthesized sintetizzato, 15
syrup sciroppo, lo, 15
system sistema, il, 8

T

table tavolo, il, 5
tablecloth tovaglia, la, 9
table setting coperto il, 9
tablet compressa, la, (**electronic**) tablet il, 15
take (to) prendere, sostenere, P
take a walk (to) passeggiare, 7
tale favola, la, 8
talk (to) conversare, discorrere, 13
tan (to) abbronzarsi, 13
tango tango, il, 5
task impegno, l' (*m.*), 11
taste gusto, sapore, il, 3
taste (to) assaggiare, 9
tasting degustazione, la, 10
tasty saporito, 9
tavern osteria, l' (*f.*), 9
tax tassa, la, 11
taxi taxi, il, 8
tea tè, il, 4
teach (to) insegnare, 1
teacher maestro, il / maestra, la, insegnante, l' (*m./f.*), 7
teacher's desk cattedra, la, 2
team squadra, la, 1
technician tecnico, il, 16
technique tecnica, la, 1
technological tecnologico, 16
technology tecnologia, la, 8
teddy bear orsacchiotto, l' (*m.*), 6
television televisione, la, P
television set televisore, il, 2
tell (to) dire, raccontare, narrare, P
temperature temperatura, la, 4
temple tempio, il, 13
temporal temporale, il, 9
temporarily temporaneamente, 16
tempting tentatrice, la, 8
ten dieci, 1
tendency tendenza, la, 14
tennis tennis, il, (**tennis court** campo da tennis il,), 7
tenor tenore, il, 7
tense nervous, tirato, 3
tent tenda, la, 13 **ten thousand** diecimila, 6
terminology terminologia, la, 7
terrace terrazzo, il, 6
terrible terribile, 8
territory territorio, il, 15
test prova, la, 1
text testo, il, 5
text message messaggino il, SMS, 11
thank (to) ringraziare, 5
thanks grazie, P
Thanksgiving (la festa del) Ringraziamento, il, 9
that quello, 2
theater teatro, il, teatrale, 2
their, theirs loro, 1
theme tema, il, 7
then allora, poi, 5
there lì, 10
therefore infatti, quindi, 2
thermal termale, 10
thermostat termostato, il, 15
thin magro, sottile, 3
thing cosa, la, 4
think (to) pensare, credere, 2
third terzo, 5
thirst sete, la, P
thirsty (to be) avere sete, 4
thirteen tredici, 1
thirty trenta, 1
thirty-eight trentotto, 1
thirty-five trentacinque, 1
thirty-four trentaquattro, 1
thirty-nine trentanove, 1
thirty-one trentuno, 1
thirty-six trentasei, 1
thirty-seven trentasette, 1
thirty-two trentadue, 1
this questo, 2
thousand (one) mille, 6
threaten (to) minacciare, 15
three tre, 1
three hundred trecento, 6
three thousand tremila, 6
thrive (to) prosperare, 6
thriving fiorente, 15
throat gola, la, 15
through attraverso, P
throw (to) buttare (**to throw a party** dare una festa, 5), 15
Thursday giovedì, il, 1
ticket biglietto, il , (**one-way / round trip ticket** biglietto di sola andata / andata e ritorno, 9) 7
ticket office biglietteria, la, 7
tidy up (to) mettere in ordine, 5
tie cravatta, la, 3
tie (to) legare, attaccare, 4
tight stretto, 14
time tempo il, (**all the time** sempre) 3
times epoca, l' (*f.*), 12
tip mancia, la, 9
tired stanco, 3
tiring faticoso, 13
title titolo, il, 5
to a, 2
toast (to) brindare, 9
toaster tostapane, il, 6
today oggi, P
together insieme, assieme, 2
toilet water, il, 6
tolerance tolleranza, la, 16
toll-free number numero verde, 11
tomato pomodoro, il, 4
tomb tomba, la, 2
tomorrow domani, 1
ton of un sacco di, 11
tone tono, il, 14
tonic tonico, 7
tonight stasera, 2
too troppo, 13
too much troppo, P
tooth dente, il, 4
toothbrush spazzolino da denti, lo, 14
toothpaste dentifricio, il, 14
top apice, l' (*m.*), cima, la, 7
topic argomento, l' (*m.*), 4
tortellini tortellini, i, 8
total totale, 10
totally radicalmente, 16
tough duro, 12
tourism turismo, il, 1
tourist turista, il/la, turistico, 2
tournament giostra, la, 9
towel asciugamano, l' (*f.*), 13
tower torre, la, P
town cittadina, la, (**small town** paese il, 1), 14
toy giocattolo, il, 8
trace traccia, la, 13
track pista, la, 1
track and field atletica leggera, l' (*f.*), 7
trade mestiere, commercio, il, 4
tradition tradizione, la, 7
traditional tadizionale, 5
traffic traffico, il, 8
trail sentiero, il, 13
train treno, il, 8
train (to) allenarsi, 7
training esercitazione, l' (*f.*), 8
trait caratteristica, la, carattere, il, 5
transfer (to) trasferire, 6
transgenic transgenico, 15
translate (to) tradurre, 11
transparent trasparente, 10
transplant (to) trapiantare, 16
transportation trasporto, il, 8
transport (to) trasportare, 11
travel viaggio, il, 3
travel (to) viaggiare, 10
treacherous infido, 15
treasure tesoro, il, 13
treatment trattamento, il, cura, la, 10

tree albero, l' (*m.*), 2
trip viaggio, il, 7
triple triplo, 13
triptych trittico, il, 9
triumphant trionfante, 9
trout trota, la, 9
true vero, 1
truly veramente, 7
truth verità, la, 7
try (to) tentare, provare, (**to try on** misurarsi, provarsi, 14), 10
T-shirt maglietta, la, 7
tub vasca, la, (**small**) vaschetta, la, 6
Tuesday martedì, 1
tulip tulipano, il, 7
tuna tonno, il, 14
turkey tacchino, il, 9
turn turno, il, 5
turn (to) compiere, girare, rivolgersi, 5
turn on (to) accendere, 11
turn off (to) spegnere, 11
turning point svolta, la, 10
Tuscany Toscana, la, toscano, 5
tuxedo smoking, lo, 14
twenty venti, 1
twenty-eight ventotto, 1
twenty-five venticinque, 1
twenty-four ventiquattro, 1
twenty-nine ventinove, 1
twenty-one ventuno, 1
twenty-seven ventisette, 1
twenty-six ventisei, 1
twenty-three ventitré, 1
twenty-two ventidue, 1
twin gemello, il, 5
twelve dodici, 1
twenty venti, 7
two due, 1
two hundred duecento, 6
two thousand duemila, 6
type tipo, il, 6
type (to) (a number) digitare, 11
typical tipico, 3
typically tipicamente, 2
typology tipologia, la, 5

U

ugly brutto, 2
Ukraine Ucraina, la, 16
Ukranian ucraino, 16
Umbrian umbro, 9
unbearable insopportabile, 10
uncertain incerto, 13
uncertainty incertezza, l' (*f.*), 15
uncle zio, lo, 5
uncontaminated incontaminato, 11
undecided indeciso, 13
under sotto, 2
underground sotterraneo, il, 15
underline (to) sottolineare, 6
undershirt canottiera, la, 13
understand (to) capire, P
undress (to) spogliarsi, 4
unemployed disoccupato, 11
unemployment disoccupazione, la, 12
unexpectedly improvvisamente, 10
unfair ingiusto, 16
unforgettable indimenticabile, 9
unfortunately purtroppo, 8
unhappy infelice, 8
union unione, l' (*f.*), 6
university università, l' (*f.*), universitario, P
unite (to) unire, 3
United States Stati Uniti, gli, 1
unknown sconosciuto, ignoto, 14
unleaded gas benzina verde, la, 15
unlikely difficilmente, improbabile, 8
unnecessary inutile, 4
unpleasant antipatico, spiacevole, 3
unrecognizable irriconoscibile, 13
unsatisfied insoddisfatto, 12
unselfish altruista, 12
until fino a, finché, 4
unusual insolito, 9
upbringing educazione, l' (*f.*), 8
upside down a rovescio, 15
usage uso, l' (*m.*), 3
use (to) usare, impiegare, 1
useful utile, 5
usually abitualmente, 15
utilize (to) utilizzare, 13
utilizer utilizzo, l' (*m.*), 10
utopia utopia, l' (*f.*), 10

V

vacation vacanza, la, ferie, le, (**dream vacation** vacanza da sogno 10), 4
vaccine vaccino, il, 11
vacuum cleaner aspirapolvere, l' (*m.*) (**to vacuum** passare l'aspirapolvere), 5
Valentine's Day San Valentino, 9
valid valido, 6
validate (to) convalidare, 13
valley valle, la, 7
value valore, il, 16
vanilla vaniglia, la, 14
variety varietà, la, 8
various vario, 8
vase vaso, il, 6
Vatican Vaticano, il, 4
veal vitello, il, 9
vegan vegano/a, 15
vegetable verdura, la, 1
vegetarian vegetariano, 15
vegetation vegetazione, la, 10
vendor venditore, il, 11
vent (to) sfogarsi, 15
Venus Venere, 11
verb verbo, il, 4
verbal verbale, 12
versatile multifunzionale, versatile, 1
victory vittoria, la, 10
video video, il, 4
view vista, la, 13
villa villa, la, 3
village paese, il, 2
vine vite, la, 1
vinegar aceto, l' (*m.*), 9
violin violino, il, 5
virtually praticamente, 13
visa visto, il, 16
visit visita, la, 14
visit (to) visitare, 3
vitamin vitamina, la, 15
vocabulary vocabolario, il, P
voice voce, la, 10
volleyball pallavolo, la, 7
vote voto, il, votazione, la, 16
vote (to) votare, 12
vowel vocale, la, P

W

wagon carrozza, la, 13
wait (to) aspettare, 2
waiter cameriere, il, 9
wake up (to) svegliarsi, 4
walk cammino, il, passeggiata, la, P
walk (to) camminare, andare a piedi, 8
wall muro, parete, il, 3
wallet portafoglio, il, 13
war guerra, la, 8
warm caldo, 4
warmth tepore, calore, il, 9
warrant (to) garantire, 15
wash (to) lavare, 4
washer lavatrice, la, 6
waste (to) sprecare, 15
wastebasket cestino, il, 2
watch orologio, l' (*m.*), 2
watch (to) guardare, 5
water acqua, l' (*f.*), 4
water (to) annaffiare, 5
waterfall cascata, la, 7
way modo, il, 8
wealth ricchezza, la, 13
wear (to) portare, indossare, 3
wedding matrimonio, il, 5
Wednesday mercoledì, 1
week settimana, la, 1
weekend weekend, il, 1
weekly settimanalmente, settimanale, 6
weightlifting bodybuilding il, 7
welcome (to) ricevere, 6
well bene (**to do well in** ...andare bene a...8), 1
well done (meat) ben cotta, 9
well-off benestante, 6
what che, che cosa, P
when quando, 2
where dove, P
which quale, 1
while mentre, 1
white bianco, 1
who chi, P
why perché, 4
wide ampio, 13
wife moglie, la, 5
will volontà, la, 16
win vincita, la, 12
win (to) vincere, 7
wind vento, il, 4
wind (to) snodarsi, 14
window finestra, la, 2
windsurfing windsurf, il, (**to go windsurfing** fare windsurf), 13
windy ventoso, 16
wine vino, il, (sparkling wine, spumante, lo), 1
wing ala, l' (*f.*), 14
winter inverno, l' (*m.*), invernale, 4
wire filo, il, 11
wise saggio, 12
wish desiderio, il, 12
wish (to) desiderare, 2
witch strega, la, 8
with con, 6
withdraw (to) prelevare, 14
withdraw (to) money / cash prelevare soldi, 14
witty arguto, 11
wolf lupo, il, 15
woman donna, la, 2
wonderful meraviglioso, 10
wood legno, bosco, il, 6
wool lana, la, 14
word parola, la, vocabolo, il, P
work lavoro, il, 5
work (to) lavorare, 2
worker lavoratore, il, operaio, l' (*m.*), 8
workshop officina, l' (*f.*), 11
world mondo, il, mondiale, 3
worried preoccupato, 10
worry (to) preoccuparsi, 4
worse peggio, 10
worsen (to) peggiorare, 10
worship culto, il, 4
wreath ghirlanda, la, P
wrist polso, il, 10
write (to) scrivere, P
writer scrittore, lo, scrittrice, la, P
writing scrittura, scritta, la, 1
wrong sbagliato, 16

Y

year anno, l' (*m.*), (**to be ...years old** avere ...anni) (**Happy New Year!** Buon anno!), 4)1
yearly annuale, annualmente, 7
yell (to) sgridare, 5
yellow giallo, 3
yellow pages pagine gialle, le, 11
yes sì, 1
yesterday ieri, 6
you tu, voi, 1
young giovane, il, 2
younger più giovane, minore, 13
your / yours tuo / vostro, Suo, 5

Z

zebra zebra, la, 2
zero zero, lo, 5
zip code C.A.P. (codice di avviamento postale) il, 1
zone zona, la, 1

Credits

Photo Credits

Page 2 Buena Vista Images/Getty Images; **page 5** Image Asset Management Ltd. / Alamy: **page 7** NASA/SPL/Getty Images; **page 8 (1.)** Robert Clay/Alamy; **Page 8 (2.)** Moviestore collection Ltd / Alamy; **page 8 (3.)** Bryan Smith/ZUMAPRESS/Alamy; **page 8 (4.)** Pictorial Press Ltd / Alamy; **page 8 (5.)** ZUMA Press, Inc. / Alamy; **page 8 (6.)** AF archive / Alamy; **page 9** ALESSANDRO BIANCHI/Reuters/Corbis; **page 10 (middle)** Nature Picture Library; **page 10 (right)** Demetrio Carrasco © Dorling Kindersley; **page 10 (left)** John Stark/Alamy; **page 11 (1.)** Jakob Radlgruber/Fotolia; **page 11 (2.)** Fabio Muzzi/AGE Photostock; **page 12** Andrea Matone / Alamy; **page 14** LWA/Getty Images; **page 14** Louis Fox/Getty Images; **page 15** Pearson; **page 18** Tiziana Aime; **page 20** Francesca Italiano; **page 22** ALESSANDRO DI MEO/EPA/ Newscom; **page 24** Pearson; **page 24** Pearson; **page 24** Pearson; **page 25** Francesca Italiano; **page 25** Francesca Italiano; **page 28** I.Ivan/ Fotolia; **page 30** Pearson; **page 30** Pearson; **page 30** Pearson; **page 32** rcaucino/Fotolia; **page 32** UIG via Getty Images; **page 33** Holler, Hendrik/Bon Appetit/Alamy; **page 33** 2013 Artists Rights Society (ARS), New York / SIAE, Rome; **page 34** Pearson; **page 34** Pearson; page Francesca Italiano; **page 36** Francesca Italiano; **page 42** Nickolay Vinokurov/Shutterstock; **page 44** auremar/Shutterstock; **page 49** Francesca Italiano; **page 51** Pearson Education/PH College; **page 52** Tupungato/Fotolia; **page 54** David R. Frazier Photolibrary **page 55** Professor Sebastiano Martelli: **page 56** Christine Webb/Dorling Kindersley; **page 57** Walter Zerla/CuboImages srl/Alamy; **page 59** MARKA / Alamy; **page 61** Pearson; **page 63** Pearson Education; **page 65** Hermes Images/Tips Images / Tips Italia Srl a socio unico / Alamy/Alamy; **page 66 (left)** Studio van Assendelft / Alamy; **page 66 (right)** Jonathan Blair/Corbis; **page 67 (left)** Claudio Giovanni Colombo/Shutterstock; **page 67 (right)** Andre Lebrun / age fotostock / SuperStock; **page 68** Pearson; **page 68** Pearson; **page 70 (top)** Tetra Images/Shutterstock; **page 70 (bottom)**imagebroker.net / SuperStock; **page 71** Kirk Treakle / Alamy;, Inc/Alamy; **page 72** Richard G. Bingham II; **page 73** saturno dona' / Alamy; **page 76** Camera Press Ltd/Alamy; **page 76** ZUMA Press/ZUMA Press, Inc./Alamy; **page 76** YM YIK/EPA/Newscom; **page 76** Splash News/Newscom; **page 78** Pearson/ **page 80** Pearson; **page 81** Pearson; **page 86** Pearson; **page 88** Tiziana Aime; **page 89** Michelle Grant © Rough Guides; **page 90** Tips Images / SuperStock; **page 93** Francesca Italiano; **page 94** lettas/Fotolia; **page 96** Anna Mockford © Dorling Kindersley; **page 98** JTB MEDIA CREATION, Inc. / Alamy; **page 97** John Heseltine © Dorling Kindersley; **page 97** (Photo by DeAgostini/ Getty Images); **page 98 (left)** Video still of Roberto at the cafe when he is ordering.; **page 98 (right)** Pearson; **page 100** Irene Marchegiani; **page 101** Pearson; **page 101** Pearson; **page 101** Pearson; **page 102** DURIS Guillaume/Fotolia; **page 102** Dirima/Shutterstock; **page 102** Rido/ Fotolia; page Francesco Carta fotografo/Flickr/Getty Images; **page 104** Pearson; **page 103** fmarsicano/Fotolia; **page 106** John Heseltine © Dorling Kindersley; **page 111** Pearson; **page 117** Pearson; **page 118** Eric Robert/Sygma/Corbis; **page 119** william87/Fotolia; **page 121 (top left)** Francesca Italiano; **page 121 (top right)** maurice joseph / Alamy; **page 121 (bottom left)** Cultura Creative (RF) / Alamy; **page 121 (bottom right)** Universal Images Group Limited; **page 123** Tiziana Aime; **page 124** Ciaobucarest/Fotolia; **page 125** Chris Hutty © Rough Guides; **page 128 (left)** Piero Gentili/Fotolia; **page 128 (right)** Palazzo Ducale, Urbino, Italy/The Bridgeman Art Library, **page 129 (left)** jaxpix / Alamy; **page 129 (right)** Vito Arcomano / Alamy; **page 130** Preason; **page 130** Pearson; **page 132** Cultura Creative; **page 136** Massimo Merlini/Getty Images; **page 137 (bottom right)** Scala / Art Resource, NY; **page 137** Alexander Raths/Fotolia; **page 137 (left)** Alison Harris/DK Images; **page 138** Tiziana Aime; **page 139** Tiziana Aime; **page 140** Pearson; **page 141** AS-kom/Shutterstock; **page 142** Cultura/Zero Creatives; **page 143** Pearson; **page 144** lightpoet/Shutterstock; **page 145 (center)** Rodolfo Sassano / Alamy; **page 145 (right)** MARKA / Alamy; **page 145 (left)** epa European pressphoto agency b.v./Alamy; **page 146** Konstantin Yolshin/Fotolia; **page 148** fauk74/Fotolia; **page 148** Stuart Freedman/In Pictures/Corbis; **page 148** Uwe Krejci/Getty Images; **page 148** G & M David de Lossy/Getty Images; **page 149** tiptoee/ Shutterstock; **page 149** Maridav/Fotolia; **page 150** Poznyakov/Shutterstock; **page 151** viappy/Fotolia; **page 152** Jonathan Blair/Corbis; **page 154** GVictoria/Shutterstock; **page 156** Les Cunliffe/Fotolia; **page 156** BlueSkyImages/Fotolia; **page 157** lightpoet/Shutterstock; **page 158** Tetra Images / Alamy; **page 160** Italian Government Tourist Board; **page 161** Scala / Art Resource, NY; **page 160** JosÃ© Fuste Raga/AGE Fotostock; **page 161** Robert Harding/Getty Images; **page 162** Pearson; **page 162** Pearson; **page 163** Tiziana Aime; **page 164** Marta Nardini/ Getty Images; **page 164** David Woolley/Getty Images; **page 165** Guenter Guni/Getty Images; **page 167** andreaxt/Fotolia; **page 167** Mikadun/ Shuterstock; **page 170** Pixelshop/Fotolia; **page 174 (bottom)** Francesca Italiano; **page 174 (top)** Universal Images Group/DeAgostini/Alamy; **page 175** Tiziana Aime; **page 178** ryanking999/Fotolia; **page 178** ronstik/Fotolia; **page 178** likstudio/Fotolia; **page 178** Paul Maguire/Fotolia; **page 178** Viktor1/Shutterstock; **page 178** Elnur/Fotolia; **page 178** Africa Studio/Fotolia; **page 178** Winai Tepsuttinun/Shutterstock; **page 180** Riccardo Piccinini/Shutterstock; **page 182** "Lindsey Stock © Dorling Kindersley"; **page 183** Tiziana Aime; **page 185** WimL/Shutterstock; **page 185** De'Longhi America, Inc.; **page 185** De'Longhi America, Inc.; **page 185** sitiman30/Fotolia; **page 185** Piotr Pawinski/Fotolia; **page 185** mrgarry/Fotolia; **page 185** Piotr Pawinski/Fotolia; **page 186** Riccardo Sergnese / Alamy; **page 188** Andrew Barker/Fotolia; **page 189** Britt Erlanson/Getty Images; **page 190** Francesca Italiano; **page 192 (bottom)** Allison Michael Orenstein/Stone/Getty Images; **page 192 (top)** Pearson; **page 190** Francesca Italiano; **page 194** INTERFOTO / Travel / Alamy; **page 194** Rahela/Fotolia; **page 195** Mi.Ti./Fotolia; **page 195** age fotostock / SuperStock; **page 197** Graham Prentice / Alamy; **page 197** topdeq/Fotolia; **page 197** andreamuscatello/Fotolia;

page 196 Pearson; **page 196** Pearson; **page 193** Francesco83/Fotolia; **page 202** Atlantide Phototravel/Corbis; **page 206** Pearson; **page 207** Pearson; **page 208** Westend61/Corbis; **page 208** william87/Fotolia; **page 208** Tips Images / Tips Italia Srl a socio unico / Alamy; **page 208** Marka/ Superstock; **page 227** Tiziana Aime; **page 208** fotogestoeber/Fotolia; **page 208** Lonely Planet/Getty Images; **page 209** Francesca Italiano; **page 210** Andreas Strauss/Getty Images; **page 211** Monkey Business / Fotolia; **page 213** Aflo Co. Ltd. / Alamy; **page 213** Ivonne Wierink/Shutterstock; **page 213** Tips Images / Tips Italia Srl a socio unico / Alamy; **page 213** Gorilla/Fotolia; **page 213** Marka / SuperStock; **page 216** Optikat / Alamy; **page 221** Bruno Marzi/Splash News/Corbis; **page 221** URS FLUEELER/EPA/Newscom; **page 222** Nature Picture Library; **page 222** Robert Harding World Imagery; **page 223** Nature Picture Library; **page 223** John Heseltine © Dorling Kindersley; **page 224** Pearson; **page 224** Pearson; **page 224** Pearson; **page 215** Vaclav Volrab/Shutterstock; **page 219** Sofia Zadra Goff/Alamy; **page 230** viki2win/Shutterstock; **page 231** Ljupco Smokovski/Shutterstock; **page 231** Irene Marchegiani; **page 231** Â © Alexey Losevich/Shutterstock.com; **page 233** Alex Segre/ Alamy; **page 234** Thierry Foulon/PhotoAlto/Corbis; **page 237** Blue Lantern Studio/Corbis; **page 237** Lebrecht Music and Arts Photo Library/ Alamy; **page 237** allOver photography / Alamy; **page 237** The Everett Collection; **page 239** Rob Hainer/Shutterstock; **page 240** fotocomo/ Fotolia; **page 241** Nino braia /Marka/Alamy; **page 242** Buena Vista Images/Getty Images; **page 242** Philip and Karen Smith/Getty Images; **page 244** Tiziana Aime; **page 245** YAY Media AS / Alamy; **page 245** Dmytro Smaglov/Fotolia; **page 245** Pearson; **page 246** DEA PICTURE LIBRARY/Getty Images; **page 246** imagebroker / Alamy; **page 247** Oleksiy Maksymenko Photography / **Alamypage 247** Paul Mayall Tuscany Italy / Alamy; **page 247** Irene Marchegiani; **page 248** Flaviano fabrizi /Shutterstock; **page 249** Visions Of Our Land/Getty Images; **page 251** Alex Garaev /Shutterstock; **page 252** savcoco/Fotolia; **page 252** drserg/Shutterstock; **page 253** Phant/Shutterstock; **page 253** Art Resource, NY; **page 254** Irene Marchegiani; **page 255** Francesca Italiano; **page 256** "Demetrio Carrasco © Dorling Kindersley"; **page 260** Peggy/Fotolia; **page 261 (left)** Hedda Gjerpen/Getty Images; **page 261 (right)** ALESSIA PIERDOMENICO/REUTERS; **page 261 (bottom)** Andy Crawford © Dorling Kindersley; **page 262** FILIPPO MONTEFORTE/EPA/Newscom; **page 263** De Agostini/Getty Images; **page 266** David Acosta Allely/ Fotolia; **page 267** Kevin George/Alamy; **page 269** (top) Bridgeman Art Library / SuperStock; **page 269 (bottom)** DEA / G. ANDREINI; **page 270** Francesca Italiano; **page 272** JTB Media Creation, Inc./Alamy; **page 273** Tiziana Aime; **page 274** RHIMAGE/Shutterstock; **page 278** olhaafanasieva/Fotolia; **page 278** Tiziana Aime; **page 278** Paulista/Fotolia; **page 281** Pearson Education; **page 283** Roger Mapp © Rough Guides; **page 285 (left)** Francesca Italiano; **page 285 (bottom)** Pearson; **page 285 (right)** Francesca Italiano; **page 286** Ruth Tomlinson/Robert Harding; **page 286** Dylan Reisenberger © Rough Guides; **page 287** DEA/A VERGANI; **page 287** John Heseltine/Alamy; **page 290** pixarno/ Fotolia; **page 291** Francesca Italiano; **page 296** Kathrin39/Fotolia; **page 298** Irene Marchegiani; **page 300** Pearson; **page 302 (top)** Marco Secchi/Getty Images; **page 302 (bottom)** Marco Secchi/Getty Images; **page 303** Pearson Education; **page 304** Buena Vista Images/Lifesize/Getty Images; **page 307 (left)** Pearson; **page 307 (right)** Pearson; **page 308** age fotostock/SuperStock; **page 309** Matt Slocum/AP Images; **page 310 (left)** Paul Harris © Dorling Kindersley; **page 310 (right)** Jeremy Lightfoot/Robert Harding; **page 311** Shay Levy/PhotoStock-Israel/Alamy; **page 312** Pearson; **page 313** Tiziana Aime; **page 314** John Heseltine © Dorling Kindersley; **page 315** Francesca Italiano; **page 316 (left)** Gianni Dagli Orti/The Art Archive/Alamy; **page 316 (right)** John Heseltine © Dorling Kindersley; **page 317 (left)** Eugenio Marongiu/Fotolia; **page 317 (right)** DEA /U COLNAGO/AGE Fotostock; **page 318** Pearson; **page 319** AP Photo/Mark J. Terrill; **page 321** Irene Marchegiani; **page 324** Papillon Gallery; **page 327 (left)** Jupiterimages/Getty Images; **page 327 (right)** Roberto Serratore/Fotolia; **page 328** Pearson; **page 329** Tiziana Aime; **page 330; page 331 (top left)** Beyond Fotomedia GmbH / Alamy; **page 331 (top center)** Steve Gorton © Dorling Kindersley; **page 331 (top right)** Tiziana Aime; **page 331 (bottom left)** Michelle Grant © Rough Guides; **page 331 (bottom center)** Kathrin Ziegler; **page 331 (bottom right)** ALBORNO Andrea/Hemis/Alamy; **page 334** Tiziana Aime; **page 335** bikeriderlondon/Shutterstock; **page 337** Tiziana Aime; **page 339** leonardo2011; **page 340 (left)** Francesca Italiano; **page 340 (right)** Philip and Karen Smith/Iconica/Getty Images; **page 342** Sergey Mironov/Shutterstock; **page 344** Irene Marchegiani; **page 345** Pearson; **page 346 (left)** De Agostini/Getty Images; **page 346 (right)** DEA / M BORCHI/AGE Fotostock; **page 347 (left)** Aigars Reinholds/Shutterstock; **page 347 (right)** Tiziana Aime; **page 351** Fancy Collection / SuperStock; **page 352** Francesca Italiano; **page 353** Syda Productions/Fotolia; **page 356** Diego Cervo/Shutterstock; **page 358** Tiziana Aime; **page 359** PHOTOINKE / Alamy; **page 361** PhotoEdit Inc.; **page 362** Pearson; **page 364** Gina Sanders/Fotolia; **page 365** Francesca Italiano; **page 366** Shaiith/Shutterstock; **page 367** Tiziana Aime; **page 368** PhotoEdit Inc.; **page 369 (top)** Claudio Giovanni Colombo/Shutterstock; **page 369 (bottom)** Vladimir Mucibabic/Shutterstock; **page 371** Francesca Italiano; **page 372** Sam Edwards/Getty Images; **page 373** photocreo/ Fotolia; **page 374** Pearson; **page 376 (left)** Yann Arthus-Bertrand/Corbis; **page 376 (right)** Bridgeman Art Library, London / SuperStock; **page 377 (left)** EmmePi Images / Alamy; **page 377 (right)** T.Fabian/Shutterstock; **page 378** Pearson; **page 383** vencav/Fotolia; **page 386** Danilo Ascione/Shutterstock; **page 387 (left and right)** Francesca Italiano; **page 387 (bottom)** Susan Van Etten / PhotoEdit—All rights reserved.; **page 388** Francesca Italiano; **page 389** Francesca Italiano; **page 391** Tiziana Aime; **page 392** Michelle Grant © Rough Guides; **page 393** Andy Dean/Fotolia; **page 395** Khirman Vladimir/Shutterstock; **page 396** ronnybas/Fotolia; **page 397 (top left)** Cristina Fumi Photography / Alamy; **page 397 (top right)** Christian Mueller/Shutterstock; **page 397 (bottom)** Dorling Kindersley, Ltd.; **page 399** Pearson; **page 400 (top)** Michelle Grant © Rough Guides; **page 400 (bottom)** Cultura Creative (RF) / Alamy; **page 402 (left)** Francesca Italiano; **page 402 (right)** De Agostini/ Getty Images; **page 404** Dallas and John Heaton/Free Agents Limited/CORBIS; **page 407** Pearson; **page 408 (left)** vittorio sciosia / Alamy; **page 408 (right)** Mimmo Jodice/Corbis; **page 409 (left)** funkyfood London - Paul Williams / Alamy; **page 409 (right)** Demetrio Carrasco © Dorling Kindersley; **page 410 (left)** Pearson; **page 410 (right)** Pearson; **page 412** Camping by Water / Alamy; **page 414** Khirman Vladimir/ Shutterstock; **page 418** Slow Images/Getty Images; **page 420** Pearson; **page 422 (top)** Kristian Cabanis/Getty Images; **page 422 (bottom)** Francesca Italiano; **page 424** Tiziana Aime; **page 425** Tiziana Aime; **page 426** Tiziana Aime; **page 428** Tommy/Fotolia; **page 429** gaemau/ Fotolia; **page 431** Julio Etchart / Alamy; **page 432** Tiziana Aime; **page 433** Nigel Hicks © Dorling Kindersley; **page 436** Francesca Italiano; **page 439 (top right)** Peter Horree / Alamy; **page 439 (top center)** MARKA / Alamy; **page 439 (top left)** Lourens Smak / Alamy; **page 439 (bottom center)** CuboImages srl / Alamy; **page 439 (bottom right)** G Piazzolla/Demotix/Corbis; **page 440 (left)** Flaviu Boerescu/Fotolia; **page 440 (right)** Rick Henzel/Fotolia; **page 441 (left)** DEA / L ROMANO/AGE Fotostock; **page 441 (right)** Slunicko1977/Fotolia;

page 442 Pearson Education/PH College; **page 444 (left)** naten/Shutterstock; **page 444 (right)** mary416/Shutterstock; **page 445 (left)** Caro / Alamy; **page 445 (right)** Francesca Italiano; **page 447** Sabine Lubenow/LOOK Die Bildagentur der Fotografen GmbH/Alamy; **page 450** Ira Berger/Alamy; **page 451 (left)** Erich Lessing / Art Resource, Inc.; **page 451 (right)** Erich Lessing / Art Resource, NY; **page 454** Francesca Italiano; **page 456** Pearson; **page 458** Dirima/Fotolia; **page 461** DOF-PHOTO /Fulvio/getty images; **page 462** Subbotina Anna/Fotolia; **page 465** Photo Mere Milan-Italy / Alamy; **page 467** Francesca Italiano; **page 468** Francesca Italiano; **page 470** Tiziana Aime; **page 472 (left)** Francesca Italiano; **page 472 (right)** Peter Adams Photography Ltd / Alamy; **page 473 (left)** Stock Italia/Alamy; **page 473 (right)** seraficus/ Getty Images; **page 474** Pearson; **page 475** Irene Marchegiani; **page 479** Visions Of Our Land/Getty Images; **page 482** Stock Mereghetti/ Alamy; **page 483** Robertovell/Fotolia; **page 484** De Agostini/Getty Images; **page 485** GIUSEPPE CACACE/AFP/Getty Images; **page 486** Pearson; **page 488** Peter Turnley/CORBIS; **page 489** moodboard / Alamy; **page 491** Giorgio Cosulich/Getty Images; **page 492** puckillustration/ Fotolia; **page 494 (left)** CFimages/Alamy; **page 494 (right)** Â © Ocskay Bence/Shutterstock.com; **page 495** Roberto Fumagalli / Alamy; **page 497** Pearson; **page 498** Tiziana Aime; **page 501** AP Photo/Pier Paolo Cito; **page 502 (left)** Marcia Chambers/Dbimages / Alamy; **page 502 (right)** Andrew McKinney/Dorling Kindersley; **page 504** [LC-USZC4-1584]/Library of Congress Prints and Photographs Division Washington, D.C. 20540 USA; **page 506** Francesca Italiano; **page 507 (top)** Pearson Education; **page 507 (bottom)** World History Archive/Image Asset Management Ltd. / Alamy; **page 509** Anghifoto/Fotolia; **page 510** Pearson; **page 512 (left)** Picture History/Newscom; **page 512 (right)** Dagli Orti/The Art Archive/Alamy; **page 513 (left)** Iltuzo/Fotolia; **page 513 (right)** Gianni Dagli Orti/Corbis; **page 514** Pearson; **page 519 (left)** Lebrecht Music & Arts; **page 519 (right)** ZUMA Press, Inc/Alamy; **page 520** Vince Streano/Corbis

Text Credits

page 32 Used by permission of Venere Net S.r.l. PR&Communication; **page 33** "Sito Web Museo Nazionale del cinema, abbreviata, comprende foto" from Museo Nazionale del Cinema. Copyright © 2009. Used by permission of Museo Nazionale del Cinema; **page 34 "Domanda di Preiscrizione, Universita' per Stranieri di Perugia" con la seguente modifica, omissione del testo in Inglese., ., Università per Stranieri di Perugia, https://www.unistrapg.it/sites/www.unistrapg.it/files/lingua-cultura/domanda-preiscrizione.pdf page 64** "Sito Web, Madrelingua, Italian Language School, Bologna, Italy (brani tratti da più pagine, comprende foto)" from Madrelingua S.r.l. Used by permission of Madrelingua S.r.l. **page 95** Used with permission of Domina Hair Salon. **page 211** "Ad, Hotel Dolomiti and Hotel Polsa (includes images)" from Azzurro Club Vacanze S.c.a.r.l. Copyright © 2004. Used by permission of Azzurro Club Vacanze S.c.a.r.l; **page 212** "Annuncio, concerto di Claudio Baglioni (foto escluse)" from Società Cooperativa Romana Chiavi d'Oro A.R.L. Copyright © 2009. Used by permission of Società Cooperativa Romana Chiavi d'Oro A.R.L; **page 212** "Locandina, "La Traviata", includes image of Verdi" from Società Cooperativa Romana Chiavi d'Oro A.R.L. Copyright © 2009. Used by permission of Società Cooperativa Romana Chiavi d'Oro A.R.L; **page 219** Hai mai provato a pattinaire? from Donna Moderna by Anna Pugleise. Copyright © 2004 Arnoldo Mondadori Editore. Reproduced by permission of Arnoldo Mondadori Editore. **page 242** Biglietti autobus, Napoli and Campania from Unicocampania. Copyright © Valeria Sciarretta. Reproduced by the permission of Unicocampania; **page 249** Adapted from an interview with Lavinia Rittatore, from Donna Moderna, 12 luglio 2006, Anno XIX, n. 27, pp. 114-116. Donna Moderna/Mondadori. Reprinted with permission of Roberto Bolle. Photo of R. Bolle: © Luciano Romano; **page 249** "Intervista di Lavinia Rittatore a Roberto Bolle" from Donna Moderna. Copyright © 2006 by Arnoldo Mondadori Editore Spa. Used by permission of Lavinia Rittatore. **page 280** "Menu recreated from "menu alla carta", includes 4 photos on the website" from Ristorante Al San Francesco. Used by permission of Ristorante Al San Francesco; **page 281** Ilustrated review, Ristorante "La Stalla" di Assisi from Fontemaggio s.r.l. Reproduced by permission of Fontemaggio s.r.l; **page 281** Ilustrated review, Ristorante Le Noci di Gualdo Cattaneo, includes 1 photo in http://www.ristorantelenoci.com/; **page 281** Used by permission of Cantina della Villa; **page 283** Capodanno in Italia: tradizioni, usanze e riti from Traveleurope Italy, World Wide Booking LImited. Copyright © Maurizio Beolchini. Reproduced by the permission of Traveleurope Italy, World Wide Booking LImited. **page 311** "Adapted from "Oro e record mondiale per Federica Pellegrini nei 400sl" and "Federica e il futuro scritto negli occhi" from Il Sole24 Ore S.p.A by Dario Ricci. Used by permission of Il Sole24 Ore S.p.A. **page 331 Numeri di emergenza (112, 113, 114, 115, & 118) in PagineBianche 2013/2014 , Territorio di Roma (pagina 3, sezione PagineBiancheInforma) edito da Seat Pagine Gialle Italia s.p.a., SEAT Pagine Gialle S.p.A; page 340 Gianni Rodari, Poem (slightly abridged), "La stazione spaziale", Filastrocche in cielo e in terra. Trieste: Edizioni EL, Piergiorgio Nicolazzini Literary Agency, 1960; page 340** La stazione spaziale from Filastrocche in cielo e in terra. Trieste: Edizioni EL by Gianni Rodari. Copyright © 1960. Reproduced by permission of Edizioni EL S.r.l. **page 369** Copertina del libro, La prima volta from A CURA DI ELISABETTA RASY. MILANO: RIZZOLI by Elisabetta Rasy. Copyright © 1996 RCS Libri. Reproduced by permission of RCS Libri; **page 370** "Riduzione del brano, Margherita Hack, astrofisica" from RCS Libri by Elisabetta Rasy. Copyright © 1996 by RCS Libri. Used by permission; **page 382** Travel Agent Business Card from Saturnia Tours. Reproduced by the permission of Saturnia Tours; **page 385** Eurostar Ticket Firenze-Roma Termini from Ferrovie dello Stato Italiane by Marco Raimondi. Ferrovie dello Stato Italiane. Reproduced by permission of Ferrovie dello Stato Italiane; **page 386** 1. Costantinopoli 104; 2. Attico Partenopeo, 3. Residenza Echia from Booking.com by Anoeska vanLeeuwen. Reproduced by permission of Booking.com; **page 399** scopriamo Sorrento from http://www.penisola.it. Mdaweb Web Software Agency. Reproduced by permission of Mdaweb Web Software Agency; **402-403 Goffredo Parise, Excerpt, "Mare", Sillabario n. 2., Arnoldo Mondadori Editore Spa, 1982, 126-133 page 446 Liscia/Gassata, From "Liscia/Gassata", Gente. Hachette Rusconi S.p.A. June 10, 2004, p. 126., Hachette Rusconi S.p.A; page 456** Un mondo nuovo di buone idee from Comune di Verona. Copyright © 2007 Comune di Verona. reproduced by permission of Comune di Verona; **page 457 Qualità dell'aria, (retitled Principali fonti di inquinàmento in una città), http://www.comune.pordenone.it/it/comune/ progetti/la-qualita-dellaria, Comune di Pordenone; page 461** "Rapporto Bio Bank 2013" from Egaf Edizioni srl. Used by permission of Egaf

Edizioni srl; **page 463 Dino Buzzati, Abridged short story: "Dal medico", 180 RACCONTI., Agenzia Letteraria Internazionale srl, 1982, 817-820** "Programmi in lingua italiana" from Gruppo Editoriale Oggi, Inc. Copyright © 2009. Used by permission of Gruppo Editoriale Oggi, Inc; **page 488** Lai-momo, IDOS, "Comunicare l'immigrazione. Guida pratica per gli operatori dell'informazione", manuale realizzato nell'ambito del progetto Co-in, promosso dal Ministero del lavoro e delle politiche sociali e finanziato con il Fondo Europeo per l'Integrazione 2010 (storia tratta dal libro di Stefania Ragusa, "Africa qui", Edizioni dell'Arco 2008); **page 497** "masthead, America Oggi" from Gruppo Editoriale Oggi, Inc. Copyright © 2009. Used by permission of Gruppo Editoriale Oggi, Inc; **page 501** Excerpt from "Wash" by Luigi Fontanella from Marchegiani, Irene. Used by permission of Marchegiani, Irene.

Index

Numbers in italics refer to terms found in photo captions.

A

B

C

Q

R

S

SVIZZERA
AUSTRIA
TRENTINO-ALTO ADIGE
Dolomiti
FRIULI-VENEZIA GIULIA
SLOVENIA
VENETO
LOMBARDIA
CROAZIA
PIEMONTE
EMILIA-ROMAGNA
APPENNINI
LIGURIA
Mare Adriatico
SAN MARINO
Mare Ligure
Pisa
Arno
Firenze
Pesaro
Urbino
Ancona
TOSCANA
N
San Gimignano
Siena
Arezzo
Gubbio
MARCHE
CHIANTI
Macerata
Montepulciano
Perugia
Assisi
Ascoli Piceno
Elba
UMBRIA
Orvieto
Terni
Pescara
L'Aquila
ABRUZZO
Rieti
Giglio
LAZIO
CORSICA
(Francia)
Tevere
Sulmona
Roma
Parco Nazionale d'Abruzzzo
Frosinone
MOLISE
PUGLIA
Latina
CAMPANIA
BASILICATA
SARDEGNA
Mare
Tirreno
CALABRIA
100 chilometri
100 miglia

SVIZZERA
AUSTRIA
ALPS
TRENTINO-ALTO ADIGE
Bolzano
Dolomiti
FRIULI-VENEZIA GIULIA
Udine
Gorizia
Trieste
SLOVENIA
Monte Bianco
Cervino
Monte Rosa
Aosta
VALLE D'AOSTA
Gran Paradiso
Lago Maggiore
Lago di Como
Como
LOMBARDIA
Bergamo
Trento
Lago di Garda
VENETO
Milano
Brescia
Vicenza
Verona
Padova
Venezia
Torino
PIEMONTE
Po
Mantova
Asti
Alba
Parma
Ferrara
EMILIA-ROMAGNA
Modena
Bologna
Genova
Portofino
LIGURIA
Vernazza
Monterosso
La Spezia
Corniglia
Riomaggiore
Manarola
Cinque Terre
Sanremo
Ravenna
Milano Marittima
Rimini
Riccione
Cattolica
SAN MARINO
APPENNINI
FRANCIA
Mare Adriatico
Mare Ligure
N
MARCHE
TOSCANA
UMBRIA
Elba
CORSICA (Francia)
Giglio
LAZIO
ABRUZZO
MOLISE
Mare Tirreno
CAMPANIA
SARDEGNA
100 chilometri
100 miglia